KB262047

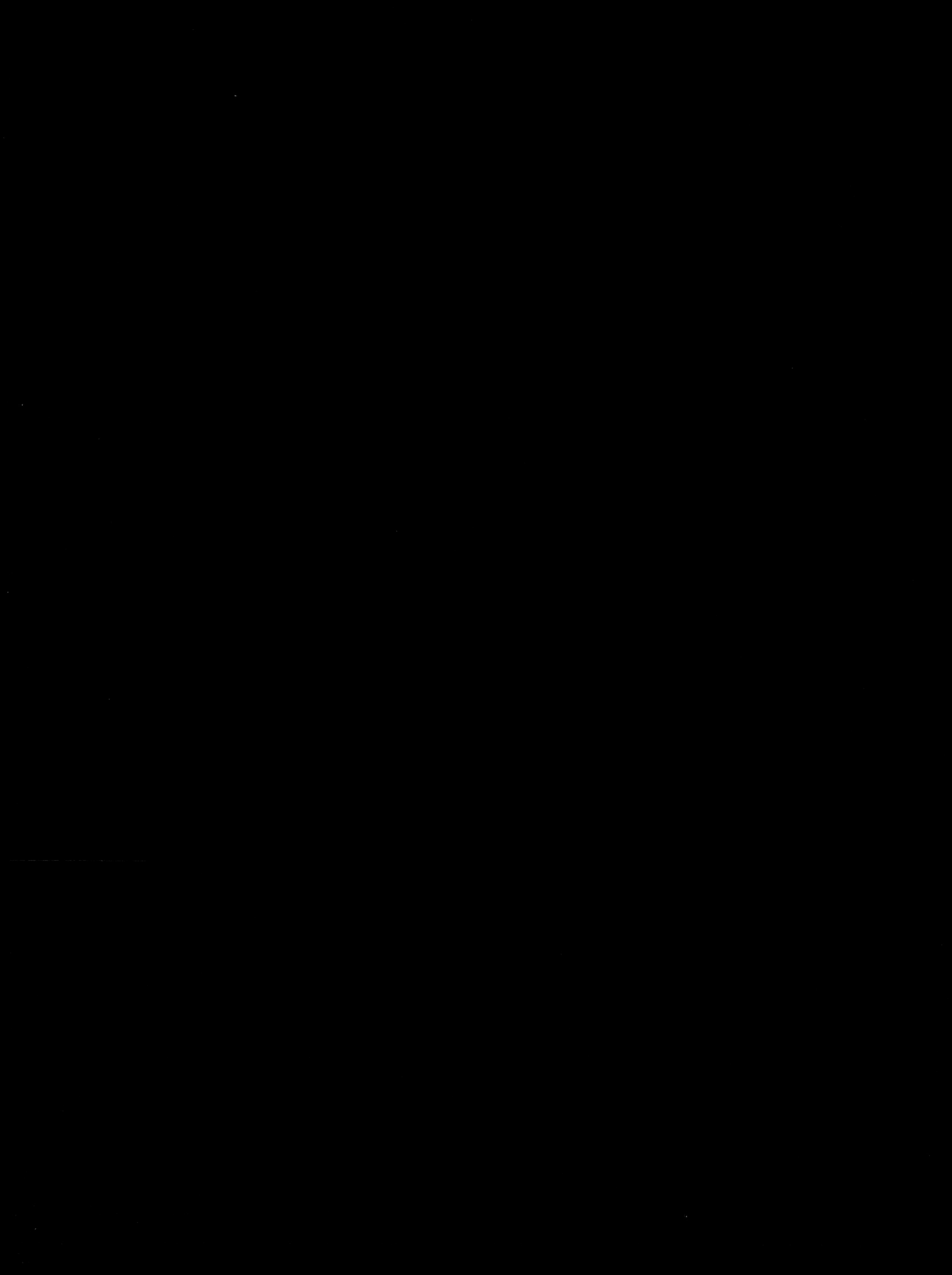

초보자를 위한
2판
C 언어
300제
김은철 지음
정보문화사
Information Publishing Group

초보자를 위한

# C 언어 300제 2판

초판 1쇄 발행 | 2017년 2월 6일
초판 5쇄 발행 | 2023년 4월 20일

지 은 이 | 김은철
발 행 인 | 이상만
발 행 처 | 정보문화사

편집진행 | 노미라

주       소 | 서울시 종로구 동숭길 113 (정보빌딩)
전       화 | (02)3673-0037(편집부) / (02)3673-0114(代)
팩       스 | (02)3673-0260
등       록 | 1990년 2월 14일 제1-1013호
홈페이지 | www.infopub.co.kr

I S B N | 978-89-5674-733-0

# 머리말

필자가 프로그래밍을 시작한 지도 벌써 30년이 되었으며, 이 책이 처음 출간된 지도 10년이 넘게 흘렀습니다. 지금까지 이 책을 아끼고 사랑해준 독자분께 감사의 말씀 전합니다.

그동안 수없이 많은 프로그래밍 관련 기술이 나왔으며, 새로운 기술이 나올 때마다 그것들을 알고자 하는 것은 개발자의 본능일 것입니다. 하지만 새로운 기술들이 계속해서 나오고 있음에도 C 언어를 공부해야 하는 이유는 무엇일까요? 그것은 C 언어가 모든 언어의 근간이며 마스터하면 바로 중급 프로그래머로서 프리랜서를 할 수 있기 때문이겠죠!

요즘은 2016년 이세돌 9단과 인공지능 알파고의 구글 딥마인드 챌린지 바둑 대국 이래로 인공지능이 5차 산업혁명을 예고하고 있습니다. 클라우드 시장에서는 아마존이 혜성처럼 나타나 혁신에 혁신을 거듭하고 있으며, 국내 최고의 소프트웨어 기업인 쿠팡이 세계적인 혁신 기업 50위 안에 드는 놀라운 일들이 펼쳐지고 있습니다. 또한, 미국에서는 일론 머스크가 이끄는 테슬라 사의 전기차가 새롭고 혁신적인 세상을 만들고 있습니다.

필자는 요즘 안드로이드(Android)와 아이폰(iPhone)용 모바일 프로그램과 아마존 클라우드(AWS) 기반의 Node.JS, Angular, React 등을 개발하고 있으며, IoT 기반 Big Data 프로젝트도 수행하고 있습니다. 안드로이드 등의 프로그램 또한 C 언어에 대한 개념만 있다면 어렵지 않게 개발할 수 있으며, 아이폰도 2014년 발표된 새로운 프로그래밍 언어인 Swift를 통해 쉽게 개발할 수 있습니다.

프로그래머 대부분이 프로그래밍을 처음 시작할 때 먼저 접하게 되는 것이 C 언어입니다. 프로그래머가 되기 위해서 반드시 C 언어가 필요한가에 대한 질문에 그렇지 않다고 말하는 사람도 있을 수 있지만, C 언어를 모르면서 프로그래밍 고수가 되고 IoT를 해 나간다는 것은 그리 쉽지 않습니다. 또한, 요즘 각광받고 있는 인공지능은 파이썬을 통해 접근할 수 있습니다. 이 책에서는 기본적인 파이썬 프로그래밍도 학습하고 C 언어와는 조금 다른 객체지향적 개념의 클래스도 학습하도록 구성하였습니다. 파이썬은 인공지능뿐 아니라 3D 애니메이션, 오픈소스, 라즈베리 파이 분야와 구글, 페이스북, 다음카카오 등 현업에서도 폭넓게 이용되고 있는 언어입니다. 필자가 운영 중인 네이버 카페(http://cafe.naver.com/pplus)를 통해 여러분이 힘들 때마다 온라인/오프라인에서 도와 나가겠습니다.

"백문이 불여일견"이란 고사성어가 있습니다. 이 말은 알다시피 "백 번 듣는 것보다 한 번 보는 것이 낫다."라는 뜻입니다. 프로그래밍 세계에서도 이와 비슷한 "백견이 불여일타"라는 말이 있습니다. 이것은 "백 번 보는 것보다 한 번 입력하고 실행해 보는 것이 낫다."라는 뜻입니다. 자기 자신이 직접 키보드를 쳐서 경험해보지 않는다면, 백 번을 읽더라도 결코 내 것이 되지 않습니다. 그런 이유로 이 책은 300개의 예제를 직접 입력하고 실행하면서 C 언어를 학습하여 가장 빨리 학습할 수 있도록 구성하였으며, C 언어를 학습한 이후 파이썬과 IoT 관련 아두이노와 라즈베리 파이도 학습할 수 있도록 준비하였습니다. 프로그램이 가끔 잘 실행되지 않는 경우도 있겠지만, 직접 입력하고 수정하면서 실행하다 보면 그 과정을 통해 C 언어를 재미있고 깊이 있게 배울 수 있게 됩니다. 또한, 독자 여러분의 생각을 좀 더 반영하여 코드를 추가할 수도 있습니다.

이 책에서는 C 프로그래밍을 시작하는 방법, 변수/상수의 선언, 포인터, 구조체 등의 기본적인 내용을 다뤄 기초를 쌓을 수 있도록 하였으며, 실무 등에서도 참고할 수 있도록 각종 런타임 함수(모든 프로그래밍 언어에서 공통적으로 사용되는 기법 전수) 등도 예제 중심으로 제공하고 있습니다. 또한, C 언어를 사용한 네트워크(TCP/IP) 서버/클라이언트 프로그램도 학습하고 실무에 활용할 수 있도록 하였습니다.

끝으로 이 책의 개정판이 나오기까지 도움을 주신 정보문화사에 감사드리며, 아낌없는 격려와 사랑을 전하는 우리 가족과 친척분들께도 감사드립니다. 또한, 필자의 여러 친구와 존경하는 사회 선·후배님께도 감사의 말씀을 전합니다. 마지막으로 항상 사랑으로 함께하는 나의 아내와 공주님에게도 고맙다는 말을 전합니다.

책의 내용이나 궁금한 사항은 네이버 카페에 올려주세요.

네이버 카페: http://cafe.naver.com/pplus

**저자 김은철**

# 차례



## PART 1 　입문　 오늘부터 나는 C 프로그래머!



## PART 2 　초급　 C 프로그래밍 기초 다지기

# 차례

## PART 3  중급   C 프로그래밍 레디 고!

# 차례

## PART 4 · 활용 · C를 말하다

# 이 책의 구성

**① 예제 제목**

해당 예제의 번호와 제목을 가장 핵심적인 내용으로 나타냅니다.

**② 학습 내용**

해당 예제에서 배울 내용을 핵심 적으로 나타냅니다.

**③ 힌트 내용**

예제에 대한 힌트나 시간을 절약 할 수 있는 방법, 앞에서 설명한 내용과 관련된 또 다른 과정, 일반적으로 알려진 기본 방법 이외에 숨겨진 기능을 설명해 줍니다.

**④ 소스**

예제의 파일명을 나타냅니다. 예제 파일은 정보문화사 홈페이지 (www.infopub.co.kr)의 자료실에서 다운로드 받을 수 있습니다.

**⑤ 예제 소스**

해당 단락에서 배울 내용의 전체 예제(소스)를 나타냅니다.

**⑧ 새로운 용어**

해당 예제에서 설명하는 기본적인 용어에 대한 정의를 명쾌하게 내려 줍니다.

---

**입문 010**

## ❶ 컴파일 개념 배우기

**②• 학습 내용** : 컴파일러는 프로그래머가 작성한 코드를 문법적으로 맞는지 해석하여 주는 기능을 합니다. 잘못된 문장을 사용하였을 때 컴파일러가 어떤 에러를 발생시키는지 확인하여, 컴파일러를 이해하여 봅니다.

**③• 힌트 내용** : 변수를 정의하고, 마지막에 세미콜론(;)을 입력하지 말아보세요.

**④ 📂 소스 : [예제-10].c**

```c
1: #include <stdio.h>
2:
3: main()
4: {
5:     // int i;
6:     int hap = 0;
7:
8:     for( i = 1; i <= 10; i = i + 1 )
9:     {
10:         hap = hap + i
11:     }
12:
13:     printf( "1부터 10까지의 합:%d", hap );
14: }
```

컴파일러(compiler)는 프로그래머가 입력한 코드에 에러가 있는지 여부를 검사하여 목적 코드를 생성하는 역할을 합니다. 목적 코드는 링커(linker)라는 프로그램에 의해 실행 가능한 프로그램으로 변환되며, 소스 코드는 다음 과정에 의해 실행 가능한 프로그램으로 탈바꿈 되는 것이지요.

**⑧ 새로운 용어**

• **컴파일러(compiler)** : 소스 코드를 컴파일하여 목적 코드를 생성해 줍니다. 컴파일한다는 것은 코드가 문법적으로 맞는지, 맞지 않는지 검사하는 것입니다.

• **링커(linker)** : 컴파일러에 의해 생성된 목적 코드를 실행에 필요한 정보를 담아서 실행 프로그램으로 생성해 줍니다. 링커는 하나의 목적 코드뿐 아니라, 여러 개의 목적 코드를 동시에 묶어서 하나의 실행 프로그램으로 생성해 주기도 합니다.

064

물론 위의 과정을 몰라도 프로그램 짜는 것은 어렵지 않습니다. 요즘에는 Visual Studio 같은 통합 환경이 제공되기 때문에 버튼 하나만 누르면 컴파일에서 링크까지 자동으로 되니까요. 예전에는 일일이 프로그래머가 다 해주었어야 했습니다.

//는 주석이라고 [예제-9]에서 설명했습니다. int i;는 정수형 변수 i가 정의된 것이 아니고, 단지 주석일 뿐입니다. 이 문장을 주석 처리한 후 컴파일하면 8번째 줄에서 다음과 같은 에러가 발생합니다.

> 10.c(8):error C2065: 'i':undeclared identifier

이 에러는 "'i' 라는 변수가 정의되지 않았습니다."라고 컴파일러가 프로그래머에게 알려주는 것이지요. 변수는 사용하기 전에 반드시 정의해야 한다고 **[2. 변수형 개념 배우기]**에서 이미 설명하였습니다.

이 문장에서 무엇인가가 잘못되었습니다. 한 번 찾아보세요. 무엇일까요? 바로 문장의 끝을 알리는 세미콜론(;)이 빠졌습니다. 그래서 10번째 줄에서 다음과 같은 컴파일 에러가 발생합니다.

> 10.c(11):error C2143: syntax error:missing ';' before '}'

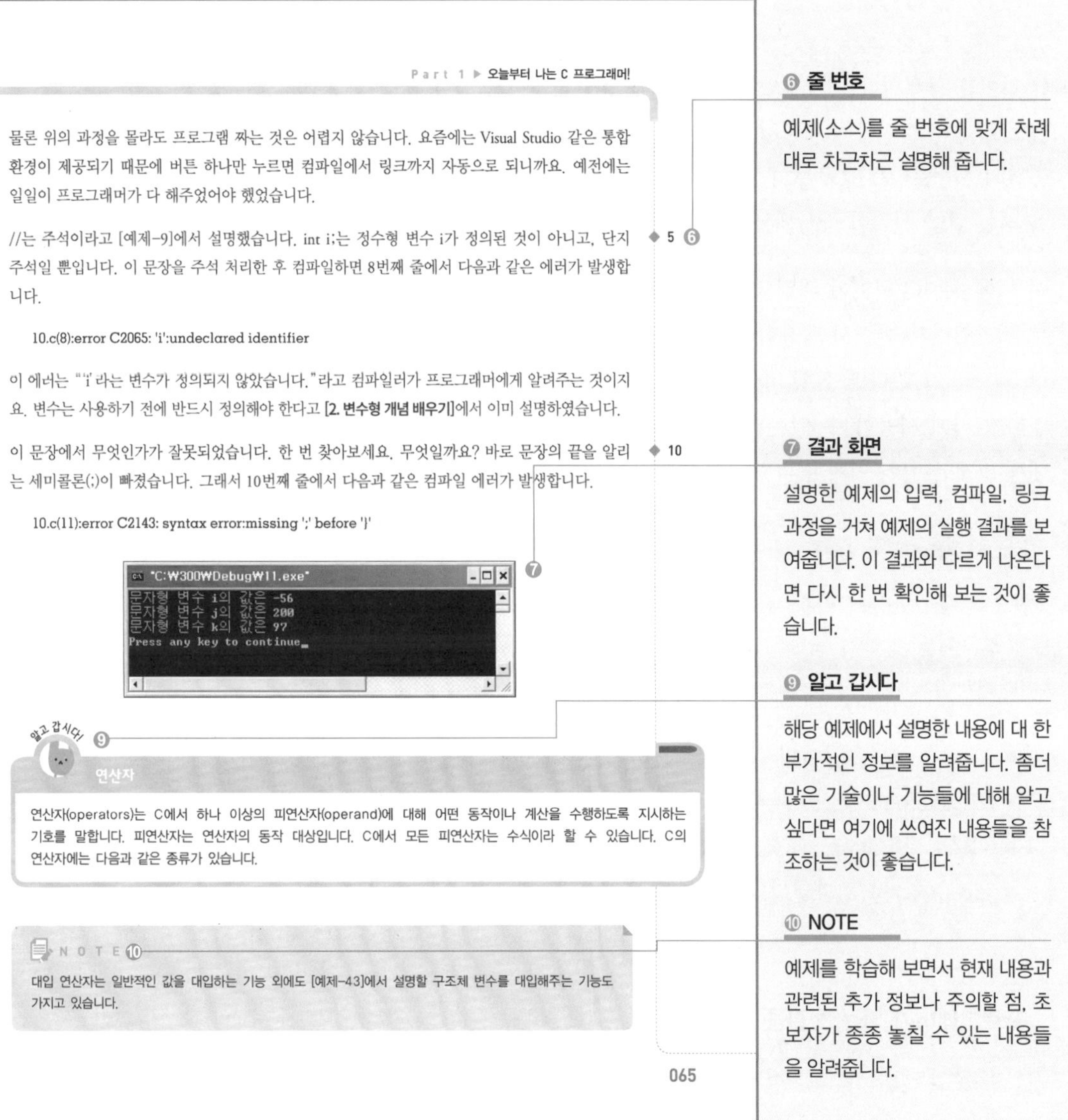


**알고 갑시다!** ⑨

**연산자**

연산자(operators)는 C에서 하나 이상의 피연산자(operand)에 대해 어떤 동작이나 계산을 수행하도록 지시하는 기호를 말합니다. 피연산자는 연산자의 동작 대상입니다. C에서 모든 피연산자는 수식이라 할 수 있습니다. C의 연산자에는 다음과 같은 종류가 있습니다.

**NOTE** ⑩

대입 연산자는 일반적인 값을 대입하는 기능 외에도 [예제-43]에서 설명할 구조체 변수를 대입해주는 기능도 가지고 있습니다.

065

**⑥ 줄 번호**

예제(소스)를 줄 번호에 맞게 차례대로 차근차근 설명해 줍니다.

**⑦ 결과 화면**

설명한 예제의 입력, 컴파일, 링크 과정을 거쳐 예제의 실행 결과를 보여줍니다. 이 결과와 다르게 나온다면 다시 한 번 확인해 보는 것이 좋습니다.

**⑨ 알고 갑시다**

해당 예제에서 설명한 내용에 대 한 부가적인 정보를 알려줍니다. 좀더 많은 기술이나 기능들에 대해 알고 싶다면 여기에 쓰여진 내용들을 참조하는 것이 좋습니다.

**⑩ NOTE**

예제를 학습해 보면서 현재 내용과 관련된 추가 정보나 주의할 점, 초보자가 종종 놓칠 수 있는 내용들을 알려줍니다.

C 언어를 공부한다는 것은 프로그래머의 길에 들어서기 위한 첫걸음입니다. 첫걸음을 잘 딛어야 앞으로 계속 발전하며 나아갈 것입니다. C 언어를 잘 하기 위한 방법은 무엇일까요? 그것은 이런 종류의 책들을 보고 또 보고, 실제 예제를 수없이 구현하고 실행해 보는 방법밖에 없습니다. 노력을 하는 만큼 실력이 향상되는 것은 당연한 결과이겠지요.

이 책에서는 C 언어에 관련된 전반적인 내용을 다루는데, 책의 예제를 입력하고 실행하기 위해서는 컴파일러가 반드시 필요합니다. 컴파일러는 여러분이 입력한 예제 코드의 문법이 맞는지 검사한 후 에러가 없다면 실행 가능한 파일로 변환해 주는 역할을 합니다. 여러분이 예제 코드를 컴파일하기 위해 사용할 수 있는 컴파일러는 여러 개 있으며, 아래에 컴파일러의 종류와 사용 방법에 대해 소개합니다. 이미 컴파일러가 설치되어 있는 독자분들은 바로 [예제-1]로 넘어가도 됩니다.

## 컴파일러는 어떤 것이 있나요?

C 프로그래밍을 하기 위해서는 컴파일러가 필요하다고 앞서 설명한대로, 여기서는 컴파일러 종류에 대해서 알아보도록 하겠습니다.

- Dev-C++ (C 언어의 학습에 추천하는 컴파일러입니다)
- Visual Studio(Microsoft사-설치 용량이 8GB로 최신 개발툴임)
- 이클립스(Eclipse-www.eclipse.org)
- gcc(유닉스용 컴파일러)

### 프로그래머가 되는 첫걸음

첫걸음을 잘 딛어야 앞으로 계속 발전하며 나아갈 것입니다.

C 언어를 잘 하기 위한 방법은 무엇일까요? 그것은 이런 종류의 책들을 보고 또 보고, 실제 예제를 수없이 구현하고 실행해 보는 방법밖에 없습니다.

## 컴파일러는 어떻게 사용하나요?

어떤 컴파일러를 선택하느냐는 순전히 독자 여러분의 몫입니다. 어느 컴파일러가 좋고, 성능이 좋은가를 비교하는 것은, 프로그래밍을 입문하는 여러분께는 절대적으로 중요하지 않습니다. 여러분이 구할 수 있는 또는 보유하고 있는 컴파일러를 PC에 설치한 후에 해당 예제들을 따라해 보면 됩니다.

그럼, 컴파일러의 사용 방법을 알아보도록 하겠습니다.

### ▶ Dev-C++

Dev-C++은 유닉스용 컴파일러인 gcc와 Mingw(Minimalist GNU for Windows)를 포함해 무료로 배포되는 프로그램으로, Visual Studion 2017과 유사한 개발 환경을 제공합니다. 이 프로그램은 인터넷으로부터 내려 받을 수 있습니다. 윈도우10의 경우 다음의 링크에서 내려 받을 수 있습니다.

https://sourceforge.net/projects/orwelldevcpp/files/Setup Releases/Dev-Cpp 5.11 TDM-GCC 4.9.2 Setup.exe/download

https://sourceforge.net/projects/orwelldevcpp/files/Setup%20Releases/Dev-Cpp%205.11%20TDM-GCC%204.9.2%20Setup.exe/download

내려 받은 Dev-Cpp 5.11 TDM-GCC 4.9.2 Setup.exe를 실행합니다. 그러면 보안 인증 창이 나타나는데 [예] 버튼을 클릭하면 다음과 같이 압축을 푸는 화면이 나타납니다.

설치할 언어에 대한 대화상자가 실행되면 설치 언어의 종류를 'Korean'으로 선택합니다. 그리고 [OK] 버튼을 클릭합니다. 설치를 취소하려면 언제든지 [Cancel] 버튼을 클릭합니다.

사용권 계약에 대한 대화상자가 실행되면 [동의함] 버튼을 클릭합니다.

구성 요소 선택 대화상자가 실행되면 설치 형태 선택을 모두 선택한 후 [다음] 버튼을 클릭합니다.

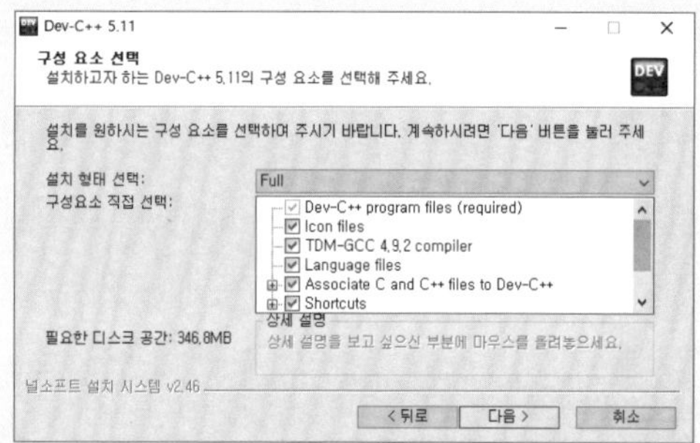

설치 폴더는 기본적으로 C:₩Program Files (x86)₩Dev-Cpp에 설치되며, [찾아보기…] 버튼을 클릭해 설치 폴더를 변경할 수 있습니다. 특별한 이유가 아니라면 기본 폴더로 선택하는 것이 좋습니다.

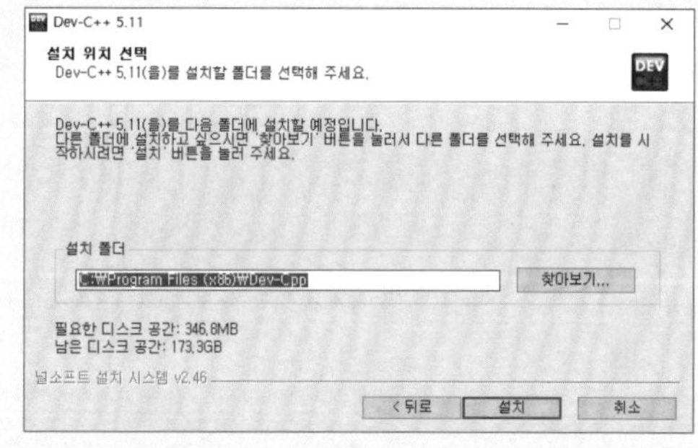

다음과 같이 프로그램 설치에 필요한 파일이 복사되는 과정이 바로 표시됩니다. 컴퓨터 사양에 따라 조금씩 다르지만 보통 1분 내외의 시간이 걸립니다.

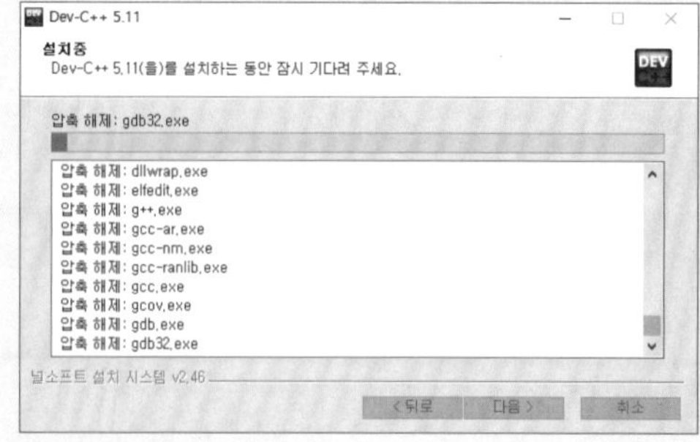

설치 완료 화면이 실행되면 [마침] 버튼을 클릭
합니다.

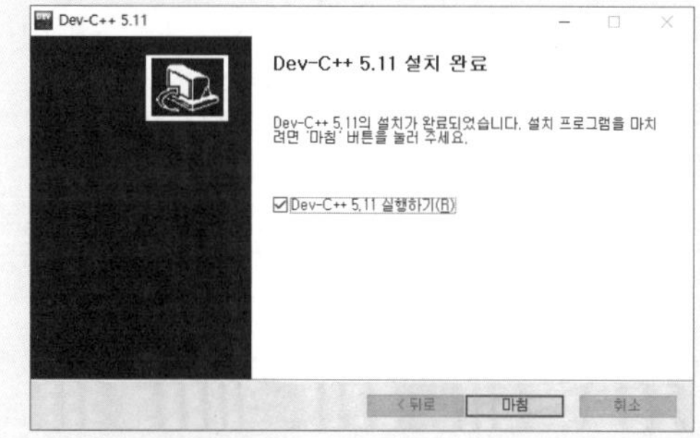

사용할 언어를 선택하는 화면이 실행되면 Select
your language 리스트 목록에서 'Korean(한국어)'
를 선택합니다. 'Korean(한국어)'는 English에서
조금 아래로 내려가면 있습니다. [Next] 버튼을
클릭합니다.

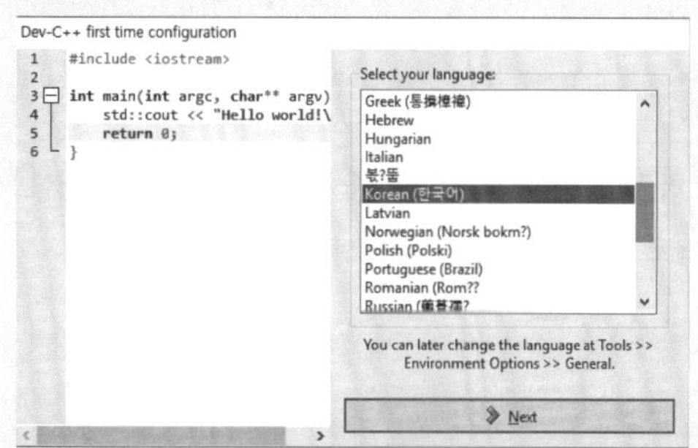

테마를 선택합니다. 폰트 및 컬러를 선택할 수
있으며, 그대로 둔 후 [Next] 버튼을 클릭해도 됩
니다.

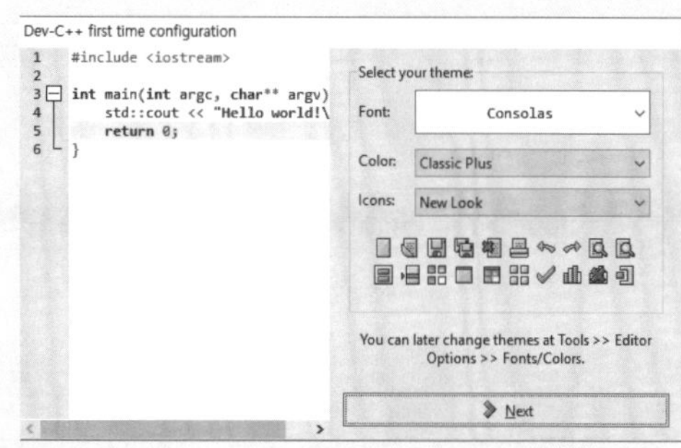

Dev-C++ 프로그램이 실행되었습니다. 이제 이
프로그램을 사용해 C 언어 프로그래밍을 시작할
수 있습니다.

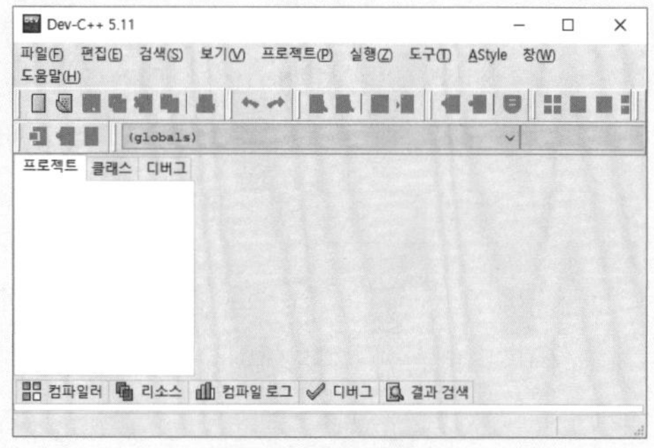

## 첫 번째 프로젝트 예제 작성

C 언어를 입력하여 실행하기 위해서는 우선 프로젝트를 생성해야 합니다. 프로젝트를 생성하려면 [그림 S]에서 다음과 같이 메뉴에서 [파일]-[새로 만들기]-[프로젝트]를 순서대로 클릭합니다.

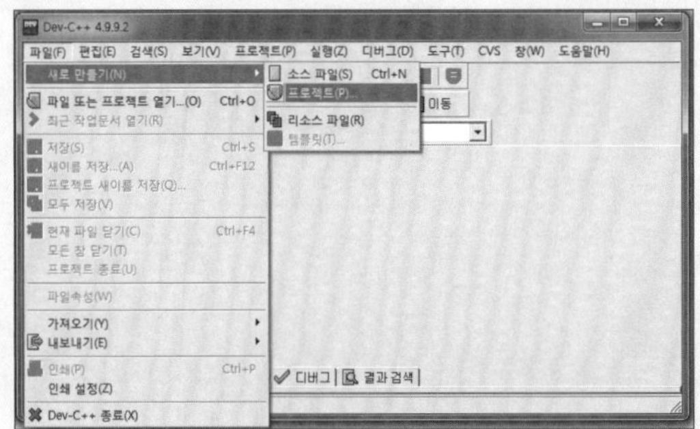

[그림 T] 프로젝트 생성하기

다음은 새로운 프로젝트 화면입니다. 이 화면에서는 다음 사항을 설정해야 합니다.

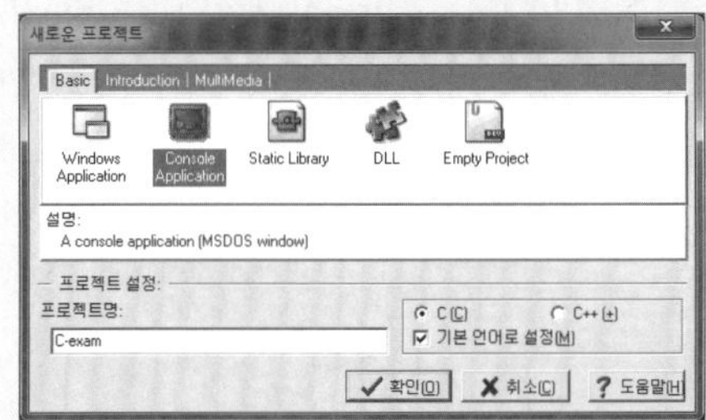

[그림 U] 새로운 프로젝트

1. 애플리케이션(Application)의 종류 선택: **[Console Application]을 선택**(옆에 있는 Windows Application, Static Library, DLL 등은 윈도우 응용 프로그램이나 라이브러리를 만드는 것으로 C 언어를 학습하는 지금은 사용할 필요가 없습니다.)

2. 프로젝트명 입력: **C-exam을 입력**(프로젝트명은 프로젝트를 생성할 때 고유한 이름으로 입력하면 됩니다. 실제로 예제 001~예제 270까지 프로젝트를 생성할 때는 프로젝트명을 C001~C270까지 서로 다른 이름으로 입력한 후 사용하기 바랍니다.)

3. 언어 선택: **C를 선택**(언어 선택은 기본적으로 C++로 되어 있습니다. 그러므로 반드시 'C'를 선택해야 합니다. 'C++'로 선택하면 문법이 달라 컴파일 시 에러가 발생되어 처음 C 언어를 학습하는 분들은 주의해야 합니다.)

4. 언어 설정: '기본 언어로 설정' 항목에 체크를 선택합니다. 이 책에서는 C 언어만을 학습할 것이기 때문에 기본 언어로 설정을 해 놓습니다.

위 4개의 설정을 마친 후, [확인] 버튼을 클릭합니다. 그러면 [그림 V]와 같이 프로젝트를 어느 폴더에 저장할 지 지정하는 화면이 보여집니다. [저장] 버튼을 클릭하면 프로젝트가 저장되며, 프로젝트를 나만의 특정 폴더를 생성하여 관리하고 싶다면 새로운 폴더를 생성한 후, 그 새로 생성된 폴더에 프로젝트를 저장하면 됩니다. [그림 W]는 'C300'이라는 새로운 폴더를 생성한 후 프로젝트를 저장하는 화면입니다. 앞으로 이 책에서 모든 예제는 [C300] 폴더에 저장하도록 할 것이니 여러분도 'C300'이라는 새로운 폴더를 생성한 후 프로젝트 'C-exam.dev'로 저장하기 바랍니다.

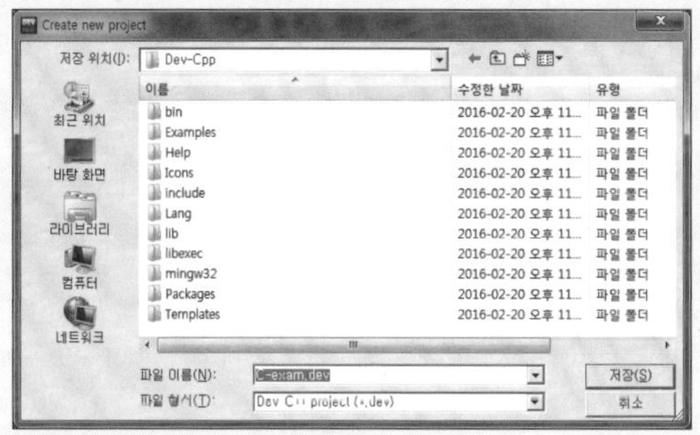

[그림 V] 프로젝트 저장    [그림 W] 프로젝트 폴더 생성 후 저장

프로젝트가 저장된 후 다음과 같이 첫 번째 프로젝트가 생성된 화면을 볼 수 있습니다. 화면 왼쪽의 프로젝트 탭 아래에 보면 프로젝트명인 'C-exam'을 확인할 수 있으며, C-exam의 옆에 있는 [+] 표시를 클릭하면 그 아래에 자동으로 생성되어 있는 main.c를 볼 수 있습니다.

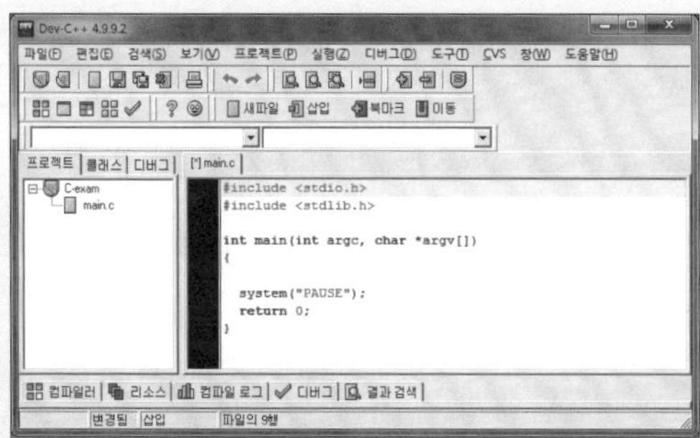

[그림 X] 첫 번째 프로젝트

이 main.c 파일이 앞으로 여러분이 C 언어의 예제 001부터 예제 270까지 입력하는 곳입니다. 화면 우측에는 C 언어의 소스 코드가 보여지고 있는데, 이는 C 언어의 기본적인 것이며, 이 책에서는 각 예제에 맞게 입력하면 됩니다.

## 컴파일하고 실행하기

첫 번째 프로젝트를 컴파일하고 실행하기 위해서는 메뉴에서 [실행]-[컴파일 후 실행]을 클릭합니다. 메뉴에도 표시되어 있듯이 F9 를 눌러도 컴파일 후 실행이 되며, [그림 X-1]에서 단축 버튼을 클릭해도 컴파일 후 실행이 됩니다.

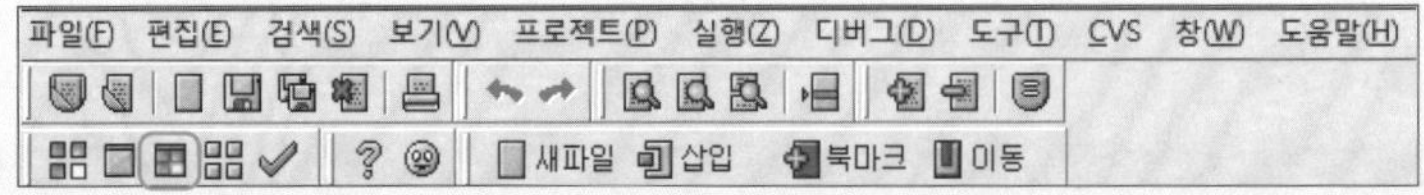

[그림 X-1] 첫 번째 프로젝트 실행

C 언어를 학습하다 보면 경우에 따라 실행은 하지 않고 컴파일만 하여 소스 코드의 입력에 에러가 있는지 여부만 확인할 수 있습니다. 이런 경우는 메뉴에서 [실행]-[컴파일]을 클릭하면 되며, 단축키는 Ctrl + F9 를 누르면 됩니다. 이 단축키는 Ctrl 를 누르고 있는 상태에서 F9 를 동시에 누른다는 의미이므로 주의하기 바랍니다.

컴파일 또는 컴파일 후 실행을 하면 main.c를 저장하기 위한 화면이 보여집니다. [그림 Y]는 main.c를 저장하는 화면이며 [저장] 버튼을 클릭하여 C 언어 소스 코드를 저장합니다.

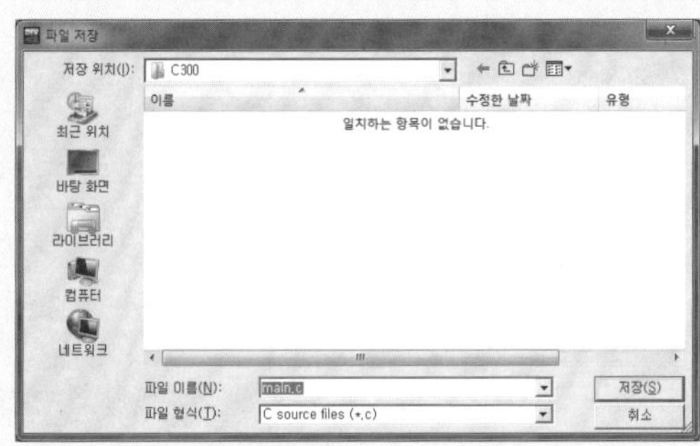

[그림 Y] main.c 저장

위와 같이 기본적으로 생성된 C 언어 코드를 그대로 컴파일 후 실행하면 [그림 Z]와 같이 실행되는 화면을 볼 수 있습니다. 여기까지 실행되면 여러분은 이제 C 언어를 학습할 모든 설치 및 준비가 완료된 것입니다.

[그림 Z] 프로젝트 실행

## 예제 001 학습 방법

예제 001부터 예제 270까지는 앞에서 설명한 것과 같이 프로젝트를 생성한 후 학습하면 됩니다. 프로젝트명은 앞서 설명한 것처럼 예제 001은 C001, 예제 270은 C270을 사용하면 됩니다. 프로젝트를 생성한 후 화면의 오른쪽 부분과 같이 소스 코드를 입력합니다. **소스 코드를 자세히 보면 실제 예제 001에는 없는 코드[system("PAUSE");]가 추가되어 있는데, 이는 화면을 실행한 후 잠시 멈추게 하는 것입니다.** 이 코드가 없으면 화면이 실행된 후 사라지므로 화면을 잠시 멈춰야 하는 예제라면 이 코드를 추가해서 사용하기 바랍니다.

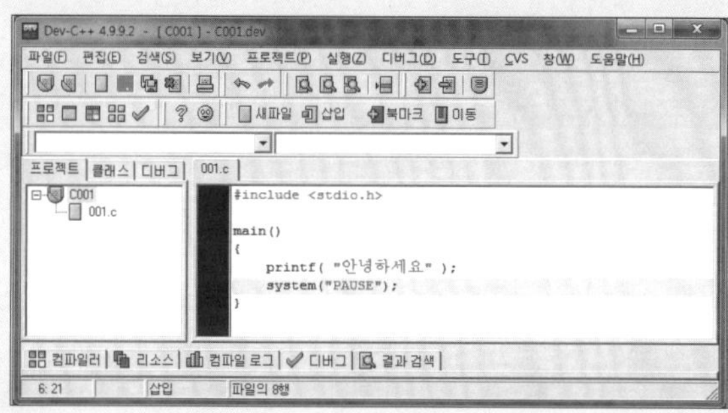

▲ 예제 코드 입력하기

또한, 컴파일 후 실행을 하면 파일 저장 화면이 보여지며, 파일명은 다른 예제와 중복되지 않도록 001.c, 002.c, ..., 300.c와 같이 입력해야 합니다.

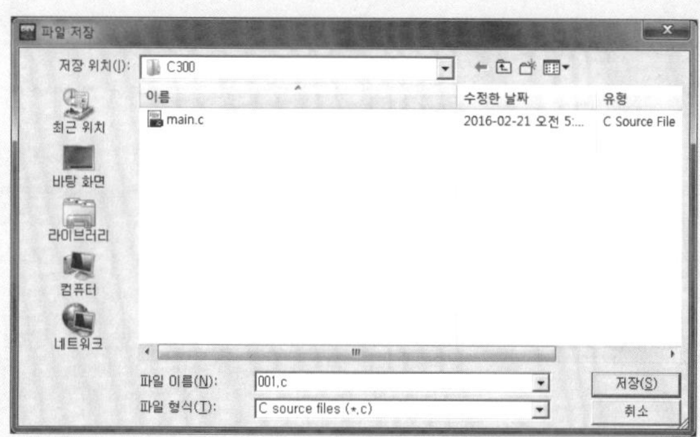

▲ 파일명 저장하기

## 컴파일 오류(error) 대처 방법

여러분은 처음 C 언어를 학습하는 것이기 때문에 코드 입력 실수로 인한 컴파일 오류가 발생할 수 있습니다. 이런 경우 다음과 같이 화면 하단에 있는 [컴파일러]를 클릭하면 행, 유닛, 메시지를 보여주며, 행은 오류가 발생한 행, 유닛은 에러가 발생한 파일명, 메시지는 에러의 발생 원인을 보여줍니다. 현재는 의도적으로 C 언어에서 사용되는 세미콜론(;)을 삭제해서 컴파일 오류를 강제로 발생시킨 것이며, 8행째의 코드가 system("PAUSE");와 같이 세미콜론(;)이 있어야 하는데 그림을 보면 세미콜론(;)이 없습니다. 그래서 그와 관련된 에러가 발생한 것이며, C 언어를 처음 학습하는 분들은 이런 오류가 어떤 의미인지 쉽게 이해할 수 없으므로 경험을 쌓아가면서 이해해야 합니다. 보통 이 책으로 학습하는 분들은 책에 있는 코드와 다르게 입력하여 발생하는 경우가 대부분이니 입력한 코드를 다시 확인하여 오류를 해결하면 됩니다.

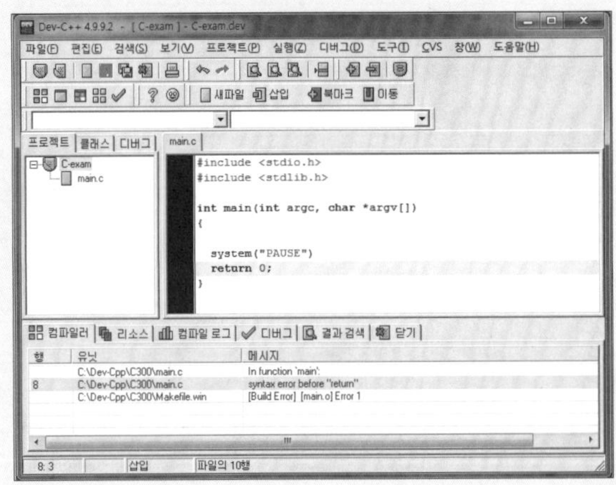

▲ 컴파일 에러 확인하기

### ▶ Visual Studio Express

Visual Studio Express는 마이크로소프트 사의 통합된 환경 개발 툴로 C 언어뿐만 아니라 C++, MFC, C# 등도 개발할 수 있습니다. 이 개발 툴은 마이크로소프트 사의 홈페이지에서 무료로 설치할 수 있습니다. 다음의 경로(URL)에서 Visual Studio Express를 내려 받아 설치할 수 있습니다.

https://www.visualstudio.com/ko/vs/visual-studio-express/

마이크로소프트의 비주얼 스튜디오 다운로드 페이지로 이동한 후 [Community 2019 다운로드]를
클릭합니다.

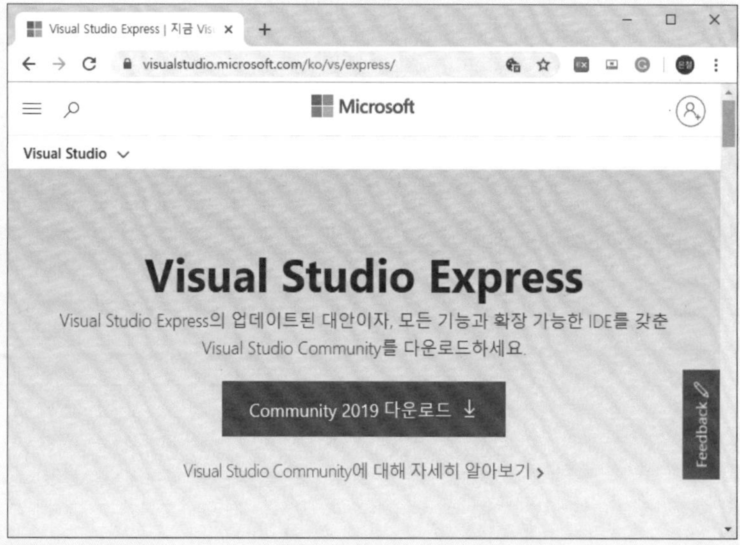

내려 받은 파일 vs_community__647186045.
1568520147.exe(버전은 다를 수 있음)를 실행
합니다.

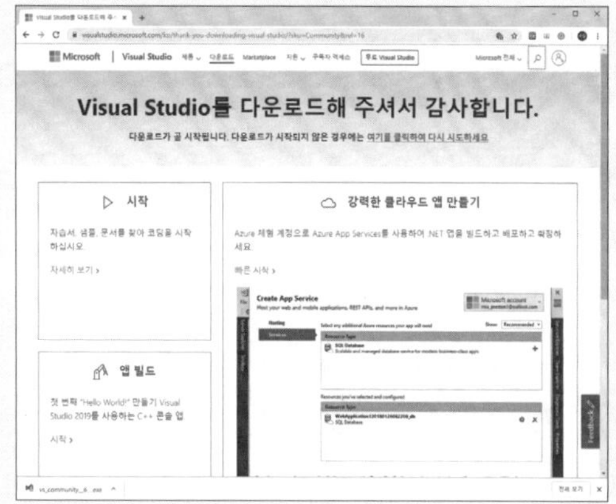

설치를 하기 위해 압축을 해제하는 화면이 자
동으로 실행됩니다.

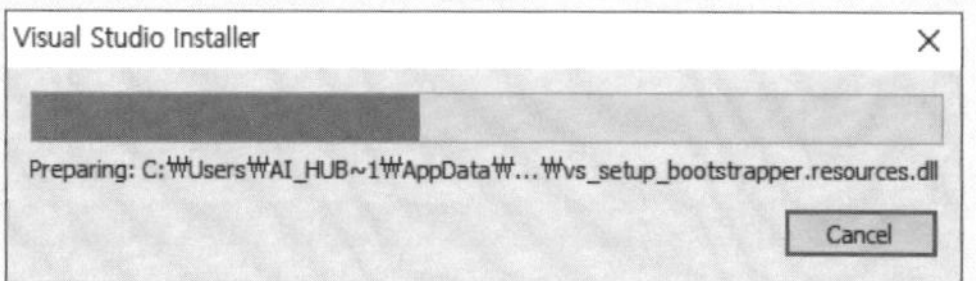

개인정보처리방침을 읽고 [계속] 버튼을 클릭합
니다.

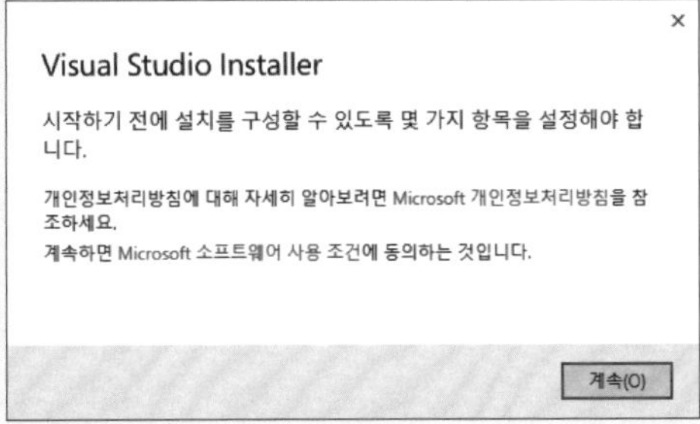


설치를 준비하는 동안 잠시 기다립니다.

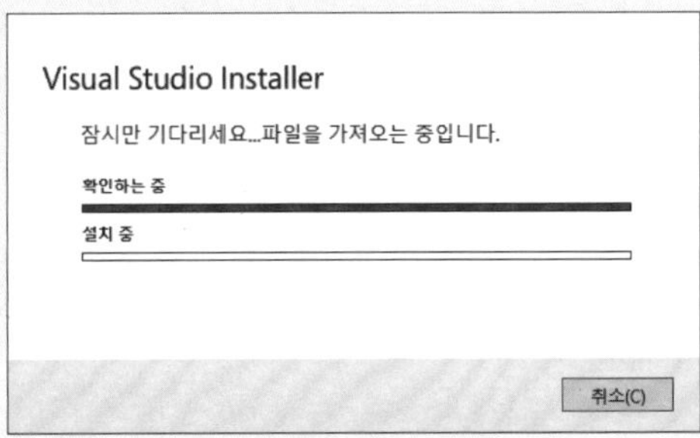


워크로드 탭에서 [C++를 사용한 데스크톱 개발]을 선택한 후, [설치] 버튼을 클릭합니다.

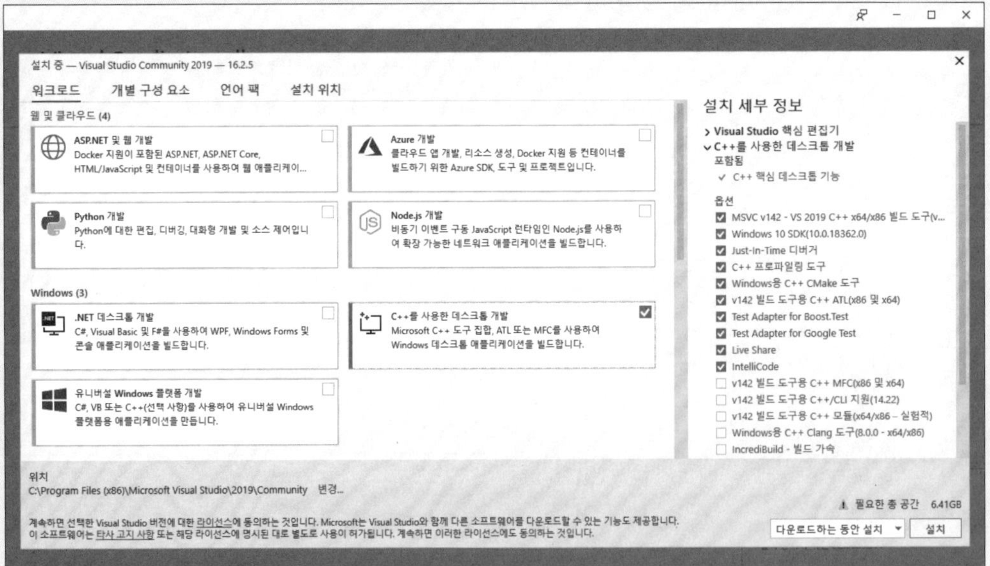

다음은 Visual Studio가 설치 중인 화면입니다.

다음은 Visual Studio가 설치 완료된 화면입니다. 완전히 설치하려면 다시 시작합니다.

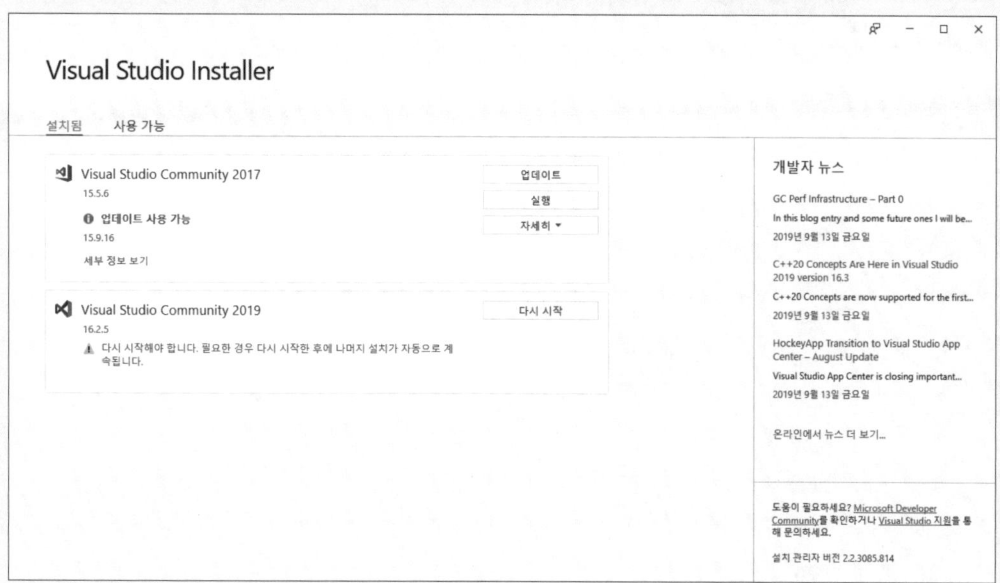

Visual Studio를 시작하기 위해 윈도우 왼쪽 아래의 메뉴 버튼을 클릭한 다음 Visual Studio 2019를 실행합니다. Visual Studio 버전이 변경된 경우 저자가 운영 중인 카페를 참조합니다 (http://cafe.naver.com/pplus). Visual Studio 실행 시 로그인이 필요하므로 회원가입을 해야 합니다.

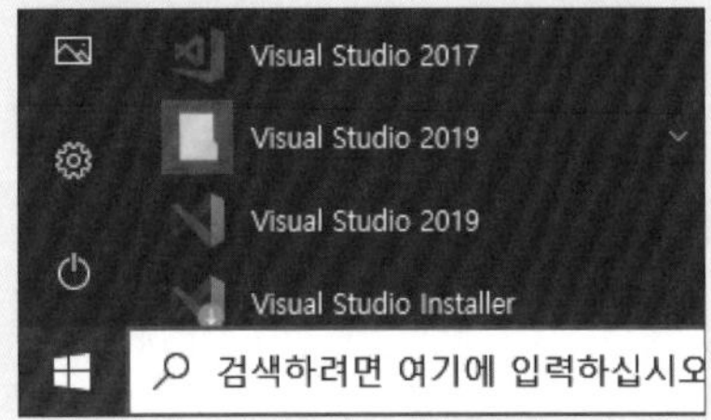

[새 프로젝트 만들기] 버튼을 클릭합니다.

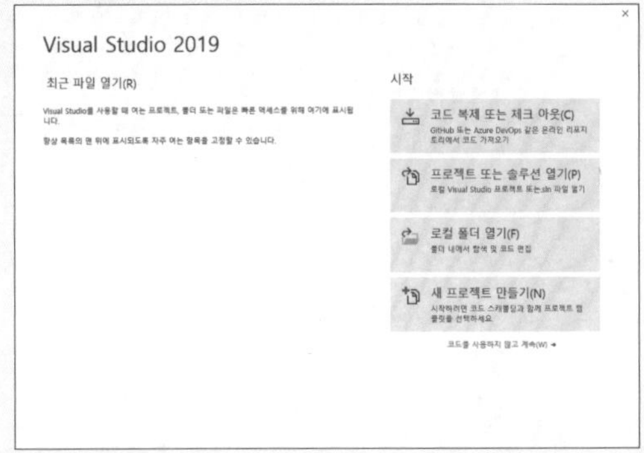

두 번째의 [콘솔 앱]을 선택한 후 [다음] 버튼을 클릭합니다.

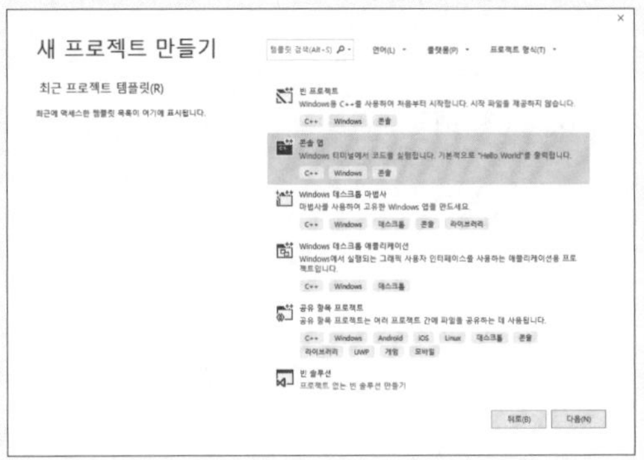

프로젝트 이름을 [exam001]로 입력하고 [만들기] 버튼을 클릭합니다. 앞으로 모든 예제를 학습할 때, [exam001], [exam002], [exam003]처럼 각 예제 번호를 입력해 만들어야 프로젝트가 중복되지 않습니다. 예제 5라면 [exam005]처럼 작성하면 됩니다.

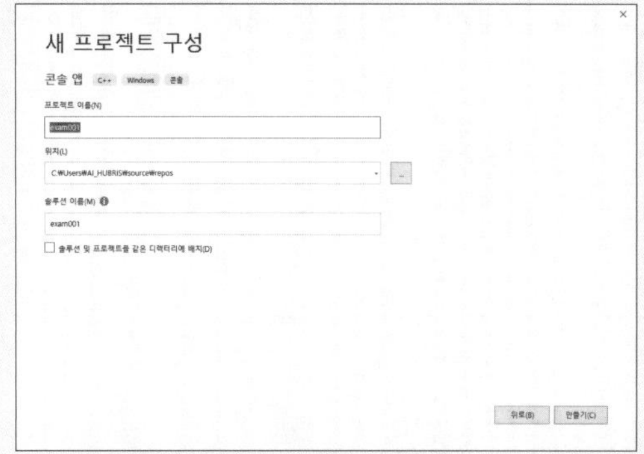

프로젝트는 기본적으로 C++용으로 생성됩니다. 그러므로 추가 작업을 통해 C 언어용으로 바꿔야 합니다.

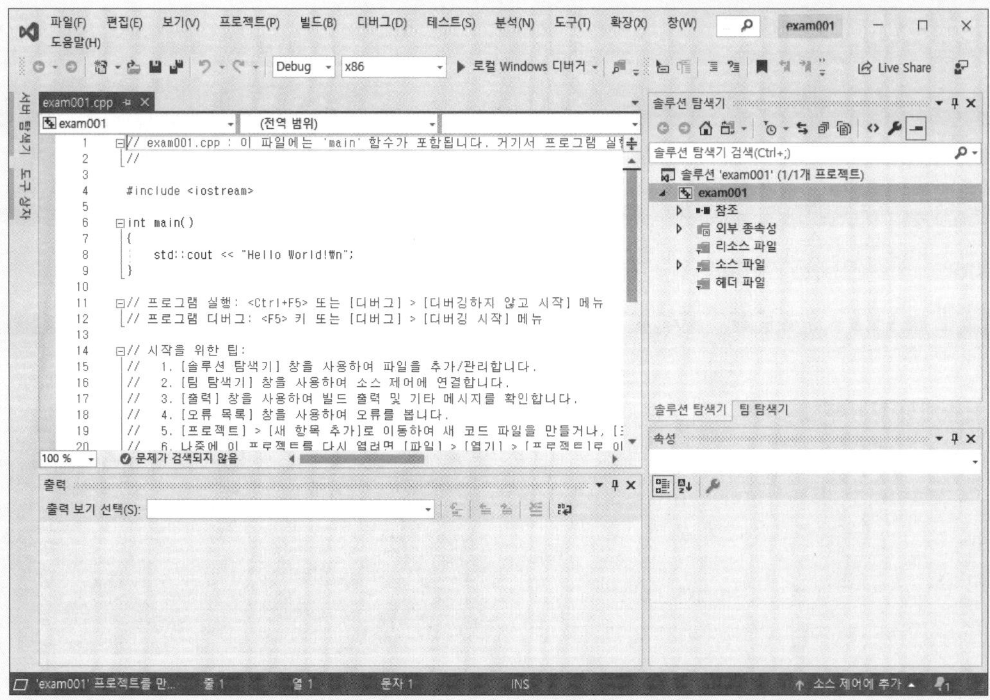

다음과 같이 8번째 줄을 수정하고 실행을 먼저 해봅니다.

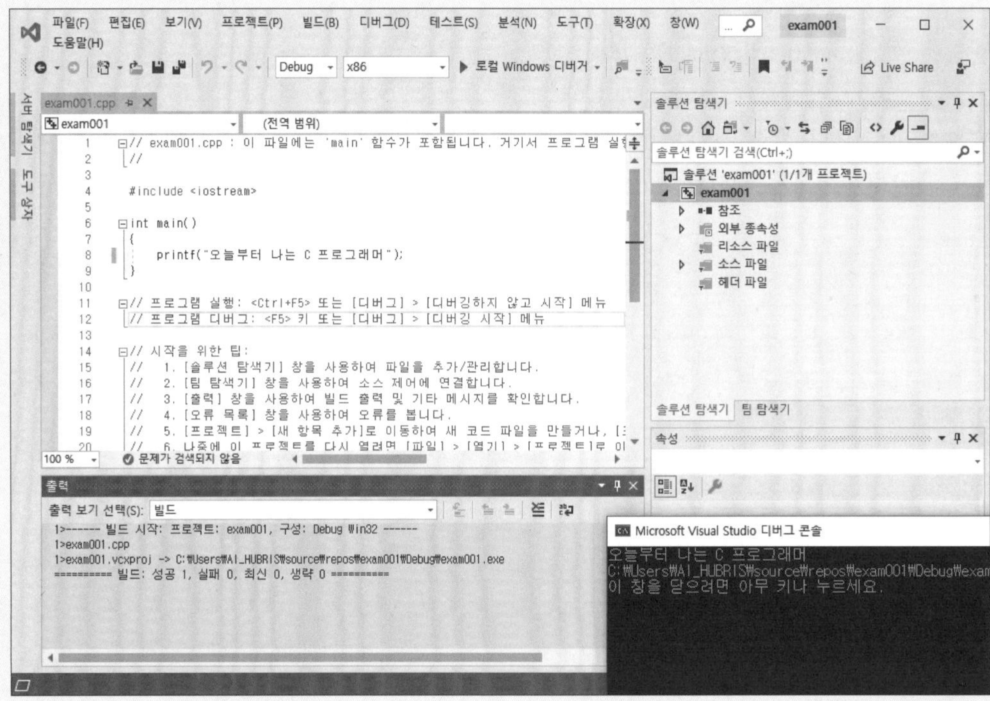

std::cout << "Hello World!\n";      ← 이 부분을
printf( "오늘부터 나는 C 프로그래머" );  ← 이렇게 수정합니다.

메뉴에서 [디버그]–[디버그하지 않고 시작]을 누르거나 단축키 `Ctrl` + `F5` 를 눌러 프로그램을 컴파일하고 실행합니다. 실행 결과는 다음과 같습니다. 프로그램을 실행하지 않고 빌드만 하려면 메뉴에서 [빌드]–[exam001 빌드]를 클릭합니다. 빌드는 실행을 하지 않고 프로그램 작성의 오류가 있는지 확인하기 위해 사용합니다.

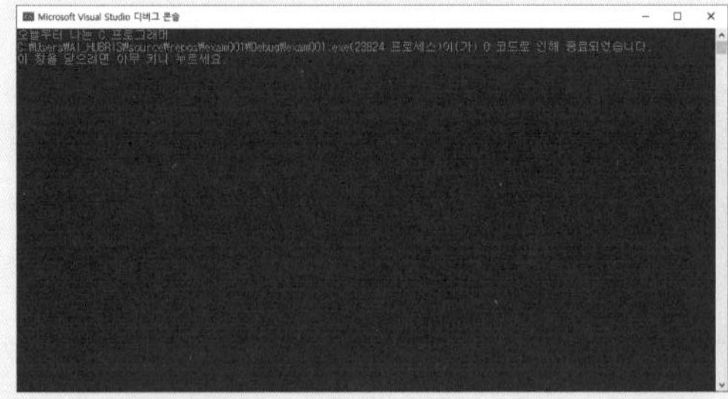

C 언어 파일을 추가하기 위해서는 다음과 같
이 솔루션 탐색기의 소스 파일에 오른쪽 마우
스를 클릭합니다. 그런 다음 [추가]-[새 항목]
을 클릭합니다.

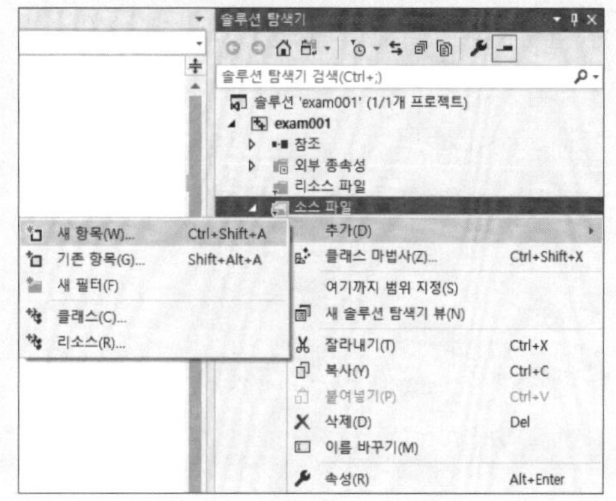

이름을 [exam001.c]라고 입력합니다.

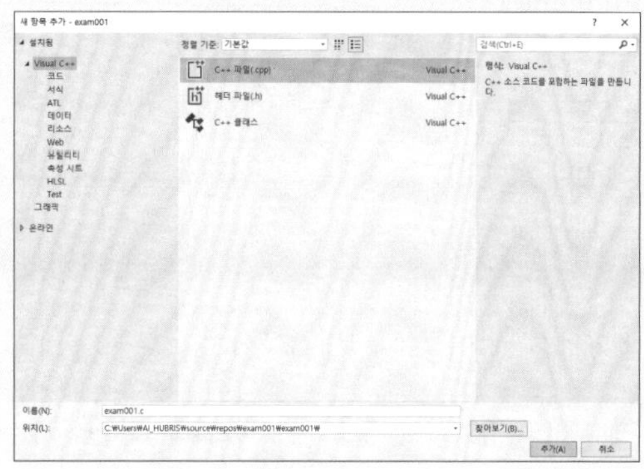

그런 다음 [추가] 버튼을 클릭하면 다음과 같
이 exam001.c가 소스 파일에 추가됩니다.

소스 파일에서 [exam001.cpp]에 마우스 오른쪽
버튼을 클릭하고 [제거] 메뉴를 클릭합니다.

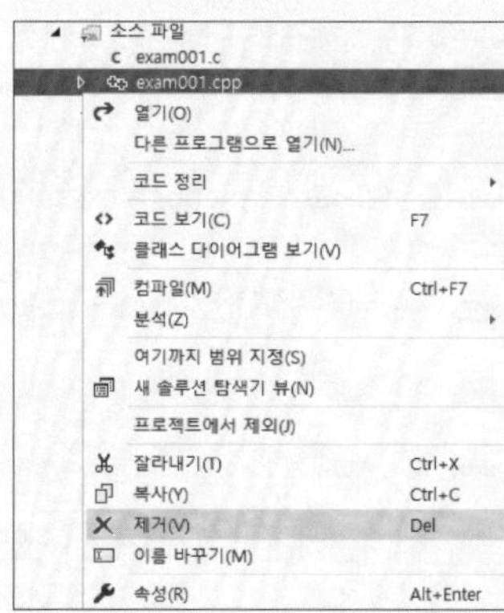

영구적으로 삭제할 것이기 때문에 [삭제] 버튼
을 클릭합니다. [제거]는 파일은 삭제되지 않
고 프로젝트에서만 제거되는 것이고 [삭제]는
파일도 삭제되고 프로젝트에서도 제거되는 것
입니다.

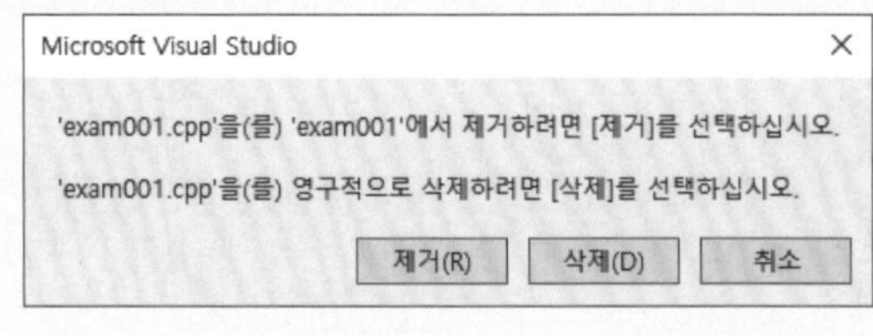

소스 파일에서 exam001.c를 클릭한 다음 다음
과 같이 입력합니다.

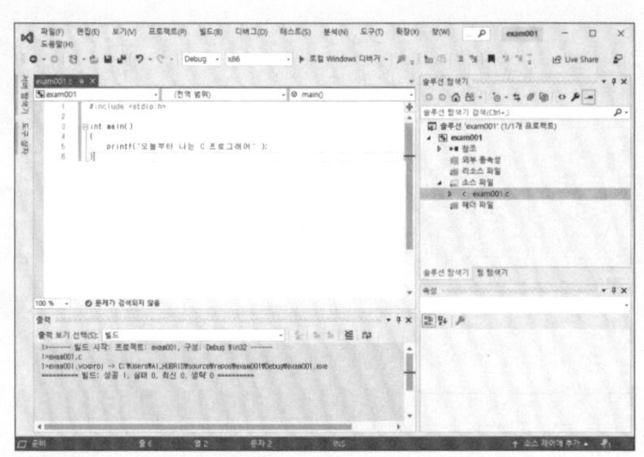

```
#include <stdio.h>
int main( )
{
    printf("오늘부터 나는 C 프로그래머" );
}
```

메뉴에서 [디버그]−[디버그하지 않고 시작]을 클릭하거나 Ctrl + F5 를 눌러 실행합니다.

여러분은 지금 Dev−C++과 Visual Studio를 사용해 C 언어로 프로그램을 작성해 보았습니다. 실제
학습에서는 C 언어로 본격적인 프로그래밍을 하므로, 여기서 프로젝트를 작성하고 실행해 보았던
것을 반복해 사용합니다. 그러므로 한두 번 더 반복해서 프로젝트를 작성하고 실행 프로그램을 만
드는 방법을 잘 이해하고 넘어가기 바랍니다. 주의할 것은 이미 만든 프로젝트명을 다시 사용할 수
없으므로 반드시 다른 이름으로 작성해야 합니다. 만약 이미 만들었던 이름을 다시 사용하고 싶다
면, Visual Studio를 종료한 후 프로젝트가 생성된 폴더를 전부 삭제해야 합니다. 프로젝트를 빌드하
면 다음과 같이 exe가 생성되는 경로가 출력되므로 그 경로로 이동해 폴더를 삭제하면 됩니다.

C:₩Users₩AI_HUBRIS₩source₩repos₩exam001₩Debug₩exam001.exe

위 경로 중 C:₩Users₩AI_HUBRIS₩source₩repos₩exam001 폴더를 삭제하면 됩니다.

### ▶ 파이썬

파이썬을 설치하기 위해서는 https://www.python.org/downloads/windows/사이트에서 다운로드
및 설치해야 합니다.

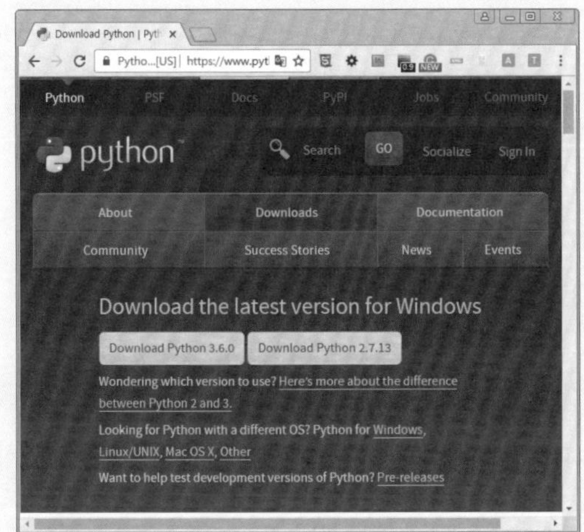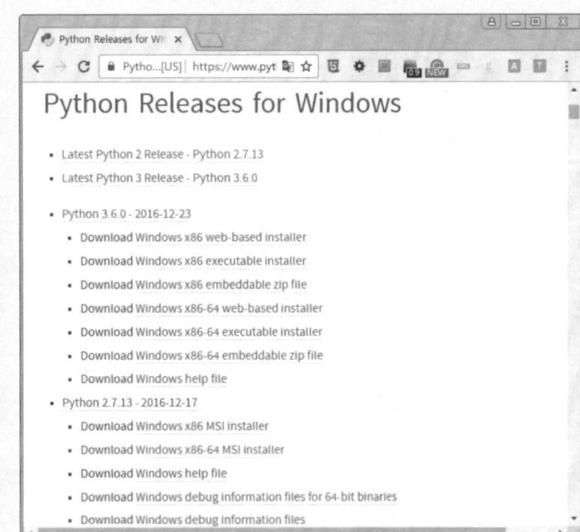

▲ 파이썬 다운로드

위 그림에서 자신의 PC가 32비트이면 [Download Windows x86 executable installer]를 다운로드하고 64비트이면 [Download Windows x86-64 executable installer]를 다운로드합니다.

▲ 파이썬 설치 파일 실행

다운로드받은 [python-3.6.0.exe-32비트용] 또는 [python-3.6.0-amd64.exe-64비트용]을 실행합니다. 설치 화면이 나오면 아래에 있는 [Install launcher for all user(recommended)]와 [Add Python 3.6 to PATH]를 체크한 후 [Install Now]를 클릭합니다.

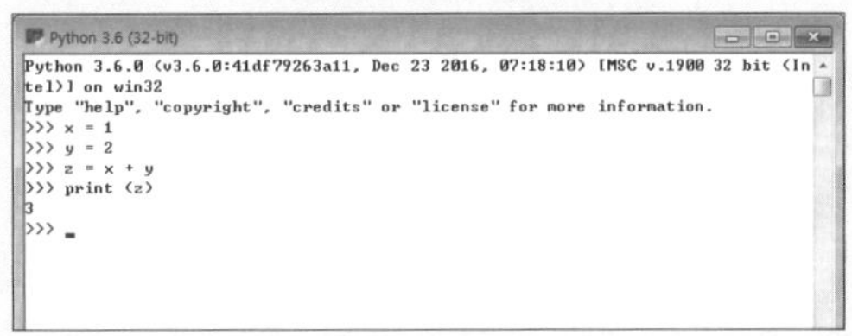

▲ 파이썬 실행

설치가 완료되면 파이썬 프로그래밍을 하기 위해 IDLE(Python 3.6 64bit-또는 32bit) 프로그램을 실행합니다. 다음은 프로그램이 실행된 모습입니다.

파이썬이 실행되면 [x = 1], [y = 2], [z = x + y], [print (z)]과 같이 변수에 값을 입력하는 등 프로그래밍을 대화형으로 작성할 수 있습니다.

# PART 1 입문

## 오늘부터 나는 C 프로그래머!

# 초보자를 위한 C언어 300제

# C 프로그램 시작하기

- **학습 내용 :** C 언어를 배우기 위한 첫걸음으로, printf( ) 함수를 사용하여 "안녕하세요"를 화면에 출력해봄으로써, C 언어 프로그래밍의 기본 틀을 이해합니다.
- **힌트 내용 :** main( ) 함수와 printf( )를 사용해야 합니다.

📁 **소스 : [예제-1].c**

```
1: #include <stdio.h>
2:
3: main()
4: {
5:     printf( "안녕하세요" );
6: }
```

C 언어 프로그램에 입문하신 것을 진심으로 환영합니다. 이 글을 읽고 있는 여러분은 지금 이 순간부터 C 언어를 사용하는 프로그래머의 길에 들어선 것입니다.

C 프로그래밍을 잘 하려면 어떻게 해야 할까요?

그것은 바로 기초를 튼튼하게 하는 것입니다. 기초가 튼튼하면 어떤 프로그램을 만들더라도 자신감을 가질 수 있습니다. 이 책의 마지막 예제 부분에서는 기초가 튼튼한 사람만이 만들 수 있는 파이썬, 아두이노, 라즈베리 파이를 다룹니다. 아두이노로 LED를 깜빡이고 라즈베리 파이에 리눅스를 설치하는 등 파이썬 프로그래밍을 할 것입니다.

[예제-1.c]는 여러분이 처음 접하는 C 프로그램입니다. 예제의 내용을 자세하게 설명한다면 바로 이 책을 덮을 독자가 발생할 것 같은 걱정(?)이 앞서 상세한 설명은 뒤로 미루겠습니다. 지금은 그냥 C 언어가 이렇게 생겼구나! 정도만 알고 가면 됩니다. 물론, 예제가 너무 어렵기 때문에 설명하지 않겠다는 것은 아니니, 큰 걱정을 할 필요는 없겠지요.

☼ **새로운 용어**

**프로그램** : 컴퓨터가 실행할 수 있는 순서적인 명령어들의 모임을 프로그램이라 하며, 일반적으로 한글 프로그램, 게임 프로그램 등으로 불리워집니다.

[예제-1.c]에서 1은 파일명이고, c는 확장자입니다. 혼글 프로그램은 확장자가 hwp이고, MS Word(워드) 파일은 확장자가 doc인 것처럼, C 언어는 c를 확장자로 사용하는 것입니다. 앞으로 이 책에서 설명할 예제에 대한 파일명은 "1.c, 2.c, 3.c, …"로 사용될 것입니다. 자! 이제 1번째 줄로 부터 설명을 시작합니다.

앞으로 여러분이 초급 과정을 학습하는 동안 항상 이 문장이 1번째 줄에 위치해 있을 것입니다. 지금은 그냥 "아! 언젠간 알게 되겠지"라고 편하게 생각하세요. 참고로 #include 문에 대해서는 [49. #include 문 이해하기]에서 자세하게 설명합니다.   ◆ 1

혹시 2번째 줄이 무엇을 하는 것이라고 생각되나요? 정답은 "아무것도 하지 않는다"입니다. 그냥 문장을 보기 좋게 만들기 위해 한 줄 띈 것일 뿐입니다.   ◆ 2

이 문장도 역시 앞으로 특별한 경우가 아닌 이상 항상 이렇게 사용됩니다. C 프로그램은 main 함수에서 시작되어 main 함수로 종료됩니다. 그래서 C 프로그램은 반드시 하나의 main 함수를 포함해야 합니다. 참고로 main 함수에 대해서는 [135. main() 함수 원형 사용하기]를 참고하세요.   ◆ 3

C 프로그램은 main 함수에서 시작되고 종료된다고 3번째 줄에서 설명한 것처럼, main 함수의 시작되는 곳과 끝나는 곳을 알려주는 역할을 하는 것이 중괄호 "{"과 "}"입니다. "{"는 main 함수의시작을 의미하는 것이고, "}"는 main 함수의 끝을 의미합니다. 이 중괄호는 C 프로그램을 하는 이상 계속 사용하는 것이기 때문에 그냥 사용하면 되겠지요.   ◆ 4, 6

1~4번째 줄과 6번째 줄은 C 프로그램을 만들기 위한 기본 틀이라고 생각하면 됩니다. 실제 프로그램이 실행되는 것이 바로 5번째 줄이며, 이 부분이 실행되고 나면 화면에 "안녕하세요"라고 표시됩니다.   ◆ 5

📝 **CAUTION**

위의 예제에서 1:, 2: 등은 설명을 위한 줄 번호이므로 실제로 입력 및 실행할 때는 입력하지 않습니다. 실제로 여러분이 입력해야 하는 코드는 아래와 같습니다. Visual C++에서 아래의 코드를 입력하고 실행하려면, 우선 프로젝트를 생성해야겠죠. 그리고 새로운 문서를 하나 만들어서 1.c라고 저장(File 메뉴의 Save)합니다. 그리고 [시작하면서]에서 설명한 것처럼 컴파일을 하고 실행을 합니다.

```c
#include <stdio.h>

main()
{
    printf( "안녕하세요" );
}
```

처음으로 C 프로그램에 대하여 설명을 하였는데, 이 부분이 충분히 이해되지 않더라도 앞으로 계속 사용하면서 이해할 수 있기 때문에 걱정하지 말고 바로 다음 예제로 넘어가도록 하세요. 단, 프로그램을 컴파일하고 실행하는 방법을 잘 모르겠다고 판단된다면, 더 이상 다음 예제를 실행할 수 없기 때문에 **[시작하면서]**를 반복 학습하여 컴파일 결과가 나올 때까지 연습하세요.

자, 컴파일과 실행이 잘 되었다면, 다음과 같은 화면이 보일 것입니다. 이 화면까지 나왔다면, [예제-2]~[예제-270]까지 아무 무리 없이 컴파일하고 실행할 수 있습니다. "안녕하세요"를 나오게 하는 것이 [예제-1]의 또 다른 학습 목표이며, C 언어의 첫걸음을 디딘 것이라 할 수 있습니다.

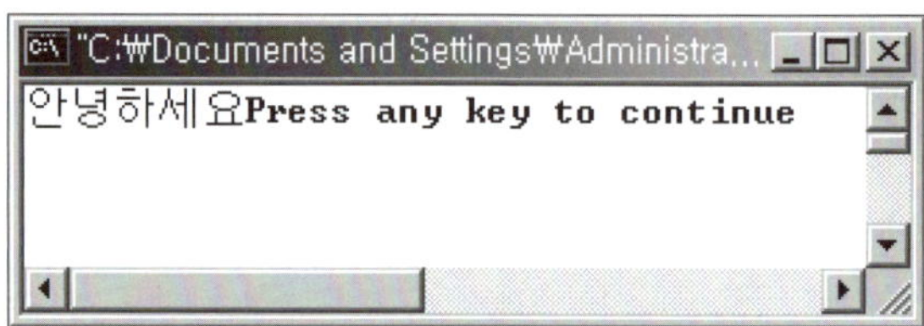


예제-1.c의 실행 모습

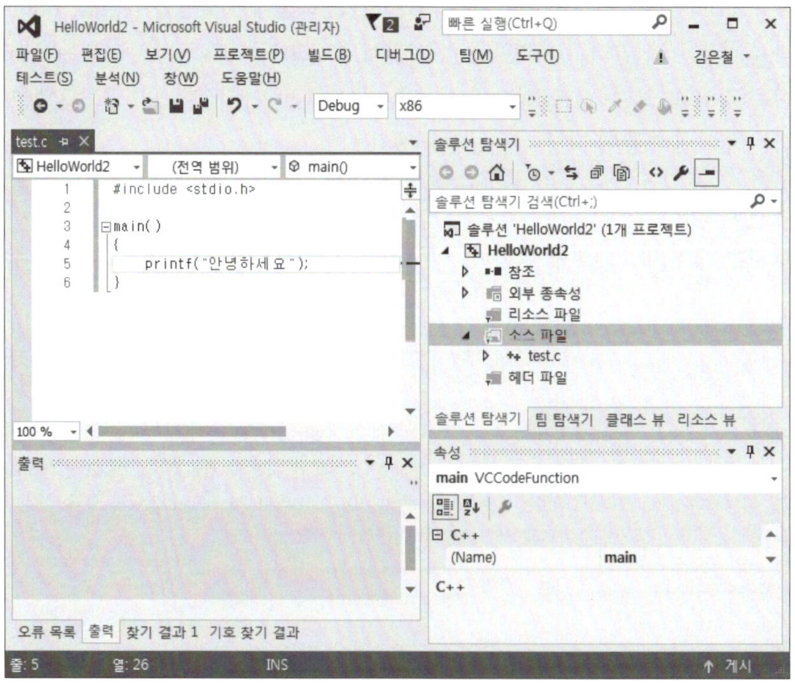

Visual C++에서의 예제

## C 언어를 빠른 시간 내에 학습하는 방법

첫째, 예제의 소스 코드를 모두 입력해 보아야 합니다.

둘째, 소스 코드를 여러 가지 형태로 변경해 보아야 합니다. 예를 들어 [예제1]의 1번째 줄에 있는 #include⟨stdio.h⟩를 빼보거나, 5번째 줄의 세미콜론(;)을 빼보는 것입니다.

셋째, 5번째 줄의 "안녕하세요" 대신에 다른 문장을 넣어보세요.

### C 언어의 역사

C 언어는 벨 연구소에 근무했던 데니스 리치(Dennis Ritchie)가 1972년에 개발하였습니다. C 언어 개발의 목적은 UNIX라는 운영체제를 만들기 위한 것이었으며, 프로그래머들이 빠른 시간 내에 프로그래밍을 할 수 있도록 설계되었습니다.

C는 강력한 기능과 유연성을 가진 언어이기 때문에 점차 세계 도처의 많은 프로그래머들이 사용하게 되었습니다. 하지만, 얼마 되지 않아 여러 기관에서 그들만의 표준을 만들어내었고, 이로 인해 C 언어는 프로그래머들간에 호환성이 점차 없어지기 시작했습니다.

이러한 문제를 해결하기 위해 미국 국가 표준 협회(ANSI : American National Standard Institute)에서 C에 대한 표준을 만들기 위한 위원회를 1983년에 설립하고, ANSI C라는 표준 C 언어를 발표하였습니다. 몇몇 예외적인 부분을 제외하고는 현재 대부분의 C 컴파일러는 ANSI C 표준을 따르고 있습니다.

왜 C 언어일까요?

C 언어는 최초의 언어가 아니라, B라는 언어를 계승하여 만들었습니다. 그래서 B 언어 다음 버전이라는 의미로 C 언어라고 불리었으며, B 언어는 Bell 연구소에서 최초로 개발하였기 때문에 B 언어라고 했습니다.

C 언어를 접하면서 C++라는 객체 지향형 언어를 한 번쯤은 들어본 독자가 있을 것입니다. C++는 C 언어를 계승하여 좀 더 발전된 언어라는 것을 쉽게 알 수 있겠지요. 나중에 C++ 언어를 배우게 될 때 알 수 있겠지만, C++ 언어를 배우고 나면 프로그래머에게 막강한 힘을 주게 됩니다. 아무리 어려운 프로젝트라도 C 언어를 사용할 때 보다는 쉽게 설계 및 코딩이 가능합니다.

C++는 C 언어의 기능이 조금 향상된 것은 아닙니다. C++에서 새롭게 추가된 내용만으로도 책 한 권 분량으로 설명하기 힘드니까요. 하지만, C++를 공부하기 위해서 반드시 알아야 할 내용이 바로 C 언어입니다!

# 변수형 개념 배우기

- **학습 내용** : 값을 임시적으로 저장할 수 있는 변수(變數)의 개념. 변수형의 종류 등을 이해합니다.
- **힌트 내용** : 수학에서 사용되는 방정식 x=y+1에서 x, y를 변수라고 합니다.

**소스 : [예제-2].c**

```
 1: #include <stdio.h>
 2:
 3: main()
 4: {
 5:    int x;
 6:    int y;
 7:    int z;
 8:
 9:    x = 1;
10:    y = 2;
11:
12:    z = x + y;
13:
14:    printf( "%d", z );
15: }
```

우리는 수학 시간에 x = 5 또는 y = x + 1과 같은 수식을 마음대로 사용하곤 했습니다. 하지만 C 언어 프로그래밍에서 변수를 사용하려면 반드시 정의를 해야 합니다. 왜 그럴까요? 사람과는 달리 컴퓨터는 유한한 메모리 자원을 사용하고 있기 때문에 이건 이렇고, 저건 저렇다고 일일이 정의를 해주어야만 합니다.

**1~4, 15** ◆ [예제-1]에서 설명한 것처럼 C 언어를 하기 위한 기본 틀이라고 생각하고 항상 똑같이 입력하면 됩니다. 입력을 해서 사용하다 보면 그냥 몸에 배게 되어 있거든요.

**5~7** ◆ x, y, z를 정의합니다. 만약 int x;라는 정의를 하지 않고, 9번째 줄의 x = 1;을 사용한다면 컴파일러는 즉시 다음과 같은 에러를 발생시킵니다.

    2.c(9):error C2065: 'x':undeclared identifier

이 에러의 의미는 "9번째 줄에서 'x'라는 변수가 사용되었는데, x라는 변수가 정의되지 않고 사용되었다"는 뜻입니다. 수학에서 하듯이 그냥 x에 1을 대입하면 되지 않을까 하는 생각이 들긴 합니다만, C 언어는 그런 사용을 허용하지 않습니다. 단, 모든 프로그래밍 언어가 그런 것은 아니며, 파이썬(Python) 같은 경우에는 변수를 정의하지 않고 그냥 사용할 수 있습니다.

그리고 또 하나의 특징을 볼 수 있는데요, 1~4번째 줄에는 사용하지 않았던 세미콜론(;)이 문장의 끝에 사용되었습니다. 이것 역시 C 언어에서 볼 수 있는 특징으로써 한 문장의 끝을 의미하는 것입니다. 예제 소스 코드를 보면 모든 문장의 끝에 세미콜론(;)이 붙어있는 것은 아닙니다. 이것에 대해서는 프로그래밍을 하면서 자연스럽게 알게 되기 때문에 그냥 그렇구나!라고 생각하십시오. [예제]를 하나 하나 하다 보면 어떤 경우에는 세미콜론(;)을 쓰고, 어떤 경우에는 세미콜론(;)을 사용하지 않는지 자연스럽게 알게 될 것입니다.

정수형 변수 x에 1을 대입합니다. 이것은 수학에서 x = 1과 의미가 같습니다.  ◆ 9

성수형 변수 y에 2를 내입합니다.  ◆ 10

정수형 변수 z에 x와 y를 더한 값을 대입합니다. 이것 또한 수학과 그 의미와 같습니다.  ◆ 12

정수형 변수 z의 값을 화면에 표시합니다. z의 값은 얼마일까요? 너무 쉬운 것을 물어봤나요? 당연히 3이겠지요. printf() 함수의 사용법이 [예제-1]과 조금 다르며, printf() 함수의 사용법이 궁금하다면 [202. printf() 함수 100% 활용하기]를 참조하세요.  ◆ 14

우리는 수학에서 어떤 임의의 값을 저장하기 위해 x = 1, y = 1처럼 사용하곤 했습니다. C 언어에서도 이와 마찬가지로 사용하면 됩니다. 단, 수학과는 다른 C 언어의 규칙이 존재하는데, 수학에서는 x라는 변수에 1도 대입하고, 1.5도 대입할 수 있는데, C 언어에서는 정수형 변수 x에 1.5라는 값을 대입하면 1만 대입되고, .5는 버려집니다. 그럼 1.5라는 값을 대입할 수 있는 방법이 없는 것일까요? 그렇지는 않습니다. 1.5라는 값을 대입하려면 실수형 변수를 정의하면 됩니다. 변수 x를 실수형으로 정의하려면 double x;라고 하고 x에 1.5를 넣으면 됩니다.

변수형의 종류는 문자형, 정수형, 실수형, 논리형 그리고 문자열형으로 구분할 수 있습니다. 컴퓨터 프로그래밍을 함에 있어서, 왜 변수형의 종류를 구분하고 사용해야 하는 것일까요? 그것은 컴퓨터의 유한한 메모리와 밀접한 관계가 있습니다. 요즘 컴퓨터를 구입할 때 기본 사양을 보면 인텔 코어 i7-6세대, 메모리(RAM) 8GB, 기타 등등 이런 것들을 볼 수 있습니다.

---

☼ **새로운 용어**

**소스 코드** : 프로그래머가 원하는 작업을 컴퓨터에게 수행하도록 지시하는 일련의 선언문이나 명령문들의 집합입니다.

메모리는 컴퓨터 프로그램이 로딩되어 실행되는 곳으로써, 어떤 값을 저장할 수 있는 연속된 작은 서랍이라고 생각할 수 있습니다. 100MB를 100만원의 현금이라고 가정하고, 백화점에 가서 뭔가를 산다고 생각해 보겠습니다. 3만원짜리 지갑을 하나 구매한다면, 얼마를 내야 할까요? 당연히 3만원을 내야 하겠지요. 만약 3만원짜리 지갑을 구매한 후, 10만원을 낸다면 100만원은 금새 사라지고 말 것입니다. 이와 같이 컴퓨터 메모리 또한 유한한 자원이기 때문에 아껴서 사용해야 하며, 그 이유 때문에 작은 값과 큰 값을 넣을 수 있는 변수를 분리하고 있는 것입니다.

그렇다면 변수형을 정의할 때 "문자형을 사용할 지, 정수형을 사용할 지, 어떻게 알 수 있지?"라는 궁금증이 생길텐데요, 그 기준은 마치 가방의 크기를 정하는 것과 같습니다. 작은 가방에 넣을 수 있는 물건이 한정되어 있고, 큰 가방에 넣을 수 있는 물건이 한정되어 있듯이, 변수형도 사용하고자 하는 값의 범위에 맞게 정의하면 됩니다. 다음의 [표]는 변수형이 가질 수 있는 값의 범위인데, 각 변수형은 [표]에 제시된 값을 초과하여 값을 저장할 수 없습니다. 모든 값을 저장하고 싶다면 실수형을 사용할 수는 있습니다. 하지만 실수형은 계산 속도가 정수형에 비해 많이 느리고, 메모리 또한 정수형에 비해 두 배 크기 때문에 일반적으로 정수형 변수가 프로그래밍에 가장 빈번하게 사용되곤 합니다.

| 문자형 | −128 ～ +127 또는 0 ～ 255 |
| --- | --- |
| 정수형 | −2,147,483,648 ～ +2,147,483,647 또는 0 ～ 4,294,967,295 |
| 실수형 | 1.7E−308 ～ 1.7E308 |

변수형 및 변수가 가질 수 있는 값의 범위

각각의 변수형의 정의 및 사용은 아래와 같이 할 수 있으며, 좀 더 자세한 사용법에 대해서는 [예제-11]부터 자세하게 설명할 것입니다.

## ▶ 문자형

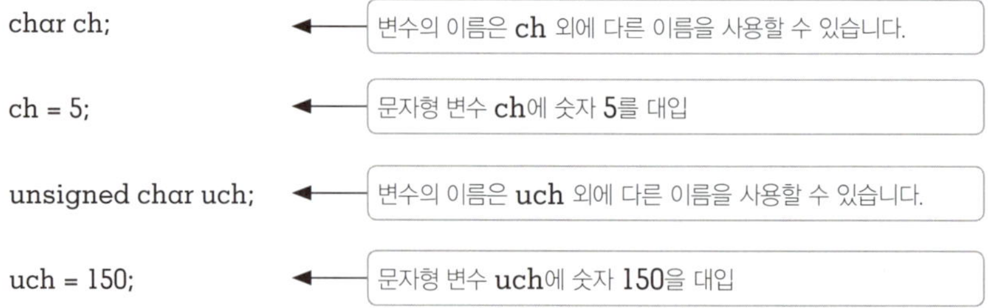

문자형 변수 ch는 −128~+127의 값을 저장할 수 있으며, 부호 없는 문자형 변수 uch는 0~+255의 값을 저장할 수 있습니다. 잘 이해가 안된다고요? 그냥 문자형은 char, unsigned char가 있고, 각각 저장할 수 있는 범위의 값이 다르구나 정도만 이해하세요. 왜냐고요? 본격적으로 배우게 되는 것은 [예제−11]부터니까 지금은 그냥 훑어보는 정도로만 보면 됩니다.

### ▶ 정수형

```
int i;
i = -12345;
```

```
int j;
j = 21303218;
```

문자형 변수는 −128~127 또는 0~255까지만 저장할 수 있습니다. 그럼 255를 초과하는 값이나, −128보다 작은 값을 저장하려면 이떻게 해야 할까요? 그런 값들을 저장하기 위해서 정수형 변수가 준비되어 있습니다. 정수형 변수는 −2,147,483,648~+2,147,483,647 범위의 값을 저장할 수 있기 때문에, 문자형 변수에 비해 프로그래머들에게 자주 사용되고 있습니다.

### ▶ 실수형

```
double k;
k = 3.141592;
```

실수형 변수 k는 1.7E−308~1.7E308 범위의 실수 값을 넣을 수 있으며, 3.141592와 같은 값을 넣을 수도 있습니다.

다음은 그림으로 보는 변수형의 크기입니다. 각각의 변수형을 물건을 담는 서랍이라고 생각해보세요. 문자형(char), 짧은 정수형(short), 큰 정수형(int, long), 고정 소수점형(float), 부동 소수점형(double)의 서랍의 크기가 각각 다른 것을 볼 수 있지요? 이렇게 각 변수형에 따라 그 변수형이 가질 수 있는 값이 다르다는 사실을 꼭 기억하고 있어야 합니다.

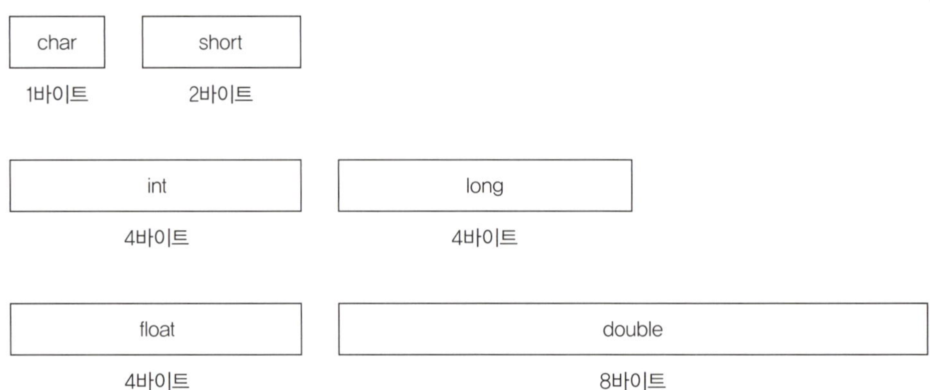



**N O T E**

[예제-2]에서는 x, y, z을 변수의 이름으로 사용하였는데, x, y, z는 다른 이름으로 정의해도 됩니다. 예를 들어 x는 xx로, y는 yvalue로 그리고 z는 z_value 등으로 말이지요. 변수형에 따른 변수를 정의할 때 아주 엄격한 제한은 있지 않으며, 단지 다음과 같이 몇몇 사항만 잘 지켜주면 됩니다.

1. 변수명은 대문자(A~Z), 소문자(a~z), 숫자(0~9), 밑줄문자(_) 등을 사용합니다. 이 문자들을 제외한 다른 문자는 대부분 사용할 수 없습니다.

2. 변수명은 숫자로 시작할 수 없습니다. 예를 들어, 변수명을 9i라고 사용할 수 없다는 것입니다.

3. 변수명으로 기본 예약어 또는 함수를 사용할 수 없습니다. 예를 들어, int int;라고 변수명을 변수형인 int라고 주면 안된다는 것입니다. 또한 int printf;처럼 사용할 수도 없다는 것입니다. 왜냐하면, printf는 함수이기 때문에 함수의 이름을 변수로 사용하는 것은 옳지 않겠지요.

4. 변수명은 ANSI C에서는 31자 길이까지 사용 가능하며, MS-C에서는 247자 길이까지 사용할 수 있습니다. 예를 들어, 점수를 저장하는 변수를 만들고 싶다면 int jumsu;라고 길게 사용할 수 있다는 것입니다.

5. 변수명은 대문자와 소문자를 다르게 구분하며, 한글을 변수로 사용할 수 없습니다. 예를 들어, int CAR;와 int car;는 서로 다른 변수라는 것입니다. 또한, "int 자동차;"처럼 한글로 된 변수명을 사용할 수 없습니다.

- 옳은 생성 방법 : i, j, k, count, COUNT, Count, Saram9, HandPhone, email, e_mail,
- 틀린 생성 방법 : 3saram, e-mail, char, int, double, main, printf, 자동차, …
  (네모박스로 둘러 쌓인 부분이 변수명을 생성할 때 틀리게 지정된 것입니다.)

## 변수명에 대한 필자의 생각

변수는 임의의 값을 저장하기 위해 선언하고, 사용됩니다. 정수형 값을 저장하기 위해서는 int형 변수를, 실수형 값을 저장하기 위해서는 double형 변수를 정의해야 합니다. 여기까지는 누구나 알 수 있는 상식적인 내용입니다.

하지만, 문제는 처음 프로그래밍을 하는 사람들의 습관이 잘못되고 있는 것입니다. 예를 들어, 자동차의 수를 저장하기 위한 변수를 정의할 때 " int c1;"이라고 정의한다면, 프로그래밍을 할 때는 c1이 무엇을 의미하는지 금방 파악이 되지만, 며칠이 지난 후에 c1이라는 변수를 보게 되면, "이 변수가 어디에 사용되는거지?"라는 의문을 갖게 됩니다. 그리고 한참 분석을 하다보면, "아~! 자동차의 수를 세는 변수구나"라고 알게 되겠지요.

문제는 바로 여기에 있습니다. 변수를 하나만 사용하고 프로그램의 길이가 그리 길지 않은 경우에는 'c1'이라고 사용한 것이 큰 문제가 되지 않겠지만, 변수의 수가 많고, 프로그램의 길이가 1000줄 이상 길어지기 시작한다면 문제는 심각해집니다. 또한, 이 프로그램을 다른 사람에게 전달하여 그 사람이 c1처럼 정의된 모든 변수에 대해 해석하려면, 적지 않은 시간이 걸릴 것입니다.

한 번 길들여진 습관은 쉽게 버려지지 않습니다. 코딩하는 시간이 조금 더 걸리더라도 의미있는 변수를 만들 수 있도록 연습하는 것이 바람직합니다. 위의 변수는 자동차에 대한 수를 계산하는 기능을 하는 변수로 사용할 것이기 때문에, " int nCar;"처럼 정의하면 다른 프로그래머들이 이 변수를 해석하는데 그리 어려움을 갖지 않을 것입니다. 여기서 n은 정수형 값을 의미하며, Car는 자동차를 의미합니다. 즉, 자동차의 수를 의미하는 것입니다.

### 변수명으로 사용할 수 없는 예약어

다음에 나와 있는 내용들은 C 언어의 예약어(reserved keyword, 키워드)입니다. 프로그램에서는 이런 예약어를 변수명 또는 다른 용도로 사용할 수가 없습니다.

| | | | | |
|---|---|---|---|---|
| asm | auto | break | case | char |
| const | continue | default | do | double |
| else | enum | extern | float | for |
| goto | if | int | long | register |
| return | short | signed | sizeof | static |
| struct | switch | typedef | union | unsigned |
| void | volatile | while | | |

# 상수형 개념 배우기



- **학습 내용 :** 상수(常數)의 정의 방법 및 개념을 이해합니다.
- **힌트 내용 :** 수학에서 사용되는 1, 2, 3, … 등을 상수라고 합니다.

📂 **소스 : [예제-3].c**

```c
 1: #include <stdio.h>
 2:
 3: #define X    1
 4: #define PI   3.141592
 5:
 6: main()
 7: {
 8:    double z;
 9:
10:    z = X + PI;
11:
12:    printf( "%f", z );
13: }
```

[예제-2]에서 설명한 변수는 변할 수 있는 수인 반면, 상수는 변할 수 없는 수를 뜻합니다.

3 ◆ 상수(constant) X를 정의합니다. 상수 X는 [예제-2]에서 사용된 정수형 변수 x와 그 기능이 동일하며, 차이점이 있다면 정수형 변수 x에는 값을 대입할 수 있지만, 상수 X에는 값을 대입할 수 없다는 것입니다. 예로써, X = 1;이라는 문장은 성립되지 않습니다. 만약 X = 1;이라는 문장을 사용하려 한다면 컴파일러는 다음과 같은 에러를 발생할 것입니다.

error C2106: '=':left operand must be l-value

이 에러의 의미는 "대입 연산자 '='을 사용 시 대입 연산자의 왼쪽 값(l-value)에 사용한 변수가 잘못 되었다"라는 것입니다. 즉, "상수에 1을 대입하려고 했기 때문에 대입할 수 없다"라는 것을 프로그래머에게 알려주는 것입니다. 물론, 상수를 사용하지 않고 프로그래밍을 할 수는 있습니다. 그럼에도 불구하고 상수를 사용하는 이유는 단지 프로그램에서 발생할 수 있는 문제(버그)의 위험성 등을 줄여줄 수 있기 때문입니다. 변수를 사용하는 경우에는 그 값이 계속 변해야 하는 경우에 적합하며, 상수를 사용하는 경우에는 프로그램을 시작하고 종료되기까지 그 값이 변하지 않아야 되는 경우에 적합합니다. 고급 프로그래머가 되는 지름길은 상수를 잘 사용하는 것이라고 말할 수 있습니다.

상수(constant) PI를 정의합니다. 3번째 줄의 X는 정수형 상수이며, PI는 실수형 상수입니다. 상수 는 이렇듯 정수형과 실수형을 구분 없이 마음대로 사용할 수 있습니다.　◆ 4

실수형 변수 z를 정의합니다.　◆ 8

실수형 변수 z에 정수형 상수 X와 실수형 상수 PI를 더한 값을 대입합니다. 상수 X 또는 Y는 항상　◆ 10
대입 연산자(=)의 오른쪽에 온다는 것을 기억하세요.

실수형 변수 z의 값을 화면에 표시합니다. z의 값은 4.141592가 됩니다. printf() 함수의 사용법이　◆ 12
[예제−2]와 조금 다르며, printf() 함수의 자세한 사용법은 [202. printf() 함수 100% 활용하기]를 참
조하세요.

---

📝 **N O T E**

상수명의 생성 방법은 변수명의 생성 방법과 동일합니다. 단, 상수명을 정의할 때는 대문자로 사용하는 것이
일반적인 관례입니다.

● 옳은 생성 방법 : PI, EMAIL, E_MAIL, X_POS, Y_POS, CAR, COUNT, PEOPLE, …
● 틀린 생성 방법 : 9PI, E−MAIL, char, int, double, main, printf, 자동차, …

변수명과 상수명을 좀 더 쉽게 생성하려면, 다음과 같이 국민교육헌장 전체를 영어로 바꾸어 보는 것이 도움이 될
것입니다.

우리는 민족 중흥의 역사적 사명을 띠고 이 땅에 태어났다. 조상의 빛난 얼을 ….
woo ri nun min jok jung hung ui yeok sa jeok sa myung ul ddi go i ddang e te a nat dda. …

# 연산자 개념 배우기



- **학습 내용 :** 연산자(演算子)의 개념 및 사용 방법을 알아보고, 수학의 연산자와 다른 점을 이해합니다.
- **힌트 내용 :** 대입 연산자는 '='이고, 5를 빼려면 '−' 연산자를 사용하세요.

📁 소스 : [예제-4].c

```c
 1: #include <stdio.h>
 2:
 3: main()
 4: {
 5:    int x;
 6:    int y;
 7:
 8:    x = 10;
 9:
10:    y = x - 5;
11:
12:    if( x > y )
13:    {
14:        printf( "x의 값이 y보다 큽니다." );
15:    }
16:    else
17:    {
18:        printf( "x의 값이 y보다 작거나 같습니다." );
19:    }
20: }
```

C 언어 프로그래밍에서 사용되는 연산자는 수학에서 사용되는 연산자와 그 기능이 같습니다. 더하기는 '+', 빼기는 '−', 곱하기는 '＊', 나누기는 '/'입니다. 단, C 언어에서는 곱하기를 'X'대신에 '＊'를 사용합니다.

8 ◆ 정수형 변수 x에 10을 대입합니다. '='를 대입 연산자라고 부릅니다.

10 ◆ 정수형 변수 x에서 5를 뺀 후, y에 대입합니다.

x의 값이 y의 값보다 큰지를 비교합니다. if는 주어진 값이 참인지 또는 거짓인지를 비교하는 C 언어의 예약어입니다.

◆ **12**

중괄호 “{”는 12번째 줄에서 사용된 if 문의 시작을 구분하는 역할을 합니다. if(x > y)가 참일 경우 13번째 줄의 “{”로 시작해서 15번째 줄의 “}”로 종료되는 문장까지가 실행됩니다. 중괄호 “{”, “}”의 사용은 항상 시작할 때는 “{”로, 종료할 때는 “}”로 각각 쌍을 이루어야 합니다.

◆ **13, 15**

12번째 줄에서 주어진 조건이 거짓인 경우 16번째 줄이 실행됩니다. if( x > y ) 값이 거짓인 경우에는 13~15번째 줄은 실행되지 않습니다. if 문에 대해서는 [5. 조건문 개념 배우기]에서 다시 설명합니다.

◆ **16**

---

📝 **N O T E**

연산자의 종류는 아래와 같으며, [예제-21]부터 [예세-29]까지 좀 더 자세하게 설명합니다.

| | |
|---|---|
| 대입 연산자 | = |
| 사칙 연산자 | +, −, *, /, % |
| 부호 연산자 | +, − |
| 증감 연산자 | ++, −− |
| 관계 연산자 | <, >, ==, <=, >=, != |
| 논리 연산자 | \|\|, &&, ! |
| 조건 연산자 | ? : |
| 쉼표 연산자 | , |
| 비트 연산자 | \|, &, ~, ^, <<, >> |

---

☼ **새로운 용어**

**예약어(reserved keyword)** : C 언어에서 데이터형이나 조건문 또는 순환문에서 사용하기 위해 미리 정의해둔 단어를 말합니다. 다음은 기본적인 예약어이며, 아래의 예약어를 변수명 또는 상수명으로 사용할 수 없습니다. 벌써, 변수와 상수를 잊은 것은 아니겠죠? 앞장을 다시 한 번 보세요.

asm, auto, break, case, char, const, continue, default, do, double, else, enum, extern, float, for, goto, if, int, long, register, return, short, signed, sizeof, static, struct, switch, typedef, union, unsigned, void, volatile, while, ...

단, 위의 예약어를 포함하는 문자의 조합은 사용할 수 있습니다. 예를 들어, asm_auto 등은 사용할 수 있습니다.

# 조건문 개념 배우기(if~else)

- **학습 내용 :** 값 또는 연산식을 비교하여 참(연산 결과가 0이 아닌 모든 값) 및 거짓(연산 결과가 0인 값)인 경우에 따라 각각 다르게 동작하는 프로그래밍의 원리를 이해합니다.
- **힌트 내용 :** 참과 거짓을 비교하기 위해서는 if~else 문을 사용합니다.

📁 **소스 : [예제-5].c**

```c
1: #include <stdio.h>
2:
3: main()
4: {
5:    int x;
6:    int y;
7:
8:    x = 20;
9:    y = 10;
10:
11:    if( x > y )
12:    {
13:        printf( "x의 값이 y보다 큽니다." );
14:    }
15:    else
16:    {
17:        printf( "x의 값이 y보다 작거나 같습니다." );
18:    }
19: }
```

주어진 수식에 대하여 참 또는 거짓을 구별하기 위해 조건문을 사용합니다. 조건문은 조건문이 참인지 검사하는 if 문과 거짓인 경우에 실행되는 else 절로 구분됩니다. 위의 조건식에서 참인 경우에는 12번째 줄에서 14번째 줄까지가 실행되며, 거짓인 경우에는 16번째 줄에서 18번째 줄까지가 실행됩니다. 조건문은 제어문이라고도 합니다.

x의 값이 y의 값보다 큰지를 판단합니다. x의 값은 20이고, y의 값이 10이기 때문에 x는 y보다 큰 지를 비교하는 조건식은 참이 됩니다. 조건식이 참이기 때문에 12번째 줄에서 14번째 줄까지가 실행됩니다. ◆ 11

11번째 줄의 조건문이 참인 경우, 중괄호 "{"는 조건문의 시작을 의미합니다. ◆ 12

11번째 줄의 조건문이 참인 경우에 실행되어, "x의 값이 y보다 큽니다."라는 것을 화면에 표시합니다. ◆ 13

11번째 줄의 조건문이 참인 경우, 12번째 줄의 중괄호 "{"와 쌍이 되어 조건문의 종료를 의미합니다. ◆ 14

11번째 줄의 조건문이 거짓인 경우에만, else 절 이하의 16번째 줄에서 18번째 줄까지 실행됩니다. ◆ 15

[예제-5.c]는 다음 순서에 따라 프로그램이 실행됩니다.

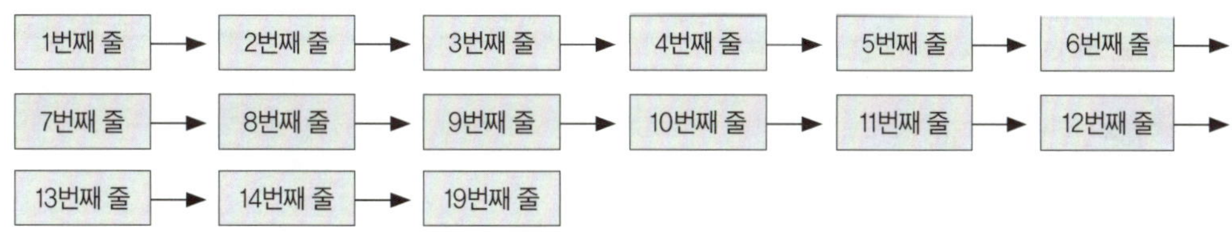


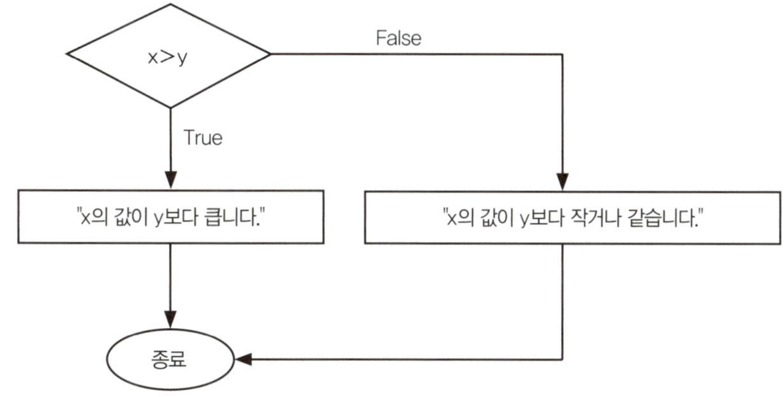


**NOTE**

일반적으로 프로그램은 위에서 아래로 한 줄씩 순서적으로 실행되어 갑니다. 그러나 if~else 문을 만나는 경우, if 문과 else 절 중 하나만 실행되며, 이런 문장 구조를 제어 구조라고 합니다.

# 순환문 개념 배우기(for)

**입문 006**

- **학습 내용** : 동일한 동작을 반복하는 문장을 구현하는 방법을 이해합니다.
- **힌트 내용** : 순환문은 for 문을 사용합니다.

소스 : [예제-6].c

```c
1: #include <stdio.h>
2:
3: main()
4: {
5:    int i;
6:    int hap = 0;
7:
8:    for( i = 1; i <= 10; i = i + 1 )
9:    {
10:        hap = hap + i;
11:    }
12:
13:    printf( "1부터 10까지의 합:%d", hap );
14: }
```

똑같은 작업을 여러 번 반복해야 하는 경우 순환문(for)을 사용합니다. 만약 위의 예제를 순환문을 사용하지 않고 작성한다면, hap = hap + 1; hap = hap + 2; hap = hap + 3; .....; hap = hap + 10;과 같이 모든 문장을 일일이 다 써주어야 합니다. 이러한 반복적인 작업을 소모적으로 하지 않기 위해서는 순환문을 이용해야 하겠지요.

5 ◆ 정수형 변수 i를 선언합니다.

6 ◆ 정수형 변수 hap을 정의하고 0으로 초기화합니다. 변수는 정의와 동시에 초기화할 수 있다는 사실을 기억해 주세요.

for를 사용한 순환문의 사용입니다. 순환문은 for( 초기값; 조건값; 증감값 )의 형식을 가지며, i는 1을 초기값으로, i값이 10보다 작거나 같을 동안, 1씩 증가하면서, 9번째 줄에서 11번째 줄까지 반복 실행합니다. 반대로 for(i=10;i>0;i=i−1)처럼, 1씩 감소되며 실행되게 하는 방법도 있습니다. for 문도 if 문과 마찬가지로 중괄호 "{", "}"를 사용하여 시작과 끝을 구분합니다.

◆ 8

> for( 초기값; 조건 비교식 또는 조건값; 증가값 또는 감소값 )

정수형 변수 hap과 i의 값을 더한 후 그 값을 hap 변수에 대입합니다. 10번째 줄의 실행 순서는 hap + i;가 먼저 실행된 후, 그 더해진 결과 값을 hap에 대입합니다. 모든 대입문은 항상 대입 연산자의 오른쪽에 있는 문장이 먼저 실행된 후, 그 결과가 왼쪽 변수에 대입됩니다.

◆ 10

[예제−6]을 다음과 같이 그림으로 알기 쉽게 설명하여 보았습니다.

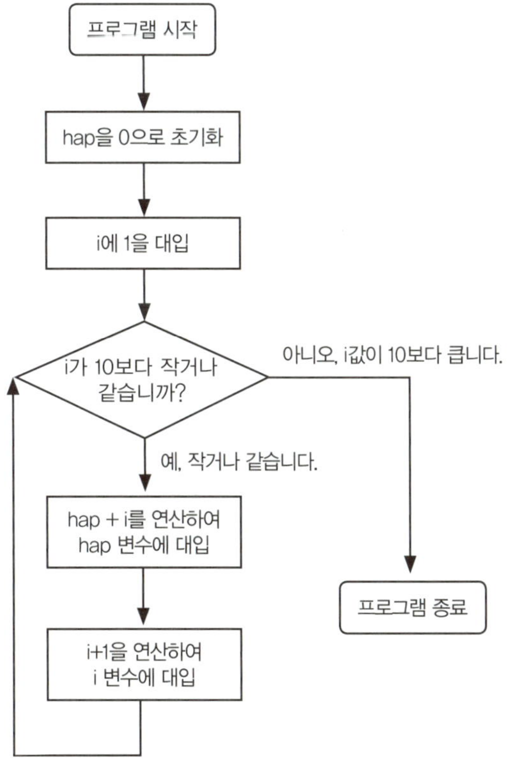

# 문자열 개념 배우기



- **학습 내용 :** C 언어에서는 문자 및 문자열이라는 것이 사용되는데, 문자열이 무엇인지 간단하게 개념만 이해합니다.
- **힌트 내용 :** C 언어에서는 더블 쿼테이션 (")으로 감싼 것을 모두 문자열이라고 합니다.

소스 : [예제-7].c

```
1: #include <stdio.h>
2:
3: main()
4: {
5:     printf( "대한민국" );
6: }
```

너무 쉽죠? 위의 예제처럼 하면 대한민국이 화면에 표시됩니다. 이번 장은 문자열에 대해서 설명을 하는데요, 문자열이 위와 같이 매우 쉬운 것처럼 보이는데, 이 문자열 때문에 프로그래머가 아주 고생을 많이 합니다. 그래서 처음부터 바싹 기를 잡아야 합니다. 그럼, 기를 잡아 보겠습니다.

문자열(文字列)은 말 그대로 문자들의 모임을 말하는 것입니다. 일반 변수와는 아주 다른 특징을 갖고 있으며, 이 문자열은 나중에 배울 포인터와도 매우 밀접한 관계를 갖고 있습니다. 포인터를 혹시 아는 분이 있을지 모르겠지만, C를 공부한 분들이면 대부분 어렵다고 하는 부분이 포인터입니다. 하지만 걱정은 마세요. 제가 여러분이 포인터라는 곳을 재미있게 통과할 수 있도록 안내할 것이니까요.

서론이 좀 길었습니다. 그럼, 문자열을 만드는 방법을 설명하겠습니다. 대한민국을 문자열로 만들려면, 대한민국의 좌우에 더블 쿼테이션(")을 붙이기만 하면 됩니다. 어떻게 하면 될까요? "대한민국"이라고 하면 되겠지요. 우선 여기서는 문자열이 무엇인지 알고자 하는 것이기 때문에 "아!, 그냥 문자열은 좌우에 'xxx'라고 하는구나"라고 알면 됩니다.

좀 더 설명 드릴까요? 여기서는 그렇게 하지는 않을 것입니다. 문자열에 대해서는 **[38. 문자열 이 해하기]**에서 좀 더 설명하도록 하겠습니다. 문자열이 무엇이라고요? 네.. 문자열은 문자들의 모임 이며, 더블 쿼테이션으로 감싸면 된다고 꼭 기억하세요. 다음 그림은 문자열의 개념에 대해 알기 쉽게 표현한 것입니다.

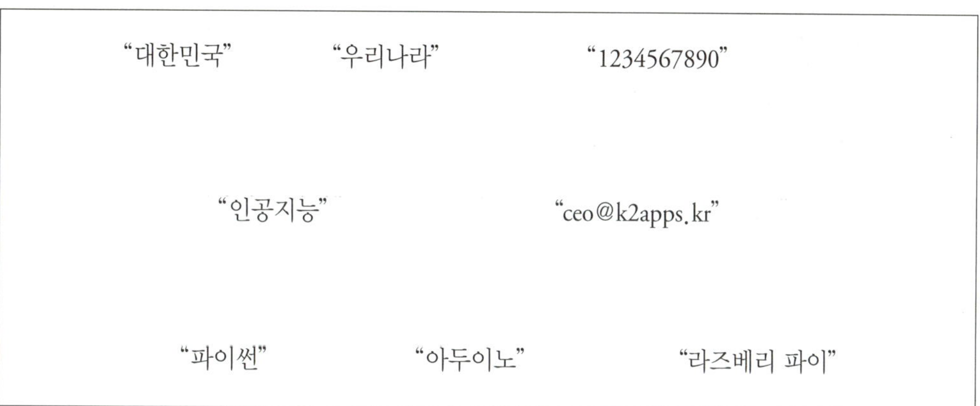


더블 쿼테이션으로 감싼 문자열의 여러 가지 형태

음.. 그런데 문자열은 문자들의 모임이라고 했는데, "문자가 뭔데?"라고 반문하는 분들이 있을 것 입니다. 'A', 'B', 'C', 'a', 'b', 'c', '1', '2', '@' 등 대문자, 소문자, 숫자 문자, 기호 문자 등을 통 틀어서 모두 문자라고 합니다. 키보드에서 입력할 수 있는 하나하나를 문자라고 생각하면 쉽겠지 요!!

# 함수 개념 배우기

- **학습 내용** : [예제-6]에서 여러 번 반복 실행되는 문장을 위해 순환문을 사용한다고 설명한 바 있습니다. 함수는 순환문의 상위 개념이라 할 수 있으며, 여러 번 반복 실행되는 문장이 많을 경우에는 함수를 사용해야 합니다.
- **힌트 내용** : 수학에서의 함수와 비슷한 개념이라고 생각해 보세요.

📂 소스 : [예제-8].c

```c
1: #include <stdio.h>
2:
3: int hapf( int value );
4:
5: main()
6: {
7:    printf( "1부터   10까지의 합은 %d \n", hapf(10) );
8:    printf( "1부터  100까지의 합은 %d \n", hapf(100) );
9:    printf( "1부터 1000까지의 합은 %d \n", hapf(1000) );
10: }
11:
12: int hapf( int value )
13: {
14:    int i;
15:    int hap = 0;
16:
17:    for( i = 1; i <= value; i = i + 1 )
18:    {
19:        hap = hap + i;
20:    }
21:
22:    return hap;
23: }
```

☼ **새로운 용어**

**함수(function)** : 함수는 반환값으로 정수형 값 외에도 실수형, 문자형 또는 문자열형을 가질 수도 있습니다. 반환값과 넘겨주는 값에 대해서는 차후 다시 설명합니다. 함수는 반복되는 문장이 많을 때 사용한다고 했는데, 함수를 사용하지 않고 프로그램을 하는 엽기적인(?) 독자분들은 설마 없겠지요?

지금 위에 예제 소스 코드를 먼저 안 보고, 바로 이 설명을 읽고 있는 독자분들은 우선 위의 코드를 먼저 쭉 훑어보세요. 왜냐하면, 그리 어려운 예제가 아니기 때문입니다. [예제-6]과 [예제-8]이 어떤 차이점을 가지고 있는지도 비교해 보세요. 비슷하면서도 뭔가 조금 다르지요? 바로 여러 번 중복해서 프로그래밍해야 되는 것을 한 번만 할 때 사용하는 것이 함수라는 것입니다. 이해되었나요? 안 되었다고 하더라도 크게 염려 마세요. 앞으로 이 함수가 어떻고, 저 함수가 어떻고 귀가 아프도록 들을 것이기 때문에 자연스럽게 알게 됩니다. 어느 길이든 처음 가기가 어렵지, 한 번 가고 나면 쉽잖아요. 마찬가지입니다. 함수도 이렇게 생겼구나만 알면, 그 다음부터는 한 번 간 길이라고 생각하면 편합니다.

함수를 사용하지 않고 프로그램을 작성할 수 있을까요? 정답은 "그렇다"입니다. 그냥 반복이 되던 말던, 중복이 되던 말던 쭉 만들어나가면 되는 것입니다. 그런데 왜 함수를 만들까요? 당연한 소리를 한 번 하겠습니다. 국어, 영어, 수학책을 한 권으로 묶어서 놓지 않고 왜 따로 따로 분리하여 놓은 것일까요? 만약 분리하여 놓지 않았다면, 국어 수업이 들은 날도 영어와 수학을 같이 들고 다녀야 하잖아요. 이렇듯이 중복된 것을 피하기 위해 함수라는 것을 사용하며, 한 번 만들어진 함수는 프로그램의 어디에서든 계속 사용할 수 있기 때문에 프로그래밍을 좀 더 구조적으로 만들어 줍니다. 훌륭한 프로그래머가 되는 지름길, 바로 함수화에 있습니다.

이 문장이 여기 왜 있을까요? 변수 x를 사용하려면 어떻게 해야 하나요? 변수를 int x;라고 정의하고 사용하였습니다. 함수도 변수와 마찬가지로 반드시 선언을 해야 합니다. 그래야 7번째 줄에서 hapf라는 함수를 사용할 수 있는 것입니다. 여러분이 지금까지 사용해왔던 printf()도 당연히 함수인데, 왜 그럼 선언을 하지 않고 쓰는 것일까요? 그것은 나중에 알게 되겠지만, 궁금증을 풀어야 하니까 설명을 하겠습니다. 1번째 줄에 보면 #include〈stdio.h〉가 있습니다. stdio.h 파일에는 printf() 함수에 대한 선언이 되어 있으며, "stdio.h 파일을 포함시켜라"라고 명령하는 것이 #include 문입니다. C 언어 컴파일러를 설치하면 include라는 폴더에 stdio.h 파일이 자동으로 설치가 됩니다. 물론 어떤 C 언어 프로그램을 설치하느냐에 따라 include라는 폴더가 아닌 다른 폴더에 설치될 수도 있습니다. stdio.h라는 파일에는 printf() 함수가 다음처럼 선언되어 있습니다.

```
int printf(const char *, ...);
```

좀 이상하게 생겼죠? 지금 이것에 대해 설명하는 것은 조금 무리가 있기 때문에 나중에 설명을 드리겠습니다. 단지 중요한 것은 printf() 함수도 #include 문을 통해서 선언이 되고 있었다는 사실입니다. 1번째 줄은 지금까지 쭉 이런 역할을 했던 것입니다.

7 ◆ hapf() 함수에 10을 넘겨주며 호출합니다. 이처럼 함수는 특정한 값을 넘겨줄 수 있다는 장점을 가지고 있습니다. 10이 아닌 다른 값들도 물론 넘겨줄 수 있습니다. 그리고 함수가 갖는 또 하나의 특징이 있는데, 10을 넘겨준 후 그것에 대한 결과를 돌려 받는다는 것입니다. 결과를 돌려 받으면, 55가 되겠지요? 그래서 화면에 "1부터 10까지의 합은 55"라고 표시되는 것입니다.

8 ◆ hapf() 함수에 100을 넘겨줍니다. 출력 결과는 "1부터 100까지의 합은 5050"입니다.

9 ◆ hapf() 함수에 1000을 넘겨줍니다. 출력 결과는 "1부터 1000까지의 합은 500500"입니다.

12 ◆ 3번째 줄에서 선언한 hapf() 함수와 모양이 같습니다. 단, 주의할 것은 함수의 끝에 세미콜론(;)이 없습니다. 모든 함수의 선언부에는 세미콜론이 있고, 실행 부분에서는 세미콜론이 없습니다. 왜 그럴까요? 글쎄요 C 언어를 만든 사람들이 그렇게 만들어 놓았으니까 그냥 그렇게 쓰면 됩니다. 여기서 함수에 대해서 다시 짚고 넘어가겠습니다. 함수는 다음과 같은 문법적인 형식을 가집니다.

반환값 함수 이름( 전달값1, 전달값2, … )

즉, int hapf( int value )에서 맨 처음의 int는 반환되는 값의 데이터형이 정수형이라는 것을 정의하는 것이고, 두 번째는 함수의 이름이 hapf라는 것이고, 세 번째는 정수형 값을 전달받아 사용하겠다는 것입니다. hapf는 정수형 값을 전달받아서 1부터 그 값까지를 더한 후 반환해 주는 역할을 하는 함수인 것입니다. 물론 전달값이 여기에서는 하나만 사용되었는데, 두 개, 세 개, …. 등으로 사용할 수 있습니다. 가끔 "함수의 반환값을 두 개로 할 수 있나"하는 궁금증을 갖는 독자분들이 있는데, 모든 함수는 반환값을 하나만 가진다는 사실을 꼭 기억하세요.

17 ◆ 전달받은 value 값을 i값과 비교하는데 사용하고 있습니다. value 값은 얼마일까요? hapf(10)이라고 하면 value의 값은 10이고, hapf(100)이라고 하면 value의 값은 100이 됩니다. 그리고는 예전에 보았던 for 순환문을 그대로 떠올리면 똑같은 모습이 될 것입니다.

22 ◆ hapf() 함수는 정수형 값을 반환해야 합니다. 정수형 값을 반환하기 위해 사용하는 것이 return 문입니다. return hap;이라고 하면 hapf(10)이라고 호출한 곳에 hap의 값을 돌려주는 것입니다. 그래서 7번째 줄에서 "1부터 10까지의 합은 55"라고 표시되는 것입니다.

### 함수의 모습

함수는 다음 그림과 같이 입력 값(매개변수)에 대하여 연산을 수행한 후 그 결과를 돌려주는 기능을 합니다. 마치 자판기에 500원짜리 동전을 넣고 버튼을 누르면 캔 커피가 나오듯이, 모든 함수에는 각각의 기능이 정의되어 있습니다. 함수는 아주 간단한 것에서부터 복잡한 것까지 프로그래머가 정의해서 만들 수 있으며, 반복적으로 코딩할 내용 등은 반드시 함수로 만들어서 사용하는 것이 좋습니다.

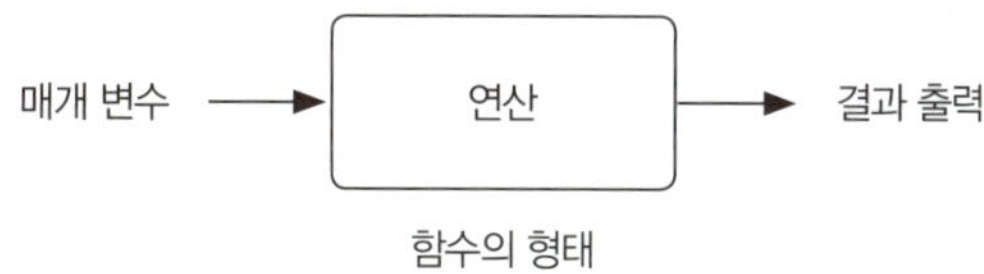

함수의 형태

**함수의 특징은 다음과 같습니다.**

- 함수는 이름을 갖는다 – 모든 함수는 독특한 이름을 갖고 있습니다. 프로그램에서 이러한 함수 이름을 사용하여 함수의 포함된 내용(코드)을 사용할 수 있습니다. 함수는 또한 다른 함수 내에서도 호출될 수 있습니다.

- 함수는 독립적이다 – 함수는 프로그램 내의 다른 부분에 의해 영향을 받거나 다른 부분에 영향을 주지 않고 주어진 동작을 수행합니다.

- 함수는 특정 동작을 수행한다 – 함수가 수행하는 동작은 프로그램에서 프린터로 텍스트 문장을 보내거나 숫자 순서대로 배열을 정렬하고 세제곱근을 구하는 것과 같이 프로그램의 전체적인 동작을 구성하는 일부분이자, 독립된 작업 내용입니다.

- 함수를 호출한 프로그램으로 결과 값을 돌려줄 수 있다 – 프로그램이 함수를 호출하면 함수에 포함된 문장이 실행됩니다. 이런 함수 내의 문장은 필요할 때마다 호출한 프로그램으로 결과를 전달할 수 있습니다.

# 주석 개념 배우기

- **학습 내용 :** 프로그램의 곳곳에 설명글(주석)을 추가하는 방법을 이해합니다.
- **힌트 내용 :** 주석은 슬래시(//) 또는 /* ~ */ 를 사용합니다.

 소스 : [예제-9].c

```
 1: #include <stdio.h>
 2:
 3: main()
 4: {
 5:     int i;                  // 정수형 변수 i를 정의합니다.
 6:     int hap = 0;            // 정수형 변수 hap을 정의하고, 0으로 초기화합니다.
 7:
 8:     /*
 9:     for 문은 다음처럼 실행됩니다.
10:
11:     1. i에 1을 초기값으로 설정합니다.
12:     2. i가 10보다 작거나 같을 때까지만 순환문은 반복됩니다.
13:     3. 현재의 hap의 값과 i값을 더하여 hap에 대입합니다.
14:     4. i는 1씩 증가합니다.
15:     */
16:
17:     for( i = 1; i <= 10; i = i + 1 )
18:     {
19:         hap = hap + i;              // hap과 i를 더하여 hap에 대입합니다.
20:     }
21:
22:     /* "1부터 10까지의 합:55"가 화면에 표시됩니다. */
23:     printf( "1부터 10까지의 합:%d", hap );
24: }
```

이제 척 보면 이해가 되시나요? 아니면 아리송한가요? 주석은 코드를 이해하기 쉽게 하기 위하여 설명을 넣는 것입니다. 물론, 주석은 프로그램의 실행과는 전혀 관계가 없습니다.

주석을 넣는 방법은 두 가지가 있으며, 한 줄에 사용하는 주석인 경우 더블 슬래시(//)를 사용하고, 여러 줄에 걸쳐서 설명을 넣는 경우에는 /*~*/를 사용합니다. 더블 슬래시(//)를 사용하는 경우, 그 줄의 끝까지가 주석으로 처리됩니다. 그리고 /*~*/를 사용하는 경우, /* 이후의 모든 것이 */를 만날 때까지 주석으로 처리됩니다. 프로그램을 만들 때 주석을 하나도 넣지 않아도 프로그램의 실행과는 전혀 관계가 없습니다. 주석을 사용하는 것은 단지 나중에 소스 코드를 봤을 때 바로 이해할 수 있도록 부연 설명을 해놓는 것 뿐입니다. 훌륭한 프로그래머가 되는 지름길은 바로 주석을 잘 사용하는 것이기도 합니다. 그러나 주석을 너무 많이 사용해도 좋지 않으며, 꼭 필요한 곳에만 넣는 것이 좋습니다. [예제-9]에서도 5, 6, 19, 22번째 줄에 사용된 주석은 실제 프로그래밍 시에는 사용하지 않습니다. 왜냐하면, 코드를 봐도 쉽게 알 수 있는 문장들이기 때문입니다.

더블 슬래시(//)를 사용하여 주석을 넣는 방법을 보여줍니다. ◆ **5~6**

긴 문장에 걸쳐 주석을 넣는 방법을 보여 줍니다. /*로 시작한 주석은 반드시 */로 종료되어야 합니다. ◆ **8~15**

더블 슬래시(//)를 사용하여 문장의 의미를 설명해 보았습니다. ◆ **19**

한 줄에 주석을 넣을 때도 더블 슬래시 대신 /*~*/를 사용할 수 있습니다. 8~15번째 줄에 사용된 주석 또한 모든 설명의 앞에 더블 슬래시를 사용하여, 다음처럼 주석을 넣을 수도 있습니다. ◆ **22**

```
//      for 문은 다음처럼 실행됩니다.
//      1. i에 1을 초기값으로 설정합니다.
//      2. i가 10보다 작거나 같을 때까지만 순환문은 반복됩니다.
//      3. 현재의 hap의 값과 i값을 더하여 hap에 대입합니다.
//      4. i는 1씩 증가합니다.
```

아시겠죠? 주석은 설명을 위한 것이며, 프로그래머의 의도가 무엇인지, 이 문장은 무슨 동작을 하는 것인지 등을 기록하여 넣습니다. 프로그래밍을 할 때 "다 아는 것을 왜 설명을 넣을까?"라고 생각될 수도 있겠지만, 며칠 또는 몇 달이 지난 다음 다시 현재의 프로그램 코드를 본다면 쉽게 이해되지 않기 때문에, 주석의 사용을 습관화하는 것이 좋습니다.

# 컴파일 개념 배우기

- **학습 내용 :** 컴파일러는 프로그래머가 작성한 코드를 문법적으로 맞는지 해석하여 주는 기능을 합니다. 잘못된 문장을 사용하였을 때 컴파일러가 어떤 에러를 발생시키는지 확인하여, 컴파일러를 이해하여 봅니다.
- **힌트 내용 :** 변수를 정의하고, 마지막에 세미콜론(;)을 입력하지 말아보세요.

📁 소스 : [예제-10].c

```c
 1: #include <stdio.h>
 2:
 3: main()
 4: {
 5:    // int i;
 6:    int hap = 0;
 7:
 8:    for( i = 1; i <= 10; i = i + 1 )
 9:    {
10:        hap = hap + i
11:    }
12:
13:    printf( "1부터 10까지의 합:%d", hap );
14: }
```

컴파일러(compiler)는 프로그래머가 입력한 코드에 에러가 있는지 여부를 검사하여 목적 코드를 생성하는 역할을 합니다. 목적 코드는 링커(linker)라는 프로그램에 의해 실행 가능한 프로그램으로 변환되며, 소스 코드는 다음 과정에 의해 실행 가능한 프로그램으로 탈바꿈 되는 것이지요.

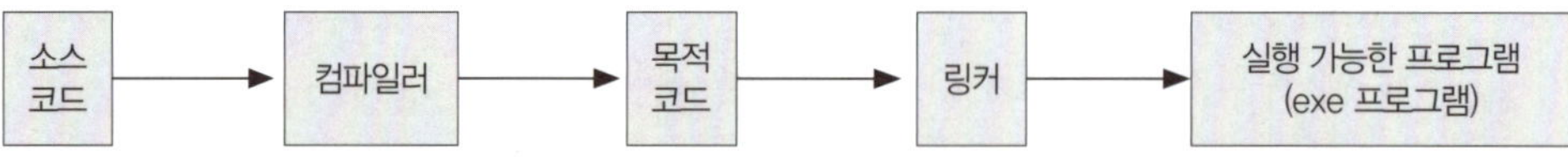


☼ **새로운 용어**

- **컴파일러(compiler) :** 소스 코드를 컴파일하여 목적 코드를 생성해 줍니다. 컴파일한다는 것은 코드가 문법적으로 맞는지, 맞지 않는지 검사하는 것입니다.
- **링커(linker) :** 컴파일러에 의해 생성된 목적 코드를 실행에 필요한 정보를 담아서 실행 프로그램으로 생성해 줍니다. 링커는 하나의 목적 코드뿐 아니라, 여러 개의 목적 코드를 동시에 묶어서 하나의 실행 프로그램으로 생성해 주기도 합니다.

물론 위의 과정을 몰라도 프로그램 짜는 것은 어렵지 않습니다. 요즘에는 Visual Studio 같은 통합 환경이 제공되기 때문에 버튼 하나만 누르면 컴파일에서 링크까지 자동으로 되니까요. 예전에는 일일이 프로그래머가 다 해주었어야 했었습니다.

//는 주석이라고 [예제-9]에서 설명했습니다. int i;는 정수형 변수 i가 정의된 것이 아니고, 단지 주석일 뿐입니다. 이 문장을 주석 처리한 후 컴파일하면 8번째 줄에서 다음과 같은 에러가 발생합니다.

    10.c(8):error C2065: 'i':undeclared identifier

이 에러는 "'i'라는 변수가 정의되지 않았습니다."라고 컴파일러가 프로그래머에게 알려주는 것이지요. 변수는 사용하기 전에 반드시 정의해야 한다고 **[2. 변수형 개념 배우기]**에서 이미 설명하였습니다.

이 문장에서 무엇인가가 잘못되었습니다. 한 번 찾아보세요. 무엇일까요? 바로 문장의 끝을 알리는 세미콜론(;)이 빠졌습니다. 그래서 10번째 술에서 다음과 같은 컴파일 에러가 발생합니다.

    10.c(11):error C2143: syntax error:missing ';' before '}'

이 에러는 "'}'로 for 문을 종료하기 전에 세미콜론이 있어야 합니다."라는 것입니다. 세미콜론은 다음의 경우를 제외하고는 대부분의 경우에 사용됩니다.

> 1. #include 문 사용 시 필요 없습니다.
> 2. #define 문 사용 시 필요 없습니다.
> 3. main() 함수 사용 시 필요 없습니다.
> 4. if( 조건식 ) 사용 시 필요 없습니다.
> 5. for( 초기식; 조건식; 증감식 ) 사용 시 필요 없습니다.
> 6. {, } 사용 시 필요 없습니다.

이 밖에도 세미콜론은 나중에 학습하게 될 여러 곳에서 사용하지 않습니다. 세미콜론을 붙이고, 붙이지 않고 하는 경우에 대해서는 어렵게 생각할 필요는 없습니다. 코드를 자세히 보면 특별한 규칙을 갖고 세미콜론을 붙이고, 안 붙이고 그러니까요. 이 책을 학습해 나가는 동안 세미콜론을 붙이는 문장에 대해서는 자연스럽게 알게 될 것입니다.

다음 그림은 소스 코드를 입력하여 실행 파일이 만들어지는 과정을 표현한 것입니다. Visual C++ 등을 사용하여 프로그램을 컴파일하고 실행해 보면, 프로젝트 폴더의 Debug 또는 Release 폴더에서 10.obj 파일을 쉽게 확인할 수 있습니다. 꼭 한 번씩 확인하고 넘어가도록 하세요.

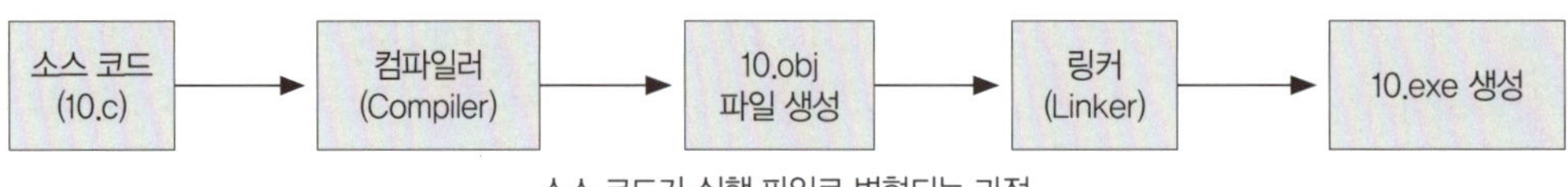

소스 코드가 실행 파일로 변형되는 과정

### printf( ) 함수의 링크

printf( ) 함수는 화면(모니터)에 무엇인가를 출력하기 위해 사용되는데 이 함수 또한 링커에 의해 각각의 프로그램에 합쳐집니다. printf( ) 함수 등을 런타임 라이브러리라고 하며, printf( ) 함수 외에도 수많은 내장 함수들이 존재합니다. 앞으로 학습하게 될 문자열 함수, 파일 처리 함수, 시간 관련 함수들은 모두 내장 함수들입니다.

**C 프로그래밍 개발 과정**

- 1단계 – 에디터를 사용하여 소스 코드를 입력합니다. 대부분의 C 소스 코드 파일은 '.C'라는 확장자를 가지게 됩니다. 'infopub.c', 'database.c' 등이 소스 코드의 예입니다.

- 2단계 – 컴파일러를 사용하여 프로그램을 컴파일합니다. 프로그램에서 아무런 에러도 발견되지 않을 경우 컴파일러는 오브젝트 파일을 생성합니다. 컴파일러에 의해 생성되는 오브젝트 파일은 '.OBJ'의 확장자를 가지며, 파일 이름은 소스 코드와 동일합니다. 예를 들어, 'myprog.c'는 'myprog.obj'라는 파일로 컴파일됩니다. 하지만 에러가 발견되면 컴파일러는 에러가 발생했다는 것을 알려주고 오브젝트 파일을 생성하지 않습니다. 이때, 프로그래머는 소스 코드의 내용을 수정하기 위해 1단계로 돌아갑니다.

- 3단계 – 링커를 사용하여 프로그램을 링크합니다. 아무런 에러도 발생하지 않았다면 링커는 오브젝트 파일과 동일한 파일 이름을 가지며, '.EXE'확장자를 가진 실행 가능한 프로그램을 생성하여 파일로 저장합니다. 예를 들어, 'myprog.obj'는 링크되어 'myprog.exe'를 생성하게 됩니다.

- 4단계 – 프로그램을 실행합니다. 프로그래머는 생성된 프로그램이 바르게 동작하는지 알아보기 위해서 결과를 확인해야 합니다. 프로그램이 정상적으로 동작하지 않는다면 1단계로 돌아가서 소스 코드를 변경하거나 필요한 내용을 추가합니다.

쉬어가세요.

# 2 PART 초급

# C 프로그래밍 기초 다지기

초보자를 위한

# C언어 300제

# 문자형 변수 이해하기(char)

- **학습 내용** : 'a', 'b', 'c' 등과 같은 문자 또는 0~255, −128~127 사이의 숫자를 임시적으로 기억하기 위한 변수를 정의하는 방법을 이해합니다.
- **힌트 내용** : 문자형 변수는 char 또는 unsigned char로 정의합니다.

📁 **소스 : [예제-11].c**

```c
1: #include <stdio.h>
2:
3: main()
4: {
5:     char ch;
6:     unsigned char j;
7:     char k;
8:
9:     ch = 200;
10:     j = 200;
11:     k = 'α';
12:
13:     printf( "문자형 변수 ch의 값은 %d \n", ch );
14:     printf( "문자형 변수 j의 값은 %d \n", j );
15:     printf( "문자형 변수 k의 값은 %d \n", k );
16: }
```

문자형 변수는 [예제−2]에서 언급했듯이, 작은 범위의 값을 저장하기 위한 변수형입니다. 문자형을 정의하는 방법은 두 가지가 있는데, 하나는 char형이며, 또 하나는 unsigned char형입니다. 두 데이터형의 차이는 음수 값을 가지냐, 가지지 않느냐에 따라 구분됩니다.

---

☼ **새로운 용어**

**아스키(ASCII)** : 컴퓨터에서 사용되는 문자 값으로 각각의 문자 값은 전 세계적으로 동일하게 규정되어 있습니다.

- 숫자 '0'~ '9'의 아스키 값은 48~57입니다.
- 알파벳 'A'~ 'Z'의 아스키 값은 65~90입니다.
- 알파벳 'a'~ 'z'의 아스키 값은 97~122입니다.

char형 변수 ch는 −128~+127 범위의 값을 저장할 수 있는 변수입니다. 이 값을 벗어나는 값은 자동으로 이 범위의 값으로 변환됩니다. 그러므로 128을 저장하기 위한 변수를 char형으로 정의하면 안되겠지요! 참고로 char형 변수는 signed char형이라고도 하며, 프로그래밍 시에는 일반적으로 signed를 생략합니다.  ◆ 5

unsigned char형 변수 j는 0~+255 범위의 값을 저장할 수 있는 변수입니다. 이 범위를 초과하는 값은 int형 또는 unsigned int형을 사용해야 합니다. 또한, unsigned char형 변수에는 음수값을 사용할 수 없습니다. −5와 같은 음수값을 저장하려면 char형 변수를 사용해야 합니다.  ◆ 6

char형 변수 k를 정의합니다. k도 −128~+127까지의 값을 저장할 수 있습니다.  ◆ 7

char형 변수 ch에 200을 대입합니다. char형 변수 ch는 −128~+127 범위의 값을 저장할 수 있기 때문에 ch는 200을 저장하지 못하고 나름대로의 값으로 변환하여 저장합니다. 보통, 프로그래밍 시에는 char형보다는 int형을 많이 사용합니다. int형은 −2,147,483,648~+2,147,483,647 범위의 값을 저장할 수 있기 때문에 char형에서 겪는 값의 범위에 대한 문제가 없기 때문입니다. 물론 char형이 1바이트의 메모리를 사용하는 반면에, int형은 4바이트의 메모리를 사용하긴 하지만, 변수한, 두 개쯤 4바이트를 사용한다고 메모리가 크게 낭비되는 것은 아닙니다.  ◆ 9

unsigned char형 변수 j에 200을 대입합니다. unsigned char형 변수는 0~255 범위의 값을 저장할 수 있기 때문에 j는 200을 저장하겠지요.  ◆ 10

char형 변수 k에 'a'값을 저장합니다. 이처럼 아스키 문자를 문자형에 대입할 수 있는데, 'a'의 아스키 값은 97이 됩니다. 다른 문자들의 값도 확인해 보세요.  ◆ 11

이 문장이 실행되면 문자형 변수 ch의 값은 −56이라고 화면에 표시됩니다. ch에 200의 값을 대입하였는데, −56이라고 표현되고 있습니다. 그것은 ch가 char형 변수이기 때문에 200을 저장할 수 없어서 그렇습니다.  ◆ 13

"문자형 변수 j의 값은 200"이라고 화면에 표시됩니다.  ◆ 14

"문자형 변수 k의 값은 97"이라고 화면에 표시됩니다.  ◆ 15

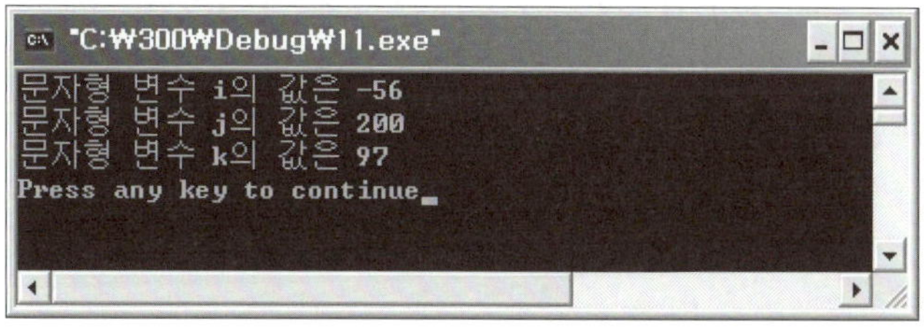

# 정수형 변수 이해하기(int)

- **학습 내용 :** 정수형 변수에 저장할 수 있는 값의 범위를 이해합니다.
- **힌트 내용 :** 정수형 변수는 int 또는 unsigned int로 정의합니다.

📁 **소스 : [예제-12].c**

```c
 1: #include <stdio.h>
 2:
 3: main()
 4: {
 5:     int i;
 6:     unsigned int j;
 7:     int k;
 8:
 9:     i = 2000000000;
10:     j = 4000000000;
11:     k = 'b';
12:
13:     printf( "정수형 변수 i의 값은 %d \n", i );
14:     printf( "정수형 변수 j의 값은 %u \n", j );
15:     printf( "정수형 변수 k의 값은 %d \n", k );
16: }
```

정수형 변수는 문자형 변수에 비해 아주 큰 범위의 값을 저장하기 위한 변수형입니다. 정수형 변수를 정의하는 방법은 네 가지가 있으며, 일반적으로 int형 또는 unsigned int형을 많이 사용합니다. int와 unsigned int의 차이는 음수 값을 저장할 수 있는지 여부에 따라 구분됩니다.

int형 변수 i는 −2,147,483,648∼+2,147,483,647 범위의 값을 저장할 수 있는 변수입니다. 이 값을 벗어나는 값은 자동으로 이 범위의 값으로 변환되며, 문자형 변수에 비해 굉장히 큰 값을 저장할 수 있기 때문에 프로그래밍 시 자주 사용됩니다. 참고로 int형 변수는 signed int형이라고도 하며, 프로그래밍 시에는 일반적으로 signed를 생략합니다.

unsigned int형 변수 j는 0~4,294,967,295 범위의 값을 저장할 수 있는 변수입니다. unsigned int형 변수는 음수값을 저장할 수 없습니다. 음수값을 저장하려면 int형을 사용해야 합니다.  ◆ **6**

int형 변수 k를 정의합니다. k도 −2,147,483,648~+2,147,483,647까지의 값을 저장할 수 있습니다.  ◆ **7**

int형 변수 i에 2,000,000,000을 대입합니다. int형 변수 i는 −2,147,483,648~+2,147,483,647 범위의 값을 저장할 수 있기 때문에 i는 충분히 2,000,000,000을 저장하겠지요.  ◆ **9**

unsigned int형 변수 j에 4,000,000,000을 대입합니다. unsigned int형 변수는 0~4,294,967,295 범위의 값을 저장할 수 있기 때문에 j는 4,000,000,000을 충분히 저장합니다.  ◆ **10**

int형 변수 k에 문자 'b'를 저장합니다. 아스키 문자를 문자형 변수가 아닌 정수형 변수에도 대입할 수 있습니다. 'b'의 아스키 값은 98이 됩니다.  ◆ **11**

"정수형 변수 i의 값은 2000000000"이라고 화면에 표시됩니다.  ◆ **13**

"정수형 변수 j의 값은 4000000000"이라고 화면에 표시됩니다.  ◆ **14**

"정수형 변수 k의 값은 98"이라고 화면에 표시됩니다.  ◆ **15**

---

📝 **N O T E**

정수형 변수는 int형 외에도 short형과 long형이 있습니다.

| | |
|---|---|
| short | −32768 ~ +32767 |
| unsigned short | 0 ~ +65535 |
| long | −2,147,483,648 ~ +2,147,483,647 |
| unsigned long | 0 ~ 4,294,967,295 |

32비트 운영체제에서는 int와 long 또는 unsigned int와 unsigned long과의 특별한 차이는 없습니다. 두 변수형 모두 4바이트 메모리를 사용하여 값을 저장하기 때문에 기호에 맞게 사용하면 됩니다. 보통, 정수형 변수를 사용할 때는 int를 많이 사용합니다.

# 실수형 변수 이해하기(double)

- **학습 내용 :** 실수형 변수에 저장할 수 있는 값들을 이해합니다.
- **힌트 내용 :** 실수형 변수는 float 또는 double로 정의합니다.

소스 : [예제-13].c

```c
1: #include <stdio.h>
2:
3: main()
4: {
5:     float d;
6:     double d1;
7:     double d2;
8:
9:     d = 3.141592;
10:    d1 = 1234567890;
11:    d2 = 'c';
12:
13:    printf( "실수형 변수 d의 값은 %E \n", d );
14:    printf( "실수형 변수 d1의 값은 %E \n", d1 );
15:    printf( "실수형 변수 d2의 값은 %E \n", d2 );
16: }
```

실수형 변수는 실수의 값을 저장하기 위한 변수형입니다. 실수형 변수를 정의하는 방법은 두 가지가 있는데, 하나는 float형이며, 또 하나는 double형입니다. 두 데이터형의 차이는 float형 변수는 1.2E-38~3.4E38 범위의 값을 저장하며, double형 변수는 2.2E-308~1.8E308 범위의 값을 저장한다는 것입니다. 실수형 값을 다룰 때는 일반적으로 double을 많이 사용합니다.

**5 ◆** float형 변수 d를 정의합니다.

**6 ◆** double형 변수 d1을 정의합니다.

**7 ◆** double형 변수 d2를 정의합니다.

float형 변수 d에 3.141592를 대입합니다. ◆ **9**

double형 변수 d1에 1234567890을 대입합니다. ◆ **10**

double형 변수 d2에 문자 'c'를 저장합니다. 아스키 문자를 문자형 변수가 아닌 실수형 변수에도 대 ◆ **11**
입할 수 있습니다. 'c'의 아스키 값은 99가 됩니다.

"실수형 변수 d의 값은 3.141592E+000"이라고 화면에 표시됩니다. ◆ **13**

"실수형 변수 d1의 값은 1.234568E+009"라고 화면에 표시됩니다. ◆ **14**

"실수형 변수 d2의 값은 9.900000E+001"이라고 화면에 표시됩니다. ◆ **15**

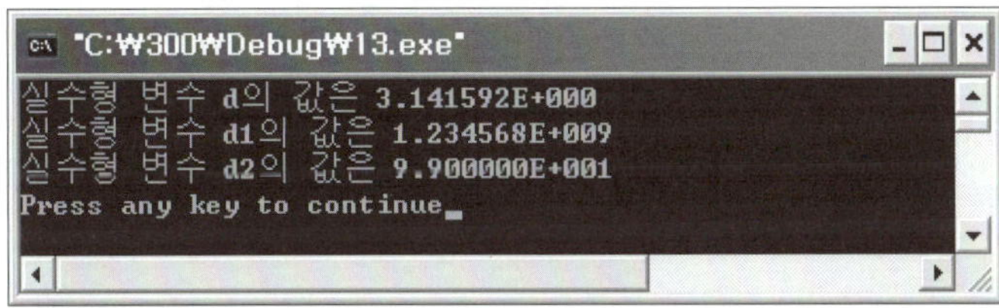

**N O T E**

실수형 변수는 다른 일반 변수형과 달리 정밀도라는 것을 가지고 있습니다. 정밀도라는 것은 소수점 이하 몇
자리까지를 표시하는가를 나타내며, float형과 double형의 정밀도는 다음과 같습니다.

● float형 : 7자리
● double형 : 14자리

다음과 같이 실수형 변수 m에 1.2233445566778899112233445566778899를 대입한 후 정밀도를 표시 해보면
"실수형 변수의 정밀도: 1.2233445566778900000000000E+000"이라고 화면에 표시됩니다.

```
double m = 1.2233445566778899112233445566778899;
printf( "실수형 변수의 정밀도: %30.25E", m );
```

# 논리형 변수 이해하기(bool)



- **학습 내용 :** 참 또는 거짓에 대한 논리적인 값을 저장하는 방법을 이해합니다.
- **힌트 내용 :** 논리형 변수는 int로 정의합니다.

📁 소스 : [예제-14].c

```c
1: #include <stdio.h>
2:
3: main()
4: {
5:     int b;
6:     int j;
7:
8:     b = 10 > 5;
9:     j = 10 > 20;
10:
11:     printf( "논리형 변수 b의 값은 %d \n", b );
12:     printf( "논리형 변수 j의 값은 %d \n", j );
13:
14:     if( b )        // 참
15:     {
16:         printf( "10 > 5의 식은 참입니다. \n" );
17:     }
18:     else
19:     {
20:         printf( "10 > 5의 식은 거짓입니다. \n" );
21:     }
22:
23:     if( j )        // 거짓
24:     {
25:         printf( "10 > 20의 식은 참입니다. \n" );
26:     }
27:     else
28:     {
29:         printf( "10 > 20의 식은 거짓입니다. \n" );
```

```
30:    }
31:
32:    if( -1 )      // 참
33:    {
34:        printf( "-1은 참입니다. \n" );
35:    }
36:    else
37:    {
38:        printf( "-1은 거짓입니다. \n" );
39:    }
40: }
```

논리형 변수라는 것은 사실 존재하지 않습니다. 정수형 변수를 논리형 변수처럼 사용하는 것일 뿐이지요. C 언어보다 좀 더 발전한 C++ 언어는 논리형 변수를 정의하기 위해 bool이라는 키워드(keyword)를 사용합니다. 하지만 실제 bool이라는 깃은 존재하시 않으며, 내부적으로 int형을 사용하고 있습니다. 그러므로 C 언어에서도 bool 대신 int형을 논리형 변수로 사용하면 됩니다.

int형 변수 b, j를 정의합니다. b, j를 논리형 변수로 사용합니다.　　　　　　　　　　◆ 5~6

10이 5보다 크기 때문에 b에는 1(참)이 대입됩니다.　　　　　　　　　　　　　　　　◆ 8

10이 20보다 크지 않기 때문에 j에는 0(거짓)이 대입됩니다.　　　　　　　　　　　　◆ 9

if(조건식)은 참과 거짓을 구분하여 어느 문장을 실행할 것인지를 판단합니다. if 문이 판별하는 참　◆ 14~39
과 거짓은 다음과 같습니다.

- 참 : 0을 제외한 모든 값(모든 양수값과 모든 음수값)
- 거짓 : 값이 0인 경우

프로그램을 실행시켜 보면 b는 1값을 가지며, j는 0값을 가집니다. 그리고 참, 거짓의 정의에 따라 1은 참, 0은 거짓으로 if 문은 판단합니다.

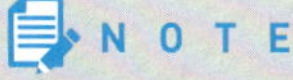

**N O T E**

if 문은 0이 아닌 값을 모두 참으로 평가하기 때문에 if(100)도 참이며, if(-100)도 참이 됩니다.

# 문자열형 변수 이해하기(char*)

- **학습 내용** : C 언어에서 문자열을 사용하기 위해 변수를 정의하는 방법을 이해합니다.
- **힌트 내용** : 문자열형 변수는 char[]로 정의합니다.

📁 **소스 : [예제-15].c**

```
1: #include <stdio.h>
2:
3: main()
4: {
5:    char str[ ] = "대한민국";
6:    char *j = "I love Korea";
7:
8:    printf( "문자열형 변수 str의 값은 %s \n", str );
9:    printf( "문자열형 변수 j의 값은 %s \n", j );
10: }
```

문자열형 변수는 문자형 변수를 정의하는 char를 사용합니다. [예제-7]에서 설명한 것처럼 문자열은 문자들의 집합입니다. 문자열을 정의하는 방법은 char[]를 사용하는 방법과 char*를 사용하는 두 가지로 구분되는데, 두 가지 정의의 차이점은 char str[]에서 str은 문자열 변수이고, char *j에서 j는 문자열 상수라는 점이 다릅니다. 변수는 변할 수 있는 값이고, 상수는 변할 수 없는 값이라고 **[2. 변수형 개념 배우기]**와 **[3. 상수형 개념 배우기]**에서 설명하였습니다. 지금은 str은 문자열 변수이고, j는 문자열 상수라는 것만 기억하고 넘어가도록 하겠습니다.

5 ◆ 문자열 변수 str을 정의하고, 문자열 "대한민국"으로 초기화합니다. 문자열 변수를 정의할 때는 일반적으로 str[] 처럼 사용하기도 하지만, str[10]처럼 문자열의 길이보다 큰 값으로 정의할 수도 있습니다. 참고로 한글은 한 자당 길이가 2이고, 영문은 한 자당 길이가 1입니다. 그러므로 str[10]처럼 사용하려면, 문자열의 길이를 정확히 알아야 하겠지요. "대한민국"은 모두 한글이기 때문에 길이가 8이 됩니다.

6 ◆ 문자열 상수 j를 정의하고, 문자열 "I love Korea"를 가리킵니다.

"문자열형 변수 str의 값은 대한민국"을 화면에 표시합니다.                                     ◆ 8

"문자열형 상수 j의 값은 I love Korea"를 화면에 표시합니다.                                 ◆ 9

문자열형 변수는 포인터와 아주 밀접한 관계가 있습니다. 포인터에 관하여는 [106. 포인터 사용하기]에서 설명하기 때문에 여기서는 포인터와 관련이 있다는 것만 알고 넘어가도록 하겠습니다. 중요한 것은 문자열과 메모리는 어떤 관계가 있는지 이해하는 것입니다.

다음 그림은 메모리에 j 문자열이 저장된 모습입니다. 하나의 문자는 한 바이트의 메모리를 사용하며, 모든 문자열의 끝은 항상 널(0)로 종료합니다. 널(0)과 문자 '0'은 완전히 다른 값이므로 혼동하지 마세요. 널(0)은 아스키 값이 0이고, 문자 '0'은 아스키 값이 48입니다. 널(0)이 없다면 프로그램에서 문자열의 끝을 구분할 수 없기 때문에 널(0)을 문자열의 끝에 삽입하여 문자열의 끝임을 알리는 것입니다. 단, 문자열임에도 불구하고 널(0)로 끝나지 않을 수도 있습니다. 널(0)로 끝나지 않는 문자열은 특정한 상황에서 사용하는 것이기 때문에 그런 프로그램을 다룰 때 다시 설명하겠습니다.

| 'I' | ' ' | 'l' | 'o' | 'v' | 'e' | ' ' | 'K' | 'o' | 'r' | 'e' | 'a' | '\0' |
|---|---|---|---|---|---|---|---|---|---|---|---|---|

문자열과 메모리의 구조

**N O T E**

컴퓨터는 내부적으로 0과 1을 가지고 모든 연산을 처리합니다. 0과 1을 비트(bit)라고 하며, 8비트가 모여서 1바이트가 됩니다. 0~255까지의 수를 저장하는 char형 변수는 메모리를 1바이트 사용하고 있는 것입니다. 그럼 정수형 변수는 몇 바이트를 사용하기에 그렇게 큰 수를 저장할 수 있는 것일까요? 32비트 운영체제에서 정수형 변수는 메모리를 4바이트 사용하고 있습니다. 4바이트 메모리로 표현할 수 있는 최대 수가 0~4,294,967,295 이기 때문에 정수형 변수는 이 값의 범위 내에서 사용할 수 있는 것이며, 그 수로 양수와 음수를 표현할 때는 반씩 갈라서 −2,147,483,648 ~ +2,147,483,647처럼 사용하는 것입니다.

# 문자형 상수 이해하기(char)

- **학습 내용** : 문자형 상수의 의미와 어떤 경우에 문자형 상수를 사용하는지를 이해합니다.
- **힌트 내용** : 문자형 상수는 #define 또는 const char로 정의할 수 있겠지요.

📁 소스 : [예제-16].c

```c
 1: #include <stdio.h>
 2:
 3: #define          HUNDRED             100
 4:
 5: const char       j = 10;
 6:
 7: main()
 8: {
 9:    HUNDRED = 200;            // 에러 발생
10:    j = 200;                  // 에러 발생
11:
12:    printf( "문자형 상수 HUNDRED의 값은 %d \n", HUNDRED );
13:    printf( "문자형 상수 j의 값은 %d \n", j );
14: }
```

문자형 상수는 문자형 변수를 대신하여 사용되는 값이며, 프로그램의 실행 시간동안 바뀌어서는
안 되는 값을 정의하고자 할 때 사용합니다. 문자형 상수를 정의하는 방법은 두 가지가 있는데,
#define 문과 const char형을 이용하는 것입니다. 두 선언의 차이는 데이터형을 명확하게 구분하느
냐, 구분하지 않느냐로 구별됩니다. 위의 예제에서 #define 문에 의해 정의된 HUNDRED는 실제
로 문자형인지 정수형인지 정확한 구별이 없지만, const 문에 의해 정의된 j라는 상수는 문자형 상
수임을 정확하게 구별해 주고 있습니다.

3 ◆ 문자형 상수 HUNDRED는 프로그램이 종료될 때까지 100이라는 값을 가지고 있습니다.
HUNDRED의 값은 그 어떤 이유에 의해서도 바뀔 수 없으며, 값을 바꾸기를 원한다면 문자형 상
수가 아닌 문자형 변수를 사용해야 합니다.

문자형 상수 j는 프로그램이 종료될 때까지 10이라는 값을 가지고 있습니다. j의 값 또한 그 어떤 ◆ 5
이유에 의해서도 변경될 수 없습니다.

문자형 상수 HUNDRED에 값을 대입하는 경우 다음과 같은 에러가 발생합니다. ◆ 9

    16.c(9):error C2106: '=':left operand must be l-value

이 에러의 의미는 "대입 연산자의 왼쪽에 올 수 없는 값이 l-value로 사용되었다."라는 뜻입니다.
대입 연산자의 왼쪽에는 값이 변할 수 있는 **변수**가 와야 하는데, 값을 바꿀 수 없는 **상수**가 왔기 때
문에 이와 같은 에러가 발생하는 것입니다. 즉, 프로그램에 선언된 상수의 값은 절대 바꿀 수 없음
을 의미합니다.

9번째 줄과 동일한 에러가 발생합니다. j 또한 문자형 상수이기 때문에 그 어떠한 값도 대입할 수 ◆ 10
없습니다. 프로그램을 컴파일하고 실행하려면 9번째 줄과 10번째 줄을 주석 처리해야 하겠지요.

"문자형 상수 HUNDRED의 값은 100"이 화면에 표시됩니다. ◆ 12

"문자형 상수 j의 값은 10"이 화면에 표시됩니다. ◆ 13

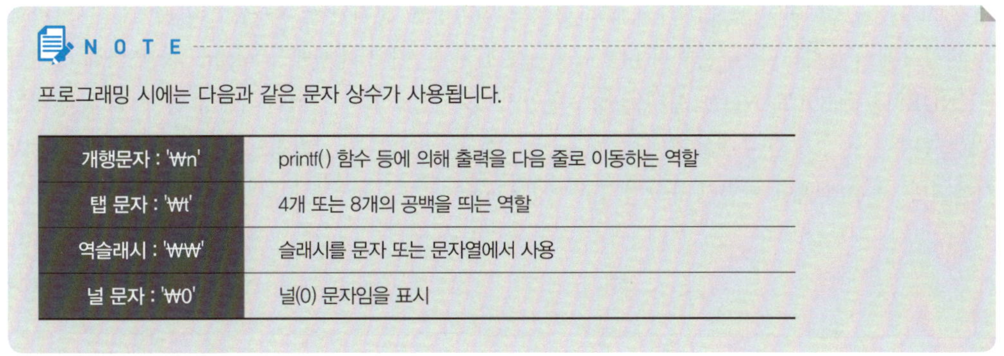


9, 10번째 줄을 주석 처리하지 않고 컴파일한 오류

---

**📝 N O T E**

프로그래밍 시에는 다음과 같은 문자 상수가 사용됩니다.

| | |
|---|---|
| 개행문자 : '\n' | printf() 함수 등에 의해 출력을 다음 줄로 이동하는 역할 |
| 탭 문자 : '\t' | 4개 또는 8개의 공백을 띄는 역할 |
| 역슬래시 : '\\' | 슬래시를 문자 또는 문자열에서 사용 |
| 널 문자 : '\0' | 널(0) 문자임을 표시 |

# 정수형 상수 이해하기(int)

- **학습 내용 :** 정수형 상수의 의미와 어떤 경우에 정수형 상수를 사용하는지를 이해합니다.
- **힌트 내용 :** 정수형 상수도 문자형 상수처럼 #define 또는 const int로 정의하면 됩니다.

**소스 : [예제-17].c**

```c
 1: #include <stdio.h>
 2:
 3: #define          HUNDRED_THOUSAND               100000
 4:
 5: const int        j = 200000;
 6:
 7: main()
 8: {
 9:    HUNDRED_THOUSAND = 100000;                 // 에러 발생
10:    j = 200000;                                // 에러 발생
11:
12:    printf( "정수형 상수 HUNDRED_THOUSAND의 값은 %d \n",
            HUNDRED_THOUSAND );
13:    printf( "정수형 상수 j의 값은 %d \n", j );
14: }
```

정수형 상수는 정수형 변수를 대신하여 사용되는 값이며, #define 문에 의해 선언되는 정수형 상수는 문자형 상수를 선언하는 방법과 같은 것을 볼 수 있습니다. 정수형 상수를 정의하는 방법도 두 가지가 있는데, #define 문과 const int형으로 선언하는 것입니다. 두 선언의 차이는 데이터형을 명확하게 구분하느냐, 구분하지 않느냐로 구별됩니다. 위의 예제에서 #define 문에 의해 정의된 HUNDRED_THOUSAND는 실제로 정수형인지 정확한 구별이 없지만, const 문에 의해 정의된 j라는 변수는 정수형 상수임을 정확하게 구별해 주고 있습니다. 일반적으로는 #define 문이 많이 사용되며, 변수의 형이 특별히 중요할 경우 const int형을 사용하면 됩니다.

정수형 상수 HUNDRED_THOUSAND는 프로그램이 종료될 때까지 100000이라는 값을 갖고 있습니다. HUNDRED_THOUSAND의 값은 그 어떤 이유에 의해서도 바뀔 수 없으며, 값을 바꾸기를 원한다면 정수형 상수가 아닌 정수형 변수를 사용해야 합니다.

◆ 3

정수형 상수 j는 프로그램이 종료될 때까지 200000이라는 값을 갖고 있습니다. j의 값 또한 그 어떤 이유에 의해서도 변경될 수 없습니다.

◆ 5

정수형 상수 i에 값을 대입하는 경우에도 문자형 상수와 마찬가지로 아래와 같은 에러가 발생하겠지요? 모든 상수에는 값을 대입할 수 없다는 것을 다시 한 번 기억하도록 하세요.

◆ 9

    17.c(9):error C2106: '=':left operand must be l-value

9번째 줄과 동일한 에러가 발생합니다. j 또한 정수형 상수이기 때문에 그 어떠한 값도 대입할 수 없습니다. 프로그램을 컴파일하고 실행하려면 9번째 줄과 10번째 줄을 주석 처리해야 합니다.

◆ 10

"정수형 상수 HUNDRED_THOUSAND의 값은 100000"이 화면에 표시됩니다.

◆ 12

"정수형 상수 j의 값은 200000"이 화면에 표시됩니다.

◆ 13

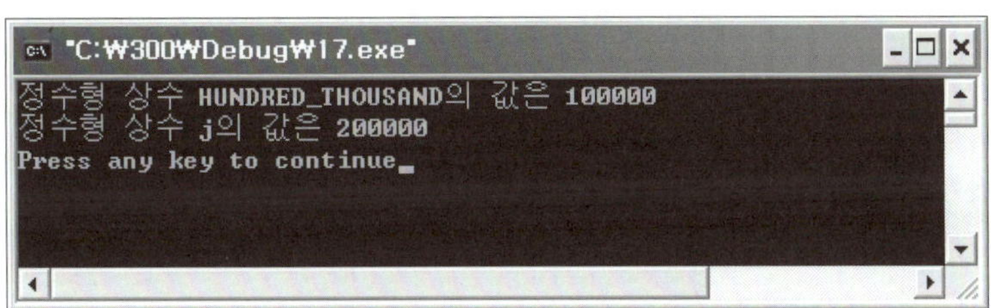

 **N O T E**

정수형 상수를 사용할 때는 일반적으로 정수임을 나타내는 L(long) 또는 UL(unsigned long)을 사용하곤 합니다. 예를 들어, 예제의 3번째 줄과 5번째 줄은 다음과 같이 바꿀 수 있습니다.

```
#define      HUNDRED_THOUSAND 100000L
const int    j = 200000UL;
```

# 실수형 상수 이해하기(double)



📁 **소스 : [예제-18].c**

```c
1: #include <stdio.h>
2:
3: #define PI      3.141592
4:
5: const double j = 1.23456789;
6:
7: main()
8: {
9:    PI = 3.141592;               // 에러 발생
10:   j = 1.23456789;              // 에러 발생
11:
12:   printf( "실수형 상수 PI의 값은 %f \n", PI );
13:   printf( "실수형 상수 j의 값은 %f \n", j );
14: }
```

실수형 상수 또한 문자형 상수나 정수형 상수처럼 사용되는 상수이며, 문자형, 정수형, 실수형 상수 등을 프로그램에서 사용하는 대표적인 이유는 두 가지로 구분될 수 있습니다. 첫째로, 프로그램 내에서 변경되지 않는 값을 선언하고자 할 때, 그리고 사용된 값이 바뀔 경우가 있을 때입니다. 만약에 위의 예제에서 PI를 사용하지 않고, 3.141592를 프로그램에서 수 십번 사용하였다면, 3.141592를 3.14로 변경하고자 할 때 모든 프로그램에서 수정을 해야만 합니다. 하지만 PI라는 상수를 사용하였다면 #define PI 3.14처럼 변경하면, 프로그램에서 PI가 사용된 모든 곳이 3.14로 자동으로 변경됩니다. 이해가 되셨지요?

실수형 상수 PI는 프로그램이 종료될 때까지 3.141592라는 값을 가지고 있습니다. PI의 값은 그 어떤 이유에 의해서도 바뀔 수 없으며, 값을 바꾸기를 원한다면 실수형 상수가 아닌 실수형 변수를 사용해야 합니다.

실수형 상수 j는 프로그램이 종료될 때까지 1.23456789라는 값을 가지고 있습니다. j의 값 또한 그 ◆ 5
어떤 이유에 의해서도 변경될 수 없습니다.

실수형 상수 PI에 값을 대입하는 경우는 정수형 상수와 마찬가지 에러가 발생됩니다. ◆ 9

  18.c(9):error C2106: '=':left operand must be l-value

9번째 줄과 동일한 에러가 발생합니다. j 또한 실수형 상수이기 때문에 그 어떠한 값도 대입할 수 ◆ 10
없습니다. 프로그램을 컴파일하고 실행하려면 9번째 줄과 10번째 줄을 주석 처리해야 합니다.

"실수형 상수 PI의 값은 3.141592"가 화면에 표시됩니다. ◆ 12

"실수형 상수 j의 값은 1.234568"이 화면에 표시됩니다. 왜 1.23456789가 아닌 1.234568이 출력 ◆ 13
되었는가는 실수형 값의 정밀도와 관계가 있습니다. float의 정밀도가 7자리이기 때문에 7자리 이
하의 값들은 자동으로 반올림 처리되는 것입니다.

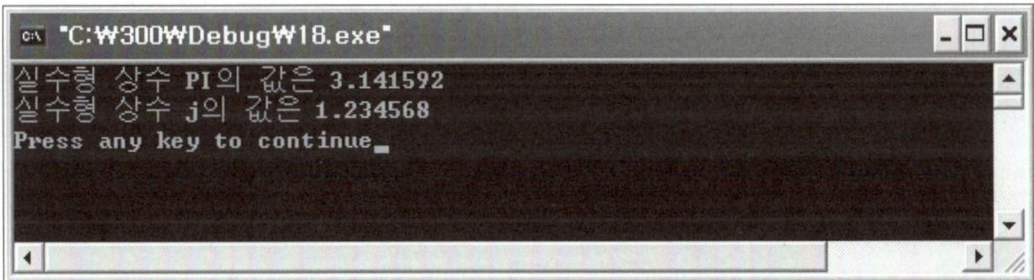


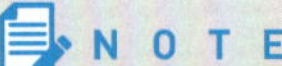 **N O T E**

지금까지 문자형, 정수형 그리고 실수형 변수와 상수에 대해 설명하였는데, 이 세 가지 데이터형은 다음과 같은
관계를 형성합니다.

  문자형 < 정수형 < 실수형

즉, 문자형은 정수형에 포함되며, 정수형은 실수형에 포함된다는 것입니다. 수학에서 실수가 정수를 포함하는 것과
같은 의미가 있는 것이지요.

# 019 논리형 상수 이해하기(bool)

- **학습 내용 :** 참과 거짓을 구분하기 위해 사용되는 논리형 상수를 작성해서 사용해 봅니다.
- **힌트 내용 :** #define 문으로 정의할 수 있겠지요.

📁 소스 : [예제-19].c

```c
1: #include <stdio.h>
2:
3: #define TRUE   1
4: #define FALSE 0
5:
6: main()
7: {
8:   if( TRUE )
9:   {
10:       printf( "TRUE의 값은 참입니다. \n" );
11:   }
12:   else
13:   {
14:       printf( "TRUE의 값은 거짓입니다. \n" );
15:   }
16:
17:   if( FALSE )
18:   {
19:       printf( "FALSE의 값은 참입니다. \n" );
20:   }
21:   else
22:   {
23:       printf( "FALSE의 값은 거짓입니다. \n" );
24:   }
25: }
```

논리형 상수는 논리형 변수를 대신하여 사용되는 값이며, 위의 코드에서처럼 TRUE와 FALSE를 많이 사용합니다. TRUE와 FALSE는 어떤 언어로 프로그래밍을 하든지 항상 사용하는 개념이며, TRUE는 조건식이 참이 되며, FALSE는 조건식이 거짓이 됩니다.

논리형 상수 TRUE를 선언합니다. TRUE는 프로그램이 종료될 때까지 1값을 유지합니다. [예제-14]의 논리형 변수에서 설명한 것처럼 1은 참을 의미합니다. 물론 TRUE에 1 대신 0이 아닌 다른 값을 사용할 수도 있습니다. TRUE는 일반적으로 1을 사용하고 있습니다. ◆ 3

논리형 상수 FALSE를 선언합니다. FALSE는 프로그램이 종료될 때까지 0값을 유지합니다. [예제-14]의 논리형 변수에서 설명한 것처럼 0은 거짓을 의미합니다. ◆ 4

if 문은 참과 거짓에 따라 실행을 구분합니다. 조건식이 if(TRUE)이고 TRUE는 참이기 때문에 9~11번째 줄이 실행되며, 거짓인 경우에 실행되는 12~15번째 줄은 실행되지 않습니다. ◆ 8

if(FALSE)의 조건식에서 if 문은 참과 거짓에 따라 분기하는 문장이므로, FALSE에 대해 평가합니다. FALSE는 거짓이기 때문에 21~24번째 줄이 실행되며, 18~20번째 줄은 실행되지 않습니다. ◆ 17

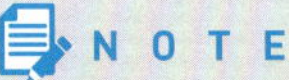

**N O T E**

C++ 언어에서는 논리형 값으로 참인 경우에 true, 거짓인 경우에 false가 사용됩니다.

# 문자열형 상수 이해하기(char)

- **학습 내용 :** 프로그램에서 자주 사용되는 문자열을 상수처럼 선언하고, 사용하는 방법을 이해합니다.
- **힌트 내용 :** 문자열형 상수는 #define 또는 const char*로 정의합니다.

📂 **소스 : [예제-20].c**

```c
1: #include <stdio.h>
2:
3: #define      KOREA        "대한민국"
4: #define      BOOK         "This is a book."
5:
6: const char* SOCCOR = "나는 축구를 좋아합니다.";
7:
8: main()
9: {
10:    printf( "문자열형 상수    KOREA의 값:%s \n", KOREA );
11:    printf( "문자열형 상수     BOOK의 값:%s \n", BOOK );
12:    printf( "문자열형 상수 SOCCOR의 값:%s \n", SOCCOR );
13: }
```

문자열형 상수 또한 다른 상수형과 마찬가지로 프로그램이 실행되는 동안 절대로 바뀌지 않아야 되는 값을 선언하고자 할 때 사용합니다. 문자열형 상수를 정의하는 방법은 두 가지가 있으며, #define 문과 const char*형입니다. 다른 상수 선언과 같이 명확한 선언이냐 아니냐만 다를 뿐, 서로 같은 개념으로 사용될 수 있겠지요. 일반적으로는 #define 문이 많이 사용되며, 변수의 형이 특별히 중요할 경우에는 const char*를 사용하면 됩니다. const char*에서 상수가 문자열을 가리키도록 초기화될 때 const는 생략 가능합니다.

3 ◆ 문자열형 상수 KOREA를 선언합니다. KOREA는 프로그램이 종료될 때까지 "대한민국" 값을 유지합니다. KOREA 값은 상수이기 때문에 프로그램의 그 어디에서도 변경될 수 없습니다.

문자열형 상수 BOOK을 선언합니다. BOOK은 프로그램이 종료될 때까지 "This is a book." 값을 ◆ 4
유지합니다. 물론 BOOK 값도 프로그램에서 변경할 수 없겠지요.

문자열형 상수 SOCCOR를 선언합니다. SOCCOR는 프로그램이 종료될 때까지 "나는 축구를 좋 ◆ 6
아합니다." 값으로 사용됩니다. SOCCOR 값 또한 상수이기 때문에 프로그램의 그 어디에서도 변
경될 수 없습니다.

"문자열형 상수 KOREA의 값 : 대한민국"을 화면에 표시합니다. ◆ 10

"문자열형 상수 BOOK의 값 : This is a book."을 화면에 표시합니다. ◆ 11

"문자열형 상수 SOCCOR의 값 : 나는 축구를 좋아합니다."를 화면에 표시합니다. ◆ 12

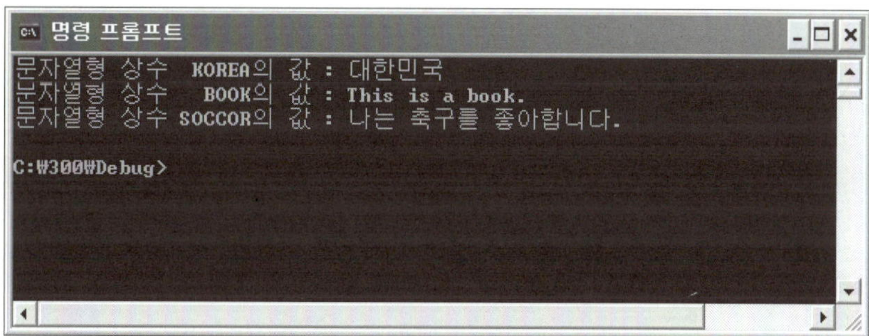

### int형과 short는 같을까요?

16비트의 IBM PC 호환 기종에서는 int와 short가 동일한 것으로 처리되지만, 다른 하드웨어 기종에서는 달라질 수
있습니다. 예를 들어, 32비트 시스템에서는 short와 int가 동일하지 않은 것으로 처리됩니다. short는 2바이트이지만, int는
4바이트를 사용하게 됩니다. C는 유연성과 이식성이 뛰어난 언어이므로 두 가지 형태에 대해 다른 키워드를 제공한다는
것을 기억할 필요가 있습니다. 데이터형의 크기는 컴퓨터 환경에 따라 달라질 수 있다고 했지만, C는 ANSI 표준 덕분에
다음과 같은 결과가 나온다고 보면 됩니다.

- char형의 크기는 1바이트입니다.
- short형의 크기는 2바이트입니다.
- int형의 크기는 운영체제마다 다르며, 현재 Windows 운영체제 하에서는 4바이트 또는 8바이트입니다.

# 대입 연산자 이해하기(=)

- **학습 내용** : 대입 연산자의 의미와 C 언어에서 사용되는 유형을 이해합니다.
- **힌트 내용** : 대입 연산자는 등호 문자('=')를 사용합니다.

소스 : [예제-21].c

```c
1: #include <stdio.h>
2:
3: main()
4: {
5:     int x = 1;
6:     int y = 2;
7:     int z;
8:     int zz;
9:
10:     z = x + y;
11:
12:     zz = printf( "z의 값:%d \n", z );
13:     printf( "zz의 값:%d \n", zz );
14: }
```

대입 연산자는 기호로 등호('=')를 사용하며, 대입 연산자의 오른쪽에 위치한 값 또는 연산의 결과를 왼쪽 변수에 대입해주는 역할을 합니다. 대입 연산자의 왼쪽에 올 수 있는 값을 L-Value라고 하며, 일반적인 변수들은 모두 L-Value가 될 수 있습니다. 당연히 상수는 L-Value가 될 수 없겠지요. 즉, 대입 연산자는 값이 변할 수 있는 특정 변수에 어떤 값을 대입하고자 할 때 사용하는 것입니다. 수학에서 사용되는 개념과 같음을 이해하세요.

5 ◆ 정수형 변수 x를 정의하고, 1을 대입합니다.

6 ◆ 정수형 변수 y를 정의하고, 2를 대입합니다.

10 ◆ 정수형 변수 x와 y를 더한 후, z에 대입합니다.

printf() 함수는 실행 결과로써 몇 바이트를 출력했는지를 반환합니다. 이처럼 함수의 반환값을 변수에 대입할 수 있습니다. ◆ 12

"zz의 값 : 12"를 화면에 표시합니다. 즉, 12번째 줄에서 printf() 함수에 의해 12바이트가 출력된 것입니다. 참고로 한글은 한 자당 2바이트입니다. ◆ 13

조건문에 사용되는 연산자(==)와 혼동되지 않도록 주의하세요. i의 값이 1인지 비교하기 위해서는 if(i==1)이라고 해야 하는데, if(i=1)이라고 하여 고생을 하는 경우가 많습니다. 이런 실수를 방지하기 위해서 if(i==1)이라고 하지 않고, if(1==i)라고도 많이 사용합니다.

### 연산자

연산자(operators)는 C에서 하나 이상의 피연산자(operand)에 대해 어떤 동작이나 계산을 수행하도록 지시하는 기호를 말합니다. 피연산자는 연산자의 동작 대상입니다. C에서 모든 피연산자는 수식이라 할 수 있습니다. C의 연산자에는 다음과 같은 종류가 있습니다.

- 대입 연산자(또는 할당 연산자)
- 부호 연산자
- 증감 연산자
- 관계 연산자
- 논리 연산자
- 비트 연산자

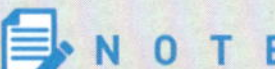

**N O T E**

대입 연산자는 일반적인 값을 대입하는 기능 외에도 [예제-43]에서 설명할 구조체 변수를 대입해주는 기능도 가지고 있습니다.

# 부호 연산자 이해하기(+, −)

- **학습 내용 :** 수학에서 사용되는 부호 연산자와 사용 방법이 같음을 이해합니다.
- **힌트 내용 :** 부호 연산자는 +, − 를 사용합니다.

소스 : [예제-22].c

```c
1: #include <stdio.h>
2:
3: main()
4: {
5:    int x = +4;
6:    int y = -2;
7:
8:    printf( " x + (-y) = %d \n", x + (-y) );
9:    printf( "-x + (+y) = %d \n", -x + (+y) );
10: }
```

부호 연산자는 양수의 값을 음수로 만들거나 음수의 값을 양수로 만들 때 사용합니다. 또한, 특정 변수의 값을 양수나 음수로 초기화할 때도 사용합니다. 만약 x라는 변수에 5가 저장되어 있는데, 변수를 사용 시 −x라고 한다면 x의 값은 −5라고 표현되겠지요. C 언어에서 사용하는 부호 연산자가 수학에서의 부호 연산과 일치한다는 것을 꼭 기억하세요.

5 ◆ 정수형 변수 x를 정의하고, +4로 초기화합니다.

6 ◆ 정수형 변수 y를 정의하고, −2로 초기화합니다.

8 ◆ 정수형 변수 y의 값을 양수로 변경합니다. x + (−y) = 6을 표시합니다.

9 ◆ 정수형 변수 x의 값을 음수로 변경합니다. −x + y = −6을 표시합니다.

**N O T E**

수학 연산에서와 마찬가지로 음수 값에 마이너스(−) 기호를 사용하면 양수로 바뀌며, 양수값에 마이너스 기호를 사용하면 음수 값으로 변경됩니다.

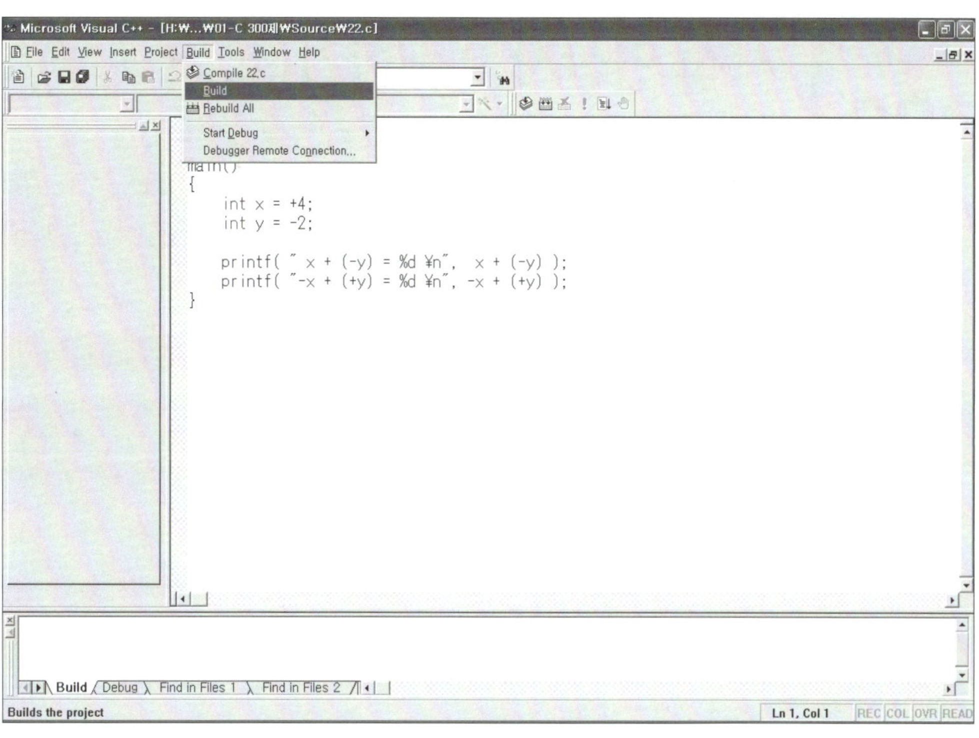

# 사칙 연산자 이해하기(+, −, *, /)

- **학습 내용** : C 언어의 사칙 연산자에 대한 사용 방법 및 연산 우선 순위를 이해합니다.
- **힌트 내용** : x + y가 덧셈 연산입니다.

**소스 : [예제-23].c**

```c
1: #include <stdio.h>
2:
3: main()
4: {
5:    int x = 4;
6:    int y = 2;
7:    int z;
8:
9:    z = x + y;             // 6 = 4 + 2
10:   z = x - y;             // 2 = 4 - 2
11:   z = x * y;             // 8 = 4 * 2
12:   z = x / y;             // 2 = 4 / 2
13:   z = (x+y) * (x-y);     // 12 = (4+2) * (4-2)
14:   z = (x*y) + (x/y);     // 10 = (4*2) + (4/2)
15:   z = x + y + 2004;      // 2010 = 4 + 2 + 2004
16:   z = 2004 - x - y;      // 1998 = 2004 - 4 - 2
17: }
```

사칙 연산자의 기호로는 덧셈(+), 뺄셈(−), 곱셈(*) 그리고 나눗셈(/)이 사용됩니다. 변수와 변수, 변수와 숫자, 숫자와 숫자간에 사칙 연산이 가능합니다.

9 ◆ 정수형 변수 x와 y를 더한 후, z에 대입합니다.

10 ◆ 정수형 변수 x에서 y를 뺀 후, z에 대입합니다.

11 ◆ 정수형 변수 x와 y를 곱한 후, z에 대입합니다.

12 ◆ 정수형 변수 x에서 y를 나눈 후, z에 대입합니다.

정수형 변수 x에 y를 더한 값과 x에서 y를 뺀 값을 곱한 후, z에 대입합니다. ◆ **13**

정수형 변수 x에 y를 곱한 값과 x에서 y를 나눈 값을 더한 후, z에 대입합니다. ◆ **14**

정수형 변수 x에 y를 더한 후 상수 값 2004를 더합니다. 그리고 그 결과를 z에 대입합니다. ◆ **15**

상수 값 2004에서 정수형 변수 x 및 y를 뺍니다. 그리고 그 결과를 z에 대입합니다. ◆ **16**

### 사칙 연산자의 요약

| 연산자의 이름 | 기호 | 동작 내용 | 예제 |
| --- | --- | --- | --- |
| 덧셈 연산자 | + | 2개의 피연산자를 더한다. | x + y |
| 뺄셈 연산자 | − | 첫 번째 피연산자에서 두 번째 피언산사를 뺀나. | x − y |
| 곱셈 연산자 | * | 2개의 피연산자를 곱한다. | x * y |
| 나눗셈 연산자 | / | 첫 번째 피연산자를 두 번째 피연산자로 나눈다. | x / y |
| 나머지 연산자 | % | 첫 번째 피연산자를 두 번째 피연산자로 나눌 때 생성되는 나머지 값을 구한다. | x % y |

**N O T E**

사칙 연산자는 이 밖에도 함수의 반환값 또는 여러 다른 연산에 사용될 수 있습니다. 사용 방법은 일반적인 사용법과 크게 다르지 않습니다. 또한 연산자의 우선순위는 아래와 같이 곱셈, 나눗셈이 덧셈, 뺄셈에 비해 먼저 연산되기 때문에 특별히 주의해야 합니다.

연산 순위 : 1(곱셈, 나눗셈 동일), 2(덧셈, 뺄셈 동일)

다음과 같은 수식은 연산의 결과가 다릅니다.

    x = 1 + 2 * 3 / 4 ◀——— 2*3/4가 먼저 실행된 후, 1이 더해집니다.

    x = (1+2) * 3 / 4 ◀——— (1+2)가 먼저 실행된 후, *3/4가 연산됩니다.

수학에서와 마찬가지로 먼저 연산하고자 하는 수식은 괄호를 사용해야 합니다. 참고로, 나눗셈을 할 때 몫이 아닌 나머지를 구하고자 할 경우 '%'연산자를 사용합니다. 예를 들어, 다음과 같이 1234% 100을 수행한다면 z에는 12가 아닌 34가 저장됩니다. 당연히 1234 / 100을 하면 z에는 12가 저장되겠지요. '%'연산자는 어떤 수의 몫이 아닌 나머지를 구할 때 사용된다는 것도 기억하도록 하세요.

    z = 1234 % 100;

# 증감 연산자 이해하기(++, ――)

- **학습 내용** : x=x+1을 간단하게 해주는 증가 연산자 x++, x=x-1을 간단하게 해주는 감소 연산자 x--의 사용 방법과 ++x, x++, --x, x--의 차이점을 이해합니다.
- **힌트 내용** : 증가 연산자는 ++를 사용하며, 감소 연산자는 --를 사용합니다.

📁 소스 : [예제-24].c

```
 1: #include <stdio.h>
 2:
 3: main()
 4: {
 5:    int x = 1;
 6:
 7:    printf( "x = %d \n", x++ );      // x = 1이 출력, 그리고 1이 증가
 8:    printf( "x = %d \n", x++ );      // x = 2가 출력, 그리고 1이 증가
 9:    printf( "x = %d \n", ++x );      // 1이 먼저 증가, 그리고 x = 4가 출력
10:    printf( "x = %d \n", x-- );      // x = 4가 출력, 그리고 1이 감소
11:    printf( "x = %d \n", x-- );      // x = 3이 출력, 그리고 1이 감소
12:    printf( "x = %d \n", --x );      // 1이 먼저 감소, 그리고 x = 1이 출력
13: }
```

증감 연산자는 주어진 변수의 값을 1 증가(++ 연산자) 또는 1 감소(-- 연산자)시키는 역할을 합니다. 증가 연산자를 x++처럼 사용한 경우에 x=x+1과 동일한 의미이며, 변수의 값을 1만큼만 증가 또는 감소하고자 하는 경우에 증감 연산자를 사용합니다. 단, 증감 연산자가 단독적으로 사용될 때는 ++x와 x++는 같은 의미이나, 다른 변수 또는 함수에서 사용될 때에는 ++x와 x++의 의미는 크게 달라집니다. ++x는 주어진 수식 또는 함수에서 x값이 사용될 때, x의 값을 먼저 1 증가시킨 후 수식에 사용하라는 뜻이며, x++는 주어진 수식 또는 함수에 x 값을 먼저 적용한 후에, 1을 증가시키라는 의미입니다. --x와 x--도 같은 의미로써 연산 전에 감소시킬 것인지 또는 연산 후에 감소시킬 것인지를 나타냅니다.

> ☼ **새로운 용어**
>
> 코딩 : 프로그램을 작성한다는 말을 다른 말로 표현하면 코딩을 한다라고 합니다. [예제-24]의 1번째 줄에서 13번째 줄까지를 입력하는 과정을 코딩을 한다라고 보면 됩니다.

x++는 함수에 x를 사용한 후에 1을 증가시키라는 뜻입니다. 소스 코드의 주석에서 설명한 것과 같이 결과가 표시됩니다. 결과값은 x=1, x=2입니다.  ◆ **7~8**

++x는 함수에 사용하기 전에 1을 먼저 증가시키라는 뜻입니다. 결과값은 x=4입니다.  ◆ **9**

x--는 함수에 사용한 후에 1을 감소시키라는 뜻입니다. 결과값은 x=4, x=3입니다.  ◆ **10~11**

--x는 함수에 사용하기 전에 1을 먼저 감소시키라는 뜻입니다. 결과값은 x=1입니다.  ◆ **12**

### 사칙 연산자와 증감 연산자의 우선 순위

| 연산자 | 상대적인 우선 순위 |
| --- | --- |
| ++ -- | 1 |
| * / % | 2 |
| + - | 3 |

**N O T E**

[예제-24]의 8번째 줄과 9번째 줄을 증가 연산자를 사용하지 않는다면 다음과 같이 코딩할 수 있습니다.

```
printf( "x = %d \n", x );
x = x + 1; // x++
x = x + 1; // ++x
printf( "x = %d \n", x );
```

# 관계 연산자 이해하기
## (<, >, =, >=, <=, !=)

- **학습 내용 :** 주어진 두 값이 서로 같은지, 다른지, 큰지 또는 작은지를 비교하는 방법을 이해합니다.
- **힌트 내용 :** x==y는 x의 값과 y의 값이 같은지를 비교합니다.

📁 소스 : [예제-25].c

```c
1: #include <stdio.h>
2:
3: main()
4: {
5:    int x = 1;
6:    int y = 2;
7:    int z = 3;
8:
9:    if( x == y ) printf( "x는 y와 같습니다. \n" );
10:   if( x != y ) printf( "x는 y와 같지 않습니다. \n" );
11:   if( x >  y ) printf( "x는 y보다 큽니다. \n" );
12:   if( x <  y ) printf( "x는 y보다 작습니다. \n" );
13:   if( y >= z ) printf( "y는 z보다 크거나 같습니다. \n" );
14:   if( y <= z ) printf( "y는 z보다 작거나 같습니다. \n" );
15: }
```

관계 연산자는 주어진 두 식을 평가하여 그 값이 큰지(>), 작은지(<), 크거나 같은지(>=), 작거나 같은지(<=) 그리고 같지 않은지(!=)를 비교하기 위해 사용합니다. 관계 연산자의 평가는 일반적인 수학에서의 평가와 같으며, 예를 들어 2는 1보다 크며, −5는 0보다 작습니다.

9~14 ◆ x, y, z 값을 비교하여 각 값이 큰지, 작은지 등을 비교합니다. if 문은 각 값을 비교하여 참인 경우에 printf() 함수를 실행합니다.

📝 **N O T E**

| | |
|---|---|
| 같은지 비교 | == |
| 같지 않은지 비교 | != |
| 작은지 비교 | < |
| 큰지 비교 | > |
| 작거나 같은지 비교 | <= |
| 크거나 같은지 비교 | >= |

관계 연산자의 사용 예

| 수식 | 의미 | 결과 |
|---|---|---|
| 5 == 1 | 5가 1과 같다 | 0(거짓) |
| 5 > 1 | 5가 1보다 크다 | 1(참) |
| 5 != 1 | 5가 1과 같지 않다 | 1(참) |
| (5 + 10) == (3 * 5) | (5 + 10)이 (3 * 5)와 같다 | 1(참) |

# 논리 연산자 이해하기(||, &&, !)



- **학습 내용** : if 문에서 조건을 하나 이상 비교하는 방법을 이해합니다.
- **힌트 내용** : 논리 연산자 &&를 사용하세요.

소스 : [예제-26].c

```c
1: #include <stdio.h>
2:
3: main()
4: {
5:    int x = 5;
6:    int y = 2;
7:
8:    if( x > 0 && x < 10 )
9:    {
10:        printf( "0 > x < 10 \n" );
11:    }
12:
13:    if( x < 0 || y == 2 )
14:    {
15:        printf( "x가 0보다 작거나, y는 2입니다. \n" );
16:    }
17:
18:    if( !(x>y) )
19:    {
20:        printf( "x가 y보다 크지 않습니다. \n" );
21:    }
22: }
```

논리 연산자는 if 문에서 자주 사용되며, 동시에 두 가지 또는 그 이상의 조건을 판단하기 위해 사용합니다. 논리합 연산자(||)는 두 가지 조건 중의 하나만 참이면 if 문이 참이 되며, 논리곱 연산자(&&)는 두 가지 조건 모두 참이 되어야 if 문이 참이 됩니다. 또한, 부정 연산자(!)는 주어진 수식이 거짓인 경우에 if 문이 참이 됩니다.

두 가지 조건이 모두 참이라면, if 문은 참이 됩니다. x는 0보다 크고 10보다 작기 때문에 평가식은
참이 됩니다. 이처럼 두 개의 수식이 모두 참이라면, 참이 되는 것이 논리곱 연산자(&&)입니다.

◆ 8

두 가지 조건 중 하나만 참이라면, if 문은 참이 됩니다. x는 0보다 작지 않기 때문에 첫 번째 수식
은 거짓이 되며, y는 2이기 때문에 두 번째 수식은 참이 됩니다. 이처럼 주어진 수식 중 하나라도
참이면, 참이 되는 것이 논리합 연산자(||)입니다. 만약 두 개의 식이 모두 거짓이라면, 평가식은
거짓이 됩니다.

◆ 13

주어진 조건이 거짓이라면 if 문은 참이 됩니다. x는 y보다 크기 때문에 주어진 수식은 참이며, 부
정 연산자는 참인 수식을 거짓으로 만듭니다. 만약 주어진 수식이 거짓이고, 부정 연산자를 사용
한다면 if 문은 참이 됩니다.

◆ 18

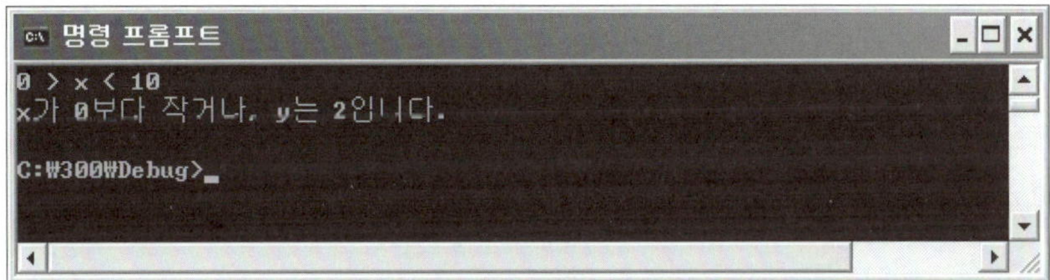

 알고 갑시다!

### 논리 연산자의 사용 예

| 수식 | 결과 |
| --- | --- |
| (5 == 5) && (6 != 2) | 두 수식이 모두 참이므로 참(1) |
| (5 >1) || (6< 1) | 하나의 수식이 참이므로 참(1) |
| (2 == 1) && (5 == 5) | 하나의 수식이 거짓이므로 거짓(0) |
| !(5 == 4) | 수식이 거짓이므로 참(1) |

**N O T E**

관계 연산자는 논리 연산자에 비해 먼저 평가되므로, 특별히 괄호를 사용하지 않아도 됩니다. 8번째 줄에서
수식이 평가되는 것을 보면, 첫 번째로 x가 0보다 큰지가 평가되며, 두 번째로 x가 10보다 작은지가 평가됩니다.
그리고 두 개의 평가식이 모두 참인지를 논리곱 연산자(&&)가 평가하여, 최종적으로 if 문이 참과 거짓을 평가하게
됩니다.

# 조건 연산자 이해하기(?:)

- **학습 내용 :** if 문 대신에 사용할 수 있는 조건 연산자(?:)라는 것의 사용 방법을 이해합니다.
- **힌트 내용 :** 조건 연산자는 if~else 문을 대신하여 사용합니다.

📁 소스 : [예제-27].c

```c
1: #include <stdio.h>
2:
3: main()
4: {
5:    int x = 1;
6:    int y = 2;
7:    int max;
8:
9:    max = x > y ? x : y;
10: }
```

조건 연산자(?:)는 주어진 식을 평가하여 조건식이 참과 거짓에 따라 실행되는 부분이 결정됩니다. 조건 연산자는 if 문을 대체하여 프로그래밍에서 종종 사용되므로 알고 있으면 편리하겠지요.

9 ◆ 다음의 if 문과 동일한 기능을 수행합니다.

```c
if( x > y ) max = x;
else max = y;
```

즉, x가 y보다 크면 max에 x를 대입시키고, x가 y보다 작다면 max에 y를 대입합니다.

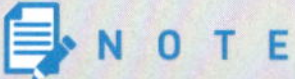 **N O T E**

조건 연산자는 if 문의 수식을 좀 더 간결하게 표현하며, max = x > y? x:y > 5? y:x + y; 처럼 중복하여 사용할 수도 있습니다.

# 쉼표 연산자 이해하기(,)

- **학습 내용 :** 변수를 여러 개 정의한다거나 연관된 문장을 한 줄에 연속하여 작성하는 방법을 이해합니다.
- **힌트 내용 :** 쉼표 연산자를 사용하세요.

📁 소스 : [예제-28].c

```c
 1: #include <stdio.h>
 2:
 3: main()
 4: {
 5:    int x = 1, y = 2, max;
 6:
 7:    max = x > y ?  x : y;
 8:
 9:    printf( "max = %d, x = %d, y = %d", max, x, y );
10: }
```

쉼표 연산자는 변수의 정의 시 또는 함수 등에서 사용됩니다.

쉼표 연산자를 사용하여 정수형 변수 x, y, max를 정의합니다.　　　　◆ 5

쉼표 연산자를 사용하여 정수형 변수 y, x, max를 함수에 차례대로 넘겨줍니다.　　◆ 9

📝 **N O T E**

쉼표 연산자는 다음과 같이 for 문에서도 사용되며, 여러 개의 값을 초기화할 수 있습니다.

```c
int i, j;
for( i = 0, j = 5; i < j; i++, j-- )
```

"

# 비트 연산자 이해하기
## (|, &, ~, ^, 《, 》)

- **학습 내용** : 컴퓨터가 이해할 수 있는 비트에 대하여 알아보고, 2진수, 16진수의 개념을 이해합니다. 또한, 비트를 ON/OFF 시키는 방법에 관하여도 학습해 보도록 하겠습니다.
- **힌트 내용** : ch & 0x7F를 사용해 보세요.

📁 소스 : [예제-29].c

```
 1: #include <stdio.h>
 2:
 3: main()
 4: {
 5:     unsigned char ch = 255, mask = 0x7F;
 6:
 7:     printf( "%d \n", ch );                  // 255
 8:     printf( "%d \n", ch & mask );           // 127
 9:     printf( "%d \n", (char) ~ch );          // 0
10:     printf( "%d \n", ch ^ ch );             // 0
11:     printf( "%d \n", ch >> 1 );             // 127
12:     printf( "%d \n", mask << 1 );           // 254
13: }
```

이번 예제를 보다가 혹시 머리가 띵하거나 잘 모르겠다는 생각이 든다면 일단 이번 예제는 무시하고 넘어가도 됩니다. 비트 연산은 약간 특별한 경우에 사용하기 때문에 C 언어에 대해 좀 더 실력이 붙은 다음에 봐도 늦지 않습니다. 어쩔 수 없이 연산자의 한 부분으로 다루기는 하지만, 컴퓨터의 내부 원리 및 진법을 이해해야 하기 때문에 다소 이해하는데 어려움이 있을 것입니다. 그리고 2진수 및 16진수에 대하여 자세하게 다룬다는 것 또한 많은 페이지에 걸쳐 설명이 필요하므로 자칫 C 언어가 어렵다고 느낄 수도 있기 때문입니다.

비트 연산자는 2진수를 연산하기 위한 것으로써, 비트 연산자를 이해하기 위해서는 우선 2진수라는 것이 무엇인지 알아야 합니다. 보통 우리들이 사용하고 있는 0~9까지의 수를 10진수라고 부릅니다. 10개의 숫자를 사용하기 때문에 10진수라고 부르는 것이겠죠!! 2진수는 어떨까요? 당연히 2진수는 두 개의 숫자만 사용합니다. 바로 0과 1을 사용하며, 이 숫자들은 컴퓨터의 내부적인 수치 표현에 가장 가깝습니다. 참고로 8진수는 0~7까지의 숫자를, 16진수는 0~9 그리고 A~F를 사용합니다.

그럼, 십진수 3을 2진수로 나타내 보겠습니다. 십진수 3을 2진수로 표현하면 11이 됩니다. 왜 2진수 11이 십진수 3과 같을까요? 그것은 다음과 같은 이유에 의해 그렇습니다.

십진수는 한자리 늘 때마다 10의 승수로 늘어갑니다. 1, 10, 100, 1000, 10000, … 그럼, 2진수는 어떻게 늘어갈까요? 마찬가지로 1, 2, 4, 8, 16, 32, 64, 128, … 이런 식으로 2의 승수로 늘어갑니다. 그러므로 2진수 11에서 뒷자리 1은 십집수의 1과 같으며, 첫자리 1은 십진수의 2와 같습니다. 그래서 2진수 11이 십진수 3과 같은 것입니다. 참고로 10진수 256은 2진수로 100000000입니다. 왜 그런지 계산할 수 있으리라 생각합니다. 그럼, 257은 2진수로 어떻게 표현할까요? 답은 100000001입니다. 그리고 100000010은 당연히 258이 되겠지요. Windows에서 제공하는 계산기를 사용해 보면 좀 더 쉽게 십진수와 이진수를 이해할 수 있을 것입니다. 계산기의 메뉴에서 프로그래머용 계산기를 선택한 후 10진수를 입력하고 Bin을 선택하면 십진수가 자동으로 이진수로 변환됩니다.

컴퓨터는 내부적으로 2진수만을 사용하지만 사람이 보고 판단하기에는 어려움이 많습니다. 그래서 사람이 편리하게 볼 수 있도록 민들어낸 깃이 16진수입니다. 16신수는 2진수를 4자리씩 묶어서 표현하는 방법이며, 다음의 표는 2진수, 8진수, 10진수 그리고 16진수의 관계를 나타내 보았습니다.

| 10진수 | 2진수 | 8진수 | 16진수 |
| --- | --- | --- | --- |
| 0 | 0000 | 000 | 0 |
| 1 | 0001 | 001 | 1 |
| 2 | 0010 | 002 | 2 |
| 3 | 0011 | 003 | 3 |
| 4 | 0100 | 004 | 4 |
| 5 | 0101 | 005 | 5 |
| 6 | 0110 | 006 | 6 |
| 7 | 0111 | 007 | 7 |
| 8 | 1000 | 010 | 8 |
| 9 | 1001 | 011 | 9 |
| 10 | 1010 | 012 | A |
| 11 | 1011 | 013 | B |
| 12 | 1100 | 014 | C |
| 13 | 1101 | 015 | D |
| 14 | 1110 | 016 | E |
| 15 | 1111 | 017 | F |
| 16 | 10000 | 020 | 10 |

10진수와 16진수의 관계

16진수는 10진수보다 더 큰 수치의 표현이며, 숫자 10~15를 문자 A~F로 표현합니다. 10진수가 10의 승수로 늘어가는 것과 같이 16진수 또한 16의 승수로 늘어가며, 1, 16, 256, 4096, 65536처럼 됩니다. 그러므로 16진수로 100의 값은 10진수로 256이 되겠지요.

C 언어 프로그래밍에서는 특별히 16진수를 표현할 때 0x를 사용합니다. 0x를 붙이는 숫자는 모두 16진수 표현임을 알리는 것입니다. 예제에서도 볼 수 있듯이 0x7F는 16진수를 표현하는 것입니다.

5 ◆ 문자형 변수 ch에 255를 대입합니다. 이 값을 2진수로 표현한다면 11111111이 됩니다.

7 ◆ ch의 값을 출력합니다.

8 ◆ ch & mask의 값은 논리곱으로써, 다음과 같이 연산합니다.

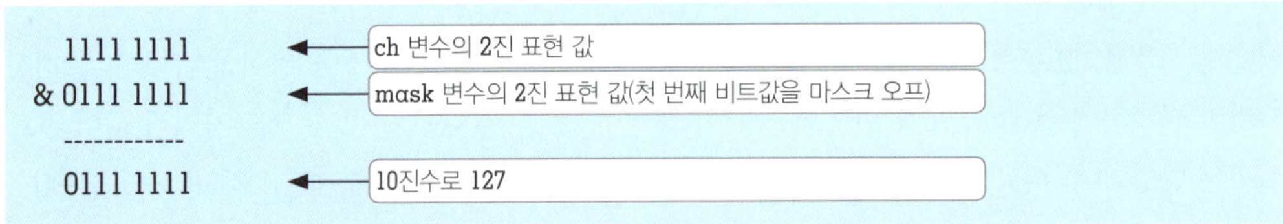


일반적인 연산과 달리 비트곱 연산은 두 개의 값이 모두 1인 경우 1이 되며, 두 개 중 하나라도 0이면 그 값은 0이 됩니다. 그러므로 특정 값을 마스크 오프시킬 때 사용하면 편리합니다.

9 ◆ ~ch의 값은 모든 비트의 값을 반전하는 역할을 합니다. 그리고 char형 변수는 1바이트 길이이기 때문에 다음과 같이 됩니다. 2진수 8비트는 1바이트입니다.

```
1111 1111
~
-------------
0000 0000
```

컴퓨터는 음수를 표현하기 위해 내부적으로 첫째 비트를 사용합니다. 첫째 비트가 0이면 양수를, 1이면 음수를 표현합니다. 또한, 음수인 경우 원래의 값에 1을 더한 2의 보수라는 개념을 사용합니다.

10 ◆ ch ^ ch의 값은 배타적 비트합의 값으로써, 둘 중의 하나만 참인 경우에만 참이 됩니다.

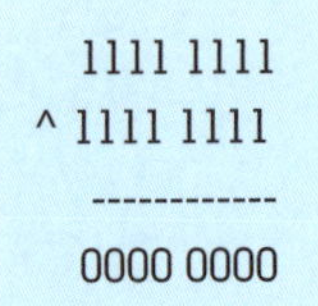

배타적 비트합 연산은 두 개의 비트가 서로 다른 경우에만 1이 되며, 둘 다 0이거나 둘 다 1이면 결과는 0이됩니다. ch ^ ch 같은 표현은 ch의 값을 0으로 만들 때 사용되기도 합니다.

ch >> 1의 값은 모든 비트를 한 자리씩 오른쪽으로 옮기는 역할을 합니다. 컴퓨터는 내부적으로 덧셈과 뺄셈만을 할 수 있기 때문에 나눗셈은 바로 이 연산자를 사용하여 구현합니다. ◆ 11

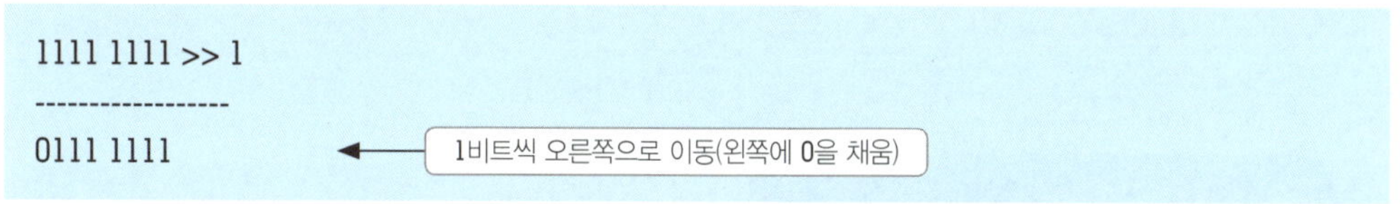


쉬프트 연산자(>>)는 모든 비트를 오른쪽으로 한 자리씩 옮기는 역할을 합니다.

mask << 1의 값은 모든 비트를 한 자리씩 왼쪽으로 옮기는 역할을 합니다. 컴퓨터는 내부적으로 덧셈과 뺄셈만을 할 수 있기 때문에 곱셈은 바로 이 연산자를 사용하여 구현합니다. ◆ 12

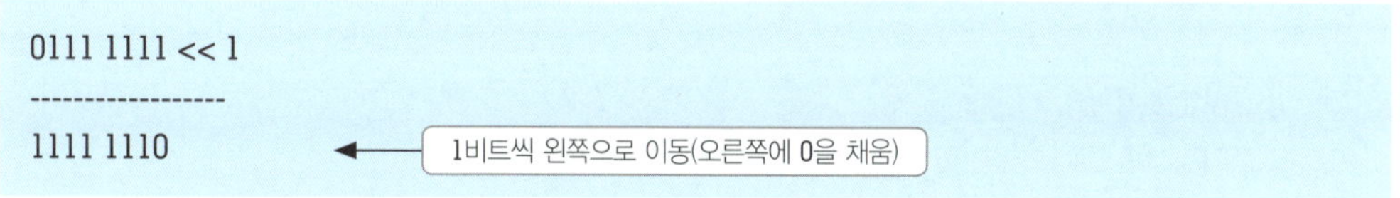


쉬프트 연산자(<<)는 모든 비트를 왼쪽으로 한 자리씩 옮기는 역할을 합니다.

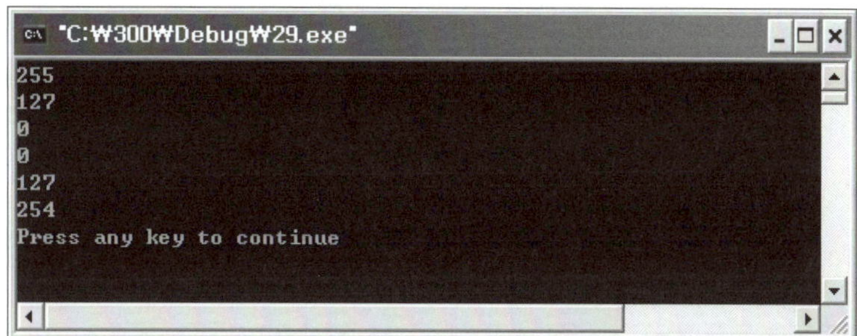


여기까지 읽은 여러분 고생하셨습니다. 물론 2진수나 16진수 등을 이미 알고 있었다면 나름대로 어려움이 없었겠지만, 그렇지 않은 분들은 머리가 좀 아플 것입니다. 지금까지 읽은 내용이 이해가 되지 않더라도 그냥 넘어가기 바랍니다. 나중에 필요한 날이 오면 그 때 다시 참조하면 됩니다. 2진수나 16진수에 대해서 좀 더 깊게 알고 싶다면, 정보처리 관련 수험서 등을 보면 됩니다.

# 캐스트 연산자 이해하기

- **학습 내용** : 변수의 데이터형 및 값을 다른 데이터형으로 변환하는 방법을 이해합니다.
- **힌트 내용** : (double)x / y를 하면 정확한 값을 얻을 수 있습니다.

**소스 : [예제-30].c**

```c
1: #include <stdio.h>
2:
3: main()
4: {
5:     int x = 5, y = 2;
6:
7:     printf( "%d \n", x / y );                 // 2
8:     printf( "%f \n", (double)x / y );         // 2.500000
9: }
```

캐스트 연산자는 데이터의 형 변환을 위해 사용합니다. 캐스트 연산자를 형 변환 연산자라고도 합니다.

7 ◆ x / y를 하면 x가 정수형이기 때문에 2가 출력됩니다.

8 ◆ 정수형 변수 x에 캐스트 연산자 double을 사용하여, x의 값을 double형 데이터 값으로 변환하였기 때문에 x / y의 값은 2.500000이 됩니다.

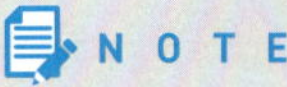

**N O T E**

캐스트 연산자는 변수의 형을 바꾸는데 사용되며, 포인터에 관련된 연산에서도 많이 사용됩니다.

# sizeof 연산자 이해하기

- **학습 내용** : 각각의 데이터형이 실제로 차지하는 메모리의 크기를 이해합니다.
- **힌트 내용** : sizeof 연산자를 사용하세요.

소스 : [예제-31].c

```c
1: #include <stdio.h>
2:
3: main()
4: {
5:    char i;
6:    int j;
7:    double k;
8:
9:    printf( "%d \n", sizeof(i) );        // 1
10:   printf( "%d \n", sizeof(j) );        // 4(64비트 컴퓨터에서는 8임)
11:   printf( "%d \n", sizeof(k) );        // 8
12: }
```

sizeof 연산자는 변수 및 문자열이 차지하는 메모리의 크기를 구하기 위해 사용합니다.

문자형 변수 i의 크기를 구합니다. 크기는 1입니다.                    ◆ 9

정수형 변수 j의 크기를 구합니다. 크기는 4입니다.                    ◆ 10

실수형 변수 k의 크기를 구합니다. 크기는 8입니다.                    ◆ 11

**N O T E**

sizeof(short)는 크기가 2이며, sizeof(long)은 크기가 4입니다. 이처럼 sizeof 연산자는 변수가 아닌 데이터형을 사용해도 그 크기를 구할 수 있습니다.

# 032 중첩 조건문 이해하기(if~else)

- **학습 내용** : if 문을 중첩해서 사용하는 방법을 학습합니다.
- **힌트 내용** : if 문의 시작과 끝 사이에 if 문을 넣으면 됩니다.

📁 소스 : [예제-32].c

```c
1: #include <stdio.h>
2:
3: main()
4: {
5:    int i = 1;
6:    int j = 2;
7:    int k = 7;
8:
9:    if( i == 1 )
10:   {
11:       if( j == 2 )
12:       {
13:          if( k == 3 )
14:             printf( "i=1, j=2, k=3입니다." );
15:          else if( k == 4 )
16:             printf( "i=1, j=2, k=4입니다." );
17:          else if( k == 5 )
18:             printf( "i=1, j=2, k=5입니다." );
19:          else
20:             printf( "i=1, j=2, k=%d입니다.", k );
21:       }
22:   }
23: }
```

if 문은 여러 번 중첩해서 사용할 수 있습니다. if 문에 사용되는 else 절은 필요에 따라 사용하거나 사용하지 않아도 되며, if 문 또는 else 절에서 한 개의 문장만 실행하고자 하는 경우 중괄호({, })를 생략할 수 있습니다. 하지만, 프로그램을 보기 쉽게 하기 위해서는 중괄호를 사용할 것을 권장합니다.

첫 번째 if 문입니다. i의 값은 1이므로 10~22번째 줄까지가 실행되며, else 절은 필요에 따라 생략 ◆ **9**
할 수 있습니다.

두 번째 if 문입니다. j의 값은 2이므로 12~21번째 줄까지가 실행되며, 마찬가지로 else 절은 사용 ◆ **11**
하지 않았습니다.

세 번째 if 문입니다. k의 값은 7이므로 14번째 줄은 실행되지 않으며, 15번째 줄이 실행됩니다. ◆ **13~20**
15번째 줄에서 k의 값이 4와 같은지 비교하므로 거짓이며, 16번째 줄은 실행되지 않으며, 17번
째 줄이 실행됩니다. 17번째 줄에서 k의 값이 5와 같은지 비교하므로 또한 거짓이며, 18번째 줄
은 실행되지 않습니다. 19번째 줄은 13번째 줄에서부터 비교한 if 문이 모두 거짓인 경우 실행됩니
다. 13번째 줄에서부터 비교한 모든 if 문이 모두 거짓이므로 else 절 이후의 20번째 줄이 실행되고,
"i=1, j=2, k=7입니다."라고 화면에 표시됩니다.

if 문은 여러 번 중첩해서 사용 가능하며, 다음과 같은 사용 방법이 있을 수 있습니다.

1. if 문
2. if~else 절
3. if~else if 문
4. if~else if~else 절

조건문에서 if 문은 반드시 한 번 나와야 하며, else 절 또한 단 한 번만 사용할 수 있습니다. 단,
3번과 4번의 문장에서 else if는 비교할 조건의 수에 따라 여러 번 반복하여 사용할 수 있습니다.

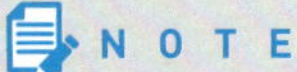 **N O T E**

if 문의 조건식이 여러 개인 경우 [예제-34]에서 설명할 switch 문을 사용하면 좀 더 구조적인 프로그래밍을 할 수
있습니다.

# 중첩 순환문 이해하기 (for~continue~break)

**초급 033**

- **학습 내용 :** for 문을 중첩하여 사용하는 방법을 학습합니다.
- **힌트 내용 :** for 문을 사용합니다.

소스 : [예제-33].c

```c
1: #include <stdio.h>
2:
3: main()
4: {
5:     int i;
6:     int j;
7:
8:     for( i = 1; i <= 9; i++ )
9:     {
10:         for( j = 1; j <= 9; j++ )
11:         {
12:             printf( "%d * %d = %2d \n", i, j, i * j );
13:         }
14:     }
15: }
```

**8** ◆ i는 초기값이 1이며, 9보다 작거나 같을 때까지 1씩 증가합니다.

**10** ◆ j는 초기값이 1이며, 9보다 작거나 같을 때까지 1씩 증가합니다. 10~13번째 줄은 i가 1인 경우, j 는 1~9까지 반복 실행되며, i가 2인 경우에도 j는 1~9까지 반복 실행됩니다. 즉, i 값은 1단, 2단, 3단, … 9단을 의미하는 숫자 값으로 순환되며, j의 값은 각 단에 대해 1~9까지의 곱의 값으로 순환합니다. i 및 j의 값은 각각 다음과 같이 변해갑니다.

i는 1인 경우, j는 1, 2, 3, 4, 5, 6, 7, 8, 9의 값으로 순환됩니다.
i는 2인 경우, j는 1, 2, 3, 4, 5, 6, 7, 8, 9의 값으로 순환됩니다.
i는 3인 경우, j는 1, 2, 3, 4, 5, 6, 7, 8, 9의 값으로 순환됩니다.
i는 4인 경우, j는 1, 2, 3, 4, 5, 6, 7, 8, 9의 값으로 순환됩니다.
i는 5인 경우, j는 1, 2, 3, 4, 5, 6, 7, 8, 9의 값으로 순환됩니다.

i는 6인 경우, j는 1, 2, 3, 4, 5, 6, 7, 8, 9의 값으로 순환됩니다.
i는 7인 경우, j는 1, 2, 3, 4, 5, 6, 7, 8, 9의 값으로 순환됩니다.
i는 8인 경우, j는 1, 2, 3, 4, 5, 6, 7, 8, 9의 값으로 순환됩니다.
i는 9인 경우, j는 1, 2, 3, 4, 5, 6, 7, 8, 9의 값으로 순환됩니다.

구구단이 표시되며, 다음은 출력 결과 중 일부입니다.

◆ 12

```
1 * 1 = 1
1 * 2 = 2
1 * 3 = 3
1 * 4 = 4
1 * 5 = 5
1 * 6 = 6
(중략)
9 * 6 = 54
9 * 7 = 63
9 * 8 = 72
9 * 9 = 81
```

📝 **N O T E**

for 문은 여러 번 중첩해서 사용할 수 있으며, 중첩된 for 문은 이전의 for 문이 한 번 실행될 때마다 다시 처음 값으로 초기화되어 실행을 반복합니다.

참고로 for 문에 사용되는 두 가지 예약어가 더 있는데, for 문의 순환을 강제로 종료하는 break 문과 for 문의 조건 비교문으로 점프하는 continue 문이 있습니다.

```
1: for( i = 1; i <= 9; i++ )
2: {
3:   if( i == 5 ) continue;
4:   printf( "%d", i );              // 1, 2, 3, 4, 6, 7이 출력
5:   if( i == 7 ) break;
6: }
7:
```

위 문장을 실행하면 1, 2, 3, 4, 6, 7이 화면에 표시됩니다. continue 문은 더 이상 아래의 문장을 실행하지 말고 i가 9보다 작거나 같은지를 비교하는 1번째 줄로 이동하라는 명령이며, break 문은 i의 값이 7인 경우에 for 문의 순환을 강제로 종료하고, 7번째 줄로 이동하라는 것입니다. 단, for 문이 중첩되어 있는 경우, continue 문과 break 문은 현재의 for 문 범위에서만 적용된다는 사실을 꼭 기억하세요.

# 조건 선택문 이해하기 (switch~case~default)

- **학습 내용 :** 조건 선택문의 의미와 사용 방법을 학습합니다.
- **힌트 내용 :** if 문 대신 switch~case~break~default 문을 사용합니다.

**소스 : [예제-34].c**

```c
1: #include <stdio.h>
2:
3: main()
4: {
5:    int i = 5;
6:
7:    switch( i )
8:    {
9:    case 1:
10:       printf( "i는 1입니다. " );
11:       break;
12:    case 2:
13:       printf( "i는 2입니다. " );
14:       break;
15:    default:
16:       printf( "i는 %d입니다.", i );
17:       break;
18:    }
19: }
```

if 문이 여러 번 사용될 경우 프로그램의 문장이 이해하기 힘들어지는 단점이 있기 때문에 이를 대체하기 위해 조건 선택문이 사용됩니다. 물론 [예제-34]의 문장은 if 문을 사용하여 모두 구현할 수 있기는 하지만, switch 문만큼 문장이 간결해지지는 않습니다. 단, 조건 선택문은 정수형(문자형 포함) 값만 비교할 수 있습니다.

7 ◆ i의 값에 대하여 비교함을 명시합니다.

9 ◆ i의 값이 1이라면 10~11번째 줄이 실행됩니다.

switch 문을 종료하고 19번째 줄로 이동하라는 명령으로, for 문에서 사용된 break 문과 그 용도가 ◆ 11
비슷합니다. 만약 이 줄에 break 문이 없다면, 프로그램은 i의 값이 2인 경우에 실행되는 13번째 줄
로 이동합니다. 간혹 프로그램을 작성하다 보면 이 break 문을 빠트리는 경우가 종종 있으므로 주
의해야 하며, case 문을 입력하고, break 문을 먼저 입력한 다음, 그 위에 실행할 문장을 입력하는
것이 좋은 습관이라 할 수 있습니다.

i의 값이 2라면 13~14번째 줄이 실행됩니다. ◆ 12

if 문의 else 절에 해당하는 문장으로 i의 값이 일치되는 case 문이 없는 경우 기본적으로 실행될 문 ◆ 15
장을 사용한 것입니다. else 절과 마찬가지로 default 문은 생략할 수 있습니다.

다음은 [예제-34]의 switch 문을 if~else if~else로 구현한 문장입니다. switch 문을 사용한 것보다
문장 이해가 더 어렵다는 것을 알 수 있습니다.

```c
if( i == 1 )
{
    printf( "i는 1입니다." );
}
else if( i == 2 )
{
    printf( "i는 2입니다." );
}
else
{
    printf( "i는 %d입니다.", i );
}
```

# 조건 순환문 이해하기 1 (while~continue~break)

**초급 035**

- **학습 내용 :** for 문을 대신하여 사용되는 조건 순환문의 의미와 사용 방법을 학습합니다.
- **힌트 내용 :** 조건 순환문은 while~continue~break 문을 사용합니다.

📁 **소스 : [예제-35].c**

```c
1: #include <stdio.h>
2:
3: main()
4: {
5:    int i = 1;
6:    int hap = 0;
7:
8:    while( i <= 10 )                 // i가 10보다 작거나 같은 동안
9:    {
10:       hap = hap + i;
11:       i++;                         // i의 값을 1 증가
12:    }
13:
14:    printf( "hap = %d ", hap );      // hap = 55
15: }
```

조건 순환문은 for 문을 대신하여 많이 사용되며, 사용 방법은 while(조건식)입니다. while 문은 조건식이 참인 동안 for 문처럼 중괄호({, })의 범위에 있는 문장을 반복 실행합니다.

8 ◆ i의 값이 10보다 작거나 같은 동안 9~12번째 줄을 반복 실행합니다. 만약 처음 실행 시 i의 값이 20이라면 조건식은 거짓이 되기 때문에 9~12번째 줄의 문장은 실행되지 않으며, 13번째 줄로 프로그램의 실행은 이동합니다. 11번째 줄에서 i의 값이 1씩 증가되기 때문에 i의 값은 1, 2, 3, 4, 5, 6, 7, 8, 9, 10처럼 1씩 증가하며, i가 11이 되는 순간 조건식은 거짓이 되기 때문에 while 문은 종료되고, 프로그램은 13번째 줄로 이동합니다.

i의 값을 1만큼 증가시킵니다. 만약 i의 값을 1만큼 증가시키지 않는다면 i의 값은 항상 1이기 때문에, while 문은 종료되지 않고 무한정 실행될 것입니다. 이러한 것을 "무한 루프에 빠진다"라고 합니다. 프로그래밍을 하다 보면 종종 하는 실수이기 때문에 while 문을 사용할 때는 조건식과 조건식을 변화시키는 증감 식의 사용에 특별히 주의해야 합니다.

다음은 8~12번째 줄의 while 문을 for 문을 사용하여 표현한 예제입니다.

```
 8: for( i = 1; i <= 10; i++ )
 9: {
10:     hap = hap + i;
11: }
```

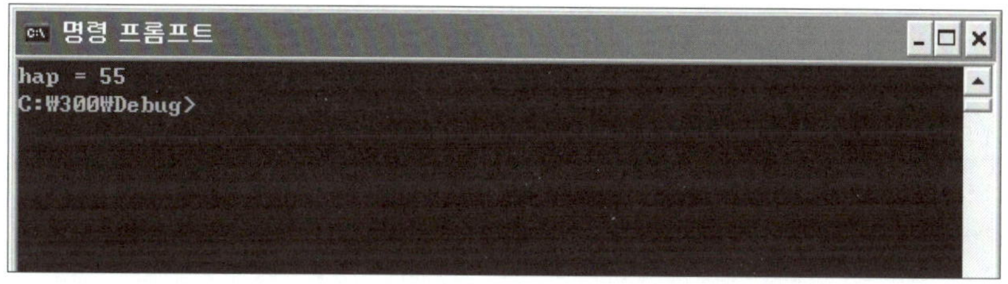


> **N O T E**
>
> while 문도 for 문과 마찬가지로 continue 문과 break 문을 사용할 수 있습니다.
>
> ```
> 1: int i = 0;
> 2: while( i <= 10 )
> 3: {
> 4:      ++i;
> 5:      if( i == 5 ) continue;
> 6:      printf( "%d", i );          // 1, 2, 3, 4, 6, 7이 출력
> 7:      if( i == 7 ) break;
> 8: }
> 9:
> ```
>
> 위 문장을 실행하면 1, 2, 3, 4, 6, 7이 화면에 표시됩니다. continue 문은 더 이상 아래의 문장을 실행하지 말고 i가 10보다 작거나 같은지를 비교하는 2번째 줄로 이동하라는 명령이며, break 문은 i의 값이 7인 경우, while 문의 순환을 종료하고, 9번째 줄로 이동하라는 것입니다. 단, while 문이 중첩되어 있는 경우, continue 문과 break 문은 현재의 while 문에 대해서만 적용됩니다. 만약에 두 개의 중첩된 while 문을 모두 빠져나가려면, 각각에 대해 break 문을 사용해야 합니다.

# 조건 순환문 이해하기 2 (do~while~continue~break)

- **학습 내용** : 주어진 문장을 한 번은 무조건 실행한 후 조건에 따라 순환을 하는 do~while 문을 학습합니다.
- **힌트 내용** : 조건 순환문은 do ~ while ~ continue ~ break 문을 사용합니다.

소스 : [예제-36].c

```c
1: #include <stdio.h>
2:
3: main()
4: {
5:    int i = 1;
6:    int hap = 0;
7:
8:    do
9:    {
10:       hap = hap + i;
11:       i++;                       // i는 1,2,3,4,5,6,7,8,9,10,11까지 증가
12:    } while( i <= 10 );           // i가 10보다 작거나 같은 동안 반복, 11이면 순환 탈출
13:
14:    printf( "hap = %d ", hap );   // hap = 55
15: }
```

조건 순환문은 while 문과 do~while 문이 있는데, 이 둘의 차이점은 while 문은 조건식이 거짓일 경우 한 번도 실행되지 않는데 반하여, do~while 문은 일단 한 번은 문장을 실행한 후 조건식을 평가하여 계속 반복 실행한다는 것입니다. 그러므로 최소한 한 번은 실행되고 반복되는 문장을 작성하려면 do~while 문을 사용해야 하겠지요.

8 ◆ do는 do~while 문의 시작을 나타내며, 9~12번째 줄까지를 한 번 실행하라는 뜻입니다. 프로그램은 8, 9, 10, 11, 12번째 줄의 순서대로 실행됩니다.

12 ◆ i의 값이 10보다 작거나 같은지를 비교합니다. 만약 조건식이 참이라면, 9~12번째 줄을 반복 실행합니다. 주의할 것은 while 문과 다르게 while 문의 끝에 세미콜론(;)을 사용한다는 것입니다. 이것을 가끔 빼먹고 왜 에러가 나는지 고생하는 경우가 종종 있으므로 주의하세요.

### 무한 루프

무한 루프는 실행을 마치는 상황이 발생하지 않고 계속해서 반복되는 순환문입니다. 무한 루프는 for, while, do...while 문으로 구현할 수 있습니다. 예를 들어, 다음 문장은

```
while (1)
{
        /* 다른 프로그램 문장들 */
}
```

무한 루프가 될 것입니다. while에 주어진 조건은 항상 참으로 평가되고 프로그램이 실행되더라도 변경되지 않는 상수입니다. 1은 결코 바뀌지 않는 값이므로 순환문은 절대로 끝나지 않을 것입니다. 순환문을 벗어나기 위해서 break 문을 사용해야 합니다. 또한, for나 do...while을 사용하여 무한 루프를 생성할 수 있습니다.

---

**N O T E**

do~while 문에서도 continue 문과 break 문을 사용할 수 있습니다.

```
1: int i = 1;
2: do
3: {
4:      i++;
5:      if( i == 5 ) continue;          // 8번째 줄로 이동
6:      printf( "%d", i );              // 2, 3, 4, 6, 7이 출력
7:      if( i == 7 ) break;            // 9번째 줄로 탈출
8: } while( i<= 10 );
9:
```

위 문장을 실행하면 2, 3, 4, 6, 7이 화면에 표시됩니다. continue 문은 더 이상 아래의 문장을 실행하지 말고 i가 10보다 작거나 같은지를 비교하는 8번째 줄로 이동하라는 명령이며, break 문은 i의 값이 7인 경우, while 문의 순환을 종료하고, 9번째 줄로 이동하라는 것입니다. 단, while 문이 중첩되어 있는 경우, continue 문과 break 문은 현재의 while 문에 대해서만 적용됩니다. 만약에 두 개의 중첩된 while 문을 모두 빠져나가려면, 각각에 대해 break 문을 사용해야 합니다.

# 무조건 분기문 이해하기

- **학습 내용 :** goto 문을 사용해야 하는 상황과 사용 방법을 이해합니다.
- **힌트 내용 :** goto 문을 사용해 보세요.

소스 : [예제-37].c

```c
1: #include <stdio.h>
2:
3: main()
4: {
5:    int i;
6:    int j;
7:
8:    for( i = 1; i <= 100; i++ )
9:    {
10:       for( j = 1; j <= 9; j++ )
11:       {
12:          printf( "%d * %d = %2d \n", i, j, i * j );
13:          if( i == 9 && j == 9 ) goto ku_ku_end;
14:       }
15:    }
16:
17: ku_ku_end: ;
18: }
```

일반적으로, 무조건 분기문은 프로그래밍에서 잘 사용하지 않습니다. 단, 한 가지 사용하는 경우라면 여러 개의 중첩된 문장을 한 번에 빠져나가고자 할 때 매우 유용하게 쓰입니다.

13 ◆ i가 9이고 j가 9인 경우에 두 개의 중첩된 for 문을 모두 종료하고, ku_ku_end 레이블로 실행을 이동합니다. 만약 goto 문을 사용하지 않는다면 break 문을 사용해서 첫 번째 for 문을 빠져나오고, 또 break 문을 사용해서 두 번째 for 문을 빠져나와야 합니다.

ku_ku_end 레이블을 정의하며, 특별히 실행되는 문장이 없을 경우에는 세미콜론을 사용해서 문장 ◆ **17**
의 끝을 선언합니다.

```
D:\WINDOWS\System32\cmd.exe - tc
7 * 4 = 28
7 * 5 = 35
7 * 6 = 42
7 * 7 = 49
7 * 8 = 56
7 * 9 = 63
8 * 1 =  8
8 * 2 = 16
8 * 3 = 24
8 * 4 = 32
8 * 5 = 40
8 * 6 = 48
8 * 7 = 56
8 * 8 = 64
8 * 9 = 72
9 * 1 =  9
9 * 2 = 18
9 * 3 = 27
9 * 4 = 36
9 * 5 = 45
9 * 6 = 54
9 * 7 = 63
9 * 8 = 72
9 * 9 = 81
```

📝 N O T E

for 문 또는 while 문이 다음 그림과 같이 여러 개 중첩되어 있을 경우 이를 한 번에 빠져나오려면, break 문을
사용하는 것보다 goto 문을 사용하는 것이 좀더 이해하기 쉬운 문장이 됩니다.

```
for( ... )
{
    for( ... )
    {
        while( ... )
        {
            ...;
            if( TRUE ) goto ok_end;
        }
    }
}

ok_end: ;
...
```

여러 번 중첩된 문장을 goto 문을 사용하여 빠져나오기

# 038 문자열 이해하기

- **학습 내용** : 문자열을 구성하는 아스키 문자를 출력해봄으로써, 문자열을 이해해 봅니다.
- **힌트 내용** : 아스키 문자는 0〜255 범위의 숫자 값입니다.

📁 소스 : [예제-38].c

```c
1: #include <stdio.h>
2:
3: #define        ASCII_BEGIN        0
4: #define        ASCII_END          255
5:
6: main()
7: {
8:    int i;
9:
10:    for( i = ASCII_BEGIN; i <= ASCII_END; i++ )
11:    {
12:        printf( "ASCII 코드 (%3d), 문자 = '%c' \n", i, i );
13:    }
```

문자들의 모임이 문자열이라고 이미 [예제-7]에서 설명했습니다. 그러므로 문자열을 이해하기 위해서는 문자가 어떻게 구성되는지 알아야겠지요? 컴퓨터에서 사용하는 문자를 아스키(ASCII) 문자라고 하며, 아스키 문자는 [예제-38]을 실행시켜 보면 해당 숫자 값과 문자를 확인할 수 있을 것입니다. 다음은 [예제-38]의 실행 결과 중 일부입니다.

```
ASCII 코드 ( 48), 문자 = '0'
ASCII 코드 ( 49), 문자 = '1'
ASCII 코드 ( 50), 문자 = '2'
ASCII 코드 ( 51), 문자 = '3'
```

☼ **새로운 용어**

**아스키 코드(ASCII code)** : American Standard Code for Information Interchange의 약자로, 숫자 '0'〜'9', 영문 'A'〜'Z', 'a'〜'z' 그리고 기타 문자 코드를 통틀어 아스키 코드라고 합니다. 한글을 표현 시에는 아스키 코드 128〜255 범위의 값을 2바이트씩 조합하여 사용합니다.

ASCII 코드 ( 52), 문자 = '4'
ASCII 코드 ( 53), 문자 = '5'
ASCII 코드 ( 54), 문자 = '6'
ASCII 코드 ( 55), 문자 = '7'
ASCII 코드 ( 56), 문자 = '8'
ASCII 코드 ( 57), 문자 = '9'
ASCII 코드 ( 58), 문자 = ':'
ASCII 코드 ( 59), 문자 = ';'
ASCII 코드 ( 60), 문자 = '<'
ASCII 코드 ( 61), 문자 = '='
ASCII 코드 ( 62), 문자 = '>'
ASCII 코드 ( 63), 문자 = '?'
ASCII 코드 ( 64), 문자 = '@'
ASCII 코드 ( 65), 문자 = 'A'
ASCII 코드 ( 66), 문자 = 'B'
ASCII 코드 ( 67), 문자 = 'C'
ASCII 코드 ( 68), 문자 = 'D'
ASCII 코드 ( 69), 문자 = 'E'

이처럼 하나 하나의 아스키 코드들이 모여 문자열을 이루며, 또한 2바이트를 사용하는 한글 문자들이 문자열을 형성할 수도 있습니다. 한글 문자는 128~255 범위의 아스키 코드를 사용합니다.

아스키 값(0~255)을 선언합니다. ◆ 3~4

아스키 값을 0부터 255까지 화면에 표시합니다. printf( ) 함수에 사용된 "ASCII 코드 (%3d), 문자 ='%c\n"를 문자열이라고 부르며, 문자열은 아스키 코드 및 한글을 더블 쿼테이션("~")으로 감싸서 만듭니다. ◆ 12

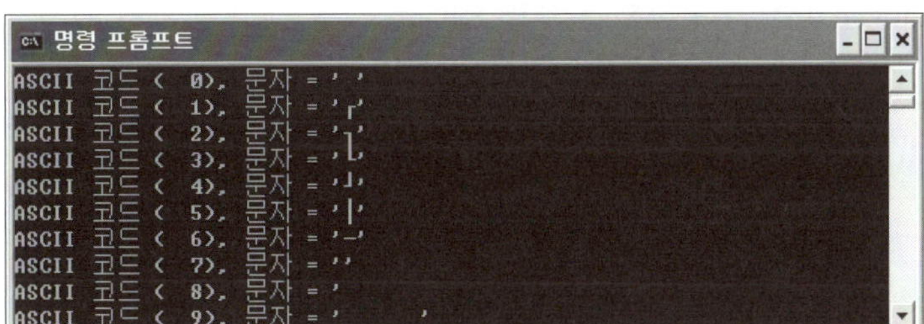

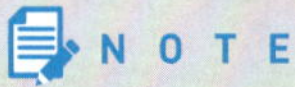

**N O T E**

C 프로그래밍에서 문자를 표현할 때는 싱글 쿼테이션( ' )을 사용하며, 문자열을 표현할 때는 더블 쿼테이션( " ) 을 사용합니다.

# 배열 이해하기

- **학습 내용** : 배열의 정의 및 초기화 방법을 학습합니다.
- **힌트 내용** : 대괄호([ ])를 사용하세요.

소스 : [예제-39].c

```c
1: #include <stdio.h>
2:
3: main()
4:    {
5:    int kor[10] = {100, 90, 35, 60, 75, 55, 95, 80, 90, 70};
6:    int i;
7:
8:    for( i=0; i<10; i++ )
9:    {
10:       printf( "%d ", kor[i] );
11:    }
12: }
```

배열은 같은 속성을 갖는 데이터형을 여러 개 동시에 정의할 때 사용합니다. 물론, 배열을 사용하지 않고 프로그램을 작성할 수도 있지만 그럴 경우 프로그래밍이 매우 복잡해지며, [예제-39]의 배열 변수 int kor[10];을 사용하지 않고 정수형 변수를 정의하려면, int kor1, kor2, kor3, kor4, kor5, kor6, kor7, kor8, kor9, kor10;처럼 정의해야 합니다. 정수형 변수가 10개라면 그래도 어려움이 없겠지만, 학생이 1000명이고, 1000명의 국어, 영어, 수학 점수를 저장할 정수형 변수를 각각 1000개씩 정의한다면, int kor[1000], eng[1000], math[1000];처럼 정의하는 것이, int kor1, kor2, kor3, …, kor1000;보다는 훨씬 간결하고 프로그래밍하기도 편리할 것입니다. 이처럼 배열은 같은 속성를 갖는 집단 변수를 정의할 때 사용해야 합니다.

5 ◆ 정수형 배열을 10개 정의하고 각각을 초기화합니다. 정수형 배열 변수를 정의한 후 변수처럼 사용하려면 kor[0], kor[1], kor[2], …, kor[9]처럼 사용하며, 10개의 정수형 변수를 선언한 경우 배열 요소는 10개가 되며, 배열 요소는 0부터 시작하여 9까지 사용합니다.

정수형 배열 변수 kor의 배열 요소는 0부터 9까지 사용 가능하기 때문에, i의 값을 사용하여 kor[i] ◆ **10**
의 값을 화면에 표시합니다. 출력 결과는 다음과 같습니다.

100 90 35 60 75 55 95 80 90 70

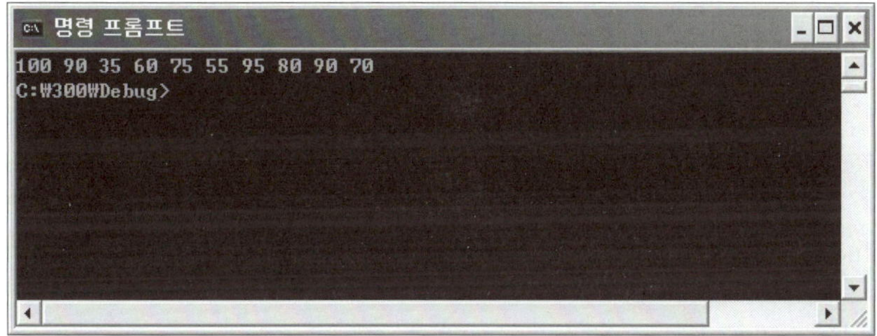


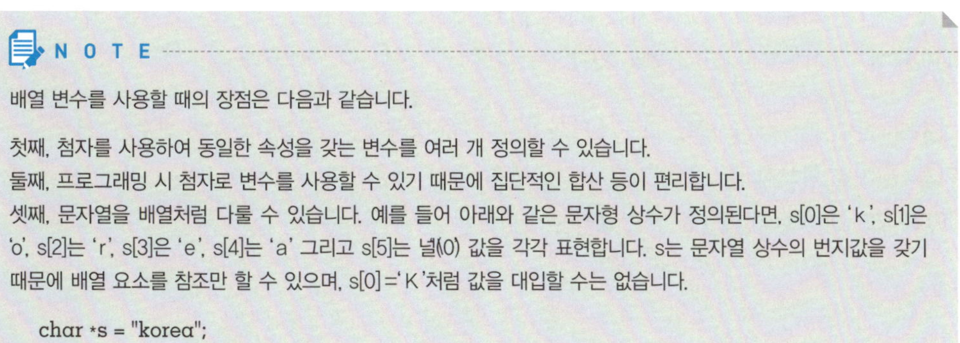

**N O T E**

배열 변수를 사용할 때의 장점은 다음과 같습니다.

첫째, 첨자를 사용하여 동일한 속성을 갖는 변수를 여러 개 정의할 수 있습니다.
둘째, 프로그래밍 시 첨자로 변수를 사용할 수 있기 때문에 집단적인 합산 등이 편리합니다.
셋째, 문자열을 배열처럼 다룰 수 있습니다. 예를 들어 아래와 같은 문자형 상수가 정의된다면, s[0]은 'k', s[1]은
'o', s[2]는 'r', s[3]은 'e', s[4]는 'a' 그리고 s[5]는 널(\0) 값을 각각 표현합니다. s는 문자열 상수의 번지값을 갖기
때문에 배열 요소를 참조만 할 수 있으며, s[0] = 'K'처럼 값을 대입할 수는 없습니다.

```
char *s = "korea";
```

# 메모리 이해하기

- **학습 내용** : 변수를 정의하면, 메모리의 특정 위치에 존재한다는 것을 학습합니다.
- **힌트 내용** : printf("%p", &i )를 사용하세요.

소스 : [예제-40].c

```c
1: #include <stdio.h>
2:
3: main()
4: {
5:    int i = 0;
6:    int j = 1;
7:
8:    printf( "값=%d, 메모리주소=%p \n", i, &i );        // 값=0, 메모리주소=0012FF7C
9:    printf( "값=%d, 메모리주소=%p \n", j, &j );        // 값=1, 메모리주소=0012FF78
10: }
```

지금까지 정의하고 사용해왔던 모든 변수들은 그 변수가 저장되는 메모리 번지를 가지고 있으며, 모든 프로그램이 실행될 때는 내부적으로 변수의 이름이 아닌, 메모리의 번지에 의해 변수가 구분되고 값이 저장됩니다. 이번 예제에서 정의한 int i;라는 변수는 실행 시에 메모리의 0012FF7C라는 번지값을 사용하게 됩니다.

5 ◆ 정수형 변수 i를 정의하고, 0으로 초기화합니다. 운영체제는 i라는 정수형 변수가 저장될 4바이트 공간을 확보하고, 그 번지를 i라는 변수 대신 사용합니다. i=0이라는 것은 메모리 주소 0012FF7C~0012FF7F에 0을 넣는 것과 같습니다.

6 ◆ 정수형 변수 j를 정의하고, 1로 초기화합니다. 운영체제는 j라는 정수형 변수가 저장될 4바이트 공간을 확보하고, 그 번지를 j라는 변수 대신 사용합니다. j=1이라는 것은 메모리 주소 0012FF78~0012FF7B에 1을 넣는 것과 같습니다.

printf() 함수는 변수가 실제 저장되어 있는 메모리 번지를 표현할 수 있습니다. 메모리 번지를 표현하기 위해서는 '%p'를 사용합니다. 또한, 변수도 메모리 번지를 넘겨주기 위하여 번지 지정 연산자(&)를 사용합니다. &i라는 것은 i의 값이 아닌, i가 저장되어 있는 메모리 번지를 printf() 함수에 넘겨주기 위한 것입니다.

다음 그림은 메모리와 변수와의 관계를 표시한 것입니다. i는 0012FF7C~0012FF7F 번지까지, j는 0012FF78~0012FF7B 번지까지 각각 메모리를 4바이트씩 차지합니다. 참고로 i의 메모리 번지 값이 j의 메모리 번지 값보다 큰데요, 이것은 스택이라는 특수한 구조를 사용하기 때문입니다. 그냥 "그렇구나"라고 이해하세요. 나중에 스택의 구조에 대해서 다시 언급이 있을 것입니다. CPU가 64비트인 경우 메모리가 다를 수 있습니다.

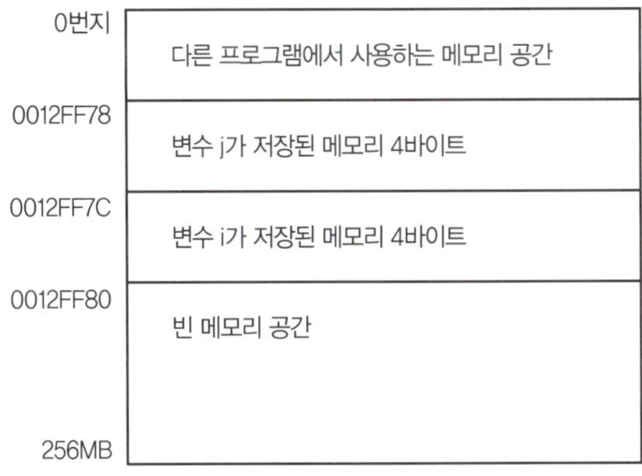


변수와 메모리의 관계

# 041

# 포인터 이해하기

- **학습 내용** : 포인터는 그 자체로써는 의미가 없으며, 다른 변수 값 등을 가리키기 위해 사용한다는 것을 학습합니다.
- **힌트 내용** : int *pointer;처럼 정의하세요.

📁 **소스 : [예제-41].c**

```c
1: #include <stdio.h>
2:
3: main()
4: {
5:    int saram_A = 0;
6:    int saram_B = 0;
7:    int* pointer;
8:    int* psaram;
9:
10:    pointer = &saram_A;
11:    *pointer = 1;
12:    printf( "%d, %d \n", saram_A, *pointer );                    // 1, 1
13:
14:    psaram = &saram_A;
15:    *psaram = 2;
16:    printf( "%d, %d, %d \n", saram_A, *pointer, *psaram );       // 2, 2, 2
17:
18:    pointer = &saram_B;
19:    *pointer = 3;
20:    printf( "%d, %d, %d \n", saram_A, saram_B, *pointer );       // 2, 3, 3
21:
22:    psaram = &saram_B;
23:    *psaram = 4;                                                 // 2, 4, 4, 4
24:    printf( "%d, %d, %d, %d\n", saram_A, saram_B, *pointer, *psaram );
25: }
```

포인터(pointer)는 C 언어로 프로그래밍을 할 때 약방의 감초처럼 사용됩니다. C 언어는 어셈블리 언어와 더불어 저수준 언어라고 하는데, 그 이유는 컴퓨터의 하드웨어적인 부분과 밀접하게 관련되어 프로그래밍을 하기 때문입니다. 이런 저수준 언어에서 볼 수 있는 특징이 메모리를 직접 접근하여 사용하는 것이며, C 언어로 메모리를 직접 접근하기 위해 사용하는 것을 포인터라고 합니다.

혹시 분신(分身)이 무슨 뜻인지 아시나요? 분신은 하나의 몸이 여럿으로 분리되는 것을 말합니다. 흔히 "얘는 나의 분신 같은 존재야!"라고 말하기도 하잖아요.

삼장법사와 손오공을 TV에서 본 적이 있다면, 손오공이 머리카락을 후~ 불면 손오공이 동시에 여러 명이 되어 수많은 괴물들과 싸움을 하는 장면을 보았을 것입니다. 모든 분신이 가짜가 아닌 다 진짜 손오공인 것입니다. 분신이라고 해서 싸움을 못하는 것이 아니며, 나와 완전히 같은 또 다른 나를 만드는 것입니다. 얼굴만 같은 쌍둥이와는 전혀 다른 개념이라고 생각하면 됩니다.

만약 나와 같은 생각을 하고, 나처럼 말하고 움직일 수 있는 분신을 만들 수 있다면 얼마나 재미날까요? 시험 기간에 분신을 여러 명 만들어서 한 명은 국어 공부를 하고, 한 명은 수학, 또 한명은 과학 그리고 조금 어려운 영어 공부는 분신을 셋을 만들어서, 한 명은 1장, 한 명은 2장 그리고 다른 한명은 3장을 시키면 됩니다. 시험을 보러 가는 것도 물론 다른 분신한테 시키면 되고, 나는 인라인을 타러 가면 되겠지요. 그런데, 우리 세상에서는 그럴 수가 없어서 안타깝네요.

꼭 지금 약장사를 하는 기분입니다. 약장사가 약은 안 팔고 다른 얘기만 계속 하잖아요. 이젠 약을 팔겠습니다.

인간 세상에서는 분신을 만들 수 없지만, C 언어에서는 분신을 만들 수 있습니다. 즉, 나 대신 일을 해줄 수 있는 수많은 분신을 만들 수 있습니다. 그럼 그 분신을 어떻게 만드느냐? 바로 그 비법이 포인터입니다. 위에서 포인터는 메모리를 접근하기 위해서 사용한다고 설명을 했었는데, 실제로는 그 의미가 맞지만 여러분은 포인터는 분신을 만들기 위해 사용한다고 생각하십시오. 그럼, 분신을 만들고 사용해 보겠습니다.

정수형 변수 saram_A를 정의하고, 0으로 초기화합니다. ◆ 5

정수형 변수 saram_B를 정의하고, 0으로 초기화합니다. ◆ 6

7 ◆ 정수형 포인터 변수 pointer를 정의합니다. 그런데 정의하는 방법이 조금 다르지요? 일반 변수의 정의와 달리 분신이 되기 위한 변수임을 알리는 별표(*)가 사용되었습니다. 모든 포인터 변수는 별표(*)가 사용된다는 것을 꼭 기억해야 합니다. 그리고 별표(*)가 사용된 모든 변수는 다른 변수의 분신이 되기 위한 변수임도 꼭 기억하세요. 잠시 후에 saram_A 및 saram_B의 분신이 되는 모습을 보여드리겠습니다.

8 ◆ 정수형 포인터 변수 psaram을 정의합니다. 마찬가지로, 별표(*)가 사용되었습니다. psaram 변수도 분신이 될 준비가 된 것입니다.

10 ◆ 포인터 변수 pointer를 saram_A의 분신으로 지정합니다. 일반적으로는 변수를 그냥 대입하지만, 분신을 만들기 위해서는 분신 연산자(&)를 사용해야 합니다. pointer=saram_A가 아니라, pointer=&saram_A라고 되어 있는 것을 볼 수 있을 것입니다. &는 무슨 역할을 할까요? 이것은 바로 saram_A를 분신으로 만들어서 pointer에게 넘겨준다는 뜻입니다. 이 문장이 실행되면 saram_A와 같은 기능을 할 수 있는 pointer라는 분신이 탄생됩니다. 이전에도 설명했듯이 분신은 나와 똑같은 생각을 하고, 똑같은 행동을 할 수 있다고 했습니다. 실제로 그런지에 대해서 11번째 줄에 계속 설명됩니다.

11 ◆ 이제, 분신을 사용합니다. 변수 saram_A에 1을 대입하려면 saram_A=1이라고 합니다. 그런데 약간 이상하지요? pointer=1이 아니라, *pointer=1입니다. 왜 일까요? 그것은 pointer 변수가 분신 변수이기 때문입니다. pointer라는 것은 saram_A의 분신을 만들 때 사용하는 것입니다. saram_A의 분신이 되고 나서 saram_A를 대신해서 사용할 때는 *pointer라고 해야 합니다. *pointer=1이라고 하면 saram_A의 값이 1이 되며, *pointer=2라고 하면, saram_A의 값이 2가 됩니다. 거꾸로, saram_A=1이라고 하면 *pointer의 값도 1이 됩니다.

12 ◆ saram_A의 값은 0으로 초기화되었는데, saram_A를 출력해 보면 1이 나옵니다. 그것은 saram_A의 분신인 pointer를 통해서 1을 대입 받았기 때문입니다. 물론, 분신의 값(*pointer)을 출력해도 1입니다.

14 ◆ saram_A의 분신을 하나 더 만들었습니다. pointer는 saram_A의 분신이고, psaram도 saram_A의 분신이 됩니다. 이제 saram_A의 분신은 두 개가 된 것입니다.

15 ◆ 새로 생성한 분신에 2를 대입합니다. 이것은 saram_A=2 또는 *pointer=2와 완전히 같은 문장입니다.

saram_A의 값은 1이었는데, saram_A를 출력해 보면 2가 나옵니다. 그것은 saram_A의 분신인 ◆ 16
psaram을 통해서 2를 대입 받았기 때문입니다. 또한, 분신의 값(*psaram, *pointer)을 출력해도 2가
됩니다.

saram_B의 분신으로 pointer를 지정합니다. 그럼 pointer는 saram_A의 분신이면서, saram_B의 분신 ◆ 18
이 될까요? 아뇨, 그렇지는 않습니다. 중요한 것은 단 하나의 변수에 대해서만 분신처럼 사용될 수
있다는 것입니다. pointer가 saram_B의 분신이 되는 순간, pointer는 더 이상 saram_A의 분신 역할
은 하지 않습니다. 이제 saram_A의 분신은 psaram 하나 뿐입니다.

새로 지정한 saram_B의 분신을 사용해서 saram_B에 3를 대입합니다. 이것은 saram_B=3과 완전히 ◆ 19
같은 문장입니다.

saram_A의 값은 2이었고, saram_B는 분신(pointer)에 의해서 3으로 변하였습니다. 그러므로 출력 ◆ 20
결과는 saram_A는 2, saram_B는 3, *pointer는 3이 됩니다.

saram_B의 분신으로 psaram을 하나 더 지정합니다. 마찬가지로 psaram이 saram_B의 분신이 되는 ◆ 22
순간, psaram은 더 이상 saram_A의 분신 역할은 하지 않습니다. 만약 saram_A의 분신 역할을 다시
해야 한다면 psaram=&saram_A;라고 하면 되겠지요. 이제 saram_B의 분신은 pointer와 psaram 두
개가 되며, saram_A의 분신은 하나도 존재하지 않게 됩니다.

새로 지정한 saram_B의 분신인 psaram을 사용해서 saram_B에 4를 대입합니다. 이 문장 또한 ◆ 23
saram_B=4와 완전히 같은 문장입니다.

saram_A의 값은 2이었고, saram_B는 분신(psaram)에 의해서 4로 변하였습니다. 그러므로 출력 결 ◆ 24
과는 saram_A는 2, saram_B는 4, *pointer는 4, *psaram은 4가 됩니다.

참고로 문자열과 배열에 대한 포인터를 소개하겠습니다. 앞으로 [예제-51]~[예제-105]를 학습하
려면, 반드시 필요한 개념이 문자열에 대한 포인터와 배열에 대한 포인터입니다.

### ▶ 문자열 포인터 예

```
char* pstr = "Korea";
```

pstr을 문자열 "Korea"를 대신해서 사용할 수 있는 분신으로 지정합니다. 이 정의에 의해 문자열 "Korea"를 사용할 모든 곳에 pstr을 사용할 수 있습니다. 단, 위의 예제에서 사용했던 분신 연산자 (&)를 문자열에서는 사용하지 않습니다. 왜냐하면, 문자열 자체가 이미 분신이기 때문입니다. 문자열을 정의하면 문자열의 본체는 메모리의 어딘가에 저장되고, 그분신이 자동적으로 만들어집니다. 문자열은 항상 분신을 지니고 있기 때문에, 특별히 분신 연산자를 사용할 필요는 없는 것입니다. 예를 들어, 다음의 문장은 출력 결과가 모두 Korea가 될 것입니다.

```
puts( "Korea" );
puts( pstr );
```

### ▶ 배열 포인터 예

```
char string[100] = "Korea";
char* pstr = string;
```

문자형 포인터 pstr을 배열 변수에 대한 분신으로 지정합니다. string은 문자열 "Korea"로 초기화될 뿐, 문자열 "Korea"의 분신은 아닙니다. 단지 값을 넘겨받는 것입니다. 하지만, pstr은 문자형 배열 변수 string의 분신으로 정의된 것입니다. 이 정의에서도 분신 연산자(&)를 사용하지 않았는데, 그 이유는 string이 배열을 대표하는 분신이기 때문입니다. 예를 들어, 다음과 같이 한다면 세 문장의 출력 결과는 완전히 같을 것입니다.

```
puts( "Korea" );
puts( string );
puts( pstr );
```

또한, pstr이 string의 분신이기 때문에 string[0]과 pstr[0]은 그 값이 같습니다. 포인터에 대해 좀 더 자세한 내용은 [예제-106]부터 다시 나옵니다.

### 번지 연산자(&) 사용 예

분신 연산자(&)는 C 언어에서 번지 지정 연산자라고 합니다. 그것은 포인터라는 것이 번지값을 저장하고 사용하는 것이기 때문입니다. 어떤 경우에는 번지 연산자(&)를 사용하고, 또 어떤 경우에는 번지 연산자(&)를 사용하지 않는지 아래와 같이 예를 통해 설명하겠습니다.

다음은 번지 연산자를 사용해야 하는 경우이며, 일반적인 문자형, 정수형, 실수형 등은 모두 번지 연산자를 사용해야 합니다.

```
int i, j;
double d;
int *pi;
double *pd;

pi = &i;              // pi = i;는 틀림
pi = &j;              // pi = j;는 틀림
pd = &d;              // pd – d;는 틀림
```

다음은 번지 연산자를 사용하지 않는 경우이며, 문자열형, 배열형 등은 번지 연산자를 사용하지 말아야 합니다.

```
char str[100] = "Korea";
char *pstr;

pstr = str;           // &str이 아님
pstr = "Korea";       // & "Korea"가 아님
```

다음은 배열의 요소에 따라 번지 연산자를 사용하는 것과 그렇지 않은 경우입니다.

```
char str[100] = "Korea";
char *pstr;

pstr = str;           // &str이 아님
pstr = &str[0];       // str[0]은 사용 불가능
pstr = &str[1];       // str[1]은 사용 불가능, pstr은 "orea"의 첫 번째 문자인 'o'를 가리킴
```

# 넬(NULL) 문자 이해하기

**초급 042**

- **학습 내용 :** 문자열의 끝은 NULL로 종료된다는 것을 이해합니다.
- **힌트 내용 :** 널(NULL) 문자는 아스키 값 0과 같습니다.

소스 : [예제-42].c

```c
1: #include <stdio.h>
2:
3: int length( char* pstr );
4:
5: main()
6: {
7:    int len = length( "abcde" );
8:
9:    printf( "길이 = %d ", len );          // 길이 = 5
10: }
11:
12: int length( char* pstr )
13: {
14:    int len = 0;
15:
16:    while( *pstr != NULL )
17:    {
18:       pstr++;          // pstr의 번지를 1만큼 증가
19:       len++;           // 문자열의 길이를 1만큼 증가
20:    }
21:
22:    return len;
23: }
```

3 ◆ 함수 length를 선언합니다. char*는 [예제-41]에서 설명한 포인터이며, 문자형 포인터라고 부릅니다. 문자형 포인터 또한 메모리 번지를 저장하기 위한 변수입니다.

문자열 "abcde"의 길이를 구할 함수 length()를 호출합니다. 호출 시 전달 값으로 사용되는 문자열 "abcde"를 문자형 포인터 변수 pstr이 전달받으며, 이때 문자열 전체가 아닌 첫 번째 문자의 번지만을 전달받습니다. 변수의 번지를 전달하기 위해서는 [예제-41]에서처럼 번지 연산자(&)를 사용하지만, 문자열은 그 자체가 번지에 대한 표현이므로 번지 연산자를 사용할 필요가 없습니다.

◆ 7

[예제-41]에서 포인터 변수의 값을 읽기 위해서는 간접 지정 연산자(*)를 사용한다고 설명했습니다. 그러므로 *pstr은 pstr이 가리키는 번지에 저장되어 있는 값을 의미하며, pstr은 문자열의 선두 번지를 가리키고 있기 때문에, pstr의 번지가 1씩 증가함에 따라 *pstr의 값은 'a', 'b', 'c', 'd', 'e', '\0'처럼 됩니다. while 조건 반복문은 조건식이 참인 동안 실행되며, 문자열의 끝을 의미하는 널문자('\0')는 값이 0이기 때문에 조건식이 거짓이 되어 while 문이 종료됩니다.

◆ 16

pstr의 번지 값을 1만큼 증가시킵니다.

◆ 18

다음 그림은 문자열 "abcde"가 메모리에 저장된 모습이며, 문자 'a'가 저장된 번지를 1000번지라고 가정한다면, 문자 'b'는 1001번지, 문자 'c'는 1002번지 순으로 저장됩니다. 7번째줄의 length("abcde")에서 문자열 "abcde"는 문자형 포인터 변수 pstr에 그 선두 번지인 1000번지를 전달합니다. 더블 쿼테이션으로 둘러 쌓인 모든 문자열의 끝은 항상 널(NULL)로 종료된다는 사실을 기억하세요.

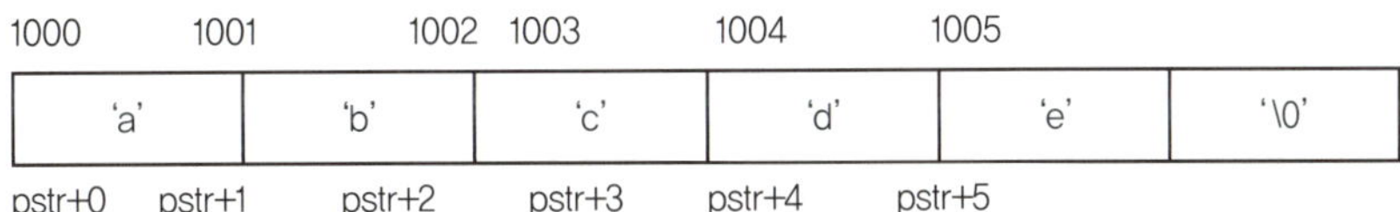

문자열 "abcde"가 메모리에 저장된 모습

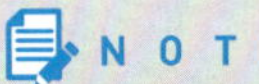

**N O T E**

문자형 포인터(char*)는 문자열을 다루기 위해 거의 필수적으로 사용됩니다. 일반 변수에 대한 증감 연산자(++, --) 사용 시 모든 값은 1이 증가 또는 감소되지만, 포인터 변수에 대한 증감 연산자는 포인터가 가리키는 데이터형의 크기만큼 증가됩니다. 그러므로 char*는 1, int*는 4, 구조체는 구조체의 크기만큼 증감됩니다. 문자열 또는 문자형 배열은 증감 연산자 사용 시 무조건 1씩 증감된다는 사실을 꼭 명심하길 바랍니다.

# 구조체 이해하기

- **학습 내용 :** 구조적인 프로그래밍을 위해 사용되는 구조체를 실제로 사용해봄으로써 구조체의 개념을 학습합니다.
- **힌트 내용 :** 구조체를 사용하기 위해서는 struct 문을 사용합니다.

📁 소스 : [예제-43].c

```c
 1: #include <stdio.h>
 2:
 3: struct tagSungJuk
 4: {
 5:    int kor;
 6:    int eng;
 7:    int math;
 8: };
 9:
10: main()
11: {
12:    struct tagSungJuk SJ;
13:
14:    SJ.kor = 100;
15:    SJ.eng = 95;
16:    SJ.math = 99;
17:
18:    printf( "총합 = %d ", SJ.kor + SJ.eng + SJ.math );
19: }
```

구조체는 배열과 비슷한 구조를 가지고 있는데, 배열과 다른 점은 배열은 동일한 데이터형에 대하여 여러 개를 정의하는 것이고, 구조체는 서로 다른 데이터형을 하나의 묶음으로 처리하기 위한 것입니다. 또한, 구조체는 C++라는 언어를 배우게 되면, 클래스(class)라는 개념으로 탈바꿈해 아주 많이 사용됩니다. 모든 책이 그렇듯이 구조체를 매우 어려운 개념이라고 설명하고 있는데, 제가 보는 관점에서는 어려운 것이 아니라 너무 편리한 기능이라고 말하고 싶습니다. 지하철을 타고 갈 때 자리가 있으면 서서 가는 것보다는 앉아서 가는 것이 좀 더 편할 것입니다. 마찬가지로, 구조체를 사용하지 않는다면 앉아 갈 수 있는 상황에서 서서가는 것과 크게 다르지 않다고 생각됩니다.

물론 서서가는 것이 편하다면 그렇게 해도 관계는 없겠지만요. 구조체를 사용하지 않아도 프로그램은 얼마든지 만들 수 있습니다. 실제로 프로그래밍을 하다 보면 자신이 만드는 프로그램도 있지만, 다른 프로그래머가 만들어 놓은 프로그램을 보아야 하는 경우도 빈번하게 발생합니다. 그 때, 구조체를 모른다면 영어의 단어를 모르는 것처럼 해석이 안되겠지요.

구조체를 선언합니다. 구조체는 struct 키워드와 구조체 이름(tagSungJuk)으로 시작됩니다. tagSungJuk은 변수를 정의하듯이 이름을 바꿀 수 있습니다. 구조체 선언은 실제로 변수가 정의되는 것은 아니며, 단지 이런 변수들을 가진 하나의 틀(템플릿)을 만드는 것에 불과합니다. 도장을 찍으려면 도장을 파야 하듯이, 구조체를 사용하려면 우선 어떤 형식으로 사용할 것인지를 선언해 주어야 합니다. 그리고 나서 도장을 찍듯이 구조체를 사용할 수 있습니다. 주의할 것은 8번째 줄에서 중괄호 뒤에 세미콜론이 사용되었다는 것입니다. 이것도 종종 빠뜨리고 왜 안 되는지 헤매는 경우가 많으므로 주의하세요. ◆ 3~8

구조체 struct tagSungJuk에 대한 변수 SJ를 정의합니다. 이처럼 구조체는 선언을 한 후, 변수명을 정의해야 비로소 사용할 수 있습니다. ◆ 12

구조체 변수 kor에 100을 대입합니다. 지금까지 사용해왔던 변수와는 사용법이 약간 다른 것을 볼 수 있습니다. "왜 SJ.kor이라고 해야 될까?"라고 생각이 든다면, 그럼 어떻게 kor이라는 변수에 접근해야 할까를 한 번 고민해 보기 바랍니다. "SJ@kor이 좋을까요?" 아니면 "SJ~kor, …"이 좋을까요? 모든 C 언어의 문법은 그것을 만든 사람이 "왜 그렇게 만들었을까"를 한 번쯤 고민해 보면, 쉽게 이해할 수 있을 것이라 생각됩니다. 필자의 생각에는 SJ.kor이 보기 쉽고 알기 쉽다고 생각이 됩니다만, 독자분들의 생각은 어떤가요? ◆ 14

구조체 변수 eng에 95를 대입합니다. ◆ 15

구조체 변수 math에 99를 대입합니다. ◆ 16

구조체 변수 kor, eng, math의 합을 출력합니다. 결과 값은 "총합 = 294"입니다. ◆ 18

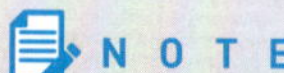

**N O T E**

struct tagSungJuk SJ[100];처럼 구조체 배열 변수를 정의할 수도 있습니다. 이런 경우, SJ[0].kor부터 SJ[99].kor까지 사용할 수 있습니다.

# 공용체 이해하기



- **학습 내용** : 구조체처럼 생긴 공용체를 사용하여 공용체의 의미와 사용 방법을 학습합니다.
- **힌트 내용** : 공용체는 union을 사용합니다.

📁 **소스 : [예제-44].c**

```c
 1: #include <stdio.h>
 2:
 3: union tagVariant
 4: {
 5:    int i;
 6:    float d;
 7: };
 8:
 9: main()
10: {
11:    union tagVariant V;
12:
13:    V.i = 0;
14:    V.d = 5.5;
15:
16:    printf( "V.i = %d \n", V.i );         // V.i = 1085276160
17:    printf( "V.d = %f \n", V.d );         // V.d = 5.500000
18: }
```

공용체는 구조체와 사용 방법이 유사합니다. 하지만 구조체와는 전혀 다른 특징이 하나 있는데, 그것은 변수가 사용하는 메모리 공간이 중첩된다는 것입니다. 그러므로 공용체의 멤버 변수들은 한 번에 하나만이 사용될 수 있습니다.

3~7 ◆ 공용체를 선언합니다. 이 부분도 구조체와 마찬가지로 실제로 변수가 정의되는 것은 아니며, 단지 이런 변수들을 가진 하나의 틀(템플릿)을 만드는 것에 불과합니다. 주의할 것은 7번째 줄에서 중괄호 뒤에 세미콜론이 사용되었다는 것입니다.

공용체 union tagVariant에 대한 변수 V를 정의합니다. 공용체도 구조체와 마찬가지로 선언을 한 후, 변수명을 정의해야 비로소 사용할 수 있습니다.　◆ 11

공용체 변수 i에 0을 대입합니다. 변수의 사용 방법은 구조체와 같습니다.　◆ 13

공용체 변수 d에 5.5를 대입합니다.　◆ 14

공용체 변수 i의 값을 출력합니다. 결과는 1085276160가 출력됩니다. 이것은 공용체 변수 d에 5.5를 대입하면서 i의 값이 중첩되었기 때문입니다.　◆ 16

공용체 변수 d의 값을 출력합니다. 결과는 5.5가 됩니다.　◆ 17

다음 그림은 공용체 변수 i와 d의 실제 메모리 사용 모습입니다. 그림에서와 같이 i 변수와 d 변수는 메모리를 공유하여 사용하기 때문에 13번째 줄에서 i의 값을 0으로 초기화했음에도 불구하고, 17번째 줄에서 5.5가 출력됩니다. 그것은 14번째 줄에서 d에 대입한 5.5가 i 변수와 중첩되어 사용되고 있기 때문입니다. d에 5.5를 대입하는 것은 i에 영향을 주며, 마찬가지로 i에 값을 대입하면, d 값이 영향을 받습니다.

| 1000번지 | 1001 | 1002 | 1003 |
|---|---|---|---|
| i 변수 | | | |
| d 변수 | | | |

공용체 변수의 메모리 공유

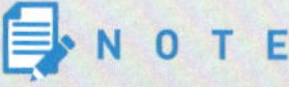 N O T E

공용체는 int형, float형뿐만 아니라, char, double 등 모든 변수형을 사용할 수 있습니다.

# 열거형 이해하기

- **학습 내용** : 열거형을 선언하고 사용하는 방법을 이해합니다.
- **힌트 내용** : 열거형은 enum 문을 사용합니다.

📁 소스 : [예제-45].c

```
1: #include <stdio.h>
2:
3: enum { Sun=0, Mon, Tue, Wed, Thr, Fri, Sat };
4:
5: main()
6: {
7:    printf( "%d ", Sun );      // 0
8:    printf( "%d ", Mon );      // 1
9:    printf( "%d ", Tue );      // 2
10:    printf( "%d ", Wed );      // 3
11:    printf( "%d ", Thr );      // 4
12:    printf( "%d ", Fri );      // 5
13:    printf( "%d ", Sat );      // 6
14: }
```

열거형은 [예제-45]와 같이 상수를 나열하는 것과 같은 효과가 있습니다. 열거형이 없다면 #define Sun 0, #define Mon 1처럼 일일이 모두 선언해야 합니다.

3 ◆ 열거형 상수를 정의합니다. 초기값을 설정하지 않을 경우 Sun의 값은 자동으로 0이 되며, 그 다음 상수인 Mon은 1, Tue는 2, Wed는 3, Thr은 4, Fri는 5, Sat는 6이 됩니다.

7~13 ◆ 열거형 상수의 값을 각각 출력합니다. 출력 결과는 0~6입니다.

열거형 상수는 다음처럼 초기값을 0이 아닌 다른 값으로 설정할 수 있습니다.

```
enum { Sun=7, Mon, Tue, Wed, Thr, Fri, Sat };
```

이런 경우 Sun은 7, Mon은 8, Tue는 9, Wed는 10, Thr은 11, Fri는 12, Sat는 13이 되며, 항상 이전 상수의 값보다 1씩 증가되는 것을 알 수 있습니다.

또한, 열거형 상수는 다음처럼 중간에 다른 값을 설정할 수 있습니다.

```
enum { Sun=0, Mon, Tue=5, Wed, Thr=10, Fri, Sat };
```

위의 경우에는 Sun은 0, Mon은 1, Tue는 5, Wed는 6, Thr은 10, Fri는 11, Sat는 12가 됩니다. 모든 상수 값은 새로운 값을 설정할 수 있으며, 설정하지 않는 경우에는 이전 값에 1이 더해진 값이 사용됩니다.

열거형은 이와 같이 일정한 순서를 가진 정수형 상수를 만드는데 유용하게 사용되며, [예제-46]에서 설명할 typedef 문과 함께 사용되어 프로그래밍을 좀 더 멋지게 할 수 있습니다.

```
#include <stdio.h>

enum { Sun=0, Mon, Tue, Wed, Thr, Fri, Sat };

main()
{
    printf( "%d ", Sun );   // 0
    printf( "%d ", Mon );   // 1
    printf( "%d ", Tue );   // 2
    printf( "%d ", Wed );   // 3
    printf( "%d ", Thr );   // 4
    printf( "%d ", Fri );   // 5
    printf( "%d ", Sat );   // 6
}
```

```
0 1 2 3 4 5 6
C:\300\Debug>
```

# 데이터형 정의하기



- **학습 내용 :** 데이터형을 정의하는 방법을 학습합니다.
- **힌트 내용 :** 데이터형을 정의하기 위해서는 typedef 문을 사용합니다.

📁 소스 : [예제-46].c

```c
1: #include <stdio.h>
2:
3: #define true      1
4: #define false     0
5:
6: typedef int bool;
7:
8: main()
9: {
10:    bool bCondition;
11:
12:    bCondition = true;
13:
14:    if( bCondition == true )
15:    {
16:        printf( "조건식은 true입니다." );
17:    }
18: }
```

typedef 문은 새로운 데이터형을 만드는 경우에 사용되며, 또한 구조체, 공용체, 열거형 등에 자주 사용됩니다. Windows API 프로그래밍을 하다 보면, C 언어에 없는 다양한 데이터형이 사용되는데, 이것은 모두 typedef 문을 이용하여 선언된 것입니다.

6 ◆ int형 변수를 가지고 새로운 데이터형인 bool형을 선언합니다. C 언어에는 bool형이 존재하지 않기 때문에 C++ 언어에서 사용되는 bool형을 typedef 문을 사용하여 선언하고 사용할 수 있습니다.

10 ◆ bool형 변수 bCondition을 정의합니다.

typedef 문은 이 밖에도 다음과 같이 구조체, 공용체, 열거형에서 사용할 수 있습니다.

```
typedef struct
{
    int kor;
    int eng;
    int math;
} SungJuk;


SungJuk SJ;          // struct을 사용하지 않아도 됩니다.
SJ.Kor = 50;


typedef union
{
    char ch;
    int point;
} Variant;


Variant V;           // union을 사용하지 않아도 됩니다.
V.ch = 5;
```

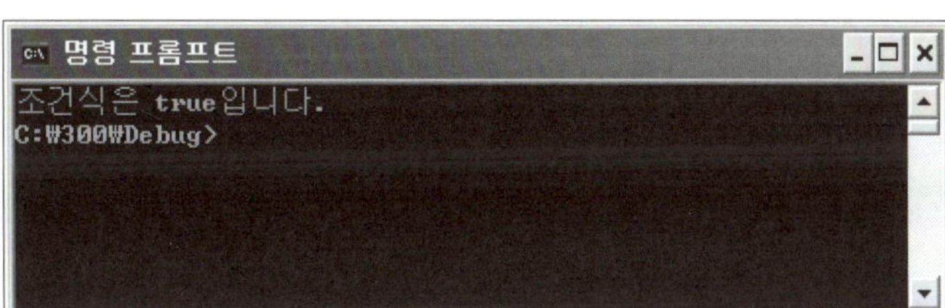


---

☼ **새로운 용어**

**API(Application Programming Interface)** : 소프트웨어 어플리케이션을 개발하기 위한 여러 가지 함수의 집합이라고 할 수 있습니다. 특히, 윈도우즈 프로그램을 만들기 위해서 사용되는 것을 Windows API라고 부릅니다.

---

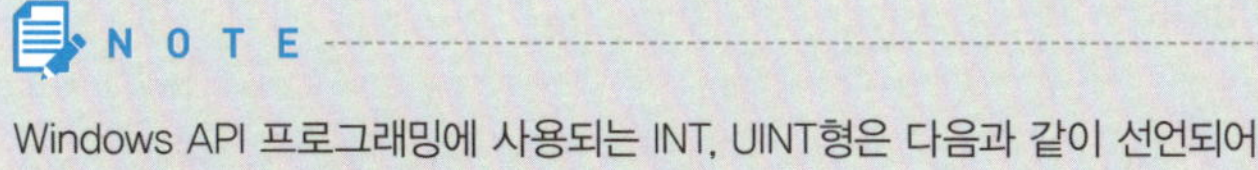

**N O T E**

Windows API 프로그래밍에 사용되는 INT, UINT형은 다음과 같이 선언되어 있습니다.

```
typedef int INT;
typedef unsigned int UINT;
```

# 함수와 인수 이해하기

**초급 047**

- **학습 내용 :** 함수를 만들고, 함수에 값을 전달하기 위한 인수를 사용하는 방법을 이해합니다.
- **힌트 내용 :** int print( char* string ); 처럼 선언하세요.

📁 **소스 : [예제-47].c**

```c
1: #include <stdio.h>
2:
3: int print( char* string );
4:
5: main()
6: {
7:    print( "This is a function!" );
8: }
9:
10: int print( char* string )
11: {
12:    int len = 0;
13:
14:    while( *string != (char)NULL )
15:    {
16:        printf( "%c", *string );
17:        string++;        // 번지 값을 1 증가
18:        len++;           // 문자열의 길이를 1 증가
19:    }
20:
21:    return len;          // 총 문자열의 길이를 반환
22: }
```

**3 ◆** print() 함수를 선언합니다. 반환값은 int형이며, 인수는 문자열의 포인터를 건네 받습니다.

**7 ◆** print() 함수를 호출합니다. print() 함수 호출 시 문자열("This is a function!")을 문자형 포인터 변수 string에 전달합니다. string은 포인터 변수이기 때문에 문자열의 번지를 넘겨받으며, 문자열("This is a function!")은 항상 그 자체가 번지에 대한 표현이므로 번지 지정 연산자(&)를 사용할 필요가 없습니다.

print() 함수의 본체를 정의합니다. 3번째 줄의 print() 함수 선언과 동일하며, 선언문의 끝에 사용한 세미콜론을 여기서는 사용하면 안됩니다. ◆ 10

string이 가리키는 번지에 저장된 값이 NULL인지 비교합니다. 문자열은 항상 NULL로 종료되기 때문에, string이 가리키는 번지를 1씩 증가하다 보면, NULL이 있는 번지에 도달할 것입니다. 또한, string이 가리키는 번지의 값이 char형으로 자동 변환되기 때문에 캐스트 연산자 char를 사용하였습니다. ◆ 14

string이 가리키는 번지의 문자 값을 출력합니다. string은 처음에 문자열 중 첫 번째 문자를 가리키므로 'T'가 먼저 표시됩니다. ◆ 16

string이 가리키는 번지를 1 증가시킵니다. 1이 증가되면, string이 가리키는 번지의 값은 'h'가 됩니다. 문자열의 끝인 NULL을 만날 때까지 string이 가리키는 번지가 계속 1씩 증가되기 때문에, 16번째 줄에서 printf() 함수에 의해 'T', 'h', 'i', 's', ' ', 'i', 's', ' ', 'a', ' ', 'f', 'u', 'n', 'c', 't', 'i', 'o', 'n', ' ', '!'문자가 순서대로 출력됩니다. 16~17번째 줄은 다음과 같이 한 문장으로 줄일 수 있습니다. ◆ 17

```
printf( "%c", *string++ );
```

문자열의 길이를 1만큼 증가시킵니다. ◆ 18

문자열의 길이를 반환합니다. 함수는 반환값을 돌려줄 때 return 문을 사용하며, 반환값은 int형 외에 char형, short형, long형, double형, char*형 등 사용 가능한 모든 데이터형이 올 수 있습니다. ◆ 21

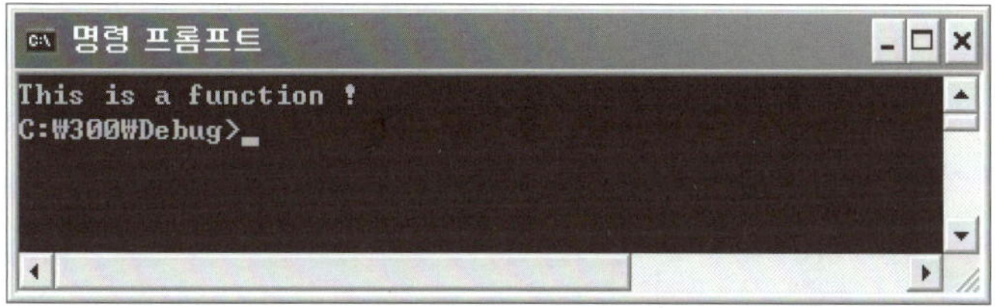

N O T E

함수를 정의할 때는 다음과 같은 형식으로 해야 하며, 반환 데이터형은 사용 가능한 모든 데이터형을 사용할 수 있습니다.

반환 데이터형 함수명( 데이터형 인수1, 데이터형 인수2, 데이터형 인수3,... );

# 변수의 범위 이해하기



- **학습 내용 :** 전역 변수가 사용되는 범위와 지역 변수가 사용되는 범위에 대해 이해합니다.
- **힌트 내용 :** 전역 변수는 함수 밖에서 정의하며, 지역 변수는 함수 내에서 정의합니다.

📁 소스 : [예제-48].c

```c
 1: #include <stdio.h>
 2:
 3: void print_x( int x );
 4: void print_gx( void );
 5:
 6: int x = 20;
 7:
 8: main()
 9: {
10:    int x = 5;
11:    printf( "x = %d \n", x );           // 5가 출력(지역 변수 x가 사용됨)
12:
13:    print_x( 10 );
14:    print_gx();
15: }
16:
17: void print_x( int x )
18: {
19:    printf( "x = %d \n", x );           // 10이 출력(지역 변수 x가 사용됨)
20: }
21:
22: void print_gx( void )
23: {
24:    printf( "x = %d \n", x );           // 20이 출력(전역 변수 x가 사용됨)
25: }
```

6 ◆ 전역 변수 x를 정의하고 20으로 초기화합니다. 전역 변수는 함수의 밖에서 정의되며, 일반적으로 main() 함수 전에 정의합니다.

지역 변수 x를 정의하고, 5로 초기화합니다. 지역 변수는 함수 내에서 전역 변수보다 참조 우선순위가 높습니다. 이렇게 정의하고 사용하는 것이 가능하긴 하지만, 실제로 실무에서는 사용하지 않는 것이 좋습니다. 왜냐하면, 프로그래밍을 읽기 어렵게 만들기 때문입니다. 지역 변수 x를 정의하면, 전역 변수 x에 값을 대입할 방법이 없기 때문입니다. 전역 변수 x를 정의할 때는 x보다는 g_x 라고 정의하는 것이 좋습니다. g는 global의 약자이며, 전역을 뜻합니다.

◆ 10

함수 내에서는 지역 변수가 우선순위를 갖습니다. 그렇기 때문에 5가 출력됩니다. main() 함수 내에서 지역 변수 x를 정의하였기 때문에, 전역 변수 x는 사용할 수 없습니다.

◆ 11

print_x() 함수를 호출합니다. 인수 값은 10입니다.

◆ 13

print_gx() 함수를 호출합니다.

◆ 14

인수로 넘어온 x를 출력합니다. 함수 내에서는 인수 값으로 사용되는 지역 변수가 전역 변수보다 우선하여 사용됩니다. 그러므로 10이 출력되며, 이 함수 내에서도 전역 변수 x를 사용할 수 없습니다.

◆ 19

전역 변수 x를 출력합니다. 출력 값은 20이 되며, 함수 내에서 사용된 지역 변수가 없기 때문에 6번째 줄에서 정의한 전역 변수 x가 사용되는 것입니다.

◆ 24

### 전역 변수

전역 변수는 어떤 함수의 바깥에서 정의되는 것입니다. main() 함수도 하나의 함수이므로 외부 변수는 main()의 밖에서 선언되는 것을 포함합니다. 지금까지 이 책에서 사용된 대부분의 변수는 main() 함수가 시작되기 전에 선언된 것이었습니다. 만약 전역 변수를 정의할 때 초기화하지 않으면 컴파일러에 의해서 0의 값으로 초기화됩니다.

### 지역 변수

지역 변수(local variable)는 함수 내에서 정의되는 변수입니다. 지역 변수의 범위는 변수가 정의된 함수로 제한됩니다. 지역 변수는 전역 변수와는 다르게, 컴파일러에 의해 자동으로 0의 값으로 초기화되지 않습니다. 지역 변수를 정의할 때 변수를 초기화하지 않으면 지역 변수는 쓰레기 값(garbage)으로 초기화 됩니다. 그래서 지역 변수를 사용하기 전에는 필요한 값으로 초기화해 주는 것이 좋은 습관입니다.

 **N O T E**

함수 내에서 정의되는 모든 변수는 함수 내에서만 사용 가능합니다. 그러므로 main() 함수에서 정의된 변수 x와 print_x() 함수에서 정의된 변수 x는 이름은 같지만, 각각의 함수 내에서만 사용되는 지역 변수입니다.

# #include 문 이해하기

- **학습 내용 :** printf( ) 함수나 getch( ) 함수 등을 사용하기 위해서 함수의 선언을 포함하는 방법을 이해합니다.
- **힌트 내용 :** getch( ) 함수를 사용하고, 함수의 선언을 포함하기 위해 〈conio.h〉를 포함하세요.

📁 소스 : [예제-49].c

```
 1: #include <stdio.h>
 2: #include <conio.h>
 3:
 4: main()
 5: {
 6:    int ch;
 7:
 8:    printf( "아무키나 누르세요...\n" );
 9:
10:    ch = getch();
11:
12:    printf( "%c 키가 눌려졌습니다. ", ch );
13: }
```

C 언어를 사용하기 위해서는 기본적인 문법을 학습하는 것도 중요하지만, 구현하고자 하는 기능의 함수가 어느 파일에 선언되어 있는지도 알아야 합니다. 함수를 자주 사용하다 보면, 어떤 함수를 사용하려면 어느 파일을 include해야 하는지 쉽게 알 수 있지만, 처음에는 그 파일을 알기 어렵습니다. [예제-49]에서 사용된 getch()라는 함수는 conio.h 파일에 선언되어 있으며, conio.h 파일에 선언되어 있는 getch() 함수의 원형은 다음과 같습니다.

```
int getch(void);
```

만약 2번째 줄에서 conio.h 파일을 include하지 않는다면 getch() 함수의 원형을 위와 같이 별도로 선언해 주어야 합니다.

printf() 함수가 선언되어 있는 stdio.h 파일을 include합니다. 물론 stdio.h 파일에는 printf() 함수 외에도 수많은 다른 함수들이 선언되어 있습니다. ◆ 1

getch() 함수가 선언되어 있는 conio.h 파일을 include합니다. conio.h 파일에는 getch() 함수 외에도 콘솔 입·출력에 관련된 수많은 함수가 선언되어 있습니다. ◆ 2

키보드로부터 한 문자를 입력받습니다. 키보드에서 숫자 또는 문자키를 눌러보세요. ◆ 10

#include 문은 다음과 같이 두 가지 형태로 사용되며, 각각은 서로 뚜렷한 차이점이 있으므로 주의해서 사용해야 합니다.

1. #include <파일명>
2. #include "파일명"

1의 경우에는 C의 표준 라이브러리를 사용하고자 하는 경우에 사용되며, 컴파일러는 파일의 경로를 컴파일러이 옵션에 설정된 경로 또는 INCLUDE 환경 변수에 등록된 경로를 먼저 검색합니다.

2의 경우에는 사용자가 만든 헤더 파일을 포함하고자 할 때 사용하며, 현재 컴파일되고 있는 49.c 파일과 같은 경로에서 헤더 파일을 우선 검색하고, 만약 없다면 1의 경우와 같은 방법으로 헤더 파일을 검색하여 읽어옵니다.

1, 2의 경우 지정된 경로에 헤더 파일이 없는 경우 다음과 같은 에러가 발생합니다.

```
49.c(1):fatal error C1083: Cannot open include file: 'stdio.h': No such file or directory
```

이 에러는 해당 경로에 stdio.h 파일이 없다는 것입니다.

#include 문은 또한 다음과 같이 상세 경로를 설정할 수 있습니다.

```
#include "..\..\include\sample.h"
```

위 문장은 현재 소스 코드가 있는 경로에서 부모 경로로 두 번 올라가서, include 폴더에 있는 sample.h 파일을 포함하라는 것입니다. #include 문은 이처럼 절대 또는 상대 경로를 지정할 수 있습니다. 또한, 문자열과 다르게 슬래시(\)를 하나만 사용해야 하며, 파일명의 대·소문자는 구분하지 않습니다.

# 매크로 이해하기

- **학습 내용** : 매크로를 작성하고 사용하는 방법을 이해합니다.
- **힌트 내용** : #define MAX(a,b) a)b? a: b처럼 작성하세요.

📁 **소스 : [예제-50].c**

```c
1: #include <stdio.h>
2:
3: #define       MAX(a,b)       a > b? a:b
4: #define       MIN(a,b)       a < b? a:b
5:
6: main()
7: {
8:    int i, j;
9:
10:   i = 5;
11:   j = 7;
12:
13:   printf( "최대값은 %d입니다. \n", MAX(i, j) );
14:   printf( "최소값은 %d입니다. \n", MIN(i, j) );
15: }
```

매크로는 함수 대신 사용하는 것으로써, [예제-50]과 같이 짧은 문장에 주로 사용되며, 복잡한 문장을 단순화하기 위해서도 사용합니다. 매크로를 정의하기 위해서는 #define 문을 사용합니다.

3 ◆ 최대값을 구하는 매크로 MAX를 작성합니다. 주어진 a, b는 함수에서처럼 인수의 역할을 하며, 13번째 줄에서 사용된 MAX(i, j)를 "i>j? i : j"로 치환해 줍니다.

4 ◆ 최소값을 구하는 매크로 MIN을 작성합니다. 주어진 a, b는 함수에서처럼 인수의 역할을 하며, 14번째 줄에서 사용된 MIN(i, j)를 "i<j? i : j"로 치환해 줍니다.

13 ◆ 여기에 사용된 MAX(i, j)가 매크로이므로 이 문장은 컴파일러에 의해 다음처럼 변경됩니다.

```c
printf( "최대값은 %d입니다. \n", i > j? i:j );
```

즉, 매크로는 함수와는 전혀 다르며, 매크로를 사용한 모든 곳은 위와 같이 해당 매크로가 선언된 문장처럼 컴파일 시 자동으로 변경됩니다.

여기에 사용된 MIN(i, j)가 매크로이므로 이 문장은 컴파일러에 의해 다음처럼 변경됩니다.

♦ 14

    printf( "최소값은 %d입니다. \n", i < j? i:j );

다음 그림은 Visual C++에서 컴파일한 결과 화면입니다.

Visual C++에서 컴파일 후 결과 화면

---

☼ 새로운 용어

**매크로** : 사전적인 의미로서의 매크로는 자주 사용하는 여러 개의 명령어를 묶어서 하나의 새로운 이름을 갖는 명령어로 만드는 방법이란 뜻입니다. 보통, 간단한 기능을 하는 함수를 만들 때 자주 사용됩니다.

# 3



# C 프로그래밍 레디 고!

초보자를 위한
C언어
300
제

# 문자 입력받기(getch)

- **학습 내용 :** 키보드로부터 한 개의 문자를 입력 받는 원리를 학습합니다.
- **힌트 내용 :** getch( ) 함수를 사용하세요.

**소스 : [예제-51].c**

```c
 1: #include <stdio.h>
 2: #include <conio.h>
 3:
 4: #define ENTER 13
 5:
 6: void main( void )
 7: {
 8:    int ch;
 9:
10:    printf( "아스키 코드로 변환할 키를 누르세요... \n" );
11:    printf( "Enter 키를 누르면 프로그램은 종료됩니다. \n" );
12:
13:    do
14:    {
15:        ch = getch();
16:
17:        printf( "문자:(%c) , 아스키 코드 = (%d) \n", ch, ch );
18:
19:    } while( ch != ENTER );
20: }
```

2 ◆ getch() 함수가 선언되어 있는 헤더 파일(conio.h)을 포함합니다. getch() 함수의 원형은 다음과 같습니다.

int getch( void );

4 ◆ `Enter` 키 값은 아스키 코드가 13입니다.

지금까지는 main()처럼 사용해왔었는데, 이번 예제부터는 void main(void)를 사용할 것입니다. ◆ 6

do~while 문의 시작입니다. ◆ 13

getch() 함수는 키보드로부터 문자를 한 개 입력받아서 int형으로 반환합니다. 그래서 int형 변수인 ◆ 15
ch에 값을 대입하는 것입니다. 또한, getch() 함수는 숫자, 대·소문자 외에 특별한 값을 입력받는
데, 그것은 F1~F12, Ctrl+a~Ctrl+z, Home, End, PgUp, PgDn, 방향키 등입니다. 이 특별한 값
을 입력받는 경우, getch() 함수는 두 번에 걸쳐 키 값을 읽어옵니다. 예를 들어, F1 키를 누르면
첫 번째 getch() 함수 호출 시에는 아스키 값이 0이 읽혀지며, 두 번째 getch() 함수 호출 시에는 아
스키 값 59가 읽혀집니다.

키보드로부터 읽은 문자와 아스키 코드값을 출력합니다. ◆ 17

Enter 값이 입력될 때까지 계속 반복하여 키를 입력받습니다. ◆ 19

프로그램 실행 결과는 다음과 같습니다.

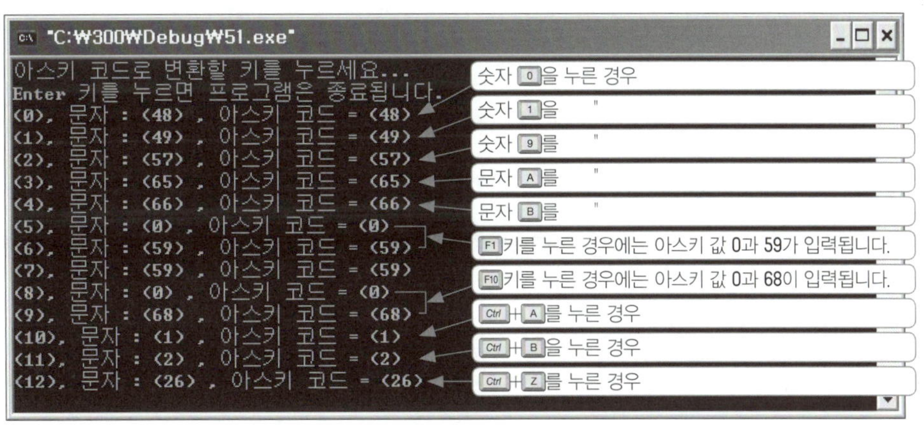


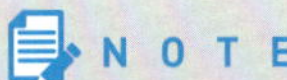 N O T E

한 개의 문자를 출력하려면 putch() 함수를 사용합니다.

# 문자 출력하기(putch)

- **학습 내용 :** 한 개의 문자를 printf( ) 함수를 사용하지 않고 출력하는 원리를 이해합니다.
- **힌트 내용 :** putch( ) 함수를 사용하세요.

📁 소스 : [예제-52].c

```c
1: #include <stdio.h>
2: #include <conio.h>
3:
4: int print( char *string );
5:
6: void main( void )
7: {
8:    print( "This is a putch function!" );
9: }
10:
11: int print( char *string )
12: {
13:    int len = 0;
14:
15:    while( *string != (char)NULL )
16:    {
17:        putch( *string );
18:        string++;
19:        len++;
20:    }
21:
22:    // 현재 출력되고 있는 줄을 다음 줄의 첫 번째로 이동
23:    putch( '\r' );          // 캐리지 리턴
24:    putch( '\n' );          // 라인 피드
25:
26:    return len;
27: }
```

putch() 함수가 선언되어 있는 헤더 파일(conio.h)을 포함합니다. putch() 함수의 원형은 다음과 같	◆ 2
습니다.

```
int putch(int ch);
```

print() 함수를 선언합니다. 인수는 문자열을 받습니다.	◆ 4

문자열은 NULL로 종결되기 때문에, 현재 string이 가리키는 번지의 값이 NULL이 될 때까지	◆ 15
16~20번째 줄이 반복 실행됩니다.

현재 string이 가리키는 번지의 문자를 출력합니다. 문자는 순서대로 'T', 'h', 'i', 's', ' ', 'i',	◆ 17
's', ' ', 'a', ' ', 'p', 'u', 't', 'c', 'h', ' ', 'f', 'u', 'n', 'c', 't', 'i', 'o', 'n', ' ', '!'이 출력
됩니다.

string이 가리키는 번지를 1만큼 증가힙니다.	◆ 18

출력한 문자열의 길이를 1만큼 증가합니다.	◆ 19

개행문자를 출력합니다. 개행문자가 출력되고 나면, putch() 함수는 다음 행의 첫 번째 열로 이동	◆ 23~24
해서 출력을 시작합니다.

프로그램 실행 결과는 다음과 같습니다.

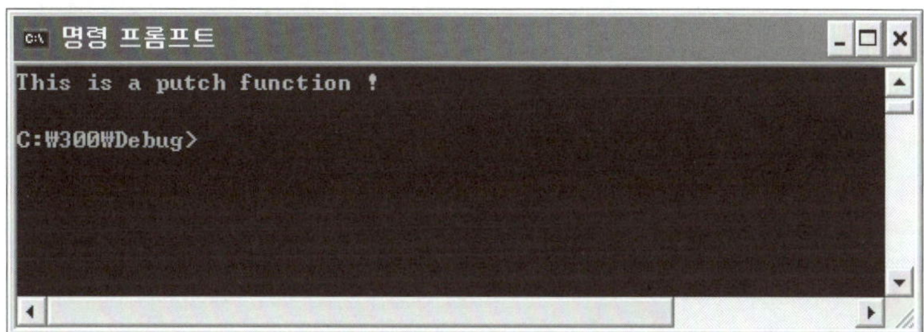


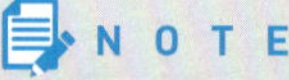

**N O T E**

한 개의 문자를 입력받으려면 getch() 함수를 사용하고, 한 개의 문자를 출력하려면 putch() 함수를 사용하세요.

# 정수값 입력받기(scanf)

- **학습 내용 :** 정수값을 입력받는 기본 원리를 이해합니다.
- **힌트 내용 :** scanf( ) 함수를 사용하세요.

소스 : [예제-53].c

```c
 1: #include <stdio.h>
 2:
 3: void main( void )
 4: {
 5:    int count;            // 3회를 카운트하기 위한 변수
 6:    int tmp;              // 정수값을 읽을 임시 변수
 7:    int total = 0;        // 읽은 정수값을 합산하기 위한 변수
 8:
 9:    for( count = 1; count <= 3; count++ )
10:    {
11:        printf( "%d 번째 정수값을 입력한 후 Enter키를 누르세요. \n", count );
12:
13:        scanf( "%d", &tmp );
14:
15:        total += tmp;
16:
17:        printf( "입력 값 = %d, 총 합 = %d \n", tmp, total );
18:    }
19:
20:    printf( "읽은 정수의 총 합은 %d입니다. \n", total );
21: }
```

**1 ◆** scanf( ) 함수가 선언되어 있는 헤더 파일(stdio.h)을 포함합니다. scanf( ) 함수의 원형은 다음과 같습니다.

```c
int scanf( const char *format [,argument]... );
```

**7 ◆** total은 반드시 0으로 초기화해야 합니다.

count는 초기값이 1, 증가값이 1이며, 3보다 작거나 같을 때까지 10~18번째 줄을 반복 실행합니다.　◆ 9

[1, 2, 3]번째 정수값을 입력하라는 글을 화면에 표시합니다.　◆ 11

키보드로부터 정수값을 하나 읽습니다. 정수값을 입력 후 ⌨Enter 키를 반드시 눌러야 합니다. 또한,　◆ 13
정수값을 읽기 위한 tmp 변수는 값이 아닌 번지를 넘겨주어야 합니다. 번지를 넘겨주기 위해서 번
지 지정 연산자(&)를 사용한 것이며, 가끔 이 번지 지정 연산자를 빠뜨리는 경우가 있으므로 주의
해야 합니다. 만약, scanf() 함수를 사용하여 정수값을 읽을 때 숫자 값이 아닌 문자 값을 입력한다
면, scanf() 내부적인 처리 규약에 의해 음수값이 반환됩니다. 이럴 경우에는 반환된 값을 확인하여
음수값인 경우, fflush(stdin);을 사용하여 입력버퍼를 지워주는 것이 좋습니다.

total = total + tmp; 문을 축약해 놓은 문장입니다. 이처럼 연산 시에 같은 변수에 대해 사칙 연산　◆ 15
등을 하는 경우 total += tmp;처럼 사용할 수 있습니다. 또한, 다음처럼 사용하는 것도 가능합니다.

- 뺄셈의 경우 — total -= tmp;
- 곱셈의 경우 — total *= tmp;
- 나눗셈의 경우 — total /= tmp;
- 나머지의 경우 — total %=tmp;
- 비트 OR 연산의 경우 — total |= tmp;
- 비트 AND 연산의 경우 — total &= tmp;
- 비트 XOR 연산의 경우 — total ^= tmp;
- 쉬프트(》) 연산의 경우 — total 》= tmp;
- 쉬프트(《) 연산의 경우 — total 《= tmp;

단, 다음과 같은 경우에는 올바르지 않은 결과가 발생하므로 a)를 b)로 바꿀 수 없습니다. 실무에
서 b)와 같이 사용한 후 왜 안 되는지 고생하는 경우가 종종 있으므로 특별히 주의하세요. a)를 실
행하면 total은 12가 대입되며, b)를 실행하면 total은 6이 대입됩니다.

```
int total = 3, tmp = 5;
a) total = total * tmp - 3;
b) total *= tmp - 3;
```

임시 총합을 출력합니다.　◆ 17

키보드로부터 읽은 정수의 총합을 출력합니다.　◆ 20

프로그램 실행 결과는 다음과 같습니다.

> **N O T E**
>
> 세 개의 정수값을 한 번에 읽으려면 다음과 같이 사용하세요.
>
> ```
> scanf( "%d %d %d", &tmp1, &tmp2, &tmp3 );
> ```
>
> scanf() 함수에 대해서는 **[201. scanf() 함수 100% 활용하기]**를 참고하세요.

## 알고 갑시다!

### scanf() 함수 사용 시 주의 사항

정수 및 문자열을 입력 받을 때 scanf() 함수는 그 크기를 자동으로 맞춰주지 않습니다. 예를 들어, 다음과 같은 문장에서 긴 숫자를 입력 시 그 결과는 보장되지 않습니다.

```
int i;
scanf( "%d", &i );
printf( "%d", i );
```

여기에 123456789012345를 입력 시 입력되는 값은 −2045911175가 됩니다. 이것은 scanf() 함수가 자동으로 길이 제한을 해주지 않기 때문입니다.

또한, 다음과 같은 문장에서 숫자를 입력하지 않고 문자를 입력하였을 경우 while 문은 종료되지 않고 무한 루프를 돌게 됩니다. 이런 경우에는 scanf() 함수가 반환하는 값이 0인지, 아닌지를 확인해야 합니다. 반환하는 값이 0이라면 잘못된 값 등이 입력된 경우이기 때문에 적절한 에러 처리를 해주어야 합니다.

```
int i = 0;
do
{
    scanf( "%d", &i );
    printf( "%d", i );
} while( i == 0 );
```

## scanf( ) 함수를 사용한 문자열 입력 방법

이번 예제에서는 scanf( ) 라이브러리 함수가 키보드에서 숫자 데이터 값을 읽어들인다는 것을 설명했습니다. 그러나 scanf( ) 함수는 문자열을 입력하는 경우에도 사용할 수 있습니다. scanf( )는 입력되는 내용을 받아들이는 방법을 결정하기 위해 문자열을 사용하게 됩니다. 문자열을 읽어들이기 위해서 scanf( )의 문자열에 변환 문자 %s를 포함시켜야 합니다.

그럼, scanf( )는 문자열의 시작과 끝을 어떻게 구분할까요? 문자열은 공백이 아닌 첫 번째 문자에서부터 시작됩니다. 문자열의 마지막은 두 가지 방법으로 결정됩니다. 문자열에 %s를 포함시키면 문자열의 입력은 빈칸, 탭, 새로운 줄 문자와 같은 공백이 입력될 때 끝나고 공백은 문자열에 포함되지 않습니다. 문자열에 %ns를 포함시키면 scanf( )는 n개의 문자가 입력되거나 또는 공백이 입력될 때까지 문자열을 읽어들입니다. 여기서 n은 문자의 개수를 나타냅니다.

또한, 문자열에 하나 이상의 %s를 포함시키면 하나의 scanf( )를 사용하여 여러 개의 문자열을 입력할 수도 있습니다. 방금 설명했던 문자열의 입력에 대한 규칙은 문자열에 포함되어 있는 각각의 %s에 대해서 적용됩니다. 예를 들어, 다음과 같은 문장을 실행하고

```
char s1[100], s2[100], s3[100];
scanf( "%s%s%s", s1, s2, s3);
```

이 문장에 대응하여 January February March를 입력하면 문자열 s1에는 January가 할당되고, s2에는 February가 할당되며, s3에는 March가 할당됩니다. 문자열의 길이를 지정하는 경우에는 어떨까요? 만약 다음과 같은 문장을 실행하고

```
scanf( "%3s%3s%3s", s1, s2, s3);
```

September를 입력하면 s1에는 Sep이 할당되고, s2에는 tem이 할당되며, s3에는 ber가 할당됩니다.

scanf( ) 함수가 요구하는 것보다 적은 문자열을 입력하거나 많은 문자열을 입력하면 어떻게 될까요? 요구하는 것보다 적은 개수의 문자열을 입력하면 scanf( )는 부족한 내용을 받아들이기 위해 계속 대기할 것이고, 프로그램은 나머지 문자열이 입력될 때까지 진행되지 않을 것입니다. 예를 들어, 다음 문장을 실행하고

```
scanf( "%s%s%s", s1, s2, s3);
```

January February를 입력하면 프로그램은 scanf( )의 문자열에서 지정된 세 번째 문자열을 입력하도록 요구할 것입니다. 또한, 요구되는 것보다 많은 개수의 문자열을 입력하면 필요하지 않은 문자열은 키보드 버퍼 내에 남아 있게 되고, 나중에 scanf( )나 다른 어떤 문자열 입력문이 실행될 때 읽어들여지게 됩니다. 예를 들어, 다음과 같은 문장을 실행하고

```
scanf( "%s%s", s1, s2);
scanf( "%s", s3);
```

January February March를 입력하면 문자열 s1에는 January가 할당되고, s2에는 February가 할당되며, s3에는 March가 할당됩니다.

# 054

# 정수값 출력하기(printf)

- **학습 내용 :** 숫자 값 출력 시 좌우 정렬 및 길이를 설정하는 원리를 이해합니다.
- **힌트 내용 :** printf( ) 함수를 사용하세요.

소스 : [예제-54].c

```c
1: #include <stdio.h>
2:
3: void main( void )
4: {
5:    int i = 100;
6:    int j = 1000;
7:    int k = 12345;
8:
9:    // 정렬을 사용하지 않는 경우
10:   printf( "[%d] \n", i );              // [100]
11:   printf( "[%d] \n", j );              // [1000]
12:   printf( "[%d] \n", k );              // [12345]
13:
14:   // 출력을 5자리 설정
15:   printf( "[%5d] \n", i );             // [  100]
16:   printf( "[%5d] \n", j );             // [ 1000]
17:   printf( "[%5d] \n", k );             // [12345]
18:
19:   // 출력을 10자리로 설정
20:   printf( "[%10d] \n", i );            // [       100]
21:   printf( "[%10d] \n", j );            // [      1000]
22:   printf( "[%10d] \n", k );            // [     12345]
23:
24:   // 출력을 10자리로 설정하고 왼쪽 정렬
25:   printf( "[%-10d] \n", i );           // [100       ]
26:   printf( "[%-10d] \n", j );           // [1000      ]
27:   printf( "[%-10d] \n", k );           // [12345     ]
28: }
```

printf() 함수가 선언되어 있는 헤더 파일(stdio.h)을 포함합니다. printf() 함수의 원형은 다음과 같 ◆ 1
습니다.

$$\text{int printf( const char *format [, argument]... );}$$

위의 printf() 함수 선언에서 인자형으로 const char *format이 사용되었는데, 여기에 사용된 const
는 특별한 의미가 있는 것으로, 전달된 format 문자열의 값을 printf() 함수 내에서 변화시킬 수 없
는, 문자열 상수처럼 사용한다는 것을 말합니다. [예제−20]에서 설명한 문자열형 상수를 떠올린다
면 쉽게 이해할 수 있을 것입니다. 또한, 인수에 처음 보는 "…"이라는 것이 사용되었는데, 이것은
인수의 수가 고정되어 있는 것이 아니라, 가변적이라는 의미를 나타냅니다. 예를 들어, 아래와 같
이 printf() 함수는 서로 다른 여러 개의 인수를 가집니다. a)는 인수가 "숫자 1＝%d", 10이고, b)
는 인수가 "숫자 1＝%d, 숫자 2＝%d", 10, 20이며, c)는 인수가 "숫자 1＝%d, 숫자 2＝%d, 숫자
3＝%d", 10, 20, 30입니다. a), b), c)에서 볼 수 있듯이 printf() 함수는 가변적인 인수를 사용하기
때문에 " [, argument]…"처럼 선언되는 것입니다.

```
a) printf("숫자1 = %d", 10 );
b) printf("숫자1 = %d, 숫자2 = %d", 10, 20 );
c) printf("숫자1 = %d, 숫자2 = %d, 숫자3 = %d", 10, 20, 30 );
```

정수형 변수를 정의하고, 각각을 초기화합니다. ◆ 5~7

printf() 함수를 꾸밈없이 사용합니다. 출력값은 주석으로 오른쪽에 표시하였습니다. ◆ 10~12

정수값을 출력 시 자리수가 최소 5자리가 되도록 설정하며, 모든 값이 숫자이기 때문에 자동적으 ◆ 15~17
로 오른쪽 정렬이 됩니다.

정수값을 출력 시 자리수가 최소 10자리가 되도록 설정하며, 모든 값이 숫자이기 때문에 자동적으 ◆ 20~22
로 오른쪽 정렬이 됩니다.

정수값을 출력 시 자리수가 최소 10자리가 되도록 설정하며, 마이너스(−) 기호를 사용했기 때문에 ◆ 25~27
모든 정수값은 왼쪽 정렬이 됩니다.

프로그램 실행 결과는 다음과 같습니다.

> **N O T E**
>
> printf( ) 함수를 사용하여 정수값을 10자리 범위로 출력 시 빈 공간을 0으로 채우려면 다음과 같이 사용합니다.
>
> ```
> printf( "%010d", i );
> ```
>
> printf( ) 함수는 [202. printf 함수 100% 활용하기]에서 자세하게 다시 설명합니다.

**알고 갑시다!**

## 가변 인수

printf( ) 함수의 원형은 int printf( const char* format[,argument]... );인데, 다른 함수 원형과 달리 맨 마지막에 "..."이란 것이 있습니다. 이것은 가변 인수를 사용하기 위한 C 언어의 문법이며, 가변 인수인 경우 사용할 수 있는 변수의 수가 정해져 있지 않습니다. 예를 들어, 다음과 같이 인수의 수를 다르게 사용할 수 있습니다.

```
printf( "%d", 1 );
printf( "%d%d", 1, 2 );
printf( "%d%d", 1, 2, 3 );
```

위의 세 가지 경우를 보면 각각의 인수가 각각 2개, 3개, 4개로 사용되는 것을 볼 수 있습니다.

가변 인수를 사용하는 함수를 직접 만들어 사용할 수도 있으며, 그 코드는 다음과 같습니다.

```c
void var_print( char *format, ... )
{
    char buff[1024];
    va_list arglist;

    va_start( arglist, format );
    vsprintf( buff, format, arglist );
    va_end( arglist );

    printf( buff );
}
```

함수 사용은 var_print( "%d", 1 );처럼 사용합니다.

### printf( ) 함수를 사용한 문자열 출력 방법

printf( )를 이용하여 문자열을 출력할 수도 있습니다. 문자열을 출력하기 위해서는 변환 문자 %s를 사용해야 합니다.

printf( )의 문자열에서 %s가 사용되면 함수는 인자 목록에서 대응하는 인자를 %s에 일치시킵니다. 문자열의 경우, 이런 인자는 출력하기 원하는 문자열에 대한 포인터가 되어야 합니다. printf( ) 함수는 문자열의 마지막을 뜻하는 널 문자가 나타날 때까지 문자열을 화면에 출력합니다. 예를 들어, 다음과 같은 문장에서

```c
char *str = "A message to display";
printf( "%s", str);
```

printf( )에서는 여러 개의 문자열과 숫자 변수를 일반적인 텍스트 메시지와 섞어서 출력할 수 있습니다.

```c
char *bank = "First Federal";
char *name = "John Doe";
in t balance = 1000;
printf( "The balance at %s for %s is %d.", bank, name, balance);
```

다음과 같은 결과가 출력 결과가 나옵니다.

```
The balance at First Federal for John Doe is 1000.
```

# 문자열 입력받기(gets)



- **학습 내용 :** scanf( ) 함수를 사용하지 않고, 문자열을 키보드로부터 입력받는 방법을 학습합니다.
- **힌트 내용 :** gets( ) 함수를 사용하세요.

**소스 : [예제-55].c**

```c
1: #include <stdio.h>
2:
3: int count( char *str );
4:
5: void main( void )
6: {
7:    char string[100];
8:    char *ret;
9:
10:    ret = gets( string );
11:
12:    if( ret != NULL )
13:    {
14:        printf( "문자 'α'의 갯수는 %d개입니다. ", count(string) );
15:    }
16: }
17:
18: int count( char *str )
19: {
20:    int cnt = 0;
21:
22:    while( *str != (int)NULL )
23:    {
24:        if( *str++ == 'α' ) cnt++;
25:    }
26:
27:    return cnt;
28: }
```

gets() 함수가 선언되어 있는 헤더 파일(stdio.h)을 포함합니다. gets() 함수의 원형은 다음과 같습니다.

```
char* gets( char* buffer );
```

문자열을 읽어서 저장하기 위한 문자열 버퍼를 정의합니다. 문자열은 최대 99자를 초과할 수 없습니다. 만약 99자를 초과하는 문자열을 입력한다면 예상하지 못한 오류가 발생할 수 있습니다. 문자열의 마지막은 널(NULL)로 종료되기 때문에 99자까지만 읽을 수 있는 것입니다. 또한, string은 배열의 첫 번째 번지를 가리키는 번지 상수입니다. 그러므로 string을 수식에 사용 시 번지 지정 연산자(&)를 사용하지 않습니다.

gets() 함수의 반환값을 받을 문자형 포인터 변수를 정의합니다.

키보드로부터 한 줄의 문자열을 읽어들입니다. gets() 함수의 인자로써 &string이 아닌 string을 전달하였는데, 그것은 7번째 줄에서 설명한 것과 같이 string이라는 것이 배열의 선두 번지를 가리키는 번지 상수이기 때문입니다. gets() 함수는 반환값으로 문자형 포인터(번지)를 돌려줍니다.

gets() 함수의 실행 시 문제가 발생하였다면, ret 값은 NULL이 됩니다. 그렇지 않다면 ret는 string 배열의 선두 번지 값을 가질 것입니다.

str 문자열이 NULL이 될 때까지 23~25번째 줄을 반복 실행합니다.

str이 가리키는 번지의 값이 문자 'a'라면, cnt의 값은 1만큼 증가합니다. 또한 *str 값을 비교한 후, str의 번지를 1만큼 증가시킵니다.

문자 'a'가 몇 개인지를 나타내는 cnt 값을 반환합니다. 반환값을 14번째 줄에서 출력됩니다.

프로그램 실행 결과는 다음과 같습니다.

# 문자열 출력하기(puts)

- **학습 내용 :** printf( ) 함수를 사용하지 않고 문자열을 출력하는 기본 원리를 학습합니다.
- **힌트 내용 :** puts( ) 함수를 사용하세요.

**소스 : [예제-56].c**

```c
 1: #include <stdio.h>
 2:
 3: #define KOREA      "대한민국"
 4: #define SUMMER   "여름"
 5:
 6: void main( void )
 7: {
 8:    const char* winter = "겨울";
 9:
10:    puts( KOREA );
11:    puts( SUMMER );
12:    puts( winter );
13: }
```

**1 ◆** puts() 함수가 선언되어 있는 헤더 파일(stdio.h)을 포함합니다. puts() 함수의 원형은 다음과 같습니다.

```c
int puts( const char* string );
```

인수로 넘겨주는 문자열은 puts() 함수 내부적으로 문자열 상수(constant)처럼 사용되기 때문에, puts() 함수 실행 후에도 변하지 않습니다. 여러분이 만드는 함수에서도 이처럼 넘겨받는 문자열이나 값을 변화시키지 않기를 바란다면 const 키워드를 사용하세요.

**3 ◆** 문자열 상수 KOREA를 선언합니다.

**4 ◆** 문자열 상수 SUMMER를 선언합니다.

문자열 상수 winter를 정의합니다. const 키워드를 사용했기 때문에 이 문자열은 프로그램 내에서 ◆ 8
변경할 수 없습니다.

> **📝 N O T E**
>
> 이와 같이 대입 연산자를 사용하여 대입받는 문자열은 모두 문자열 상수이기 때문에 값을 읽을 수는 있지만,
> 변경할 수는 없습니다. 만약 이런 값들을 변경하려고 한다면 심각한 오류가 발생합니다. 예를 들어, 문자형 포인터
> 변수 winter에 대하여, *winter = 'a';라고 한다면, "0x00401053에 있는 명령이 0x00423028의 메모리를
> 참조했습니다. 메모리는 written될 수 없었습니다"라는 에러 메시지가 발생할 것입니다.
>
> 다음과 같은 경우에는 winter가 문자 배열을 참조하고 있기 때문에 전혀 에러가 발생하지 않습니다. 프로그래밍
> 시에 이처럼 문자열 상수를 참조하는 포인터 변수에 값을 대입하려는 경우가 종종 있는데, 특별히 주의를 요하는
> 사항입니다.
>
> ```
> char array[100];
> char *winter = array;
> *winter = 'a';
> ```

"대한민국"을 출력하고, 자동으로 개행합니다. ◆ 10

"여름", "겨울"을 출력합니다. 출력 시 한 줄씩 자동으로 개행합니다. ◆ 11~12

프로그램 실행 결과는 다음과 같습니다.

> ☼ **새로운 용어**
>
> **개행**:문자 또는 문자열을 출력 시 다음 줄의 첫 라인으로 이동하는 것을 의미하며, C 언어의 아스키 값은 13(캐리지
> 리턴), 10(라인 피드)으로 구성됩니다. printf( ) 함수에서 개행 기능을 하려면 개행문자('\n')를 사용하면 됩니다.

# 문자열 복사하기(strcpy)

- **학습 내용** : 문자열을 다른 버퍼에 복사하는 방법을 학습합니다.
- **힌트 내용** : strcpy( ) 함수를 사용하세요.

📁 소스 : [예제-57].c

```c
1: #include <stdio.h>
2: #include <string.h>
3:
4: #define KOREA "대한민국"
5:
6: void main( void )
7: {
8:     char *string1;
9:     char string2[100];
10:
11:     strcpy( string1, KOREA );          // 실행 시 에러 발생
12:     strcpy( string2, KOREA );
13:     strcpy( string2, "봄" );
14: }
```

2 ◆ strcpy() 함수가 선언되어 있는 헤더 파일(string.h)을 포함합니다. strcpy() 함수의 원형은 다음과 같습니다.

char* strcpy( char* dest, const char* src );

이 함수에 대해서 정확하게 이해하는 것이 [예제-200]까지 가는 밑거름이 될 것입니다. 그 이유는 매우 간단한 이 함수에 C 언어의 철학이 숨어 있기 때문입니다. 그럼, 하나씩 함수 원형에 대해 설명하겠습니다.

첫째, 반환형은 문자형 포인터입니다. 실제로 반환되는 값은 첫 번째 인수 dest의 선두 번지입니다.

둘째, 인수 dest입니다. 인수 dest와 인수 src는 자세히 보면 차이점을 발견할 수 있을 것입니다. src는 const 키워드가 있고, dest는 const 키워드가 없습니다. 이 const 키워드가 있고, 없고는 다음과 같이 명백한 차이점이 있습니다.

1. dest에 넘겨주는 인자는 문자열 상수가 될 수 없습니다. 왜냐하면, dest에 넘겨주는 문자형 포인터 값은 strcpy() 함수 내부에서 변경되기 때문입니다.
2. dest에 문자열 상수를 넘겨줄 수 없기 때문에, 문자열 상수를 가리키는 문자형 포인터 값 또한 사용할 수 없습니다.
3. dest에 넘겨줄 수 있는 것은 문자 배열 등입니다. 만약에 문자형 포인터 변수를 정의하고, 그 포인터 변수가 문자 배열 변수를 가리키고 있다면, 이 또한 dest에 넘겨줄 수 있습니다. 즉, 명백한 것은 dest에 넘겨주는 번지를 strcpy() 함수 내부에서 접근할 수 있는지, 없는지 여부에 따라 심각한 에러가 발생할 지 여부가 결정됩니다.

셋째, 인수 src입니다. src는 const 키워드에 의해 상수처럼 사용되기 때문에, dest와는 다르게 모든 문자열 변수 및 상수를 넘겨줄 수 있습니다. 단, 초기화되지 않는 포인터 변수는 사용할 수 없습니다. 모든 포인터 변수는 반드시 초기화한 후 사용해야 합니다.

문자형 포인터 변수 string1을 정의합니다.　◆ **8**

문자형 배열 변수 string2를 정의합니다.　◆ **9**

이 문장은 컴파일 시 다음과 같이 초기화를 하고 사용하라는 경고 에러가 발생합니다.　◆ **11**

    57.c(11):warning C4700: local variable 'string1' used without having been initialized

문자 배열 변수 string2에 문자열 "대한민국", "봄"을 각각 복사합니다. 문자열 복사 시 다음처럼　◆ **12~13**
사용하는 것은 메모리 오류가 발생하므로 주의해야 합니다.

    strcpy( string2, NULL );

NULL은 0이기 때문에 위 명령은 메모리 0번지에 위치한 문자열을 복사하라는 것입니다.

---

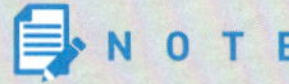 **N O T E**

문자열을 부분적으로 복사하려면, strncpy() 함수를 사용하세요. 다음은 strncpy 함수의 원형입니다.

    int strncpy( char ∗string1, const char ∗string2, unsigned int count );

# 문자열을 복사하는 함수 만들기

• **학습 내용 :** strcpy( ) 함수의 내부적인 흐름을 학습합니다.
• **힌트 내용 :** 문자형 포인터를 사용하세요.

소스 : [예제-58].c

```c
1: #include <stdio.h>
2:
3: #define KOREA "대한민국"
4:
5: char* My_strcpy( char* dest, const char* src );
6:
7: void main( void )
8: {
9:    char string[100];
10:
11:    My_strcpy( string, KOREA );
12:
13:    puts( string ); // 대한민국을 출력
14: }
15:
16: char* My_strcpy( char* dest, const char* src )
17: {
18:    if( dest == (int)NULL || src == (int)NULL )
19:    {
20:        if( *dest != (int)NULL ) *dest = (int)NULL;
21:        return NULL;
22:    }
23:
24:    do
25:    {
26:        *dest++ = *src;
27:    }
28:    while( *src++ != (int)NULL );
29:
30:    return dest;
31: }
```

모든 문자열의 길이가 0(첫 문자의 값이 NULL인 경우)이면, dest를 NULL로 설정한 후 NULL을  ◆ **18~22**
반환합니다.

dest가 가리키는 번지에 src가 가리키는 번지의 문자값을 대입합니다. 문자 값이 대입되고 나면,  ◆ **26**
dest의 번지를 1만큼 증가시킵니다.

src의 번지가 가리키는 값이 NULL인지 비교합니다. 만약 src가 가리키는 번지의 값이 NULL이라  ◆ **28**
면 프로그램 제어는 29번째 줄로 이동하며, NULL이 아니라면 src가 가리키는 번지를 1만큼 증가
한 후 24~27번째 줄을 반복 실행합니다.

프로그램 코드를 이해했다면, dest가 가리키는 번지에 src가 가리키는 번지의 아스키 값을 1바이트
씩 복사하며, 복사 후 각각의 번지가 1만큼씩 증가한다는 것을 알 수 있을 것입니다.

### 문자열 복사하기

C 라이브러리에는 문자열을 복사하기 위한 세 함수가 포함되어 있습니다. 다른 언어에서는 하나의 문자열을 다른 것에
대입할 수 있지만, C에서는 문자열을 처리하는 방법 때문에 문자열을 직접 복사할 수 없습니다. 문자열을 복사하기
위해서는 메모리에서 원본 문자열을 목적 문자열의 메모리 영역으로 복사해야 합니다. 문자열 복사 함수로는 strcpy(),
strncpy(), strdup()가 있습니다. 문자열 복사 함수를 사용할 때에는 헤더 파일 'string.h'를 include(포함)시켜야 합니다.

- strcpy() : 전체 문자열을 다른 메모리 영역으로 복사합니다.
- strncpy() : 전체 문자열을 다른 메모리 영역에 복사하고, 복사할 문자의 개수를 지정할 수 있습니다.
- strdup() : malloc() 함수를 호출하여 목적 문자열을 저장하기 위한 메모리 영역을 할당한다는 것을 제외하면
  strcpy()와 비슷합니다. 참고적으로, malloc() 함수에 대해서는 **[96. 메모리 할당하기]**에서 자세히 다루도록

**N O T E**

문자열을 부분 복사하는 strncpy() 함수에 대해서도 My_strncpy() 함수를 구현해 보세요.

# 문자열을 대·소문자로 구분하여 비교하기(strcmp)



- **학습 내용 :** 문자열을 비교하는 방법을 학습합니다.
- **힌트 내용 :** gets( ) 함수와 strcmp( ) 함수를 사용하세요.

**소스 : [예제-59].c**

```c
1: #include <stdio.h>
2: #include <string.h>
3:
4: #define SKY "sky"
5:
6: void main( void )
7: {
8:    char string[100];
9:    int ret;
10:
11:    printf( "영단어를 입력한 후 Enter키를 치세요!\n" );
12:    printf( "sky를 입력하면 프로그램이 종료됩니다. \n" );
13:
14:    do
15:    {
16:        gets( string );
17:
18:        ret = strcmp( string, SKY );
19:
20:        if( ret == 0 )
21:        {
22:            printf( "%s == %s, ret = %d \n", string, SKY, ret );
23:            break;
24:        }
25:        else if( ret < 0 ) printf( "%s < %s, ret = %d \n", string, SKY, ret );
26:        else printf( "%s > %s, ret = %d \n", string, SKY, ret );
27:
28:    } while( 1 );
29: }
```

strcmp() 함수가 선언되어 있는 헤더 파일(string.h)을 포함합니다. strcmp() 함수의 원형은 다음과 같습니다. src1은 비교할 대상 문자열이고, src2는 비교 문자열입니다.

`int strcmp( const char* src1, const char* src2 );`

♦ 2

문자열을 입력받습니다.

♦ 16

문자열을 비교합니다. 입력받은 문자열이 sky인지 비교하여, sky인 경우에는 do~while 문을 종료합니다. strcmp() 함수는 문자열을 아스키 값에 의해 문자 하나 하나를 순서적으로 비교해 나가며, 모든 문자열이 일치할 경우에는 0을 반환하며, string 문자열이 큰 경우에 1, string 문자열이 작은 경우에는 −1을 반환합니다.

♦ 18

문자열 비교 결과를 출력합니다. 입력한 문자열이 sky라면, 프로그램 제어는 29번째 줄로 이동합니다.

♦ 20~26

while 문의 조건값이 1이므로 15~28번째 줄을 무한 반복 실행합니다.

♦ 28

프로그램 실행 결과는 다음과 같습니다.

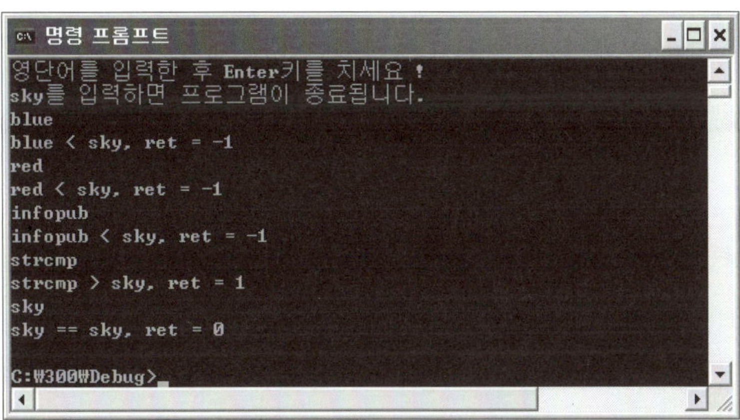


> **N O T E**
>
> strcmp() 함수는 문자열 비교 시 대·소문자를 구분하여 비교합니다. 만약에, 문자열을 대·소문자로 구분하지 않고 비교하려면, _stricmp() 함수를 사용하세요. 다음은 _stricmp() 함수의 원형입니다.
>
> `int _stricmp( const char *string1, const char *string2 );`

# 문자열을 비교하는 함수 만들기

- **학습 내용 :** strcmp( ) 함수의 내부적인 흐름을 학습합니다.
- **힌트 내용 :** 문자형 포인터를 사용하세요.

소스 : [예제-60].c

```c
1: #include <stdio.h>
2:
3: #define SKY "sky"
4:
5: int My_strcmp( const char* string1, const char* string2 );
6:
7: void main( void )
8: {
9:    char string[100];
10:    int ret;
11:
12:    printf( "영단어를 입력한 후 Enter키를 치세요!\n" );
13:    printf( "sky를 입력하면 프로그램이 종료됩니다. \n" );
14:
15:    do
16:    {
17:        gets( string );
18:
19:        ret = My_strcmp( string, SKY );
20:
21:        if( ret == 0 )
22:        {
23:            printf( "%s == %s, ret = %d \n", string, SKY, ret );
24:            break;
25:        }
26:        else if( ret < 0 ) printf( "%s < %s, ret = %d \n", string, SKY, ret );
27:        else printf( "%s > %s, ret = %d \n", string, SKY, ret );
28:
29:    } while( 1 );
```

```
30: }
31:
32: int My_strcmp( const char* string1, const char* string2 )
33: {
34:    if( *string1 == (int)NULL && *string2 == (int)NULL ) return 0;
35:
36:    while( *string1 != (int)NULL )
37:    {
38:       if( *string2 == (int)NULL ) return 1;
39:
40:       if( *string1 == *string2 )
41:       {
42:          string1++;
43:          string2++;
44:          continue;              // 36번째 줄로 이동
45:       }
46:
47:       if( *string1 < *string2 ) return -1;
48:       else return 1;
49:    }
50:
51:    if( *string2 != (int)NULL ) return -1;
52:
53:    return 0;
54: }
```

모든 문자열이 길이가 0이면(NULL이면) 같음으로 처리합니다. ◆ 34

더 이상 비교할 string2 문자열이 없는 경우에는 1을 반환합니다. ◆ 38

string1이 가리키는 번지의 문자값과 string2가 가리키는 번지의 문자값이 같은 경우, 다음 문자의 ◆ 40~45
비교를 위해 string1의 번지와 string2의 번지를 1씩 증가시킵니다.

문자 값을 비교하여 string1이 작다면 −1을, 크다면 1을 반환합니다. ◆ 47~48

string1이 가리키는 번지의 값이 NULL이 될 때까지 비교한 경우, string2가 가리키는 번지의 값이 ◆ 51~53
NULL이 아니라면 −1을 반환합니다. 그렇지 않으면 문자열은 일치되는 것이므로 0을 반환합니다.

# 문자열을 일정 크기만큼 비교하기 (strncmp)

- **학습 내용 :** 문자열을 일정 크기만큼 비교하는 방법을 학습합니다.
- **힌트 내용 :** gets( ) 함수와 strncmp( ) 함수를 사용하세요.

📁 소스 : [예제-61].c

```c
1: #include <stdio.h>
2: #include <string.h>
3:
4: #define SKY "sky"
5:
6: void main( void )
7: {
8:    char string[100];
9:    int ret;
10:
11:    printf( "영단어를 입력한 후 Enter키를 치세요!\n" );
12:    printf( "sky로 시작되는 단어를 입력하면 프로그램이 종료됩니다. \n" );
13:
14:    do
15:    {
16:        gets( string );
17:
18:        ret = strncmp( string, SKY, 3 );
19:
20:        if( ret == 0 )
21:        {
22:            printf( "%3.3s == %s, ret = %d \n", string, SKY, ret );
23:            break;
24:        }
25:        else if( ret < 0 ) printf( "%s < %s, ret = %d \n", string, SKY, ret );
26:        else printf( "%s > %s, ret = %d \n", string, SKY, ret );
27:
28:    } while( 1 );
29: }
```

strncmp() 함수가 선언되어 있는 헤더 파일(string.h)을 포함합니다. strncmp() 함수의 원형은 다음  ◆ 2
과 같습니다. src1은 비교할 대상 문자열이며, src2는 비교할 문자열입니다. strcmp() 함수와 달리
count라는 인수가 있는데, 이 값은 비교할 바이트 수입니다.

```
int strncmp( const char* src1, const char* src2, unsigned int count );
```

문자열을 3바이트만큼 비교합니다. 입력받은 문자열이 "sky"로 시작하는지 비교하여, "sky"로 시  ◆ 18
작하는 경우 do~while 문을 종료합니다. strncmp() 함수는 문자열을 지정된 수만큼 아스키 값에
의해 문자 하나 하나를 순서적으로 비교해 나가며, 부분 문자열이 일치할 경우에는 0을 반환하며,
string 문자열이 큰 경우에는 1, string 문자열이 작은 경우에는 −1을 반환합니다. 만약, 5바이트 길
이의 문자열을 비교하려면 strncmp( string, "korea", 5 );처럼 되겠지요.

문자열 비교 결과를 출력합니다. 입력한 문자열이 sky로 시작한다면 프로그램 제어는 29번째 줄로  ◆ 20~26
이동합니다.

while 문의 조건값이 1이므로 15~28번째 줄을 무한 반복 실행합니다.  ◆ 28

프로그램 실행 결과는 다음과 같습니다. 굵은 글씨는 실제로 입력한 문장입니다.

```
영단어를 입력한 후 Enter키를 치세요!
sky로 시작되는 단어를 입력하면 프로그램이 종료됩니다.
blue[Enter]
blue < sky, ret = -1
sky is blue[Enter]
sky == sky, ret = 0
```

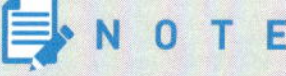

**N O T E** ....................................................................................................

strncmp( ) 함수는 문자열을 비교 시 대·소문자를 구분하여 비교합니다. 문자열을 대·소문자로 구분하지 않고
부분적으로 비교하려면, _strnicmp( ) 함수를 사용하세요. 다음은 _strnicmp( ) 함수의 원형입니다.

```
int _strnicmp( const char *string1, const char *string2, unsigned int count );
```

# 문자열 연결하기(strcat)

- **학습 내용** : 두 개의 문자열을 연결하는 기본 원리를 이해합니다.
- **힌트 내용** : strcat( ) 함수를 사용하세요.

소스 : [예제-62].c

```
 1: #include <stdio.h>
 2: #include <string.h>
 3:
 4: void main( void )
 5: {
 6:    char string1[100];
 7:    char string2[100];
 8:
 9:    printf( "첫 번째 단어를 입력하세요!\n" );
10:    gets( string1 );
11:
12:    printf( "두 번째 단어를 입력하세요!\n" );
13:    gets( string2 );
14:
15:    strcat( string1, string2 );
16:
17:    puts( string1 );
18: }
```

2 ◆ strcat( ) 함수가 선언되어 있는 헤더 파일(string.h)을 포함합니다. strcat( ) 함수의 원형은 다음과 같습니다. dest는 첫 번째 문자열에 대한 포인터 값이며, src는 두 번째 문자열에 대한 포인터 값입니다. 문자열은 dest 문자열에 추가되기 때문에 dest 버퍼는 src 문자열을 추가할 만큼의 충분한 버퍼가 있어야 합니다.

```
char* strcat( char* dest, const char* src );
```

6~7 ◆ 단어를 입력받기 위한 문자 배열 변수를 정의하며, 단어는 최대 99자까지 입력할 수 있습니다.

단어를 입력받습니다. ◆ 9~13

string1에 string2를 연결합니다. string1이 string1과 string2를 합칠 충분한 버퍼가 없으면 예상하지 ◆ 15
못한 에러가 발생할 수 있으므로, string1은 충분한 버퍼가 있도록 정의해야 합니다.

프로그램 실행 결과는 다음과 같습니다. 굵은 글씨는 실제로 입력한 문장입니다.

첫 번째 단어를 입력하세요!
**Hand[Enter]**
두 번째 단어를 입력하세요!
**Phone[Enter]**
**HandPhone** ◀─── 합쳐진 문자열

다음 그림은 string1(a)에 string2(b)가 연결되어 string1(c)에 저장되는 모습을 표현한 것입니다.

| | | | | | | | | | | | |
|---|---|---|---|---|---|---|---|---|---|---|---|
| a) | 'H' | 'a' | 'n' | 'd' | '\0' | | | | | | |
| b) | 'P' | 'h' | 'o' | 'n' | 'e' | '\0' | | | | | |
| c) | 'H' | 'a' | 'n' | 'd' | 'P' | 'h' | 'o' | 'n' | 'e' | '\0' | |

문자열이 합쳐지는 모습

## 문자열 연결하기

C 라이브러리에서는 2개의 문자열 결합 함수 strcat()과 strncat()이 제공됩니다. 두 함수는 헤더 파일 'string.h'를 필요로 합니다.

- strcat() : 문자열과 문자열을 서로 연결시킵니다.
- strncat() : 문자열 결합을 수행하지만, 원본 문자열에서 목적 문자열의 마지막에 추가되는 문자의 개수를 지정할 수 있게 해줍니다.

 **N O T E**

문자열을 부분적으로 연결하려면, strncat() 함수를 사용하세요. 다음은 strncat() 함수의 원형입니다.

```
char* strncat( char* dest, const char* src, unsigned int count );
```

# 문자열의 길이 구하기(strlen)

- **학습 내용 :** 문자열의 길이를 구하는 기본 원리를 이해합니다.
- **힌트 내용 :** strlen( ) 함수를 사용하세요.

📁 **소스 : [예제-63].c**

```c
1: #include <stdio.h>
2: #include <string.h>
3:
4: void main( void )
5: {
6:    char string[200];
7:
8:    printf( "문장을 입력한 후, Enter 키를 치세요!\n" );
9:    printf( "아무것도 입력하지 않으면 프로그램은 종료됩니다!\n" );
10:
11:    do
12:    {
13:       gets( string );
14:
15:       if( strlen(string) == 0 )
16:       {
17:          break;
18:       }
19:
20:       printf( "문자열의 길이는 %d입니다. \n", strlen(string) );
21:
22:    } while( 1 );
23: }
```

2 ◆ strlen( ) 함수가 선언되어 있는 헤더 파일(string.h)을 포함합니다. strlen( ) 함수의 원형은 다음과 같습니다. strlen( ) 함수는 문자열(string)을 인수로 전달받아 문자열이 길이를 반환해 줍니다.

```c
unsigned int strlen( const char* string );
```

문자열을 입력받을 문자형 배열 변수를 정의합니다.   ◆ 6

문자열을 입력받습니다. 아무것도 입력하지 않고 [Enter] 키를 치면 널 문자열이 string에 대입됩니다. 널 문자열이 입력되는 경우 string[0]에는 '\0'값이 저장됩니다.   ◆ 13

문자열의 길이가 0인 경우 do~while 문을 종료하고, 프로그램 제어를 23번째 줄로 이동합니다.   ◆ 15~18

strlen() 함수는 문자열의 길이를 구해주며, 문자열의 길이를 출력합니다.   ◆ 20

조건값이 항상 1(참)이므로, 12~22번째 줄을 반복 실행합니다.   ◆ 22

프로그램 실행 결과는 다음과 같습니다. 굵은 글씨는 실제로 입력한 문장입니다.

```
문장을 입력한 후, Enter 키를 치세요!
아무것도 입력하지 않으면 프로그램은 종료됩니다!
This is a string[Enter]
문지열의 길이는 16입니다.
대한민국[Enter]          ◀── 한글은 한 문자당 2바이트입니다.

문자열의 길이는 8입니다.
hello[Enter]
문자열의 길이는 5입니다.
[Enter]                 ◀── [Enter]를 치면 프로그램은 종료됩니다.
```

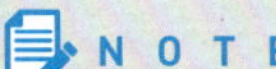

**N O T E**

한글은 문자열의 길이가 한 글자당 2바이트이며, 영어를 사용하지 않는 아시아 지역 대부분이 한 글자당 2바이트를 사용합니다. 예를 들어, 일본어도 한 글자를 표현하기 위해 2바이트를 사용합니다.

# 문자열 검색하기(strstr)



- **학습 내용 :** 문자열 내에 특정 문자 또는 문자열이 있는지 검색하는 방법을 이해합니다.
- **힌트 내용 :** strstr( ) 함수를 사용하세요.

📁 소스 : [예제-64].c

```c
1: #include <stdio.h>
2: #include <string.h>
3:
4: #define SKY "sky"
5:
6: void main( void )
7: {
8:     char string[100];
9:     char *ret;
10:
11:     puts( "문자열을 입력한 후 Enter키를 치세요!" );
12:     puts( "문자열 중에 sky가 포함되어 있으면, 프로그램은 종료됩니다." );
13:
14:     do
15:     {
16:         gets( string );
17:
18:         ret = strstr( string, SKY );
19:
20:         if( ret == NULL )
21:         {
22:             puts( "문자열 중에 sky가 없습니다." );
23:         }
24:         else
25:         {
26:             printf( "%d 위치에서 sky 문자열을 찾았습니다. ", ret - string );
27:             break;
28:         }
29:
30:     } while( 1 );
31: }
```

strstr() 함수가 선언되어 있는 헤더 파일(string.h)을 포함합니다. strstr() 함수의 원형은 다음과 같습니다. string은 검색될 문자열이며, strCharSet는 검색할 문자 또는 문자열입니다. 이 함수는 검색 성공 시 검색된 위치의 포인터 값(번지)을 반환하며, 실패 시 NULL 값을 반환합니다.   ◆ **2**

> char* strstr( const char* string, const char* strCharSet );

strstr() 함수가 반환하는 문자형 포인터값을 저장할 변수를 정의합니다.   ◆ **9**

입력된 문자열 중에 "sky"가 있는지 검색합니다. "sky"문자열을 찾았으면 그 찾은 위치에 대한 메모리 번지 값을 반환하며, 찾지 못했으면 NULL 포인터를 반환합니다.   ◆ **18**

문자열 중에서 "sky"가 검색된 경우, 찾은 위치에 대한 메모리 번지를 반환하는데, 이 반환값은 항상 문자 배열 변수 string이 가리키는 번지보다 크거나 같습니다. 그러므로 "sky"가 string 문자열의 몇 번째 위치에서 검색되었는지는 검색된 번지(ret), 문자열의 시작 번지(string)로 구할 수 있습니다.   ◆ **26**

프로그램 실행 결과는 다음과 같습니다.

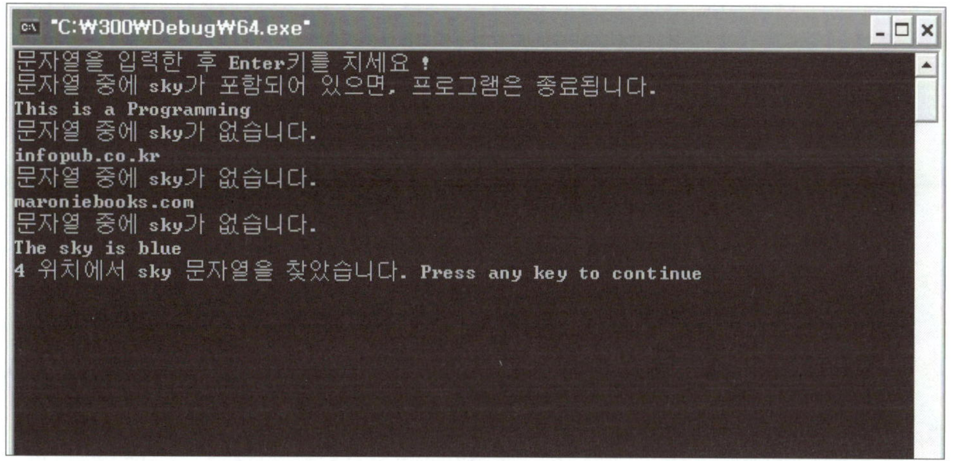


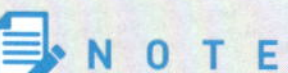 **N O T E**

strstr() 함수는 문자열뿐만 아니라, 단일 문자(예를 들어, 'a')도 검색할 수 있습니다. 단일 문자를 검색하려면 다음과 같이 사용하세요. 단, 문자가 아닌 문자열로 표현해야 합니다. 'a'가 아닌 "a"입니다. 주의하세요.

    ret = strstr( string, "α" );

# 문자열 중에서 문자 검색하기(strchr)



- **학습 내용** : 문자열 중에서 특정 문자를 검색할 수 있는 방법을 이해합니다.
- **힌트 내용** : strchr( ) 함수를 사용하세요.

**소스 : [예제-65].c**

```c
1: #include <stdio.h>
2: #include <string.h>
3:
4: #define FIND_CHAR 'h'
5:
6: void main( void )
7: {
8:    char string[100];
9:    char *ret;
10:
11:    puts( "문자열을 입력한 후 Enter키를 치세요!" );
12:    puts( "문자열 중에 'h'가 포함되어 있으면, 프로그램은 종료됩니다." );
13:
14:    do
15:    {
16:        gets( string );
17:
18:        ret = strchr( string, FIND_CHAR );
19:
20:        if( ret == NULL )
21:        {
22:            puts( "문자열 중에 'h'가 없습니다." );
23:        }
24:        else
25:        {
26:            printf( "%d 위치에서 'h' 문자를 찾았습니다. ", ret - string );
27:            break;
28:        }
29:
30:    } while( 1 );
31: }
```

strchr( ) 함수가 선언되어 있는 헤더 파일(string.h)을 포함합니다. strchr( ) 함수의 원형은 다음과 같습니다. string은 검색될 문자열이며, c는 검색할 문자입니다(18번째 줄 참조).    ◆ 2

```
char* strchr( const char* string, int c );
```

strchr( ) 함수가 반환하는 문자형 포인터값을 저장할 변수를 정의합니다.    ◆ 9

문자열을 배열 변수 string에 입력받습니다.    ◆ 16

입력된 문자열 중에 'h'가 있는지 검색합니다. 'h' 문자를 찾았으면, 그 찾은 위치에 대한 메모리 번지 값을 반환하며, 찾지 못했으면 NULL 포인터를 반환합니다.    ◆ 18

문자열 중에서 'h'가 검색된 경우, 찾은 위치에 대한 메모리 번지를 반환하는데, 이 반환값은 항상 문자 배열 변수 string이 가리키는 번지보다 크거나 같습니다. 그러므로 'h'가 string 문자열의 몇 번째 위치에서 검색되었는시는 검색된 번지(ret), 문자열의 시작 번지(string)로 구할 수 있습니다.    ◆ 26

프로그램 실행 결과는 다음과 같습니다.

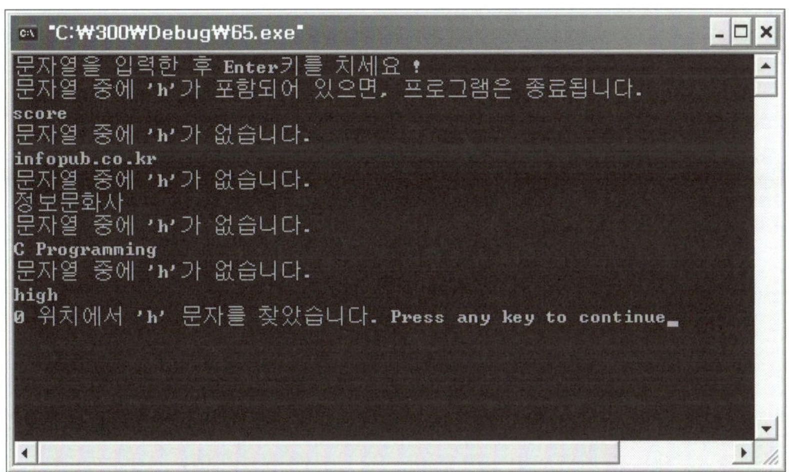


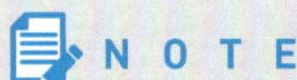 **N O T E**

문자열의 뒤에서부터 검색하려면, strrchr( ) 함수를 사용하세요. strrchr( ) 함수의 원형은 다음과 같습니다.

```
char* strrchr( const char* string, int c );
```

# 066

# 문자열 중에서 일치되는 첫 문자의 위치 구하기(strcspn)

• **학습 내용** : 문자열 중에서 일치되는 첫 문자를 검색하는 방법을 학습합니다.
• **힌트 내용** : strcspn( ) 함수를 사용하세요.

📁 소스 : [예제-66].c

```c
1: #include <stdio.h>
2: #include <string.h>
3:
4: void main( void )
5: {
6:     char *string = "This is a string $$$";
7:     char *strCharSet = "~!@#$%^&*()_+-={}[ ]:;'<>./?";
8:     unsigned int pos;
9:
10:     pos = strcspn( string, strCharSet );
11:
12:     puts( "0          1          2          3" );
13:     puts( "01234567890123456789012345678901" );
14:     puts( string );
15:     puts( strCharSet );
16:
17:     printf( "%d 위치에서 일치되는 첫 문자를 발견하였습니다. \n", pos );
18: }
```

2 ◆ strcspn( ) 함수가 선언되어 있는 헤더 파일(string.h)을 포함합니다. strcspn( ) 함수의 원형은 다음과 같습니다. string은 검색될 문자열이며, strCharSet은 검색할 문자들의 세트(집합)입니다. 문자열과는 다른 개념이니까 주의하세요. 만약 문자세트 중에서 하나의 문자라도 일치한다면 그 위치를 반환하여 주며, 일치되는 문자가 없으면 문자열의 길이가 반환됩니다.

```c
unsigned int strcspn( const char* string, const char* strCharSet );
```

6 ◆ 문자열 상수를 가리키는 포인터 변수 string을 정의합니다.

문자열 상수를 가리키는 포인터 변수 strCharSet을 정의합니다. ◆ 7

검색된 문자의 위치를 저장할 변수를 정의합니다. ◆ 8

string에서 strCharSet 문자들을 검색합니다. 만약 strCharSet 문자열에 있는 문자가 string에서 검색 ◆ 10
된다면, strcspn() 함수는 그 위치를 반환합니다.

일치하는 첫 문자가 검색된 위치를 출력합니다. ◆ 17

프로그램 실행 결과는 다음과 같습니다.

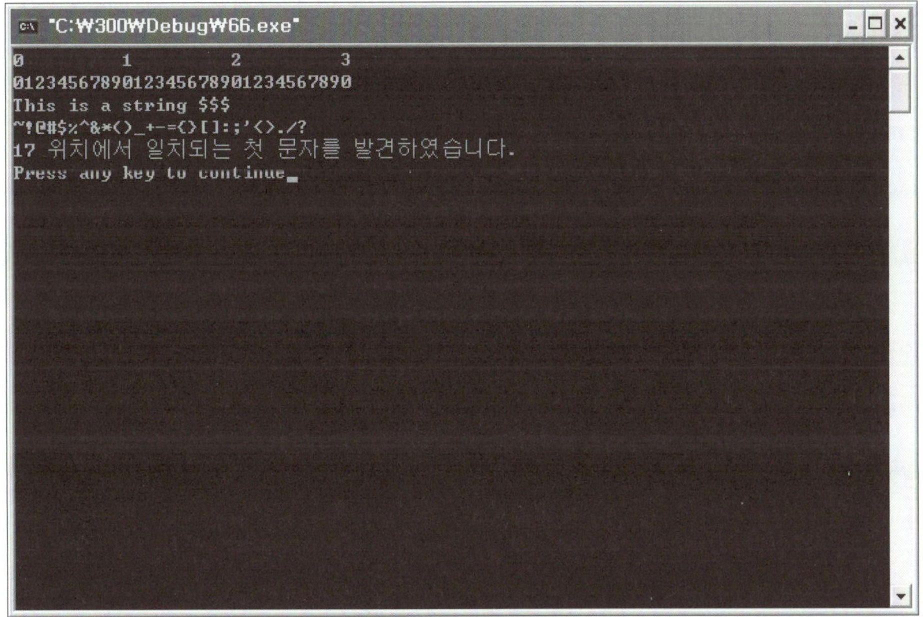


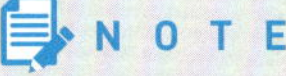

**NOTE**

일치되지 않는 첫 문자를 검색하려면 strspn() 함수를 사용하세요.

# 문자열 중에서 일치되지 않는 첫 문자의 위치 구하기(strspn)

- **학습 내용** : 문자열 중에서 영문이 아닌 문자 등을 어떻게 검색하는지 학습합니다.
- **힌트 내용** : strspn( ) 함수를 사용하세요.

소스 : [예제-67].c

```c
 1: #include <stdio.h>
 2: #include <string.h>
 3:
 4: void main( void )
 5: {
 6:    char *string = "this is a very good !";
 7:    char *strCharSet = "abcdefghijklmnopqrstuvwxyz ";        // 주의:공백 포함
 8:    unsigned int pos;
 9:
10:    pos = strspn( string, strCharSet );
11:
12:    puts( "0          1          2          3" );
13:    puts( "012345678901234567890123456789 0" );
14:    puts( string );
15:    puts( strCharSet );
16:
17:    printf( "%d 위치에서 일치되지 않는 문자를 발견하였습니다. \n", pos );
18: }
```

2 ◆ strspn( ) 함수가 선언되어 있는 헤더 파일(string.h)을 포함합니다. strspn( ) 함수의 원형은 다음과 같습니다. string은 검색될 문자열이며, strCharSet은 검색할 문자들의 세트입니다. 만약 문자세트 중에서 하나의 문자라도 일치하지 않는다면 그 위치를 반환하여 주며, 모든 문자가 일치되면 문자열의 길이가 반환됩니다.

> unsigned int strspn( const char* string, const char* strCharSet );

6 ◆ 문자열 상수를 가리키는 포인터 변수 string을 정의합니다.

문자열 상수를 가리키는 포인터 변수 strCharSet을 정의합니다.　　　　　◆ **7**

string에서 strCharSet 문자들을 검색합니다. 만약 strCharSet 문자열에 없는 문자가 string에서 발견　◆ **10**
된다면, strspn() 함수는 그 위치를 반환합니다.

일치되지 않는 첫 번째 문자의 위치를 표시합니다.　　　　　　　　　　　◆ **17**

프로그램 실행 결과는 다음과 같습니다. 검색 문자세트에 공백 문자도 있으므로 주의하세요.

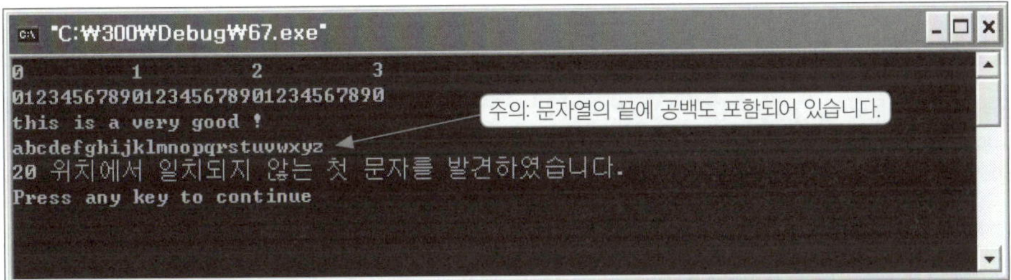

알고 갑시다!

### 문자열 검색하기

C 라이브러리는 문자열을 검색하는 여러 가지 함수를 제공합니다. 다시 말해서, 이런 함수들은 특정 문자열이 다른 문자열 내에 있는지 확인하고 포함되어 있다면 위치를 찾습니다. 6개의 문자열 검색 함수(strchr( ), strrchr( ), strcspn( ), strspn( ), strpbrk( ), strstr( ))를 사용할 수 있고, 모든 함수는 헤더 파일 'string.h'를 필요로 합니다.

- strchr( ) : 문자열 내에서 처음으로 나타나는 지정된 문자를 찾습니다.
- strrchr( ) : 문자열에서 마지막으로 나타나는 지정된 문자를 찾는다는 것을 제외하면 strchr( )과 동일합니다.
- strcspn( ) : 어떤 문자열이 포함되어 있는 문자들이 다른 문자열에서 처음으로 나타나는 위치를 찾습니다.
- strspn( ) : 포함되지 않는 문자를 찾습니다.
- strpbrk( ) : strcspn( )과 비슷하게 한 문자열에 포함되어 있는 어떤 문자가 다른 문자열에 서 처음으로 나타나는 위치를 찾습니다. 그러나 이 함수는 검색 과정에서 널 문자를 포함시키지 않는다는 점이 다릅니다.
- strstr( ) : 어떤 문자열 내에서 한 문자열이 처음으로 나타는 위치를 찾고, 문자열 내에서 개별적인 문자들이 아니라, 전체 문자열을 찾습니다.

# 문자열을 구분자로 분리하기 1 (strtok)

- **학습 내용** : 토큰의 의미와 문자열을 구분자로 분리하는 방법을 학습합니다.
- **힌트 내용** : strtok( ) 함수를 사용하세요.

**소스 : [예제-68].c**

```c
1: #include <stdio.h>
2: #include <string.h>
3:
4: #define TOKEN " "
5:
6: void main( void )
7: {
8:    char string[100];
9:    char *token;
10:
11:    puts( "문자열을 입력한 후 Enter키를 치세요!" );
12:
13:    gets( string );
14:
15:    token = strtok( string, TOKEN );
16:
17:    while( token != NULL )
18:    {
19:        puts( token );
20:
21:        token = strtok( NULL, TOKEN );
22:    }
23: }
```

2 ◆ strtok() 함수가 선언되어 있는 헤더 파일(string.h)을 포함합니다. strtok() 함수의 원형은 다음과 같습니다. strToken은 원본 문자열이며, strDelimit는 구분 문자 또는 문자세트입니다.

```c
char* strtok( char* strToken, const char* strDelimit );
```

strtok( ) 함수는 다음과 같이 동작합니다.

◆ 15~22

1. 문자열이 저장되어 있는 배열 변수 string에서 TOKEN에 해당하는 공백을 찾습니다(15번째 줄).

2. 공백을 찾은 경우, 공백이 있는 자리에 NULL을 넣은 후 문자열의 선두 번지를 반환합니다(15번째 줄).

3. 공백이 없는 경우, 문자 배열 변수 string의 선두 번지를 반환합니다(15번째 줄).

4. 반환값이 NULL이 아닌지 비교합니다. NULL이면 while 문을 종료하며, NULL이 아닌 경우 18~22번째 줄을 반복 실행합니다(17번째 줄).

5. 분리된 문자열을 출력합니다(19번째 줄).

6. 1번에서 공백을 찾은 다음 번지부터, TOKEN에 해당하는 공백을 찾습니다(21번째 줄).

7. 공백을 찾은 경우, 공백이 있는 자리에 NULL을 넣은 후, 6번에서 검색을 시작한 번지를 반환합니다(21번째 줄).

8. 공백이 없는 경우, 6번에서 검색을 시작한 번지를 반환합니다(21번째 줄).

9. 4번에서 9번까지를 string의 문자열이 모두 분리될 때까지 반복 실행합니다.

strtok( ) 함수는 내부적으로 이전에 검색한 위치를 저장하고 있습니다. 그러므로 string이 아닌 NULL을 strtok( ) 함수에 넘겨주면, 검색된 다음 위치부터 자동으로 검색합니다.

◆ 21

프로그램 실행 결과는 다음과 같습니다. 굵은 글씨는 실제로 입력한 문장입니다. [예제-68]은 공백으로 분리하는 예제이며, 콤마 또는 다른 문자세트로 분리하는 예제도 만들어 보세요.

```
문자열을 입력한 후 Enter키를 치세요!
This is a strtok function![Enter]
This
is
a
strtok
function!
```

# 문자열을 구분자로 분리하기 2 (strpbrk)

- **학습 내용 :** strtok( ) 함수와 비슷한 기능을 하는 strpbrk( ) 함수의 사용법을 이해합니다.
- **힌트 내용 :** strpbrk( ) 함수를 사용하세요.

📁 소스 : [예제-69].c

```c
1: #include <stdio.h>
2: #include <string.h>
3:
4: #define TOKEN " "
5:
6: void main( void )
7: {
8:    char string[100];
9:    char *pos;
10:
11:    puts( "문자열을 입력한 후 Enter키를 치세요!" );
12:
13:    gets( string );
14:
15:    pos = strpbrk( string, TOKEN );
16:
17:    while( pos != NULL )
18:    {
19:        puts( pos++ );
20:
21:        pos = strpbrk( pos, TOKEN );
22:    }
23: }
```

2 ◆ strpbrk( ) 함수가 선언되어 있는 헤더 파일(string.h)을 포함합니다. strpbrk( ) 함수의 원형은 다음과 같습니다. string은 검색될 문자열이며, strCharSet은 구분 문자 또는 문자세트입니다.

```c
char* strpbrk( const char* string, const char* strCharSet );
```

문자열을 배열 변수 string에 입력받습니다.

◆ **13**

strpbrk( ) 함수는 다음과 같이 동작합니다.

◆ **15~22**

1. 문자열이 저장되어 있는 배열 변수 string에서 TOKEN에 해당하는 공백을 찾습니다(15번째 줄).
2. 공백을 찾은 경우, 공백이 있는 자리에 대한 번지를 반환합니다(15번째 줄).
3. 공백이 없는 경우, 문자 배열 변수 string의 선두 번지를 반환합니다(15번째 줄).
4. 반환값이 NULL이 아닌지 비교합니다. NULL이면 while 문을 종료하며, NULL이 아닌 경우에는 17~22번째 줄을 반복 실행합니다(17번째 줄).
5. 분리된 문자열을 출력하고, pos가 가리키는 번지를 1 증가시킵니다(19번째 줄).
6. TOKEN에 해당하는 공백을 찾습니다(21번째 줄).
7. 공백을 찾은 경우, 공백이 있는 자리에 대한 번지를 반환합니다(21번째 줄).
8. 공백이 없는 경우, 현재 pos가 가리키는 번지를 반환합니다(21번째 줄).
9. 4번에서 9번까지를 string의 문자열이 모두 분리될 때까지 반복 실행합니다.

프로그램 실행 결과는 다음과 같습니다. 굵은 글씨는 실제로 입력한 문장입니다.

문자열을 입력한 후 Enter키를 치세요!
**This is α strpbrk function![Enter]**
   is α strpbrk function!
   α strpbrk function!
   strpbrk function!
   function!

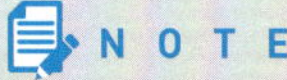

**N O T E**

strtok( ) 함수와 strpbrk( ) 함수는 문자열을 구분하는 방법의 차이가 있으므로, 구분해서 사용하세요.

# 문자열을 특정 문자로 채우기 (strset)

- **학습 내용** : 문자열 버퍼에 '＊' 등의 특정 문자로 채우는 원리를 이해합니다.
- **힌트 내용** : strset( ) 함수를 사용하세요.

📁 소스 : [예제-70].c

```
1: #include <stdio.h>
2: #include <string.h>
3:
4: void main( void )
5: {
6:     char string[100];
7:
8:     puts( "문자열을 입력한 후 Enter키를 치세요!" );
9:     puts( "아무 문자도 입력하지 않으면 프로그램은 종료됩니다!" );
10:
11:     do
12:     {
13:         gets( string );
14:
15:         if( strlen(string) == 0 ) break;
16:
17:         strset( string, string[0] );
18:         puts( string );
19:
20:     } while( 1 );
21: }
```

2 ◆ strset( ) 함수가 선언되어 있는 헤더 파일(string.h)을 포함합니다. strset( ) 함수의 원형은 다음과 같습니다. string은 채울 버퍼이며, c는 채울 문자입니다.

```
char* strset( char* string, int c );
```

입력한 문자열의 길이가 0이면 do~while 문을 종료합니다. ◆ **15**

입력한 문자열을 첫 번째 문자로 채웁니다. 문자 배열 변수 string이 입력된 문자열의 첫 번째 번지 ◆ **17**
를 가리키고 있기 때문에, string[0]은 첫 번째 문자의 값이 됩니다. 그러므로, string은 첫 번째 문
자로 모두 채워집니다.

프로그램 실행 결과는 다음과 같습니다. 굵은 글씨는 실제로 입력한 문장입니다.

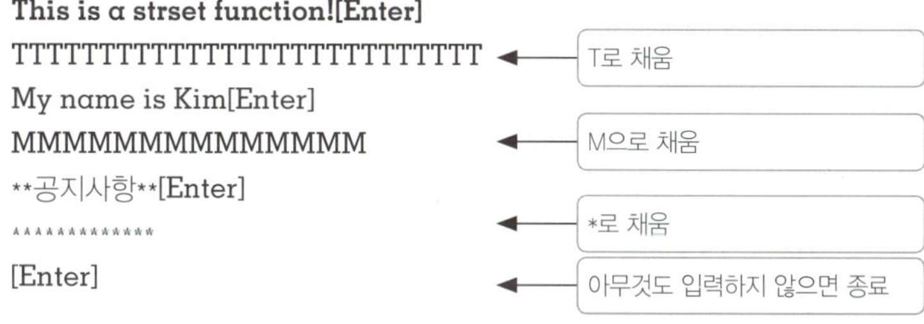

문자열을 입력한 후 Enter키를 치세요!
아무 문자도 입력하지 않으면 프로그램은 종료됩니다!
**This is a strset function![Enter]**
TTTTTTTTTTTTTTTTTTTTTTTTTTTTT ← T로 채움
**My name is Kim[Enter]**
MMMMMMMMMMMMMM ← M으로 채움
****공지사항**[Enter]**
************ ← *로 채움
**[Enter]** ← 아무것도 입력하지 않으면 종료

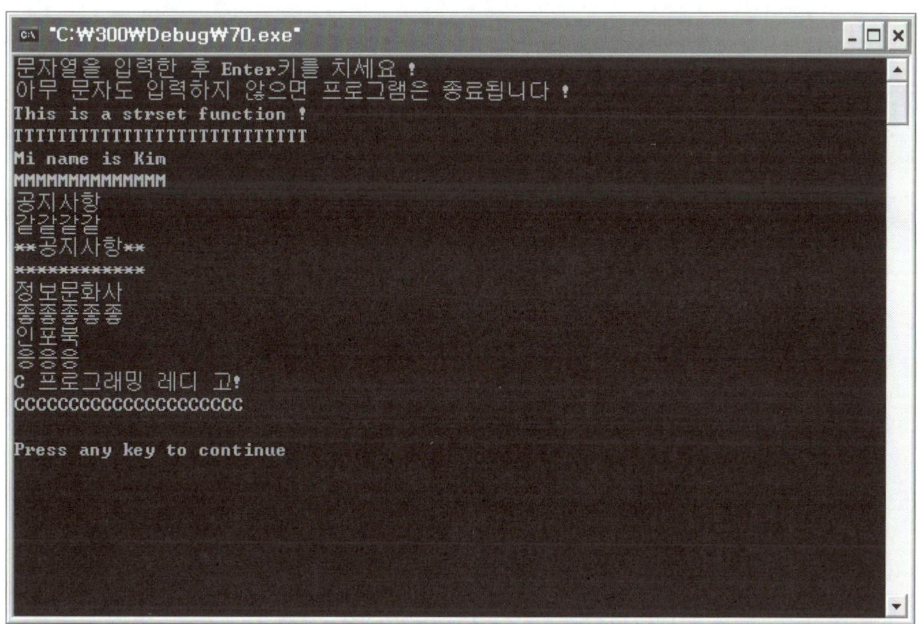


Visual C++에서 컴파일한 후의 결과 화면

# 부분 문자열을 특정 문자로 채우기 (strnset)

**071** 중급

- **학습 내용 :** 버퍼의 일부만 채우는 방법을 학습합니다.
- **힌트 내용 :** strnset( ) 함수를 사용하세요.

소스 : [예제-71].c

```c
1: #include <stdio.h>
2: #include <string.h>
3:
4: void main( void )
5: {
6:     char string[100];
7:
8:     puts( "문자열을 입력한 후 Enter키를 치세요!" );
9:     puts( "아무 문자도 입력하지 않으면 프로그램은 종료됩니다!" );
10:
11:     do
12:     {
13:         gets( string );
14:
15:         if( strlen(string) == 0 ) break;
16:
17:         strnset( string, '*', 5 );
18:         puts( string );
19:
20:     } while( 1 );
21: }
```

2 ◆ strnset( ) 함수가 선언되어 있는 헤더 파일(string.h)을 포함합니다. strnset( ) 함수의 원형은 다음과 같습니다. string은 채울 버퍼이며, c는 채울 문자이고, count는 채울 문자의 수 입니다.

```c
char* strnset( char* string, int c, unsigned int count );
```

입력한 문자열의 길이가 0이면 do~while 문을 종료합니다.  ◆ 15

입력한 문자열의 첫 번째 문자부터 다섯 번째 문자까지만 별표('*')를 채웁니다. 문자 배열 변수  ◆ 17
string은 입력된 문자열의 첫 번째 번지를 가리키고 있습니다.

프로그램 실행 결과는 다음과 같습니다. 굵은 글씨는 실제로 입력한 문장입니다.

> 문자열을 입력한 후 Enter키를 치세요!
> 아무 문자도 입력하지 않으면 프로그램은 종료됩니다!
> **This is a strnset function![Enter]**
> *****is a strnset function!
> **My name is Kim[Enter]**
> *****me is Kim
>
> **[Enter]**

### strset과 strnset 함수

strset과 strnset 함수는 문자열에서 모든 문자나 지정된 개수의 문자를 임의의 문자로 변경합니다. strset()은 모든 문자를 변경하고, strnset()은 지정된 개수의 문자만을 변경합니다. 이 두 함수의 사용법은 종종 혼동할 수 있으니 다시 한 번 함수 원형을 충분히 이해하고 넘어가기 바랍니다.

```
char* strset(char* string, int c);
char* strnset(char* string, int c, unsigned int count);
```

함수 strset()은 string에서 널 문자를 제외한 모든 문자를 c로 변경합니다. 함수 strnset()은 string의 처음부터 count의 수만큼 c로 변경합니다. count의 값이 strlen(str)보다 크거나 같다면 strnset()은 str에 포함되어 있는 모든 문자를 변경합니다.

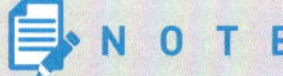

**N O T E**

버퍼를 설정하는 함수는 strnset() 함수 외에도 strset(), memset() 함수 등이 있습니다.

# 문자열을 대문자로 변환하기(strupr)

- **학습 내용 :** 소문자를 대문자로 변환하는 기본 원리를 이해합니다.
- **힌트 내용 :** strupr( ) 함수를 사용하세요.

📁 소스 : [예제-72].c

```c
 1: #include <stdio.h>
 2: #include <string.h>
 3:
 4: void main( void )
 5: {
 6:    char string[100];
 7:
 8:    puts( "문자열을 입력한 후 Enter키를 치세요!" );
 9:    puts( "아무 문자도 입력하지 않으면 프로그램은 종료됩니다!" );
10:
11:    do
12:    {
13:       gets( string );
14:
15:       if( strlen(string) == 0 ) break;
16:
17:       strupr( string );
18:       puts( string );
19:
20:    } while( 1 );
21: }
```

2 ◆ strupr( ) 함수가 선언되어 있는 헤더 파일(string.h)을 포함합니다. strupr( ) 함수의 원형은 다음과
같습니다. string은 대문자로 변환될 문자 버퍼입니다. 단, string은 반드시 문자열 버퍼이거나 문자
열 버퍼를 가리키는 포인터이어야 합니다. 만약 문자열 상수 등을 string에 사용한다면 메모리 에
러가 발생되면서 프로그램은 다운될 수 있습니다.

```c
char* strupr( char* string );
```

예를 들어, char *str;이라고 정의한 후 strupr( str )이라고 사용할 수는 없습니다.

영문 문장을 배열 변수 string에 입력받습니다.　　　　　　　　　　　◆ 13

입력한 문자열을 모두 대문자로 변환합니다. 단, 영문자가 아닌 문자는 변환되지 않습니다.　　◆ 17

프로그램 실행 결과는 다음과 같습니다. 굵은 글씨는 실제로 입력한 문장입니다.

문자열을 입력한 후 Enter키를 치세요!
아무 문자도 입력하지 않으면 프로그램은 종료됩니다!
**This is a strupr function![Enter]**
THIS IS A STRUPR FUNCTION!
**My name is Kim[Enter]**
MY NAME IS KIM
****공지사항**[Enter]**
**공지사항**　　　　　◀── 대·소문자가 아닌 경우 변환되지 않음
**1234567890[Enter]**
1234567890　　　　　◀── 대·소문자가 아닌 경우 변환되지 않음
**[Enter]**

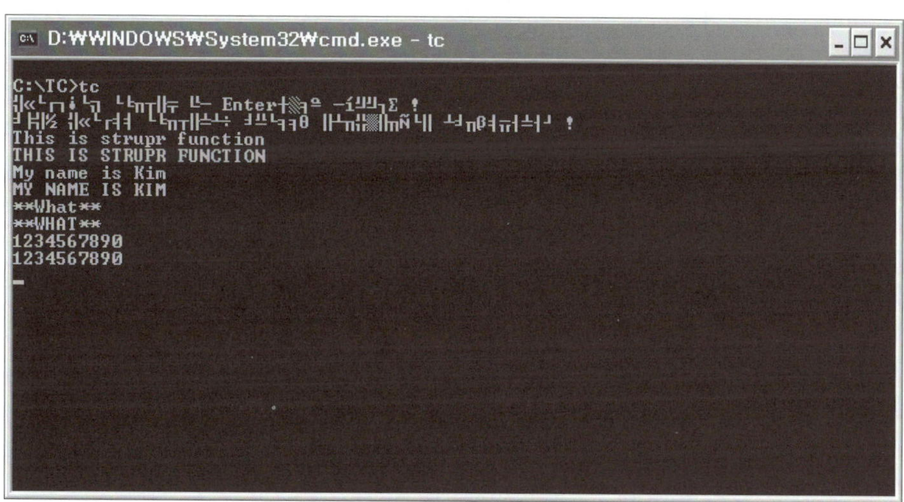


Turbo-C에서 컴파일한 후의 결과 화면

# 문자열을 소문자로 변환하기(strlwr)

- **학습 내용 :** 대문자를 소문자로 변환하는 기본 원리를 이해합니다.
- **힌트 내용 :** strlwr( ) 함수를 사용하세요.

📁 소스 : [예제-73].c

```c
1: #include <stdio.h>
2: #include <string.h>
3:
4: void main( void )
5: {
6:    char string[100];
7:
8:    puts( "문자열을 입력한 후 Enter키를 치세요!" );
9:    puts( "아무 문자도 입력하지 않으면 프로그램은 종료됩니다!" );
10:
11:    do
12:    {
13:       gets( string );
14:
15:       if( strlen(string) == 0 ) break;
16:
17:       strlwr( string );
18:       puts( string );
19:
20:    } while( 1 );
21: }
```

2 ◆ strlwr( ) 함수가 선언되어 있는 헤더 파일(string.h)을 포함합니다. strlwr( ) 함수의 원형은 다음과 같습니다. string은 소문자로 변환될 문자 버퍼입니다.

char* strlwr( char* string );

영어 문장을 배열 변수 string에 입력받습니다.　　　　　　　　　　　　　　◆ 13

입력한 문자열의 길이가 0이면 do~while 문을 종료합니다.　　　　　　　　◆ 15

입력한 문자열을 모두 소문자로 변환합니다. 단, 영문자가 아닌 문자는 변환되지 않습니다.　◆ 17

프로그램 실행 결과는 다음과 같습니다. 굵은 글씨는 실제로 입력한 문장입니다.

문자열을 입력한 후 Enter키를 치세요!
아무 문자도 입력하지 않으면 프로그램은 종료됩니다!
**This is a strlwr function![Enter]**
this is a strlwr function!
**My name is Kim[Enter]**
my name is kim
****공지사항**[Enter]**
**공지사항**　　　◀── 대 · 소문자가 아닌 경우 변환되지 않음
**1234567890[Enter]**
1234567890　　　◀── 대 · 소문자가 아닌 경우 변환되지 않음
**[Enter]**

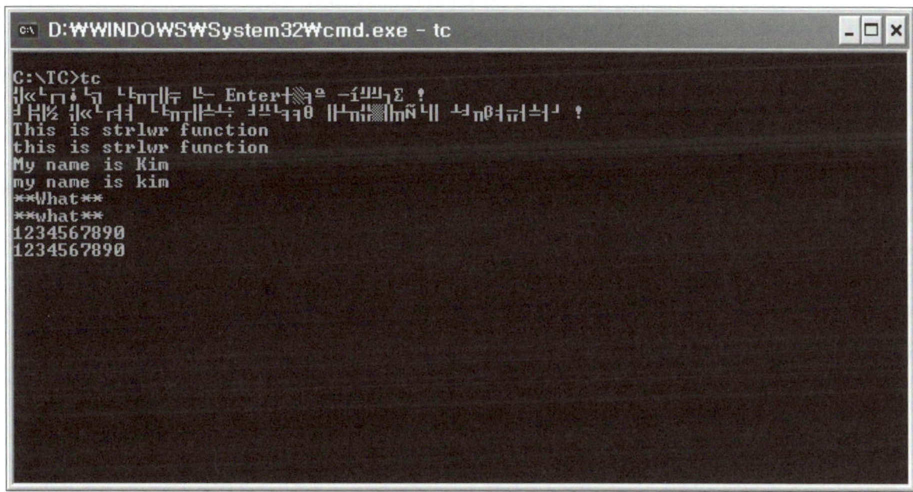


Turbo-C 컴파일러에서 컴파일한 후의 결과 화면

# 문자열을 거꾸로 뒤집기(strrev)

- **학습 내용 :** "abcde"를 "edcba"처럼 문자열을 뒤집는 방법을 학습합니다.
- **힌트 내용 :** strrev( ) 함수를 사용하세요.

 소스 : [예제-74].c

```c
 1: #include <stdio.h>
 2: #include <string.h>
 3:
 4: void main( void )
 5: {
 6:   char string[100];
 7:
 8:   puts( "영단어를 입력한 후 Enter키를 치세요!" );
 9:   puts( "아무 문자도 입력하지 않으면 프로그램은 종료됩니다!" );
10:
11:   do
12:   {
13:       gets( string );
14:
15:       if( strlen(string) == 0 ) break;
16:
17:       strrev( string );
18:       puts( string );
19:
20:   } while( 1 );
21: }
```

2 ◆ strrev( ) 함수가 선언되어 있는 헤더 파일(string.h)을 포함합니다. strrev( ) 함수의 원형은 다음과 같습니다. string은 거꾸로 뒤집혀질 문자열 버퍼입니다.

```c
char* strrev( char* string );
```

문자열을 배열 변수 string에 입력받습니다. ◆ 13

입력한 문자열의 길이가 0이면 do~while 문을 종료합니다. ◆ 15

입력한 문자열을 거꾸로 뒤집습니다. ◆ 17

프로그램 실행 결과는 다음과 같습니다. 굵은 글씨는 실제로 입력한 문장입니다.

> 영단어를 입력한 후 **Enter**키를 치세요!
> 아무 문자도 입력하지 않으면 프로그램은 종료됩니다!
> **This[Enter]**
> sihT
> **Kim[Enter]**
> miK
> **1234567890[Enter]**
> 0987654321
> **[Enter]**

### 알고 갑시다!

### strrev( ), strnset( ), strset( )의 사용 예

```c
1: /* strrev(), strset(), strnset()의 사용 예 */
2: #include <stdio.h>
3: #include <string.h>
4:
5: char str[ ] = "This is the test string.";
6:
7: main()
8: {
9:     printf( "\nThe original string: %s", str);
10:     printf( "\nCalling strrev(): %s", strrev(str));
11:     printf( "\nCalling strrev() again: %s", strrev(str));
12:     printf( "\nCalling strnset(): %s", strnset(str, '!', 5));
13:     printf( "\nCalling strset(): %s", strset(str, '!'));
14:     return(0);
15: }
```

# 문자열을 중복 생성하기(strdup)

- **학습 내용 :** 문자열을 처리하다가 임시 버퍼를 생성하여 복제해 두는 기법을 학습합니다.
- **힌트 내용 :** strdup( ) 함수를 사용하세요.

**소스 : [예제-75].c**

```c
1: #include <stdio.h>
2: #include <string.h>
3: #include <malloc.h>
4:
5: void main( void )
6: {
7:    char string[100];
8:    char *pstr;
9:
10:    puts( "문자열을 입력한 후 Enter키를 치세요!" );
11:    puts( "아무 문자도 입력하지 않으면 프로그램은 종료됩니다!" );
12:
13:    do
14:    {
15:        gets( string );
16:
17:        if( strlen(string) == 0 ) break;
18:
19:        pstr = strdup( string );
20:
21:        strcpy( string, "temporary string" );
22:
23:        printf( "문자열 string:%s \n", string );
24:        printf( "문자열 pstr :%s \n", pstr );
25:
26:        free( pstr );
27:
28:    } while( 1 );
29: }
```

strdup() 함수가 선언되어 있는 헤더 파일(string.h)을 포함합니다. strdup() 함수의 원형은 다음과     ◆ 2
같습니다. string은 복제될 문자열입니다.

> char* strdup( const char* string );

입력한 문자열을 복제합니다. strdup() 함수는 내부적으로 메모리를 할당하는 malloc() 함수를 사     ◆ 19
용합니다. 메모리 할당에 대해서는 [96. 메모리 할당하기(malloc)]에서 설명합니다. 이번 예제에서
는 문자 배열 변수 string과 같은 길이의 공간이 내부적으로 생성되고, 그 공간에 string을 복제한다
는 사실을 알고 가도록 하겠습니다. pstr 포인터 변수는 실제로 메모리가 할당된 공간을 가리키며,
만약 문자열 복제가 실패하였다면, pstr은 NULL이 됩니다.

출력 결과가 어떤가요? 입력한 문자열이 pstr이 가리키는 버퍼에 저장되어 있음을 확인하셨죠? 이     ◆ 23~24
처럼 프로그램 도중에 잠깐 임시 버퍼가 필요할 때는 strdup() 함수를 사용하세요.

strdup() 함수에 의해 내부적으로 할당한 메모리 공간을 해제합니다. [예제-96]에서 다시 설명하     ◆ 26
지만, malloc() 함수에 의해 할당된 메모리는 반드시 free() 함수에 의해 해제되어야 합니다.

프로그램 실행 결과는 다음과 같습니다. 굵은 글씨는 실제로 입력한 문장입니다.

문자열을 입력한 후 **Enter**키를 치세요!
아무 문자도 입력하지 않으면 프로그램은 종료됩니다!
**This is a strdup function![Enter]**
문자열 string : temporary string
문자열 pstr    : This is a strdup function!
**[Enter]**

# 문자열을 형식화하기(sprintf)

- **학습 내용 :** printf( ) 함수와 사용법이 같은 sprintf( ) 함수의 사용법을 이해합니다.
- **힌트 내용 :** sprintf( ) 함수를 사용하세요.

📁 소스 : [예제-76].c

```c
 1: #include <stdio.h>
 2:
 3: void main( void )
 4: {
 5:    char cValue = 'a';
 6:    int iValue = 1234567;
 7:    long lValue = 7890123;
 8:    float fValue = 3.141592;
 9:    double dValue = 3.141592;
10:    char *string = "korea";
11:    char buffer[100];
12:
13:    sprintf( buffer, "char 형은 %c", cValue );
14:    puts( buffer );
15:
16:    sprintf( buffer, "int 형은 %d", iValue );
17:    puts( buffer );
18:
19:    sprintf( buffer, "long 형은 %ld", lValue );
20:    puts( buffer );
21:
22:    sprintf( buffer, "float 형은 %f", fValue );
23:    puts( buffer );
24:
25:    sprintf( buffer, "double형은 %e", dValue );
26:    puts( buffer );
27:
28:    sprintf( buffer, "char* 형은 %s", string );
29:    puts( buffer );
30: }
```

puts(), sprintf() 함수가 선언되어 있는 헤더 파일(stdio.h)을 포함합니다. sprintf() 함수의 원형은 다음과 같습니다. buffer는 형식화된 문자열이 저장될 버퍼이며, format은 printf() 함수와 동일한 형식화 문자열입니다.  ◆ **1**

> int sprintf( char* buffer, const char* format [,argument]... );

문자형, 정수형, 실수형, 문자열형 변수를 정의하고 초기화합니다.  ◆ **5~10**

문자 배열 변수 buffer를 정의합니다. 문자열은 최대 99자까지 저장 가능합니다.  ◆ **11**

sprintf() 함수는 printf() 함수와 사용 방법이 같습니다. 단지, printf() 함수는 화면에 출력할 때 사용하며, sprintf() 함수는 버퍼에 형식화된 문자열을 생성할 때 사용한다는 점이 다릅니다. 데이터 형에 따른 각각의 형식은 다음과 같으며, 좀 더 자세한 형식에 대해서는 [202. printf() **함수 100% 활용하기**]를 참고하세요.  ◆ **13~29**

| 형식 문자 | 데이터형 | 출력 형식 |
| --- | --- | --- |
| c | char | 단일 문자 |
| d, i | int, short | 정수형(양수, 0, 음수값) |
| ld | long | 정수형(양수, 0, 음수값) |
| u | unsigned int | 정수형(양수값만) |
| f | float | 고정 소수점 |
| e | double | 부동 소수점 |

프로그램 실행 결과는 다음과 같습니다.

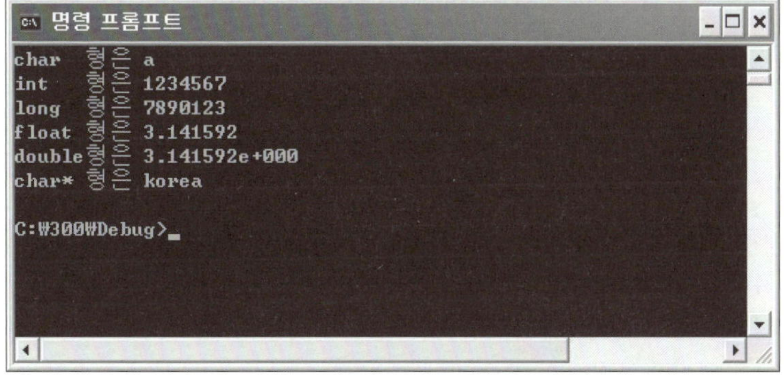

# 문자열을 정수로 변환하기 1(atoi)

**중급 077**

- **학습 내용 :** 문자열을 숫자 값으로 변환하는 기본 원리를 학습합니다.
- **힌트 내용 :** gets( ), atoi( ) 함수를 사용하세요.

소스 : [예제-77].c

```c
1: #include <stdio.h>
2: #include <stdlib.h>
3:
4: void main( void )
5: {
6:    int count;          // 3회를 카운트하기 위한 변수
7:    int total = 0;      // 읽은 정수값을 합산하기 위한 변수
8:    char string[100];
9:
10:    for( count = 1; count <= 3; count++ )
11:    {
12:        printf( "%d 번째 문자열을 입력한 후 Enter키를 누르세요. \n", count );
13:
14:        gets( string );
15:
16:        total += atoi(string);
17:
18:        printf( "입력 값 = %d, 총 합 = %d \n", atoi(string), total );
19:    }
20:
21:    printf( "읽은 문자열의 총 합은 %d입니다. \n", total );
22: }
```

2 ◆ atoi( ) 함수가 선언되어 있는 헤더 파일(stdlib.h)을 포함합니다. atoi( ) 함수의 원형은 다음과 같습니다. string은 숫자로 변환될 문자열 버퍼입니다.

```c
int atoi( const char* string );
```

total은 반드시 0으로 초기화해야 합니다. ◆ 7

count는 초기값이 1, 증가값이 1이며, 3보다 작거나 같을 때까지 11~19번째 줄을 반복 수행합니다. ◆ 10

문자열을 입력받습니다. ◆ 14

atoi() 함수를 사용하여 입력된 문자열을 숫자로 변환하여 total 값에 더합니다. 변환 가능한 문자열 ◆ 16
은 공백, 탭, 기호(+, −) 그리고 숫자뿐입니다.

임시 총합을 출력합니다. atoi() 함수는 문자열을 숫자로 변환합니다. ◆ 18

총합을 출력합니다. ◆ 21

프로그램 실행 결과는 다음과 같습니다.

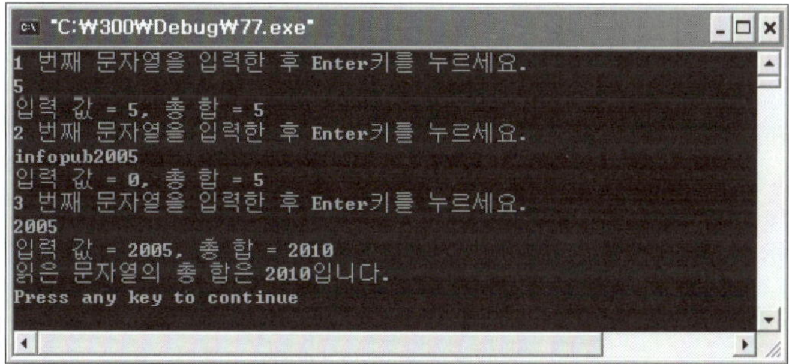

### atoi()를 사용하여 문자열을 숫자로 변환하는 예

| 문자열 | atoi()가 돌려주는 값 |
|---|---|
| "157" | 157 |
| "−1.6" | −1 |
| "+50x" | 50 |
| "twelve" | 0 |
| "x506" | 0 |

**N O T E**

atoi("1004abcde")를 실행하면, 숫자 1004만 변환되고, abcde는 버려집니다. 변환 가능한 문자열은 공백, 탭, 기호(+, −) 그리고 숫자뿐이므로 주의하세요. 문자와 숫자를 섞어서 다양한 시험을 해보기 바랍니다.

# 문자열을 정수로 변환하기 2(atol)

- **학습 내용 :** atoi( ) 함수와 비슷한 기능을 하는 atol( ) 함수에 대해 학습합니다.
- **힌트 내용 :** atol( ) 함수를 사용하세요.

📁 소스 : [예제-78].c

```
1: #include <stdio.h>
2: #include <stdlib.h>
3:
4: void main( void )
5: {
6:    char *string1 = "2는 1보다 큽니다.";
7:    char *string2 = "1004는 천사입니다.";
8:    char *string3 = "2016년도 입니다.";
9:    char *string4 = "오늘은 6월 9일입니다.";
10:    long t1, t2, t3, t4;
11:
12:    puts( string1 );
13:    puts( string2 );
14:    puts( string3 );
15:    puts( string4 );
16:
17:    t1 = atol(string1);
18:    t2 = atol(string2);
19:    t3 = atol(string3);
20:    t4 = atol(string4);
21:
22:    printf( "문자열을 숫자로 변환한 값:%ld, %ld, %ld, %ld \n", t1,t2,t3,t4 );
23:    printf( "총 합은 %d입니다. \n", t1 + t2 + t3 + t4 );
24: }
```

2 ◆ atol() 함수가 선언되어 있는 헤더 파일(stdlib.h)을 포함합니다. atol() 함수의 원형은 다음과 같습니다. string은 숫자로 변환될 문자열 버퍼입니다.

```
long atol( const char* string );
```

숫자로 변환될 문자열을 정의합니다. ◆ 6~9

문자열 string1을 숫자로 변환합니다. atol() 함수가 변환 가능한 문자열은 공백, 탭, 기호(+, −) 그 ◆ 17
리고 숫자뿐이며, atoi() 함수와 사용법이 동일합니다.

정수 1004로 변환됩니다. ◆ 18

정수 2016으로 변환됩니다. ◆ 19

숫자로 변환되는 값이 없습니다. 변환되는 값이 없는 경우 atol() 함수는 0을 반환합니다. ◆ 20

프로그램 실행 결과는 다음과 같습니다.

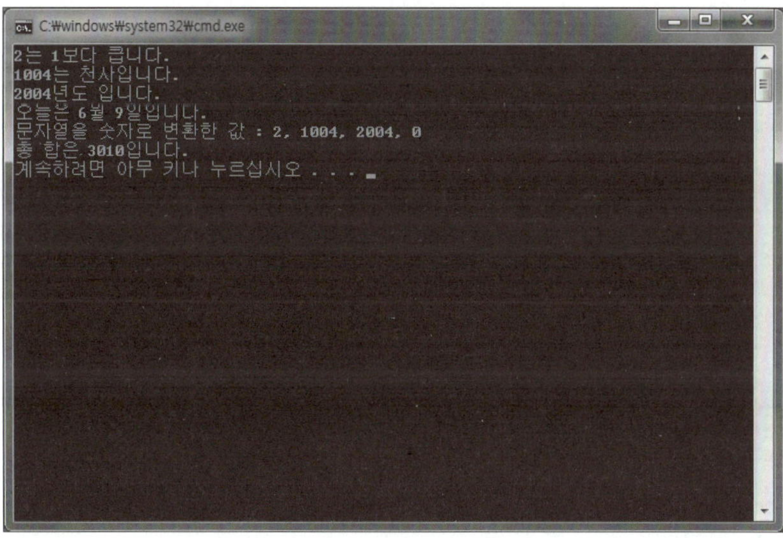


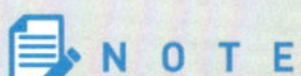
**N O T E**

MS-C 언어의 데이터형에는 __int64라는 것이 존재하는데, 8바이트 길이의 메모리를 사용하며, __int64 형의
값의 범위는 −9,223,372,036,854,775,808~+9,223,372,036,854,775,807입니다. __int64의 값은 _atoi64()
함수를 사용해서 변환을 하며, 함수 원형은 다음과 같습니다.

```
__int64 _atoi64( const char* string );
```

# 문자열을 정수로 변환하기 3(strtol)

📁 **소스 : [예제-79].c**

```c
1: #include <stdio.h>
2: #include <stdlib.h>
3:
4: void main( void )
5: {
6:    char *string = "0xFF";
7:    char *stop;
8:    int radix;
9:    long value;
10:
11:    radix = 16;
12:
13:    value = strtol( string, &stop, radix );
14:
15:    printf( "%d 개의 문자가 변환되었습니다. \n", stop - string );
16:    printf( "16진수 %s를 숫자로 변환하면 %ld입니다. \n", string, value );
17: }
```

2 ◆ strtol() 함수가 선언되어 있는 헤더 파일(stdlib.h)을 포함합니다. strtol() 함수의 원형은 다음과 같습니다.

```c
long strtol( const char* string, char **stop, int radix );
```

strtol() 함수는 atoi() 또는 atol() 함수와는 달리, 기수라는 것이 존재합니다. 기수라는 것은 10진수, 2진수, 8진수, 16진수 등과 같이 각 진수의 기본이 되는 수입니다. 보통은 10진수를 사용하지만, 프로그래밍을 하다 보면 16진수 또는 2진수를 종종 사용합니다. 16진수로 구성된 문자열을 숫자로 변환하기 위해서는 radix를 16으로 설정해야 하며, 2진수로 구성된 문자열을 숫자로 변환하려면 radix를 2로 설정해야 합니다.

16진수 문자열을 표현한 것이며, 16진수는 값의 선두에 0x를 사용합니다. 16진수는 10진수와는 달리 숫자 0~9와 문자 A~F가 사용되며, A는 숫자 10을 의미하며, B는 11, C는 12, D는 13, E는 14 그리고 F는 15입니다. 참고로 8진수는 숫자 0을 숫자 값의 선두에 사용합니다. 10진수 10은 8진수로 012입니다. ◆ 6

문자열을 숫자로 변환하다가 멈춰진 위치를 저장하기 위한 포인터 변수입니다. 이 값을 사용하여 문자열이 숫자로 변환된 길이를 확인할 수 있습니다. ◆ 7

기수를 16(진수)으로 설정합니다. ◆ 11

16진수 문자열을 10진수로 변환하여 value에 저장합니다. 문자열을 변환할 수 없으면 value에 0이 저장됩니다. ◆ 13

몇 바이트의 문자가 숫자로 변환되었는지 출력합니다. ◆ 15

16진수 문자열을 10진수로 변환한 값을 출력합니다. ◆ 16

프로그램 실행 결과는 다음과 같습니다.

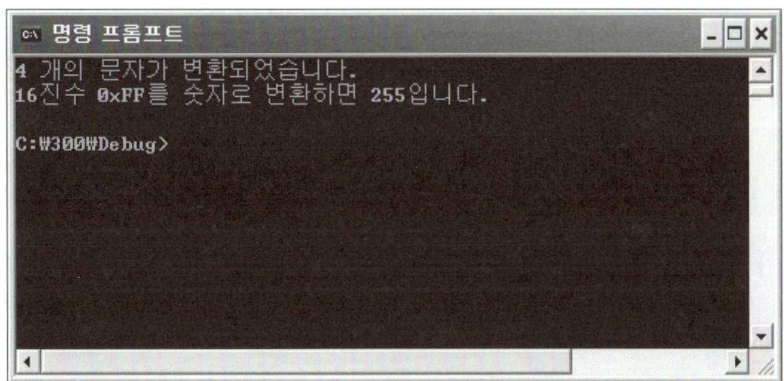


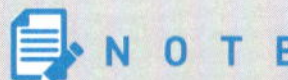

**N O T E**

기수의 값을 2로 하면 2진수 문자열을 10진수로, 8로하면 8진수 문자열을 10진수로 변환할 수 있습니다.

# 문자열을 정수로 변환하기 4(strtoul)



소스 : [예제-80].c

```c
1: #include <stdio.h>
2: #include <stdlib.h>
3:
4: void main( void )
5: {
6:    char *string = "11000";
7:    char *stop;
8:    int radix;
9:    unsigned long value;
10:
11:    radix = 2;
12:
13:    value = strtoul( string, &stop, radix );
14:
15:    printf( "%d 개의 문자가 변환되었습니다. \n", stop - string );
16:    printf( "2진수 %s를 숫자로 변환하면 %u입니다. \n", string, value );
17: }
```

2 ◆ strtoul() 함수가 선언되어 있는 헤더 파일(stdlib.h)을 포함합니다. strtoul() 함수의 원형은 다음과 같습니다.

```c
unsigned long strtoul( const char* string, char **stop, int radix );
```

strtoul() 함수는 strtol() 함수와 사용법이 같으며, 단지 반환값이 unsigned long형이라는 점이 다릅니다. 2진수로 구성된 문자열을 숫자로 변환하기 위해서는 radix를 2로 설정해야 합니다.

2진수 문자열을 표현한 것입니다. 2진수는 숫자 0과 1만을 사용하여 표현되는 수입니다. 2진수에 ◆ 6
대해 잘 이해가 가지 않는다면, **[29. 비트 연산자 이해하기]**를 참조하세요.

문자열을 숫자로 변환하다가 멈춰진 위치를 저장하기 위한 포인터 변수입니다. 이 값을 사용하여 ◆ 7
문자열이 숫자로 변환된 길이를 확인할 수 있습니다.

기수를 2(진수)로 설정합니다. ◆ 11

2진수 문자열을 10진수로 변환하여 value에 저장합니다. 문자열을 변환할 수 없으면 value에 0이 ◆ 13
저장됩니다.

몇 바이트의 문자가 숫자로 변환되었는지 출력합니다. ◆ 15

2진수 문자열을 10진수로 변환한 값을 출력합니다. 출력 시에는 unsigned long형을 형식화하는 ◆ 16
'%u'가 사용됩니다.

프로그램 실행 결과는 다음과 같습니다.

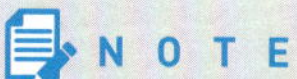
**N O T E**

strtoul( ) 함수는 strtol( ) 함수와 사용법이 같으며, 단지 strtoul( ) 함수는 반환값이 unsigned long형이고, strtol( ) 함수는 반환값이 long형입니다.

# 문자열을 실수로 변환하기 1(atof)

- **학습 내용 :** 소수점이 포함된 문자열을 실수값(double)으로 변환하는 방법을 이해합니다.
- **힌트 내용 :** atof( ) 함수를 사용하세요.

📁 <u>소스 : [예제-81].c</u>

```c
 1: #include <stdio.h>
 2: #include <stdlib.h>
 3:
 4: void main( void )
 5: {
 6:     char *string1 = "2.1은 1.0보다 큽니다.";
 7:     char *string2 = "1004.5는 천사.오 입니다.";
 8:     char *string3 = "2005년도 입니다.";
 9:     char *string4 = "오늘은 6월 9일입니다.";
10:     double t1, t2, t3, t4;
11:
12:     puts( string1 );
13:     puts( string2 );
14:     puts( string3 );
15:     puts( string4 );
16:
17:     t1 = atof(string1);
18:     t2 = atof(string2);
19:     t3 = atof(string3);
20:     t4 = atof(string4);
21:
22:     printf( "문자열을 숫자로 변환한 값:%.1f, %.1f, %.1f, %.1f \n",
23:             t1, t2, t3, t4 );
24:     printf( "총 합은 %.2f입니다. \n", t1 + t2 + t3 + t4 );
25: }
```

**2** ◆ atof( ) 함수가 선언되어 있는 헤더 파일(stdlib.h)을 포함합니다. atof( ) 함수의 원형은 다음과 같습니다. string은 소수점을 포함하고 있는 문자열입니다.

```
double atof( const char* string );
```

숫자로 변환될 문자열을 정의합니다. 문자열에는 소수점이 포함되어 있습니다.　　　◆ 6~9

각각의 문자열의 값을 변환하여 저장할 실수형(double) 변수를 정의합니다.　　　◆ 10

문자열 string1을 숫자로 변환합니다. atof() 함수가 변환 가능한 문자열은 공백, 탭, 기호(+, −),　　　◆ 17
숫자, 소수점 그리고 지수(d, D, e, E)뿐입니다. string1은 실수 2.1로 변환됩니다.

실수 1004.5로 변환됩니다.　　　◆ 18

실수 2005.0으로 변환됩니다.　　　◆ 19

실수로 변환되는 값이 없습니다. 변환되는 값이 없는 경우 atof() 함수는 0.0을 반환합니다.　　　◆ 20

%.1f는 숫자 1과 문자 f를 사용합니다.　　　◆ 22

프로그램 실행 결과는 다음과 같습니다.

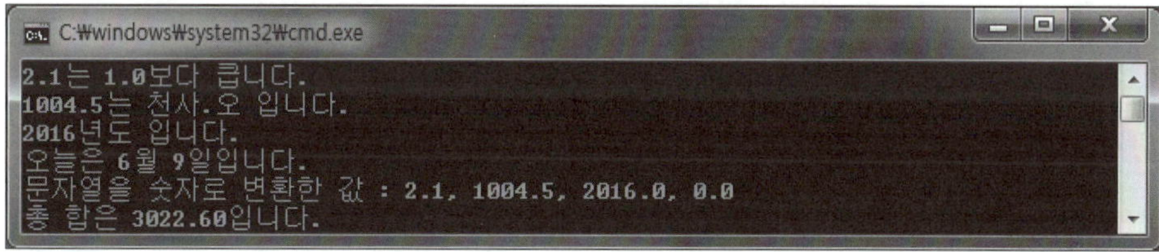

### 알고 갑시다!

### atof()를 사용하여 문자열을 숫자로 변환하는 예

| 문자열 | atof()가 돌려주는 값 |
| --- | --- |
| " 12 " | 12.000000 |
| " −0.123 " | −0.123000 |
| " 123E+3 " | 123000.000000 |
| " 123.1e−5 " | 0.001231 |

**📝 N O T E**

atof() 함수는 최대 100자리의 문자열을 숫자로 변환할 수 있습니다.

# 문자열을 실수로 변환하기 2(strtod)

- **학습 내용** : 지수가 포함된 문자열을 실수값(double)으로 변환하는 방법을 이해합니다.
- **힌트 내용** : strtod( ) 함수를 사용하세요.

소스 : [예제-82].c

```
1: #include <stdio.h>
2: #include <stdlib.h>
3:
4: void main( void )
5: {
6:     char *string = " 1.234E-10";
7:     char *stop;
8:     double value;
9:
10:     value = strtod( string, &stop );
11:
12:     printf( "%d 개의 문자가 변환되었습니다. \n", stop - string );
13:     printf( "문자열 [%s]를 숫자로 변환하면 %E입니다. \n", string, value );
14: }
```

2 ◆ strtod( ) 함수가 선언되어 있는 헤더 파일(stdlib.h)을 포함합니다. strtod( ) 함수의 원형은 다음과 같습니다. string은 지수가 포함된 문자열이며, stop은 변환이 되다가 멈춰진 위치의 포인터 값입니다.

```
double strtod( const char* string, char **stop );
```

strtod( ) 함수는 atof( ) 함수와 비슷한 기능을 합니다.

6 ◆ 지수를 포함한 문자열을 정의합니다. 지수는 'e'또는 'E'를 사용합니다.

7 ◆ 문자열을 숫자로 변환하다가 멈춰진 위치를 저장하기 위한 포인터 변수입니다. 이 값을 사용하여 문자열이 숫자로 변환된 길이를 확인할 수 있습니다.

지수가 포함된 문자열을 실수로 변환하여 value에 저장합니다. 문자열을 변환할 수 없으면 value에 ◆ **10**
0.0이 저장됩니다.

몇 바이트의 문자가 숫자로 변환되었는지 출력합니다. ◆ **12**

지수 문자열을 숫자로 변환한 값을 출력합니다. ◆ **13**

프로그램 실행 결과는 다음과 같습니다.

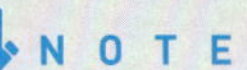
**N O T E**

실수에 사용되는 지수 문자는 'e'또는 'E'가 사용되며, 값의 범위는 1.7E-308~1.7E308입니다.

● 문자열을 숫자로 변환하는 함수

| 함수명 | 데이터형 | 변환하는 문자열 값의 범위 |
| --- | --- | --- |
| atoi | 정수형 | "−2147483648"~"+2147483647" |
| atoi64 | 정수형 | "−9223372036854775808"~"+9223372036854775807" |
| atol | 정수형 | "−2147483648"~"+2147483647" |
| atof | 실수형 | "1.7E−308"~"1.7E308" |
| strtol | 정수형 | "−2147483648"~"+2147483647" |
| strtoul | 정수형(양수) | "0"~"+4294967295" |
| strtod | 실수형 | "1.7E−308"~"1.7E308" |

# 정수를 문자열로 변환하기 1(itoa)



- **학습 내용** : printf( ) 함수를 사용하지 않고, 숫자값을 문자열로 변환하는 방법을 학습합니다.
- **힌트 내용** : itoa( ) 함수를 사용하세요.

📁 소스 : [예제-83].c

```c
1: #include <stdio.h>
2: #include <stdlib.h>
3:
4: void main( void )
5: {
6:    int value;
7:    char string[100];
8:    int radix;
9:
10:    radix = 10;          // 10진수
11:
12:    value = 5;
13:    itoa( value, string, radix );
14:    printf( "변환된 문자열은 %s입니다. \n", string );
15:
16:    value = -12345;
17:    itoa( value, string, radix );
18:    printf( "변환된 문자열은 %s입니다. \n", string );
19: }
```

2 ◆ itoa() 함수가 선언되어 있는 헤더 파일(stdlib.h)을 포함합니다. itoa() 함수의 원형은 다음과 같습니다. value는 변환될 숫자값이며, string은 변환될 숫자가 저장될 버퍼입니다. 그리고 radix는 value 값을 몇 진수 문자열의 형태로 저장할 지를 지정합니다. [예제-83]과 같이 10을 지정하면 value는 10진수 문자열로 변환되는 것입니다.

```c
char* itoa( int value, char* string, int radix );
```

itoa() 함수에서 사용할 문자 배열 변수를 정의합니다.     ◆ 7

기수를 10진수로 설정합니다. 기수는 2진수, 8진수 그리고 16진수 등으로 설정할 수 있습니다.     ◆ 10

itoa() 함수를 사용하여 숫자 5를 문자열로 변환합니다.     ◆ 13

itoa() 함수를 사용하여 숫자 −12345를 문자열로 변환합니다.     ◆ 17

프로그램 실행 결과는 다음과 같습니다.

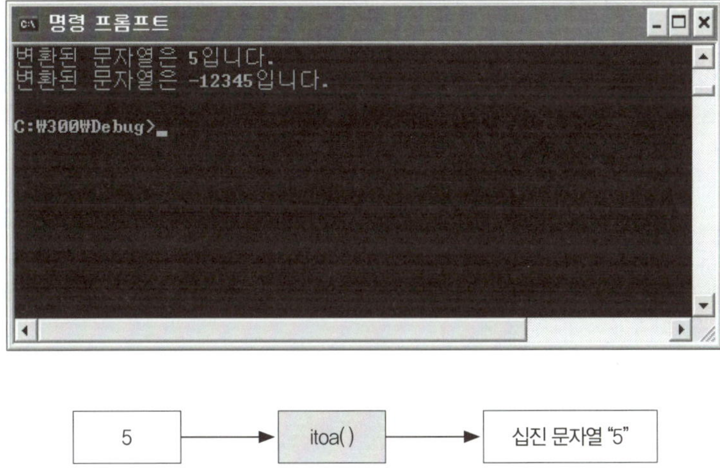


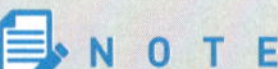




itoa() 함수를 사용하여 2진수, 8진수 또는 16진수 문자열을 생성할 수 있습니다.

# 정수를 문자열로 변환하기 2(ltoa)

- **학습 내용 :** itoa( ) 함수와 기능이 동일한 ltoa( ) 함수의 기능을 이해합니다.
- **힌트 내용 :** ltoa( ) 함수를 사용하세요.

소스 : [예제-84].c

```c
1: #include <stdio.h>
2: #include <stdlib.h>
3:
4: void main( void )
5: {
6:    long value;
7:    char string[100];
8:    int radix;
9:
10:   radix = 2;      // 2진수
11:
12:   value = 12345;
13:   ltoa( value, string, radix );
14:   printf( "변환된 문자열은 %s입니다. \n", string );
15:
16:   value = -12345;
17:   ltoa( value, string, radix );
18:   printf( "변환된 문자열은 %s입니다. \n", string );
19: }
```

2 ◆ ltoa( ) 함수가 선언되어 있는 헤더 파일(stdlib.h)을 포함합니다. ltoa( ) 함수의 원형은 다음과 같습니다. value는 변환될 숫자값이며, string은 변환될 숫자가 저장될 버퍼입니다. 그리고 radix는 value 값을 몇 진수 문자열의 형태로 저장할 지를 지정합니다. [예제-84]와 같이 2를 지정하면 value는 2진수 문자열로 변환되는 것입니다.

```c
char* ltoa( long value, char* string, int radix );
```

ltoa() 함수에서 사용할 문자 배열 변수를 정의합니다. ◆ 7

기수를 2진수로 설정합니다. 기수는 8진수, 10진수 그리고 16진수 등으로 설정할 수 있습니다. ◆ 10

ltoa() 함수를 사용하여 숫자 12345를 2진 문자열로 변환합니다. ◆ 13

ltoa() 함수를 사용하여 숫자 −12345를 2진 문자열로 변환합니다. ◆ 17

프로그램 실행 결과는 다음과 같습니다.

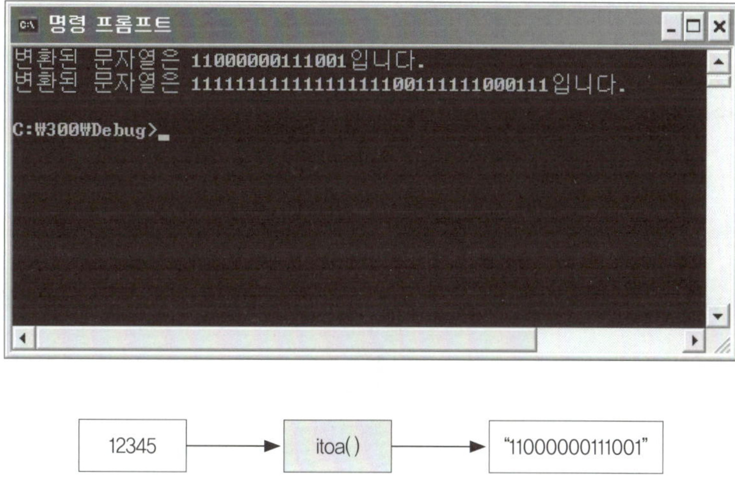


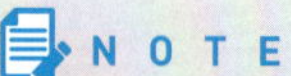

# 정수를 문자열로 변환하기 3( _ultoa)

• **학습 내용 :** itoa( ) 함수와 기능이 유사한 _ultoa( ) 함수의 기능을 이해합니다.
• **힌트 내용 :** _ultoa( ) 함수를 사용하세요.

📁 **소스 : [예제-85].c**

```c
1: #include <stdio.h>
2: #include <stdlib.h>
3:
4: void main( void )
5: {
6:    unsigned value;
7:    char string[100];
8:    int radix;
9:
10:    radix = 16;    // 16진수
11:
12:    value = 34567;
13:    _ultoa( value, string, radix );
14:    printf( "변환된 문자열은 %s입니다. \n", string );
15:
16:    value = 1234567890;
17:    _ultoa( value, string, radix );
18:    printf( "변환된 문자열은 %s입니다. \n", string );
19: }
```

**2** ◆ _ultoa() 함수가 선언되어 있는 헤더 파일(stdlib.h)을 포함합니다. _ultoa() 함수의 원형은 다음과 같습니다. value는 변환될 숫자값이며, string은 변환될 숫자가 저장될 버퍼입니다. 그리고 radix는 value 값을 몇 진수 문자열의 형태로 저장할 지를 지정합니다. [예제-85]와 같이 16을 지정하면 value는 16진수 문자열로 변환되는 것입니다.

```c
char* _ultoa( unsigned long value, char* string, int radix );
```

_ultoa() 함수에서 사용할 문자 배열 변수를 정의합니다. ◆ 7

기수를 16진수로 설정합니다. 기수는 2진수, 8진수 그리고 10진수 등으로 설정할 수 있습니다. ◆ 10

_ultoa() 함수를 사용하여 숫자 34567을 16진 문자열로 변환합니다. ◆ 13

_ultoa() 함수를 사용하여 숫자 1234567890을 16진 문자열로 변환합니다. ◆ 17

프로그램 실행 결과는 다음과 같습니다.

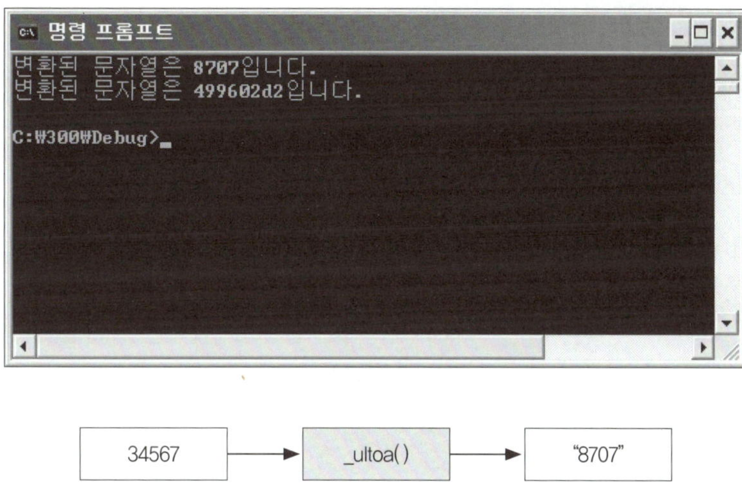


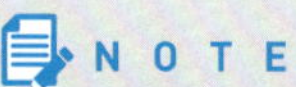

**N O T E**

fcvt( ) 함수를 사용하면 실수를 문자열로 변환할 수 있습니다.

# 실수를 문자열로 변환하기 1(fcvt)

- **학습 내용 :** printf( ) 함수를 사용하지 않고, 실수값을 문자열로 변환하는 기본 원리를 이해합니다.
- **힌트 내용 :** fcvt( ) 함수를 사용하세요.

📁 소스 : [예제-86].c

```c
1: #include <stdio.h>
2: #include <stdlib.h>
3:
4: void main( void )
5: {
6:    double value;
7:    char *pstr;
8:    int dec, sign;
9:
10:    value = 3.1415926535;
11:    pstr = fcvt( value, 6, &dec, &sign );
12:
13:    printf( "변환된 문자열은 %s입니다. \n", pstr );
14:    printf( "소수점의 위치는 %d, 부호는 %d입니다.\n", dec, sign);
15:
16:    value = -3.1415926535;
17:    pstr = fcvt( value, 8, &dec, &sign );
18:
19:    printf( "변환된 문자열은 %s입니다. \n", pstr );
20:    printf( "소수점의 위치는 %d, 부호는 %d입니다.\n", dec, sign);
21: }
```

2 ◆ fcvt( ) 함수가 선언되어 있는 헤더 파일(stdlib.h)을 포함합니다. fcvt( ) 함수의 원형은 다음과 같습니다. value는 변환될 실수값이며, count는 소수점 이하 몇 자리까지 문자열로 변환할 지를 지정합니다. 또한, dec는 변환된 문자열의 몇 번째가 소수점의 위치인가를 표시(보통1)하며, sign은 0이면 양수값으로 변환된 것이며, 1이면 음수값으로 변환된 것입니다.

```c
char* fcvt( double value, int count, int *dec, int *sign );
```

fcvt() 함수는 실수값을 문자열로 변환하여 내부적인 기억 공간에 별도로 저장하며, 그 별도로 저장된 공간의 메모리 주소를 반환합니다. fcvt() 함수가 반환하는 문자형 포인터 값을 받기 위해 문자형 포인터를 정의합니다. ◆ 7

fcvt() 함수는 실수를 문자열로 변환할 때 소수점 및 부호를 생성하지 않습니다. 단, 소수점의 위치와 부호를 정수형 포인터에 전달하는데, 이 값을 전달받기 위해 dec(소수점의 위치)와 sign(부호)을 정의합니다. ◆ 8

실수 3.1415926535를 문자열로 변환한 후 그 문자열에 대한 포인터를 반환합니다. 7번째 줄에서 설명한 것처럼, fcvt() 함수가 내부적인 기억공간을 별도로 사용하기 때문에 fcvt() 함수를 연속적으로 호출할 경우, 이전의 결과가 사라진다는 점을 명심해야 합니다. ◆ 11

변환된 문자열에 대한 소수점의 위치 및 부호를 표시합니다. 부호는 양수를 0으로, 음수를 1로 표현합니다. ◆ 14

실수 −3.1415926535를 문자열로 변환한 후, 그 문자열에 대한 포인터를 반환합니다. ◆ 17

변환된 문자열, 소수점의 위치 그리고 부호를 출력합니다. 음수는 부호가 1로 표현됩니다. ◆ 19~20

프로그램 실행 결과는 다음과 같습니다.

변환된 문자열은 **3141593**입니다. 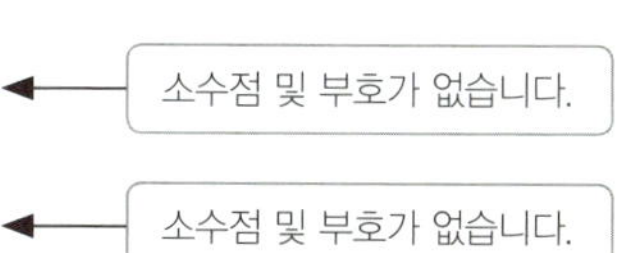

소수점의 위치는 1, 부호는 0입니다.
변환된 문자열은 **314159265**입니다.

소수점의 위치는 1, 부호는 1입니다.

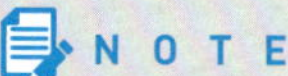
**N O T E**

ecvt() 함수를 사용하여 지수가 포함된 실수값을 문자열로 변환할 수 있습니다. 소수점이 포함된 문자열을 만들려면, sprintf() 함수를 사용하세요.

# 실수를 문자열로 변환하기 2(ecvt)

- **학습 내용 :** printf( ) 함수를 사용하지 않고, 지수가 포함된 실수값을 문자열로 변환하는 기본 원리를 이해합니다.
- **힌트 내용 :** ecvt( ) 함수를 사용하세요.

📁 소스 : [예제-87].c

```c
1: #include <stdio.h>
2: #include <stdlib.h>
3:
4: void main( void )
5: {
6:    double value;
7:    char *pstr;
8:    int dec, sign;
9:
10:    value = 3.14e10;
11:    pstr = ecvt( value, 3, &dec, &sign );
12:
13:    printf( "변환된 문자열은 %s입니다. \n", pstr );
14:    printf( "소수점의 위치는 %d, 부호는 %d입니다.\n", dec, sign);
15:
16:    value = -3.14e10;
17:    pstr = ecvt( value, 3, &dec, &sign );
18:
19:    printf( "변환된 문자열은 %s입니다. \n", pstr );
20:    printf( "소수점의 위치는 %d, 부호는 %d입니다.\n", dec, sign);
21: }
```

2 ◆ ecvt( ) 함수가 선언되어 있는 헤더 파일(stdlib.h)을 포함합니다. ecvt( ) 함수의 원형은 다음과 같습니다. value는 지수가 포함된 실수값이며, count는 총 몇 자리만큼의 문자열로 생성할 것인가를 지정합니다. 또한, dec는 변환된 문자열의 몇 번째가 소수점의 위치인가를 표시(보통 1)하며, sign은 0이면 양수값으로 변환된 것이며, 1이면 음수값으로 변환된 것입니다.

```c
char* ecvt( double value, int count, int *dec, int *sign );
```

ecvt() 함수는 실수를 문자열로 변환할 때 소수점 및 부호를 생성하지 않습니다. 단, 소수점의 위치와 부호를 정수형 포인터에 전달하는데, 이 값을 전달받기 위해 dec(소수점의 위치)와 sign(부호)을 정의합니다. ◆ **8**

실수 3.14e10을 문자열로 변환한 후 그 문자열에 대한 포인터를 반환합니다. 또한, dec에는 소수점의 위치가, sign에는 부호값이 반환되는데, sign의 값이 0이면 양수를 의미하며, sign의 값이 1이면 음수를 의미합니다. ecvt() 함수도 fcvt() 함수와 마찬가지로 내부적인 기억공간을 별도로 사용하며, 그 메모리에 대한 포인터(번지)만 반환합니다. ecvt() 함수도 fcvt() 함수처럼 연속적으로 호출할 경우, 이전의 결과가 사라진다는 점을 기억하세요. ◆ **11**

변환된 문자열에 대한 소수점의 위치 및 부호를 표시합니다. 부호는 양수를 0으로, 음수를 1로 표현합니다. ◆ **14**

실수 −3.14e10을 문자열로 변환한 후, 그 문자열에 대한 포인터를 반환합니다. ◆ **17**

변환된 문자열, 소수점의 위치 그리고 부호를 출력합니다. 부호는 음수인 경우, 1로 표현됩니다. ◆ **19~20**

프로그램 실행 결과는 다음과 같습니다.

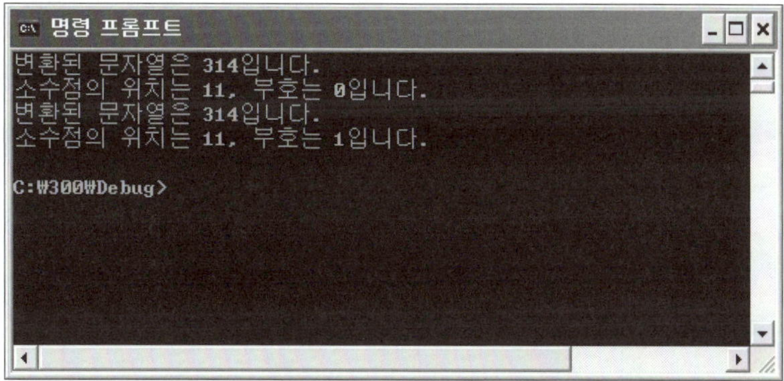


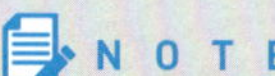
**N O T E**

ecvt() 함수와 fcvt() 함수는 변환된 문자열을 기억하는 메모리를 공유하므로, 두 함수를 연속적으로 사용하는 경우에 이전의 값이 바뀌어지므로 주의를 요합니다.

# 실수를 문자열로 변환하기 3 (gcvt)

- **학습 내용 :** printf( ) 함수와 유사한 기능을 하는 gcvt( ) 함수를 이해합니다.
- **힌트 내용 :** gcvt( ) 함수를 사용하세요.

소스 : [예제-88].c

```
1: #include <stdio.h>
2: #include <stdlib.h>
3:
4: void main( void )
5: {
6:    double value;
7:    char buffer[100];
8:
9:    value = 3.14e10;
10:   gcvt( value, 3, buffer );
11:
12:   printf( "변환된 문자열은 %s입니다. \n", buffer );
13:
14:   value = -3.14e10;
15:   gcvt( value, 3, buffer );
16:
17:   printf( "변환된 문자열은 %s입니다. \n", buffer );
18: }
```

2 ◆ gcvt( ) 함수가 선언되어 있는 헤더 파일(stdlib.h)을 포함합니다. gcvt( ) 함수의 원형은 다음과 같습니다. value는 지수가 포함된 실수값이며, digits는 지수를 문자열로 변환 시 몇 바이트를 의미 있는 숫자로 변환할 것인지를 지정합니다. value 값은 변환되어 buffer에 저장됩니다.

```
char* gcvt( double value, int digits, char* buffer );
```

7 ◆ gcvt( ) 함수는 실수값을 변환하여 문자 배열 버퍼에 저장합니다. 실수값을 변환하여 저장할 buffer를 정의합니다.

지수값 3.14e10을 문자열로 변환합니다. gcvt() 함수는 실수를 문자열로 변환할 때 ecvt() 함수나 ◆ 10
fcvt() 함수와 달리, 소수점 및 부호를 생성합니다. 그러므로 소수점의 위치 및 부호 값을 전달받는
포인터는 사용하지 않습니다.

변환된 문자열을 출력합니다. 변환된 문자열은 소수점과 부호가 포함되어 있습니다. ◆ 12

지수값 −3.14e10을 문자열로 변환합니다. ◆ 15

변환된 문자열을 출력합니다. 변환된 문자열은 소수점과 부호가 포함되어 있습니다. ◆ 17

프로그램 실행 결과는 다음과 같습니다.

> **N O T E**
>
> 다음과 같이 sprintf() 함수를 사용하면 실수를 문자열로 좀 더 편리하게 변환할 수 있습니다. 좀 더 자세한
> 사용법은 **[202. printf() 함수 100% 활용하기]**를 참조하세요.
>
> ```c
> float fFloat = 3.141592f;
> double dDouble = 3.141592e+123;
> char buffer[100];
>
> sprintf( buffer, "%f \n", fFloat );
> printf( buffer );                    // 3.141592를 출력
>
> sprintf( buffer, "%e \n", dDouble );
> printf( buffer );                    // 3.141592e+123을 출력
>
> sprintf( buffer, "%g \n", dDouble );
> printf( buffer );                    // 3.14159e+123을 출력
> ```

# 문자가 알파벳인지 검사하기(isalpha)



- **학습 내용 :** 문자열에서 알파벳 문자를 판별하는 방법을 이해합니다.
- **힌트 내용 :** isalpha( ) 함수를 사용하세요.

**소스 : [예제-89].c**

```c
 1: #include <stdio.h>
 2: #include <ctype.h>
 3:
 4: void main( void )
 5: {
 6:    char *string = "Cat 1 Car 2 Cow 3,...";
 7:    char buffer[100] = {0,};
 8:    int cnt = 0;
 9:
10:    while( *string )
11:    {
12:       if( isalpha( *string ) )
13:       {
14:          buffer[cnt++] = *string;
15:       }
16:
17:       string++;
18:    }
19:
20:    puts( buffer );
21: }
```

2 ◆ isalpha() 함수가 선언되어 있는 헤더 파일(ctype.h)을 포함합니다. isalpha() 함수의 원형은 다음과 같습니다. c는 비교할 문자값입니다.

```c
int isalpha( int c );
```

비교 문자열을 정의합니다. 문자형 포인터 string은 문자열 상수를 가리키도록 초기화되기 때문에, string이 가리키는 번지에 다른 값을 대입할 수 없습니다.

◆ 6

문자 배열 버퍼를 정의하고 모든 버퍼의 값을 널(0)로 초기화합니다. 이것은 모든 배열 요소를 0으로 초기화할 때 자주 사용됩니다.

◆ 7

string이 가리키는 번지의 값이 참(NULL이 아닌)인 동안 10~18번째 줄이 반복 실행됩니다.

◆ 10

isalpha( ) 함수는 string이 가리키는 번지의 값이 대문자(A~Z) 또는 소문자(a~z) 범위에 있는 경우 1(참)을 반환하며, 그렇지 않은 경우 0(거짓)을 반환합니다.

◆ 12

buffer의 배열 요소에 string이 가리키는 번지의 값(*string)을 대입합니다. buffer의 배열 요소는 한 문자가 복사될 때마다 cnt에 의해 1씩 증가합니다. 즉 buffer[0], buffer[1], buffer[2], …, buffer[99] 처럼 배열 요소가 증가해갑니다.

◆ 14

string이 가리키는 번지를 1만큼 증가시킵니다.

◆ 17

알파벳 문자열을 출력합니다.

◆ 20

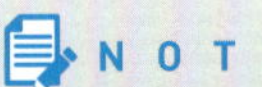

**N O T E**

비교 문자가 숫자인지 검사하려면 isdigit( ) 함수를 사용하세요.

# 문자가 숫자인지 검사하기(isdigit)



- **학습 내용 :** 문자열에서 숫자 문자를 판별하는 방법을 이해합니다.
- **힌트 내용 :** isdigit( ) 함수를 사용하세요.

**소스 : [예제-90].c**

```c
1: #include <stdio.h>
2: #include <ctype.h>
3:
4: void main( void )
5: {
6:    char *string = "Cat 1 Car 2 Cow 3,...";
7:    char buffer[100] = {0,};
8:    int cnt = 0;
9:
10:    while( *string )
11:    {
12:        if( isdigit( *string ) )
13:        {
14:            buffer[cnt++] = *string;
15:        }
16:
17:        string++;
18:    }
19:
20:    puts( buffer );
21: }
```

2 ◆ isdigit( ) 함수가 선언되어 있는 헤더 파일(ctype.h)을 포함합니다. isdigit( ) 함수의 원형은 다음과 같습니다. c는 비교할 문자값입니다.

```c
int isdigit( int c );
```

비교 문자열을 정의합니다. 문자형 포인터 string은 문자열 상수를 가리키도록 초기화되기 때문에, string이 가리키는 번지에 다른 값을 대입할 수 없습니다. ◆ 6

문자 배열 버퍼를 정의하고 모든 버퍼의 값을 널(0)로 초기화합니다. 이것은 모든 배열 요소를 0으로 초기화할 때 자주 사용됩니다. ◆ 7

string이 가리키는 번지의 값이 참(NULL이 아닌)인 동안 10~18번째 줄이 반복 실행됩니다. ◆ 10

isdigit( ) 함수는 string이 가리키는 번지의 값이 숫자(0~9)인 경우에 1(참)을 반환합니다. ◆ 12

buffer의 배열 요소에 string이 가리키는 번지의 값(*string)을 대입합니다. buffer의 배열 요소는 한 문자가 복사될 때마다 cnt에 의해 1씩 증가합니다. 즉 buffer[0], buffer[1], buffer[2], …, buffer[99] 처럼 배열 요소가 증가해갑니다. ◆ 14

string이 가리키는 번지를 1만큼 증가시킵니다. ◆ 17

숫자 문자열을 출력합니다. ◆ 20

프로그램 실행 결과는 다음과 같습니다.

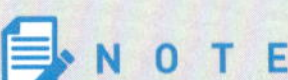

**N O T E**

"(02)-2111-3456"과 같은 전화 번호에서 숫자만 뽑아내는 프로그램을 만들려면 isdigit( ) 함수를 사용하면 되겠지요?

# 091 문자가 알파벳 또는 숫자인지 검사하기(isalnum)

- **학습 내용 :** 문자열에서 문자 및 숫자를 동시에 판별하는 방법을 이해합니다.
- **힌트 내용 :** isalnum( ) 함수를 사용하세요.

📁 소스 : [예제-91].c

```c
1: #include <stdio.h>
2: #include <ctype.h>
3:
4: void main( void )
5: {
6:    char *string = "Cat 1 Car 2 Cow 3,...";
7:    char buffer[100] = {0,};
8:    int cnt = 0;
9:
10:    while( *string )
11:    {
12:        if( isalnum( *string ) )
13:        {
14:            buffer[cnt++] = *string;
15:        }
16:
17:        string++;
18:    }
19:
20:    puts( buffer );
21: }
```

2 ◆ isalnum( ) 함수가 선언되어 있는 헤더 파일(ctype.h)을 포함합니다. isalnum( ) 함수의 원형은 다음과 같습니다. c는 비교할 문자값입니다.

```c
int isalnum( int c );
```

비교 문자열을 정의합니다. 문자형 포인터 string은 문자열 상수를 가리키도록 초기화되기 때문에, string이 가리키는 번지에 다른 값을 대입할 수 없습니다. ◆ **6**

문자 배열 버퍼를 정의하고 모든 버퍼의 값을 널(0)로 초기화합니다. 이것은 모든 배열 요소를 0으로 초기화할 때 자주 사용됩니다. ◆ **7**

string이 가리키는 번지의 값이 참(NULL이 아닌)인 동안 10~18번째 줄이 반복 실행됩니다. ◆ **10**

isalnum() 함수는 string이 가리키는 번지의 값이 대문자(A~Z), 소문자(a~z) 또는 숫자(0~9)인 경우에 1(참)을 반환합니다. ◆ **12**

buffer의 배열 요소에 string이 가리키는 번지의 값(*string)을 대입합니다. buffer의 배열 요소는 한 문자가 복사될 때마다 cnt에 의해 1씩 증가합니다. 즉 buffer[0], buffer[1], buffer[2], ..., buffer[99] 처럼 배열 요소가 증가해갑니다. ◆ **14**

string이 가리키는 번지를 1만큼 증가시킵니다. ◆ **17**

알파벳과 숫자 문자열을 출력합니다. ◆ **20**

프로그램 실행 결과는 다음과 같습니다.

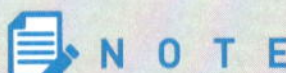

**N O T E**

문자가 숫자 및 기타 문자들이 포함되어 있는 문자열에서 문자와 숫자를 뽑아내는 경우에 isalnum() 함수를 사용한다는 것을 꼭 기억하세요.

# 문자가 대문자인지 검사하기 (isupper)

**092** 중급


- **학습 내용 :** 문자를 비교하다 보면 대문자 및 소문자를 비교할 경우가 종종 있습니다. 비교 문자가 대문자인지 비교하는 방법을 이해합니다.
- **힌트 내용 :** isupper( ) 함수를 사용하세요.


📁 소스 : [예제-92].c

```c
 1: #include <stdio.h>
 2: #include <ctype.h>
 3:
 4: void main( void )
 5: {
 6:    char *string = "This is Korea!";
 7:    char buffer[100] = {0,};
 8:    int cnt = 0;
 9:
10:    while( *string )
11:    {
12:        if( isupper( *string ) )
13:        {
14:            buffer[cnt++] = *string;
15:        }
16:
17:        string++;
18:    }
19:
20:    puts( buffer );
21: }
```

2 ◆ isupper( ) 함수가 선언되어 있는 헤더 파일(ctype.h)을 포함합니다. isupper( ) 함수의 원형은 다음과 같습니다. c는 비교할 문자값입니다.

```c
int isupper( int c );
```

비교 문자열을 정의합니다. 문자형 포인터 string은 문자열 상수를 가리키도록 초기화되기 때문에, string이 가리키는 번지에 다른 값을 대입할 수 없습니다. ◆ **6**

isupper() 함수는 string이 가리키는 번지의 값이 대문자(A~Z)인 경우에 1(참)을 반환합니다. ◆ **12**

buffer의 배열 요소에 string이 가리키는 번지의 값(*string)을 대입합니다. buffer의 배열 요소는 한 문자가 복사될 때마다 cnt에 의해 1씩 증가합니다. 즉 buffer[0], buffer[1], buffer[2], …, buffer[99] 처럼 배열 요소가 증가해갑니다. ◆ **14**

string이 가리키는 번지를 1만큼 증가시킵니다. ◆ **17**

대문자 문자열을 출력합니다. ◆ **20**

프로그램 실행 결과는 다음과 같습니다.

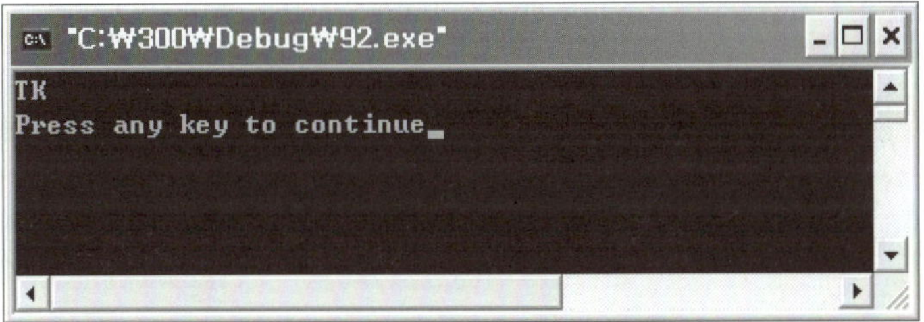


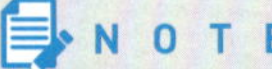

> **N O T E**
>
> 한글 및 숫자는 대소문자를 구분할 수 없습니다. isupper() 함수를 사용하지 않고 대문자인지 검사하려면 12번째 줄의 문장을 다음과 같이 작성하면 됩니다.
>
>     if( *string >= 'A' && *string <= 'Z' ) ...

# 문자가 소문자인지 검사하기(islower)

- **학습 내용** : 대문자를 비교하는 isupper( ) 함수에 대응하는 소문자 비교 함수를 사용하는 방법을 이해합니다.
- **힌트 내용** : islower( ) 함수를 사용하세요.

📁 소스 : [예제-93].c

```c
 1: #include <stdio.h>
 2: #include <ctype.h>
 3:
 4: void main( void )
 5: {
 6:    char *string = "This is Korea!";
 7:    char buffer[100] = {0,};
 8:    int cnt = 0;
 9:
10:    while( *string )
11:    {
12:        if( islower( *string ) )
13:        {
14:            buffer[cnt++] = *string;
15:        }
16:
17:        string++;
18:    }
19:
20:    puts( buffer );
21: }
```

2 ◆ islower( ) 함수가 선언되어 있는 헤더 파일(ctype.h)을 포함합니다. islower( ) 함수의 원형은 다음과 같습니다. c는 비교할 문자값입니다.

```c
int islower( int c );
```

비교 문자열을 정의합니다. 문자형 포인터 string은 문자열 상수를 가리키도록 초기화되기 때문에, string이 가리키는 번지에 다른 값을 대입할 수 없습니다. ◆ 6

islower() 함수는 string이 가리키는 번지의 값이 소문자(a~z)인 경우에 1(참)을 반환합니다. ◆ 12

buffer의 배열 요소에 string이 가리키는 번지의 값(*string)을 대입합니다. buffer의 배열 요소는 한 문자가 복사될 때마다 cnt에 의해 1씩 증가합니다. 즉 buffer[0], buffer[1], buffer[2], …, buffer[99]처럼 배열 요소가 증가해갑니다. ◆ 14

string이 가리키는 번지를 1만큼 증가시킵니다. ◆ 17

소문자 문자열을 출력합니다. ◆ 20

프로그램 실행 결과는 다음과 같습니다.

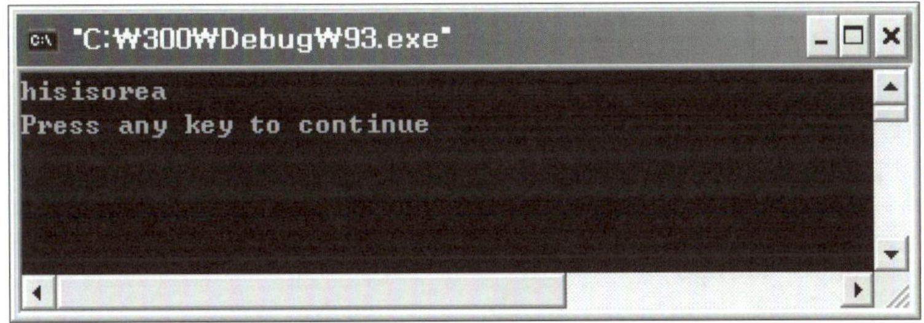


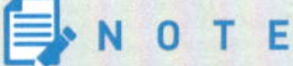

**NOTE**

대소문자를 구분 시 isupper(65); 또는 islower(97)처럼 숫자값으로 비교할 수도 있습니다. islower() 함수를 사용하지 않고 소문자인지 검사하려면 12번째 줄의 문장을 다음과 같이 작성하면 됩니다.

```
if( *string >= 'α' && *string <= 'z' ) ...
```

# 문자가 공백, 탭문자 또는 개행문자인지 검사하기(isspace)

- **학습 내용** : 문자열에서 white space(공백, 탭, 개행문자)를 동시에 판별하는 기법을 익혀서 나중에 필요없는 문자를 제거할 때 어떻게 해야 하는지를 학습합니다.
- **힌트 내용** : isspace( ) 함수를 사용하세요.

소스 : [예제-94].c

```c
1: #include <stdio.h>
2: #include <ctype.h>
3:
4: void main( void )
5: {
6:    char *string = "This is Korea! \t\n";
7:    int cnt = 0;
8:
9:    while( *string )
10:   {
11:       if( isspace( *string ) )
12:       {
13:          cnt++;
14:       }
15:
16:       string++;
17:   }
18:
19:   printf( "공백, 탭 그리고 개행문자의 수는 %d입니다. ", cnt );
20: }
```

2 ◆ isspace() 함수가 선언되어 있는 헤더 파일(ctype.h)을 포함합니다. isspace() 함수의 원형은 다음과 같습니다. c는 비교할 문자값입니다.

> int isspace( int c );

7 ◆ 공백, 탭, 개행문자의 수를 셀 변수를 0으로 초기화합니다.

string이 가리키는 번지의 값이 참(NULL이 아닌)인 동안 9~17번째 줄이 반복 실행됩니다.    ◆ 9

isspace( ) 함수는 string이 가리키는 번지의 값이 공백, 탭 또는 개행문자인 경우에 1(참)을 반환합니다.    ◆ 11

공백, 탭 또는 개행문자의 수를 셉니다.    ◆ 13

string이 가리키는 번지를 1만큼 증가시킵니다.    ◆ 16

공백, 탭 또는 개행문자의 수를 출력합니다.    ◆ 19

## isXXX로 시작하는 함수

| 매크로 | 동작 내용 |
| --- | --- |
| isalnum( ) | ch가 문자나 숫자라면 TRUE를 돌려줍니다. |
| isalpha( ) | ch가 문자라면 TRUE를 돌려줍니다. |
| isacii( ) | ch가 0부터 127까지의 표준 ASCII 문자라면 TRUE를 돌려줍니다. |
| iscntrl( ) | ch가 제어 문자라면 TRUE를 돌려줍니다. |
| isdigit( ) | ch가 숫자라면 TRUE를 돌려줍니다. |
| isgraph( ) | ch가 공백을 제외하고 인쇄 가능한 문자라면 TRUE를 돌려줍니다. |
| islower( ) | ch가 소문자라면 TRUE를 돌려줍니다. |
| isprint( ) | ch가 공백을 포함하여 인쇄 가능한 문자라면 TRUE를 돌려줍니다. |
| ispunct( ) | ch가 구두점이라면 TRUE를 돌려줍니다. |
| isspace( ) | ch가 빈칸, 탭, 수직 탭, 다음 줄 문자, 종이 넘김 문자, 개행 문자라면 TRUE를 돌려줍니다. |
| isupper( ) | ch가 대문자라면 TRUE를 돌려줍니다. |
| isxdigit( ) | ch가 0부터 9까지의 숫자, a부터 f까지의 문자, A부터 F까지의 문자를 사용하는 16진수라면 TRUE를 돌려줍니다. |

**N O T E**

isspace( ) 함수는 문자열 좌우의 공백 등 필요 없는 문자를 제거하려 할 때 유용하게 사용됩니다. isspace( ) 함수를 사용하지 않고 공백/탭/개행문자를 검사하려면 11번째 줄의 문장을 다음과 같이 작성하면 됩니다.

```
if( *string == ' ' || *string == '\t' ||
    *string == '\r ' || *string == '\n' ) ...
```

# 문자열에서 앞·뒤 2바이트씩 교환하기(swab)

**중급 095**

- **학습 내용 :** 문자열에서 문자가 앞뒤로 연속하여 바뀌어져 있을 때. 앞 · 뒤 문자를 쉽게 바꾸는 함수를 학습합니다.
- **힌트 내용 :** swab( ) 함수를 사용하세요.

📁 **소스 : [예제-95].c**

```c
 1: #include <stdio.h>
 2: #include <stdlib.h>
 3:
 4: void main( void )
 5: {
 6:    char string1[] = "1a2b3c4d5e";
 7:    char string2[] = "..........";
 8:
 9:    puts( string1 );
10:    puts( string2 );
11:
12:    swab( string1, string2, sizeof(string1) -1 );
13:
14:    puts( string1 );
15:    puts( string2 );
16: }
```

2 ◆ swab( ) 함수가 선언되어 있는 헤더 파일(stdlib.h)을 포함합니다. swab( ) 함수의 원형은 다음과 같습니다. src는 원본 문자열이며, dest는 바뀌어진 문자가 저장될 버퍼의 포인터입니다. 그리고 count는 바뀌어질 총 문자의 수입니다.

> void swab( char *src, char *dest, int count );

6 ◆ 숫자, 문자, 숫자, 문자 순으로 형성된 문자열을 정의합니다.

7 ◆ swab( ) 함수에 의해 교체된 문자들을 저장하기 위한 문자 버퍼를 정의합니다.

교체되기 전의 string1과 string2 문자열을 출력합니다. ◆ 9~10

문자열을 2바이트씩 잘라서 앞뒤로 교체합니다. 교체된 문자들은 string2 버퍼에 저장되며, 교체할 ◆ 12
문자열의 길이는 sizeof(string1)입니다. sizeof(string1)은 string1이 정의된 배열의 크기와 같습니다.
여기서 sizeof(string1)은 11(문자열의 수 + NULL)입니다.

앞뒤로 2바이트씩 교체된 문자열을 출력합니다. ◆ 14~15

프로그램 실행 결과는 다음과 같습니다.

# 메모리 할당하기(malloc)

- **학습 내용** : 프로그램 코딩 시 변수나 배열을 정의하는 방법 외에, 실행 시에 버퍼를 동적으로 할당 받는 방법을 학습합니다.
- **힌트 내용** : malloc( ) 함수를 사용하세요.

📁 **소스 : [예제-96].c**

```c
1: #include <stdio.h>
2: #include <string.h>
3: #include <stdlib.h>
4: #include <malloc.h>
5:
6: #define MEMORY "MEMORY"
7:
8: void main( void )
9: {
10:    char *pmem;
11:
12:    pmem = malloc( 100 );
13:
14:    if( pmem == NULL )
15:    {
16:        puts( "메모리를 할당할 수 없습니다." );
17:    }
18:    else
19:    {
20:        strcpy( pmem, MEMORY );
21:        puts( pmem );
22:
23:        free( pmem );
24:    }
25: }
```

2 ◆ strcpy( ) 함수가 선언되어 있는 헤더 파일(string.h)을 포함합니다.

3~4 ◆ malloc( ), free( ) 함수가 선언되어 있는 헤더 파일(stdlib.h, malloc.h)을 포함합니다.

malloc() 함수의 원형은 다음과 같습니다. size는 동적으로 할당하고자 하는 메모리의 크기입니다.

> void* malloc( unsigned int size );

할당된 메모리를 가리킬 문자형 포인터 변수를 정의합니다. 변수의 이름을 보면 pmem이라고 되어 있는데, 이것은 p(pointer) + mem(memory)의 뜻을 나타내는 것으로, 일반적으로 포인터 변수임을 나타낼 때는 선두에 p를 사용합니다.  ◆ **10**

메모리를 100바이트만큼 동적으로 할당합니다. 만약 시스템 자원이 부족하여 메모리를 할당할 수 없는 경우라면 NULL이 반환되며, 할당된 경우 할당된 메모리 번지를 가리키는 번지의 값이 반환됩니다. malloc() 함수는 할당된 버퍼를 초기화하지 않기 때문에 버퍼에는 쓰레기 값이 존재하며, 쓰레기 값을 널로 채우려면 memset() 함수 등을 사용할 수 있습니다. memset() 함수에 대해서는 **[103. 메모리 채우기]**에서 다시 다루도록 하겠습니다.  ◆ **12**

메모리가 할당되지 않은 경우, 실패 처리를 합니다.  ◆ **14~17**

메모리가 할당된 경우, 19~24번째 줄을 실행합니다.  ◆ **18**

동적으로 할당된 메모리에 문자열 "MEMORY"를 복사합니다.  ◆ **20**

malloc() 함수에 의해 할당된 메모리는 free() 함수에 의해 반드시 해제되어야 합니다. 만약 해제하지 않는다면 시스템 자원이 점차 부족해지기 때문에, 365일 가동되는 서버 시스템의 경우 시스템이 다운될 수 있습니다.  ◆ **23**

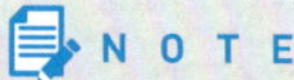

**N O T E**

malloc( ) 함수는 32비트 운영체제(Windows 98/2000/XP)에서 최대 4GB의 메모리를 할당할 수 있습니다. 그리고 [예제-96]과 같이 별로 크지 않은 메모리를 할당할 때는 실패할 경우가 거의 없으므로, malloc( ) 함수에서 반환되는 포인터가 NULL인지 확인하지 않는 경향이 있습니다.

# 메모리를 블록 단위로 할당하기 (calloc)

- **학습 내용** : malloc( ) 함수와 달리, 메모리를 구조적인 블록 단위로 할당하는 방법을 학습합니다.
- **힌트 내용** : calloc( ) 함수를 사용하세요.

📁 소스 : [예제-97].c

```c
1: #include <stdio.h>
2: #include <stdlib.h>
3: #include <malloc.h>
4:
5: void main( void )
6: {
7:    char *pmem;
8:
9:    printf( "sizeof(int)의 길이는 %d입니다. \n", sizeof(int) );
10:
11:    pmem = calloc( 100, sizeof(int) );
12:
13:    if( pmem == NULL )
14:    {
15:        puts( "메모리를 할당할 수 없습니다." );
16:    }
17:    else
18:    {
19:        puts( "정수형 변수 100개를 저장할 버퍼가 할당되었습니다." );
20:
21:        free( pmem );
22:    }
23: }
```

2~3 ◆ calloc( ), free( ) 함수가 선언되어 있는 헤더 파일(stdlib.h, malloc.h)을 포함합니다. calloc( ) 함수의 원형은 다음과 같습니다. size는 동적으로 할당할 블록의 수이며, size는 블록의 크기입니다. calloc( ) 함수는 num * size 만큼 메모리를 할당할 수 있습니다.

```c
void *calloc( size_t num, size_t size );
```

sizeof(int)의 값을 출력합니다. 이 값은 4입니다. sizeof 연산자는 [예제-31]에서 설명한 것처럼 해 ◆ **9**
당 데이터형의 크기를 구해줍니다.

4바이트 정수형 블록의 메모리를 100개 할당합니다. 만약 시스템 자원이 부족하여 메모리를 할당 ◆ **11**
할 수 없는 경우라면 NULL이 반환되며, 할당된 경우 할당된 메모리 번지를 가리키는 번지의 값이
반환됩니다. calloc() 함수는 malloc() 함수와는 달리, 할당된 버퍼를 모두 0으로 초기화합니다.

메모리가 할당되지 않은 경우, 실패 처리를 합니다. ◆ **13~16**

메모리가 할당된 경우, 18~22번째 줄을 실행합니다. ◆ **17**

calloc() 함수에 의해 할당된 메모리는 free() 함수에 의해 반드시 해제되어야 합니다. 만약 해제하 ◆ **21**
지 않는다면 시스템 자원이 점차 부족해지기 때문에, 365일 가동되는 서버 시스템의 경우 시스템
이 다운될 수 있습니다.

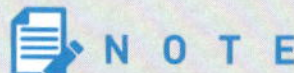
**N O T E**

calloc() 함수는 할당된 메모리를 모두 널(0)로 초기화합니다. malloc() 함수는 메모리를 널(0)로 초기화하지
않으므로 주의하세요.

# 메모리 해제하기(free)



- **학습 내용 :** 메모리를 동적으로 할당하여 사용을 한 후, 모든 할당된 메모리는 해제되어야 합니다. free( ) 함수를 사용하여 메모리를 해제하는 방법을 이해합니다.
- **힌트 내용 :** malloc( ), free( ) 함수를 사용하세요.

📁 소스 : [예제-98].c

```c
 1: #include <stdio.h>
 2: #include <stdlib.h>
 3: #include <malloc.h>
 4:
 5: #define MEGA 1024 * 1024
 6:
 7: void main( void )
 8: {
 9:   int i;
10:   char *pmem;
11:
12:   for( i = 0; i < 10; i++ )
13:   {
14:       pmem = malloc( MEGA );
15:
16:       if( pmem == NULL )
17:       {
18:           puts( "메모리를 할당할 수 없습니다." );
19:       }
20:       else
21:       {
22:           puts( "메모리를 1MB 할당하였습니다." );
23:
24:           free( pmem );
25:
26:           puts( "메모리를 해제하였습니다." );
27:       }
28:   }
29: }
```

> ☼ **새로운 용어**
>
> **1MB** : 1,048,576바이트의 크기를 뜻하며, 1024×1KB와 같습니다. 1KB는 2의 10승에 해당합니다.

malloc(), free() 함수가 선언되어 있는 헤더 파일(stdlib.h, malloc.h)을 포함합니다. free() 함수의 원형은 다음과 같습니다. memblock은 malloc() 함수 또는 calloc() 함수에서 반환된 포인터의 값이며, 이 포인터의 값을 변경해서 free() 함수를 호출하면 프로그램이 강제종료됩니다.　◆ 2~3

```
void* free( void* memblock );
```

1MB의 크기를 정의합니다. 컴퓨터에서 1MB는 1024 * 1024byte입니다.　◆ 5

메모리를 1MB만큼 할당합니다.　◆ 14

malloc() 함수에 의해 할당된 1MB의 메모리를 해제합니다. 만약, malloc() 함수에서 반환된 pmem 포인터의 값이 변경되었다면, free() 함수에서 에러가 발생됩니다. 그러므로, malloc() 또는 calloc() 함수에서 반환된 포인터는 절대로 변경하지 마세요.　◆ 24

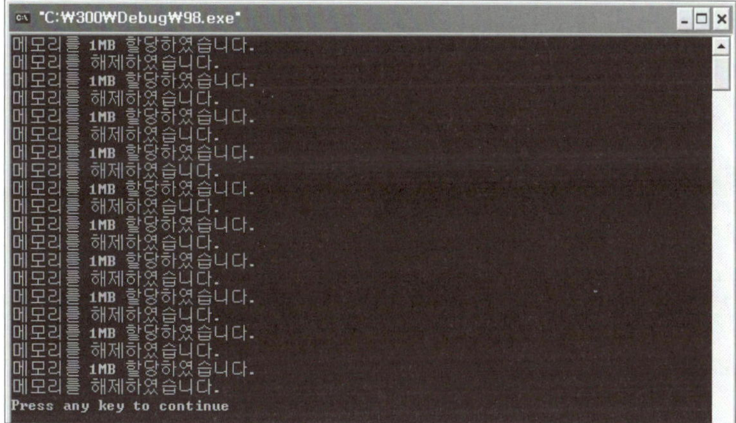

**힙(heap)**

malloc()이나 calloc()을 사용하여 메모리를 할당할 때 할당된 메모리는 프로그램에서 사용할 수 있는 전체 메모리의 양을 소모하게 됩니다. 이렇게 사용 가능한 전체 메모리 영역을 가끔 힙(heap)이라고 하는데, 힙의 양은 제한되어 있습니다. 프로그램에서 동적으로 할당된 메모리의 특정 블록을 사용한 후에는 나중에 다른 프로그램이나 함수에서 다시 할당하여 사용할 수 있도록 해제시켜야 합니다. 동적으로 할당된 메모리를 해제하기 위해서는 free()를 반드시 사용해야 하겠지요.

# 메모리 재할당하기(realloc)




• **학습 내용** : malloc( ) 함수를 사용하여 메모리를 동적으로 할당하여 사용하다가, 크기를 재할당하려고 합니다. 이때, free( )를 한 후, malloc( ) 함수를 사용하여 재할당하는 것이 아니라, realloc( ) 함수를 사용하여 메모리를 재할당하는 방법을 학습합니다.
• **힌트 내용** : realloc( ) 함수를 사용하세요.


**소스 : [예제-99].c**

```c
1: #include <stdio.h>
2: #include <stdlib.h>
3: #include <malloc.h>
4:
5: void main( void )
6: {
7:    char *pmem;
8:
9:    pmem = malloc( 100 );
10:
11:    if( pmem == NULL )
12:    {
13:        puts( "메모리를 할당할 수 없습니다." );
14:    }
15:    else
16:    {
17:        printf( "할당된 메모리 길이는 %d바이트입니다. \n", _msize(pmem) );
18:
19:        pmem = realloc( pmem, 200 );
20:
21:        if( pmem == NULL )
22:        {
23:            puts( "메모리를 재할당할 수 없습니다." );
24:        }
25:        else
26:        {
27:            printf( "재할당된 메모리 길이는 %d바이트입니다. \n", _msize(pmem) );
28:        }
29:
```

```
30:         free( pmem );
31:     }
32: }
```

malloc( ), realloc( ), free( ) 함수가 선언되어 있는 헤더 파일(stdlib.h, malloc.h)을 포함합니다.  ◆ **2~3**
realloc( ) 함수의 원형은 다음과 같습니다. memblock은 기존에 malloc( ) 함수에서 반환된 포인터이
며, size는 재할당할 메모리의 크기입니다.

> void* realloc( char* memblock, unsigned int size );

메모리를 100바이트만큼 할당합니다. 만약 시스템 자원이 부족하여 메모리를 할당할 수 없는 경우  ◆ **9**
라면 NULL이 반환되며, 할당된 경우 할당된 메모리 번지를 가리키는 번지의 값이 반환됩니다.

메모리가 할당된 경우, 16~31번째 줄을 실행합니다.  ◆ **15**

100바이트가 할당된 메모리를 200바이트로 재할당합니다. pmem은 재할당된 메모리를 가리키는  ◆ **19**
포인터로 다시 대입됩니다.

재할당된 메모리를 해제합니다.  ◆ **30**

프로그램 실행 결과는 다음과 같습니다.

```
할당된 메모리 길이는 100바이트입니다.
재할당된 메모리 길이는 200바이트입니다.
```

---

📝 **N O T E** - - - - - - - - - - - - - - - - - - - - - - - - - - - - - - - - - - - - - - - - - - - - - - - - - - - - - -

calloc( ) 함수에 의해 할당된 메모리를 재할당하려면, _expand( ) 함수를 사용하세요. 다음은 사용예입니다.

```
char *p;
p = calloc( 100, 4 );
p = _expand( 200, 4 );   ◀── calloc() 함수에 의해 할당된 메모리를 재할당합니다.
free( p );
```

# 메모리 복사하기(memcpy)



- **학습 내용 :** 구조체, 배열 등을 일일이 복사하지 않고 메모리 블록처럼 한 번에 복사하는 방법을 학습합니다.
- **힌트 내용 :** memcpy( ) 함수를 사용하세요.

**소스 : [예제-100].c**

```c
1: #include <stdio.h>
2: #include <string.h>
3:
4: struct tagM1
5: {
6:    int x;
7:    int y;
8:    char buffer[30];
9: };
10:
11: void main( void )
12: {
13:    struct tagM1 x1, x2;
14:
15:    x1.x = 5;
16:    x1.y = 10;
17:    strcpy( x1.buffer, "memory copy" );
18:
19:    memcpy( &x2, &x1, sizeof(x1) );
20:
21:    puts( x2.buffer );
22: }
```

2 ◆ memcpy(), strcpy() 함수가 선언되어 있는 헤더 파일(string.h)을 포함합니다. memcpy() 함수의 원형은 다음과 같습니다. dest는 복사될 버퍼이며, src는 복사할 버퍼입니다. count는 복사할 src의 메모리 크기입니다.

```c
void* memcpy( void* dest, const void* src, unsigned int count );
```

구조체를 선언합니다. 구조체에 대해서는 [예제-43]을 참고하세요.　　　　　◆ **4~9**

구조체 변수 x1, x2를 정의합니다.　　　　　◆ **13**

구조체 변수 x1을 초기화합니다.　　　　　◆ **15~17**

구조체를 통째로 복사합니다. 만약 구조체를 strcpy( ) 함수를 사용하여 복사하고자 한다면, strcpy( )　　◆ **19**
함수는 NULL(0)까지만 복사하기 때문에 제대로 복사되지 않습니다. 궁금한 분들은 strcpy( ) 함수
를 사용하여 직접 해보세요.

복사된 x2.buffer를 출력합니다. 자! 출력이 "memory copy"라고 나오면 메모리 복사가 제대로 실행　　◆ **21**
된 것입니다.

**N O T E**

strcpy( ) 함수는 문자열을 복사하는 함수이고, memcpy( ) 함수는 메모리를 복사하는 함수입니다. memcpy( )
함수는 복사하려는 버퍼에 널(0) 값이 있는 경우에도 지정된 길이만큼 모두 복사합니다. strcpy( ) 함수로는 그렇게
할 수 없겠죠.

# 메모리 비교하기(memcmp)

- **학습 내용 :** NULL 값이 포함된 버퍼를 비교하는 방법을 학습합니다.
- **힌트 내용 :** memcmp() 함수를 사용하세요.

📁 소스 : [예제-101].c

```c
 1: #include <stdio.h>
 2: #include <string.h>
 3:
 4: void main( void )
 5: {
 6:    char s1[100] = "123";
 7:    char s2[100] = "123";
 8:
 9:    strcpy( &s1[4], "abc" );
10:    strcpy( &s2[4], "efg" );
11:
12:    if( strcmp( s1, s2 ) == 0 )
13:    {
14:        puts( "strcmp : 버퍼의 값이 일치합니다." );
15:    }
16:
17:    if( memcmp( s1, s2, 7 ) == 0 )
18:    {
19:        puts( "memcmp : 버퍼의 값이 일치합니다." );
20:    }
21:    else
22:    {
23:        puts( "memcmp : 버퍼의 값이 일치하지 않습니다." );
24:    }
25: }
```

2 ◆ memcmp(), strcmp() 함수가 선언되어 있는 헤더 파일(string.h)을 포함합니다. memcmp() 함수의
원형은 다음과 같습니다. buf1, buf2는 비교할 버퍼이며, count는 비교할 버퍼의 크기입니다.

> int memcmp( const void* buf1, const void* buf2, unsigned int count );

문자 배열 버퍼를 정의하고 "123"으로 초기화합니다.　　　　　　　　　　　　　　◆ 6~7

&s1[4]는 무슨 의미일까요? 하나 하나 의미를 해석해 보겠습니다. s1이 뜻하는 것은 s1 문자 배열　◆ 9
의 선두 번지 값입니다. 이미 이것은 알고 있을 것입니다. s1[4]는 s1이 가리키는 번지에 4를 더
한 번지에 해당하는 값입니다. 즉, *(s1+4)와 같습니다. &s1[4]는 s1+4한 번지를 나타냅니다. 즉,
9번째 줄의 문장은 s1+4한 번지에 문자열 "abc"를 복사합니다. 복사 후 s1 문자 배열은 다음과 같
은 문자 값으로 채워집니다. '1', '2', '3', '\0', 'a', 'b', 'c', '\0'

s2+4한 번지에 문자열 efg를 복사합니다. 복사한 후에 s2 문자 배열은 다음과 같은 문자순으로 채　◆ 10
워집니다. '1', '2', '3', '\0', 'e', 'f', 'g', '\0'

strcmp() 함수에 의해 문자열을 비교하면 s1[3], s2[3] 위치에 널('\0') 문자가 존재하기 때문에 3바　◆ 12~15
이트만 비교되고, 비교 결과 두 문자열은 같습니다.

memcpy() 함수에 의해 7바이트를 비교하면, s1[4]의 값이 'a'이고, s2[4]의 값이 'e'이기 때문에 비　◆ 17~24
교 결과 두 버퍼는 서로 다릅니다. memcmp() 함수도 strcmp() 함수와 같이 같은 경우 0, 작은 경
우 -1, 큰 경우 1을 반환합니다.

프로그램 실행 결과는 다음과 같습니다.

    strcmp : 버퍼의 값이 일치합니다.
    memcmp : 버퍼의 값이 일치하지 않습니다.

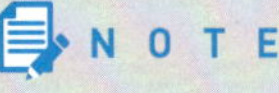

**N O T E**

strcmp() 함수는 문자열을 비교하는 함수이고, memcmp() 함수는 메모리를 비교하는 함수입니다. memcmp()
함수는 비교하려는 버퍼에 널(0) 값이 있는 경우에도 지정된 길이만큼 모두 비교합니다.

# 메모리 이동하기(memmove)

- **학습 내용 :** 메모리 블록(버퍼)을 이동시키는 기본 원리를 이해합니다.
- **힌트 내용 :** memmove( ) 함수를 사용하세요.

📁 소스 : [예제-102].c

```c
1: #include <stdio.h>
2: #include <string.h>
3:
4: char s1[20] = "1234567890";
5: char s2[20] = "1234567890";
6:
7: void main( void )
8: {
9:    puts( s1 );
10:   memcpy( s1+4, s1+2, 5 );
11:   puts( s1 );
12:
13:   puts( s2 );
14:   memmove( s2+4, s2+2, 5 );
15:   puts( s2 );
16: }
```

2 ◆ memmove( ) 함수가 선언되어 있는 헤더 파일(string.h)을 포함합니다. memmove( ) 함수의 원형은
다음과 같습니다. buf1은 buf2가 옮겨질 버퍼이며, buf2는 옮겨질 데이터가 저장된 버퍼입니다.
count는 비교할 버퍼의 크기입니다.

```c
void* memmove( void* buf1, const void* buf2, unsigned int count );
```

4 ◆ 문자열 버퍼 s1을 정의합니다. s1은 문자형 배열의 변수이면서 배열의 선두 번지를 나타내는 상수
값입니다.

문자열 버퍼 s2를 정의합니다. s2는 문자형 배열의 변수이면서 배열의 선두 번지를 나타내는 상수 값입니다.  ◆ 5

s1+4번지에 s1+2번지를 5바이트만큼 복사합니다. s1+2번지부터 복사를 시작하기 때문에 복사를 할 s1+4번지와 겹쳐집니다. 이렇게 겹쳐지는 경우 memcpy() 함수는 s+4를 s+6에 복사하려고 할 때 문제가 발생할 수 있습니다. s1+2에 있는 '3'이 s1+4번지에 복사하였기 때문에, s1+4번지는 원래의 '5'가 아닌 '3'이 들어가게 됩니다. 그러므로 s1+4의 번지값을 s1+6의 번지에 복사하면 원하지 않는 결과가 나올 수 있겠죠? 직접 확인해 보세요. 단, Visual C++ 컴파일러에서 memcpy() 함수를 사용하여 위와 같은 문제가 발생하는 경우 자동으로 memmove() 함수처럼 동작하므로, 두 함수 중 아무 함수나 사용해도 됩니다.  ◆ 10

s2+4 번지에 s2+2번지를 5바이트만큼 이동합니다. s1+2번지부터 복사를 시작하기 때문에 복사를 할 s1+4번지와 겹쳐집니다. 이렇게 겹쳐지는 경우 memmove() 함수는 내부적으로 뒤에서부터 복사하기 때문에 올바르게 메모리에 복사됩니다.  ◆ 14

프로그램 실행 결과는 다음과 같습니다.

> **NOTE**
>
> memcpy() 함수는 복사하려는 메모리 영역이 겹쳐질 때 문제가 발생하는 것이 정상인데, [예제-102]의 출력 결과는 그렇지 않습니다. 결국 내부적으로 memcpy() 함수는 memmove() 함수와 같은 기능을 하며, 두 함수 중 안전한 방법은 memmove() 함수를 사용하는 것입니다.

# 메모리 채우기(memset)



- **학습 내용** : 구조체나 배열 등 특정 버퍼의 값을 NULL로 채우는(초기화하는) 방법을 학습합니다.
- **힌트 내용** : memset() 함수를 사용하세요.

📁 소스 : [예제-103].c

```
1: #include <stdio.h>
2: #include <string.h>
3:
4: void main( void )
5: {
6:     char string[50] = "아름다운 우리나라 대한민국";
7:
8:     puts( string );
9:
10:     memset( string, (int)NULL, sizeof(string) );
11:
12:     memset( string, '*', sizeof(string)-1 );
13:
14:     puts( string );
15: }
```

2 ◆ memset() 함수가 선언되어 있는 헤더 파일(string.h)을 포함합니다. memset() 함수의 원형은 다음
과 같습니다. dest는 초기화될(또는, 특정 문자가 채워질) 버퍼이며, fillChar는 초기화할 문자(또
는, 특정 문자) 입니다. count는 dest에 몇 바이트의 문자를 채우는지에 대한 크기입니다.

```
void* memset( void* dest, int fillChar, unsigned int count );
```

6 ◆ 문자형 배열 변수 string을 정의합니다. sizeof(string)의 값은 배열의 크기인 50입니다.

8 ◆ string 버퍼를 출력합니다.

string 버퍼를 50바이트(sizeof(string))만큼 널(NULL)로 채웁니다. 널은 아스키 값으로 0입니다. 주  ◆ 10
의할 점은 숫자 '0'과 다릅니다. 숫자 '0'의 아스키 값은 48입니다. 이 문장은 memset( string, 0,
sizeof(string) );과 같습니다.

string 버퍼를 49바이트(sizeof(string)−1)만큼 별표('*') 문자로 채웁니다.  ◆ 12

프로그램 실행 결과는 다음과 같습니다.

---

📄 **N O T E**

memset() 함수는 문자열 버퍼뿐만 아니라, 구조체, 공용체 등 다른 버퍼의 값을 0으로 초기화할 때 많이
사용됩니다. 예를 들어, 위의 배열을 0으로 초기화하려면 다음과 같이 합니다.

```
memset( string, 0, sizeof(string) );
```

또한, 다음과 같이 구조체가 정의되어 있을 경우, 모든 구조체의 변수를 0으로 초기화하기 위해서 사용하면
편리합니다. 이때 x, y는 0으로 초기화됩니다.

```
struct tagPoint
{
    int x;
    int y;
};

struct tagPoint pt;
memset( &pt, 0, sizeof(pt) );
```

# 메모리를 복사하는 함수 만들기

- **학습 내용 :** memcpy() 함수의 내부적인 동작 원리를 이해합니다.
- **힌트 내용 :** 포인터 연산을 사용하세요.

소스 : [예제-104].c

```c
1: #include <stdio.h>
2: #include <string.h>
3:
4: struct tagM1
5: {
6:    int x;
7:    int y;
8:    char buffer[30];
9: };
10:
11: void* My_memcpy( void* dst, const void* src, unsigned int count );
12:
13: void main( void )
14: {
15:    struct tagM1 x1, x2;
16:
17:    x1.x = 5;
18:    x1.y = 10;
19:    strcpy( x1.buffer, "memory copy" );
20:
21:    My_memcpy( &x2, &x1, sizeof(x1) );
22:
23:    puts( x2.buffer );
24: }
25:
26: void* My_memcpy( void* dst, const void* src, unsigned int count )
27: {
28:    void* ret = dst;
29:
```

```
30:    while( count-- )
31:    {
32:        *(char*)dst = *(char*)src;
33:        dst = (char*)dst + 1;
34:        src = (char*)src + 1;
35:    }
36:
37:    return ret;
38: }
```

strcpy() 함수가 선언되어 있는 헤더 파일(string.h)을 포함합니다. ◆ 2

My_memcpy() 함수를 선언합니다. ◆ 11

My_memcpy() 함수를 호출합니다. ◆ 21

반환값을 dst로 설정합니다. ◆ 28

count의 수만큼 while 문에 의해 31~35번째 줄을 반복 실행합니다. ◆ 30

src가 가리키는 문자형(char*) 번지에 있는 값을 dst가 가리키는 문자형(char*) 번지에 대입합니다. ◆ 32
char*는 void*를 char*로 변환해 주는 캐스트(형 변환) 연산자입니다.

dst의 번지를 문자형(char*) 1만큼 증가시킵니다. 문자형은 버퍼의 길이가 1입니다. 그러므로 1만 ◆ 33
증가됩니다. 만약 정수형 포인터(int*)라면 4만큼 증가하게 됩니다.

src의 번지를 문자형(char*) 1만큼 증가시킵니다. ◆ 34

프로그램 실행 결과는 다음과 같습니다.

**memory copy**

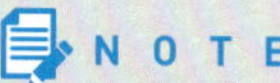

**N O T E**

void 포인터(*) 형은 크기가 정해지지 않은 상태이기 때문에 증가할 번지를 의미하는 데이터형으로 형 변환해야
합니다. 문자형(char*), 정수형(int*), 실수형(double*) 등을 사용할 수 있습니다.

# 메모리를 이동하는 함수 만들기

- **학습 내용** : memmove( ) 함수의 내부적인 동작 원리를 이해합니다.
- **힌트 내용** : 포인터 연산을 사용하세요.

소스 : [예제-105].c

```c
1: #include <stdio.h>
2: #include <string.h>
3:
4: char s[20] = "1234567890";
5:
6: void* My_memmove( void* dst, const void* src, unsigned int count );
7:
8: void main( void )
9: {
10:    puts( s );
11:    My_memmove( s+4, s+2, 6 );
12:    puts( s );
13: }
14:
15: void* My_memmove( void* dst, const void* src, unsigned int count )
16: {
17:    void* ret = dst;
18:
19:    if( dst <= src || (char *)dst >= ((char *)src + count))
20:    {
21:        while( count-- )
22:        {
23:            *(char*)dst = *(char*)src;
24:            dst = (char*)dst + 1;
25:            src = (char*)src + 1;
26:        }
27:    }
28:    else
29:    {
```

```
30:        dst = (char*)dst + count - 1;
31:        src = (char*)src + count - 1;
32:
33:        while( count-- )
34:        {
35:            *(char *)dst = *(char *)src;
36:            dst = (char*)dst - 1;
37:            src = (char*)src - 1;
38:        }
39:    }
40:
41:    return ret;
42: }
```

strcpy() 함수가 선언되어 있는 헤더 파일(string.h)을 포함합니다. ◆ **2**

dst와 src의 영역이 겹쳐지는지 검사합니다. 만약 겹쳐진다면 28~39번째 줄을 실행합니다. ◆ **19**

영역이 겹쳐지기 때문에 뒤에서부터 복사하기 위해 dst 및 src가 가리키는 번지를 맨 뒤로 이동합 ◆ **30~31**
니다.

dst가 가리키는 번지에 src가 가리키는 번지의 값을 대입합니다. ◆ **35**

dst 및 src의 번지를 1만큼 감소시킵니다. ◆ **36~37**

프로그램 실행 결과는 다음과 같습니다.

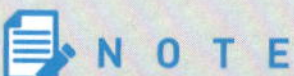
**N O T E**

[예제-105]에서와 같이 메모리가 겹쳐지는 경우에는 뒤에서부터 복사하면 됩니다.

# 포인터 사용하기

- **학습 내용** : 포인터 변수도 int형과 동일한 크기를 갖는 4바이트 변수임을 이해합니다.
- **힌트 내용** : sizeof 문을 사용하세요.

📁 소스 : [예제-106].c

```c
1: #include <stdio.h>
2:
3: void main( void )
4: {
5:    char      *p_char;
6:    short     *p_short;
7:    int       *p_int;
8:    long      *p_long;
9:    float     *p_float;
10:   double    *p_double;
11:
12:   printf( "문자형의 크기 : %d 바이트 \n", sizeof(char) );
13:   printf( "정수형의 크기 : %d 바이트 \n", sizeof(short) );
14:   printf( "정수형의 크기 : %d 바이트 \n", sizeof(int) );
15:   printf( "정수형의 크기 : %d 바이트 \n", sizeof(long) );
16:   printf( "실수형의 크기 : %d 바이트 \n", sizeof(float) );
17:   printf( "실수형의 크기 : %d 바이트 \n", sizeof(double) );
18:
19:   printf( "문자형 포인터의 크기 : %d 바이트 \n", sizeof(p_char) );
20:   printf( "정수형 포인터의 크기 : %d 바이트 \n", sizeof(p_short) );
21:   printf( "정수형 포인터의 크기 : %d 바이트 \n", sizeof(p_int) );
22:   printf( "정수형 포인터의 크기 : %d 바이트 \n", sizeof(p_long) );
23:   printf( "실수형 포인터의 크기 : %d 바이트 \n", sizeof(p_float) );
24:   printf( "실수형 포인터의 크기 : %d 바이트 \n", sizeof(p_double) );
25: }
```

5~10 ◆ 문자형(바이트형) 포인터 및 정수형(2, 4바이트형), 실수형(4, 8바이트형) 포인터를 정의합니다.

12~17 ◆ sizeof 문은 각 변수형이 차지하는 메모리의 크기를 구합니다.

sizeof 문은 각 포인터 변수가 실제로 차지하고 있는 메모리의 크기를 구합니다.

프로그램 실행 결과는 다음과 같습니다.

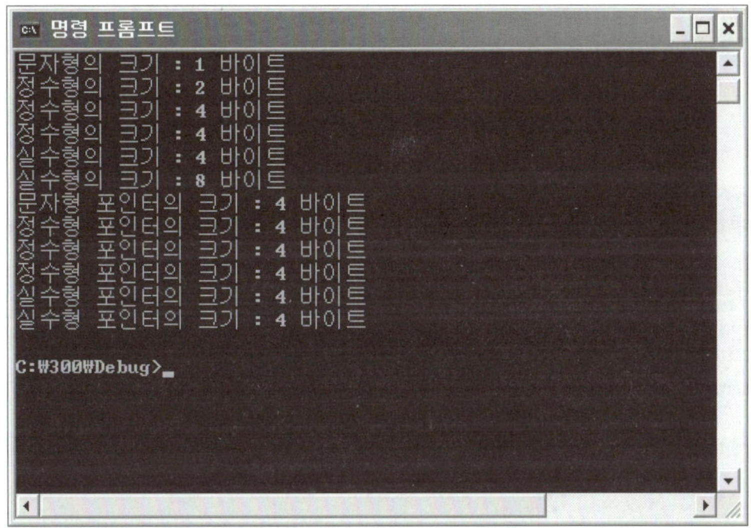


프로그램 실행 결과를 보면 일반적인 변수들은 각각의 데이터형에 맞게 그 크기가 출력되었는데, 포인터형 변수는 모두 크기가 4바이트임을 알 수 있습니다. 일반 변수와 포인터형 변수는 서로 그 사용이 분명하게 다르며, 다음에 그 차이점에 대해서 설명하였습니다.

1. 일반 변수는 사용되는 숫자의 범위에 맞게 정의하고 사용합니다.
2. 포인터 변수는 일반 변수가 저장되어 있는 메모리 번지를 저장하기 때문에, 숫자의 범위에 관계 없이 무조건 4바이트가 필요합니다.
3. 포인터 변수에 char*, int* 등을 사용하는 이유는 그것에 따라 증감 연산에 대한 동작을 구분하기 위해서입니다.
4. 포인터의 증감 연산은 주로 배열 변수에서 사용하며, 증감 연산자를 포인터 변수에 사용 시, char*형 포인터는 1, short*형은 2, int*형은 4, double*형은 8바이트 증가(++) 또는 감소(--)합니다.

# 포인터를 함수에서 사용하기

- **학습 내용** : 함수를 호출 시 main()에서 정의한 변수를 넘겨서, 그 변수를 함수내에서 수정될 수 있게 하는 원리를 학습합니다.
- **힌트 내용** : 포인터(int*)를 사용하세요.

소스 : [예제-107].c

```c
1: #include <stdio.h>
2:
3: void change_x1( int x1 );
4: void change_x2( int *x2 );
5:
6: void main( void )
7: {
8:    int x;
9:
10:    x = 5;
11:    printf( "함수를 호출하기 전 x 값 : %d \n", x );
12:
13:    change_x1( x );
14:    printf( "change_x1() 함수를 호출한 후의 x 값 : %d \n", x );
15:
16:    change_x2( &x );
17:    printf( "change_x2() 함수를 호출한 후의 x 값 : %d \n", x );
18: }
19:
20: void change_x1( int x1 )
21: {
22:    x1 = 50;
23: }
24:
25: void change_x2( int *x2 )
26: {
27:    *x2 = 100;
28: }
```

x의 값을 출력하면 5가 됩니다.   ◆ 11

x를 change_x1() 함수에 전달합니다. x의 값은 x1=x와 같이 전달됩니다. 그러므로 x1의 값은 변경   ◆ 13
되더라도 x의 값은 변하지 않습니다. 이런 것을 값에 의한 호출이라고 합니다.

x의 값을 출력하면, x의 값은 변하지 않았기 때문에 5가 됩니다.   ◆ 14

x의 번지(&)를 change_x2() 함수에 전달합니다. x의 값은 x2=&x와 같이 전달됩니다. [예제-41]에   ◆ 16
서 설명했던 것을 다시 기억해 보세요. x2는 포인터형 변수이고, 포인터형 변수는 다른 변수의 분
신처럼 사용된다고 했습니다. 그러므로, x2는 x의 분신으로 지정됩니다. 이와 같이 번지를 넘겨주
는 방식을 참조(Reference)에 의한 호출이라고 합니다.

change_x2() 함수에 의해 x의 값은 100으로 변경되었습니다. 그러므로 x의 출력 결과는 100이 됩니다.   ◆ 17

x1은 x의 값을 넘겨받았기 때문에 x1의 값을 변경해도 x의 값은 변하지 않습니다. change_x1()과   ◆ 20~23
같은 함수는 변수의 값을 넘겨만 주는 경우에만 사용됩니다.

16번째 줄에서 사용된 change_x2( &x ); 문장에 의해 x2는 x의 분신으로 지정됩니다. 그러므로   ◆ 25~28
*x2를 변경하는 것은 x를 변경하는 것과 같습니다. *x2=100;을 하면 x의 값도 100으로 변경됩니
다. 왜냐구요? x2가 분신이기 때문에 *x2로 값을 변경하면, 자동으로 x의 값이 변경되겠죠!

프로그램 실행 결과는 다음과 같습니다.

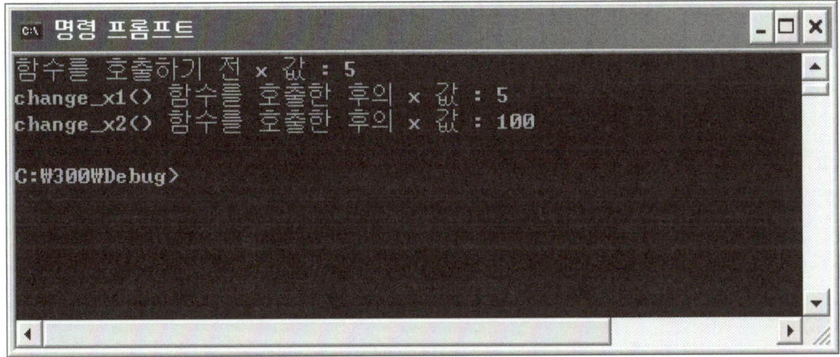

# 포인터 배열 사용하기



- **학습 내용 :** 포인터 변수도 여러 개를 사용하려면 배열처럼 정의할 수 있음을 이해하세요.
- **힌트 내용 :** 포인터 배열은 int *pxy[2]처럼 정의합니다.

📁 소스 : [예제-108].c

```c
1: #include <stdio.h>
2:
3: void main( void )
4: {
5:    int x = 0, y = 0;
6:    int *pxy[2];
7:
8:    pxy[0] = &x;
9:    pxy[1] = &y;
10:
11:    *pxy[0] = 5;
12:    *pxy[1] = 10;
13:
14:    printf( "x = %d, pxy[0] = %d \n", x, *pxy[0] );
15:    printf( "y = %d, pxy[1] = %d \n", y, *pxy[1] );
16:
17:    printf( "x + y = %d \n", x + y );
18:    printf( "x + y = %d \n", *pxy[0] + *pxy[1] );
19: }
```

6 ◆ 포인터 배열 변수 pxy를 정의합니다. 이 정의에 의해 pxy[0]과 pxy[1]을 사용할 수 있습니다. 포인터 배열 변수를 100개 사용하려면, int *pxy[100];처럼 정의하면 됩니다.

8 ◆ pxy[0]을 x의 분신으로 지정합니다. 분신이 뭐라고요? 네, 분신은 똑같은 기능을 할 수 있는 변수를 하나 더 만드는 것이라고 그랬죠 ^.^

9 ◆ pxy[1]을 y의 분신으로 지정합니다.

x의 분신인 pxy[0]을 사용해서 x의 값을 5로 설정합니다.  ◆ **11**

y의 분신인 pxy[1]을 사용해서 y의 값을 10으로 설정합니다.  ◆ **12**

x의 값과 pxy[0]의 값을 출력합니다. 두 변수 모두 5를 출력합니다.  ◆ **14**

y의 값과 pxy[1]의 값을 출력합니다. 두 변수 모두 10을 출력합니다.  ◆ **15**

x + y의 값을 출력합니다. 결과는 15입니다.  ◆ **17**

x + y의 값을 분신을 사용해서 출력합니다. 결과는 15입니다.  ◆ **18**

프로그램 실행 결과는 다음과 같습니다.

> **N O T E**
>
> 포인터 배열을 자세하게 보면 일반 배열과 사용 방법이 다르지 않습니다.
>
> 지금 사용된 1차원 포인터 배열 외에 2차원 포인터 배열 또는 3차원 포인터 배열을 정의하고 사용하려면 다음과 같이 하면 됩니다.
>
> - 2차원 포인터 배열
>   ```
>   int *pxy[2][3];
>   pxy[0][0] = &x; pxy[0][1] = &y;
>   ```
>
> - 3차원 포인터 배열
>   ```
>   int *pxy[2][3][4];
>   pxy[0][0][0] = &x; pxy[0][0][1] = &y;
>   ```

# 포인터 배열을 함수에서 사용하기

- **학습 내용 :** 포인터 배열을 함수에 넘겨주는 방법을 학습합니다.
- **힌트 내용 :** 인수는 int *pxy[2]를 사용하세요.

📁 소스 : [예제-109].c

```c
1: #include <stdio.h>
2:
3: void print_pxy( int* pxy[2] );
4:
5: void main( void )
6: {
7:    int x = 0, y = 0;
8:    int *pxy[2];
9:
10:    pxy[0] = &x;
11:    pxy[1] = &y;
12:
13:    *pxy[0] = 5;
14:    *pxy[1] = 10;
15:
16:    print_pxy( pxy );
17: }
18:
19: void print_pxy( int* pxy[2] )
20: {
21:    printf( "pxy[0] = %d \n", *pxy[0] );
22:    printf( "pxy[1] = %d \n", *pxy[1] );
23: }
```

8 ◆ 포인터 배열 변수 pxy를 정의합니다. 이 정의에 의해 pxy[0]과 pxy[1]을 사용할 수 있습니다. 포인터 배열 변수를 100개 사용하려면, int *pxy[100];처럼 정의합니다.

10 ◆ pxy[0]을 x의 분신으로 지정합니다.

pxy[1]을 y의 분신으로 지정합니다. ◆ 11

x의 분신인 pxy[0]을 사용해서 x의 값을 5로 설정합니다. ◆ 13

y의 분신인 pxy[1]을 사용해서 y의 값을 10으로 설정합니다. ◆ 14

pxy를 print_pxy() 함수에 전달합니다. pxy는 int *pxy[2]라고 정의되어 있기 때문에, print_pxy() 함수의 인수도 int *pxy[2]라고 사용하면 됩니다. 물론, pxy는 변수 이름이기 때문에 다른 이름으로 사용할 수도 있습니다. 예를 들어, ppxy라고 해도 되겠죠! ◆ 16

print_pxy() 함수의 pxy는 main() 함수에서 사용되는 pxy의 분신이기 때문에 *pxy[0]의 값은 5가 됩니다. ◆ 21

print_pxy() 함수의 pxy는 main() 함수에서 사용되는 pxy의 분신이기 때문에 *pxy[1]의 값은 당연히 10이 됩니다. 이해되시죠? ◆ 22

프로그램 실행 결과는 다음과 같습니다.

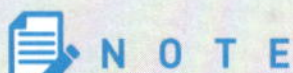

> **N O T E**
>
> main()에서 사용된 포인터 변수 pxy와 print_pxy()에서 사용된 포인터 변수 pxy는 서로 다른 변수이며, 변수의 범위에 대해서는 [48. 변수의 범위 이해하기]를 참조하세요.

# 1차원 배열 사용하기

- **학습 내용 :** 1차원 문자열 배열을 정의하고, 문자열로 초기화하는 원리를 이해합니다.
- **힌트 내용 :** 1차원 배열은 대괄호([ ])를 하나 사용합니다.

📁 **소스 : [예제-110].c**

```c
1: #include <stdio.h>
2:
3: void main( void )
4: {
5:     char one[10] = "Koxea";
6:
7:     puts( one );
8:     one[2] = 'r';
9:     puts( one );
10:
11:     printf( "one[0] = %3d, %c \n", one[0], one[0] );
12:     printf( "one[1] = %3d, %c \n", one[1], one[1] );
13:     printf( "one[2] = %3d, %c \n", one[2], one[2] );
14:     printf( "one[3] = %3d, %c \n", one[3], one[3] );
15:     printf( "one[4] = %3d, %c \n", one[4], one[4] );
16:     printf( "one[5] = %3d, %c \n", one[5], one[5] );
17: }
```

5 ◆ 1차원 배열은 대괄호([ ])를 하나만 사용합니다. 2차원 배열은 당연히 대괄호를 두 개 사용합니다. 1차원 배열 변수 one을 문자열 "Koxea"로 초기화합니다. one[10]은 문자형 변수 10개에 해당하며, 변수의 이름은 one[0], one[1], one[2], one[3], one[4], one[5], one[6], one[7], one[8], one[9]처럼 사용됩니다. 또한, one[0]은 문자 'K'를, one[1]은 문자 'o'를, one[2]는 문자 'x'를, one[3]은 문자 'e'를, one[4]는 문자 'a'를 그리고 one[5]는 널(NULL;0) 값을 가집니다. 정의된 배열이 10개인 경우, 배열 요소는 0~9까지 사용됩니다.

7 ◆ one은 배열을 대표하는 이름이며, 이렇게 배열을 대표하는 이름을 배열 상수라고 합니다. one이 배열 상수이기 때문에 one의 값을 바꿀 수는 없습니다. puts() 함수는 인자값으로 문자형 포인터를

받으며, one은 배열 one[10]을 대신하는 포인터(분신)이기 때문에 puts() 함수에 one를 넘겨주면 됩니다. 출력 값은 "Koxea"가 됩니다.

3번째 배열 요소(one[2])의 값을 'r'로 바꿉니다. ◆ 8

"Korea"가 출력됩니다. ◆ 9

"one[0] = 75, K"가 출력됩니다. one[0]의 아스키 값은 75이며, 아스키 값 75는 문자 'K'에 해당합 ◆ 11
니다.

"one[1] = 111, o"가 출력됩니다. ◆ 12

"one[2] = 114, r"이 출력됩니다. ◆ 13

"one[3] = 101, e"가 출력됩니다. ◆ 14

"one[4] = 97, a"가 출력됩니다. ◆ 15

"one[5] = 0, "이 출력됩니다. 아스키 값 0에 대한 문자 값은 없으며, 5번째 줄에서 배열을 문자열 ◆ 16
로 초기화할 때, 문자열의 끝임을 나타내기 위해서 자동으로 널(0)이 삽입됩니다. 참고로 널(0)과
숫자 '0'은 다른 값입니다. 숫자 '0'은 아스키 값이 48입니다.

프로그램 실행 결과는 다음과 같습니다.

```
Koxea
Korea
one[0] = 75, K
one[1] = 111, o
one[2] = 114, r
one[3] = 101, e
one[4] = 97, a
one[5] = 0,
```

**N O T E**

5번째 줄처럼 문자열로 초기화할 때는 배열 요소를 생략하는 경우가 많습니다. 예를 들어, 다음처럼 정의하면
one의 배열 요소는 자동으로 6(문자 5+NULL)이 됩니다.

```
char one[] = "Koxea";
```

# 1차원 배열의 포인터 사용하기



- **학습 내용 :** 1차원 문자열 배열의 포인터를 사용하는 방법을 학습합니다.
- **힌트 내용 :** 문자형 포인터 char*를 사용하세요.

📁 **소스 : [예제-111].c**

```c
1: #include <stdio.h>
2: #include <string.h>
3:
4: void main( void )
5: {
6:    char one[] = "Korea";
7:    char *pone;
8:
9:    pone = one;
10:
11:    puts( one );              // "Korea"
12:    puts( pone );             // "Korea"
13:
14:    strcpy( pone, "Japan" );
15:
16:    puts( one );              // "Japan"
17:    puts( pone );             // "Japan"
18: }
```

6 ◆ 문자형 1차원 배열 one을 정의하고, "Korea"로 초기화합니다.

7 ◆ 문자형 변수의 포인터(분신)를 정의합니다.

9 ◆ one을 pone에 대입함으로써 one은 분신을 하나 갖게 되었습니다. one이 문자형 배열 one[]을 대표하는 대표 상수(분신)이기 때문에 번지 지정 연산자(&)는 사용하지 않습니다.

11 ◆ "Korea"가 출력됩니다.

"Korea"가 출력됩니다. pone은 one의 분신이기 때문에 두 변수는 같은 값을 갖습니다.　　　◆ **12**

one의 분신인 pone을 사용하여, one이 갖고 있는 문자열의 값을 변경합니다. one은 "Korea"에서　　◆ **14**
"Japan"으로 변경됩니다.

"Japan"이 출력됩니다. 14번째 줄에서 pone의 값을 바꾸었기 때문에 one의 값도 자동으로 바뀝니다.　　◆ **16**

"Japan"이 출력됩니다.

　　　　　　　　　　　　　　　　　　　　　　　　　　　　　　　　　　　　　　　　　　　◆ **17**

프로그램 실행 결과는 다음과 같습니다.

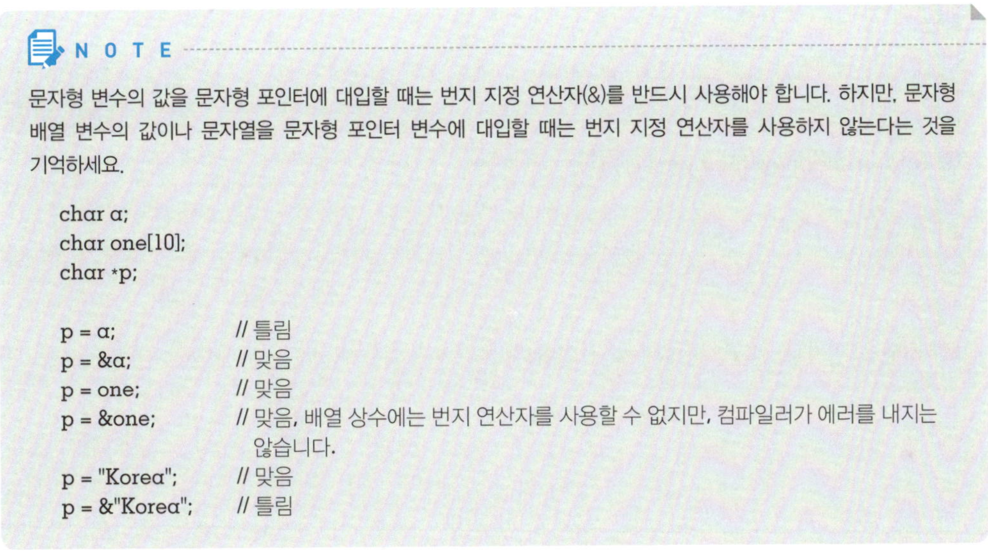

> **NOTE**
>
> 문자형 변수의 값을 문자형 포인터에 대입할 때는 번지 지정 연산자(&)를 반드시 사용해야 합니다. 하지만, 문자형
> 배열 변수의 값이나 문자열을 문자형 포인터 변수에 대입할 때는 번지 지정 연산자를 사용하지 않는다는 것을
> 기억하세요.
>
> ```
> char a;
> char one[10];
> char *p;
>
> p = a;          // 틀림
> p = &a;         // 맞음
> p = one;        // 맞음
> p = &one;       // 맞음, 배열 상수에는 번지 연산자를 사용할 수 없지만, 컴파일러가 에러를 내지는
>                    않습니다.
> p = "Korea";    // 맞음
> p = &"Korea";   // 틀림
> ```

# 1차원 배열을 함수에서 사용하기

- **학습 내용 :** 1차원 배열을 함수로 전달하는 방법을 학습합니다.
- **힌트 내용 :** 함수 인자의 데이터형은 char* 또는 char [ ]를 사용하세요.

📁 소스 : [예제-112].c

```c
 1: #include <stdio.h>
 2:
 3: void print_one( char *pone );
 4: void print_one2( char one[] );
 5:
 6: void main( void )
 7: {
 8:    char one[] = "Korea";
 9:
10:    print_one( one );
11:    print_one2( one );
12: }
13:
14: void print_one( char *pone )
15: {
16:    puts( pone );
17: }
18:
19: void print_one2( char one[] )
20: {
21:    puts( one );
22: }
```

3~4 ◆ 1차원 배열을 인자로 전달받는 함수를 선언합니다.

문자형 배열 변수 one을 정의하고 "Korea"로 초기화합니다. 배열의 크기를 생략하면 컴파일러가 ◆ **8**
문자열의 길이를 담을 수 있는 최소 크기를 자동으로 설정합니다. 배열의 크기는 문자열의 길이
+1이 되므로, 6이 됩니다. +1은 무엇일까요? 문자열의 끝에 '\0'이 있기 때문입니다.

one을 출력하는 print_one() 함수를 호출합니다. ◆ **10**

one을 출력하는 print_one2() 함수를 호출합니다. ◆ **11**

char *pone은 1차원 배열을 전달받을 때 사용하는 포인터의 형식입니다. 문자형 배열 one[]에서 ◆ **14**
one은 문자형 배열의 포인터 값을 갖고 있기 때문에, 문자형 포인터(char*)에 직접 전달할 수 있습
니다.

puts() 함수는 문자형 포인터 값을 인수로 받기 때문에 문자형 포인터 값을 그대로 넘겨줄 수 있습 ◆ **16**
니다. 출력 값은 "Korea"가 됩니다.

char one[]은 1차원 배열을 전달받을 때 사용하는 배열의 형식입니다. 이것은 Visual C++ 컴파일 ◆ **19**
러에 의해 14번째 줄과 똑같은 기능을 하도록 변경됩니다.

puts() 함수는 문자형 포인터 값을 인수로 받기 때문에, 배열 상수 one을 넘겨줄 수 있습니다. 출력 ◆ **21**
값은 역시 "Korea"가 됩니다.

프로그램 실행 결과는 다음과 같습니다.

**N O T E**

1차원 배열을 함수에 전달하기 위해서는 다음과 같이 두 가지 방법이 사용됩니다.

```
void func( int *x );
void func( int x[] );
```

# 2차원 배열 사용하기

- **학습 내용 :** 2차원 배열을 정의하고 사용하는 방법을 학습합니다.
- **힌트 내용 :** int x[100][3] 처럼 정의하세요.

소스 : [예제-113].c

```c
1: #include <stdio.h>
2:
3: void main( void )
4: {
5:    int i;
6:    int jumsu[100][3];
7:    int total[3]={0,};
8:
9:    for( i=0; i<100; i++ )
10:   {
11:       jumsu[i][0] = 92;            // 국어 점수
12:       jumsu[i][1] = 90;            // 영어 점수
13:       jumsu[i][2] = 95;            // 수학 점수
14:   }
15:
16:   for( i=0; i<100; i++ )
17:   {
18:       total[0] += jumsu[i][0];     // 국어 총점
19:       total[1] += jumsu[i][1];     // 영어 총점
20:       total[2] += jumsu[i][2];     // 수학 총점
21:   }
22:
23:    printf( "국어 점수의 총점 : %d \n", total[0] );
24:    printf( "영어 점수의 총점 : %d \n", total[1] );
25:    printf( "수학 점수의 총점 : %d \n", total[2] );
26: }
```

6 ◆ 2차원 배열은 대괄호([])를 두 개 사용합니다. int jumsu[100][3]은 정수형 변수 300개를 정의한 것과 같습니다. 학생이 100명이고, 국어, 영어, 수학 점수를 저장할 변수를 정의해야 하기 때문에, jumsu[학생수][과목수] 형식으로 정의합니다.

1차원 배열 total[3]을 정의하고 각각을 0으로 초기화합니다. 배열을 정의하고 모든 배열 요소를 ◆ **7**
0으로 초기화하려면 int total[3]={0,};처럼 사용하세요.

i는 0~99까지 1씩 증가하면서 10~14번째 줄을 반복 실행합니다. ◆ **9**

2차원 배열 jumsu는 300개의 정수형 변수와 같으며, 각각의 변수는 jumsum[0][0], jumsu[0][1], ◆ **11~13**
jumsu[0][2] ~ jumsum[99][0], jumsu[99][1], jumsu[99][2]까지 사용됩니다. i의 값이 0~99까지 변
화하므로, jumsu[i][0]은 100명에 대한 국어 점수를, jumsu[i][1]은 100명에 대한 영어 점수를 그리
고 jumsu[i][2]는 100명에 대한 수학 점수를 각각 저장합니다.

total[0]은 국어 점수의 총합을, total[1]은 영어 점수의 총합을 그리고 total[2]는 수학 점수의 총합 ◆ **18~20**
을 저장합니다.

"국어 점수의 총점 : 9200"을 출력합니다. ◆ **23**

"영어 점수의 총점 : 9000"을 출력합니다. ◆ **24**

"수학 점수의 총점 : 9500"을 출력합니다. ◆ **25**

프로그램 실행 결과는 다음과 같습니다.

```
국어 점수의 총점 : 9200
영어 점수의 총점 : 9000
수학 점수의 총점 : 9500
```

> **NOTE**
>
> 배열 요소를 초기화하는 방법은 여러 가지가 있으며, 다음과 같이 초기화할 수 있습니다.
>
> ```
> int x[3] = {0, 0, 0};          // 모든 배열 요소를 0으로 초기화
> int x[3] = {0, };              // 모든 배열 요소를 0으로 초기화
> int x[3] = {10, 20, };         // x[0]은 10, x[1]은 20, x[2]는 0으로 초기화
> int x[2][2] = {0,};            // 모든 배열 요소를 0으로 초기화
> int x[2][2] = {1,2,3,4};       // x[0][0]은 1, x[0][1]은 2, x[1][0]은 3, x[1][1]은 4
> int x[2][2] = {1,2,};          // x[0][0]은 1, x[0][1]은 2, x[1][0]은 0, x[1][1]은 0
> int x[2][2] = {{1,2},{3,4}};   // x[0][0]은 1, x[0][1]은 2, x[1][0]은 3, x[1][1]은 4
> int x[2][2] = {{1,}, {3,}};    // x[0][0]은 1, x[0][1]은 0, x[1][0]은 3, x[1][1]은 0
> ```

# 114 2차원 배열의 포인터 사용하기

- **학습 내용** : 2차원 배열의 포인터를 사용하는 방법을 학습합니다.
- **힌트 내용** : 포인터는 int (*pjumsu)[3];처럼 정의합니다.

📁 소스 : [예제-114].c

```c
1: #include <stdio.h>
2:
3: void main( void )
4: {
5:    int i;
6:    int jumsu[100][3];
7:    int total[3]={0,};
8:    int (*pjumsu)[3];
9:
10:   pjumsu = jumsu;
11:
12:   for( i=0; i<100; i++ )
13:   {
14:       pjumsu[i][0] = 92;          // 국어 점수
15:       pjumsu[i][1] = 90;          // 영어 점수
16:       pjumsu[i][2] = 95;          // 수학 점수
17:   }
18:
19:   for( i=0; i<100; i++ )
20:   {
21:       total[0] += pjumsu[i][0];   // 국어 총점
22:       total[1] += pjumsu[i][1];   // 영어 총점
23:       total[2] += pjumsu[i][2];   // 수학 총점
24:   }
25:
26:   printf( "국어 점수의 총점 : %d \n", total[0] );
27:   printf( "영어 점수의 총점 : %d \n", total[1] );
28:   printf( "수학 점수의 총점 : %d \n", total[2] );
29: }
```

2차원 배열의 포인터 pjumsu를 정의합니다. 그런데, 왜 int *jumsu;라고 정의하지 않고, 이렇게 복잡한 수식을 사용하는 것일까요? 그럼, int *jumsu;라고 사용했을 때의 예를 설명하겠습니다. ◆ 8

```
int jumsu[100][3];
int *pjumsu;

pjumsu = (int*)jumsu;

pjumsu[0] = 92;
pjumsu[1] = 90;
pjumsu[2] = 95;
...
pjumsu[297] = 92;
pjumsu[298] = 90;
pjumsu[299] = 95;
```

예와 같이 1차원 배열 포인디를 사용해도 2차원 배열을 다룰 수는 있습니다. 하지만, 2차원 배열을 사용할 때처럼 쉽게 구분이 되지는 않습니다. 예를 들어, jumsu[33][2]를 pjumsu[101]이라고 표현한다면 너무 알기가 어렵습니다. 그러므로 2차원 배열을 다룰 수 있는 특별한 방법이 필요하며, 바로 int (*pjumsu)[3];이라고 정의해야 쉽게 2차원 배열을 다룰 수 있는 것입니다. 1차원 배열을 정의하는 방법에서 괄호를 붙이고 배열 요소를 첨가하면 됩니다.

2차원 배열 jumsu의 분신으로 pjumsu를 지정합니다. ◆ 10

2차원 배열 포인터의 사용 방법은 2차원 배열을 사용하듯이 하면 됩니다. ◆ 14~16

2차원 배열 포인터를 사용하여 총점을 구합니다. ◆ 21~23

프로그램 실행 결과는 다음과 같습니다.

```
국어 점수의 총점 : 9200
영어 점수의 총점 : 9000
수학 점수의 총점 : 9500
```

# 2차원 배열을 함수에서 사용하기

- **학습 내용 :** 2차원 배열을 함수로 전달하는 방법을 학습합니다.
- **힌트 내용 :** 함수 인자의 데이터형은 int (*x)[3]을 사용하세요.

📁 소스 : [예제-115].c

```c
1: #include <stdio.h>
2:
3: void calc( int (*pjumsu)[3], int *ptotal );
4:
5: void main( void )
6: {
7:    int jumsu[100][3];
8:    int total[3]={0,};
9:    int (*pjumsu)[3];
10:
11:    pjumsu = jumsu;
12:
13:    calc( pjumsu, total );
14:
15:    printf( "국어 점수의 총점 : %d \n", total[0] );
16:    printf( "영어 점수의 총점 : %d \n", total[1] );
17:    printf( "수학 점수의 총점 : %d \n", total[2] );
18: }
19:
20: void calc( int (*pjumsu)[3], int *ptotal )
21: {
22:    int i;
23:
24:    for( i=0; i<100; i++ )
25:    {
26:        pjumsu[i][0] = 92;              // 국어 점수
27:        pjumsu[i][1] = 90;              // 영어 점수
28:        pjumsu[i][2] = 95;              // 수학 점수
29:    }
```

```
30:
31:    for( i=0; i<100; i++ )
32:    {
33:        ptotal[0] += pjumsu[i][0];          // 국어 총점
34:        ptotal[1] += pjumsu[i][1];          // 영어 총점
35:        ptotal[2] += pjumsu[i][2];          // 수학 총점
36:    }
37: }
```

calc() 함수를 호출합니다. 호출 시 jumsu의 2차원 배열 포인터형인 pjumsu를 넘겨줍니다. calc ◆ 13
( jumsu, total );도 동일한 문장이며, 실무에서는 특별히 9번째 줄처럼 pjumsu를 정의하지 않고,
바로 calc( jumsu, total );처럼 사용합니다.

국어, 영어, 수학의 총점을 출력합니다. ◆ 15~17

2차원 배열 jumsu를 대신해서 사용할 포인터 변수 pjumsu를 인자로 사용합니다. ◆ 20

2차원 배열 변수 jumsu의 분신인 pjumsu를 사용해서 100명의 학생에 대한 국어, 영어, 수학 점수 ◆ 26~28
를 대입합니다.

pjumsu를 사용하여 각 과목의 총점을 구합니다. ◆ 33~35

프로그램 실행 결과는 다음과 같습니다.

```
국어 점수의 총점 : 9200
영어 점수의 총점 : 9000
수학 점수의 총점 : 9500
```

> **N O T E**
>
> 2차원 배열을 함수에 전달하기 위해서는 다음과 같이 두 가지 방법이 사용됩니다.
>
> ```
> void func( int (*x)[과목수] );
> void func( int x[학생수][과목수] );
> ```

# 3차원 배열 사용하기

- **학습 내용 :** 3차원 배열의 정의하고 사용하는 방법을 학습합니다.
- **힌트 내용 :** 3차원 배열은 대괄호([ ])를 세 개 사용합니다.

📁 소스 : [예제-116].c

```c
1: #include <stdio.h>
2:
3: void main( void )
4: {
5:    int i, j;
6:    int jumsu[10][100][3];
7:    int total[3]={0,};
8:
9:    for( i=0; i<10; i++ )              // 10개 반
10:    {
11:        for( j=0; j<100; j++ )        // 100명
12:        {
13:            jumsu[i][j][0] = 92;      // 국어 점수
14:            jumsu[i][j][1] = 90;      // 영어 점수
15:            jumsu[i][j][2] = 95;      // 수학 점수
16:        }
17:    }
18:    for( i=0; i<10; i++ )
19:    {
20:        for( j=0; j<100; j++ )
21:        {
22:            total[0] += jumsu[i][j][0];   // 국어 총점
23:            total[1] += jumsu[i][j][1];   // 영어 총점
24:            total[2] += jumsu[i][j][2];   // 수학 총점
25:        }
26:    }
27:
28:    printf( "모든 반의 국어 점수의 총점 : %d \n", total[0] );
29:    printf( "모든 반의 영어 점수의 총점 : %d \n", total[1] );
30:    printf( "모든 반의 수학 점수의 총점 : %d \n", total[2] );
31: }
```

3차원 배열은 대괄호([])를 세 개 사용합니다. int jumsu[10][100][3]은 정수형 변수 3000개를 정의   ◆ 6
한 것과 같습니다. 반이 10개, 학생이 100명, 학생에 대한 국어, 영어, 수학 점수를 저장할 변수를
정의해야 하기 때문에, jumsu[반수][학생수][과목수] 형식으로 정의합니다.

1차원 배열 total[3]을 정의하고, 각각을 0으로 초기화합니다.   ◆ 7

i는 0~9까지 1씩 증가하면서 10~17번째 줄을 반복 실행합니다.   ◆ 9

j는 0부터 100보다 작을 때까지 1씩 증가하면서 12~16번째 줄을 반복 실행합니다. for 문이 중첩   ◆ 11
되어 사용되기 때문에, i가 0인 경우에 j는 0~99까지, i가 1인 경우에 j는 0~99까지, …, i가 9인
경우에 j는 0~99까지 매번 반복 실행됩니다.

3차원 배열 jumsu는 3000개의 정수형 변수와 같으며, 각각의 변수를 사용하기 위해서는   ◆ 13~15
jumsum[0][0][0], jumsu[0][0][1], jumsu[0][0][2] ~ jumsum[9][99][0], jumsu[9][99][1], jumsu[9]
[99][2]까지 사용됩니다. i의 값이 0~9까지 변화하고, j의 값이 0~99끼지 변화하므로, jumsu[i][j]
[0]은 각반의 100명에 대한 국어 점수를, jumsu[i][j][1]은 각 반의 100명에 대한 영어 점수를 그리
고 jumsu[i][j][2]는 각 반의 100명에 대한 수학 점수를 저장합니다.

total[0]은 국어 점수의 총합을, total[1]은 영어 점수의 총합을 그리고 total[2]는 수학 점수의 총합   ◆ 22~24
을 저장합니다.

프로그램 실행 결과는 다음과 같습니다.

```
모든 반의 국어 점수의 총점 : 92000
모든 반의 영어 점수의 총점 : 90000
모든 반의 수학 점수의 총점 : 95000
```

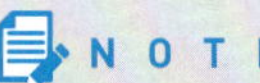

**N O T E**

3차원 배열 요소는 다음과 같이 초기화할 수 있습니다.

```
int x[3][3][3] = {0, };
int x[3][3][3] = {1,2,3,4,5,6,7,8,9,10,11,12,13,14,};
int x[3][3][3] = {{1,2,3},{4,5,6},{7,8,9},};
```

# 3차원 배열의 포인터 사용하기

- **학습 내용 :** 3차원 배열의 포인터를 사용하는 방법을 학습합니다.
- **힌트 내용 :** 포인터는 int ( * pjumsu )[100][3]; 처럼 정의합니다.

📁 소스 : [예제-117].c

```c
 1: #include <stdio.h>
 2:
 3: void main( void )
 4: {
 5:    int i, j;
 6:    int jumsu[10][100][3];
 7:    int total[3]={0,};
 8:    int (*pjumsu)[100][3];
 9:
10:    pjumsu = jumsu;
11:
12:    for( i=0; i<10; i++ )                // 10개 반
13:    {
14:        for( j=0; j<100; j++ )           // 100명
15:        {
16:            pjumsu[i][j][0] = 92;        // 국어 점수
17:            pjumsu[i][j][1] = 90;        // 영어 점수
18:            pjumsu[i][j][2] = 95;        // 수학 점수
19:        }
20:    }
21:    for( i=0; i<10; i++ )
22:    {
23:        for( j=0; j<100; j++ )
24:        {
25:            total[0] += pjumsu[i][j][0];  // 국어 총점
26:            total[1] += pjumsu[i][j][1];  // 영어 총점
27:            total[2] += pjumsu[i][j][2];  // 수학 총점
28:        }
29:    }
```

```
30:
31:    printf( "모든 반의 국어 점수의 총점 : %d \n", total[0] );
32:    printf( "모든 반의 영어 점수의 총점 : %d \n", total[1] );
33:    printf( "모든 반의 수학 점수의 총점 : %d \n", total[2] );
34: }
```

3차원 배열의 포인터 pjumsu를 정의합니다. 정의 방법은 2차원 배열과 비슷합니다. 제 2첨자, 제 3첨자를 사용하여 pjumsu를 정의하면 됩니다.　◆ **8**

3차원 배열 jumsu의 분신으로 pjumsu를 지정합니다.　◆ **10**

3차원 배열 포인터의 사용 방법은 3차원 배열을 사용하듯이 하면 됩니다.　◆ **16~18**

3차원 배열 포인터를 사용하여 총점을 구합니다.　◆ **25~27**

프로그램 실행 결과는 다음과 같습니다.

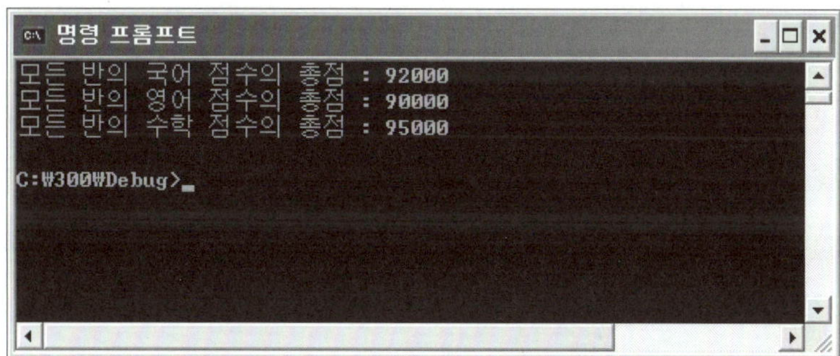


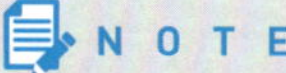
**N O T E**

포인터를 초기화하지 않으면 다른 메모리 영역에 존재하는 값을 바꾸게 될 지도 모릅니다. 배열 대신에 포인터를 사용할 때는 포인터를 꼭 초기화해야 한다는 사실을 반드시 기억해야 할 것입니다. 이러한 초기화 작업은 포인터에 다른 변수를 할당하거나 동적으로 메모리를 할당함으로써 가능해집니다.

# 3차원 배열을 함수에서 사용하기

• **학습 내용 :** 3차원 배열을 함수에서 사용하기
• **힌트 내용 :** 함수 인자의 데이터형은 int (*x)[100][3] 을 사용하세요.

소스 : [예제-118].c

```c
1: #include <stdio.h>
2:
3: void calc( int (*pjumsu)[100][3], int *ptotal );
4:
5: void main( void )
6: {
7:     int jumsu[10][100][3];
8:     int total[3]={0,};
9:
10:     calc( jumsu, total );
11:
12:     printf( "모든 반의 국어 점수의 총점 : %d \n", total[0] );
13:     printf( "모든 반의 영어 점수의 총점 : %d \n", total[1] );
14:     printf( "모든 반의 수학 점수의 총점 : %d \n", total[2] );
15: }
16:
17: void calc( int (*pjumsu)[100][3], int *ptotal )
18: {
19:     int i, j;
20:
21:     for( i=0; i<10; i++ )
22:     {
23:         for( j=0; j<100; j++ )
24:         {
25:             pjumsu[i][j][0] = 92;          // 국어 점수
26:             pjumsu[i][j][1] = 90;          // 영어 점수
27:             pjumsu[i][j][2] = 95;          // 수학 점수
28:         }
29:     }
```

```
30:
31:    for( i=0; i<10; i++ )
32:    {
33:        for( j=0; j<100; j++ )
34:        {
35:            ptotal[0] += pjumsu[i][j][0];        // 국어 총점
36:            ptotal[1] += pjumsu[i][j][1];        // 영어 총점
37:            ptotal[2] += pjumsu[i][j][2];        // 수학 총점
38:        }
39:    }
40: }
```

calc() 함수를 호출합니다. jumsu를 pjumsu에 넘겨줍니다.　　　　　◆ 10

jumsu를 대신해서 사용할 인자로 pjumsu를 정의합니다.　　　　　◆ 17

3차원 배열 변수 jumsu의 분신인 pjumsu를 사용해서 10개 반, 100명의 학생에 대한 국어, 영어,　◆ 25~27
수학 점수를 대입합니다.

pjumsu를 사용하여 모든 반의 각 과목에 대한 총점을 구합니다.　　　　◆ 35~37

프로그램 실행 결과는 다음과 같습니다.

```
모든 반의 국어 점수의 총점 : 92000
모든 반의 영어 점수의 총점 : 90000
모든 반의 수학 점수의 총점 : 95000
```

> **N O T E**
>
> 3차원 배열을 함수에 전달하기 위해서는 다음과 같이 두 가지 방법이 사용됩니다.
>
> ```
> void func( int (*x)[학생수][과목수] );
> void func( int x[반수][학생수][과목수] );
> ```

# 119

# 구조체 사용하기

- **학습 내용 :** 구조체의 사용법을 이해합니다.
- **힌트 내용 :** struct tagAddress를 사용하세요.

📁 **소스 : [예제-119].c**

```c
1: #include <stdio.h>
2: #include <string.h>
3:
4: struct tagAddress
5: {
6:     char name[30];                // 이름
7:     char phone[20];               // 전화
8:     char address[100];            // 주소
9: }; // 중괄호(}) 뒤의 세미콜론을 절대로 빠뜨리지 마세요...
10:
11: void main( void )
12: {
13:     struct tagAddress ad;
14:
15:     strcpy( ad.name, "홍길동" );
16:     strcpy( ad.phone, "02-1234-5678" );
17:     strcpy( ad.address, "서울시 양천구 목동아파트 13단지" );
18:
19:     printf( "이름 : %s \n", ad.name );
20:     printf( "전화 : %s \n", ad.phone );
21:     printf( "주소 : %s \n", ad.address );
22: }
```

4~9 ◆ 구조체 struct tagAddress를 선언합니다. 이 선언은 껍데기에 불과하기 때문에 13번째 줄에서처럼 구조체에 대한 변수의 정의가 필요합니다. 구조체 선언 시 9번째 줄의 세미콜론을 절대 빠뜨리면 안됩니다.

구조체 struct tagAddress에 대한 변수 ad를 정의합니다. 구조체에 대해서는 [예제-43]에서 만드는 방법과 사용하는 방법에 대해서 이미 설명하였습니다.    ◆ 13

구조체 ad의 name에 이름을 복사합니다.    ◆ 15

구조체 ad의 phone에 전화번호를 복사합니다.    ◆ 16

구조체 ad의 address에 주소를 복사합니다.    ◆ 17

ad.name을 출력합니다.    ◆ 19

ad.phone을 출력합니다.    ◆ 20

ad.address를 출력합니다.    ◆ 21

프로그램 실행 결과는 다음과 같습니다.

> **N O T E**
>
> 구조체는 아래의 카드철처럼 구조화된 데이터를 한 묶음으로 하여 처리할 때 사용됩니다.
>
> 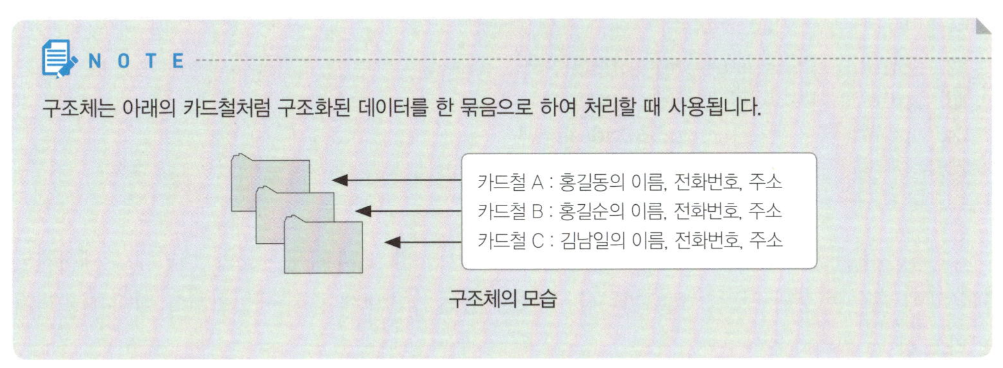
> 
>
> 구조체의 모습

# 구조체 포인터 사용하기



📁 소스 : [예제-120].c

```c
1: #include <stdio.h>
2: #include <string.h>
3:
4: struct tagAddress
5: {
6:    char name[30];           // 이름
7:    char phone[20];          // 전화
8:    char address[100];       // 주소
9: };
10:
11: void main( void )
12: {
13:    struct tagAddress ad;
14:    struct tagAddress *pad;
15:
16:    pad = &ad;
17:
18:    strcpy( (*pad).name, "홍길동" );
19:    strcpy( (*pad).phone, "02-1234-5678" );
20:    strcpy( (*pad).address, "서울시 양천구 목동아파트 13단지" );
21:
22:    printf( "이름 : %s \n", pad->name );
23:    printf( "전화 : %s \n", pad->phone );
24:    printf( "주소 : %s \n", pad->address );
25: }
```

4~9 ◆ 구조체 struct tagAddress를 선언합니다. 이 선언은 껍데기에 불과하기 때문에 13번째 줄에서처럼 구조체에 대한 변수의 정의가 필요합니다. 구조체 선언 시 9번째 줄의 세미콜론을 절대 빠뜨리지 말라고 한 것 기억나죠?

구조체 struct tagAddress에 대한 변수 ad를 정의합니다.  ◆ 13

구조체 struct tagAddress에 대한 포인터 변수 pad를 정의합니다.  ◆ 14

ad의 분신으로 pad를 지정합니다. 배열은 배열명이 배열을 대표하는 상수이기 때문에 번지 지정  ◆ 16
연산자(&)를 사용하지 않지만, 구조체는 일반 변수처럼 사용되기 때문에 번지 지정 연산자(&)를
반드시 사용해야 합니다.

pad를 사용하여 name에 이름을 복사합니다. pad가 분신이기 때문에 pad를 ad처럼 사용하기 위해  ◆ 18
서는 *pad라고 사용해야 합니다. 그런데, *가 .보다 연산 우선순위가 낮기 때문에 괄호로 묶어주
어야 합니다. *pad.name은 틀린 문장입니다. 반드시 (*pad).name처럼 사용하세요.

pad를 사용하여 phone에 전화번호를 복사합니다.  ◆ 19

pad를 사용하여 address에 주소를 복사합니다.  ◆ 20

구조체 ad.name을 pad를 사용하여 출력합니다. pad가 가리키는 구조체 멤버에 접근하기 위해서는  ◆ 22
(*pad).name 대신에 좀 더 간단한 pad-〉name이 더 많이 사용됩니다.

구조체 ad.phone을 pad를 사용하여 출력합니다.  ◆ 23

구조체 ad.address를 pad를 사용하여 출력합니다.  ◆ 24

프로그램 실행 결과는 다음과 같습니다.

```
이름 : 홍길동
전화 : 02-1234-5678
주소 : 서울시 양천구 목동아파트 13단지
```

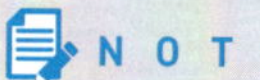

**N O T E**

구조체 포인터의 사용 방법은 다음과 같이 두 가지가 있는데, 주로 멤버 선택 연산자(−))를 많이 사용합니다.

```
strcpy( (*pad).name, 홍길동 );        // 자주 사용하지 않는 방법
strcpy( pad->name, 홍길동 );          // 자주 사용하는 방법
```

# 구조체를 함수에서 사용하기

• **학습 내용** : 구조체를 함수로 전달하는 방법을 이해합니다.
• **힌트 내용** : struct tagAddress *pad를 사용하세요.

📁 **소스 : [예제-121].c**

```c
1: #include <stdio.h>
2: #include <string.h>
3:
4: void print( struct tagAddress *pad );
5:
6: struct tagAddress
7: {
8:    char name[30];           // 이름
9:    char phone[20];          // 전화
10:   char address[100];       // 주소
11: };
12:
13: void main( void )
14: {
15:    struct tagAddress ad;
16:
17:    strcpy( ad.name, "홍길동" );
18:    strcpy( ad.phone, "02-1234-5678" );
19:    strcpy( ad.address, "서울시 양천구 목동아파트 13단지" );
20:
21:    print( &ad );
22: }
23:
24: void print( struct tagAddress *pad )
25: {
26:    printf( "이름 : %s \n", pad->name );
27:    printf( "전화 : %s \n", pad->phone );
28:    printf( "주소 : %s \n", pad->address );
29: }
```

구조체 struct tagAddress를 선언합니다. ◆ 6~11

구조체 struct tagAddress에 대한 변수 ad를 정의합니다. ◆ 15

print() 함수를 호출합니다. 호출 시 ad의 분신으로 pad를 지정합니다. 배열은 배열명이 배열을 대표하는 상수이기 때문에 번지 지정 연산자(&)를 사용하지 않지만, 구조체는 일반 변수처럼 사용되기 때문에 번지 지정 연산자(&)를 반드시 사용해야 합니다. ◆ 21

구조체 ad.name을 pad를 사용하여 출력합니다. ◆ 26

구조체 ad.phone을 pad를 사용하여 출력합니다. ◆ 27

구조체 ad.address를 pad를 사용하여 출력합니다. ◆ 28

프로그램 실행 결과는 다음과 같습니다.

```
이름 : 홍길동
전화 : 02-1234-5678
주소 : 서울시 양천구 목동아파트 13단지
```

**포인터에 대한 주의사항**

- 포인터를 사용하여 나눗셈, 곱셈, 나머지 연산과 같은 산술 동작을 수행하지 않도록 합시다. 포인터에서는 증가(덧셈)와 감소(뺄셈)가 허용됩니다.

- 포인터의 값이 증가되거나 감소될 때에는 10이나 지정된 값만큼 변화하는 것이 아니라, 포인터가 가리키는 데이터형의 크기만큼 값이 증가되거나 감소된다는 것을 잊지 않도록 합시다. 이런 사실은 포인터가 1바이트 char형에 대한 것이 아니더라도 적용됩니다.

- 배열로 사용되는 변수 즉, 포인터 상수를 증가시키거나 감소시키지 않도록 합시다. 즉, 포인터에 배열의 시작 주소를 할당하고 나서 포인터 변수를 사용합니다.

 **N O T E**

구조체 변수를 사용하여 멤버에 값을 대입할 때는 ad.name처럼 사용되며, 구조체 포인터를 사용하여 멤버에 값을 대입할 때는 pad→)name과 같이 사용한다는 것을 꼭 기억하세요.

# 구조체 배열 사용하기



- **학습 내용 :** 구조체를 여러 개 사용할 때 배열 형식으로 정의하는 방법을 학습합니다.
- **힌트 내용 :** struct tagAddress ad[3] 을 사용하세요.

📁 소스 : [예제-122].c

```c
1: #include <stdio.h>
2: #include <string.h>
3:
4: struct tagAddress
5: {
6:    char name[30];          // 이름
7:    char phone[20];         // 전화
8:    char address[100];      // 주소
9: };
10:
11: void main( void )
12: {
13:    struct tagAddress ad[3];
14:    int i;
15:
16:    for( i=0; i<3; i++ )
17:    {
18:        sprintf( ad[i].name, "홍길동 %d", i );
19:        strcpy( ad[i].phone, "02-1234-5678" );
20:        strcpy( ad[i].address, "서울시 양천구 목동아파트 13단지" );
21:    }
22:
23:    for( i=0; i<3; i++ )
24:    {
25:        printf( "이름 : %s \n", ad[i].name );
26:        printf( "전화 : %s \n", ad[i].phone );
27:        printf( "주소 : %s \n", ad[i].address );
28:    }
29: }
```

구조체 struct tagAddress에 대한 배열 변수 ad를 정의합니다.　　　　　　　◆ **13**

구조체 배열 ad[0] ~ ad[2]의 name에 이름을 복사합니다.　　　　　　　　　◆ **18**

구조체 배열 ad[0] ~ ad[2]의 phone에 전화번호를 복사합니다.　　　　　　　◆ **19**

구조체 배열 ad[0] ~ ad[2]의 address에 주소를 복사합니다.　　　　　　　　◆ **20**

구조체 배열 ad의 내용을 모두 출력합니다.　　　　　　　　　　　　　　　◆ **25~27**

프로그램 실행 결과는 다음과 같습니다.

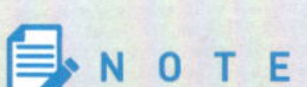


> **N O T E**
>
> 구조체 배열은 일반 배열과 사용 방법이 같습니다. 그러므로, 구조체 배열을 정의하고 사용할 때는 일반 배열을 사용하듯이 하면 되고, 구조체 배열은 또한 1차원 배열뿐만 아니라 2차원, 3차원 구조체 배열을 정의하고 사용할 수 있습니다.

# 구조체 배열 포인터 사용하기

- **학습 내용 :** 구조체 배열을 포인터를 사용하여 프로그래밍하는 방법을 학습합니다.
- **힌트 내용 :** 포인터는 struct tagAddress *pad; 처럼 정의합니다.

소스 : [예제-123].c

```c
1: #include <stdio.h>
2: #include <string.h>
3:
4: struct tagAddress
5: {
6:    char name[30];          // 이름
7:    char phone[20];         // 전화
8:    char address[100];      // 주소
9: };
10:
11: void main( void )
12: {
13:    struct tagAddress ad[3];
14:    struct tagAddress *pad;
15:    int i;
16:
17:    pad = ad; // 배열 변수이므로 번지 지정 연산자(&)를 사용하지 않습니다.
18:
19:    for( i=0; i<3; i++ )
20:    {
21:        sprintf( pad[i].name, "홍길동 %d", i );
22:        strcpy( pad[i].phone, "02-1234-5678" );
23:        strcpy( pad[i].address, "서울시 양천구 목동아파트 13단지" );
24:    }
25:
26:    for( i=0; i<3; i++ )
27:    {
28:        printf( "이름 : %s \n", pad[i].name );
29:        printf( "전화 : %s \n", pad[i].phone );
30:        printf( "주소 : %s \n", pad[i].address );
31:    }
32: }
```

구조체 struct tagAddress에 대한 변수 ad를 정의합니다. ◆ 13

구조체 struct tagAddress에 대한 포인터 변수 pad를 정의합니다. ◆ 14

ad의 분신으로 pad를 지정합니다. 배열은 배열명이 배열을 대표하는 상수이기 때문에 번지 지정 ◆ 17
연산자(&)를 사용하지 않습니다.

pad가 배열처럼 사용될 때는 배열 변수 ad와 사용법이 같습니다. ◆ 21~23

pad를 사용하여 구조체 ad를 출력합니다. ◆ 28~30

프로그램 실행 결과는 다음과 같습니다.

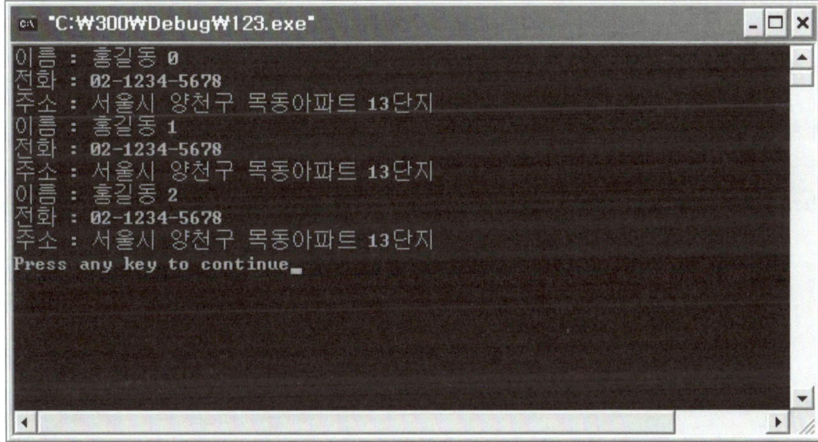

### 구조체에 대한 포인터

C 프로그램에서는 다른 어떤 데이터형에 대한 포인터와 마찬가지로 구조체에 대한 포인터를 선언하고 사용할 수 있습니다. 구조체에 대한 포인터는 함수의 인수로 구조체를 전달할 때 가끔 사용됩니다. 또한 구조체에 대한 포인터는 링크드 리스트(linked lists)라고 알려져 있는 매우 강력한 데이터 저장 방법에서 이용됩니다.

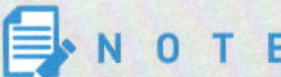

**N O T E**

구조체 배열 포인터의 사용 방법은 구조체 배열과 같습니다.

# 124

# 구조체 배열을 함수에서 사용하기

- **학습 내용** : 구조체 배열을 함수로 전달하는 방법을 이해합니다.
- **힌트 내용** : struct tagAddress *pad를 사용하세요.

📁 **소스 : [예제-124].c**

```c
 1: #include <stdio.h>
 2: #include <string.h>
 3:
 4: struct tagAddress
 5: {
 6:     char name[30];          // 이름
 7:     char phone[20];         // 전화
 8:     char address[100];      // 주소
 9: };
10:
11: void print( struct tagAddress *pad );
12:
13: void main( void )
14: {
15:     struct tagAddress ad[3];
16:     int i;
17:
18:     for( i=0; i<3; i++ )
19:     {
20:         sprintf( ad[i].name, "홍길동 %d", i );
21:         strcpy( ad[i].phone, "02-1234-5678" );
22:         strcpy( ad[i].address, "서울시 양천구 목동아파트 13단지" );
23:     }
24:
25:     print( ad );
26: }
27:
28: void print( struct tagAddress *pad )
29: {
```

```
30:    int i;
31:
32:    for( i=0; i<3; i++ )
33:    {
34:        printf( "이름 : %s \n", pad[i].name );
35:        printf( "전화 : %s \n", pad[i].phone );
36:        printf( "주소 : %s \n", pad[i].address );
37:    }
38: }
```

구조체 struct tagAddress에 대한 배열 변수 ad를 정의합니다.　　◆ 15

구조체 배열 ad를 구조체 배열 포인터 pad에 전달합니다.　　◆ 25

pad를 사용하여 구조체의 내용을 출력합니다.　　◆ 34~36

구조체의 내용을, 함수를 통해 출력하기 위해서는 구조체 포인터를 사용해야 합니다. 만약, 구조체 포인터를 사용하지 않고 구조체 변수를 통해 전달한다면 포인터의 전달에 비해 좀더 시간이 걸릴 것이며, 구조체의 배열을 전달한다면 그 시간은 더 많이 늘어날 것입니다.

프로그램 실행 결과는 다음과 같습니다.

```
이름 : 홍길동 0
전화 : 02-1234-5678
주소 : 서울시 양천구 목동아파트 13단지
이름 : 홍길동 1
전화 : 02-1234-5678
주소 : 서울시 양천구 목동아파트 13단지
이름 : 홍길동 2
전화 : 02-1234-5678
주소 : 서울시 양천구 목동아파트 13단지
```

# 구조체의 길이를 구하고 초기화하기

- **학습 내용** : sizeof 문을 사용한 구조체의 길이를 구하는 방법과 구조체의 멤버 변수를 일일이 초기화하지 않고 memset() 함수를 사용하여 초기화하는 방법을 학습합니다.
- **힌트 내용** : sizeof 문과 memset() 함수를 사용하세요.

📁 소스 : [예제-125].c

```c
 1: #include <stdio.h>
 2: #include <string.h>
 3:
 4: struct tagAddress
 5: {
 6:    char name[30];          // 이름
 7:    char phone[20];         // 전화
 8:    char address[100];      // 주소
 9: };
10:
11: typedef struct tagAddress addr;
12:
13: void main( void )
14: {
15:    addr ad;                // struct tagAddress ad;
16:    int len;
17:
18:    len = sizeof(addr);     // sizeof( struct tagAddress )
19:
20:    printf( "구조체 addr의 크기 : %d \n", len );
21:
22:    memset( &ad, 0, len );  // memset( &ad, 0, sizeof(addr) );
23: }
24:
```

11 ◆ typedef 문을 사용하여 struct tagAddress를 addr로 재정의하였습니다.

15 ◆ addr을 사용하여 ad를 정의합니다.

sizeof 문을 사용하여 구조체 전체의 길이를 구합니다.　◆ 18

구조체를 널로 초기화합니다. 구조체를 공백으로 초기화하려면 다음과 같이 하세요. 32는 공백에　◆ 22
해당하는 아스키 값이며, 16진수로 0x20입니다.

    memset( &ad, 32, len );

프로그램 실행 결과는 다음과 같습니다.

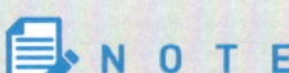

**N O T E**

구조체 및 모든 데이터형의 크기는 sizeof 문을 사용하여 구할 수 있습니다. 단, 다음과 같이 sizeof 문을 문자열에
대하여 사용할 경우 그 값은 문자열의 길이가 아니라, 문자열이 차지하고 있는 메모리상의 총 바이트 수라는 것을
잊지마세요!

    sizeof( "abcde" );

위 문자열에 대한 sizeof 문의 값은 6입니다. 문자열은 끝에 NULL 문자가 있기 때문에 "문자열의 길이 +1" 의
값이 되어 6이 되는 것입니다.

C의 sizeof() 연산자를 사용하면 프로그램 내에서 저장 영역의 크기를 계산할 수 있습니다. sizeof()는 함수가
아니라 단항 연산자인데, 변수의 이름이나 데이터형을 인수로 받아들이고, 인수로 사용된 변수나 데이터형의
크기를 바이트 단위로 계산하여 돌려줍니다.

# 공용체 사용하기

- **학습 내용 :** 멤버의 모든 변수가 동일한 공간을 사용하는 공용체를 사용하는 방법을 학습합니다.
- **힌트 내용 :** 공용체를 사용하세요.

소스 : [예제-126].c

```c
1: #include <stdio.h>
2:
3: typedef union tagVariable
4: {
5:    int i;
6:    double d;
7: } VA;
8:
9: void main( void )
10: {
11:    VA va;
12:
13:    va.i = 5;
14:
15:    printf( "va.i 공용체의 값 : %d \n", va.i );
16:
17:    va.d = 3.14;
18:
19:    printf( "va.d 공용체의 값 : %f \n", va.d );
20:    printf( "va.i 공용체의 값 : %d \n", va.i );
21: }
```

공용체는 특별한 경우에만 사용됩니다. 구조체와 선언 및 정의 방법이 같으며, 구조체와 다른 점은 공용체 멤버는 서로 같은 메모리 영역을 공유하고 있다는 것입니다. 공용체는 네트워크 프로그램 등에서 자주 사용됩니다.

☼ **새로운 용어**

**C++ :** C 언어의 기능을 확장하여 만든 객체 지향형 프로그래밍 언어로, 확장자는 CPP를 사용합니다.

typedef 문을 공용체와 같이 사용할 수 있습니다. 또한, 구조체에서도 typedef 문을 공용체와 동일 ◆ 3~7
하게 사용할 수 있습니다.

공용체 변수 va를 정의합니다. ◆ 11

공용체 변수 i에 5를 대입합니다. 이때 변수 d도 메모리를 공유하고 있기 때문에 d의 값도 의미가 ◆ 13
없는 값으로 변화됩니다.

공용체 변수 i의 값을 출력합니다. ◆ 15

공용체 변수 d에 3.14를 대입합니다. d에 값을 입력하면 자동으로 i의 값은 의미가 없는 값으로 변 ◆ 17
경됩니다.

공용체 변수 d를 출력합니다. ◆ 19

공용체 변수 i를 출력합니다. 출력값은 5가 아닌 1374389535가 됩니다. 이것은 i가 공용체 변수이 ◆ 20
기 때문에, 다른 공용체 멤버 변수의 값이 변할 때 자동으로 변화되기 때문입니다.

프로그램 실행 결과는 다음과 같습니다.

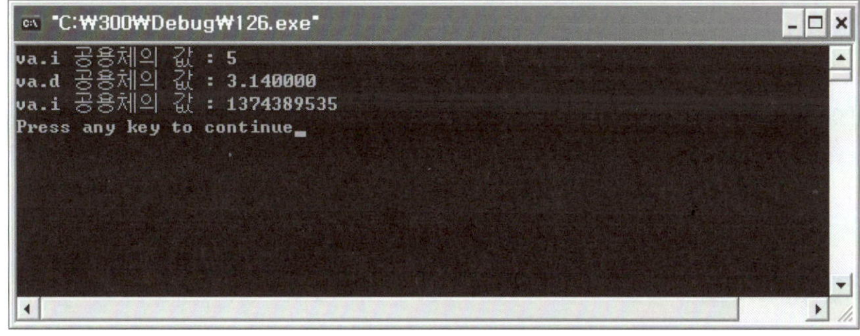


---

📑 **N O T E**

공용체 변수는 메모리 영역을 다음과 같이 공유합니다. 그러므로 두 개의 변수를 모두 사용할 수는 없으며,
각각의 상황에 맞는 데이터형 값을 저장할 때 편리하게 사용할 수 있습니다.

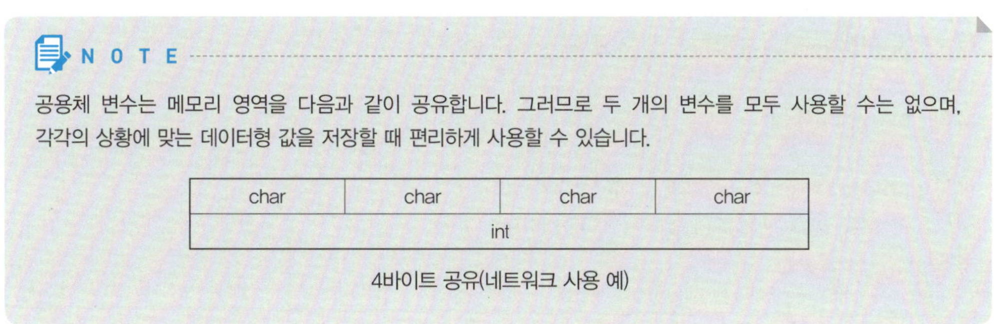

| char | char | char | char |
|------|------|------|------|
| int | | | |

4바이트 공유(네트워크 사용 예)

# 공용체를 함수에서 사용하기

- **학습 내용 :** 공용체를 함수에서 사용하는 방법을 이해합니다.
- **힌트 내용 :** VA *pva를 사용하세요.

📁 소스 : [예제-127].c

```c
1: #include <stdio.h>
2:
3: typedef union tagVariable
4: {
5:    int i;
6:    double d;
7: } VA;
8:
9: void print( VA *pva );
10:
11: void main( void )
12: {
13:    VA va;
14:
15:    print( &va );
16: }
17:
18: void print( VA *pva )
19: {
20:    pva->i = 5;
21:
22:    printf( "pva->i 공용체의 값 : %d \n", pva->i );
23:
24:    pva->d = 3.14;
25:
26:    printf( "pva->d 공용체의 값 : %f \n", pva->d );
27:    printf( "pva->i 공용체의 값 : %d \n", pva->i );
28: }
```

공용체 변수 va를 정의합니다.  ◆ 13

공용체 변수 va를 함수에 전달합니다. 전달 인수는 포인터형이므로 번지 지정 연산자를 반드시 사용해야 합니다.  ◆ 15

공용체 멤버 변수 사용 방법은 구조체와 동일합니다.  ◆ 20~27

프로그램 실행 결과는 다음과 같습니다.

```
pva->i 공용체의 값 : 5
pva->d 공용체의 값 : 3.140000
pva->i 공용체의 값 : 1374389535
```

### 공용체 정의와 선언, 그리고 초기화

공용체(unions)는 구조체와 비슷합니다. 공용체는 구조체와 같은 방법으로 선언되고 사용됩니다. 공용체는 한 번에 하나의 멤버만이 사용될 수 있다는 점에서 구조체와 다릅니다. 그 이유는 간단합니다. 공용체의 모든 멤버는 메모리에서 같은 영역을 차지하고 있습니다. 즉, 모든 멤버는 겹쳐져 있는 셈이 됩니다.

공용체는 구조체와 같은 방법으로 정의되고 선언됩니다. 선언문에서 유일한 차이점은 키워드 struct 대신에 union이 사용된다는 점입니다. char 변수와 정수형 변수의 간단한 공용체를 정의하기 위해 다음과 같이 작성할 수 있습니다.

```
union shared {
    char c;
    int i;
};
```

이 공용체 shared는 문자값 c나 정수 값 i 중 하나를 가질 수 있는 공용체 변수(instance)를 생성하는데 사용될 수 있습니다. 두 값을 모두 가지게 되는 구조체와 달리, 공용체는 한 번에 하나의 값만을 가질 수 있습니다.

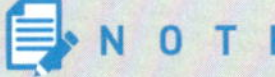

**N O T E**

공용체는 여러 가지 데이터형을 멤버로 선언하고, 상황에 맞는 데이터 값을 사용하고자 할 때 편리합니다. 나중에 MFC를 배우게 되면, COleVariant는 union을 사용하고 있는 클래스로써, unsigned char, short, long, float, double, ..., VARIANT FAR *, void FAR * 등 수많은 종류의 데이터형에 대하여 [예제-127]처럼 사용할 수 있음을 알게 될 것입니다.

# void형 포인터 사용하기

- **학습 내용 :** 모든 포인터형을 받을 수 있는 void형 포인터를 학습합니다.
- **힌트 내용 :** void형 포인터를 사용하세요.

📁 소스 : [예제-128].c

```c
 1: #include <stdio.h>
 2:
 3: void main( void )
 4: {
 5:    int i;
 6:    double d = 3.14;
 7:
 8:    int *pi;
 9:    double *pd;
10:    void *pv;
11:
12:    pi = &i;
13:    pd = &d;
14:    pi = &d;   // warning 에러 발생
15:    pv = &i;
16:    pv = &d;
17:
18:    printf( "실수 값 d : %f \n", *(double*)pv );
19: }
```

void라는 것의 사전적인 의미는 "비어 있다"라는 뜻입니다. 그래서 함수에서 반환값이 없는 경우 void를 사용하는 것입니다. 하지만, void형 포인터는 void의 사전적인 의미와는 달리 모든 포인터형을 수용할 수 있는 최고로 막강한 포인터입니다. void형 포인터는 주로 memset() 함수에서 사용되는 것처럼, 한 가지가 아닌 여러 가지 형의 포인터를 전달받고자 할 때 많이 사용됩니다. 단, 주의할 사항이 하나 있는데, void형 포인터를 사용하고자 할 때는 반드시 어떤 데이터형으로 사용되든지 캐스트(형 변환) 연산자를 사용하여 지정해야 합니다.

정수형 포인터를 정의합니다.　　　　　　　　　　　　　　　　　　◆ 8

실수형 포인터를 정의합니다.　　　　　　　　　　　　　　　　　　◆ 9

void형 포인터를 정의합니다.　　　　　　　　　　　　　　　　　　◆ 10

변수 i의 분신인 pi를 만듭니다. pi 포인터 변수의 값을 &i로 초기화합니다.　　◆ 12

변수 d의 분신인 pd를 만듭니다.　　　　　　　　　　　　　　　　◆ 13

실수형 값 d를 정수형 포인터에 대입하는 것은 잘못된 방법입니다. 이 문장은 다음과 같은 경고　◆ 14
(warning) 에러를 발생시킵니다.

    128.c(14) : warning C4133: '=': incompatible types - from 'double * 'to 'int *'

경고 에러의 의미는 "double형 포인터값을 사용해야 하는데, int형 포인터값을 사용하였기 때문에
서로 호환할 수 없다"라는 뜻입니다.

14번째 줄과는 달리 void형 포인터에 값을 대입하는 경우, 경고 에러는 발생하지 않습니다.　◆ 15~16

pv가 가리키는 값을 출력합니다. 단, void형 포인터 값을 출력할 때는 pv가 어떤 변수의 분신인지　◆ 18
를 명확하게 알려(캐스트)주어야 합니다. pv가 double형 포인터 값을 가리키고 있기 때문에 캐스트
는 (double*)처럼 해주면 됩니다. 만약 int형 포인터라면, (int*)처럼 해주면 됩니다.

프로그램 실행 결과는 다음과 같습니다.

# void형 포인터를 함수에서 사용하기

- **학습 내용 :** memset() 함수의 원리와 void형 포인터를 활용하는 방법을 학습합니다.
- **힌트 내용 :** 모든 포인터형을 받을 수 있는 void*를 사용하세요.

📁 소스 : [예제-129].c

```c
1: #include <stdio.h>
2: #include <string.h>
3:
4: typedef struct tagPoint
5: {
6:     int x;
7:     int y;
8: } point;
9:
10: void My_memset( void* dest, int c, unsigned count );
11:
12: void main( void )
13: {
14:     point pt = {5, 10};
15:     char array[10];
16:
17:     printf( "x, y : %d, %d \n", pt.x, pt.y );
18:
19:     My_memset( &pt, 0, sizeof(pt) );
20:
21:     printf( "x, y : %d, %d \n", pt.x, pt.y );
22:
23:     My_memset( array, 48, sizeof(array) );
24:
25:     printf( "array[0] ~ array[9] : %c ~ %c \n", array[0], array[9] );
26: }
27:
28: void My_memset( void* dest, int c, unsigned count )
29: {
```

```
30:    while(count--)
31:    {
32:        *(char*)dest = c;
33:        dest = (char*)dest + 1;
34:    }
35: }
```

My_memset() 함수를 선언합니다. 함수의 인자로 void*를 사용합니다. ◆ 10

구조체 변수 point를 정의하고, 구조체 멤버 변수의 값을 초기화합니다. point.x의 값은 5로 초기화 ◆ 14
되며, point.y의 값은 10으로 초기화됩니다.

구조체 변수를 My_memset() 함수에 전달합니다. ◆ 19

배열 변수를 My_memset() 함수에 전달합니다. ◆ 23

My_memset() 함수의 본체입니다. void *dest를 사용하여, 구조체 포인터 및 배열 포인터를 모두 ◆ 28
전달받을 수 있습니다.

주어진 크기만큼 30~34번째 줄을 반복 실행합니다. ◆ 30

c의 값을 dest가 가리키는 문자형(char*) 번지에 대입합니다. ◆ 32

dest가 가리키는 번지를 1바이트만큼 증가시킵니다. ◆ 33

프로그램 실행 결과는 다음과 같습니다.

```
x, y : 5, 10
x, y : 0, 0 (여기서 0은 아스키 값)
array[0] ~ array[9] : 0 ~ 0 (여기서 0은 문자 '0')
```

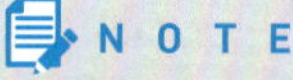

**N O T E**

void형 포인터는 모든 종류의 포인터형을 전달받을 수 있습니다.

# 포인터의 포인터 사용하기

- **학습 내용** : 포인터 배열의 포인터(포인터의 포인터)를 정의하고 사용하는 방법을 학습합니다.
- **힌트 내용** : 포인터의 포인터는 char**를 사용하세요.

소스 : [예제-130].c

```c
1: #include <stdio.h>
2:
3: void main( void )
4: {
5:     char *animal[3];
6:     char **ppanimal;
7:
8:     animal[0] = "호랑이";
9:     animal[1] = "사자";
10:     animal[2] = "토끼";
11:
12:     ppanimal = animal;
13:
14:     puts( animal[0] );
15:     puts( ppanimal[1] );
16:     puts( ppanimal[2] );
17: }
```

포인터의 포인터는 "친구의 친구를 사랑했네~~"라는 대중 가요 노래 가사처럼 친구의 친구 같은 존재입니다. 포인터가 분신이라고 설명했었는데, 포인터의 포인터는 분신의 분신입니다. 어려울 것은 하나도 없습니다. 그냥 친구의 친구 정도로만 생각하세요. 포인터의 포인터는 왜 필요할까요? 그 이유는 포인터 배열을 함수에 전달하기 위해서입니다.

5 ◆ [예제-108]에서 이미 설명한 포인터 배열입니다. 포인터 배열을 3개 정의했으므로, 분신도 3개를 만들 수 있습니다.

char **ppanimal이 바로 포인터의 포인터입니다. 배열을 함수에 전달하기 위해서 사용한 것이 포  ◆ 6
인터였고, 포인터 배열을 함수에 전달하기 위해 사용하는 것이 포인터의 포인터입니다. 포인터의
포인터는 별이 두 개(**)입니다.

호랑이의 분신으로 animal[0]을 지정합니다.  ◆ 8

사자의 분신으로 animal[1]을 지정합니다.  ◆ 9

토끼의 분신으로 animal[2]를 지정합니다.  ◆ 10

animal의 분신으로 ppanimal을 지정합니다. ppanimal은 animal[0], animal[1], animal[2]의 분신으로  ◆ 12
사용할 수 있습니다.

animal의 분신을 사용해서 호랑이, 사자, 토끼를 출력합니다.  ◆ 14~16

프로그램 실행 결과는 다음과 같습니다.

# 포인터의 포인터를 함수에서 사용하기

- **학습 내용** : 포인터의 포인터를 함수에서 사용하는 방법을 이해합니다.
- **힌트 내용** : char**를 사용하세요.

📁 소스 : [예제-131].c

```c
1: #include <stdio.h>
2:
3: void print( char **ppanimal );
4:
5: void main( void )
6: {
7:    char *animal[3];
8:
9:    animal[0] = "호랑이";
10:   animal[1] = "사자";
11:   animal[2] = "토끼";
12:
13:   print( animal );
14: }
15:
16: void print( char **ppanimal )
17: {
18:   puts( ppanimal[0] );
19:   puts( ppanimal[1] );
20:   puts( ppanimal[2] );
21: }
```

3 ◆ print() 함수의 인수를 포인터의 포인터로 선언합니다.

7 ◆ 포인터 배열을 정의합니다. 3개의 분신으로 사용할 수 있겠지요.

9~11 ◆ 분신을 3개 지정합니다.

분신을 함수에 넘깁니다. 이처럼 포인터 배열을 함수로 전달하기 위해서 포인터의 포인터가 사용됩니다.  ◆ 13

인수로 포인터의 포인터를 정의합니다. 참고로, 인수를 "char *ppanimal"라고 할 수는 없습니다. 만약 그렇게 한다면 다음과 같은 경고 에러가 발생됩니다.  ◆ 16

131.c(13) : warning C4047: 'function': 'char *'differs in levels of indirection from 'char *[3]'

이 에러는 "함수에서 문자형 포인터 배열(char*[3])을 문자형 포인터(char*)로 전달받으려 했기 때문에 주의하라"는 경고입니다. 경고 에러인 경우 프로그램은 실행할 수 있지만, 논리적 에러가 발생할 가능성이 아주 높습니다. 즉, 프로그램이 컴파일은 되지만 실행해 보면 엉뚱한 결과가 나올 수 있습니다.

포인터의 포인터를 사용하여 호랑이, 사자, 토끼를 출력합니다.  ◆ 18~20

포인터의 포인터는 주로 문자형 포인터 배열을 다룰 때 많이 사용합니다. 그리고 경우에 따라서 정수형, 실수형 포인터의 포인터를 사용하기도 합니다.

프로그램 실행 결과는 다음과 같습니다.

```
호랑이
사자
토끼
```

**Windows API**

API(Application Programming Interface)는 현재 사용하고 있는 운영체제에서 응용 프로그램을 만들기 위한 라이브러리 같은 것입니다. 요즘에 많이 사용되고 있는 Windows 2000/XP 운영체제하에서, 그 운영체제에 맞는 응용 프로그램을 만들고자 한다면, 반드시 Windows API를 사용해야 합니다. Windows API를 다른 말로 Win32 API라고도 하며, 이렇게 부르는 이유는 32비트 CPU를 사용하기 때문입니다.

# 함수 포인터 사용하기

- **학습 내용** : 포인터의 마지막이라 할 수 있는 함수 포인터를 이해합니다.
- **힌트 내용** : int (*myfunc)(const char*)를 사용하세요.

소스 : [예제-132].c

```c
1: #include <stdio.h>
2: #include <string.h>
3:
4: void main( void )
5: {
6:     int (*myfunc)( const char* );
7:
8:     myfunc = puts;
9:
10:    puts( "올챙이가 쑥 ~.~" );
11:    myfunc ( "뒷다리가 쭉 ~.~" );
12:
13:    myfunc = strlen;
14:
15:    printf( "문자열의 길이 : %d \n", strlen("αα") );
16:    printf( "문자열의 길이 : %d \n", myfunc ("αα") );
17: }
```

함수 포인터는 함수의 분신을 만들 수 있는 포인터를 말합니다. 함수 포인터는 그리 자주 사용되는 것은 아니지만, 사용 방법을 확실하게 알아두어야 합니다.

1 ◆ stdio.h 파일에는 puts() 함수가 선언되어 있습니다.

2 ◆ string.h 파일에는 strlen() 함수가 선언되어 있습니다.

6 ◆ 함수 포인터 변수 myfunc를 정의합니다. myfunc는 변수이기 때문에 사용 가능한 다른 변수의 이름으로 바꿀 수 있습니다. myfunc는 정수형(int) 값을 반환하고, 인자로 문자형 포인터를 넘겨주는 모든 함수를 대신해서 사용할 수 있습니다. 함수의 분신을 만드는 셈이죠!

다음은 puts() 함수의 원형입니다.

> int puts( const char* );

함수 포인터는 함수의 이름 부분을 (*myfunc)라고만 바꾸면 됩니다.

puts() 함수의 분신으로 myfunc를 지정합니다.   ◆ **8**

myfunc 함수 포인터를 사용해서 문자열을 출력합니다. myfunc가 puts() 함수의 분신이기 때문에   ◆ **11**
puts() 함수를 사용할 수 있는 모든 곳에 myfunc 함수 포인터를 사용할 수 있습니다.

strlen() 함수의 분신으로 myfunc를 지정합니다. strlen() 함수의 반환값이 unsigned int인데, int   ◆ **13**
형을 반환하는 myfunc 함수 포인터로 unsigned int형을 경우에 따라서 사용해도 무방합니다. 또
한, strlen() 함수의 분신이 되면서 더 이상 puts() 함수의 분신으로는 사용할 수 없습니다. 다음은
strlen() 함수의 원형입니다.

> unsigned int strlen( const char* );

strlen() 함수를 사용해서 문자열의 길이를 출력합니다.   ◆ **15**

myfunc 함수 포인터를 사용해서 문자열의 길이를 출력합니다.   ◆ **16**

프로그램 실행 결과는 다음과 같습니다.

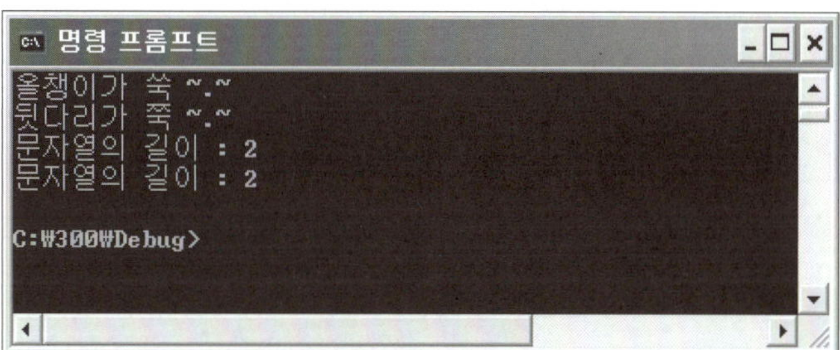


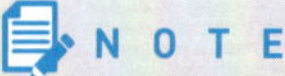
**N O T E**

strcpy() 함수의 함수 포인터는 다음과 같이 정의할 수 있습니다.

    char* (*cpy)(char*, const char*);

모든 함수 포인터는 함수 원형에서 함수명만 (*cpy)처럼 바꾸면 됩니다.

# 함수 포인터를 배열에서 사용하기

- **학습 내용 :** 포인터의 배열과 비슷한 함수 포인터 배열을 학습합니다.
- **힌트 내용 :** int (*myfunc[3])(const char*)를 사용하세요.

📁 **소스 : [예제-133].c**

```c
 1: #include <stdio.h>
 2: #include <string.h>
 3:
 4: void main( void )
 5: {
 6:     int (*myfunc[3])( const char* );
 7:
 8:     myfunc[0] = puts;
 9:     myfunc[1] = strlen;
10:     myfunc[2] = myfunc[1];
11:
12:     puts( "올챙이가 쑥 ~.~" );
13:     myfunc[0]( "뒷다리가 쭉 ~.~" );                    // puts()
14:
15:     printf( "문자열의 길이 : %d \n", strlen("αα") );
16:     printf( "문자열의 길이 : %d \n", myfunc[1]("αα") );        // strlen()
17:     printf( "문자열의 길이 : %d \n", myfunc[2]("αα") );        // strlen()
18: }
```

**6 ◆** 함수 포인터 배열을 정의합니다. 함수 포인터 배열은 함수 포인터의 옆에 배열 요소의 수만 표시하면 됩니다. 10개를 정의하고 싶다면 myfunc[10]처럼 하면 되겠지요.

**8 ◆** myfunc[0]을 puts() 함수의 분신으로 지정합니다.

**9 ◆** myfunc[1]을 strlen() 함수의 분신으로 지정합니다.

**10 ◆** myfunc[2]를 strlen() 함수의 분신으로 지정합니다.

puts() 함수를 사용해서 문자열을 출력합니다.　　　　　　　　　　　◆ 12

myfunc[0]을 사용해서 문자열을 출력합니다.　　　　　　　　　　◆ 13

strlen() 함수를 사용해서 문자열의 길이를 구합니다.　　　　　　◆ 15

myfunc[1]을 사용해서 문자열의 길이를 구합니다.　　　　　　　◆ 16

myfunc[2]를 사용해서 문자열의 길이를 구합니다.　　　　　　　◆ 17

프로그램 실행 결과는 다음과 같습니다.

```
올챙이가 쑥 ~.~
뒷다리가 쭉 ~.~
문자열의 길이 : 2
문자열의 길이 : 2
문자열의 길이 : 2
```

**N O T E**

함수 포인터는 프로그래머가 잘 접하지 않는 개념 중의 하나임에는 틀림 없습니다. 하지만, 앞으로 프로그래밍을 하다 보면 함수의 포인터를 매개 변수로 넘겨주는 함수나, 함수의 포인터를 반환하는 함수 등을 사용하게 될 것이며, 이때 이런 함수 포인터를 쉽게 이해하기 위해서는 [예제-133]을 확실하게 이해하고 응용할 수 있도록 학습하는 것이 좋습니다.

함수에 대한 포인터를 선언할 때에는 괄호를 사용해야 한다는 사실에 주의하기 바랍니다. 아무런 인수도 전달받지 않고 문자값을 돌려주는 함수에 대한 포인터는 다음과 같이 선언할 수 있습니다.

```
char (*func)();
```

문자에 대한 포인터를 돌려주는 함수는 다음과 같이 선언할 수 있습니다.

```
char* (*func)();
```

# 함수 포인터를 함수에서 사용하기

- **학습 내용 :** 함수 포인터를 함수에 전달하는 방법을 학습합니다.
- **힌트 내용 :** 함수의 인수는 int (*myfunc)(const char*)를 사용하세요.

📁 **소스 : [예제-134].c**

```c
1: #include <stdio.h>
2: #include <string.h>
3:
4: void print1( int (*X)(const char*) );
5: void print2( int (*X[2])(const char*) );
6:
7: void main( void )
8: {
9:    int (*myfunc[2])( const char* );
10:
11:    myfunc[0] = puts;
12:    myfunc[1] = strlen;
13:
14:    print1( myfunc[0] );
15:    print2( myfunc );
16: }
17:
18: void print1( int (*X)(const char*) )
19: {
20:    X( "올챙이가 쏙 ~.~" );
21: }
22:
23: void print2( int (*X[2])(const char*) )
24: {
25:    X[0]( "뒷다리가 쭉 ~.~" );
26:    printf( "문자열의 길이 : %d \n", X[1]("αα") );
27: }
```

함수의 인수로 함수 포인터를 선언합니다.　　　◆ 4

함수의 인수로 함수 포인터 배열을 선언합니다.　　　◆ 5

함수 포인터 배열을 정의합니다.　　　◆ 9

myfunc[0]을 puts() 함수의 분신으로 지정합니다.　　　◆ 11

myfunc[1]을 strlen() 함수의 분신으로 지정합니다.　　　◆ 12

함수 포인터를 함수에 전달합니다.　　　◆ 14

함수 포인터 배열을 함수에 전달합니다.　　　◆ 15

프로그램 실행 결과는 다음과 같습니다.

```
올챙이가 쑥 ~.~
뒷다리가 쭉 ~.~
문자열의 길이 : 2
```

**함수에 대한 포인터의 초기화**

함수에 대한 포인터를 사용하려면 포인터를 선언해야 할 뿐만 아니라, 어떤 것을 가리키도록 초기화해야 합니다. 물론, 여기서 "어떤 것"은 함수를 말합니다. 포인터가 가리켜야 하는 함수에는 아무런 제한이 없습니다. 한 가지 주의해야 할 사항이 있다면, 함수의 복귀형과 인수 목록이 포인터를 선언할 때 지정된 반환형이나 인수 목록과 일치해야 한다는 점입니다.

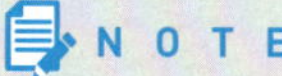

**N O T E**

함수 포인터를 함수에 넘기는 방법은 일반 포인터를 넘기는 방법과 유사합니다. 함수 포인터와 함수 포인터 배열을 매개 변수로 하는 함수에 대한 [예제–134]를 반복 학습하여 꼭 이해하도록 노력하세요.

# main( ) 함수 원형 사용하기

- **학습 내용** : 명령행에서 입력된 인수들을 main( ) 함수에서 사용하는 방법을 학습합니다.
- **힌트 내용** : int main( int argc, char* argv[ ] )를 사용하세요.

**소스 : [예제-135].c**

```
1: #include <stdio.h>
2:
3: int main( int argc, int *argv[] )
4: {
5:    int i;
6:
7:    printf( "인수의 수 : %d \n", argc );
8:
9:    for( i=0; i<argc; i++ )
10:   {
11:       printf( "argv[%d] : %s \n", i, argv[i] );
12:   }
13: }
```

지금까지 그냥 사용해 왔던 main() 함수는 3번째 줄과 같이 원형이 있습니다. main() 함수는 반환 값을 지정할 수 있으며, 명령행에서 문자열을 설정하여 프로그램을 실행할 수 있습니다. 다음은 main() 함수의 원형입니다.

> int main( int argc, char* argv[ ] );

도스 명령행에서 "135.exe abc 123"이라고 실행하면, 프로그램 135.exe가 실행되면서, 135.exe, abc, 123이 main() 함수에 전달됩니다. argc의 수는 3이 되며, argv[0]은 "135.exe"를 가리키고, argv[1]은 "abc"를 가리키며, argv[2]는 "123"을 가리킵니다. 인수는 여러 개 줄 수 있으며, 공백으로 분리하여 계속 써주면 됩니다.

main() 함수의 원형을 정의합니다. 전달받을 값이 없다면, main()처럼 사용해도 무방합니다. argc 는 총 전달된 인수의 수이며, argv는 포인터 배열입니다. argv는 특정한 크기가 없으며, 명령행에서 넘어온 값들을 공백으로 분리하여 argv[0], argv[1], argv[2], … 순으로 저장하고 있습니다.  ◆ **3**

명령행에서 넘어온 총 인수의 수를 출력합니다.  ◆ **7**

9~12번째 줄을 argc의 수만큼 반복 실행합니다.  ◆ **9**

argv[0], argv[1], argv[2], …, argv[argc−1]까지 모든 인수의 값을 출력합니다.  ◆ **11**

135.exe를 DOS 상이나 명령 프롬프트 상에서 다음과 같이 실행합니다. 굵은 글씨는 실제로 입력한 값입니다.

    **c:\>135.exe 1 2 3 4 5[Enter]**

프로그램의 실행 결과는 다음과 같습니다.

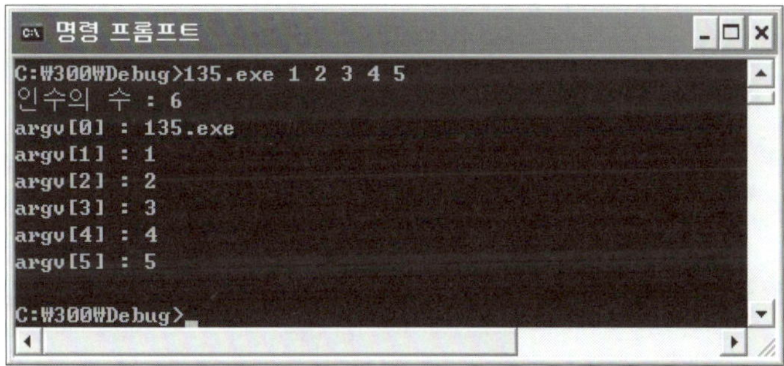

### MFC란?

MFC는 Microsoft Foundation Class Library의 약자이며, Windows 95/98/2000/XP 등에서 사용되는 Windows API 함수들은 C++ 클래스를 사용하여, 좀 더 강력한 프로그래밍을 할 수 있도록 만들어져 있습니다. 현재 Window 응용 프로그램을 만들기 위해 많이 사용되고 있습니다.

# 파일 생성하기(fopen)

- **학습 내용 :** 파일의 생성 및 개방 방법을 학습합니다.
- **힌트 내용 :** fopen() 함수를 사용하세요.

소스 : [예제-136].c

```c
 1: #include <stdio.h>
 2:
 3: void main( void )
 4: {
 5:     FILE *file;
 6:
 7:     file = fopen( "C:\\temp\\file.txt", "w+" );
 8:
 9:     if( file == NULL )
10:     {
11:         puts( "파일을 생성할 수 없습니다." );
12:     }
13:     else
14:     {
15:         puts( "파일이 정상적으로 생성되었습니다." );
16:         fclose( file );
17:     }
18: }
```

[예제-136]~[예제-167]은 파일의 입·출력과 관련된 예제입니다. 파일의 생성, 읽기 및 쓰기를 하려면 파일과 관련된 다양한 함수를 알아야 합니다. 이번 예제부터 설명할 파일 처리에 대해 이해하려면, [예제-1]~[예제-135]까지의 기초 지식이 있어야 합니다.

1 ◆ fopen() 함수가 선언되어 있는 헤더 파일(stdio.h)을 포함합니다. fopen() 함수의 원형은 다음과 같습니다. filename은 생성 또는 개방할 파일의 이름이며, mode는 filename을 어떤 방법으로 개방할 것인지를 지정합니다.

FILE *fopen( const char *filename, const char *mode );

fopen() 함수는 파일 포인터(FILE*)를 반환하는데, 이 포인터는 구조체의 포인터입니다.

파일 포인터(FILE*) 변수 file을 정의합니다. 파일 포인터는 생성된 파일을 가리키고 있으며, 파일 ◆ **5**
과 관련된 모든 함수에서 사용됩니다.

"C:\\temp"에 file.txt를 생성합니다. fopen() 함수는 파일의 생성 및 개방(open) 기능을 가지고 있 ◆ **7**
으며, 개방 모드에 따라 생성은 "w+", 읽기 위해서 개방할 때는 "r"등이 사용됩니다. 또한, 파일의
경로를 표시할 때 역슬래시(\)는 반드시 연속으로 두 개를 사용해야 하며, 그 이유는 역슬래시가
문자열에서 문자 상수 기능을 하는 특별한 기호이기 때문입니다. 자세한 것은 [16. 문자형 상수 이
해하기]를 참고하세요. 윈도 서버에서는 파일 생성이 안 되는 경우가 있습니다.

fopen() 함수를 사용해서 파일을 성공적으로 생성했으면, 파일 포인터(file)에 반환되는 핸들값은 ◆ **9**
NULL이 아니며, 실패하였을 경우에는 NULL이 반환됩니다. 그러므로 file의 핸들값을 조사하여
파일 생성이 실패하였다면, 실패에 따른 처리를 해주어야 합니다.

생성된 파일을 닫습니다. 파일 사용 시에는 반드시 열기(fopen)와 닫기(fclose)를 사용해야 합니다. ◆ **16**
만약 파일을 닫아주지 않으면, 파일과 관련되어 내부적으로 사용되었던 메모리가 해제되지 않기
때문에 운영체제에 문제가 생길 수도 있습니다. 실무에서 프로그램을 작성하다 보면 fclose() 함수
로 파일을 닫아주지 않아서 발생하는 프로그램 문제로 하루 종일 고생할 수도 있으니, 특별히 주의
하세요. 단, 9번째 줄에서 파일 포인터(file)가 NULL인 경우에는 파일이 개방되지 않은 경우이기
때문에 파일을 닫지 않아도 됩니다.

프로그램 실행 결과는 다음과 같습니다.

C 드라이브의 루트 디렉토리에 **file.txt** 파일이 생성되며, 파일의 크기는 아무것도 저장하지 않았기 때문에
0KB입니다.

**N O T E**

파일을 읽기 위해 개방하려면 다음과 같이 모드를 "r"로 사용하면 됩니다.

```
file = fopen( "c:\\file.txt", "r" );
```

# 137 파일에 한 문자 쓰기(fputc)

- **학습 내용 :** 파일에 한 개의 문자를 쓰는 방법을 학습합니다.
- **힌트 내용 :** fputc() 함수를 사용하세요.

📁 **소스 : [예제-137].c**

```c
1: #include <stdio.h>
2:
3: void main( void )
4: {
5:     FILE *fp;
6:
7:     fp = fopen( "c:\\file.txt", "w+" );
8:
9:     if( fp == NULL )
10:    {
11:        puts( "파일을 생성할 수 없습니다." );
12:    }
13:    else
14:    {
15:        fputc( 'A', fp );
16:        puts( "문자 'A'를 파일에 저장하였습니다." );
17:        fclose( fp );
18:    }
19: }
```

**1 ◆** fputc() 함수가 선언되어 있는 헤더 파일(stdio.h)을 포함합니다. fputc() 함수의 원형은 다음과 같습니다. c는 쓰여질 문자이며, stream은 개방된 파일의 포인터입니다.

int fputc( int c, FILE *stream );

**5 ◆** 파일 포인터 fp를 정의합니다. 앞으로 파일 포인터는 모두 fp로 사용할 것입니다.

파일을 생성합니다. [예제-136]에서 이미 file.txt 파일이 생성되어 있는데, "w+"모드를 사용하면 기존에 있던 파일을 삭제하고, 다시 생성합니다. 혹시 file.txt가 아닌 다른 파일 이름을 사용할 경우 그 파일이 지워질 수 있으므로 주의해서 사용하세요.    ◆ 7

파일이 성공적으로 생성되었는지 검사합니다. fp가 NULL이 아니면 파일은 성공적으로 생성된 것 입니다.    ◆ 9

생성된 파일에 문자 'A'를 저장합니다. 이 프로그램을 실행한 후 file.txt 파일을 열어보면 문자 'A'를 확인할 수 있습니다.    ◆ 15

개방된 파일을 닫아줍니다. [예제-136]에서도 언급했듯이, 반드시 fopen() 함수에 의해 개방된 파 일은 fclose() 함수에 의해 닫혀져야 합니다.    ◆ 17

프로그램 실행 결과는 다음과 같습니다.

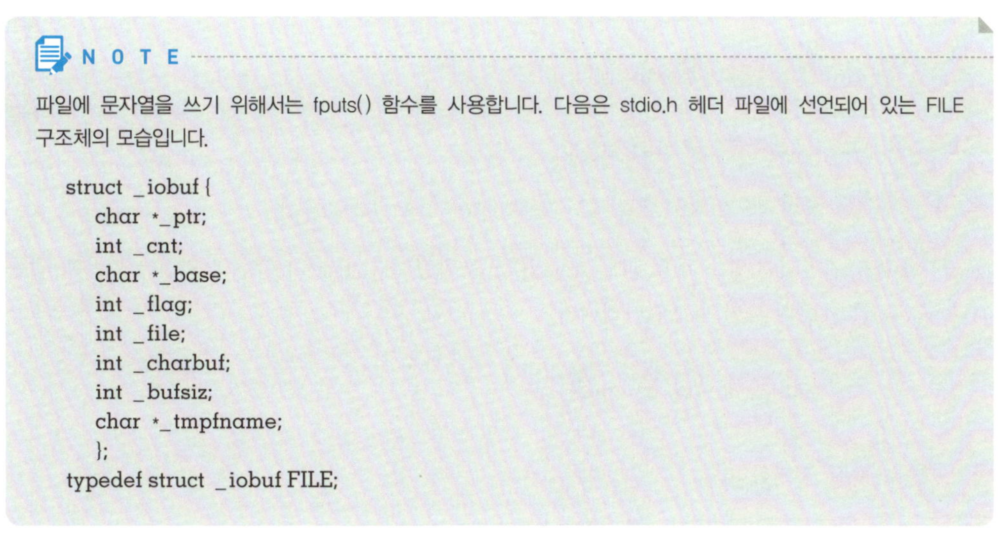

**N O T E**

파일에 문자열을 쓰기 위해서는 fputs() 함수를 사용합니다. 다음은 stdio.h 헤더 파일에 선언되어 있는 FILE 구조체의 모습입니다.

```c
struct _iobuf {
    char *_ptr;
    int _cnt;
    char *_base;
    int _flag;
    int _file;
    int _charbuf;
    int _bufsiz;
    char *_tmpfname;
    };
typedef struct _iobuf FILE;
```

# 파일에서 한 문자 읽기(fgetc)

- **학습 내용 :** 파일에서 한 개의 문자를 읽는 방법을 학습합니다.
- **힌트 내용 :** fgetc() 함수를 사용하세요.

📁 소스 : [예제-138].c

```c
1: #include <stdio.h>
2:
3: void main( void )
4: {
5:    FILE *fp;
6:    int ch;
7:
8:    fp = fopen( "c:\\file.txt", "r" );
9:
10:   if( fp == NULL )
11:   {
12:       puts( "파일을 생성할 수 없습니다." );
13:   }
14:   else
15:   {
16:       ch = fgetc( fp );
17:       printf( "읽은 문자 : %c \n", ch );
18:       fclose( fp );
19:   }
20: }
```

1 ◆ fgetc() 함수가 선언되어 있는 헤더 파일(stdio.h)을 포함합니다. fgetc() 함수의 원형은 다음과 같습니다. stream은 개방된 파일의 포인터입니다.

$$int\ fgetc(\ FILE\ *stream\ );$$

5 ◆ 파일 포인터 fp를 정의합니다.

파일을 개방합니다. [예제−137]에서 사용된 "w+"는 파일을 생성할 때 사용하는 것이며, "r"은 파    ◆ **8**
일을 읽기 위해 개방할 때 사용하는 것입니다.

fp가 NULL이면 파일 개방이 실패된 것입니다.    ◆ **10**

개방된 파일에서 문자를 하나 읽습니다. 만약 한 개의 문자를 읽지 못했다면, ch의 값은 EOF(−1)    ◆ **16**
가 반환됩니다.

읽은 문자를 출력합니다.    ◆ **17**

개방된 파일을 닫아줍니다.    ◆ **18**

프로그램 실행 결과는 다음과 같습니다.

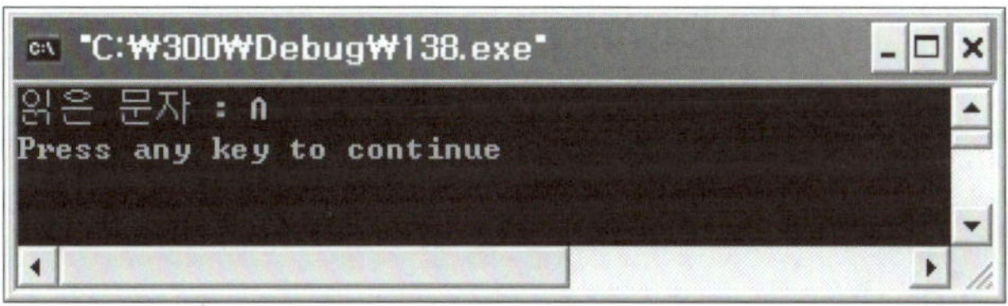


---

📄 N O T E

파일이 다른 프로그램에 의해 잠겨져 있는 경우 정상적으로 개방될 수 없습니다. 이런 경우에는 [예제−157]에서
학습하게 될 _access() 함수를 사용하여 파일을 사용할 수 있는지 여부를 확인해야 합니다. 다음은 _access()
함수를 사용한 확인 방법입니다.

```c
#include <stdio.h>
#include <io.h>

void main( void )
{
    char *path = "c:\\file.txt";

    if( _access(path, 6) != 0 )
    {
        printf( "파일을 읽거나 쓸 수 없습니다." );
    }
}
```

# 파일에 문자열 쓰기(fputs)

- **학습 내용** : 파일에 문자열을 쓰는 방법을 학습합니다.
- **힌트 내용** : fputs() 함수를 사용하세요.

 소스 : [예제-139].c

```c
1: #include <stdio.h>
2:
3: void main( void )
4: {
5:     FILE *fp;
6:
7:     fp = fopen( "c:\\file.txt", "w+" );
8:
9:     if( fp == NULL )
10:    {
11:        puts( "파일을 생성할 수 없습니다." );
12:    }
13:    else
14:    {
15:        fputs( "대한민국 \n", fp );
16:        fclose( fp );
17:    }
18: }
```

1 ◆ fputs() 함수가 선언되어 있는 헤더 파일(stdio.h)을 포함합니다. fputs() 함수의 원형은 다음과 같습니다. string은 저장할 문자열이며, stream은 개방된 파일의 포인터입니다.

```c
int fputs( const char *string, FILE *stream );
```

15 ◆ "대한민국"을 file.txt에 저장합니다. '\n'은 개행문자입니다.

# 파일에서 문자열 읽기(fgets)

- **학습 내용 :** 파일에서 문자열을 읽는 방법을 학습합니다.
- **힌트 내용 :** fgets() 함수를 사용하세요.

**소스 : [예제-140].c**

```c
1: #include <stdio.h>
2:
3: void main( void )
4: {
5:    FILE *fp;
6:    char buffer[100];
7:
8:    fp = fopen( "c:\\file.txt", "r" );
9:
10:   if( fp == NULL )
11:   {
12:       puts( "파일을 생성할 수 없습니다." );
13:   }
14:   else
15:   {
16:       fgets( buffer, 100, fp );
17:       puts( buffer );
18:       fclose( fp );
19:   }
20: }
```

**1** ◆ fgets() 함수가 선언되어 있는 헤더 파일(stdio.h)을 포함합니다. fgets() 함수의 원형은 다음과 같습니다. buffer는 문자열이 읽혀질 버퍼이며, n은 읽을 문자열의 길이입니다.

$$\text{int fgets( char *buffer, int n, FILE *stream );}$$

**16** ◆ file.txt에서 한 줄을 읽습니다. fgets() 함수는 최대 99바이트를 읽으며, 읽는중 개행문자를 만나면 99바이트를 읽지 않고, 그 지점까지만 버퍼에 읽습니다. 버퍼의 끝은 문자열처럼 NULL이 자동으로 추가됩니다.

# 141

# 파일에 형식화된 문자열 쓰기(fprintf)

- **학습 내용 :** 파일에 변수값을 저장하는 방법을 학습합니다.
- **힌트 내용 :** fprintf() 함수를 사용하세요.

소스 : [예제-141].c

```
 1: #include <stdio.h>
 2:
 3: void main( void )
 4: {
 5:    FILE *fp;
 6:    int i = 12345;
 7:
 8:    fp = fopen( "c:\\file.txt", "w+" );
 9:
10:    if( fp == NULL )
11:    {
12:        puts( "파일을 생성할 수 없습니다." );
13:    }
14:    else
15:    {
16:        fprintf( fp, "%d", i );
17:        fclose( fp );
18:    }
19: }
```

1 ◆ fprintf() 함수가 선언되어 있는 헤더 파일(stdio.h)을 포함합니다. fprintf() 함수의 원형은 다음과 같습니다. format은 printf() 함수와 같은 구조를 가진 형식 문자열입니다.

int fprintf( FILE *stream, const char *format [, argument ]...);

16 ◆ fprintf() 함수의 사용은 printf() 함수의 사용법과 같기 때문에, printf() 함수처럼 사용하면 됩니다.

# 파일에서 형식화된 문자열 읽기 (fscanf)

- **학습 내용 :** 파일에 저장되어 있는 값을 변수에 직접 읽어오는 방법을 학습합니다.
- **힌트 내용 :** fscanf() 함수를 사용하세요.

**소스 : [예제-142].c**

```c
1: #include <stdio.h>
2:
3: void main( void )
4: {
5:    FILE *fp;
6:    int i;
7:
8:    fp = fopen( "c:\\file.txt", "r" );
9:
10:   if( fp == NULL )
11:   {
12:       puts( "파일을 생성할 수 없습니다." );
13:   }
14:   else
15:   {
16:       fscanf( fp, "%d", &i );
17:       printf( "i = %d \n", i );
18:       fclose( fp );
19:   }
20: }
```

fscanf() 함수가 선언되어 있는 stdio.h를 포함합니다. fscanf() 함수의 원형은 다음과 같습니다. ◆ 1
format은 scanf() 함수의 사용법과 유사합니다.

> int fscanf( FILE *stream, const char *format [, argument ]... );

정수형 값을 읽습니다. fscanf() 함수는 scanf() 함수와 사용 방법이 같기 때문에 scanf() 함수처럼 ◆ 16
사용하면 됩니다.

# 파일의 버퍼 비우기(fflush)

- **학습 내용 :** 파일을 읽고 쓰는 버퍼를 강제로 비우는 방법을 학습합니다.
- **힌트 내용 :** fflush() 함수를 사용하세요.

소스 : [예제-143].c

```c
1: #include <stdio.h>
2:
3: void main( void )
4: {
5:     FILE *fp;
6:
7:     fp = fopen( "c:\\file.txt", "w+" );
8:
9:     if( fp == NULL )
10:    {
11:        puts( "파일을 생성할 수 없습니다." );
12:    }
13:    else
14:    {
15:        fputs( "대한민국", fp );
16:        fflush( fp );
17:        fclose( fp );
18:    }
19: }
```

1 ◆ fflush() 함수가 선언되어 있는 stdio.h를 포함합니다. fflush() 함수의 원형은 다음과 같습니다.

$$\text{int fflush( FILE *stream );}$$

15~16 ◆ 데이터는 파일에 저장되기 전에 임시 버퍼에 기록이 되는데, 만약 순간적으로 정전 등이 발생한다면 버퍼의 내용이 파일에 기록되지 않습니다. 이런 문제점을 방지하기 위해 파일 버퍼를 일정 크기만큼 채우지 않고, 즉시 파일에 저장하기 위해 사용하는 것이 fflush() 함수입니다. 또한, fflush() 함수는 표준 입·출력(stdin, stdout)에서 입·출력 버퍼를 비울 때도 사용됩니다.

# 파일 포인터의 현재 위치 구하기 1 (ftell)

**중급 144**

- **학습 내용 :** 파일 포인터의 의미와 읽고 쓸 파일의 위치를 구하는 방법을 학습합니다.
- **힌트 내용 :** ftell() 함수를 사용하세요.

소스 : [예제-144].c

```c
 1: #include <stdio.h>
 2:
 3: void main( void )
 4: {
 5:    FILE *fp;
 6:
 7:    fp = fopen( "c:\\file.txt", "w+" );
 8:
 9:    if( fp == NULL )
10:    {
11:        puts( "파일을 생성할 수 없습니다." );
12:    }
13:    else
14:    {
15:        printf( "파일 포인터의 위치 : %d \n", ftell(fp) );        // 0
16:        fputs( "abcde", fp );
17:        printf( "파일 포인터의 위치 : %d \n", ftell(fp) );        // 5
18:        fclose( fp );
19:    }
20: }
```

파일 포인터는 현재 읽거나 쓸 위치 값을 가리키는 것입니다. 파일을 새로 생성하거나 읽기 모드로 개방한 경우, 파일 포인터는 처음의 위치를 가리키는 0 값을 갖습니다.

ftell() 함수가 선언되어 있는 stdio.h를 포함합니다. ftell() 함수의 원형은 다음과 같습니다.
◆ 1

> long ftell( FILE *stream );

파일 포인터의 길이를 구합니다. 파일 포인터의 위치는 처음에는 0이며, "abcde"를 파일에 쓴 후에는 5가 됩니다.
◆ 15~17

# 파일 포인터를 처음으로 이동하기 1 (fseek)

- **학습 내용 :** 파일 포인터를 이동하는 방법 중 파일의 시작 부분으로 이동하는 방법을 학습합니다.
- **힌트 내용 :** fseek() 함수를 사용하세요.

**소스 : [예제-145].c**

```c
1: #include <stdio.h>
2:
3: void main( void )
4: {
5:    FILE *fp;
6:
7:    fp = fopen( "c:\\file.txt", "w+" );
8:
9:    if( fp == NULL )
10:   {
11:       puts( "파일을 생성할 수 없습니다." );
12:   }
13:   else
14:   {
15:       printf( "파일 포인터의 위치 : %d \n", ftell(fp) );        // 위치 : 0
16:       fputs( "abcde", fp );
17:       printf( "파일 포인터의 위치 : %d \n", ftell(fp) );        // 위치 : 5
18:       fseek( fp, 0L, SEEK_SET );
19:       printf( "파일 포인터의 위치 : %d \n", ftell(fp) );        // 위치 : 0
20:       fclose( fp );
21:   }
22: }
```

1 ◆ fseek() 함수가 선언되어 있는 stdio.h를 포함합니다. fseek() 함수의 원형은 다음과 같습니다. offset 은 파일의 이동할 거리이며, origin은 이동을 시작할 위치입니다.

```c
int fseek( FILE *stream, long offset, int origin );
```

파일 포인터의 위치를 파일의 처음을 기준으로 해서 0L 길이만큼 이동합니다. 즉, 파일의 처음으 ◆ 18~19
로 이동하는 것입니다. 파일 포인터의 값은 0이 되며, 이 위치에서 읽고 쓸 수 있습니다.

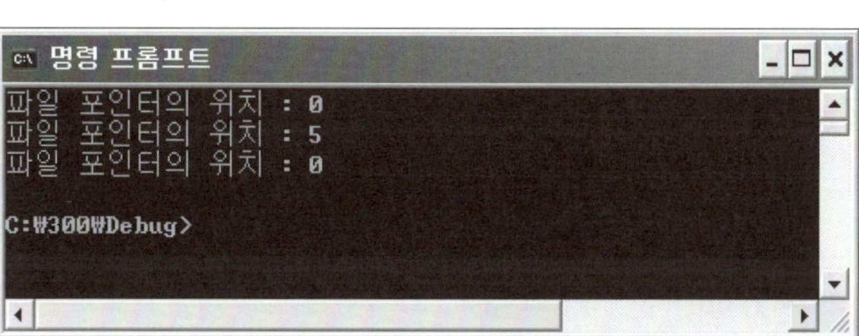


> **N O T E**
>
> 다음의 그림과 같이 fseek() 함수는 각각의 시작점에 대하여 양의 방향, 또는 음의 방향으로 움직일 수 있습니다.
>
> 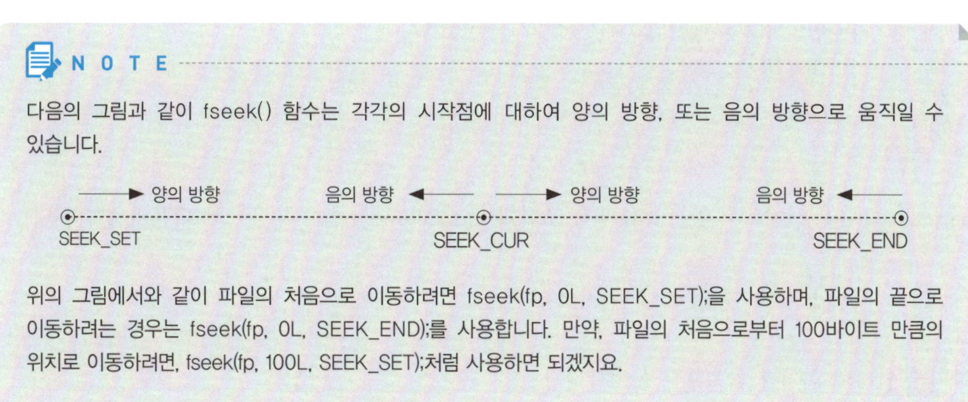
> 
>
> 위의 그림에서와 같이 파일의 처음으로 이동하려면 fseek(fp, 0L, SEEK_SET);을 사용하며, 파일의 끝으로 이동하려는 경우는 fseek(fp, 0L, SEEK_END);를 사용합니다. 만약, 파일의 처음으로부터 100바이트 만큼의 위치로 이동하려면, fseek(fp, 100L, SEEK_SET);처럼 사용하면 되겠지요.

# 파일 포인터를 처음으로 이동하기 2 (rewind)

- **학습 내용 :** 파일의 처음으로 이동하는 다양한 방법을 학습합니다.
- **힌트 내용 :** rewind() 함수를 사용하세요.

**소스 : [예제-146].c**

```c
1: #include <stdio.h>
2:
3: void main( void )
4: {
5:    FILE *fp;
6:
7:    fp = fopen( "c:\\file.txt", "w+" );
8:
9:    if( fp == NULL )
10:   {
11:       puts( "파일을 생성할 수 없습니다." );
12:   }
13:   else
14:   {
15:       printf( "파일 포인터의 위치 : %d \n", ftell(fp) );      // 위치 : 0
16:       fputs( "abcde", fp );
17:       printf( "파일 포인터의 위치 : %d \n", ftell(fp) );      // 위치 : 5
18:       rewind( fp );
19:       printf( "파일 포인터의 위치 : %d \n", ftell(fp) );      // 위치 : 0
20:       fclose( fp );
21:   }
22: }
```

1 ◆ rewind() 함수가 선언되어 있는 stdio.h를 포함합니다. rewind() 함수의 원형은 다음과 같습니다.

```c
void rewind( FILE *stream );
```

18~19 ◆ 파일 포인터의 위치를 처음으로 이동합니다.

# 파일 포인터를 끝으로 이동하기 (fseek)

- **학습 내용** : 파일을 추가하거나 파일의 길이를 구하기 위해 파일의 끝으로 이동하는 방법을 학습합니다.
- **힌트 내용** : fseek() 함수를 사용하세요.

소스 : [예제-147].c

```c
1: #include <stdio.h>
2:
3: void main( void )
4: {
5:    FILE *fp;
6:
7:    fp = fopen( "c:\\file.txt", "w+" );
8:
9:    if( fp == NULL )
10:    {
11:        puts( "파일을 생성할 수 없습니다." );
12:    }
13:    else
14:    {
15:        printf( "파일 포인터의 위치 : %d \n", ftell(fp) );      // 위치 : 0
16:        fputs( "abcde", fp );
17:        printf( "파일 포인터의 위치 : %d \n", ftell(fp) );      // 위치 : 5
18:        rewind( fp );
19:        printf( "파일 포인터의 위치 : %d \n", ftell(fp) );      // 위치 : 0
20:        fseek( fp, 0L, SEEK_END );
21:        printf( "파일 포인터의 위치 : %d \n", ftell(fp) );      // 위치 : 5
22:        fclose( fp );
23:    }
24: }
```

18번째 줄의 rewind() 함수에 의해 0으로 변경된 파일 포인터의 위치를 다시 파일의 끝(SEEK_END)을 가리키도록 변경합니다. ◆ 20

"파일 포인터의 위치 : 5"가 출력됩니다. ◆ 21

# 파일 포인터를 임의의 위치로 이동하기(fseek)



- **학습 내용 :** 파일을 읽고 쓰기 위해 파일 포인터를 임의의 위치로 이동하는 방법을 학습합니다.
- **힌트 내용 :** fseek() 함수를 사용하세요.

📁 소스 : [예제-148].c

```c
1: #include <stdio.h>
2:
3: void main( void )
4: {
5:    FILE *fp;
6:
7:    fp = fopen( "c:\\file.txt", "w+" );
8:
9:    if( fp == NULL )
10:   {
11:       puts( "파일을 생성할 수 없습니다." );
12:   }
13:   else
14:   {
15:       fputs( "abcde", fp );
16:       printf( "파일 포인터의 위치 : %d \n", ftell(fp) );        // 위치 : 5
17:       fseek( fp, -2L, SEEK_CUR );
18:       printf( "파일 포인터의 위치 : %d \n", ftell(fp) );        // 위치 : 3
19:       fclose( fp );
20:   }
21: }
```

17 ◆ 파일 포인터의 위치를 현재 위치(SEEK_CUR)에서 −2만큼 뒤로 이동합니다. 파일 포인터의 값은 이처럼 뒤로(음의 값) 이동할 수 있으며, 앞으로(양의 값) 이동할 수도 있습니다.

### fseek( ) 함수를 사용하여 파일 포인터를 이동하는 방법 3가지

▷ 파일의 처음으로 이동 : fseek( fp, 0L, SEEK_SET );

▷ 파일의 끝으로 이동 : fseek( fp, 0L, SEEK_END );

▷ 파일의 현재의 위치에서 임의의 위치로 이동 : fseek( fp, -2L, SEEK_CUR );

▷ 파일의 시작 위치로부터 2만큼의 위치로 이동 : fseek( fp, 2L, SEEK_SET );

만약 fseek( ) 함수를 사용 시 현재의 개방 모드가 추가 모드("a")라면 fseek( ) 함수를 사용한 위치는 이동될 수 없습니다. fseek( ) 함수를 사용하여 fseek(fp, 0L, SEEK_SET);이라고 한 후 fputs( ) 함수를 사용한다 해도, 파일 포인터는 이동하지 않기 때문에 항상 파일의 끝에만 추가됩니다. 또한, 추가 및 읽기 모드("a+")로 개방된 파일에 대하여 fseek( ) 함수를 사용 시 파일을 읽기 위해 fseek( ) 함수를 사용하는 것은 되지만, 파일을 쓰기 위해 fseek( ) 함수를 사용할 수는 없습니다. 이때도, 마찬가지로 fseek( ) 함수를 fseek(fp, 0L, SEEK_SET);이라고 한 후 fputs( ) 함수를 사용하여도 파일의 처음에는 쓸 수 없습니다. 즉, 추가 모드("a") 또는 추가 및 읽기 모드("a+")에서는 파일의 끝에만 쓸 수 있다는 것을 잊지마세요.

■ fseek( )에서 사용되는 origin의 값

int fseek(FILE *fp, long offset, int origin);

| 상수 이름 | 값 | 의미 |
|---|---|---|
| SEEK_SET | 0 | 위치 표시를 파일의 시작부터 offset 바이트 뒤로 이동 |
| SEEK_CUR | 1 | 위치 표시를 현재 위치에서 offset 바이트 앞·뒤로 이동 |
| SEEK_END | 2 | 위치 표시를 파일의 마지막부터 offset 바이트 앞으로 이동 |

# 파일의 길이 구하기(fseek)

- **학습 내용** : 파일의 길이를 구하는 원리를 학습합니다.
- **힌트 내용** : fseek(), ftell() 함수를 사용하세요.

소스 : [예제-149].c

```c
1: #include <stdio.h>
2:
3: void main( void )
4: {
5:    FILE *fp;
6:
7:    fp = fopen( "c:\\file.txt", "r" );
8:
9:    if( fp == NULL )
10:   {
11:       puts( "파일을 생성할 수 없습니다." );
12:   }
13:   else
14:   {
15:       fseek( fp, 0L, SEEK_END );
16:       printf( "파일의 길이 : %d \n", ftell(fp) );        // 길이 : 5
17:       fclose( fp );
18:   }
19: }
```

15~16 ◆ 파일의 길이를 구하기 위해서는 fseek() 함수를 사용하여 파일 포인터를 파일의 맨 끝으로 이동한 후, ftell() 함수를 사용하여 현재 파일 포인터의 위치 값을 구하면 됩니다. 파일의 길이는 5입니다.

# 파일 포인터의 현재 위치 구하기 2 (fgetpos)

- **학습 내용 :** ftell( ) 함수 대신에 사용되는 fgetpos( ) 함수의 사용 방법을 학습합니다.
- **힌트 내용 :** fgetpos( ) 함수를 사용하세요.

📁 소스 : [예제-150].c

```c
1: #include <stdio.h>
2:
3: void main( void )
4: {
5:    FILE *fp;
6:    fpos_t pos;
7:
8:    fp = fopen( "c:\\file.txt", "w+" );
9:
10:   if( fp == NULL )
11:   {
12:       puts( "파일을 생성할 수 없습니다." );
13:   }
14:   else
15:   {
16:       fputs( "abcde", fp );
17:       fgetpos( fp, &pos );
18:       printf( "파일 포인터의 위치 : %d \n", pos );        // 위치 : 5
19:       fclose( fp );
20:   }
21: }
```

fgetpos( ) 함수가 선언되어 있는 stdio.h를 포함합니다. fgetpos( ) 함수의 원형은 다음과 같습니다. pos에 파일 포인터의 위치가 저장됩니다.　◆ 1

```c
int fgetpos( FILE *stream, fpos_t *pos );
```

현재 파일 포인터의 위치를 구합니다.　◆ 17

# 파일 포인터의 현재 위치 설정하기 (fsetpos)

- **학습 내용** : fgetpos() 함수로 읽은 값을 다시 설정하는 방법을 학습합니다.
- **힌트 내용** : fsetpos() 함수를 사용하세요.

소스 : [예제-151].c

```c
1: #include <stdio.h>
2:
3: void main( void )
4: {
5:     FILE *fp;
6:     fpos_t pos;
7:
8:     fp = fopen( "c:\\file.txt", "w+" );
9:
10:    fgetpos( fp, &pos );          // pos : 0
11:    fputs( "abcde", fp );         // 파일 포인터의 위치 : 5
12:    fsetpos( fp, &pos );          // 파일 포인터의 위치 : 0
13:    printf( "파일 포인터의 위치 : %d \n", ftell(fp) );          // 위치 : 0
14:    fclose( fp );
15: }
```

1 ◆ fsetpos() 함수가 선언되어 있는 stdio.h를 포함합니다. fsetpos() 함수의 원형은 다음과 같습니다. pos는 fgetpos() 함수에서 읽은 값을 사용합니다.

```c
int fsetpos( FILE *stream, const fpos_t *pos );
```

10~12 ◆ 10번째 줄에서 읽은 현재 파일 포인터의 값은 0입니다. 그리고 11번째 줄에서 문자열 "abcde"를 파일에 쓰고 난 후에는 파일 포인터의 값은 5가 되며, 12번째 줄에서 파일 포인터를 원래의 값으로 재설정하기 때문에, 파일 포인터의 값은 0이 됩니다.

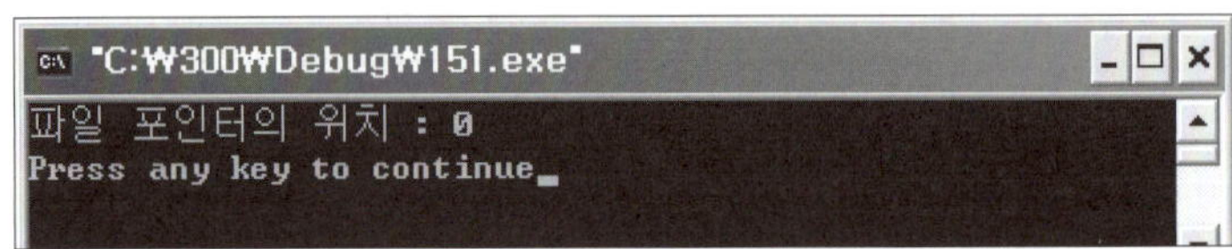

# 파일 닫기(fclose)

- **학습 내용 :** 파일의 자원을 해제하는 방법을 학습합니다.
- **힌트 내용 :** fclose() 함수를 사용하세요.

### 소스 : [예제-152].c

```c
1: #include <stdio.h>
2:
3: void main( void )
4: {
5:    FILE *fp;
6:
7:    fp = fopen( "c:\\file.txt", "w+" );
8:
9:    fputs( "fclose() 함수", fp );
10:   fclose( fp );
11: }
```

fclose() 함수가 선언되어 있는 stdio.h를 포함합니다. fclose() 함수의 원형은 다음과 같습니다.  ◆ 1

```c
int fclose( FILE *stream );
```

7번째 줄에서 개방한 파일을 닫습니다. 개방된 파일은 반드시 fclose() 함수에 의해 닫혀져야 합니다.  ◆ 10

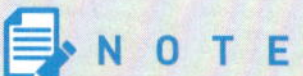 **N O T E**

현재 실행중인 프로그램이 개방한 여러 개의 파일을 한 번에 모두 닫으려면 _fcloseall() 함수를 사용하세요.

# 파일의 끝에 도달했는지 검사하기 (feof)

- **학습 내용 :** 파일을 읽는 중에 파일의 끝에 도달했는지 검사하는 방법을 학습합니다.
- **힌트 내용 :** feof() 함수를 사용하세요.

📁 소스 : [예제-153].c

```c
1: #include <stdio.h>
2:
3: void main( void )
4: {
5:    FILE *fp;
6:    int ch;
7:
8:    fp = fopen( "c:\\file.txt", "r" );
9:
10:   if( fp == NULL )
11:   {
12:       puts( "파일을 생성할 수 없습니다." );
13:   }
14:   else
15:   {
16:       while( !feof(fp) )
17:       {
18:           ch = fgetc( fp );
19:           printf( "읽은 문자 : %c \n", ch );
20:       }
21:       fclose( fp );
22:   }
23: }
```

1 ◆ feof() 함수가 선언되어 있는 stdio.h를 포함합니다. feof() 함수의 원형은 다음과 같습니다.

```c
int feof( FILE *stream );
```

인수 *stream은 파일을 열 때 fopen()이 돌려주는 FILE 포인터입니다. 함수 feof()는 파일 stream의 마지막에 도달하지 않았다면 0을 돌려주고 파일의 마지막에 도달하면 0이 아닌 값을 돌려줍니다. feof() 함수를 사용하여 파일을 읽는 중에 파일의 끝에 도달했다는 것을 확인하면, 더 이상 읽을 데이터가 없으므로 읽기를 멈추어야 합니다.

파일 포인터의 위치가 끝에 도달하지 않았다면 feof() 함수는 0을 반환합니다.　　　◆ 16

한 문자를 읽으면 파일 포인터는 자동으로 1만큼 증가합니다.　　　◆ 18

프로그램 실행 결과는 다음과 같습니다.

> **N O T E**
>
> 파일 포인터는 fgetc(), fputc(), fgets(), fputs(), fprintf(), fscanf() 함수를 사용할 때마다 자동으로 증가합니다. 위의 결과에 보면 마지막에는 읽은 문자가 없는데, 이것은 fgetc() 함수가 파일 끝을 만났기 때문에 아무 문자도 읽혀지지 않았기 때문입니다. 이런 경우에는 다음과 같이 feof() 함수를 사용하여 파일의 끝에 대해 알아볼 수 있습니다. 또한 fgets(), fread() 함수 등에 대해서도 다음과 같은 방법으로 파일 끝 여부를 확인할 수 있습니다.
>
> ```c
> while( !feof(fp) )
> {
>     ch = fgetc( fp );
>     if( feof(fp) ) break;
>     printf( "읽은 문자 : %c \n", ch );
> }
> ```

# 파일 읽기/쓰기 시 에러 검사하기 (ferror)

- **학습 내용 :** 파일을 읽거나 쓰는 경우, 에러가 발생되었는지를 검사하는 방법을 학습합니다.
- **힌트 내용 :** ferror( ) 함수를 사용하세요.

**소스 : [예제-154].c**

```c
 1: #include <stdio.h>
 2:
 3: void main( void )
 4: {
 5:    FILE *fp;
 6:    int ch;
 7:
 8:    fp = fopen( "c:\\file.txt", "r" );
 9:
10:    if( fp == NULL )
11:    {
12:        puts( "파일을 생성할 수 없습니다." );
13:    }
14:    else
15:    {
16:        while( !feof(fp) )
17:        {
18:            ch = fgetc( fp );
19:            if( ferror(fp) )
20:            {
21:                puts( "파일을 읽는 중에 에러가 발생하였습니다." );
22:            }
23:            printf( "읽은 문자 : %c \n", ch );
24:        }
25:        fclose( fp );
26:    }
27: }
```

ferror() 함수가 선언되어 있는 stdio.h를 포함합니다. ferror() 함수의 원형은 다음과 같습니다. ◆ 1

```
int ferror( FILE *stream );
```

ferror() 함수는 파일을 읽거나 쓸 때 에러가 발생하였는지의 여부를 확인하기 위해 사용합니다. ◆ 19
ferror() 함수는 에러가 있는 경우 0이 아닌 값을 반환합니다.

프로그램 실행 결과는 다음과 같습니다.

읽은 문자 : a
읽은 문자 : b
읽은 문자 : c
읽은 문자 : d
읽은 문자 : e
읽은 문자 : 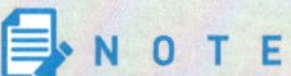  파일의 끝이므로 읽혀진 문자가 없습니다.

📝 **N O T E**

[예제-153]과 마찬가지로 파일의 끝에 대하여 검사하고자 할 경우에는 다음과 같은 문장을 19번째 줄에 삽입
하면 됩니다.

```
if( feof(fp) ) break;
```

# 파일 처리 시 발생된 에러 표시하기 (perror)

중급 155

- **학습 내용 :** 파일을 개방하고 읽거나 쓸 때, 에러가 발생 시 그 원인을 함수를 사용하여 출력하는 방법을 학습합니다.
- **힌트 내용 :** perror() 함수를 사용하세요.

소스 : [예제-155].c

```c
 1: #include <stdio.h>
 2:
 3: void main( void )
 4: {
 5:    FILE *fp;
 6:    int ch;
 7:
 8:    fp = fopen( "c:\\file_name.txt", "r" );
 9:
10:    if( fp == NULL )
11:    {
12:        perror( "파일 개방 에러" );
13:    }
14:    else
15:    {
16:        ch = fgetc( fp );
17:        if( ferror(fp) )
18:        {
19:            perror( "파일 읽기 에러" );
20:        }
21:        fclose( fp );
22:    }
23: }
```

1 ◆ perror() 함수가 선언되어 있는 stdio.h를 포함합니다. perror() 함수의 원형은 다음과 같습니다.

```
void perror( const char *string );
```

file_name.txt 파일을 개방합니다. 이 파일은 존재하지 않기 때문에 개방되지 않습니다. ◆ 8

파일이 존재하지 않기 때문에 fp는 NULL 값을 가집니다. ◆ 10

파일 개방이 실패한 원인을 출력합니다. perror() 함수는 파일 개방이 실패된 주 원인에 대하여 출 ◆ 12
력 메시지를 보여줍니다.

프로그램 실행 결과는 다음과 같습니다.

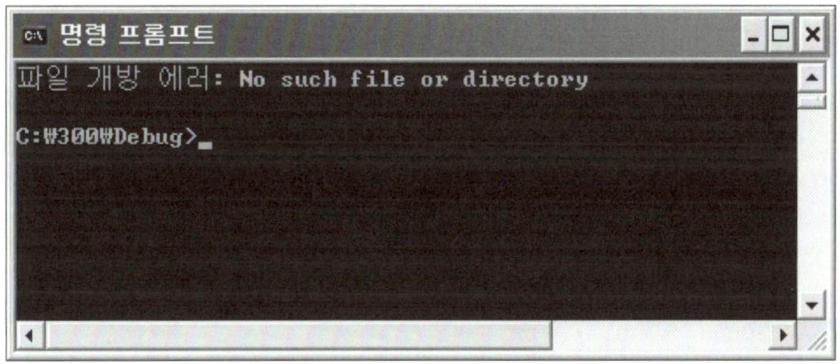


> **NOTE**
>
> strerror() 함수도 perror() 함수와 비슷합니다. perror() 함수는 내부적으로 error라는 시스템 전역 변수의 값에
> 대하여 _sys_errlist 배열의 포인터를 참조하여 에러를 출력해 줍니다. 이 값을 직접 참조하려면, 다음과 같이
> 선언한 후 사용할 수 있습니다.
>
> ```
> extern int errno;
> extern char *_sys_errlist[];
> ```
>
> perror() 함수는 에러를 처리하기 위해서 어떤 동작을 수행하지는 않습니다. 에러를 처리하기 위해서는
> 프로그램을 종료하는 것과 같은 동작을 수행하도록 지시하는 내용을 프로그래머가 직접 작성해야 합니다.
> 프로그램이 수행하는 동작은 errno의 값과 에러의 특성을 확인하여 결정됩니다. 전역 변수 errno를 사용하기
> 위해 헤더 파일 'errno.h'가 프로그램에 포함될 필요는 없다는 것을 기억하세요.

# 임시 파일 이름 만들기(tmpnam)



- **학습 내용 :** 파일 처리 시 필요로 하는 임시 파일 이름을 만들어 주는 함수에 대해 학습합니다.
- **힌트 내용 :** tmpnam() 함수를 사용하세요.

📁 소스 : [예제-156].c

```
1: #include <stdio.h>
2:
3: void main( void )
4: {
5:    int i;
6:    char buffer[500];
7:    char *path;
8:
9:    for( i=0; i<10; i++ )
10:   {
11:       tmpnam( buffer );
12:       puts( buffer );
13:   }
14:
15:   for( i=0; i<10; i++ )
16:   {
17:       path = _tempnam( "", "test" );
18:       puts( path );
19:   }
20: }
```

1 ◆ tmpnam() 함수가 선언되어 있는 stdio.h를 포함합니다. tmpnam(), _tmpnam() 함수의 원형은 다음과 같습니다. string은 임시로 생성된 파일의 이름이 저장될 버퍼입니다.

```
char *tmpnam( char *string );
char *_tmpnam( char *dir, char *prefix);
```

buffer에 임시 파일 이름을 구합니다. 임시 파일의 첫 문자는 역슬래시(\)가 자동으로 사용됩니다. ◆ 11
예를 들어, 임시 파일이 s268.1이라면 buffer에는 "\s268.1"이라고 저장됩니다.

"test"로 시작하는 임시 파일 이름을 구합니다. 임시 파일은 운영체제가 가리키는 임시 디렉토리의 ◆ 17
경로명을 갖습니다.

프로그램 실행 결과는 다음과 같습니다.

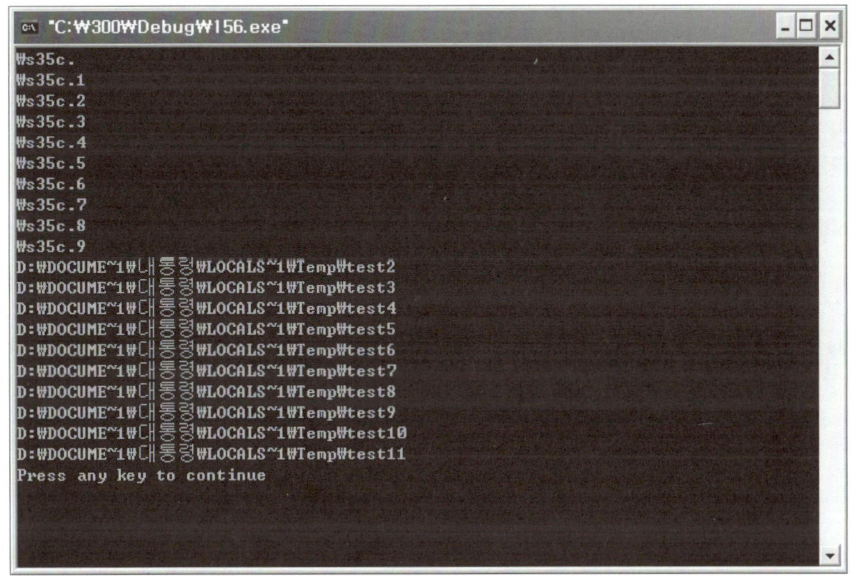

### 임시 파일

어떤 프로그램은 실행되는 동안 하나 이상의 임시 파일을 사용합니다. 임시 파일(temporary file)은 프로그램에 의해서 생성되고, 프로그램이 실행되는 동안 다른 목적으로 사용되다가 프로그램이 종료되기 전에 삭제되는 파일입니다. 임시 파일을 생성할 때에는 나중에 삭제할 것이므로 파일의 이름에 대해서는 신경쓰지 않습니다. 그러나 이미 사용중이 아닌 파일의 이름을 사용해야 합니다. C 언어에서는 존재하는 어떤 파일과도 충돌하지 않는 파일의 이름을 생성하는 tmpnam( ) 함수가 사용됩니다.

# 파일이 존재하는지 확인하기 (_access)

- **학습 내용 :** 파일의 존재 유무를 확인하는 방법을 학습합니다.
- **힌트 내용 :** _access() 함수를 사용하세요.

📁 소스 : [예제-157].c

```c
1: #include <stdio.h>
2: #include <io.h>
3:
4: void main( void )
5: {
6:    char *path = "c:\\file.txt";
7:
8:    if( _access( path, 0 ) == 0 )
9:    {
10:        puts( "해당 경로에 파일이 존재합니다." );
11:    }
12: }
```

2 ◆ _access() 함수가 선언되어 있는 io.h를 포함합니다. _access() 함수의 원형은 다음과 같습니다. path 는 검사할 파일의 경로 및 이름이며, mode는 검색할 방법을 지정합니다.

```c
int _access( const char *path, int mode );
```

mode는 다음과 같이 사용할 수 있습니다.

- ▶ 0 : 파일 및 디렉터리가 존재하는지 검사하는 경우
- ▶ 2 : 파일을 쓰기 위해 개방할 수 있는지 검사하는 경우
- ▶ 4 : 파일을 읽기 위해 개방할 수 있는지 검사하는 경우
- ▶ 6 : 파일을 읽기 및 쓰기 위해 개방할 수 있는지 검사하는 경우

8 ◆ 해당 경로에 파일이 존재하는지 검사합니다. 모드(mode)는 0을 사용합니다. 반환값이 0이 아니면 파일은 존재하지 않는 것입니다.

# 파일 이름 변경하기(rename)

- **학습 내용 :** 파일의 이름을 다른 이름으로 변경하는 방법을 학습합니다.
- **힌트 내용 :** rename( ) 함수를 사용하세요.

📁 소스 : [예제-158].c

```c
1: #include <stdio.h>
2:
3: void main( void )
4: {
5:    char *oldname = "c:\\file.txt";
6:    char *newname = "c:\\file_1.txt";
7:
8:    if( rename( oldname, newname )!= 0 )
9:    {
10:        perror( "파일명 변경 에러" );
11:    }
12:    else
13:    {
14:        puts( "파일명을 성공적으로 변경하였습니다!" );
15:    }
16: }
```

rename( ) 함수가 선언되어 있는 stdio.h를 포함합니다. rename( ) 함수의 원형은 다음과 같습니다. ◆ 1
oldname은 원래의 파일명이며, newname은 새로 변경할 파일명입니다.

> int rename( const char *oldname, const char *newname );

file.txt를 file_1.txt로 파일명을 변경합니다. 변경하려는 파일이 존재하지 않거나 사용중인 경우, 파 ◆ 8
일의 이름을 변경할 수 없습니다.

359

# 파일 속성 변경하기( _chmod)



- **학습 내용 :** 파일을 읽기 전용으로 변경하여 쓰거나 지울 수 없도록 설정하는 방법을 학습합니다.
- **힌트 내용 :** _chmod() 함수를 사용하세요.

**소스 : [예제-159].c**

```c
1: #include <stdio.h>
2: #include <io.h>
3: #include <sys/stat.h>
4:
5: void main( void )
6: {
7:    char *filename = "c:\\file_1.txt";
8:
9:    if( _chmod(filename, _S_IREAD)!= 0 )
10:   {
11:       perror( "파일 속성 설정 에러" );
12:   }
13:   else
14:   {
15:       puts( "파일의 속성을 성공적으로 설정하였습니다!" );
16:   }
17: }
```

2~3 ◆ _chmod() 함수가 선언되어 있는 헤더 파일(io.h, sys/stat.h)을 포함합니다. _chmod() 함수의 원형
은 다음과 같습니다. filename은 파일명이며, pmode는 읽기 또는 쓰기 설정 값입니다.

int _chmod( const char *filename, int pmode );

9 ◆ _chmod() 함수는 파일의 속성을 읽기 전용 등으로 설정합니다. _S_IREAD는 읽기 전용, _S_
IWRITE는 일반 파일로 설정할 때 사용합니다.

# 파일 삭제하기(remove)

- **학습 내용 :** 파일을 삭제하는 방법을 학습합니다.
- **힌트 내용 :** remove() 함수를 사용하세요.

**소스 : [예제-160].c**

```c
 1: #include <stdio.h>
 2:
 3: void main( void )
 4: {
 5:    char *filename = "c:\\file_1.txt";
 6:
 7:    if( remove(filename) )
 8:    {
 9:        perror( "파일 삭제 에러" );
10:    }
11:    else
12:    {
13:        puts( "파일을 성공적으로 삭제하였습니다!" );
14:    }
15: }
```

remove() 함수가 선언되어 있는 stdio.h를 포함합니다. remove() 함수의 원형은 다음과 같습니다. ◆ 1
path는 삭제할 파일의 경로 및 이름입니다.

$$int\ remove(\ const\ char\ *path\ );$$

지정된 경로의 파일을 삭제합니다. 파일이 없거나 사용중인 경우 또는 읽기 전용 파일은 삭제할 수 ◆ 7
없습니다.

프로그램 실행 결과는 다음과 같습니다.

파일 삭제 에러: **Permission denied** ◀ 에러가 발생한 경우

파일을 성공적으로 삭제하였습니다! ◀ 파일이 삭제된 경우

# 디렉터리 생성하기( _mkdir)

- **학습 내용 :** 디렉터리를 생성하는 방법을 학습합니다.
- **힌트 내용 :** _mkdir( ) 함수를 사용하세요.

소스 : [예제-161].c

```c
1: #include <stdio.h>
2: #include <direct.h>
3:
4: void main( void )
5: {
6:    char *pathname = "c:\\ccc";
7:
8:    if( _mkdir(pathname) == -1 )
9:    {
10:       perror( "디렉터리 생성 에러" );
11:    }
12:    else
13:    {
14:       puts( "디렉터리를 성공적으로 생성하였습니다!" );
15:    }
16: }
```

2 ◆ _mkdir( ) 함수가 선언되어 있는 direct.h를 포함합니다. _mkdir( ) 함수의 원형은 다음과 같습니다. dirname은 생성할 디렉터리의 경로 및 이름입니다.

```c
int _mkdir( const char *dirname );
```

8 ◆ "c:" 드라이브에 ccc 디렉터리를 생성합니다. 에러 시 _mkdir( ) 함수는 −1을 반환합니다.

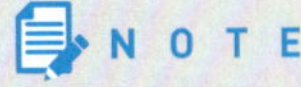

**N O T E**

디렉터리 삭제는 _rmdir( ) 함수를 사용하세요.

# 디렉터리 삭제하기( _rmdir)

- **학습 내용 :** 디렉터리를 삭제하는 방법을 학습합니다.
- **힌트 내용 :** _rmdir() 함수를 사용하세요.

📁 **소스 : [예제-162].c**

```c
1: #include <stdio.h>
2: #include <direct.h>
3:
4: void main( void )
5: {
6:    char *pathname = "c:\\ccc";
7:
8:    if( _rmdir(pathname) == -1 )
9:    {
10:        perror( "디렉터리 삭제 에러" );
11:    }
12:    else
13:    {
14:        puts( "디렉터리를 성공적으로 삭제하였습니다!" );
15:    }
16: }
```

_rmdir() 함수가 선언되어 있는 direct.h를 포함합니다. _rmdir() 함수의 원형은 다음과 같습니다. ◆ 2
dirname은 삭제할 디렉터리의 경로 및 이름입니다.

```c
int _rmdir( const char *dirname );
```

"c:" 드라이브에 생성되어 있는 ccc 디렉터리를 삭제합니다. 에러 시 _rmdir() 함수는 −1을 반환합니다. ◆ 8

📝 **N O T E**

디렉터리 생성은 _mkdir() 함수를 사용하세요.

# 현재 작업중인 디렉터리 구하기 (_getcwd)



- **학습 내용 :** 현재 작업중인 디렉터리를 구하는 방법을 학습합니다.
- **힌트 내용 :** _getcwd() 함수를 사용하세요.

**소스 : [예제-163].c**

```c
1: #include <stdio.h>
2: #include <stdlib.h>
3: #include <direct.h>
4:
5: void main( void )
6: {
7:    char pathname[_MAX_PATH];
8:
9:    _getcwd( pathname, _MAX_PATH );
10:
11:    puts( pathname );
12: }
```

2 ◆ _MAX_PATH가 선언되어 있는 stdlib.h를 포함합니다. _MAX_PATH는 운영체제에 따른 최대 경로의 길이 값을 갖고 있습니다. Visual C++ 6.0에서는 260입니다.

3 ◆ _getcwd() 함수가 선언되어 있는 direct.h를 포함합니다. _getcwd() 함수의 원형은 다음과 같습니다. buffer는 작업 디렉터리가 저장될 버퍼이며, maxlen은 buffer의 길이입니다.

```c
char *_getcwd( char *buffer, int maxlen );
```

9 ◆ 현재 작업 디렉터리를 구합니다.

프로그램 실행 결과는 다음과 같습니다.

C:\DOCUMENTS AND SETTINGS\ADMINISTRATOR\바탕 화면\정보문화사\예제\163

# 현재 작업중인 디렉터리 변경하기 (_chdir)

- **학습 내용 :** 현재 작업중인 디렉터리를 변경하는 방법을 학습합니다.
- **힌트 내용 :** _chdir() 함수를 사용하세요.

📁 소스 : [예제-164].c

```c
 1: #include <stdio.h>
 2: #include <stdlib.h>
 3: #include <direct.h>
 4:
 5: void main( void )
 6: {
 7:    char pathname[_MAX_PATH] = "c:\\temp";
 8:
 9:    if( _chdir( pathname ) == 0 )          // error : -1
10:    {
11:        _getcwd( pathname, _MAX_PATH );
12:        puts( pathname );
13:    }
14: }
```

_chdir() 함수가 선언되어 있는 direct.h를 포함합니다. _chdir() 함수의 원형은 다음과 같습니다. ◆ 3
buffer는 변경될 디렉터리의 이름입니다.

```c
int _chdir( char *buffer );
```

현재 작업 디렉터리를 c:\\temp로 설정합니다. 변경 시 에러가 발생하면 −1을 반환합니다. ◆ 9

프로그램 실행 결과는 다음과 같습니다.

# 현재 작업중인 드라이브 구하기 (_getdrive)

- **학습 내용 :** 현재 작업중인 드라이브를 구하는 방법을 학습합니다.
- **힌트 내용 :** _getdrive() 함수를 사용하세요.

📁 소스 : [예제-165].c

```c
1: #include <stdio.h>
2: #include <direct.h>
3:
4: void main( void )
5: {
6:    int drive;
7:
8:    drive = _getdrive();
9:
10:    printf( "현재 드라이브 : %c \n", 'A'+ drive - 1 );
11: }
```

2 ◆ _getdrive() 함수가 선언되어 있는 direct.h를 포함합니다. _getdrive() 함수의 원형은 다음과 같습니다.

```c
int _getdrive( void );
```

8 ◆ 현재 드라이브를 구합니다. 현재 드라이브는 1=A, 2=B, 3=C 드라이브의 순으로 구해집니다.

10 ◆ 현재 드라이브를 표시합니다. 현재 드라이브가 C이면 drive의 값은 3이며, 문자 'A'+3－1의 식에 따라 문자 'C'가 표시됩니다.

프로그램 실행 결과는 다음과 같습니다.

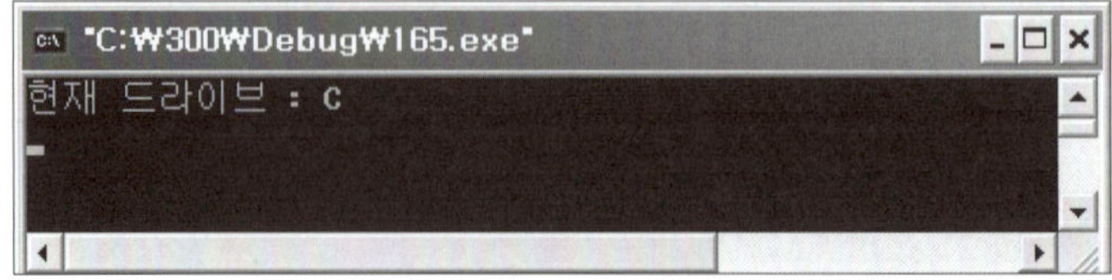

# 현재 작업중인 드라이브 변경하기 (_chdrive)

- **학습 내용 :** 작업중인 드라이브를 변경하는 방법을 학습합니다.
- **힌트 내용 :** _chdrive() 함수를 사용하세요.

**소스 : [예제-166].c**

```c
1: #include <stdio.h>
2: #include <direct.h>
3:
4: void main( void )
5: {
6:    int drive = 4;
7:
8:    if( _chdrive( drive ) == 0 )          // error : -1
9:    {
10:        drive = _getdrive();
11:        printf( "변경된 드라이브 : %c \n", 'A'+ drive - 1 );
12:    }
13: }
```

_chdrive() 함수가 선언되어 있는 direct.h를 포함합니다. _chdrive() 함수의 원형은 다음과 같습니다. drive는 변경할 드라이브를 숫자로 표현한 값입니다.  ◆ 2

```c
int __chdrive( int drive );
```

드라이브를 D(4)로 설정하기 위해 4로 초기화합니다. 드라이브의 값은 A(1), B(2), C(3), D(4), E(5), ..., Z(26)입니다.  ◆ 6

현재 작업 드라이브를 D로 변경합니다.  ◆ 8

프로그램 실행 결과는 다음과 같습니다.

```
변경된 드라이브 : D
드라이브 변경 실패: Permission denied (실패 시)
```

# 표준 입·출력 스트림 사용하기 (stdin, stdout)

- **학습 내용 :** 표준 입·출력 스트림의 기본 원리를 이해합니다.
- **힌트 내용 :** printf( ) 함수를 사용하세요.

📁 소스 : [예제-167].c

```
1: #include <stdio.h>
2:
3: void main( void )
4: {
5:     printf( "산은 산이요~ 물은 물이로다..." );
6: }
```

[예제-167]을 컴파일한 후 다음과 같이 실행하세요. 그러면 file.txt 파일이 생성됩니다.

```
C:\300\Debug>167.exe > file.txt

C:\300\Debug>_
```

📝 **N O T E**

파일로부터 문자열을 읽으려면 다음과 같이 합니다.

```
#include <stdio.h>
void main( void )
{
    char buffer[100];
    gets( buffer );
    puts( buffer );
}
c:\> 167.exe < file.txt[Enter]
```

# 현재까지 경과된 초의 수 구하기 (time)

- **학습 내용** : 1970년 1월 1일을 기준으로 현재까지 얼마만큼의 시간(초)이 흘렀는지 구하는 방법을 학습합니다.
- **힌트 내용** : time() 함수를 사용하세요.

📁 **소스 : [예제-168].c**

```c
 1: #include <stdio.h>
 2: #include <time.h>
 3:
 4: void main( void )
 5: {
 6:     time_t now;
 7:
 8:     time( &now );
 9:     printf( "1970년 1월 1일부터 현재까지 경과된 초 : %d \n", now );
10: }
```

time() 함수가 선언되어 있는 time.h를 포함합니다. time() 함수의 원형은 다음과 같습니다. timer 는 경과된 시간을 읽어올 변수입니다. ◆ 2

```c
time_t time( time_t *timer );
```

time() 함수에서 사용하는 time_t형 변수를 정의합니다. time_t는 내부적으로 long형으로 선언되어 있습니다. ◆ 6

현재 날짜 및 시간을 구합니다. time() 함수는 1970년 1월 1일 0시를 기준으로 해서 현재까지 경과된 초의 수를 반환합니다. 단, 이 시간은 세계 표준 시입니다. ◆ 8

프로그램 실행 결과는 다음과 같습니다. 단, 이 프로그램은 2016년 5월 9일을 기준으로 하였기 때문에, 경과된 초는 1462720557이 나옵니다.

# 날짜 및 시간 구하기 1(localtime)

중급 169

- **학습 내용 :** 날짜 및 시간을 구하는 방법을 학습합니다.
- **힌트 내용 :** time(), localtime() 함수를 사용하세요.

📁 소스 : [예제-169].c

```c
1: #include <stdio.h>
2: #include <time.h>
3:
4: void main( void )
5: {
6:    time_t now;
7:    struct tm t;
8:
9:    time( &now );
10:
11:    t = *localtime( &now );
12:
13:    printf( " 현재 날짜 및 시간 : %4d.%d.%d %d:%d:%d \n",
14:        t.tm_year+1900, t.tm_mon+1, t.tm_mday,
15:        t.tm_hour, t.tm_min, t.tm_sec );
16: }
```

2 ◆ localtime() 함수가 선언되어 있는 time.h를 포함합니다. localtime() 함수의 원형은 다음과 같습니다. timer는 time_t로 정의된 변수의 값입니다.

> struct tm *localtime( const time_t *timer );

7 ◆ localtime() 함수에서 사용되는 struct tm 구조체를 정의합니다.

11 ◆ time() 함수에서 구한 now 값을 struct tm 구조체 값으로 변환합니다. localtime() 함수가 struct tm 구조체의 포인터 값을 반환하기 때문에 포인터가 가리키는 값을 얻기 위해 *localtime()처럼

사용하였습니다. 또한, 대입 연산자(=)는 구조체를 대입할 수 있기 때문에 struct tm 구조체 t에 localtime() 함수에서 생성된 struct tm 구조체를 복사할 수 있습니다.

현재 날짜 및 시간을 출력합니다. 단, 현재 날짜를 출력 시, tm_year에는 1900을 더해 주어야 하며, tm_mon에는 1을 더해 주어야 합니다. 한국은 세계 표준시보다 9시간 빠르기 때문에 time() 함수에서 얻은 시간보다 9시간 큽니다. ◆ 13~15

프로그램 실행 결과는 다음과 같습니다.

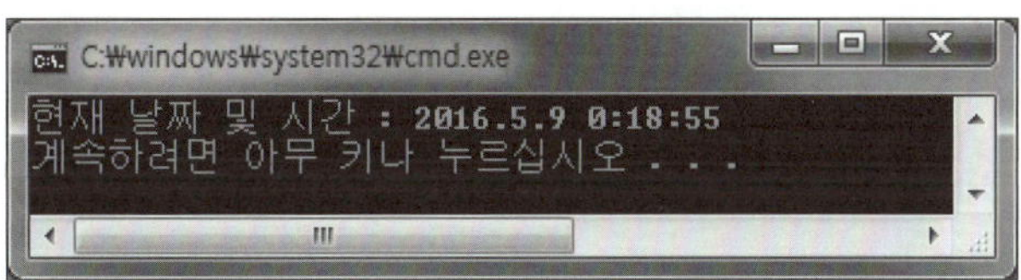


> **N O T E**
>
> struct tm 구조체는 다음과 같이 선언되어 있습니다.
>
> ```
> struct tm
> {
>     int tm_sec;      /* 초 0초(0) ~ 59초(59)                      */
>     int tm_min;      /* 분 0분(0) ~ 59분(59)                      */
>     int tm_hour;     /* 시 0시(0) ~ 23시(23)                      */
>     int tm_mday;     /* 일 1일(1) ~ 31일(31)                      */
>     int tm_mon;      /* 월 1월(0) ~ 12월(11)                      */
>     int tm_year;     /* 년 1970년(70) ~ 2038년(138)              */
>     int tm_wday;     /* 일(0) 월(1) 화(2) 수(3) 목(4) 금(5) 토(6) */
>     int tm_yday;     /* 1년의 경과 일 수 1월1일은 0, 2일은 1, ... */
>     int tm_isdst;    /* 써머타임이 적용되면 0이 아닌 값, 그 밖에는 0 */
> };
> ```

# 날짜 및 시간 구하기 2( _ftime)

- **학습 내용** : 날짜 및 시간을 구할 때 1/1000초를 구하는 방법을 학습합니다.
- **힌트 내용** : _ftime() 함수를 사용하세요.

**소스 : [예제-170].c**

```c
1: #include <stdio.h>
2: #include <time.h>
3: #include <sys/timeb.h>
4:
5: void main( void )
6: {
7:     struct _timeb tb;
8:     struct tm t;
9:
10:    _ftime( &tb );
11:
12:    t = *localtime( &tb.time );
13:
14:    printf( "현재 날짜 및 시간 : %4d.%d.%d %d:%d:%d.%d \n",
15:        t.tm_year+1900, t.tm_mon+1, t.tm_mday,
16:        t.tm_hour, t.tm_min, t.tm_sec, tb.millitm );
17: }
```

**3** ◆ _ftime() 함수가 선언되어 있는 timeb.h를 포함합니다. _ftime() 함수의 원형은 다음과 같습니다. timeptr은 날짜 및 시간이 읽혀진 _timeb 구조체 버퍼입니다.

```c
void _ftime( struct _timeb *timeptr );
```

**7** ◆ _ftime() 함수에서 사용되는 struct _timeb 구조체를 정의합니다.

**10** ◆ 현재 날짜 및 시간을 tb에 구합니다.

**12** ◆ tb 구조체의 멤버 변수인 tb.time을 사용하여 현재 시간을 구합니다.

tb 구조체의 멤버 변수인 tb.millitm을 사용하여 1/1000초를 출력합니다.

◆ 14~16

프로그램 실행 결과는 다음과 같습니다.

**알고 갑시다!**

### 구조체

[**43. 구조체 이해하기**]에서 학습한 것을 복습하는 차원에서 구조체에 대해 다시 한번 확인하고 넘어가도록 합시다. 구조체(structure)는 여러 개의 변수를 쉽게 사용할 수 있도록 하나의 이름으로 묶은 하나 이상 변수들의 집합을 말합니다.

■ 구조체에 포함되는 변수는 배열에서와는 달리 여러 가지 데이터형이 될 수 있습니다.
■ 구조체는 배열이나 다른 구조체 등 C의 모든 데이터형을 포함할 수 있습니다.
■ 구조체에 포함되는 각각의 변수를 구조체 멤버(member)라고 합니다.

구조체는 다음과 같은 형태를 띄고 있습니다.

```
struct ragsungjuk
{
    int kor;
    int eng;
    int math;
};
```

**N O T E**

struct _timeb 구조체는 다음과 같이 선언되어 있습니다.

```
struct _timeb
{
    time_t time;            /* time_t                          */
    unsigned short millitm; /* 1/1000 초                       */
    short timezone;         /* 세계 표준시와 현지와의 분수의 차이   */
    short dstflag;          /* 써머타임 적용 시 0이 아닌 값, 그 밖에는 0   */
};
```

# 세계 표준 시 구하기(gmtime)

- **학습 내용 :** 한국 시간을 정하는 기준이 되는 세계 표준 시를 구하는 방법을 학습합니다.
- **힌트 내용 :** gmtime() 함수를 사용하세요.

📁 소스 : [예제-171].c

```
 1: #include <stdio.h>
 2: #include <time.h>
 3:
 4: void main( void )
 5: {
 6:    time_t now;
 7:    struct tm t;
 8:
 9:    time( &now );
10:
11:    t = *gmtime( &now );
12:
13:    printf( "세계 표준 시 : %4d.%d.%d %d:%d:%d \n",
14:        t.tm_year+1900, t.tm_mon+1, t.tm_mday,
15:        t.tm_hour, t.tm_min, t.tm_sec );
16: }
```

2 ◆ gmtime() 함수가 선언되어 있는 time.h를 포함합니다. gmtime() 함수의 원형은 다음과 같습니다.

```
struct tm *gmtime( const time_t *timer );
```

11 ◆ 세계 표준 시를 구합니다.

프로그램 실행 결과는 다음과 같습니다.

세계 표준 시 : 2016.5.8 15:21:7

374

# 날짜 및 시간을 문자열로 변환하기 (ctime)

- **학습 내용** : 날짜 및 시간을 " Fri Sep 16 13:19:08 2005 " 형식의 문자열로 변환하는 방법을 학습합니다.
- **힌트 내용** : ctime() 함수를 사용하세요.

📁 소스 : [예제-172].c

```c
1: #include <stdio.h>
2: #include <time.h>
3:
4: void main( void )
5: {
6:     time_t now;
7:
8:     time( &now );
9:
10:     printf( "현재 날짜 및 시간 : %s ", ctime( &now ) );
11: }
```

ctime() 함수가 선언되어 있는 time.h를 포함합니다. ctime() 함수의 원형은 다음과 같습니다.  ◆ 2

```c
char *ctime( const time_t *timer );
```

현재 날짜 및 시간에 대한 now 값을 문자열로 출력합니다. 단, ctime() 함수는 문자열의 끝에 개행  ◆ 10
문자('\n')를 자동으로 추가하므로 주의하세요.

프로그램 실행 결과는 다음과 같습니다.

# 날짜 및 시간을 더하거나 빼기 (mktime)

- **학습 내용 :** 날짜 및 시간을 더하거나 빼는 방법을 학습합니다.
- **힌트 내용 :** mktime() 함수를 사용하세요.

📁 소스 : [예제-173].c

```c
1: #include <stdio.h>
2: #include <time.h>
3:
4: void main( void )
5: {
6:    time_t now;
7:    struct tm t;
8:
9:    time( &now );
10:    t = *localtime( &now );
11:    t.tm_mday += 100;
12:    mktime( &t );
13:
14:    printf( "현재 날짜에 100일 더한 날짜 : %4d.%d.%d %d:%d:%d \n",
15:        t.tm_year+1900, t.tm_mon+1, t.tm_mday,
16:        t.tm_hour, t.tm_min, t.tm_sec );
17: }
```

**2 ◆** mktime() 함수가 선언되어 있는 time.h를 포함합니다. mktime() 함수의 원형은 다음과 같습니다.

```c
time_t mktime( struct tm *timeptr );
```

**11 ◆** 현재 날짜에 100일을 더합니다. 100일을 더한 실제 날짜를 계산합니다.

프로그램 실행 결과는 다음과 같습니다.

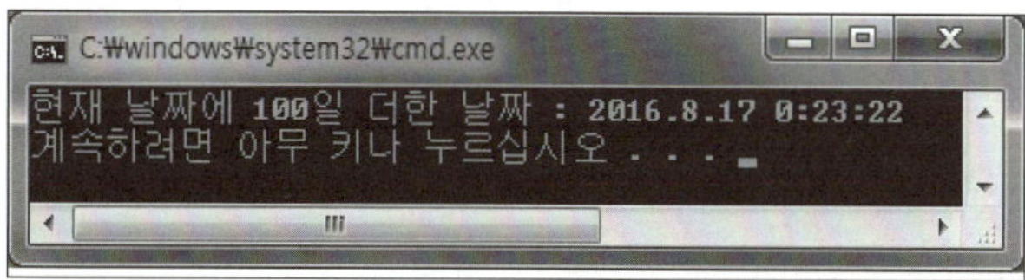


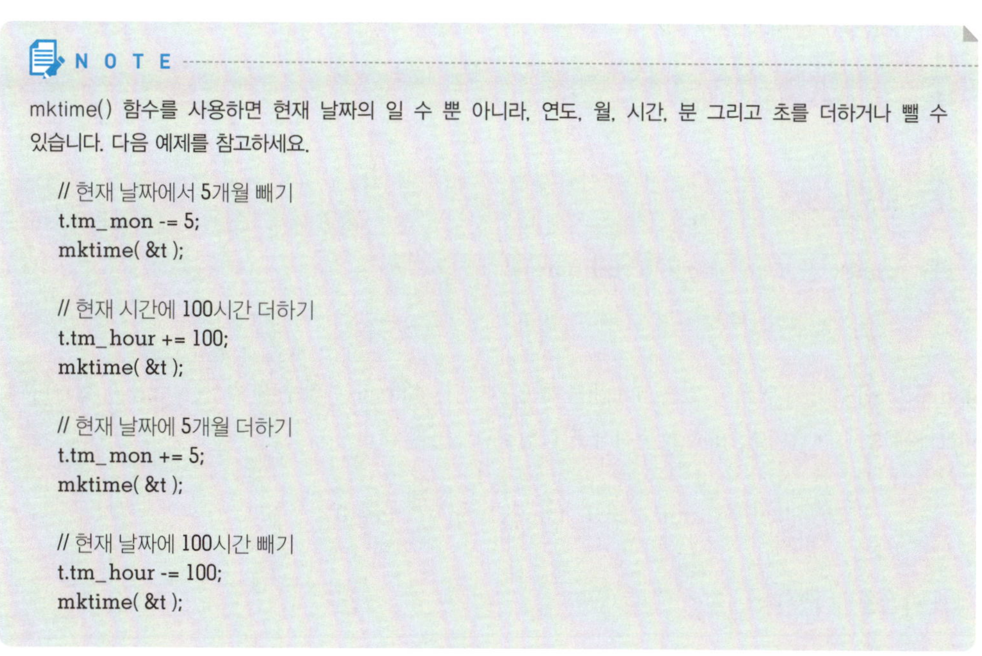

> **NOTE**
>
> mktime() 함수를 사용하면 현재 날짜의 일 수 뿐 아니라, 연도, 월, 시간, 분 그리고 초를 더하거나 뺄 수 있습니다. 다음 예제를 참고하세요.
>
> ```c
> // 현재 날짜에서 5개월 빼기
> t.tm_mon -= 5;
> mktime( &t );
>
> // 현재 시간에 100시간 더하기
> t.tm_hour += 100;
> mktime( &t );
>
> // 현재 날짜에 5개월 더하기
> t.tm_mon += 5;
> mktime( &t );
>
> // 현재 날짜에 100시간 빼기
> t.tm_hour -= 100;
> mktime( &t );
> ```

# 날짜 및 시간의 차이 구하기 (difftime)

- **학습 내용 :** 두 날짜 및 시간의 차이를 구하는 방법을 학습합니다.
- **힌트 내용 :** difftime( ) 함수를 사용하세요.

📁 소스 : [예제-174].c

```
1: #include <stdio.h>
2: #include <time.h>
3:
4: void main( void )
5: {
6:    time_t s1, s2;
7:    double gop;
8:    int i;
9:
10:    time( &s1 );
11:
12:    for( i=0; i<10000000; i++ )
13:    {
14:        gop = gop * 100;
15:    }
16:
17:    time( &s2 );
18:
19:    printf( "경과시간 : %g 초\n", difftime( s2, s1 ) );
20: }
```

2 ◆ difftime( ) 함수가 선언되어 있는 time.h를 포함합니다. difftime( ) 함수의 원형은 다음과 같습니다. timer1은 종료 시간이며, timer0은 시작 시간입니다.

```
double difftime( time_t timer1, time_t timer0 );
```

10 ◆ 현재 시간을 구합니다.

i의 값을 0~10000000까지 순환시키면서 곱셈을 반복합니다.　　　　◆ 12~15

for 문이 순환되고 난 시점의 시간을 구합니다.　　　　◆ 17

두 시간의 차이를 구합니다. difftime() 함수는 두 시간의 차이를 초로 반환합니다.　　　　◆ 19

프로그램 실행 결과는 다음과 같습니다.

알고 갑시다!

### 에러 처리 함수 : assert()

assert()는 프로그램의 버그를 분석하는데 사용됩니다. 이 함수는 'assert.h'에 정의되어 있고, 함수 원형은 다음과 같습니다.

```
void assert(int expression);
```

인수 expression은 확인하기 원하는 어떤 변수나 C의 수식이 될 수 있습니다. expression이 TRUE로 평가되면 assert는 아무 것도 수행하지 않지만, expression이 FALSE로 평가되면 assert()는 stderr로 에러 메시지를 출력하고 프로그램의 실행을 마치게 됩니다.

그럼, assert()는 어떤 경우에 사용되는 것일까요? 프로그램의 버그를 찾기 위해서 가장 많이 사용됩니다. 버그(bug)는 프로그램이 컴파일되지 않게 하거나 또는 프로그램이 컴파일되게 하면서도 부정확한 결과를 나타내거나 부적절하게 실행되게 하는 것을 말합니다.

 **N O T E**

difftime() 함수 사용 시 다음과 같이 s1과 s2를 바꿔서 사용하면 음수의 값이 나옵니다. 그러므로, 나중 시간을 매개 변수 1에 사용하고, 이전 시간을 매개 변수 2에 사용해야 합니다.

```
printf( "경과시간 : %g초 \n", difftime( s1, s2 ) );
```

19번째 줄을 위와 같이 하면 결과는 6초가 아닌 −6초가 나옵니다.

# 날짜 및 시간을 미국식으로 변환하기(asctime)

- **학습 내용** : 날짜 및 시간을 표현하는 다양한 방법을 학습합니다.
- **힌트 내용** : asctime( ) 함수를 사용하세요.

소스 : [예제-175].c

```c
1: #include <stdio.h>
2: #include <time.h>
3:
4: void main( void )
5: {
6:    time_t now;
7:    struct tm t;
8:
9:    now = time( NULL );
10:    t = *localtime( &now );
11:
12:    printf( "현재 날짜 및 시간 : %s \n",
13:            asctime(&t) );
14: }
```

2 ◆ asctime( ) 함수가 선언되어 있는 time.h를 포함합니다. asctime( ) 함수의 원형은 다음과 같습니다.

```c
char *asctime( const struct tm *timeptr );
```

9 ◆ time( ) 함수의 또 다른 사용 방법입니다.

12~13 ◆ 날짜 및 시간을 아스키 문자열로 출력합니다.

프로그램 실행 결과는 다음과 같습니다.

# 날짜 및 시간을 형식화하기 (strftime)

- **학습 내용 :** AM/PM을 구하는 방법을 학습합니다.
- **힌트 내용 :** strftime() 함수를 사용하세요.

📁 소스 : [예제-176].c

```c
1: #include <stdio.h>
2: #include <time.h>
3:
4: void main( void )
5: {
6:    time_t now;
7:    struct tm t;
8:    char buff[100];
9:
10:    now = time( NULL );
11:    t = *localtime( &now );
12:    strftime( buff, sizeof(buff), "%Y-%m-%d %I:%M:%S %p", &t );
13:
14:    puts( buff );
15: }
```

strftime() 함수가 선언되어 있는 time.h를 포함합니다. strftime() 함수의 원형은 다음과 같습니다. ◆ 2

$$size_t\ strftime(\ char\ *strDest,\ size_t\ maxsize,\ const\ char\ *format,\ const\ struct\ tm\ *timeptr\ );$$

현재 날짜 및 시간 그리고 [오전/오후] 또는 [AM/PM]을 표시합니다. ◆ 12

프로그램 실행 결과는 다음과 같습니다.

# 삼각 함수 사인 값 구하기(sin)

- **학습 내용 :** 사인 값을 구하는 방법을 학습합니다.
- **힌트 내용 :** sin() 함수를 사용하세요.

소스 : [예제-177].c

```c
 1: #include <stdio.h>
 2: #include <math.h>
 3:
 4: void main( void )
 5: {
 6:    double x;
 7:
 8:    x = sin(1);
 9:
10:    printf( "sin(1) : %g \n", x );
11: }
```

2 ◆ sin() 함수가 선언되어 있는 math.h를 포함합니다. sin() 함수의 원형은 다음과 같습니다.

> double sin( double x );

8 ◆ 1라디안에 대한 사인 값을 구합니다. 참고로 360°는 2π라디안입니다.

프로그램 실행 결과는 다음과 같습니다.

    sin(1) : 0.841471

 **N O T E**

코사인과 탄젠트에 대한 값을 구하려면 다음과 같이 사용하세요.

```c
x = cos(1);
x = tan(1);
```

# 삼각 함수 아크 사인 값 구하기 (asin)

- **학습 내용** : 아크 사인 값을 구하는 방법을 학습합니다.
- **힌트 내용** : asin() 함수를 사용하세요.

📁 소스 : [예제-178].c

```c
1: #include <stdio.h>
2: #include <math.h>
3:
4: void main( void )
5: {
6:    double x;
7:
8:    x = asin(0.5);
9:
10:    printf( "asin(0.5) : %g \n", x );
11: }
```

asin() 함수가 선언되어 있는 math.h를 포함합니다. asin() 함수의 원형은 다음과 같습니다. ◆ 2

$$double\ asin(\ double\ x\ );$$

0.5에 대한 아크 사인 값을 구합니다. 아크 사인 값의 범위는 $-1 <= x <= 1$입니다. ◆ 8

프로그램 실행 결과는 다음과 같습니다.

```
asin(0.5) : 0.523599
```

 N O T E

아크 코사인과 아크 탄젠트에 대한 값을 구하려면 다음과 같이 사용하세요.

```
x = acos(0.5);
x = atan(0.5);
```

# 179 삼각 함수 x/y에 대한 아크 탄젠트 값 구하기(atan2)

- **학습 내용 :** 아크 탄젠트 값을 구하는 방법을 학습합니다.
- **힌트 내용 :** atan2() 함수를 사용하세요.

📁 **소스 : [예제-179].c**

```c
1: #include <stdio.h>
2: #include <math.h>
3:
4: void main( void )
5: {
6:    double x;
7:
8:    x = atan2( 1.0, 1.0 );
9:
10:   printf( "atan2(1.0,1.0) : %g \n", x );
11: }
```

2 ◆ atan2() 함수가 선언되어 있는 math.h를 포함합니다. atan2() 함수의 원형은 다음과 같습니다.

    double atan2( double y, double x );

8 ◆ 아크 탄젠트 x/y의 값을 구합니다.

프로그램 실행 결과는 다음과 같습니다.

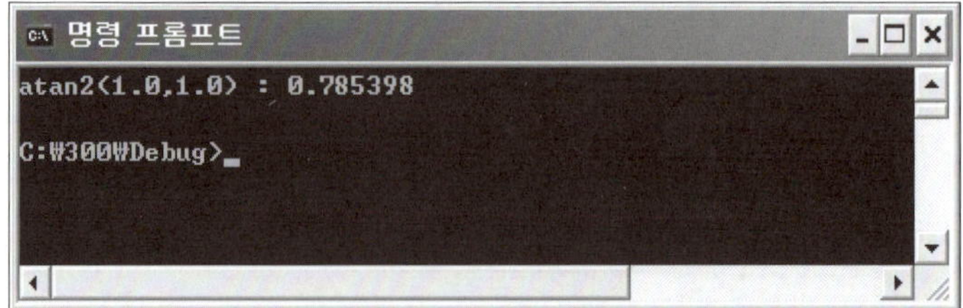

# 지수 함수 지수값 구하기(exp)

- **학습 내용** : 지수값을 구하는 방법을 학습합니다.
- **힌트 내용** : exp() 함수를 사용하세요.

소스 : [예제-180].c

```c
1: #include <stdio.h>
2: #include <math.h>
3:
4: void main( void )
5: {
6:    double x;
7:
8:    x = exp(1.0);
9:
10:    printf( "exp(1.0) : %g \n", x );
11: }
```

exp() 함수가 선언되어 있는 math.h를 포함합니다. exp() 함수의 원형은 다음과 같습니다.　◆ 2

```c
double exp( double x );
```

1.0에 대한 지수값을 구합니다.　◆ 8

프로그램 실행 결과는 다음과 같습니다.

# 로그 함수 자연 로그값 구하기(log)

- **학습 내용** : 자연 로그값을 구하는 방법을 학습합니다.
- **힌트 내용** : log() 함수를 사용하세요.

📁 소스 : [예제-181].c

```c
1: #include <stdio.h>
2: #include <math.h>
3:
4: void main( void )
5: {
6:    double x;
7:
8:    x = log(2.0);
9:
10:    printf( "log(2.0) : %g \n", x );
11: }
```

2 ◆ log() 함수가 선언되어 있는 math.h를 포함합니다. log() 함수의 원형은 다음과 같습니다.

```c
double log( double x );
```

8 ◆ 2.0에 대한 자연 로그 값을 구합니다.

프로그램 실행 결과는 다음과 같습니다.

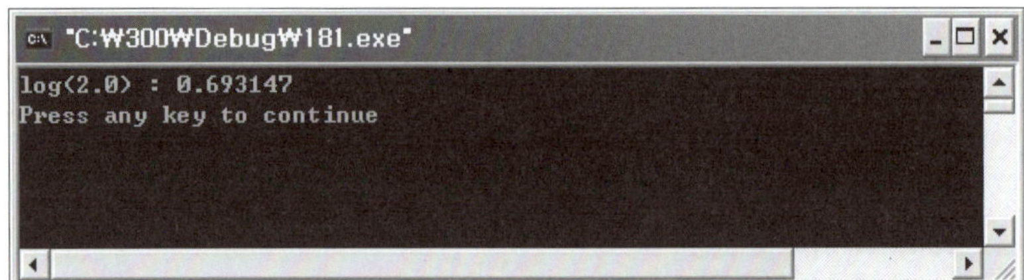

# 로그 함수 밑수를 10으로 하는 로그값 구하기(log10)

- **학습 내용 :** 상용 로그값을 구하는 방법을 학습합니다.
- **힌트 내용 :** log10() 함수를 사용하세요.

📁 소스 : [예제-182].c

```c
1: #include <stdio.h>
2: #include <math.h>
3:
4: void main( void )
5: {
6:    double x;
7:
8:    x = log10(2.0);
9:
10:    printf( "log10(2.0) : %g \n", x );
11: }
```

log10() 함수가 선언되어 있는 math.h를 포함합니다. log10() 함수의 원형은 다음과 같습니다. ◆ 2

```c
double log( double x );
```

2.0에 대해 밑수를 10으로 하는 로그값을 구합니다. 단, log10에 대한 인수는 0보다 커야 합니다. ◆ 8

프로그램 실행 결과는 다음과 같습니다.

# 제곱근 구하기(sqrt)

- **학습 내용 :** 제곱근을 구하는 방법을 학습합니다.
- **힌트 내용 :** sqrt() 함수를 사용하세요.

소스 : [예제-183].c

```c
1: #include <stdio.h>
2: #include <math.h>
3:
4: void main( void )
5: {
6:    double x;
7:
8:    x = sqrt(4.0);
9:
10:    printf( "sqrt(4.0) : %g \n", x );
11: }
```

2 ◆ sqrt() 함수가 선언되어 있는 math.h를 포함합니다. sqrt() 함수의 원형은 다음과 같습니다.

> double sqrt( double x );

8 ◆ 4.0에 대한 제곱근을 구합니다.

프로그램 실행 결과는 다음과 같습니다.

# 절대값 구하기(abs)



- **학습 내용 :** 절대값을 구하는 방법을 학습합니다.
- **힌트 내용 :** abs() 함수를 사용하세요.

📁 소스 : [예제-184].c

```c
1: #include <stdio.h>
2: #include <math.h>
3:
4: void main( void )
5: {
6:     printf( "abs(1) : %d \n", abs(1) );
7:     printf( "abs(-1) : %d \n", abs(-1) );
8: }
```

abs() 함수가 선언되어 있는 math.h를 포함합니다. abs() 함수의 원형은 다음과 같습니다.　　　　◆ 2

$$int\ abs(\ int\ n\ );$$

1 및 −1에 대한 절대값을 출력합니다. 절대값은 양수입니다.　　　　◆ 6~7

프로그램 실행 결과는 다음과 같습니다.

# 주어진 값보다 작지 않은 최소 정수값 구하기(ceil)

- **학습 내용 :** 주어진 수보다 큰 최소 정수값을 구하는 방법을 학습합니다.
- **힌트 내용 :** ceil() 함수를 사용하세요.

소스 : [예제-185].c

```c
 1: #include <stdio.h>
 2: #include <math.h>
 3:
 4: void main( void )
 5: {
 6:     printf( "ceil(1.0) : %g \n", ceil(1.0) );      // 1
 7:     printf( "ceil(1.1) : %g \n", ceil(1.1) );      // 2
 8:     printf( "ceil(1.9) : %g \n", ceil(1.9) );      // 2
 9:     printf( "ceil(2.5) : %g \n", ceil(2.5) );      // 3
10:     printf( "ceil(-2.5) : %g \n", ceil(-2.5) );    // -2
11:     printf( "ceil(-3.0) : %g \n", ceil(-3.0) );    // -3
12: }
```

2 ◆ ceil() 함수가 선언되어 있는 math.h를 포함합니다. ceil() 함수의 원형은 다음과 같습니다.

$$double\ ceil(\ double\ x\ );$$

6~11 ◆ ceil() 함수는 주어진 값보다 작지 않은 최소의 정수값을 반환합니다. 1.1은 1.1보다 큰 정수값 2.0을 반환합니다.

프로그램 실행 결과는 다음과 같습니다.

```
ceil(1.0) : 1
ceil(1.1) : 2
ceil(1.9) : 2
ceil(2.5) : 3
ceil(-2.5) : -2
ceil(-3.0) : -3
```

# 주어진 값보다 크지 않은 최대의 정수값 구하기(floor)

- **학습 내용 :** 주어진 수보다 작거나 같은 최대 정수값을 구하는 방법을 학습합니다.
- **힌트 내용 :** floor() 함수를 사용하세요.

**소스 : [예제-186].c**

```c
1: #include <stdio.h>
2: #include <math.h>
3:
4: void main( void )
5: {
6:     printf( "floor(1.0) : %g \n", floor(1.0) );        // 1
7:     printf( "floor(1.1) : %g \n", floor(1.1) );        // 1
8:     printf( "floor(1.9) : %g \n", floor(1.9) );        // 1
9:     printf( "floor(2.5) : %g \n", floor(2.5) );        // 2
10:    printf( "floor(-2.5) : %g \n", floor(-2.5) );      // -3
11:    printf( "floor(-3.0) : %g \n", floor(-3.0) );      // -3
12: }
```

floor() 함수가 선언되어 있는 math.h를 포함합니다. floor() 함수의 원형은 다음과 같습니다. ◆ 2

```c
double floor( double x );
```

1.1보다 작은 최소의 정수값을 구하려면, floor() 함수를 사용합니다. 1.1을 넘지 않는 최소의 정수 ◆ 6~11
값을 구하기 때문에 출력값은 1이 됩니다.

프로그램 실행 결과는 다음과 같습니다.

```
floor(1.0) : 1
floor(1.1) : 1
floor(1.9) : 1
floor(2.5) : 2
floor(-2.5) : -3
floor(-3.0) : -3
```

# 주어진 값을 정수와 소수로 분리하기(modf)

- **학습 내용 :** 실수를 정수부와 소수부로 나누는 방법을 학습합니다.
- **힌트 내용 :** modf() 함수를 사용하세요.

📁 **소스 : [예제-187].c**

```c
1: #include <stdio.h>
2: #include <math.h>
3:
4: void main( void )
5: {
6:    double x = 2.3, n, y;
7:
8:    y = modf( x, &n );
9:
10:   printf( "2.3을 정수와 소수로 분리하면, %g와 %g입니다. \n", n, y );
11: }
```

2 ◆ modf( ) 함수가 선언되어 있는 math.h를 포함합니다. modf( ) 함수의 원형은 다음과 같습니다.

```c
double modf( double x, double *intptr );
```

8 ◆ 2.3을 정수(n)와 소수(y)로 분리합니다.

프로그램 실행 결과는 다음과 같습니다.

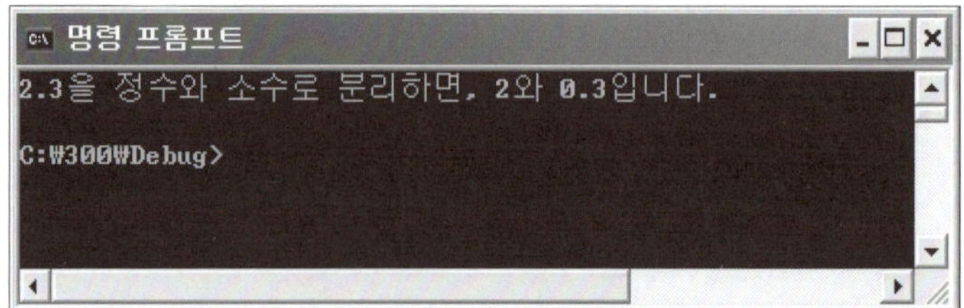

# x의 y승 구하기(pow)

- **학습 내용** : x의 y승을 구하는 방법을 학습합니다.
- **힌트 내용** : pow() 함수를 사용하세요.

**소스 : [예제-188].c**

```c
 1: #include <stdio.h>
 2: #include <math.h>
 3:
 4: void main( void )
 5: {
 6:    double x=10.0, y=3.0, r;
 7:
 8:    r = pow( x, y );
 9:
10:    printf( "10의 3승은 %g 입니다. \n", r );
11: }
```

pow() 함수가 선언되어 있는 math.h를 포함합니다. pow() 함수의 원형은 다음과 같습니다.　◆ 2

$$double\ pow(\ double\ x,\ double\ y\ );$$

pow() 함수를 사용하여 x에 대한 y의 승수를 구합니다.　◆ 8

프로그램 실행 결과는 다음과 같습니다.

# 난수 구하기(srand, rand)



- **학습 내용 :** 난수를 발생시키는 방법을 학습합니다.
- **힌트 내용 :** srand(), rand() 함수를 사용하세요.

📂 소스 : [예제-189].c

```c
1: #include <stdio.h>
2: #include <time.h>
3: #include <stdlib.h>
4:
5: void main( void )
6: {
7:    int i;
8:
9:    srand( (unsigned)time(NULL) );           // 난수 발생기를 초기화
10:
11:    for( i=0; i<5; i++ )
12:    {
13:        printf( "난수 %d : %d \n", i, rand() );
14:    }
15: }
```

3 ◆ srand(), rand() 함수가 선언되어 있는 stdlib.h를 포함합니다. srand(), rand() 함수의 원형은 다음과 같습니다. seed는 난수의 초기값이며, 보통 time(NULL)을 사용합니다.

```c
void srand( unsigned int seed );
int rand( void );
```

9 ◆ 난수를 발생시키기 위해서 초기값을 설정합니다. 보통 초기값은 time() 함수에 의해 현재 시간에 대한 초의 값을 설정합니다.

srand() 함수에 의해 초기값이 정해지면, rand() 함수에 의해 난수를 구할 수 있습니다. 난수 값은 rand() 함수를 호출할 때마다 발생됩니다. 난수는 0~32767 사이의 값입니다.

프로그램 실행 결과는 다음과 같습니다.

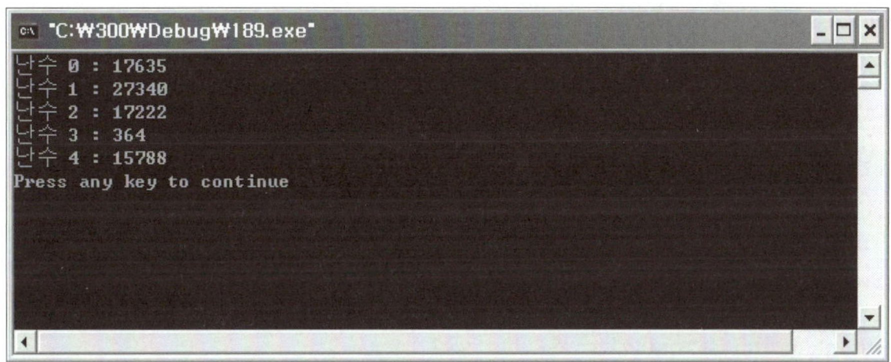


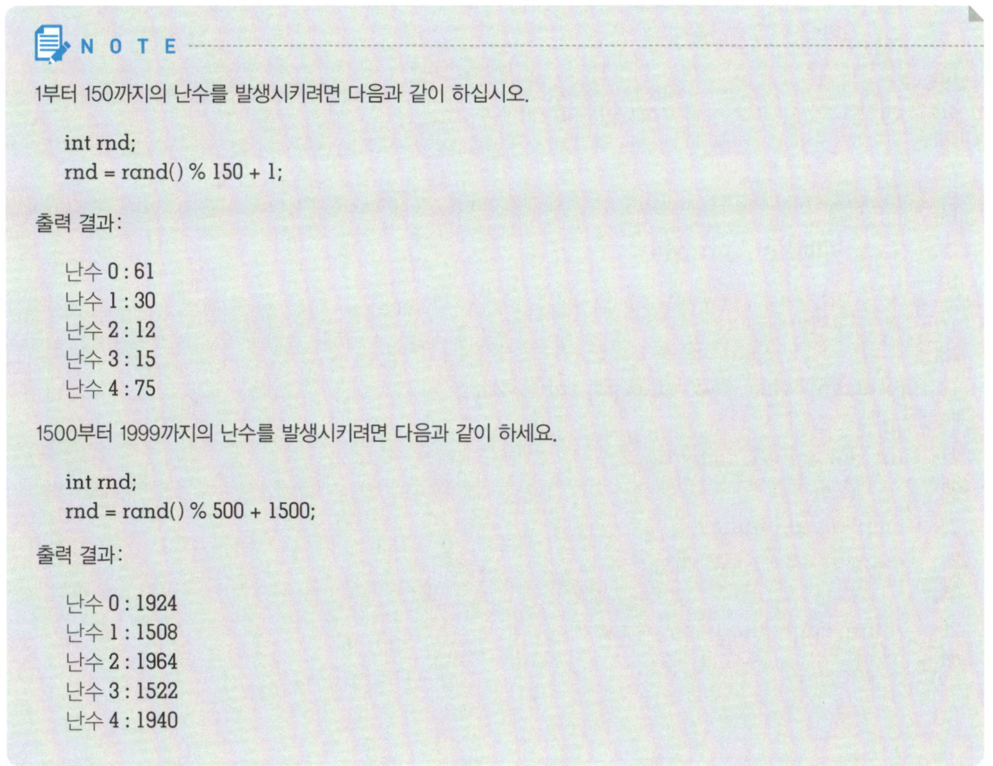

**N O T E**

1부터 150까지의 난수를 발생시키려면 다음과 같이 하십시오.

```
int rnd;
rnd = rand() % 150 + 1;
```

출력 결과 :

    난수 0 : 61
    난수 1 : 30
    난수 2 : 12
    난수 3 : 15
    난수 4 : 75

1500부터 1999까지의 난수를 발생시키려면 다음과 같이 하세요.

```
int rnd;
rnd = rand() % 500 + 1500;
```

출력 결과 :

    난수 0 : 1924
    난수 1 : 1508
    난수 2 : 1964
    난수 3 : 1522
    난수 4 : 1940

# 숫자 정렬하기(qsort)

- **학습 내용 :** 숫자 또는 문자열을 정렬시키는 방법을 학습합니다.
- **힌트 내용 :** qsort() 함수를 사용하세요.

📁 소스 : [예제-190].c

```c
1: #include <stdio.h>
2: #include <stdlib.h>
3:
4: int intcmp( const void* v1, const void* v2 );
5:
6: void main( void )
7: {
8:     int i;
9:     int array[5] = { 5,3,1,2,4 };
10:
11:     qsort( array, 5, sizeof(array[0]), intcmp );
12:
13:     for( i=0; i<5; i++ )
14:     {
15:         printf( "%d ", array[i] );
16:     }
17: }
18:
19: int intcmp( const void* v1, const void* v2 )
20: {
21:     int cmpvalue1, cmpvalue2;
22:
23:     cmpvalue1 = *(int*)v1;
24:     cmpvalue2 = *(int*)v2;
25:
26:     return cmpvalue1 - cmpvalue2;
27: }
```

stdlib.h에 선언되어 있는 qsort() 함수의 원형은 다음과 같습니다.    ◆ 2

```
void qsort( void *base, size_t num, size_t width, int ( __cdecl *compare )
(const void *elem1, const void *elem2 ) );
```

▶ base : 정렬할 배열의 번지
▶ num : 총 배열 요소의 갯수
▶ width : 배열 요소가 차지하는 크기, int형은 4바이트, double형은 8바이트
▶ compare : 비교 함수, 정수값 및 문자열을 모두 비교하는 함수를 사용 가능합니다.

int형 값의 비교에 사용될 함수를 선언합니다.    ◆ 4

정렬할 정수형 배열 변수 array를 정의하고, 초기화합니다.    ◆ 9

array를 정렬합니다.    ◆ 11

정렬된 배열 array를 출력합니다.    ◆ 13~16

정수값을 비교하기 위한 함수를 정의합니다. 인수 v1, v2는 void형으로써 모든 데이터형을 받기 위    ◆ 19
해 void형을 사용합니다. 실제 비교 시에는 비교할 데이터형으로 형 변환 연산을 해주면 됩니다.

v1, v2는 정수형 변수에 대한 포인터이기 때문에 int*로 형 변환해 주면 됩니다.    ◆ 23~24

두 값을 뺀 결과를 qsort() 함수로 반환합니다. qsort() 함수는 v1, v2에 대한 비교 결과를 가지고    ◆ 26
array 배열의 값을 앞뒤로 정렬합니다.

프로그램 실행 결과는 다음과 같습니다.

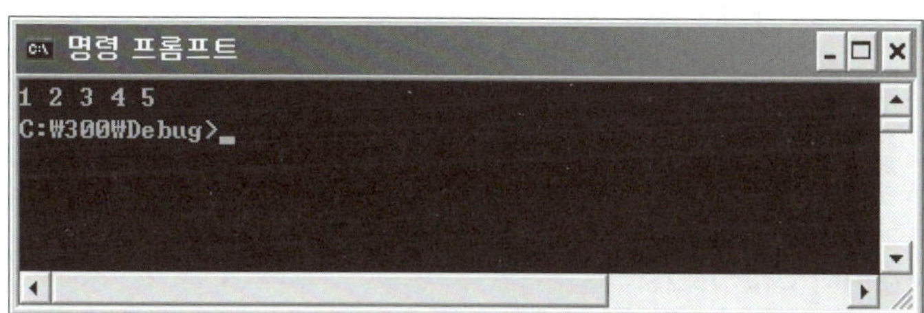


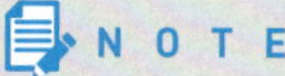
**N O T E**

오름차순이 아닌 내림차순으로 정렬하려면 26번째 줄을 return cmpvalue2 − cmpvalue1;로 변경하세요. qsort()
함수를 사용해서 다른 데이터형도 모두 정렬할 수 있습니다.

# 이진 검색 사용하기(bsearch)

• **학습 내용** : 배열의 값을 정렬하고 검색하는 방법을 학습합니다.
• **힌트 내용** : bsearch() 함수를 사용하세요.

**소스 : [예제-191].c**

```c
1: #include <stdio.h>
2: #include <stdlib.h>
3: #include <search.h>
4:
5: int intcmp( const void* v1, const void* v2 );
6:
7: void main( void )
8: {
9:    int key = 5, *ptr;
10:   int array[10] = { 150, 27, 33, 1, 5, 100, 99, 75, 81, 10 };
11:
12:   qsort( array, 10, sizeof(array[0]), intcmp );
13:   ptr = bsearch( &key, array, 10, sizeof(array[0]), intcmp );
14:
15:   if( ptr )
16:   {
17:       puts( "5를 찾았습니다." );
18:   }
19: }
20:
21: int intcmp( const void* v1, const void* v2 )
22: {
23:    return (*(int*)v1 - *(int*)v2);
24: }
```

2 ◆ bsearch() 함수가 선언되어 있는 stdlib.h와 search.h를 포함합니다. bsearch() 함수의 원형은 다음과 같습니다.

```
void *bsearch( const void *key, const void *base, size_t num, size_t
width, int ( __cdecl *compare ) ( const void *elem1, const void *elem2 ) );
```

▶ key : 검색할 키 값

▶ base : 검색할 배열의 번지

▶ num : 총 배열 요소의 갯수

▶ width : 배열 요소가 차지하는 크기, int형은 4바이트, double형은 8바이트

▶ compare : 비교 함수, 정수값 및 문자열을 모두 비교하는 함수를 사용 가능합니다.

정수형 배열 array를 오름차순으로 정렬합니다.　　　　　◆ **12**

정수형 배열 array에서 키값(5)을 검색합니다. 5가 검색되면 검색된 위치에 대한 번지 값을 반환하　　◆ **13**
며, 검색 실패 시 NULL을 반환합니다.

5가 검색되었는지 검사합니다. 5가 검색되지 않았으면 ptr 값은 NULL입니다.　　　◆ **15**

qsort() 함수에시 사용된 것과 같은 intcmp() 함수를 사용합니다.　　　◆ **21~24**

### 이진 검색 알고리즘(바이너리 검색)

바이너리 검색 알고리즘은 매우 효율적입니다. 이것은 방대한 크기의 배열을 빠르게 검색할 수 있습니다. 검색의 효율은
오름차순으로 정렬된 배열에 의해서 결정됩니다. 검색이 수행되는 과정은 다음과 같습니다.

1. 검색 키(key)가 배열의 중앙에 있는 요소와 비교합니다. 2개의 값이 일치한다면 검색이 수행되고, 그렇지 않다면 검색
   키는 배열의 요소보다 작거나 큰 경우입니다.

2. 검색 키가 배열의 요소보다 작다면 일치하는 내용은 배열의 앞부분에 위치되어 있을 것입니다. 이와 비슷하게, 검색
   키가 배열의 요소보다 크다면 일치하는 요소는 배열의 뒷부분에 위치되어 있을 것입니다.

3. 검색은 배열의 절반을 범위로 하게 되고, 알고리즘은 단계 1로 돌아갑니다.

**📝 N O T E**

bsearch() 함수를 사용하여 값을 검색하기 위해서는 반드시 배열이 qsort() 함수 등에 의해 오름차순으로
정렬되어 있어야 합니다.

만약, 12번째 줄에서 사용한 qsort 함수를 사용하지 않는다면, bsearch() 함수는 NULL을 반환합니다.
[예제-191]에서와 같이 비교 함수(intcmp)는 qsort() 함수와 bsearch() 함수 모두에서 같이 사용할 수
있습니다.

# 매크로 상수 정의하기

- **학습 내용** : 매크로 문을 선언하고 사용하는 방법을 학습합니다.
- **힌트 내용** : #define 문을 사용하세요.

📁 소스 : [예제-192].c

```c
 1: #include <stdio.h>
 2:
 3: #define program void main(void)
 4: #define println printf
 5:
 6: #define MAX 1000
 7: #define MIN 0
 8:
 9: program
10: {
11:    println( "MAX : %d, MIN : %d \n", MAX, MIN );
12: }
```

3 ◆ 매크로명 program으로 void main(void)를 대신해서 사용할 것이라고 선언합니다.

4 ◆ 매크로명 println으로 printf를 대신해서 사용할 것이라고 선언합니다.

6 ◆ MAX 값을 1000이라고 선언합니다. MAX는 정수형 상수처럼 사용됩니다.

7 ◆ MIN 값을 0이라고 선언합니다. MIN은 정수형 상수처럼 사용됩니다.

프로그램 실행 결과는 다음과 같습니다.

    MAX : 1000, MIN : 0

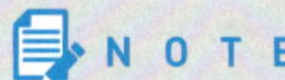

**N O T E**

#define 문을 이용하여 모든 데이터형에 대한 상수값을 선언할 수 있습니다.

# 매크로 함수 정의하기 1

- **학습 내용 :** 매크로를 사용하여 최대값 및 최소값을 구하는 함수를 작성해 봅니다.
- **힌트 내용 :** #define 문을 사용하세요.

**소스 : [예제-193].c**

```c
1: #include <stdio.h>
2:
3: #define max(x,y) x > y? x : y
4: #define min(x,y) x < y? x : y
5:
6: void main( void )
7: {
8:    printf( "최대값 : %d \n", max(5,3) );
9:    printf( "최소값 : %d \n", min(5,3) );
10:   printf( "최대값 : %g \n", max(3.5, 4.4) );
11:   printf( "최소값 : %g \n", min(3.5, 4.4) );
12: }
```

최대값을 구하는 max 매크로를 선언합니다. x와 y의 데이터형에 대한 구분은 없으며, x와 y에 사용된 값이 그대로 매크로에 의해 치환됩니다. ◆ 3

최소값을 구하는 min 매크로를 선언합니다. ◆ 4

매크로에 의해 max(5,3)은 5 〉 3 ? 5 : 3으로 치환됩니다. ◆ 8

매크로에 의해 min(5,3)은 5 〈 3 ? 5 : 3으로 치환됩니다. ◆ 9

x와 y값을 정수값이 아닌 실수값을 사용할 수도 있습니다. ◆ 10~11

프로그램 실행 결과는 다음과 같습니다.

```
최대값 : 5
최소값 : 3
최대값 : 4.4
최소값 : 3.5
```

# 매크로 함수 정의하기 2

- **학습 내용 :** 매크로 함수에서 인수를 문자열로 만드는 방법을 학습합니다.
- **힌트 내용 :** #, ##을 사용하세요.

📂 소스 : [예제-194].c

```c
1: #include <stdio.h>
2:
3: #define x_i(x,i) printf( "x%s의 값은 %d입니다. \n", #i, x##i )
4:
5: void main( void )
6: {
7:    int xa = 3, xb = 5;
8:
9:    x_i(x, a);
10:   x_i(x, b);
11: }
```

3 ◆ 매크로 정의 시 매개변수에 #을 사용하면 실매개변수 자체를 문자열로 치환합니다. 그리고 ##을 사용하면, ##좌우의 매개변수를 연결하여 하나의 매개변수로 만들어 줍니다. 즉, x_i 매크로에서 #i는 문자열로 치환되며, x##i는 xi 변수로 치환됩니다.

9~10 ◆ x_i(x, a) 매크로를 사용하면 #i에 의해 문자열 "a"로 치환되며, x##i에 의해 변수명 xa로 치환됩니다. 즉, 이 매크로는 printf( "x_%s의 값은 %d입니다. \n", "a", xa );와 동일한 문장이 됩니다. x(x, b)도 "b", xb처럼 치환됩니다.

프로그램 실행 결과는 다음과 같습니다.

    xa의 값은 3입니다.
    xb의 값은 5입니다.

📝 **N O T E**

매개변수를 문자로 치환하기 위해서는 #@를 사용하세요. #@i는 인수 a, b를 'a', 'b'처럼 치환합니다.

# 매크로 상수가 선언되었는지 검사하기

- **학습 내용 :** 매크로가 선언되었는지 검사하는 매크로 문을 학습합니다.
- **힌트 내용 :** #if defined, #endif 문을 사용하세요.

📁 **소스 : [예제-195].c**

```c
 1: #include <stdio.h>
 2:
 3: #define COUNT 100
 4:
 5: #if !defined COUNT
 6: #define COUNT 90
 7: #endif
 8:
 9: void main( void )
10: {
11:    printf( "COUNT : %d \n", COUNT );
12: }
```

매크로 상수 COUNT를 선언합니다.  ◆ 3

매크로 상수 COUNT가 정의되지 않았는지 확인합니다. COUNT가 정의되었는지 확인하려면 #if  ◆ 5
defined COUNT라고 사용하세요.

5번째 줄의 조건이 참이라면, 매크로 상수 COUNT를 선언합니다.  ◆ 6

매크로 조건문 #if defined 문으로 시작된 문장은 반드시 #endif 문으로 종료되어야 합니다.  ◆ 7

프로그램 실행 결과는 다음과 같습니다.

```
COUNT : 100
```

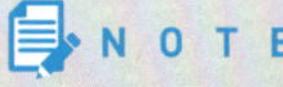 **N O T E**

매크로 상수값을 검사하려면, #if~#else~#endif 문을 사용하세요.

# 매크로 컴파일 에러 출력하기

- **학습 내용 :** 매크로 문장의 에러 처리 방법을 학습합니다.
- **힌트 내용 :** #error 문을 사용하세요.

소스 : [예제-196].c

```c
 1: #include <stdio.h>
 2:
 3: #if !defined COUNT
 4: #error "COUNT MACRO is not defined!"
 5: #endif
 6:
 7: void main( void )
 8: {
 9:    printf( "COUNT : %d \n", COUNT );
10: }
```

**3 ◆** 매크로 상수 COUNT가 선언되었는지 검사합니다.

**4 ◆** 컴파일 에러를 출력합니다. 에러 메시지는 "COUNT MACRO is not defined!"라고 출력됩니다.

프로그램은 컴파일이 되지 않고 다음과 같은 컴파일 에러가 발생합니다.

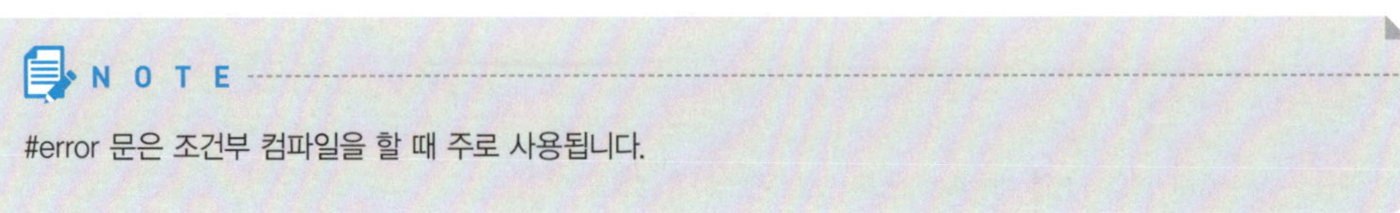



**NOTE**

#error 문은 조건부 컴파일을 할 때 주로 사용됩니다.

# 매크로 상수의 값을 검사하기

- **학습 내용** : 매크로가 선언되었는지 검사하는 조건 매크로 문을 학습합니다.
- **힌트 내용** : #if, #endif 문을 사용하세요.

📁 소스 : [예제-197].c

```c
 1: #include <stdio.h>
 2:
 3: #define COUNT 100
 4:
 5: #if COUNT != 100
 6: #error "COUNT != 100"
 7: #endif
 8:
 9: void main( void )
10: {
11:    printf( "COUNT : %d \n", COUNT );
12: }
```

매크로 상수 COUNT의 값을 100으로 선언합니다. ◆ 3

매크로 상수 COUNT의 값이 100과 같지 않은지 비교합니다. ◆ 5

COUNT의 값이 100이 아니라면, 컴파일 에러를 발생시킵니다. ◆ 6

매크로 조건문 #if 문으로 시작된 문장은 반드시 #endif 문으로 종료되어야 합니다. ◆ 7

프로그램 실행 결과는 다음과 같습니다.

```
COUNT : 100
```

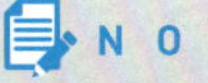 **N O T E**

#if 문은 if∼else 문과 유사하게 #if∼#else∼#endif처럼 사용할 수 있습니다.

# 매크로 상수의 선언을 취소하기

- **학습 내용 :** 매크로 상수의 선언을 취소하는 방법을 학습합니다.
- **힌트 내용 :** #undef 문을 사용하세요.

📁 소스 : [예제-198].c

```c
 1: #include <stdio.h>
 2:
 3: #define COUNT 100
 4:
 5: #if defined COUNT
 6: #undef COUNT
 7: #define COUNT 99
 8: #else
 9: #define COUNT 88
10: #endif
11:
12: void main( void )
13: {
14:    printf( " COUNT : %d \n ", COUNT );
15: }
```

3 ◆ 매크로 상수 COUNT를 100이라고 선언합니다.

5 ◆ 매크로 상수 COUNT가 선언되었는지 비교합니다.

6 ◆ 매크로 상수 COUNT의 선언을 취소합니다.

7 ◆ 매크로 상수 COUNT의 값을 99라고 선언합니다.

9 ◆ 매크로 상수 COUNT가 선언되지 않았다면, COUNT의 값을 88이라고 선언합니다.

프로그램 실행 결과는 다음과 같습니다.

```
COUNT : 99
```

# 경고 에러를 발생시키지 않기

- **학습 내용 :** 경고 에러를 표시하지 않는 방법을 학습합니다.
- **힌트 내용 :** #pragma 문을 사용하세요.

**소스 : [예제-199].c**

```c
1: #include <stdio.h>
2:
3: #pragma warning(disable:4101)
4:
5: void main( void )
6: {
7:    int i;
8: }
```

경고 에러 C4101을 출력하지 말라고 컴파일러에게 지시합니다.　　　　　　　◆ 3

정수형 변수 i를 정의합니다. 3번째 줄에서 경고 에러(4101)를 나지 않도록 지정했기 때문에,　◆ 7
"199.c(7) : warning C4101: 'i': unreferenced local variable" 경고 에러는 발생하지 않습니다.

**N O T E**

#pragma 문은 다양한 용도로 사용되며, 특히 다음과 같이 사용됩니다.

```c
// 컴파일 시 메시지를 표시하고 싶을 때
#pragma message( "COUNT가 선언되었습니다." )

// 구조체를 몇 바이트 단위로 정렬할 지 컴파일러에게 알립니다.
// 구조체는 1, 2, 4, 8, 16바이트 단위로 정렬될 수 있습니다.
```

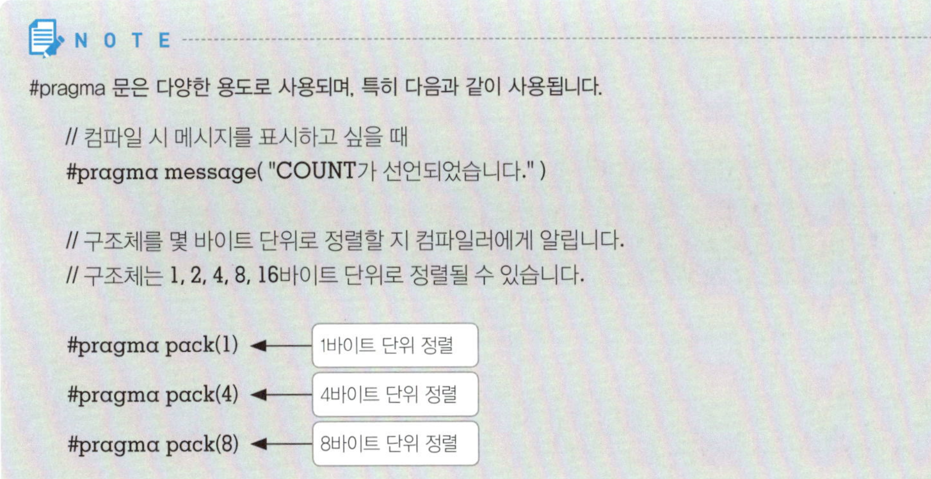

# 내장된 매크로 사용하기

- **학습 내용** : 내장 매크로를 이해합니다.
- **힌트 내용** : __FILE__, __LINE__ 등을 사용하세요.

📁 소스 : [예제-200].c

```c
1: #include <stdio.h>
2:
3: void main( void )
4: {
5:     printf( "파일명 : %s \n", __FILE__ );
6:     printf( "날   짜 : %s \n", __DATE__ );
7:     printf( "시   간 : %s \n", __TIME__ );
8:     printf( "줄   수 : %d \n", __LINE__ );
9: }
```

5 ◆ 파일의 이름을 출력합니다.

6 ◆ 200.c를 컴파일한 날짜를 출력합니다.

7 ◆ 200.c를 컴파일한 시간을 출력합니다.

8 ◆ 현재 라인의 위치를 출력합니다.

프로그램 실행 결과는 다음과 같습니다.

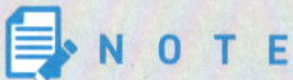


📝 N O T E

내장 매크로는 주로 디버깅을 위해 많이 사용합니다.

쉬어가세요.

# PART 4 활용

## C를 말하다

# 초보자를 위한 C언어 300제

# scanf( ) 함수 100% 활용하기 (scanf)

- **학습 내용 :** 다양한 데이터형을 어떻게 읽어들이는지 학습합니다.
- **힌트 내용 :** scanf( ) 함수를 사용하세요.

```c
 1: #include <stdio.h>
 2:
 3: #define scan(d,x,y) printf( #d "형(%" #x ")을 입력하세요 \n" ); \
 4:                     scanf( #x, &y ); \
 5:                     printf( "scanf %" #x " : " #x " \n\n", y )
 6:
 7: void main( void )
 8: {
 9:    char ch=0;
10:    short int si=0;
11:    int i=0;
12:    int o8=0;
13:    int x16=0;
14:    unsigned ui=0;
15:    long l=0;
16:    float f=0;
17:    char s[100]={0,};
18:
19:    scan( char, %c, ch );
20:    scan( short, %hd, si );
21:    scan( int, %d, i );
22:    scan( unsigned, %u, ui );
23:    scan( long, %d, l );
24:    scan( 8진수, %o, o8 );
25:    scan( 16진수, %x, x16 );
26:    scan( 고정소수점, %f, f );
27:    scan( 문자열, %s, s );
28:
29:    scanf( "%4d %3d", &i, &o8 );
30:    printf( "%d, %d \n", i, o8 );
31: }
```

매크로 함수 scan을 선언합니다. 매개변수 d는 #d에 의해 문자열로 변환되며, x 또한 #x에 의해 문 ◆ 3
자열로 변환됩니다. 매크로 함수가 여러 줄에 걸쳐 사용될 때는 행 계속 문자(\)를 사용해야 합니다.

3번째 줄에서 선언한 매크로 함수 scan의 연속된 줄입니다. 매개변수 x는 #x에 의해 문자열로 변환 ◆ 4
되며, 매개변수 y는 &y처럼 변환됩니다. 또한, 3번째 줄과 마찬가지로 다음 행이 계속 될 경우에
는 행 계속 문자(\)를 사용해야 합니다.

매개변수 x는 #x에 의해 문자열로 변환됩니다. ◆ 5

문자형 값을 stdin으로부터 읽어들입니다. 매크로 scan은 다음과 같이 치환됩니다. ◆ 19

```
printf( "char 형(%%c)을 입력하세요 \n" );
scanf( "%c", &ch );
printf( "scanf %%c : %c \n\n", ch )
```

2바이트 정수형 값을 입력받습니다. ◆ 20

부호 있는 정수형값을 입력받습니다. ◆ 21

부호 없는 정수형 값을 입력받습니다. ◆ 22

long형 값을 입력받습니다. ◆ 23

8진수를 입력받습니다. ◆ 24

16진수를 입력받습니다. ◆ 25

고정 소수점을 입력받습니다. ◆ 26

문자열을 입력받습니다. 문자열에 공백이 있으면 공백 전까지만 입력받습니다. ◆ 27

정수형 숫자를 입력받습니다. 첫 번째 숫자는 길이가 4만큼 입력받으며, 두 번째 숫자는 길이가 ◆ 29
3만큼만 입력받습니다.

프로그램 실행 결과는 다음과 같습니다. 굵은 글씨는 실제로 입력한 값입니다.

```
char형(%c)을 입력하세요
A[Enter]
scanf %c : A
```

short형(%hd)을 입력하세요
**12345**[Enter]
scanf %hd : 12345

int형(%d)을 입력하세요
**123456789**[Enter]
scanf %d : 123456789

unsigned형(%u)을 입력하세요
**3456789012**[Enter]
scanf %u : 3456789012

long형(%d)을 입력하세요
**3865163633**[Enter]
scanf %d : -429803663

8진수형(%o)을 입력하세요
**123**[Enter]
scanf %o : 123

16진수형(%x)을 입력하세요
**1FF**[Enter]
scanf %x : 1ff

고정 소수점형(%f)을 입력하세요
**1.1**[Enter]
scanf %f : 1.100000

문자열형(%s)을 입력하세요
**books**[Enter]
scanf %s : books

**1234567890**[Enter]
1234, 567

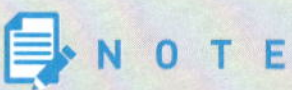

**N O T E**

scanf( ) 함수는 다음과 같은 형식으로 데이터 값을 입력받습니다.

%[*] [width] [{h | l | I64 | L}]type

%*를 사용하면, 입력 값 하나를 무시하고 건너 뛸 수 있습니다.

| 데이터형 | h \| l \| I64 | type | 설명 |
|---|---|---|---|
| double | l(영문 소문자 엘) | e, E, f, g, or G | %le, %lE, ... |
| long int | l | d, i, o, x, or X | %ld, %li, ... |
| long unsigned | l | u | %lu |
| short int | h | d, i, o, x, or X | %hd, %hi, ... |
| __int64 | I64(영문 대문자 아이) | d, i, o, u, x, or X | %I64d, %I64i, ... |
| 문자형 | | c or C | %c, %C |
| 정수형 | | d, i, o, u, x, X | %d, %i, %o, ... |
| 부동형 | | f | %f |
| 문자열형 | | s, S | %s, %S |

### C++ 프로그래밍

C++는 C를 포함하는 상위 개념입니다. 이것은 C에서 가능한 모든 것은 C++에서 가능하다는 것을 의미합니다. 그러나 C++에서 가능한 모든 특징은 C에서 사용 가능하지는 않습니다. C++는 객체 지향 구조에 쉽게 사용될 수 있는 프로그래밍 언어를 만들 목적으로 제작되었습니다. 지금은 객체지향 프로그래밍이 무엇인지는 모르더라도, 객체지향 프로그래밍이라는게 있다는 정도만 알고 넘어가면 됩니다. 다음은 C++ 프로그램의 형식을 나타낸 것입니다.

| 프로그램 형식 | 설명 |
|---|---|
| 실행 가능(executables) | 운영체제에 의해 동작되는 프로그램 |
| 라이브러리(libraries) | 다른 프로그램이 만들어질 때 연결되도록 제작된 코드 |
| 동적 연결 라이브러리(dynamic linked libraries) | 프로그램이 실행되고 있을 때 연결될 수 있도록 제작된 코드 |
| 컨트롤(controls) | 다른 프로그램의 생성에 관여할 수 있도록 제작된 코드 |

# printf( ) 함수 100% 활용하기 (printf)

- **학습 내용 :** 변수 및 문자열을 출력하는 다양한 방법을 학습합니다.
- **힌트 내용 :** printf( ) 함수를 사용하세요.

📁 소스 : [예제-202].c

```
1: #include <stdio.h>
2:
3: void main( void )
4: {
5:    int i;
6:    char *pi;
7:    char *string = "books";
8:
9:    // 문자, 정수값
10:    printf( "[%c] \n", 'A' );              // [A]
11:    printf( "[%d] \n", 7 );                // [7]
12:    printf( "[%i] \n", 7 );                // [7]
13:    printf( "[%5d] \n", 7 );               // [    7]
14:    printf( "[%05d] \n", 7 );              // [00007]
15:    printf( "[%+d] \n", -12345 );          // [-12345]
16:    printf( "[%+d] \n", 12345 );           // [+12345]
17:    printf( "[% d] \n", -12345 );          // [-12345]
18:    printf( "[%u] \n", 12345 );            // [12345]
19:    printf( "[%u] \n", -12345 );           // [4294954951]
20:
21:    // 8진수, 16진수
22:    printf( "[%x] \n", 0xFF );             // [ff]
23:    printf( "[%X] \n", 0xFF );             // [FF]
24:    printf( "[%#x] \n", 0xFF );            // [0xff]
25:    printf( "[%#x] \n", 12345 );           // [0x3039]
26:    printf( "[%o] \n", 0123 );             // [123]
27:    printf( "[%#o] \n", 0123 );            // [0123]
28:
29:    // 고정 소수점
```

```
30:     printf( "[%f] \n", 3.141592 );           // [3.141592]
31:     printf( "[%5f] \n", 3.141592 );          // [3.141592]
32:     printf( "[%.f] \n", 3.141592 );          // [3]
33:     printf( "[%.2f] \n", 3.141592 );         // [3.14]
34:     printf( "[%2.2f] \n", 3.141592 );        // [3.14]
35:     printf( "[%5.5f] \n", 3.141592 );        // [3.14159]
36:     printf( "[%20.5f] \n", 3.141592 );       // [            3.14159]
37:     printf( "[%-20.5f] \n", 3.141592 );      // [3.14159            ]
38:
39:     // 부동 소수점
40:     printf( "[%e] \n", 3.141592 );           // [3.141592e+000]
41:     printf( "[%E] \n", 3.141592 );           // [3.141592E+000]
42:     printf( "[%5e] \n", 3.141592 );          // [3.141592e+000]
43:     printf( "[%.e] \n", 3.141592 );          // [3e+000]
44:     printf( "[%.2e] \n", 3.141592 );         // [3.14e+000]
45:     printf( "[%2.2e] \n", 3.141592 );        // [3.14e+000]
46:     printf( "[%5.5e] \n", 3.141592 );        // [3.14159e+000]
47:     printf( "[%20.5e] \n", 3.141592 );       // [        3.14159e+000]
48:     printf( "[%20.2E] \n", 1.2e+10 );        // [           1.20E+010]
49:     printf( "[%-20.2E] \n", 1.2e+10 );       // [1.20E+010           ]
50:
51:     // 스마트형
52:     printf( "[%g] \n", 3.141592 );           // [3.14159]
53:
54:     // 문자열형
55:     printf( "[%s] \n", string );             // [books]
56:     printf( "[%10s] \n", string );           // [     books]
57:     printf( "[%-10s] \n", string );          // [books     ]
58:     printf( "[%2s] \n", string );            // [books]
59:     printf( "[%2.2s] \n", string );          // [bo]
60:     printf( "[%3.2s] \n", string );          // [ bo]
61:     printf( "[%010s] \n", string );          // [00000books]
62:
63:     // 포인트형
64:     printf( "[%p] \n", &i );                  // [0012FF7C]
65:     printf( "[%p] \n", &pi );                 // [0012FF78]
66: }
```

417

| 10 | ◆ | 문자를 표시합니다. |

**10** ◆ 문자를 표시합니다.

**11~12** ◆ 정수값을 표시합니다.

**13** ◆ 정수값 출력 시 최소 5자리, 오른쪽 맞춤, 빈 자리는 공백으로 채움, 5자리 초과 시 그 크기만큼 자리 수 자동 확장, 부호는 음수인 경우만 표시합니다.

**14** ◆ 정수값 출력 시 최소 5자리, 오른쪽 맞춤, 빈자리는 '0'으로 채움, 5자리 초과 시 그 크기만큼 자리 수 자동 확장, 부호는 음수인 경우에만 표시합니다.

**15~16** ◆ 정수값 출력 시 양수값은 (+)부호를, 음수값은 (−)부호를 표시합니다.

**17** ◆ 정수값 출력 시, 양수값은 공백문자(' ')를, 음수값은 (−)부호를 표시합니다.

**18~19** ◆ 양수값만을 출력합니다. 만약 전달되는 값이 음수라면 자동으로 양수값으로 변경되어 출력됩니다.

**22~23** ◆ 16진수 값을 출력합니다. 16진수를 표시하는 방법은 %x와 %X가 있는데, %x는 0~9, a~f를 출력하며, %X는 0~9, A~F를 출력합니다. 즉, %x는 소문자로, %X는 대문자로 각각 A~F를 출력하는 차이점이 있습니다.

**24** ◆ 16진수 출력 시 선두에 "0x"를 출력합니다.

**25** ◆ 10진수 값을 16진수로 출력합니다.

**26** ◆ 8진수 값을 출력합니다.

**27** ◆ 8진수 출력 시 선두에 숫자문자 '0'을 출력합니다.

**30** ◆ 고정 소수점 값을 출력합니다. 고정 소수점 값을 출력 시 소수점 이하 자리수는 보통 6자리까지만 출력되고, 7자리부터는 반올림됩니다.

**31** ◆ 고정 소수점 값에 대한 자리수를 지정합니다. 자리수는 소수점을 포함한 값의 자리수를 의미합니다.

**32** ◆ 소수점 이하 자리를 출력하지 않습니다.

**33~34** ◆ 소수점 이하 2자리를 출력합니다.

총 자리수 5자리, 소수점 이하 5자리를 사용합니다. 총 자리수가 작을 경우 자동으로 증가합니다. ◆ 35

총 자리수를 20자리로 설정하며, (–)부호를 사용하면 출력값은 왼쪽에 맞춰 출력됩니다. ◆ 36~37

부동 소수점 값을 출력합니다. e는 지수를 'e'로, E는 지수를 'E'로 출력합니다. ◆ 40~41

출력 정밀도를 5로 설정합니다. 출력되는 자리수가 5가 넘으면 자동으로 증가합니다. ◆ 42

소수점 이하 자리수를 출력하지 않습니다. ◆ 43

소수점 이하 자리수를 2자리만 출력합니다. ◆ 44

소수점 이하 자리수를 2자리만 출력합니다. ◆ 45

소수점 이하 자리수를 5자리만 출력합니다. ◆ 46

총 자리수를 20자리, 소수점 이하를 2자리 출력하며, (  )부호가 있는 경우 출력값을 왼쪽으로 정렬합니다. ◆ 47~49

%g는 %f와 %e 중에서 좀 더 간소한 출력을 자동으로 결정하여 출력합니다. 출력 시 출력모양에 관계가 없을 경우 사용하면 편리합니다. ◆ 52

문자열을 끝까지 출력합니다. ◆ 55

문자열의 길이를 최소 10자리로 지정합니다. 문자열이 10자리를 초과할 경우 자동으로 증가하며, 오른쪽 정렬을 사용합니다. ◆ 56

문자열의 길이를 최소 10자리로 지정합니다. 문자열이 10자리를 초과할 경우 자동으로 증가하며, 왼쪽 정렬을 사용합니다. ◆ 57

문자열이 2바이트를 초과할 경우 그 크기만큼 자동으로 증가합니다. ◆ 58

문자열의 크기와 관계없이 자리수를 2자리만 출력합니다. printf() 함수를 사용하여 문자열 등을 출력 시에 특히 많이 사용됩니다. ◆ 59

문자열의 길이를 최소 3으로 지정하며, 출력 문자열은 2자리로 지정합니다. ◆ 60

문자열 출력 시 빈 공간이 발생하면, 그 공간을 숫자 '0'으로 채웁니다. ◆ 61

64 ◆ 정수형 변수 i의 번지 값을 출력합니다.

65 ◆ 정수형 포인터 변수 pi의 번지를 출력합니다.

프로그램 실행 결과는 다음과 같습니다.

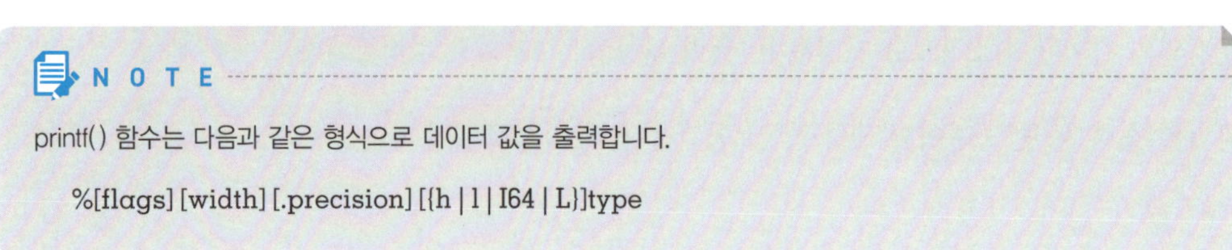



> **N O T E**
>
> printf( ) 함수는 다음과 같은 형식으로 데이터 값을 출력합니다.
>
> %[flags] [width] [.precision] [{h | l | I64 | L}]type

■ flags

| | |
|---|---|
| **−** | 왼쪽 정렬 사용. 생략 시 오른쪽 정렬 사용 |
| **+** | 수식에서 '+' 또는 '−' 부호 사용 |
| **0** | width 형식 지정과 함께 사용되며, 남는 공간을 0으로 채움 |
| **blank** | 양수 값에서 '+' 부호 대신 공백 표시. 음수값은 '−' 부호 표시 |
| **#** | 8진수 (o)와 같이 사용하여 수식의 앞에 8진 표시인 0을 표시<br>16진수 (x)와 같이 사용하여 수식의 앞에 16진 표시인 0x를 표시<br>e, E 또는 f 형식과 같이 사용될 때, 모든 경우에 소수점을 포함하여 표시<br>g, G 형식과 같이 사용될 때 모든 경우에 소수점을 포함하는 출력을 생성하며, 뒤따라오는 0의 잘림을 방지<br>c, d, i, u 또는 s와 사용될 때는 무시됩니다. |

- width : 수식 또는 문자열의 너비 제한 폭
- precision : 소수점 이하 표시 또는 문자열의 자릿수 제한
- h : short int 또는 short unsigned int
- l, L : long int 또는 long unsigned int
- l64 : __int64

■ type

| 문자 | 타입 | 출력 형식 |
|---|---|---|
| c | char | 문자 출력 |
| d, j | short, int | 부호 있는 10진수 출력 |
| ld | long | 부호 있는 10진수 출력 |
| u | unsigned int | 부호 없는 10진수 출력 |
| o | int | 8진수 출력 |
| x | int | 16진수 출력. 출력 시 소문자 사용. 123abc |
| X | int | 16진수 출력. 출력 시 대문자 사용. 123ABC |
| f | double | 고정 소수점 표기법 사용 |
| e | double | 부동 소수점 표기법 사용. 지수문자로 'e' 사용 |
| E | double | 부동 소수점 표기법 사용. 지수문자로 'E' 사용 |
| g | double | 고정 또는 부동 소수점 표기법 중 길이가 짧은 서식 사용 |
| G | double | 'g'와 같으며, 지수 사용 시 'E'를 사용 |
| s | string | 문자열 |
| p | pointer to void | 변수의 주소(세그먼트:옵셋)를 16진수로 표시 |

# 삼각형 출력하기(for)

- **학습 내용 :** for 문을 응용하여 삼각형을 출력하여 봅니다.
- **힌트 내용 :** 중첩된 for 문을 사용하세요.

📁 소스 : [예제-203].c

```c
 1: #include <stdio.h>
 2:
 3: void main( void )
 4: {
 5:    int i, j;
 6:
 7:    for( i=0; i<5; i++ )
 8:    {
 9:        for( j=0; j<=i; j++ )
10:        {
11:            printf( "*" );
12:        }
13:
14:        printf( "\n" );
15:    }
16: }
```

7~15 ◆ i는 0~4, j는 0~i까지 순환되면서 삼각형을 출력합니다.

프로그램 실행 결과는 다음과 같습니다.

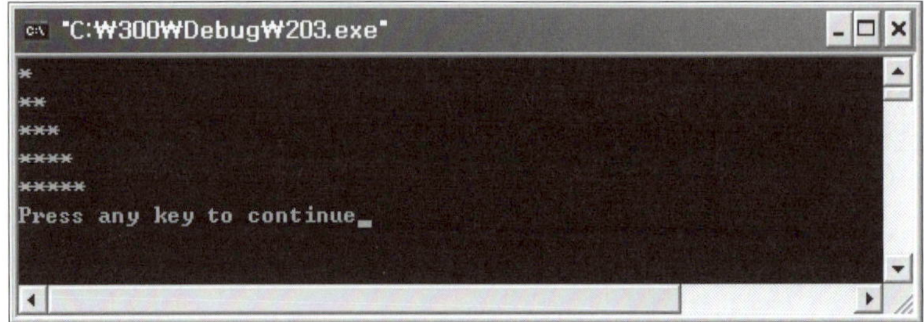

# 값을 입력받아 홀수/짝수 구분하기 (%)

- **학습 내용 :** 홀수 및 짝수를 판단하는 방법을 학습합니다.
- **힌트 내용 :** 연산자 %를 사용하세요.

**소스 : [예제-204].c**

```c
1: #include <stdio.h>
2:
3: void main( void )
4: {
5:    int num;
6:
7:    printf( "숫자를 입력하세요 : " );
8:
9:    scanf( "%d", &num );
10:
11:    if( num % 2 == 1 ) printf( "%d은 홀수입니다. \n", num );
12:    else printf( "%d는 짝수입니다. \n", num );
13: }
```

연산자 %는 num의 값을 2로 나눈 후 나머지를 구하는 기능을 합니다. % 연산자는 나눗셈 연산자 ◆ 11
와 달리 몫이 아닌 나머지를 구하는 연산 기능을 합니다. 그러므로, 3의 배수를 구하고자 한다면,
(값%3)==0처럼 사용할 수 있습니다. 값이 4라면, 4%3==1 입니다.

프로그램 실행 결과는 다음과 같습니다.

# 1~100까지 홀수의 합 구하기

- **학습 내용 :** [예제-204]에서 구현한 홀수를 구하는 원리를 이용하여, 홀수를 판단하는 방법을 학습합니다.
- **힌트 내용 :** for 문 및 % 연산자를 사용하세요.

📁 소스 : [예제-205].c

```c
 1: #include <stdio.h>
 2:
 3: void main( void )
 4: {
 5:    int i, hap = 0;
 6:
 7:    for( i=0; i<=100; i++ )
 8:    {
 9:        if( i%2 )
10:        {
11:            hap += i;
12:        }
13:    }
14:
15:    printf( "1~100까지의 홀수의 합 : %d \n", hap );
16: }
```

9 ◆ 홀수인지 비교합니다. 0%2는 0(짝수)이며, 1%2는 1(홀수)입니다.

프로그램 실행 결과는 다음과 같습니다.

- **학습 내용** : 난수 발생기를 사용하여, 원하는 범위의 난수를 발생시키는 원리를 학습합니다.
- **힌트 내용** : srand(), rand() 함수 그리고 %를 사용하세요.

📁 **소스 : [예제-206].c**

```c
1: #include <stdio.h>
2: #include <stdlib.h>
3: #include <time.h>
4:
5: void main( void )
6: {
7:    int i, rand_num;
8:
9:    srand( time(NULL) );
10:
11:    for( i=0; i<10; i++ )
12:    {
13:        rand_num = rand() % 30 + 21;
14:        printf( "[%d] ", rand_num );
15:    }
16: }
```

난수 발생기를 초기화합니다. 초기화는 한 번만 해주면 됩니다. ◆ 9

발생된 난수 값을 30으로 나눈 나머지(0~29)를 구한 후, 21을 더해줍니다. 30은 (50−21+1)을 한 ◆ 13
값이며, 21은 시작 값입니다. rand() 함수는 0~32767 범위의 값을 발생시키기 때문에, 30으로 나
눈 나머지 값은 항상 0~29의 범위를 갖습니다.

프로그램 실행 결과는 다음과 같습니다.

[22] [41] [35] [29] [28] [37] [28] [43] [37] [32]

# 변수의 번지 출력하기(& 연산자)

- **학습 내용** : 변수와 메모리 번지와의 관계를 이해합니다.
- **힌트 내용** : 번지 연산자 (&)를 사용하세요.

📁 소스 : [예제-207].c

```c
 1: #include <stdio.h>
 2:
 3: void main( void )
 4: {
 5:    int i = 127;
 6:    int j;
 7:
 8:    printf( "%d, %x \n", i, i );
 9:    printf( "%#x \n", &i );
10:    printf( "%#x \n", &j );
11: }
```

8 ◆ i의 값을 10, 16진수로 출력합니다.

9~10 ◆ i의 메모리 번지 및 j의 메모리 번지를 출력합니다.

프로그램 실행 결과는 다음과 같습니다.

# 정수값을 16진수 문자열로 변환하기(itoa)

- **학습 내용 :** 숫자를 16진 문자열로 변환하는 방법을 학습합니다.
- **힌트 내용 :** itoa( ) 함수를 사용하세요.

소스 : [예제-208].c

```c
1: #include <stdio.h>
2: #include <stdlib.h>
3:
4: void main( void )
5: {
6:    char buff[100];
7:    int radix = 16;
8:
9:    itoa( 10, buff, radix );
10:   puts( buff );                // "a"
11:
12:   itoa( 255, buff, radix );
13:   puts( buff );                // "ff"
14: }
```

10과 255를 16진수로 변환합니다.

◆ 9~12

프로그램 실행 결과는 다음과 같습니다.

```
a
ff
```

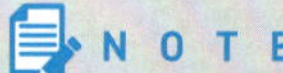
**N O T E**

itoa( ) 함수를 사용하여 10진수를 2진수 및 8진수로도 변환할 수 있습니다.

# 2진수/16진수 문자열을 정수값으로 변환하기(strtol)



- **학습 내용 :** 2진수 및 16진수 문자열을 10진수로 변환하는 방법을 학습합니다.
- **힌트 내용 :** strtol() 함수를 사용하세요.

📁 소스 : [예제-209].c

```c
1: #include <stdio.h>
2: #include <stdlib.h>
3:
4: void main( void )
5: {
6:     char string1[] = "1010";          // 2진수
7:     char string2[] = "ff";            // 16진수
8:     char *stop;
9:     long value;
10:
11:     value = strtol( string1, &stop, 2 );
12:     printf( "2진문자열 \"%s\"을 정수로 바꾸면 %d입니다. \n", string1, value );
13:
14:     value = strtol( string2, &stop, 16 );
15:     printf( "16진문자열 \"%s\"을 정수로 바꾸면 %d입니다. \n", string2, value );
16: }
```

11~15 ◆ 2진 및 16진 문자열을 정수로 변환합니다.

프로그램 실행 결과는 다음과 같습니다. strtol() 함수는 2진수 및 16진수 뿐만 아니라, 8진수 등도 모두 정수로 변환할 수 있습니다.

```
C:\ "C:\300\Debug\209.exe"
2진문자열 "1010"을 정수로 바꾸면 10입니다.
16진문자열 "ff"을 정수로 바꾸면 255입니다.
Press any key to continue
```

# 2진수 문자열을 16진수 문자열로 변환하기(strtol, itoa)

- **학습 내용** : 2진 문자열을 16진 문자열로 변환하려면, 2진 문자열을 정수로 변환한 후 다시 16진 문자열로 변환해야 합니다.
- **힌트 내용** : strtol( ), itoa( ) 함수를 사용하세요.

소스 : [예제-210].c

```
 1: #include <stdio.h>
 2: #include <stdlib.h>
 3:
 4: void main( void )
 5: {
 6:    int radix = 16;              // 변환할 기수가 16진수
 7:    int base = 2;                // 변환할 문자열이 2진수
 8:    char string[] = "10101011";
 9:    char *stop;
10:    long value;
11:    char buff[100];
12:
13:    value = strtol( string, &stop, base );        // 10진수로 변환
14:    itoa( value, buff, radix );                   // 16진수 문자열로 변환
15:    puts( buff );              // "ab"
16: }
```

2진 문자열을 정수로 변환합니다. ◆ 13

정수값을 16진 문자열로 변환합니다. 2진수 10101011을 16진수로 변환하면 ab입니다. ◆ 14

프로그램 실행 결과는 다음과 같습니다.

    ab

# 소문자를 대문자로 변환하기

• **학습 내용** : 비트 AND 연산을 활용합니다.
• **힌트 내용** : 변수 & 0xDF를 사용하세요.

소스 : [예제-211].c

```c
 1: #include <stdio.h>
 2: #include <string.h>
 3:
 4: void main( void )
 5: {
 6:    char string[] = "abcdefghijklmnopqrstuvwxyz";
 7:    unsigned i, len;
 8:
 9:    puts( string );
10:
11:    len = strlen( string );            // 문자열의 길이
12:
13:    for( i=0; i<len; i++ )
14:    {
15:        string[i] = string[i] & 0xDF;    // 0xDF는 2진수로 1101 1111
16:    }
17:
18:    puts( string );
19: }
```

15 ◆ 소문자 'a'는 2진수로 0110 0001이며, 대문자 'A'는 2진수로 0100 0001입니다. 그러므로 소문자 'a'의 앞에서 3번째 비트를 마스크(비트 AND)해주면, 대문자 'A'로 변환됩니다.

프로그램 실행 결과는 다음과 같습니다.

```
abcdefghijklmnopqrstuvwxyz
ABCDEFGHIJKLMNOPQRSTUVWXYZ
```

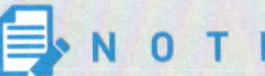 **N O T E**

대문자를 소문자로 바꾸려면, 'A'| 0x20처럼 하면 됩니다.

# 비트 연산을 사용하여 변수값을 0으로 만들기

- **학습 내용 :** 비트 XOR 연산자의 기능을 학습합니다.
- **힌트 내용 :** 변수 ^ 변수를 하면 됩니다.

📁 **소스 : [예제-212].c**

```c
1: #include <stdio.h>
2:
3: void main( void )
4: {
5:    int i = -5;
6:
7:    printf( "i = %d \n", i );
8:
9:    i = i ^ i;
10:
11:    printf( "i = %d \n", i );
12: }
```

i의 값이 서로 같으므로, i ^ i의 값은 무조건 0이 되겠지요. i의 값이 양수이건, 음수이건 i의 값이 크건 작건, 무조건 0이 되는 원리를 확인해 보세요.

프로그램 실행 결과는 다음과 같습니다.

```
i = -5
i = 0
```

**N O T E**

비트 연산은 **[29. 비트 연산자 이해하기]**를 참조하세요.

# 비트 쉬프트 연산을 사용하여 곱셈 구현하기(《《)

- **학습 내용** : 컴퓨터의 내부적인 곱셈 방법을 학습합니다.
- **힌트 내용** : 비트 쉬프트 연산자(《《)를 사용하세요.

📁 소스 : [예제-213].c

```c
 1: #include <stdio.h>
 2:
 3: void main( void )
 4: {
 5:    char value = 2;
 6:
 7:    value = value << 1;      // value = value * 2;
 8:
 9:    printf( "value : %d \n", value );
10: }
```

7 ◆ 2의 값은 2진수로 00000010입니다. 그러므로 이 값을 왼쪽으로 1비트 쉬프트하면, 00000100이 되므로, 곱셈을 한 것과 같은 효과를 볼 수 있습니다.

프로그램 실행 결과는 다음과 같습니다.

📝 **N O T E**

비트 쉬프트 연산자는 [29. 비트 연산자 이해하기(|, &, ~, ^《《, 》》)]를 참조하세요.

# 비트 쉬프트 연산을 사용하여 나눗셈 구현하기(〉〉)

- **학습 내용 :** 컴퓨터의 내부적인 나눗셈 방법을 학습합니다.
- **힌트 내용 :** 비트 쉬프트 연산자(〉〉)를 사용하세요.

📁 소스 : [예제-214].c

```c
 1: #include <stdio.h>
 2:
 3: void main( void )
 4: {
 5:    char value = 4;
 6:
 7:    value = value >> 1;      // value = value / 2;
 8:
 9:    printf( "value : %d \n", value );
10: }
```

4의 값은 2진수로 00000100입니다. 그러므로 이 값을 오른쪽으로 1비트 쉬프트하면 00000010이  ◆ 7
되므로, 나눗셈을 한 것과 같은 효과를 볼 수 있습니다.

프로그램 실행 결과는 다음과 같습니다.

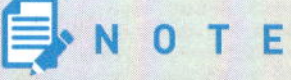 **N O T E**

쉬프트하는 값이 홀수인 경우 나누기 값이 정확하지 않을 수 있습니다. 예를 들어, 5 〉〉 1을 하면 2가 나옵니다.

# 문자열에서 특정 문자열의 인덱스 구하기(strstr)



- **학습 내용 :** 문자열에서 인덱스를 구하는 방법을 학습합니다.
- **힌트 내용 :** strstr() 함수와 포인터 연산을 사용하세요.

소스 : [예제-215].c

```c
1: #include <stdio.h>
2: #include <string.h>
3:
4: void main( void )
5: {                    // 01234567890123
6:    char string[] = "This is a book";
7:    char *pos;
8:
9:    pos = strstr( string, "book" );            // [예제-64]
10:
11:    if( pos ) // if( pos != NULL )
12:    {
13:        printf( "book을 %d번째에서 찾았습니다. \n", pos-string );
14:        printf( "%s \n", &string[pos-string] );
15:    }
16: }
```

9 ◆ strstr() 함수는 문자열을 검색할 때 사용하며, 문자열을 검색하였을 경우에는 그 문자열의 번지를 반환하고, 그렇지 않은 경우에는 NULL을 반환합니다.

11 ◆ pos가 NULL이 아니면 "book"을 찾은 것이므로, 12~15번째 줄을 실행합니다.

13 ◆ 검색된 번지는 항상 string의 번지보다 같거나 크기 때문에 string번지를 빼면 검색된 위치를 구할 수 있습니다.

프로그램 실행 결과는 다음과 같습니다.

```
book을 10번째에서 찾았습니다.
book
```

# 문자열을 콤마와 공백으로 분리하기(strtok)

- **학습 내용 :** 문자열을 콤마와 공백으로 분리하는 방법을 학습합니다.
- **힌트 내용 :** strtok() 함수를 사용하세요.

### 소스 : [예제-216].c

```c
 1: #include <stdio.h>
 2: #include <string.h>
 3:
 4: void main( void )
 5: {
 6:    char string[] = "a12, b34, c56";
 7:    char *token;
 8:
 9:    token = strtok( string, ", " );        // [예제-68], 문자열 ", "에 공백 포함(주의)
10:
11:    while( token )
12:    {
13:       puts(token);
14:       token = strtok( NULL, ", " );
15:    }
16: }
```

문자열 string을 콤마와 공백으로 분리하여 출력합니다. strtok() 함수는 [예제-68]을 참조하세요.　　◆ 9~14

프로그램 실행 결과는 다음과 같습니다.

```
a12
b34
c56
```

# 문자열을 공백으로 분리하여 여러 개의 문자열로 만들기(strtok)

- **학습 내용 :** 문자열에서 알파벳만 분리하는 방법을 학습합니다.
- **힌트 내용 :** strtok( ) 함수를 사용하세요.

소스 : [예제-217].c

```c
1: #include <stdio.h>
2: #include <string.h>
3:
4: void main( void )
5: {
6:    char string[] = "(a12), (b34), (c56)";
7:    char *token;
8:
9:    token = strtok( string, "(123456), " );      // [예제-68]
10:
11:    while( token )
12:    {
13:        puts(token);
14:        token = strtok( NULL, "(123456), " );
15:    }
16: }
```

9~14 ◆ 문자열 string을 "(123456), "로 분리하여 출력합니다. 구분 문자열 "(123456),"은 구분하고자 하는 모든 문자를 사용하면 됩니다.

프로그램 실행 결과는 다음과 같습니다.

```
a
b
c
```

# 문자열에서 숫자만 추출해내기 (isdigit)

- **학습 내용 :** 문자열에서 숫자만 추출하는 방법을 학습합니다.
- **힌트 내용 :** isdigit() 함수를 사용하세요.

소스 : [예제-218].c

```c
1: #include <stdio.h>
2: #include <ctype.h>
3:
4: void main( void )
5: {
6:    char *string = "(02) 1111-2222";
7:    char buff[20]={0,};
8:    int i=0;
9:
10:    while( *string )
11:    {
12:        if( isdigit( *string ) )        // [예제-90]
13:        {
14:            buff[i++] = *string;
15:        }
16:        string++;
17:    }
18:    puts( buff );
19: }
```

*string의 값이 숫자인 경우에만 13~15번째 줄이 실행됩니다.  ◆ 12~15

포인터 값을 증가시켜서 다음 문자를 가리키도록 합니다.  ◆ 16

프로그램 실행 결과는 다음과 같습니다.

```
0211112222
```

# 문자열에서 알파벳만 추출해내기 (isalpha)

**활용 219**

- **학습 내용 :** 문자열에서 알파벳만 추출하는 방법을 학습합니다.
- **힌트 내용 :** isalpha( ) 함수를 사용하세요.

📁 소스 : [예제-219].c

```c
1: #include <stdio.h>
2: #include <ctype.h>
3:
4: void main( void )
5: {
6:    char *string = "temperature: 200";
7:    char buff[20]={0,};
8:    int i=0;
9:
10:    while( *string )
11:    {
12:       if( isalpha( *string ) )        // [예제-89]
13:       {
14:          buff[i++] = *string;
15:       }
16:       string++;
17:    }
18:    puts( buff );
19: }
```

12~15 ◆ *string의 값이 알파벳('A'~'Z','a'~'z')인 경우에만, 13~15번째 줄이 실행됩니다.

16 ◆ 포인터의 값을 증가시켜 다음 문자를 가리키도록 합니다.

프로그램 실행 결과는 다음과 같습니다.

    temperature

# 문자열에서 한글만 추출해내기

- **학습 내용** : 문자열에서 한글을 추출하는 것을 이해합니다.
- **힌트 내용** : 값이 127보다 큰지 비교하세요.

소스 : [예제-220].c

```c
1: #include <stdio.h>
2:
3: void main( void )
4: {
5:    unsigned char *string = "내한민국 Korea";
6:    unsigned char buff[20]={0,};
7:    int i=0;
8:
9:    while( *string )
10:   {
11:       if( *string > 127 )
12:       {
13:          buff[i++] = *string;
14:       }
15:       string++;
16:   }
17:   puts( buff );
18: }
```

한글은 영문자와 달리, 아스키 값이 127보다 큰 2바이트를 사용합니다. 그러므로 아스키의 값이 127보다 크면 한글이라고 판단할 수 있습니다. 단, 경우에 따라 한글이 아닌 그래픽 문자가 있을 수도 있습니다.

프로그램 실행 결과는 다음과 같습니다.

    대한민국

11

# 알파벳이 아닌 첫 문자의 위치 검출하기(strspn)

- **학습 내용** : 문자열에서 알파벳 또는 숫자가 아닌 다른 종류의 특수 문자 등을 검색하는 방법을 학습합니다.
- **힌트 내용** : strspn( ) 함수를 사용하세요.

📁 소스 : [예제-221].c

```c
1: #include <stdio.h>
2: #include <string.h>
3:
4: void main( void )
5: {                        // 01234567890
6:    char *string =      " i t ' s good ";
7:    char *find = "abcdefghijklmnopqrstuvwxyz";
8:    int nIndex;
9:
10:   nIndex = strspn( string, find );          // [예제-67]
11:   printf( "%d 위치에서 알파벳이 아닌 첫 문자를 찾았습니다. \n", nIndex );
12: }
```

10 ◆ 문자열 string에서 소문자가 아닌 문자가 있는 위치를 검색합니다. 모든 문자가 일치되면 문자열의 길이가 반환됩니다. 이 예제를 응용한다면 알파벳이 아닌 문자를 검색할 수 있겠지요. 검색된 문자는 따옴표(´) 입니다.

프로그램 실행 결과는 다음과 같습니다.

# 문자열에서 숫자가 시작되는 위치 추출하기(strcspn)



- **학습 내용 :** 특정 숫자가 포함된 위치를 찾는 방법을 학습합니다.
- **힌트 내용 :** strcspn() 함수를 사용하세요.

소스 : [예제-222].c

```c
1: #include <stdio.h>
2: #include <string.h>
3:
4: void main( void )
5: {                    // 012345678901234567890123456789012345
6:     char string[] = " 사자 3마리, 코끼리 5마리, 사슴 4마리";
7:     char *find = "0123456789";
8:     int index;
9:
10:     index = strcspn( string, find );        // [예제-66]
11:
12:     printf( "%d 위치에서 일치되는 첫 숫자를 발견하였습니다. \n", index );
13: }
```

strcspn() 함수는 검색될 문자열 string에서 검색할 문자열 find 중의 하나라도 일치하는 문자가 있 ◆ 10
는지 검색하여 그 위치를 반환합니다. 일치하는 문자가 없을 경우 문자열의 길이가 반환됩니다.
find가 "0123456789"이기 때문에, 처음으로 일치하는 숫자를 찾습니다.

프로그램 실행 결과는 다음과 같습니다.

# 문자열을 특정 문자 위치에서 잘라내기(strchr)

- **학습 내용 :** 문자 검색의 방법을 학습합니다.
- **힌트 내용 :** strchr( ) 함수를 사용하세요.

📁 **소스 : [예제-223].c**

```c
1: #include <stdio.h>
2: #include <string.h>
3:
4: void main( void )
5: {
6:    char string[] = "a.book";
7:    char *pstr = string, *pfind = string;
8:    int i = 0;
9:
10:    while( pfind )
11:    {
12:        pfind = strchr(pstr, 'a');        // [예제-65]
13:
14:        if( pfind == NULL )
15:        {
16:            pfind = strchr(pstr, '.');
17:            if( pfind ) pstr = &string[++i];
18:        }
19:        else pstr = &string[++i];
20:    }
21:    puts( pstr );                    // book이 출력
22: }
```

12~19 ◆ 문자 'a'및 '.'을 검색합니다. 문자 'a'및 '.'이 검색되면 pfind는 검색된 번지를 가리키며, 검색된 문자가 없을 경우 pfind는 NULL 값을 가집니다. 만약 'a'또는 '.'문자가 검색되었다면, pstr은 그 문자가 검색된 다음 번지를 가리킵니다.

# 문자열의 좌우 공백 제거하기 (isspace)

- **학습 내용 :** 문자열의 왼쪽과 오른쪽에 존재하는 공백을 제거하는 방법을 학습합니다.
- **힌트 내용 :** isspace() 함수를 사용하세요.

📁 **소스 : [예제-224].c**

```c
1: #include <stdio.h>
2: #include <string.h>
3: #include <ctype.h>
4:
5: void main( void )
6: {
7:    char *string = " 123 ";
8:    char buff[20]={0,};
9:    int i=0;
10:
11:    printf( "string의 길이 : %d \n", strlen(string) );
12:
13:    while( *string )
14:    {
15:        if( !isspace( *string ) )    // [예제-94]
16:        {
17:            buff[i++] = *string;
18:        }
19:        string++;
20:    }
21:    puts( buff );
22:    printf( "string의 길이 : %d \n", strlen(buff) );        // string의 길이 : 3
23: }
```

*string의 값이 공백이 아닌 경우에만, 17번째 줄이 실행됩니다.

프로그램 실행 결과는 다음과 같습니다.

```
string의 길이 : 6
123          ← 좌우 공백이 제거된 후 "123"만 출력됨
```

15~18

# 문자열의 좌우 특정 문자들 제거하기(strspn, strcspn)

- **학습 내용 :** 문자를 검색하고, 위치를 찾는 방법을 학습합니다.
- **힌트 내용 :** strspn( ), strcspn( ) 함수를 사용하세요.

📁 소스 : [예제-225].c

```c
1: #include <stdio.h>
2: #include <string.h>
3:
4: void main( void )
5: {                      // 01234567890
6:    char string[] = "  . ; ;abc; ; .  ";
7:    char *sep = " .;";
8:    int nIndex1, nIndex2;
9:
10:   nIndex1 = strspn( string, sep );                    // [예제-67]
11:   nIndex2 = strcspn( &string[nIndex1], sep );         // [예제-66]
12:   (&string[nIndex1])[nIndex2] = 0;
13:   printf( "%s \n", &string[nIndex1] );
14: }
```

10 ◆ 일치되지 않는 첫 번째 문자의 인덱스를 구합니다. 인덱스 값은 4입니다.

11 ◆ string의 인덱스 4 위치('a'문자)로부터 일치되는 첫 번째 문자의 인덱스를 구합니다. 인덱스 값은 3입니다.

12 ◆ string의 인덱스 4 위치로부터 인덱스 3만큼의 위치에 NULL(0) 값을 대입합니다.

프로그램 실행 결과는 다음과 같습니다.

# 문자열을 NULL로 채우기(strset)

- **학습 내용 :** 문자열 버퍼의 모든 문자열을 NULL(0)로 초기화하는 방법을 학습합니다.
- **힌트 내용 :** strset() 함수를 사용하세요.

📁 소스 : [예제-226].c

```c
 1: #include <stdio.h>
 2: #include <string.h>
 3:
 4: void main( void )
 5: {
 6:    char buff[] = "암호는 Korea입니다.";
 7:
 8:    puts( buff );
 9:    strset( buff, 0 );              // [예제-70]
10:    printf( "[%s] \n", buff );
11: }
```

버퍼를 널(0)로 채웁니다. strset() 함수는 문자열의 값을 다른 값으로 채울 때 사용됩니다. 예를 들어, 문자열을 공백으로 채우려면 strset( buff, " " ); 처럼 하면 되겠지요.   ◆ 9

"[ ]"가 출력됩니다. 문자열이 모두 NULL로 채워졌기 때문에 문자열의 길이는 0이 됩니다.   ◆ 10

프로그램 실행 결과는 다음과 같습니다.

# 문자열의 첫 글자를 대문자로 변환하기

- **학습 내용** : 영어 관련 문장을 보면 각 단어의 첫 자가 대문자인 것을 볼 수 있는데, 이를 구현하는 방법을 학습합니다.
- **힌트 내용** : isalpha() 함수를 사용하세요.

소스 : [예제-227].c

```
1: #include <stdio.h>
2: #include <string.h>
3: #include <ctype.h>
4:
5: void main( void )
6: {
7:    char buff[] = "boy is man", *pos = buff;
8:
9:    while( pos ) {
10:       if( isalpha(buff[0]) && pos == buff ) {
11:          buff[0] &= 0xDF;
12:          pos++;
13:       }
14:       else if( pos = strpbrk( pos, " " ) ) *++pos &= 0xDF;
15:    }
16:    printf( buff );
17: }
```

9~15 ◆ 첫 문자가 영문자이면 대문자로 교체하고, 14번째 줄에서 공백을 검색한 후, 그 다음 문자를 대문자로 변환합니다. 소문자를 대문자로 교체하는 것은 [예제-211]을 참조하세요.

프로그램 실행 결과는 다음과 같습니다.

Boy Is Man

# 문자열에서 특정 위치의 문자 교체하기(strnset)

- **학습 내용** : 문자열을 검색하고, 검색된 문자열을 다른 문자로 부분 교체하는 방법을 학습합니다.
- **힌트 내용** : strnset() 함수를 사용하세요.

📁 소스 : [예제-228].c

```c
1: #include <stdio.h>
2: #include <string.h>
3:
4: void main( void )
5: {
6:     char string[] = "암호는 Korea입니다.";
7:     char *pstr;
8:
9:     pstr = strstr( string, "Korea" );          // [예제-64]
10:    if( pstr )
11:    {
12:        strnset( pstr, '*', 5 );                // [예제-71]
13:    }
14:    puts( string );
15: }
```

"Korea" 문자열을 검색합니다. ◆ 9

"Korea" 문자열을 찾았으며, 검색된 위치로부터 5바이트만큼의 문자를 모두 '＊'문자로 교체합니다. ◆ 10~13

프로그램 실행 결과는 다음과 같습니다.

　암호는 *****입니다.

# 문자열에 대한 임시 저장소 만들기 (strdup)



- **학습 내용** : 문자열 복제 시 동적으로 임시 공간을 할당하는 strdup( ) 함수에 대해 학습합니다.
- **힌트 내용** : strdup( ), free( ) 함수를 사용하세요.

📁 소스 : [예제-229].c

```
1: #include <stdio.h>
2: #include <string.h>
3: #include <malloc.h>
4:
5: void main( void )
6: {
7:    char buff[] = "문자열 복제하기";
8:    char *dup;
9:
10:    dup = strdup( buff );                  // [예제-75]
11:    if( dup )
12:    {
13:        strcpy( buff, "다른 문자열" );      // [예제-57]
14:        puts( buff );
15:        puts( dup );
16:        free( dup );                        // [예제-98]
17:    }
18: }
```

10 ◆ 문자열 buff를 메모리에 할당한 후, 포인터 값을 반환합니다. 메모리를 할당하지 못하면 NULL을 반환합니다.

13~16 ◆ buff에 "다른 문자열"을 복사합니다. dup는 새로 생성된 문자열이기 때문에 변화되지 않습니다. strdup( ) 함수에 의해 생성된 메모리는 free( ) 함수에 의해 해제되어야 합니다.

프로그램 실행 결과는 다음과 같습니다.

다른 문자열
문자열 복제하기

# 메모리를 1MB 할당하고 해제하기 (malloc, free)

- **학습 내용 :** 메모리를 동적으로 할당하는 방법을 학습합니다.
- **힌트 내용 :** malloc( ), free( ) 함수를 사용하세요.

📁 소스 : [예제-230].c

```c
 1: #include <stdio.h>
 2: #include <string.h>
 3: #include <malloc.h>
 4:
 5: void main( void )
 6: {
 7:    char *pbuf;
 8:
 9:    pbuf = malloc( 100 * 10000 );                // [예제-96]
10:
11:    if( pbuf )
12:    {
13:        memset( pbuf, 0, 100 * 10000 );          // [예제-103]
14:        strcpy( &pbuf[0], "서울시 양천구 목동" );    // [예제-57]
15:        puts( &pbuf[0] );
16:        free( pbuf );                            // [예제-98]
17:    }
18: }
```

10000명에 대한 주소값(100바이트)을 저장하기 위한 메모리를 할당합니다.    ◆ 9

할당된 메모리 버퍼를 모두 NULL(0)로 채웁니다.    ◆ 13

malloc( ) 함수에 의해 할당된 메모리는 반드시 free( ) 함수에 의해 해제되어야 합니다.    ◆ 16

프로그램 실행 결과는 다음과 같습니다.

서울시 양천구 목동

# 메모리를 100MB 할당하고 해제하기

- **학습 내용 :** 100MB 정도 되는 메모리를 할당하여 봄으로써, 큰 사이즈의 메모리를 할당하는 방법을 학습합니다.
- **힌트 내용 :** malloc( ), free( ) 함수를 사용하세요.

소스 : [예제-231].c

```c
 1: #include <stdio.h>
 2: #include <string.h>
 3: #include <malloc.h>
 4:
 5: #define MEGA_BYTE 1048576
 6:
 7: void main( void )
 8: {
 9:    char *pbuf;
10:
11:    pbuf = malloc( 100 * MEGA_BYTE );                // [예제-96]
12:
13:    if( pbuf )
14:    {
15:        memset( pbuf, 0, 100 * MEGA_BYTE );          // [예제-103]
16:
17:        strcpy( &pbuf[0], "서울시 양천구 목동" );        // [예제-57]
18:        puts( &pbuf[0] );
19:
20:        strcpy( &pbuf[104857500], "부산시 강서구 미음동" );
21:        puts( &pbuf[104857500] );
22:
23:        free( pbuf );                                // [예제-98]
24:    }
25: }
```

11 ◆ 메모리를 100MB 할당합니다.

할당된 메모리 버퍼를 모두 NULL(0)로 채웁니다. malloc() 함수에 의해 할당된 메모리는 초기에 ◆ 15
그 값이 일정하지 않은 쓰레기 값들로 채워져 있습니다. 그러므로, memset() 함수 등을 사용하여
NULL로 채워주는 것이 좋습니다.

pbuf는 pbuf[0] ~ pbuf[104857599]까지 사용 가능합니다. ◆ 17~21

100MB 메모리를 해제합니다. ◆ 23

프로그램 실행 결과는 다음과 같습니다.

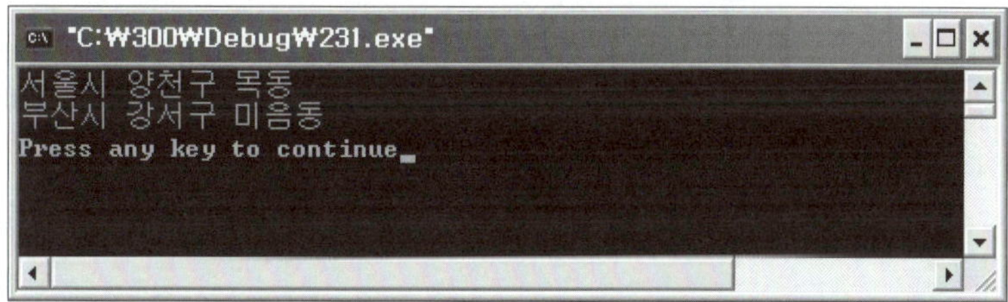

### malloc() 함수

[96. 메모리 할당하기(malloc)]에서 malloc() 함수에 대해서 충분히 설명하였지만, 반복적인 학습 차원에서 다시 한 번 확인하고 넘어가도록 하겠습니다. malloc()은 C에서 제공되는 메모리 할당 함수입니다. malloc()을 호출할 때는 필요한 메모리 양(바이트 단위)을 인수로 전달해야 합니다. malloc()은 필요한 만큼의 메모리 블록을 확보해서 할당하고 나서 블록의 첫 번째 바이트의 주소 값을 돌려줍니다. 여러분은 메모리의 위치에 대해서는 신경 쓸 필요가 없습니다. 왜냐하면, 자동으로 다루어지기 때문입니다.

malloc() 함수는 메모리의 주소 값을 돌려주고 함수의 복귀형은 void형에 대한 포인터입니다. 왜 void형에 대한 포인터를 돌려주는 것일까요? void형에 대한 포인터는 모든 데이터형과 호환성이 있기 때문입니다. malloc() 함수에 의해서 할당되는 메모리는 C의 어떤 데이터형을 저장하기 위해서도 사용될 수 있어야 하므로 void형이 가장 적합합니다.

**N O T E**

메모리는 유한한 자원이기 때문에 한 프로그램에서 메모리를 독점하여 사용하는 것은 좋지 않습니다. 그러므로, 프로그래밍 시에는 항상 꼭 필요한 만큼의 메모리를 할당하여 사용하는 습관을 갖는 것이 좋으며, [예제-231]과 같이 큰 메모리를 할당할 필요가 있을 경우를 제외하고는 일반적으로 1024바이트 이하의 메모리를 할당하고 사용하는 것이 보통입니다.

# void형 포인터를 사용한
# 다양한 배열 복사하기

• **학습 내용 :** 다양한 데이터형의 배열 등을 복사하는 함수를 구현하는 방법을 학습합니다.
• **힌트 내용 :** void형 포인터를 사용하세요.

소스 : [예제-232].c

```c
1: #include <stdio.h>
2:
3: void array_copy( void *dest, const void* src, int size );
4:
5: void main( void )
6: {
7:     char array1[100] = "array of char";
8:     char array2[100] = { 0, };
9:     int array3[5] = { 1, 2, 3, 4, 5 };
10:     int array4[5] = { 0, };
11:
12:     printf( "array1 : [%s] \n", array1 );
13:     printf( "array2 : [%s] \n", array2 );
14:     printf( "array3 : [%d] \n", array3[0] );
15:     printf( "array4 : [%d] \n", array4[0] );
16:
17:     array_copy( array2, array1, sizeof(array1) );
18:     array_copy( array4, array3, sizeof(array3) );
19:
20:     printf( "array1 : [%s] \n", array1 );
21:     printf( "array2 : [%s] \n", array2 );
22:     printf( "array3 : [%d] \n", array3[4] );
23:     printf( "array4 : [%d] \n", array4[4] );
24: }
25:
26: void array_copy( void *dest, const void* src, int size )
27: {
28:     while( size-- )
29:     {
```

```
30:        *(char*)dest = *(char*)src;
31:        ((char*)dest)++;
32:        ((char*)src)++;
33:    }
34: }
```

void형 포인터는 모든 데이터형의 포인터 값을 전달받을 수 있습니다.　　◆ 26

복사하려는 길이만큼 28~33번째 줄을 반복 실행합니다. 버퍼는 28~33번째 줄을 실행할 때마다　　◆ 28
문자형 포인터의 값만큼 1바이트씩 복사됩니다.

void형 포인터를 사용하려면 반드시 사용하려는 데이터형으로 캐스트 연산을 해주어야 합니다. 버　　◆ 30
퍼를 1바이트씩 복사해야 하므로, 캐스트 형은 (char*)가 됩니다. *(char*)dest는 dest의 형을 char*
형이라고 가정한 후, 그 포인터가 가리키는 위치(*)에 *(char*)src의 값을 대입합니다.

void형 포인터는 크기가 정해지지 않은 상태이기 때문에 증가 연산자를 사용하기 위해서는 캐스트　　◆ 31~32
연산을 해주어야 합니다. 버퍼를 1바이트씩 증가해야 하므로 (char*)로 캐스트합니다.

프로그램 실행 결과는 다음과 같습니다.

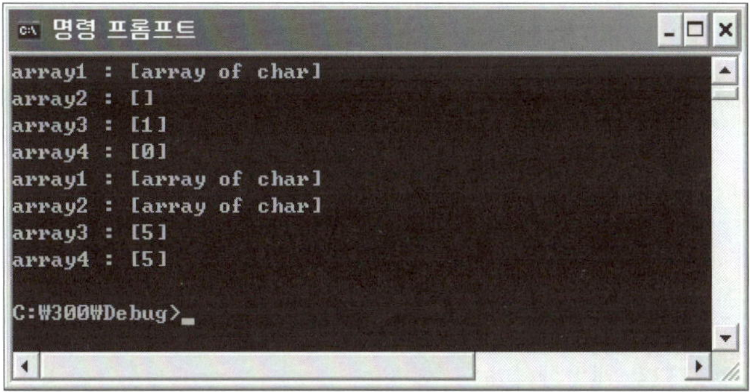


NOTE

void형 포인터는 모든 데이터형의 포인터를 모두 대입받을 수 있는 반면, 포인터를 사용하려고 할 때는 반드시
사용하려는 포인터의 데이터형으로 캐스팅(형 변환)해 주어야 합니다.

# 텍스트 파일을 한 줄씩 쓰기 (fopen, fputs, fclose)

- **학습 내용 :** 텍스트 파일을 줄 단위로 쓰는 방법을 학습합니다.
- **힌트 내용 :** fputs() 함수를 사용하세요.

📁 소스 : [예제-233].c

```c
1: #include <stdio.h>
2:
3: void main( void )
4: {
5:     FILE *fp;
6:
7:     fp = fopen( "c:\\file.txt", "w+" );        // [예제-136]
8:
9:     if( fp != NULL )
10:    {
11:        fputs( "대한민국 \n", fp );            // [예제-139]
12:        fputs( "대한민국 \n", fp );
13:        fputs( "대한민국 \n", fp );
14:        fputs( "대한민국 \n", fp );
15:        fputs( "대한민국 \n", fp );
16:        fclose( fp );                          // [예제-152]
17:    }
18: }
```

7 ◆ 파일을 쓰기 및 생성 모드로 개방합니다.

11~15 ◆ 개방된 파일에 대한민국을 다섯 줄 씁니다. c:\file.txt에 대한민국이 다섯 줄 저장됩니다.

16 ◆ 파일을 닫습니다.

📝 N O T E

fputs() 함수에서 개행문자('\n')는 자동으로 0x0D, 0x0A로 변환되어 저장됩니다.

# 텍스트 파일을 한 줄씩 읽기(fgets)

- **학습 내용 :** 텍스트 파일을 줄 단위로 읽어오는 방법을 학습합니다.
- **힌트 내용 :** fgets( ), feof( ) 함수를 사용하세요.

📁 소스 : [예제-234].c

```c
 1: #include <stdio.h>
 2:
 3: void main( void )
 4: {
 5:    FILE *fp;
 6:    char buff[100];
 7:
 8:    fp = fopen( "c:\\file.txt", "r" );       // [예제-136]
 9:
10:    if( fp != NULL )
11:    {
12:        while( !feof(fp) )                    // [예제-153]
13:        {
14:            fgets( buff, 100, fp );           // [예제-140]
15:            printf( buff );                   // 대한민국
16:        }
17:        fclose( fp );                         // [예제-152]
18:    }
19: }
```

파일을 읽기 모드로 개방(fopen)하여, 파일의 끝까지(feof) 읽습니다(fgets). 0x0D, 0x0A는 자동으로 개행문자('\n')로 변환됩니다. 단, 주의할 사항은 파일의 끝인 경우 fgets( ) 함수는 아무것도 읽어오지 않습니다. 이것을 확인하기 위해서는 다음과 같이 프로그래밍 하세요.

```c
fgets( buff, 100, fp );
if( feof(fp) ) break;
```

# 텍스트 파일 쓰기(fwrite)

- **학습 내용 :** 텍스트 파일을 쓰기 위해 fputs() 함수 외의 다른 방법을 학습합니다.
- **힌트 내용 :** fwrite() 함수를 사용하세요.

소스 : [예제-235].c

```c
 1: #include <stdio.h>
 2:
 3: void main( void )
 4: {
 5:    FILE *fp;
 6:    char *string = "우리강산\n";
 7:
 8:    fp = fopen( "c:\\file.txt", "w+" );        // [예제-136]
 9:
10:    if( fp != NULL )
11:    {
12:        fwrite( string, 1, strlen(string), fp );
13:        fwrite( string, 1, strlen(string), fp );
14:        fwrite( string, 1, strlen(string), fp );
15:        fclose( fp );                          // [예제-152]
16:    }
17: }
```

8 ◆ 파일을 쓰기 및 생성 모드로 개방합니다.

12~14 ◆ fwrite() 함수는 fputs() 함수처럼 사용할 수 있으며, fputs() 함수와 다른 점은 바이너리 모드로 파일을 개방 시 NULL 값을 쓸 수 있다는 것입니다. fwrite() 함수의 원형은 다음과 같습니다. buffer는 쓰여질 데이터이며, size는 블록의 크기, count는 블록의 개수, stream은 개방된 파일의 포인터입니다.

```c
size_t fwrite( const void *buffer, size_t size, size_t count, FILE *stream );
```

한 번에 쓸 바이트 수는 size * count입니다. 그러므로 12번째 줄에서는 1 * strlen(string) 크기만큼 데이터를 파일에 씁니다.

개방된 파일을 닫습니다.

◆ 15

프로그램 실행 결과는 다음과 같습니다.

c:\file.txt에 우리강산이 세 줄 저장됩니다.

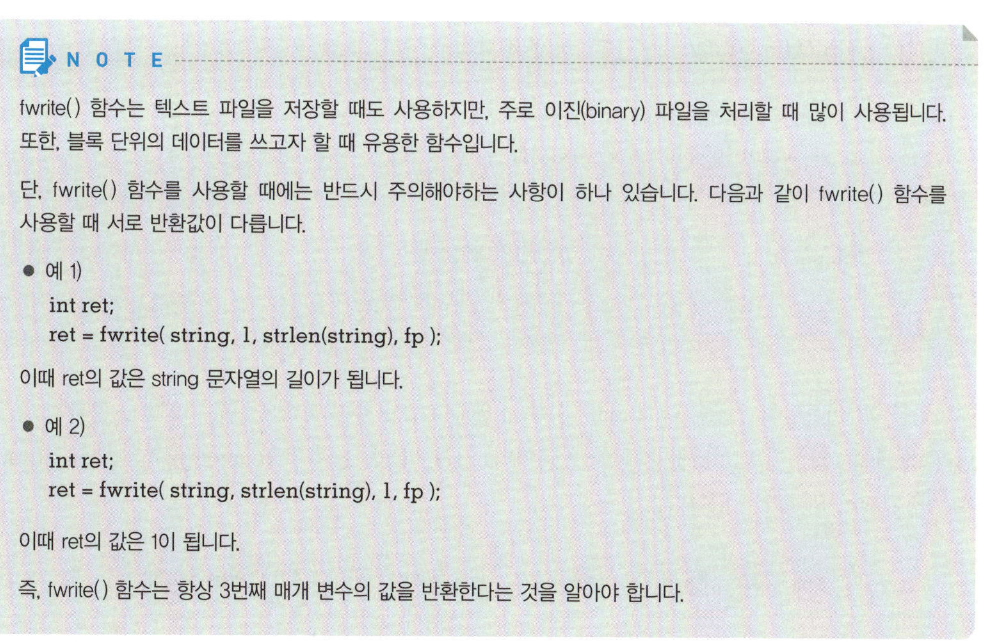

**N O T E**

fwrite( ) 함수는 텍스트 파일을 저장할 때도 사용하지만, 주로 이진(binary) 파일을 처리할 때 많이 사용됩니다. 또한, 블록 단위의 데이터를 쓰고자 할 때 유용한 함수입니다.

단, fwrite( ) 함수를 사용할 때에는 반드시 주의해야하는 사항이 하나 있습니다. 다음과 같이 fwrite( ) 함수를 사용할 때 서로 반환값이 다릅니다.

● 예 1)
```
int ret;
ret = fwrite( string, 1, strlen(string), fp );
```

이때 ret의 값은 string 문자열의 길이가 됩니다.

● 예 2)
```
int ret;
ret = fwrite( string, strlen(string), 1, fp );
```

이때 ret의 값은 1이 됩니다.

즉, fwrite( ) 함수는 항상 3번째 매개 변수의 값을 반환한다는 것을 알아야 합니다.

# 텍스트 파일 읽기(fread)

- **학습 내용 :** 텍스트 파일을 읽기 위해 fgets() 함수 외의 다른 방법을 학습합니다.
- **힌트 내용 :** fread(), feof() 함수를 사용하세요.

📁 소스 : [예제-236].c

```c
1: #include <stdio.h>
2:
3: void main( void )
4: {
5:    FILE *fp;
6:    char buff[100]={0,};
7:    int len;
8:
9:    fp = fopen( "c:\\file.txt", "r" );      // [예제-136]
10:
11:   if( fp != NULL )
12:   {
13:       while( !feof(fp) )                   // [예제-153]
14:       {
15:           len = fread( buff, 1, 9, fp );
16:           if( ferror(fp) || len < 9 ) break;
17:           printf( "read : %d, %s", len, buff );
18:       }
19:       fclose( fp );                        // [예제-152]
20:   }
21: }
```

15 ◆ 데이터를 9바이트만큼 읽습니다. fread() 함수는 fgets() 함수와 비슷하며, 함수 원형은 다음과 같습니다. buffer는 읽혀질 데이터를 저장할 버퍼이며, size는 블록의 크기, count는 블록의 갯수, stream은 개방된 파일의 포인터입니다.

```c
size_t fread( void *buffer, size_t size, size_t count, FILE *stream );
```

한 번에 읽을 바이트 수는 size * count입니다. 그러므로 15번째 줄에서는 1*9 크기만큼 데이터를 읽으며, 실제 읽혀진 count의 값을 len에 반환합니다.

파일을 읽는 중 에러가 발생하거나, 읽은 크기가 9보다 작으면 읽기를 멈춥니다. 실제로 파일의 크기가 9의 배수가 아닌 경우에는 읽은 크기가 9보다 작을 수 있으므로 주의하세요. ◆ 16

개방된 파일을 닫습니다. ◆ 19

프로그램 실행 결과는 다음과 같습니다.

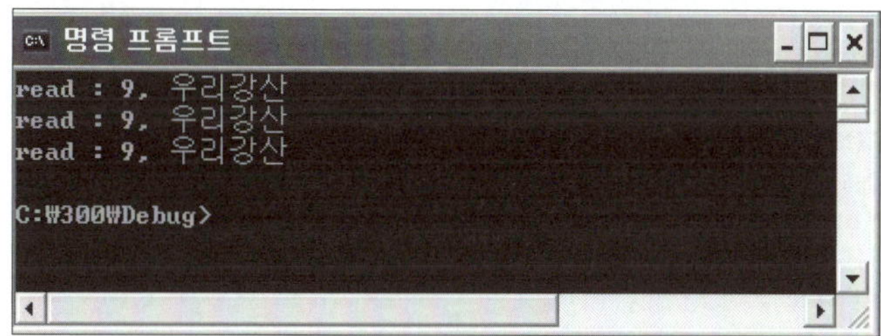


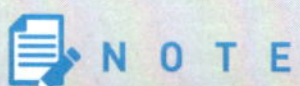

**N O T E**

fread( ) 함수는 파일의 개방 모드에 따라 동작이 조금 달라집니다.

fopen( "c:\\file.txt", "rt" );인 경우에 fread( ) 함수는 0x0D, 0x0A를 자동으로 개행문자('\n')로 변환해서 읽으며, fwrite( ) 함수 또한 개행문자를 0x0D, 0x0A로 씁니다. 하지만, fopen( "c:\\file.txt", "rb" );인 경우에는 fread( ) 함수는 0x0D, 0x0A를 개행문자가 아닌 일반 문자로 인식합니다. "rb"는 바이너리 모드로 파일을 개방하는 것이며, fread( ), fwrite( ) 함수에서 0x0D, 0x0A와 개행문자('\n')간의 자동 변환은 일어나지 않습니다.

또한, fwrite( ) 함수와 마찬가지로 fread( ) 함수도 항상 3번째 매개 변수의 값을 반환하기 때문에 다음과 같은 문장을 사용할 때는 2번째 매개 변수의 값과 3번째 매개 변수의 값을 서로 바꾸지 않도록 주의하세요.

● 예 :
```
int ret;
ret = fread( buff, 1, 9, fp );
```

위의 예 1)에서 정상적인 경우 ret는 9를 반환합니다. 만약에 fread( buff, 9, 1, fp );라고 한다면 9바이트를 읽기는 하지만, 반환되는 값은 1이 됩니다. 데이터를 얼마만큼 읽었는지를 세는 프로그램을 짤 때는 매개 변수의 위치를 특별히 신경써야 하겠지요.

# 이진 파일 쓰기(fwrite)

- **학습 내용 :** NULL 값이 포함된 이진(binary) 데이터를 파일에 저장하는 방법을 학습합니다.
- **힌트 내용 :** fwrite() 함수를 사용하세요.

소스 : [예제-237].c

```c
 1: #include <stdio.h>
 2:
 3: void main( void )
 4: {
 5:    FILE *fp;
 6:    char buff[5];
 7:
 8:    fp = fopen( "c:\\file.bin", "w+b" );
 9:
10:    buff[0] = '@';
11:    buff[1] = 0;                      // NULL
12:    buff[2] = 0x01;
13:    buff[3] = 0x03;
14:    buff[4] = 0x61;
15:
16:    if( fp != NULL )
17:    {
18:        fwrite( buff, 1, 5, fp );
19:        fclose( fp );                 // [예제-152]
20:    }
21: }
```

이진(binary) 모드란, NULL 값을 포함한 데이터를 읽고 쓰기 위한 모드입니다. 텍스트 모드는 NULL 값을 파일에 쓸 수 없으며, 또한 읽을 수도 없습니다. 파일을 이진 모드로 개방하기 위해서는, "b"를 사용하며, 읽기 위한 개방은 "rb" 또는 "r+b", 쓰기 위한 개방은 "wb" 또는 "w+b"입니다.

"c:\\file.bin"을 이진 모드로 개방합니다. 파일이 이진 모드로 개방되었기 때문에 NULL 값을 쓸 수 있습니다. ◆ 8

버퍼에 NULL(0) 값을 지정합니다. ◆ 11

NULL 값이 포함된 버퍼의 값을 파일에 저장합니다. ◆ 18

이진 모드로 개방된 파일을 닫습니다. ◆ 19

프로그램 실행 결과는 다음과 같습니다.

> c:\file.bin 파일이 생성되며, 파일 길이는 5바이트입니다.

---

📝 **N O T E**

파일의 개방 모드는 다음과 같습니다.

| 개방 모드 | 모드 | 설명 |
|---|---|---|
| "r/rt" | 텍스트 | 파일을 읽을 수만 있으며, 파일이 존재하지 않는 경우에 개방은 실패됩니다. |
| "rb" | 이진 | |
| "r+/r+t" | 텍스트 | 파일을 읽고/쓰고/추가할 수 있으며, 파일이 존재하지 않는 경우에 개방은 실패됩니다. |
| "r+b" | 이진 | |
| "w/wt" | 텍스트 | 파일을 쓰고/추가할 수 있으며, 파일 존재하지 않는 경우에 개방은 실패됩니다. |
| "wb" | 이진 | |
| "w+/w+t" | 텍스트 | 파일을 읽고/쓰고/추가할 수 있으며, 파일이 존재하지 않는 경우에 파일을 새로 생성하며, 이미 파일이 있는 경우에는 파일의 내용을 모두 삭제한 후 개방합니다. |
| "w+b" | 이진 | |
| "a/at" | 텍스트 | 파일을 추가만 할 수 있으며, 파일이 존재하지 않는 경우에 파일을 새로 생성합니다. |
| "ab" | 이진 | |
| "a+/a+t" | 텍스트 | 파일을 읽고/추가만 할 수 있으며, 파일이 존재하지 않는 경우에 파일을 새로 생성합니다. |
| "a+b" | 이진 | |

# 이진 파일 읽기(fread)

- **학습 내용 :** NULL 값이 포함된 이진 데이터 파일을 읽어오는 방법을 학습합니다.
- **힌트 내용 :** fread(), feof() 함수를 사용하세요.

📁 소스 : [예제-238].c

```c
 1: #include <stdio.h>
 2:
 3: void main( void )
 4: {
 5:    FILE *fp;
 6:    char buff;
 7:
 8:    fp = fopen( "c:\\file.bin", "rb" );
 9:
10:    if( fp != NULL )
11:    {
12:        while( !feof(fp) )
13:        {
14:            fread( &buff, 1, 1, fp );
15:            if( !feof(fp) ) printf( "%d (%#x) ", buff, buff );
16:        }
17:        fclose( fp );
18:    }
19: }
```

8 ◆ 파일을 이진 읽기 모드로 개방합니다.

12~16 ◆ 파일의 끝에 도달할 때까지 데이터를 한 바이트씩 읽어서 출력합니다.

17 ◆ 개방된 파일을 닫습니다.

프로그램 실행 결과는 다음과 같습니다.

64 (0x40) 0 (0) 1 (0x1) 3 (0x3) 97 (0x61)

# 파일을 다른 디렉터리로 이동하기 (rename)

- **학습 내용 :** 파일을 다른 디렉터리로 이동시키는 방법을 학습합니다.
- **힌트 내용 :** rename( ) 함수를 사용하세요.

📁 소스 : [예제-239].c

```c
 1: #include <stdio.h>
 2:
 3: void main( void )
 4: {
 5:    char *filename = "c:\\file.txt";
 6:    char *movefile = "c:\\temp\\file.txt";
 7:
 8:    if( rename( filename, movefile ) != 0 )
 9:    {
10:        perror( "파일 이동 에러" );
11:    }
12:    else
13:    {
14:        puts( "파일이 이동되었습니다." );
15:    }
16: }
```

rename( ) 함수에 의해 파일이 다른 경로로 이동됩니다. rename( ) 함수는 파일의 이름을 변경할 뿐만 아니라, 파일의 저장 경로도 변경할 수 있습니다.

프로그램 실행 결과는 다음과 같습니다.

파일 이동 에러: **No such file or directory** ◀── 이동 실패시

파일이 이동되었습니다. ◀── 이동 성공시

# 파일 복사하기(fread, fwrite)

- **학습 내용 :** 파일을 복사하는 방법을 이해합니다.
- **힌트 내용 :** fread( ), fwrite( ) 함수를 사용하세요.

소스 : [예제-240].c

```c
1: #include <stdio.h>
2:
3: void main( void )
4: {
5:     FILE *fpR, *fpW;
6:     char buff;
7:     int len;
8:
9:     fpR = fopen( "c:\\file.bin", "rb" );
10:
11:     if( fpR == NULL )
12:     {
13:         perror( "파일 읽기 개방 에러" );
14:         return;
15:     }
16:
17:     fpW = fopen( "c:\\file_copy.bin", "w+b" );
18:
19:     if( fpW == NULL )
20:     {
21:         perror( "파일 쓰기 개방 에러" );
22:         _fclose( fpR );             // 이미 개방된 fpR을 닫음
23:         return;
24:     }
25:
26:     while( !feof(fpR) )
27:     {
28:         len = fread ( &buff, 1, 1, fpR );
29:         if( ferror(fpR) )
```

```
30:        {
31:            perror( "파일 읽기 에러" );
32:            _fcloseall();
33:            return;
34:        }
35:
36:        if( len > 0 ) // if( !feof(fpR) )
37:        {
38:            fwrite( &buff, 1, 1, fpW );
39:            if( ferror(fpW) )
40:            {
41:                perror( "파일 쓰기 에러" );
42:                _fcloseall();
43:                return;
44:            }
45:        }
46:    }
47:
48:    _fcloseall();
49:
50:    puts( "파일을 성공적으로 복사하였습니다." );
51: }
```

읽기 위해 개방할 파일의 포인터 fpR, 쓰기 위해 개방할 파일의 포인터 fpW를 정의합니다. ◆ 5

파일을 이진 모드로 읽기 위해 개방하고, 개방 에러 시 에러를 출력하고 프로그램을 종료합니다. ◆ 9~15

파일을 이진 모드로 쓰기 위해 개방하고, 개방 에러 시 에러를 출력하고 프로그램을 종료합니다. ◆ 17~24
단, 반드시 9번째 줄에서 개방한 파일을 먼저 닫아주어야 합니다.

파일의 끝이 아닌 동안 26~46번째 줄을 반복 실행합니다. ◆ 26

파일을 버퍼에 한 바이트 읽습니다. fread() 함수는 실제로 읽은 바이트 수(세 번째 인수 : 1)를 len ◆ 28
에 반환합니다.

파일을 읽는 중 에러가 발생하면, 모든 개방된 파일을 종료하고 프로그램을 종료합니다. ◆ 29~34
_fcloseall() 함수는 개방된 모든 파일을 닫을 때 사용합니다.

**36** ◆ 파일의 읽은 길이가 0보다 크지 않다면, 파일의 끝에 도달한 것입니다. 그러므로 파일의 읽은 길이가 0보다 클 경우에만 37~45번째 줄을 실행합니다.

**38** ◆ file_copy.bin 파일에 28번째 줄에서 읽은 값을 그대로 씁니다.

**39~44** ◆ 파일을 쓸 때 에러가 발생하면 모든 파일을 닫고 프로그램을 종료합니다.

**48** ◆ 모든 개방된 파일을 닫습니다.

프로그램 실행 결과는 다음과 같습니다.

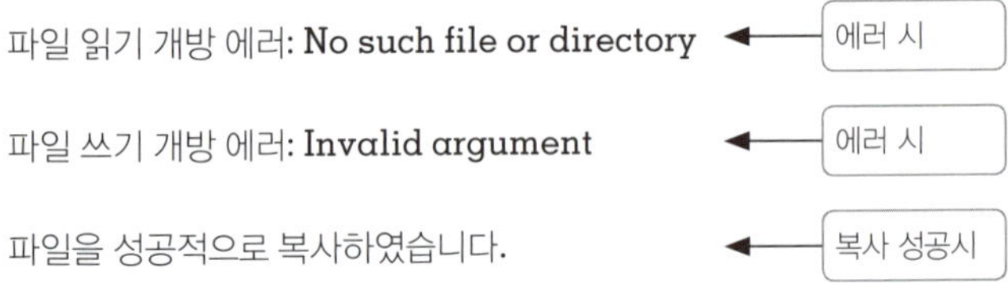


> 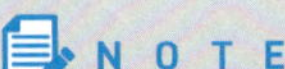 **N O T E**
>
> 파일을 복사하는 경우에는 1바이트씩 하지 않고, 보통 1024바이트나 4096바이트씩 합니다. 그러므로, 파일을 복사하는 프로그램을 작성하려면 다음과 같이 하십시오.
>
> ```
> char buff[4096];
> (중략)
> len = fread( buff, 1, 4096, fpR );
> (중략)
> fwrite( buff, 1, 4096, fpW );
> ```

# 두 개의 파일 합치기

- **학습 내용 :** 두 개의 서로 다른 파일을 합치는 방법을 학습합니다.
- **힌트 내용 :** fread( ), fwrite( ) 함수를 사용하세요.

📁 소스 : [예제-241].c

```c
 1: #include <stdio.h>
 2:
 3: #define FILEREAD 4096
 4:
 5: void main( void )
 6: {
 7:     FILE *fpR1, *fpR2, *fpW;
 8:     char buff[FILEREAD];
 9:     int len;
10:
11:     fpR1 = fopen( "c:\\file.bin", "rb" );
12:
13:     if( fpR1 == NULL )
14:     {
15:         perror( "파일 읽기 개방 에러" );
16:         return;
17:     }
18:
19:     fpR2 = fopen( "c:\\file_copy.bin", "rb" );
20:
21:     if( fpR2 == NULL )
22:     {
23:         perror( "파일 읽기 개방 에러" );
24:         _fcloseall();
25:         return;
26:     }
27:
28:     fpW = fopen( "c:\\file2.bin", "w+b" );
29:
```

```c
30:    if( fpW == NULL )
31:    {
32:        perror( "파일 쓰기 개방 에러" );
33:        _fcloseall();
34:        return;
35:    }
36:
37:    while( !feof(fpR1) )
38:    {
39:        len = fread ( buff, 1, FILEREAD, fpR1 );
40:        if( ferror(fpR1) )
41:        {
42:            perror( "파일 읽기 에러 1" );
43:            _fcloseall();
44:            return;
45:        }
46:
47:        if( len > 0 )
48:        {
49:            fwrite( buff, 1, len, fpW );
50:            if( ferror(fpW) )
51:            {
52:                perror( "파일 쓰기 에러 1" );
53:                _fcloseall();
54:                return;
55:            }
56:        }
57:    }
58:
59:    while( !feof(fpR2) )
60:    {
61:        len = fread ( buff, 1, FILEREAD, fpR2 );
62:        if( ferror(fpR2) )
63:        {
64:            perror( "파일 읽기 에러 2" );
65:            _fcloseall();
66:            return;
67:        }
68:
69:        if( len > 0 )
```

```
70:      {
71:          fwrite( buff, 1, len, fpW );
72:          if( ferror(fpW) )
73:          {
74:              perror( "파일 쓰기 에러 2" );
75:              _fcloseall();
76:              return;
77:          }
78:      }
79:   }
80:
81:   _fcloseall();
82:
83:   puts( "파일이 성공적으로 합쳐졌습니다." );
84: }
```

파일을 읽고 쓸 때 사용할 매크로 상수 FILEREAD를 4096이라고 선언합니다. ◆ 3

파일을 읽기 위한 파일 포인터 fpR1, fpR2 그리고 파일을 쓰기 위한 파일 포인터 fpW를 정의합니다. ◆ 7

합칠 파일 두 개와 합쳐진 파일을 저장할 파일을 개방합니다. 개방 에러 시 메시지를 출력하고, 모든 개방된 파일을 닫은 후 프로그램을 종료합니다. ◆ 11~35

첫 번째 파일을 읽어서 file2.bin에 씁니다. 읽고 쓰기 에러 시 모든 파일을 닫고 프로그램을 종료합니다. ◆ 37~57

두 번째 파일을 읽어서 file2.bin에 씁니다. 읽고 쓰기 에러 시 모든 파일을 닫고 프로그램을 종료합니다. ◆ 59~79

개방된 모든 파일을 닫습니다. ◆ 81

프로그램 실행 결과는 다음과 같습니다.

파일 읽기 개방 에러: **No such file or directory** ◀— 에러 시

파일이 성공적으로 합쳐졌습니다. ◀— 성공 시

# 파일에서 특정 문자열 검색하기 (strstr)

- **학습 내용 :** 파일의 내용을 검색하는 방법을 이해합니다.
- **힌트 내용 :** fgets(), strstr() 함수를 사용하세요.

소스 : [예제-242].c

```c
1: #include <stdio.h>
2: #include <string.h>
3:
4: void main( void )
5: {
6:    FILE *fp;
7:    char buff[200];
8:    int line = 1;
9:
10:    fp = fopen( "c:\\file.txt", "r" );
11:
12:    if( fp == NULL )
13:    {
14:        perror( "파일 읽기 개방 에러" );
15:        return;
16:    }
17:
18:    while( !feof(fp) )
19:    {
20:        fgets( buff, 200, fp );
21:
22:        if( strstr( buff, "대한민국" ) )          // [예제-64]
23:        {
24:            printf( "Line(%2d) : %s", line, buff );
25:        }
26:        line++;
27:    }
28:
29:    _fcloseall();
30: }
```

파일을 텍스트 읽기 모드("r")로 개방합니다.  ◆ 10

fgets() 함수는 텍스트를 한 줄 읽을 때 사용하며, 만약 한 줄의 길이가 199자가 넘을 경우에는  ◆ 20
199바이트까지만 읽기 위해서 200을 사용하였습니다. 대부분의 텍스트 파일은 한 줄이 100바이트
를 넘지 않기 때문에 200이면 충분히 한 줄을 읽을 수 있습니다.

읽은 버퍼에 "대한민국"이 있는지 검색합니다.  ◆ 22

"대한민국"이 있는 버퍼를 출력합니다.  ◆ 24

라인의 수를 1만큼 증가시킵니다. 만약 한 줄의 길이가 199바이트가 넘는 경우 라인의 수는 정확  ◆ 26
하지 않을 수 있기 때문에 실무에서 프로그램을 만들 때에는 주의해서 사용하십시오.

개방된 파일을 닫습니다.  ◆ 29

c:\\file.txt 파일은 다음과 같은 내용을 가지고 있다고 가정합니다.

`주의` 아래의 메모장에서 마침표까지가 한 줄입니다.

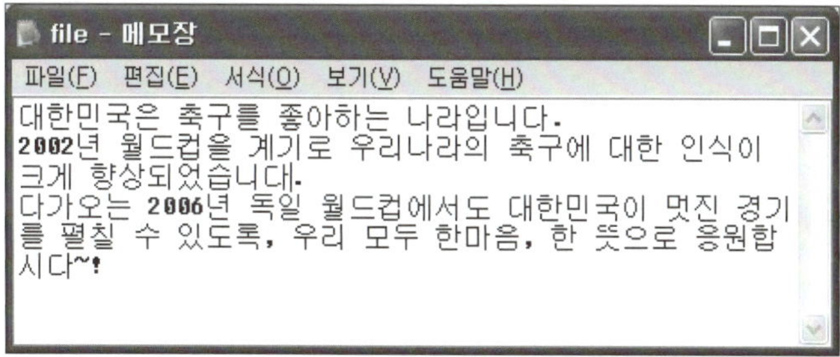


프로그램 실행 결과는 다음과 같습니다.

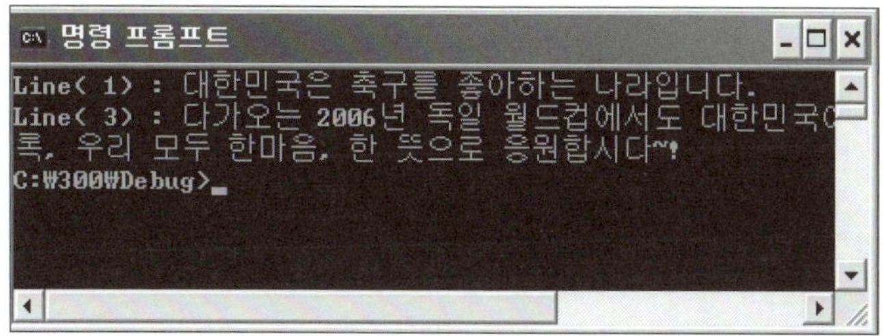

# 243

# 파일에서 특정 문자열 교체하기

- **학습 내용 :** 파일의 내용을 교체하는 방법을 이해합니다.
- **힌트 내용 :** fread(), fwrite(), strstr() 함수를 사용하세요.

소스 : [예제-243].c

```c
1: #include <stdio.h>
2: #include <string.h>
3: #include <stdlib.h>
4: #include <malloc.h>
5:
6: void main( void )
7: {
8:    FILE *fpR, *fpW;
9:    char buff[200];
10:   char *pbuf, *dup;
11:   int len, pos1, pos2;
12:
13:   fpR = fopen( "c:\\file.txt", "r" );
14:
15:   if( fpR == NULL )
16:   {
17:       perror( "파일 읽기 개방 에러" );
18:       return;
19:   }
20:
21:   fpW = fopen( "c:\\file_change.txt", "w+" );
22:
23:   if( fpW == NULL )
24:   {
25:       perror( "파일 쓰기 개방 에러" );
26:       _fcloseall();
27:       return;
28:   }
29:
```

```
30:    while( !feof(fpR) )
31:    {
32:       fgets( buff, 200, fpR );
33:
34:       pbuf = strstr( buff, "대한민국" );
35:
36:       if( pbuf )
37:       {
38:           len = strlen( buff );        // 읽은 문자열의 길이
39:           pos1 = pbuf - buff;          // 대한민국이 검색된 위치
40:
41:           dup = strdup( buff );        // [예제-75]
42:           strnset( &buff[pos1], 0, len - pos1 );
43:           strcat( buff, "한국" );       // [예제-62]
44:
45:           pos1 = pbuf - buff + strlen( "대한민국" );
46:           pos2 = pbuf - buff + strlen( "한국" );
47:
48:           strcpy( &buff[pos2], &dup[pos1] );
49:           free( dup );
50:       }
51:
52:       if( !feof(fpR) ) fputs( buff, fpW );
53:    }
54:
55:    _fcloseall();
56:    puts( "대한민국을 한국으로 모두 교체하였습니다." );
57: }
```

교체할 파일 file.txt를 읽기 모드로 개방합니다.  ◆ 13~19

파일의 내용을 교체하여 저장할 파일을 쓰기 모드로 개방합니다.  ◆ 21~28

"대한민국"을 검색합니다.  ◆ 34

읽은 버퍼(buff)에서 "대한민국"이 검색되었다면, 37~50번째 줄을 실행합니다.  ◆ 36

읽은 버퍼의 길이를 구합니다.  ◆ 38

39 ◆ "대한민국"이 검색된 곳까지의 길이를 구합니다. pbuf, buff는 각각 번지를 가리키는 값이며, buff 의 번지 값은 pbuf의 번지 값보다 항상 작거나 같습니다.

41 ◆ 버퍼 문자열을 하나 더 생성합니다.

42 ◆ 버퍼에서 "대한민국"이 시작되는 위치부터 문자열의 끝까지 NULL(0)로 채웁니다.

43 ◆ buff에 "한국"을 추가합니다.

45 ◆ buff에서 "대한민국"이후의 위치를 계산합니다.

46 ◆ buff에서 "대한민국"이전의 위치에 "한국"을 추가한 후의 위치를 계산합니다.

48 ◆ "한국"이 추가된 버퍼에 "대한민국"이후의 문자열을 복사합니다.

49 ◆ strdup() 함수에 의해 할당된 메모리를 해제합니다.

52 ◆ 파일의 끝이 아닌 경우에만 버퍼(buff)를 file_change.txt 파일에 씁니다.

55 ◆ 개방된 모든 파일을 닫습니다.

c:\\file.txt 파일은 다음과 같은 내용을 가지고 있습니다.

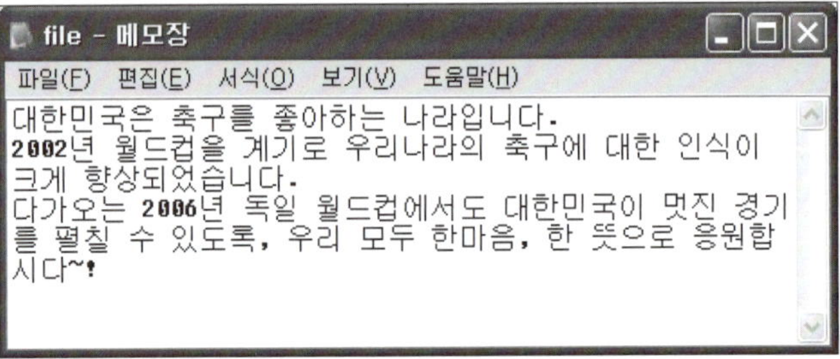


프로그램 실행 결과는 다음과 같습니다( file_change.txt 파일 ).

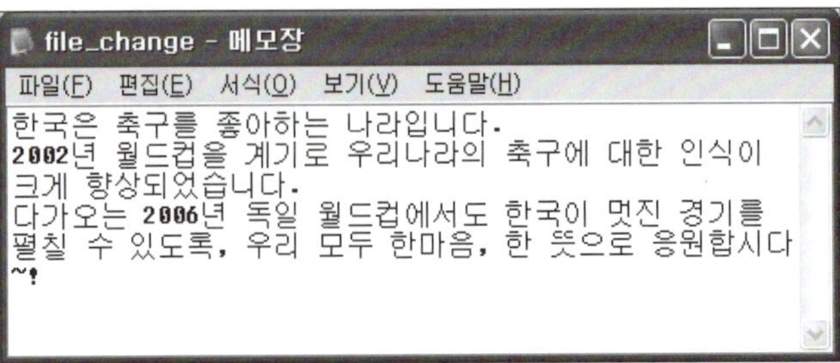

다음 그림은 파일의 내용 중 3번째 줄에 있는 "대한민국"을 "한국"으로 교체하는 것에 대한 연산식을 표현한 것입니다.

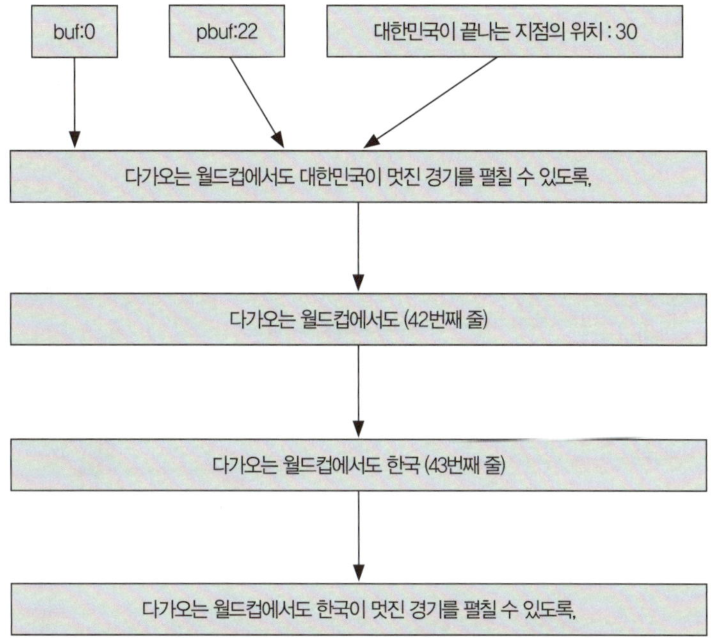


39번째 줄에서 pos1은 pbuf가 22이고, buf가 0이기 때문에 22 값을 갖게 됩니다. 42번째줄에서 "대한민국"이 위치한 pos1 위치부터 라인의 끝까지 0으로 채웁니다. 즉, "다가오는 드컵에서도"까지만 남겨놓고 모두 지우는 것입니다. 그리고, 43번째 줄에서 "한국"을 추가하고, 48번째 줄에서 "이 멋진 경기를 펼칠 수 있도록,"을 추가하여 결과적으로 "대한민국"을 "한국"으로 수정합니다.

# 연/월/일 시:분:초 출력하기 (time, localtime)

- **학습 내용 :** 시간을 파일에 저장하는 방법을 이해합니다.
- **힌트 내용 :** time( ), localtime( ) 함수를 사용하세요.

소스 : [예제-244].c

```c
1: #include <stdio.h>
2: #include <time.h>
3:
4: void main( void )
5: {
6:     FILE *fp;
7:     char buff[200];
8:     time_t now;
9:     struct tm t;
10:
11:     fp = fopen( "c:\\file.txt", "w+" );
12:
13:     if( fp == NULL )
14:     {
15:         perror( "파일 쓰기 개방 에러" );
16:         _fcloseall();
17:         return;
18:     }
19:
20:     now = time( NULL );                 // [예제-168]
21:     t = *localtime( &now );             // [예제-169]
22:     sprintf( buff, "%d/%d/%d %d:%d:%d",
23:         t.tm_year+1900, t.tm_mon+1, t.tm_mday,
24:         t.tm_hour, t.tm_min, t.tm_sec );
25:
26:     fputs( buff, fp );                  // [예제-139]
27:     _fcloseall();
28:
29:     puts( buff );
```

```
30:     puts( "시간을 c:\\file.txt에 저장하였습니다." );
31: }
```

time(), localtime() 함수가 선언되어 있습니다.     ◆ 2

time() 함수의 반환값을 저장할 변수를 정의합니다.     ◆ 8

localtime() 함수의 반환값을 저장할 변수를 정의합니다.     ◆ 9

파일을 쓰기 위해 개방합니다.     ◆ 11

현재 날짜 및 시간을 구합니다. 단, 이 시간은 세계 표준 시입니다.     ◆ 20

세계 표준 시를 한국 표준 시로 변환합니다.     ◆ 21

연도(tm_year)는 1970년을 70이라고 표시하기 때문에 1900을 더해주어야 하며, 월(tm_mon) 또한     ◆ 22~24
1월 ~ 12월을 0~11이라고 표현하기 때문에 1을 더해주어야 합니다.

현재 시간을 파일에 저장합니다.     ◆ 26

파일을 닫습니다.     ◆ 27

프로그램 실행 결과는 다음과 같습니다.

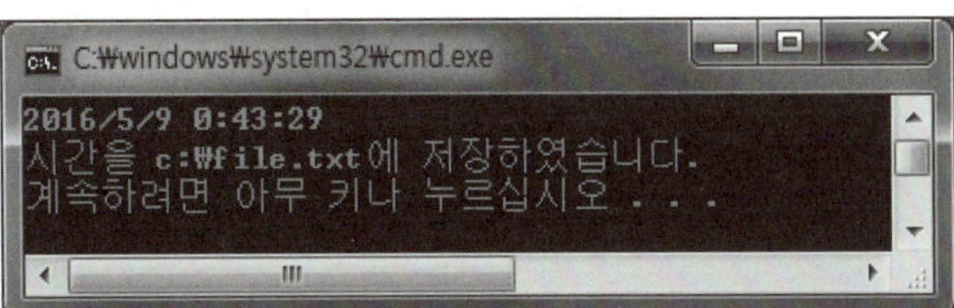


> **NOTE**
>
> 시간을 구할 때는 두 가지 방식으로 구할 수 있습니다. 다음 예를 참조하세요.
>
> ```
> time_t now;
> now = time( NULL );      // 방법 1
> time( &now );            // 방법 2
> ```

# 출생일로부터 오늘까지의 경과일 수 구하기(mktime)

- **학습 내용 :** 두 날짜 간의 경과된 날짜 수를 계산하는 방법을 학습합니다.
- **힌트 내용 :** mktime( ) 함수를 사용하세요.

소스 : [예제-245].c

```c
1: #include <stdio.h>
2: #include <time.h>
3:
4: #define DAYSEC (24 * 60 * 60)          // 반드시 괄호로 묶어야 합니다.
5:
6: void main( void )
7: {
8:     time_t n1, n2;
9:     struct tm t1, t2;
10:    double elapsed;
11:
12:    t1.tm_year = 103;                  // 년 (2003년)
13:    t1.tm_mon = 10-1;                  // 월, (실제월-1)의 값 (10월)
14:    t1.tm_mday = 15;                   // 일 (15일)
15:    t1.tm_hour = 0;                    // 시
16:    t1.tm_min = 0;                     // 분
17:    t1.tm_sec = 0;                     // 초
18:
19:    n1 = time( NULL );                 // [예제-168]
20:    t2 = *localtime( &n1 );            // [예제-169]
21:
22:    n1 = mktime( &t1 );                // [예제-173]
23:    n2 = mktime( &t2 );
24:
25:    n2 = n2 - n1;
26:    elapsed = (double)(n2 / DAYSEC);
27:
28:    printf( "김서진은 태어난 지 %.f일째 입니다. \n", elapsed );
29:
30: }
```

하루에 대한 시간을 초로 환산합니다. 하루는 86400초입니다. ◆ 4

출생년월일을 입력합니다. 월은 1월~12월을 tm_mon이 0~11로 저장하기 때문에 반드시 1을 빼 ◆ 12~17
주어야 합니다.

현재 날짜를 구합니다. ◆ 19~20

출생년월일을 1970년 1월 1일 0시를 기준으로 한 시간(초)으로 변환합니다. ◆ 22

오늘 날짜를 출생년월일을 1970년 1월 1일 0시를 기준으로 한 시간(초)으로 변환합니다. ◆ 23

두 날짜 간의 시간(초) 차이를 구합니다. ◆ 25

경과된 시간(초)을 날짜(일)로 환산합니다. ◆ 26

경과된 날짜를 출력합니다. ◆ 28

프로그램 실행 결과는 다음과 같습니다.

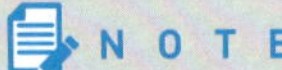

**N O T E**

각자의 생년월일을 입력하고 오늘까지 며칠이 경과되었는지 확인해 보세요. 단, 이 예제에서는 1970년 이전 출생자는 실행할 수 없습니다.

# 각 달의 마지막 날짜 구하기 (mktime)

- **학습 내용 :** 각 달의 마지막 날짜를 구하는 원리를 학습합니다.
- **힌트 내용 :** mktime( ) 함수를 사용하세요..

 소스 : [예제-246].c

```c
1: #include <stdio.h>
2: #include <time.h>
3:
4: #define DAYSEC 86400L
5:
6: void main( void )
7: {
8:    int i;
9:    time_t now;
10:    struct tm t1, t2;
11:    int n1, n2, last;
12:
13:    now = time( NULL );
14:    t1 = *localtime( &now );
15:    t1.tm_mday = 1;
16:    t2 = t1;
17:
18:    for( i=0; i<=11; i++ )
19:    {
20:        t1.tm_mon = i;
21:        t2.tm_mon = i+1;
22:        n1 = mktime( &t1 );
23:        n2 = mktime( &t2 );
24:        last = (n2 - n1) / DAYSEC;
25:        printf( "%d년 %2d월의 마지막 날짜는 %d일입니다. \n",
26:            t1.tm_year+1900, t1.tm_mon+1, last );
27:    }
28: }
```

오늘의 날짜를 구합니다.   ◆ 13~14

날짜를 1일로 고정합니다. 날짜는 2월의 경우 28일 또는 29일이 있기 때문에 반드시 28일 이하로   ◆ 15
고정해야 합니다.

날짜 구조체 t2에 t1의 모든 멤버 값을 복사합니다.   ◆ 16

struct tm 구조체에서 월은 0~11까지 사용하기 때문에 i를 0~11까지 순환합니다.   ◆ 18

출력할 달을 입력합니다.   ◆ 20

출력할 달의 다음 달을 입력합니다. i가 11일 경우에 t2.tm_mon은 12가 되는데, 이럴 경우   ◆ 21
mktime() 함수에서 자동으로 1년을 더하고 t2.tm_mon을 0으로 설정합니다.

t1에 대한 시간을 초로 환산합니다.   ◆ 22

t2에 대한 시간을 초로 환산합니다.   ◆ 23

t2에 대한 시간과 t1에 대한 시간(초) 차이를 구하여 DAYSEC(86400)으로 나누면, 두 날짜 간의 차   ◆ 24
이나는 일 수를 구할 수 있습니다. 1월 1일에서 2월 1일까지 31일이 차이난다면 1월은 31일까지
있는 것이고, 2월 1일에서 3월 1일까지 28일이 차이난다면 2월의 마지막 날짜는 28일이 되는 원리
를 이용한 것입니다.

프로그램 실행 결과는 다음과 같습니다.

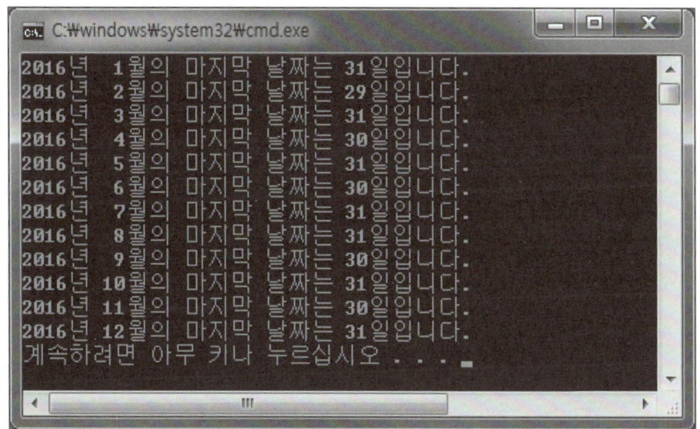

# D-Day 구하기(mktime)

- **학습 내용 :** 시간 함수를 활용하여 목표 날짜를 구하는 방법을 학습합니다.
- **힌트 내용 :** mktime( ) 함수를 사용하세요.

소스 : [예제-247].c

```c
 1: #include <stdio.h>
 2: #include <time.h>
 3:
 4: #define DAYSEC 86400L
 5:
 6: void main( void )
 7: {
 8:    time_t now;
 9:    struct tm t, dday = { 0,0,0, 8, 8, 2020 };  // 2020년 9월 8일
10:    int n1, n2, nDday;
11:
12:    now = time( NULL );
13:    t = *localtime( &now );
14:
15:    dday.tm_year -= 1900;                 // struct tm 형식으로 변환
16:    dday.tm_mon -= 1;
17:
18:    t.tm_hour = 0;
19:    t.tm_min = 0;
20:    t.tm_sec = 0;
21:
22:    n1 = mktime( &t );
23:    n2 = mktime( &dday );
24:
25:    nDday = (n2 - n1) / DAYSEC;
26:
27:    printf( "오늘은 날짜는 %s", ctime(&now) );
28:    printf( "최수린의 생일 : %d일 남았습니다. (%d/%d/%d) \n",
29:        nDday, dday.tm_year+1900, dday.tm_mon+1, dday.tm_mday );
30: }
```

D-day의 날짜를 초기화합니다. 날짜는 {초,분,시,일,월,년} 순으로 초기화해야 합니다. ◆ 9

D-day 날짜를 struct tm 구조체의 표기 방법으로 변환합니다. ◆ 15~16

오늘 시간을 모두 0으로 초기화하여 D-day와 시간을 맞춥니다. ◆ 18~20

t에 대한 시간을 초로 환산합니다. ◆ 22

dday에 대한 시간을 초로 환산합니다. ◆ 23

dday에 대한 시간과 t에 대한 시간(초) 차이를 구하여 DAYSEC(86400)으로 나누면, 두 날짜 간의 ◆ 25
차이나는 일 수를 구할 수 있습니다.

최현식이라는 훌륭한 프로그래머가 황정운이라는 멋진 선녀를 만나 공주를 낳았습니다. 우리는 그 공주의 이름을 수린이라고 부릅니다. 수린이의 생일은 매년 9월 8일인데 그러면, 오늘로부터 생일까지 며칠이 남았는지 D Day를 구해 보는 깃입니다.

프로그램 실행 결과는 다음과 같습니다.

### 알고 갑시다!

#### 프로그램의 이식성

프로그램의 이식성이란 용어는 프로그램의 소스 코드를 어떤 환경에서 다른 환경으로 얼마나 쉽게 이동시킬 수 있는지를 말하는 것입니다. 여러분이 PC에서 만든 프로그램을 UNIX 워크스테이션에서 컴파일할 수 있을까요? 매킨토시에서는 어떨까요? 사람들이 프로그래밍 언어로 C 언어를 선택하는 가장 중요한 이유의 한 가지는 바로 이식성에 있습니다. C는 가장 이식성이 높은 프로그래밍 언어 중에 하나 입니다. 만약 컴파일러의 특별한 기능을 사용하는 프로그램을 다른 환경으로 이식하려고 한다면 대부분 문제를 만날 것이고, 프로그램의 일부분을 다시 작성해야 할 것입니다. 그러므로 프로그램 작성 시 이식성을 중요시 여긴다면 조심스러운 프로그래밍 습관을 기르는 것이 중요하다 할 수 있습니다.

# 오늘 날짜로부터 크리스마스까지의 남은 시간 구하기

- **학습 내용 :** 시간 함수를 활용하여 특정 날짜까지 남은 시간을 구하는 방법을 학습합니다.
- **힌트 내용 :** mktime( ) 함수를 사용하세요.

📁 소스 : [예제-248].c

```c
1: #include <stdio.h>
2: #include <time.h>
3:
4: void main( void )
5: {
6:    time_t now;
7:    struct tm t, christmas = { 0, 0, 0, 25, 12, 2020 };
8:    int n1, n2, nChristmas;
9:
10:    now = time( NULL );
11:    t = *localtime( &now );
12:
13:    christmas.tm_year -= 1900;          // struct tm 형식으로 변환
14:    christmas.tm_mon -= 1;
15:
16:    n1 = mktime( &t );
17:    n2 = mktime( &christmas );
18:
19:    nChristmas = (n2 - n1);
20:    christmas = *localtime(&nChristmas);
21:
22:    printf( "오늘은 날짜는 %s", ctime(&now) );
23:    printf( "크리스마스까지 남은 시간은 %d개월 %d일 %d시간 %d분 %d초입니다. \n",
24:        christmas.tm_mon , christmas.tm_mday,
25:        christmas.tm_hour, christmas.tm_min , christmas.tm_sec );
26: }
```

크리스마스의 날짜를 초기화합니다. 날짜는 {초, 분, 시, 일, 월, 년} 순으로 초기화해야 합니다.　　　◆ 7

Visual Studio 2015에서는 nChristmas 변수를 __int64 nChristmas;로 선언해야 합니다.　　　◆ 8

D-day 날짜를 struct tm 구조체의 표기 방법으로 변환합니다.　　　◆ 13~14

t에 대한 시간을 초로 환산합니다.　　　◆ 16

christmas에 대한 시간을 초로 환산합니다.　　　◆ 17

christmas에 대한 시간과 t에 대한 시간(초) 차이를 구합니다.　　　◆ 19

차이나는 시간을 다시 날짜로 변환합니다.　　　◆ 20

차이나는 시간에 대한 출력이므로, tm_mon에는 1을 더하지 않습니다.　　　◆ 24

프로그램 실행 결과는 다음과 같습니다.

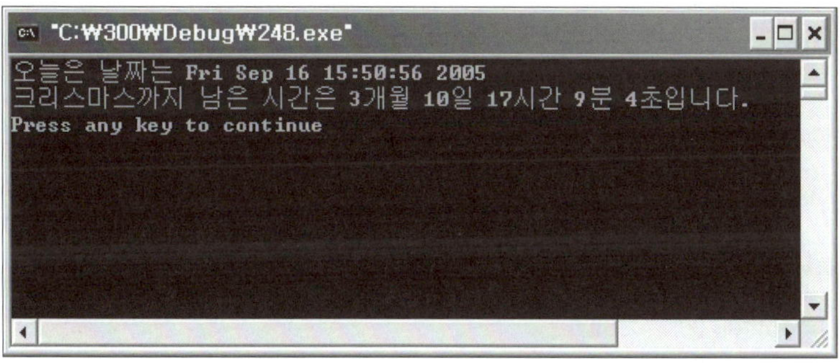


> **N O T E**
>
> 본인의 생일, 추석 또는 설에 대하여 남은 시간을 구하려면, 7번째 줄의 숫자 값을 고치면 됩니다. 예를 들어,
> 2030년 9월 27일(필자의 생일)까지 얼마나 남았는지 구하려면 7번째 줄을 다음과 같이 하면 되겠지요!
>
> ```
> struct tm t, christmas = { 0, 0, 0, 27, 9, 2030 };
> ```

# 오늘 날짜에 임의의 날짜 더하고 빼기

- **학습 내용** : 날짜 간의 연산 방법을 학습합니다.
- **힌트 내용** : mktime( ) 함수를 사용하세요.

📁 **소스 : [예제-249].c**

```c
1: #include <stdio.h>
2: #include <time.h>
3:
4: void main( void )
5: {
6:    time_t now;
7:    struct tm t, tb;
8:
9:    now = time( NULL );
10:   t = *localtime( &now );
11:
12:   tb = t;
13:
14:   t.tm_mon += 100;    // 100개월
15:   t.tm_mday += 90;    // 90일
16:   t.tm_hour += 80;    // 80시간
17:
18:   mktime( &t );
19:
20:   printf( "오늘 날짜는 %d/%d/%d %d:%d:%d입니다. \n",
21:       tb.tm_year+1900, tb.tm_mon+1, tb.tm_mday,
22:       tb.tm_hour, tb.tm_min, tb.tm_sec );
23:
24:   printf( "100개월 90일 80시간을 더한 날짜는 %d/%d/%d %d:%d:%d입니다. \n",
25:       t.tm_year+1900, t.tm_mon+1, t.tm_mday,
26:       t.tm_hour, t.tm_min, t.tm_sec );
27:
28:   tb.tm_mon -= 100;    // 100개월
29:   tb.tm_mday -= 90;    // 90일
```

```
30:    tb.tm_hour -= 80;     // 80시간
31:
32:    mktime( &tb );
33:    printf( "100개월 90일 80시간을 뺀 날짜는 %d/%d/%d %d:%d:%d입니다. \n",
34:        tb.tm_year+1900, tb.tm_mon+1, tb.tm_mday,
35:        tb.tm_hour, tb.tm_min, tb.tm_sec );
36: }
```

현재 날짜를 복사해둡니다.　　　　　　　　　　　　　　　　　◆ 12

현재 날짜에 100개월을 더합니다.　　　　　　　　　　　　　　◆ 14

현재 날짜에 90일을 더합니다.　　　　　　　　　　　　　　　◆ 15

현재 날짜에 80시간을 더합니다.　　　　　　　　　　　　　　◆ 16

struct tm 구조체의 값을 실제 날짜에 맞게 계산합니다. mktime() 함수는 2005년 100월 90일 80시　　◆ 18
간 등의 시간을 실제 날짜에 맞게 자동 변환해 주는 기능을 갖고 있습니다.

오늘 날짜를 출력합니다.　　　　　　　　　　　　　　　　　◆ 20~22

100개월 90일 80시간이 경과된 날짜를 출력합니다.　　　　　　◆ 24~26

오늘 날짜에서 100개월 90일 80시간을 뺍니다.　　　　　　　◆ 28~30

struct tm 구조체의 값을 실제 날짜에 맞게 계산합니다. mktime() 함수는 2005년 −100월 −90일　◆ 32
−80시간 등의 시간을 실제 날짜에 맞게 자동 변환해 주는 기능을 갖고 있습니다.

100개월 90일 80시간 이전의 날짜를 출력합니다.　　　　　　　◆ 33~35

프로그램 실행 결과는 다음과 같습니다.

# 크리스마스의 요일 구하기

- **학습 내용 :** 특정 날짜에 대한 요일을 구하는 방법을 학습합니다.
- **힌트 내용 :** mktime(), strftime() 함수를 사용하세요.

📁 소스 : [예제-250].c

```c
1: #include <stdio.h>
2: #include <time.h>
3:
4: void main( void )
5: {
6:     struct tm christmas = { 0, 0, 0, 25, 12-1, 2020-1900 };
7:     char *wday[] = { "일", "월", "화", "수", "목", "금", "토" };
8:     char buff[100];
9:
10:     mktime( &christmas );
11:
12:     strftime( buff, sizeof(buff), "2020년 12월 25일은 %A입니다.", &christmas );
13:
14:     puts( buff );
15:     printf( "2020년 12월 25일은 %s요일입니다. \n", wday[christmas.tm_wday] );
16: }
```

6 ◆ 2020년 12월 25일로 초기화합니다.

7 ◆ 배열포인터를사용하여 "일"~"토"까지정의합니다.

10 ◆ mktime( ) 함수에 의해, christmas 구조체의 값을 재설정합니다. mktime( ) 함수를 호출하면, christmas.tm_wday가 자동으로 구해집니다.

12 ◆ 2020년 크리스마스에 대한 요일을 영문으로 설정합니다.

15 ◆ 2020년 크리스마스에 대한 요일을 한글로 출력합니다.

프로그램 실행 결과는 다음과 같습니다.

## C 언어의 중요성

지금 C 언어를 공부하고 있는 독자분들은 앞으로 배워야 될 다른 언어가 꽤 많이 있다는 것을 서서히 깨닫고 있을 것입니다. 그렇다고 C 언어를 대충 무시하고 다른 언어에 도전한다면 십중팔구는 C 언어를 다시 공부하게 되는 일을 겪게 될 것입니다. 실무 경험이 25년 정도 되는 필자의 경험으로는 프로그래밍을 하면서 C 언어처럼 중요한 것은 없다고 생각됩니다.

물론 C 언어를 모르는 상태에서 Java나 Visual Basic 등을 하는 프로그래머들이 있긴 하지만, C 언어를 공부한 후에 Java나 기타 다른 언어를 접하게 되면, 각각의 언어를 배우는 시간이 많이 줄어든다는 사실을 알게 될 것입니다. 이 책을 한 번만 보고서 C 언어를 배운다는 생각은 버려야 하며, 최소한 3번 정도는 정독을 해야 합니다. 물론 각각의 예제를 모두 입력하고 실행하면서요.

### 닷넷(.NET)

지금까지 소개한 프로그래밍은 Windows API, MFC 등이 있는데, 그밖에도 Java, .Net, ASP, PHP, Perl 등 다양한 종류의 언어들이 존재합니다.

닷넷(.NET)은 Microsoft사에서 SUN사의 Java에 대항하기 위해 전략적으로 발표한 제품이며, 컴퓨터를 비롯하여 핸드폰, 밥솥, 냉장고, 자동차 등을 모두 인터넷에 연결(유비쿼터스)하겠다는 목적을 갖고 있습니다. Java는 현재 웹 애플리케이션의 표준으로 자리잡고 있으며, 기업용 웹 응용 프로그램을 만들 수 있도록 기능이 확장되었습니다. 이에 따라 Microsoft사도 SUN사에 대항할 수 있는 제품군을 만든 것이 닷넷(.NET)입니다.

# 세계 표준 시와 국내 표준 시의 시간 차 구하기(localtime)

- **학습 내용 :** 세계 표준 시와의 차이를 구하는 방법을 학습합니다.
- **힌트 내용 :** localtime(), gmtime(), mktime(), difftime() 함수를 사용하세요.

📁 소스 : [예제-251].c

```c
1: #include <stdio.h>
2: #include <time.h>
3:
4: void main( void )
5: {
6:    time_t now, n1, n2;
7:    struct tm t1, t2;
8:
9:    time( &now );
10:   t1 = *localtime( &now );      // [예제-169]
11:   t2 = *gmtime( &now );         // [예제-171]
12:
13:   n1 = mktime( &t1 );
14:   n2 = mktime( &t2 );
15:
16:   printf( "세계 표준 시와 대한민국의 시간 차이 : %g 시간 \n",
17:       difftime( n1, n2 )/3600. );
18: }
```

9~11 ◆ 국내 시간과 세계 표준 시간을 구합니다.

13~14 ◆ 두 시간을 초로 환산합니다.

16~17 ◆ 두 시간의 차이를 구합니다. difftime() 함수는 두 시간의 차이를 초로 반환하기 때문에 3600.으로 나누어주면 시간이 됩니다.

프로그램 실행 결과는 다음과 같습니다.

세계 표준 시와 대한민국의 시간 차이 : 9 시간

## 시간의 표현 형식을 변환하는 방법을 정리합시다

1970년 1월 1일 이후에 경과된 초의 값으로 표현되는 시간은 종종 불편합니다. 그래서 C는 time_t 값으로 표현되는 시간을 localtime( ) 함수를 사용하여 tm 구조체로 변환하는 기능을 제공합니다. tm 구조체는 출력이나 인쇄에 더욱 적합한 형식으로 일, 월, 년 그리고 시간에 관련된 다른 자료를 포함하고 있습니다. 이 함수의 원형은 다음과 같습니다.

```
struct tm *localtime( time_t *ptr ) ;
```

이 함수는 tm형의 구조체에 대한 포인터를 반환하므로 사용되는 tm 구조체를 선언할 필요는 없지만, tm형에 대한 포인터를 선언할 필요가 있습니다. 이 구조체는 localtime( )이 호출될 때마다 다시 사용되고 내용이 대체됩니다. 만약 복귀되는 값을 저장하기 원한다면 프로그램에서는 독립된 tm형 구조체를 선언하고 정적 구조체의 값을 복사해야 합니다.

tm형 구조체에서 time_t형으로 값을 변환하는 동작은 함수 mktime( )을 사용하여 수행할 수 있습니다. 함수의 원형은 다음과 같습니다.

```
time_t mktime( struct tm *ntime ) ;
```

함수는 1970년 1월 1일 자정 이후에 경과된 초의 값을 반환하는데, 이것은 ntime이 지적하는 tm형 구조체에 의해서 표현되는 시간을 변환한 값입니다.

**N O T E**

시간을 표현할 때는 세계 표준 시와 로컬 시(한국은 한국 시간, 미국은 미국 시간)로 구분됩니다. 세계 표준 시는 UCT(Universal Coordinated Time)라고 하며, 이는 영국 런던 남동부의 그리니치를 기준으로 한 시간이고, G.M.T(Greenwich (Mean) Time)라고도 합니다. 한국 표준시는 KST(Korean Standard Time)입니다.

time( ) 함수는 세계 표준 시를 구하는 함수이며, localtime( ) 함수는 로컬 시간을 구하는 함수입니다. 한국 시간은 세계 표준 시간에 비해 9시간 빠르기 때문에 localtime( ) 함수는 한국 지역에 대한 타임 존을 확인하여 time( ) 함수에서 구한 세계 표준 시간을 한국 표준 시간으로 변환하여 줍니다. 또한, gmtime( ) 함수는 localtime( )과 같이 time_t 형의 시간을 struct tm 구조체로 변환해 주는 역활을 하며, 세계 표준 시를 구하는 함수입니다.

자! 한국 시간을 구하려면, 당연히 localtime( ) 함수를 사용해야 한다는 것을 아시겠죠? localtime( ) 함수는 TZ라는 환경 변수를 참조하며, TZ은 _timezone, _daylight 그리고 _tzname의 환경 변수를 갖습니다. 이 변수들을 설정하기 위해서는 _tzset( ) 함수를 사용합니다.

# 5초간 지연하는 함수 구현하기 (clock)

**활용 252**

- **학습 내용 :** 시간 함수를 활용하여 시간을 지연하는 방법을 학습합니다.
- **힌트 내용 :** clock() 함수를 사용하세요.

소스 : [예제-252].c

```c
1: #include <stdio.h>
2: #include <time.h>
3:
4: void sleep( int sec );
5:
6: void main( void )
7: {
8:    time_t n1, n2;
9:
10:    time( &n1 );
11:    sleep( 5 );
12:    time( &n2 );
13:
14:    printf( "%g초가 지연되었습니다. \n", difftime(n2,n1) );
15: }
16:
17: void sleep( int sec )
18: {
19:    clock_t ct;
20:    ct = clock();
21:    while( ct + CLK_TCK * sec > clock() );
22: }
```

10 ◆ 현재 시간을 구합니다.

11 ◆ sleep() 함수를 호출합니다. 10초를 지연하고 싶다면 sleep(10)이라고 하면 됩니다.

12 ◆ sleep() 함수를 호출한 후의 시간을 구합니다.

n2와 n1의 시간 차를 출력합니다.　　　　　　　　　　　　　　　　　　◆ 14

clock_t는 long형 데이터 값입니다.　　　　　　　　　　　　　　　　◆ 19

clock() 함수는 sleep() 함수가 실행된 후, 현재까지 경과된 시간을 1/1000초 단위로 구할때 사용합　◆ 20
니다.

CLK_TCK의 값은 CLOCKS_PER_SEC 값과 동일하며, 값은 1000입니다. clock() 함수가 현재 실　◆ 21
행중인 함수에서 소비한 시간을 1/1000초 단위로 반환하기 때문에 지연 시간을 5초 하려면 ct +
CLK_TCK * 5 〉clock()과 같은 식을 사용하면 됩니다.

프로그램 실행 결과는 다음과 같습니다.

　5초가 지연되었습니다.

### 시간 표현 방법

C의 시간 처리 함수는 두 가지 방법으로 시간을 표현합니다. 가장 기본적인 방법은 1970년 1월 1일 자정 이후에 경과된
초(seconds)를 사용하는 것입니다. 그 날짜 이전의 시간을 표현하기 위해서는 음수 값을 사용합니다. 이런 시간의 값은
long형의 정수로 저장됩니다. 시간 처리 함수의 원형에서는 long 대신에 time_t와 clock_t를 사용합니다. 두 번째 방법은
시간을 년, 월, 일 등으로 구분하여 표현하는 것입니다. 시간을 이런 형식으로 표현하는 함수는 'time.h'에 정의되어 있는
다음과 같은 구조체 tm을 사용합니다.

```
struct tm
{
    int tm_sec;    /* 초      0초(0) ~ 59초(59)                        */
    int tm_min;    /* 분      0분(0) ~ 59분(59)                        */
    int tm_hour;   /* 시      0시(0) ~ 23시(23)                        */
    int tm_mday;   /* 일      1일(1) ~ 31일(31)                        */
    int tm_mon;    /* 월      1월(0) ~ 12월(11)                        */
    int tm_year;   /* 년 1970년(70) ~ 2038년(138)                     */
    int tm_wday;   /* 일(0) 월(1) 화(2) 수(3) 목(4) 금(5) 토(6)       */
    int tm_yday;   /* 1년의 경과 일 수 1월1일은 0, 2일은 1, ...        */
    int tm_isdst;  /* 써머타임이 적용되면 0이 아닌 값, 그 밖에는 0     */
};
```

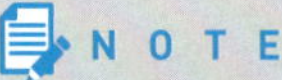
**N O T E**

sleep() 함수를 수정하여 1/1000초 단위로 지연되는 함수를 만들어 보세요.

# 두 시간 간의 차이 구하기(mktime)

- **학습 내용 :** 두 시간 간의 차이나는 시간을 구하는 방법을 학습합니다.
- **힌트 내용 :** mktime( ) 함수를 사용하세요.

📁 소스 : [예제-253].c

```
1: #include <stdio.h>
2: #include <time.h>
3:
4: void main( void )
5: {
6:    struct tm t1, t2;
7:    int n1, n2, n3;
8:
9:    t1.tm_year = 2020-1900;        // 년
10:   t1.tm_mon = 6-1;               // 월
11:   t1.tm_mday = 15;               // 일
12:   t1.tm_hour = 1;                // 시
13:   t1.tm_min = 12;                // 분
14:   t1.tm_sec = 50;                // 초
15:
16:   t2.tm_year = 2020-1900;
17:   t2.tm_mon = 6-1;
18:   t2.tm_mday = 15;
19:   t2.tm_hour = 3;
20:   t2.tm_min = 35;
21:   t2.tm_sec = 22;
22:
23:   n1 = mktime( &t1 );
24:   n2 = mktime( &t2 );
25:
26:   n3 = n2 - n1;
27:
28:   printf( "시간 1 : %4d-%02d-%02d %02d:%02d:%02d \n",
29:       t1.tm_year+1900, t1.tm_mon+1, t1.tm_mday,
```

```
30:         t1.tm_hour, t1.tm_min, t1.tm_sec );
31:
32:    printf( "시간 2 : %4d-%02d-%02d %02d:%02d:%02d \n",
33:         t2.tm_year+1900, t2.tm_mon+1, t2.tm_mday,
34:         t2.tm_hour, t2.tm_min, t2.tm_sec );
35:
36:    printf( "시간차이 : %d:%d:%d \n",
37:         n3/3600, (n3-((n3/3600)*3600))/60, n3%60 );
38: }
```

날짜 및 시간을 2020년 6월 15일 1시 12분 50초로 설정합니다.　　◆ 9~14

날짜 및 시간을 2020년 6월 15일 3시 35분 22초로 설정합니다.　　◆ 16~21

t1에 대한 시간을 초로 환산합니다.　　◆ 23

t2에 대한 시간을 초로 환산합니다.　　◆ 24

t2와 t1의 시간(초) 차이를 구합니다.　　◆ 26

t1과 t2를 출력합니다.　　◆ 28~34

차이나는 시간을 시:분:초로 구합니다. 각각의 공식은 다음과 같습니다.　　◆ 36~37

> 시간 : 초의 수 / 3600
> 분　 : (초의 수-시간*3600) / 60
> 초　 : 초의 수 % 60

프로그램 실행 결과는 다음과 같습니다.

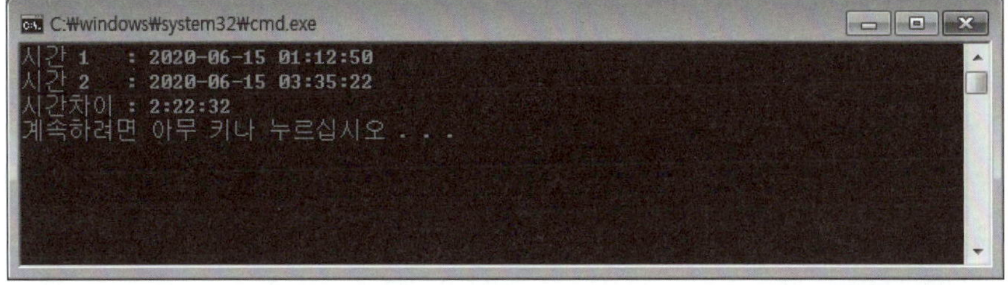

# 두 날짜 간의 차이 구하기(mktime)

- **학습 내용 :** 두 날짜 간의 차이를 년, 월, 일, 시, 분, 초로 구하는 방법을 학습합니다.
- **힌트 내용 :** mktime( ), gmtime( ) 함수를 사용하세요.

📁 소스 : [예제-254].c

```c
1: #include <stdio.h>
2: #include <time.h>
3:
4: void main( void )
5: {
6:     struct tm t1, t2, t3;
7:     int n1, n2, n3;
8:
9:     t1.tm_year = 2020-1900;
10:     t1.tm_mon = 6-1;
11:     t1.tm_mday = 23;
12:     t1.tm_hour = 1;
13:     t1.tm_min = 12;
14:     t1.tm_sec = 50;
15:
16:     t2.tm_year = 2020-1900;
17:     t2.tm_mon = 8-1;
18:     t2.tm_mday = 19;
19:     t2.tm_hour = 3;
20:     t2.tm_min = 35;
21:     t2.tm_sec = 22;
22:
23:     n1 = mktime( &t1 );
24:     n2 = mktime( &t2 );
25:
26:     n3 = n2 - n1;
27:     t3 = *gmtime( &n3 );
28:     t3.tm_year -= 70;
29:
```

```
30:    printf( "날짜 1 : %4d-%02d-%02d %02d:%02d:%02d \n",
31:        t1.tm_year+1900, t1.tm_mon+1, t1.tm_mday,
32:        t1.tm_hour, t1.tm_min, t1.tm_sec );
33:
34:    printf( "날짜 2 : %4d-%02d-%02d %02d:%02d:%02d \n",
35:        t2.tm_year+1900, t2.tm_mon+1, t2.tm_mday,
36:        t2.tm_hour, t2.tm_min, t2.tm_sec );
37:
38:    printf( "날짜차이 : %4d-%02d-%02d %02d:%02d:%02d \n",
39:        t3.tm_year, t3.tm_mon, t3.tm_mday,
40:        t3.tm_hour, t3.tm_min, t3.tm_sec );
41: }
```

날짜 및 시간을 2020년 6월 23일 1시 12분 50초로 설정합니다. ◆ 9~14

날짜 및 시간을 2020년 8월 19일 3시 35분 22초로 설정합니다. ◆ 16~21

t1에 대한 시간을 초로 환산합니다. ◆ 23

t2에 대한 시간을 초로 환산합니다. ◆ 24

t2와 t1의 시간(초) 차이를 구합니다. ◆ 26

gmtime() 함수를 이용하여, n3(초)를 날짜로 변환합니다. localtime() 함수를 사용하면 세계 표준 ◆ 27
시에 대한 지역 시간을 더하기 때문에 반드시 gmtime() 함수를 사용해야 합니다.

기본적으로 연도는 1970년을 기준으로 하고, 이는 struct tm 구조체에서 70으로 표현되기 때문에 ◆ 28
70을 빼줍니다.

t1과 t2를 출력합니다. ◆ 30~36

프로그램 실행 결과는 다음과 같습니다.

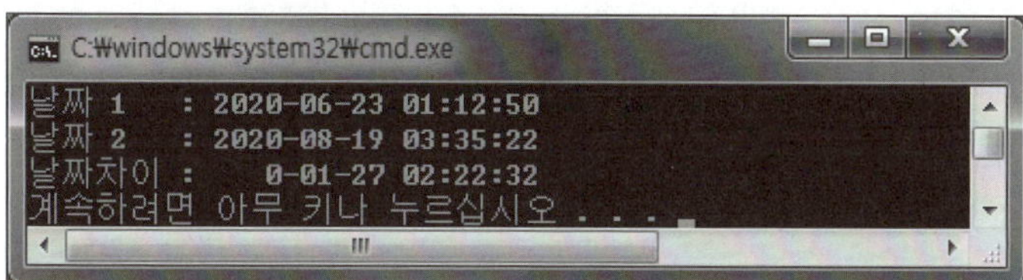

# 올해의 경과된 날짜 수 구하기 (localtime)

• **학습 내용 :** 올해가 몇 일 경과되었는지를 구하는 방법을 학습합니다.
• **힌트 내용 :** time(), localtime() 함수를 사용하세요.

소스 : [예제-255].c

```c
1: #include <stdio.h>
2: #include <time.h>
3:
4: void main( void )
5: {
6:    time_t now;
7:    struct tm t;
8:
9:    now = time( NULL );
10:   t = *localtime( &now );
11:
12:   printf( "올해의 경과일수 : %d \n", t.tm_yday );
13: }
```

10 ◆ 오늘의 날짜에 대한 시간(초)을 struct tm 구조체로 변환합니다. 이때 tm.tm_yday에는 자동으로 올해의 경과된 일 수가 계산되어 저장됩니다.

12 ◆ 경과된 날짜 수를 출력합니다.

프로그램 실행 결과는 다음과 같습니다.

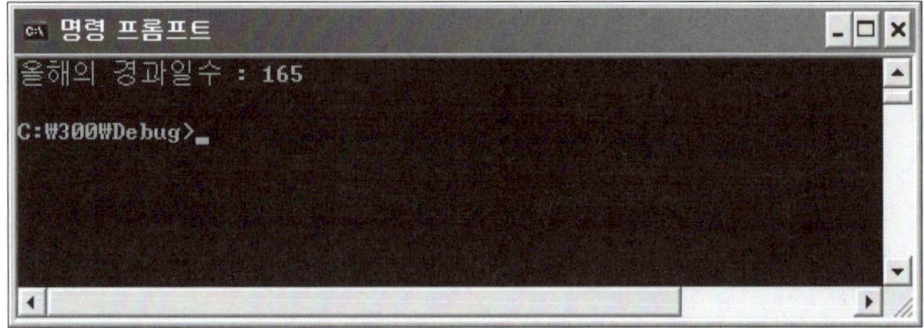

# 올해의 경과된 주의 수 구하기 (strftime)



- **학습 내용** : 오늘 날짜를 1월 1일 기준으로 몇 주째인가를 구하는 방법을 학습합니다.
- **힌트 내용** : localtime( ), strftime( ) 함수를 사용하세요.

📁 **소스 : [예제-256].c**

```c
1: #include <stdio.h>
2: #include <time.h>
3:
4: void main( void )
5: {
6:    time_t now;
7:    struct tm t;
8:    char buff[100];
9:
10:    now = time( NULL );
11:    t = *localtime( &now );
12:    strftime( buff, sizeof(buff), "올해의 경과된 주 : %U 주", &t );
13:
14:    puts( buff );
15: }
```

경과된 일을 구하기 위해서는 strftime( ) 함수에서 %U 또는 %W를 사용합니다. %U는 일요일을 기준으로 주의 수를 계산하며, %W는 월요일을 기준으로 주의 수를 계산합니다. ◆ 12

프로그램 실행 결과는 다음과 같습니다.

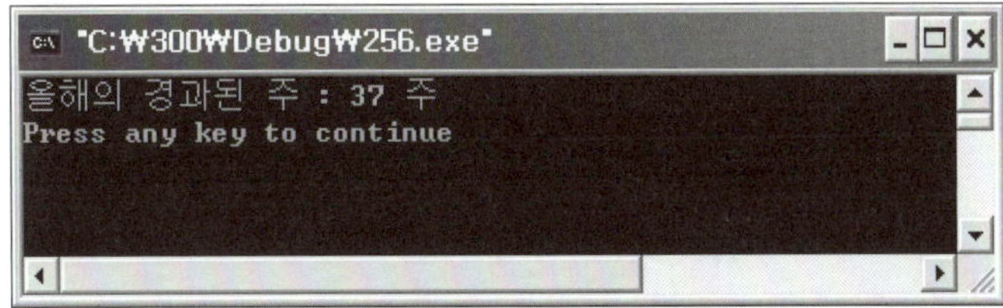

# 오늘의 요일 구하기

활용 **257**

- **학습 내용** : 해당 날짜의 요일을 구하는 방법을 학습합니다.
- **힌트 내용** : localtime( ), strftime( ) 함수를 사용하세요.

소스 : [예제-257].c

```
 1: #include <stdio.h>
 2: #include <time.h>
 3:
 4: void main( void )
 5: {
 6:    time_t now;
 7:    struct tm t;
 8:    char buff[100];
 9:
10:    now = time( NULL );
11:    t = *localtime( &now );
12:    strftime( buff, sizeof(buff), "요일 : %A", &t );
13:    puts( buff );
14:    strftime( buff, sizeof(buff), "요일 : %a", &t );
15:    puts( buff );
16:    printf( "%d \n", t.tm_wday );
17: }
```

**12, 14** ◆ 요일을 구합니다. %A는 영문으로 요일을 전부 표시하며, %a는 영문으로 요일을 축약해서 표시합니다. 예를 들면, %A는 Monday, %a는 Mon처럼 표시합니다.

**16** ◆ localtime( ) 함수에 의해 지정된 요일을 출력합니다. 요일은 일요일이면 0, 월요일이면 1, 화요일이면 2, 수(3), 목(4), 금(5) 그리고 토요일이면 6입니다.

프로그램 실행 결과는 다음과 같습니다.

```
요일 : Wednesday
요일 : Wed
3          ←  수요일
```

500

# 오전 / 오후 표시하기

- **학습 내용 :** 시간을 표현 시 오전 또는 오후를 출력하는 방법을 학습합니다.
- **힌트 내용 :** strftime() 함수를 사용하세요.

**소스 : [예제-258].c**

```c
 1: #include <stdio.h>
 2: #include <time.h>
 3: #include <string.h>
 4:
 5: void main( void )
 6: {
 7:    time_t now;
 8:    struct tm t;
 9:    char buff[100], AMPM[10];
10:
11:    now = time( NULL );
12:    t = *localtime( &now );
13:    strftime( buff, sizeof(buff), "%Y-%m-%d %H:%M:%S ", &t );
14:
15:    strftime( AMPM, sizeof(AMPM), "%p", &t );
16:    if  ( strcmp(buff, "AM"  ) ) strcpy( AMPM, "오전" );
17:    else if( strcmp(buff, "PM"   ) ) strcpy( AMPM, "오후" );
18:    strcat( buff, AMPM );
19:
20:    puts( buff );
21: }
```

“AM/PM” 또는 “오전/오후”를 구하고, 만약 영문으로 “AM/PM”이 설정되어 있다면 “AM/PM”값
을 “오전/오후”로 변경하여 buff에 추가합니다. “AM/PM”과 “오전/오후”는 제어판의 국가별 설정
에서 지정할 수 있습니다. ◆ 15~18

프로그램 실행 결과는 다음과 같습니다.

2016-05-09 01:20:20 오전

# AM/PM 표시하기

- **학습 내용 :** 시간을 표현 시 AM/PM을 출력하는 방법을 학습합니다.
- **힌트 내용 :** strftime( ) 함수를 사용하세요.

📁 **소스 : [예제-259].c**

```c
1: #include <stdio.h>
2: #include <time.h>
3: #include <string.h>
4:
5: void main( void )
6: {
7:    time_t now;
8:    struct tm t;
9:    char buff[100], AMPM[10];
10:
11:    now = time( NULL );
12:    t = *localtime( &now );
13:    strftime( buff, sizeof(buff), "%Y-%m-%d %H:%M:%S ", &t );
14:
15:    strftime( AMPM, sizeof(AMPM), "%p", &t );
16:    if (  strcmp(buff, "오전"   ) ) strcpy( AMPM, "AM" );
17:    else if( strcmp(buff, "오후"   ) ) strcpy( AMPM, "PM" );
18:    strcat( buff, AMPM );
19:
20:    puts( buff );
21: }
```

15~18 ◆ "AM/PM" 또는 "오전/오후"를 구하고, 만약 한글로 "오전/오후"가 설정되어 있다면 "오전/오후" 값을 "AM/PM"으로 변경하여 buff에 추가합니다. "AM/PM"과 "오전/오후"는 제어판의 국가별 옵션에서 지정할 수 있습니다. 참고적으로, [예제-176]과 소스 코드를 비교해 보세요.

프로그램 실행 결과는 다음과 같습니다.

```
2016-05-09 01:20:20 AM
```

# 문자열로 된 날짜를 time_t 형식으로 변환하기(atoi, mktime)

- **학습 내용 :** 문자열로부터 날짜 형식 변환에 필요한 time_t를 생성하는 방법을 학습합니다.
- **힌트 내용 :** atoi( ), mktime( ) 함수를 사용하세요.

**소스 : [예제-260].c**

```c
1: #include <stdio.h>
2: #include <time.h>
3: #include <stdlib.h>
4:
5: void main( void )
6: {                    // 0123456789
7:    char date[] = " 2020-06-23";
8:    time_t now;
9:    struct tm t = {0,};
10:
11:    t.tm_mday = atoi( &date[8] );        date[7] = 0;
12:    t.tm_mon  = atoi( &date[5] ) - 1;    date[4] = 0;
13:    t.tm_year  = atoi( &date[0] ) - 1900;
14:
15:    now = mktime( &t );
16:    printf( "2020-06-23을 time_t로 변환하면 %d입니다. \n", now );
17: }
```

문자열을 정의합니다. 정의 시 char *date라고 정의하지 마십시오. 문자열 상수로 정의하면 11번째 줄에서 date[7]에 0을 대입할 때 에러가 발생됩니다. ◆ 7

atoi( ) 함수를 사용하여 연월일을 t 구조체에 넣습니다. 단, 월은 반드시 −1을 하여야 하며, 년은 1900을 빼야 합니다. ◆ 11~13

구조체 t를 time_t 형식으로 변환합니다. ◆ 15

프로그램 실행 결과는 다음과 같습니다.

2020-06-23을 time_t로 변환하면 1592838000입니다.

# 문자열로 된 날짜를 struct tm 형식으로 변환하기

- **학습 내용 :** 문자열로부터 날짜 형식 변환에 필요한 struct tm을 생성하는 방법을 학습합니다.
- **힌트 내용 :** atoi( ), mktime( ) 함수를 사용하세요.

📁 **소스 : [예제-261].c**

```c
1: #include <stdio.h>
2: #include <time.h>
3: #include <stdlib.h>
4:
5: void main( void )
6: {                     //0123456789012345678
7:   char date[] = "2020-06-23 02 : 09 : 21";
8:   struct tm t = {0,};
9:
10:   t.tm_sec   = atoi( &date[17] );       date[16] = 0;
11:   t.tm_min   = atoi( &date[14] );       date[13] = 0;
12:   t.tm_hour  = atoi( &date[11] );       date[10] = 0;
13:   t.tm_mday  = atoi( &date[ 8] );       date[ 7] = 0;
14:   t.tm_mon   = atoi( &date[ 5] ) - 1;   date[ 4] = 0;
15:   t.tm_year  = atoi( &date[ 0] ) - 1900;
16:
17:   mktime( &t );
18:   printf( "struct tm 변환 후 날짜 : %4d-%02d-%02d %02d:%02d:%02d \n",
19:       t.tm_year+1900, t.tm_mon+1, t.tm_mday,
20:       t.tm_hour, t.tm_min, t.tm_sec );
21: }
```

10~15 ◆ atoi( ) 함수를 사용하여 년, 월, 일, 시, 분, 초를 t 구조체에 넣습니다.

17 ◆ 구조체 t를 정확한 날짜 형식으로 변환합니다.

프로그램 실행 결과는 다음과 같습니다.

struct tm 변환 후 날짜 : 2020-06-23 02:09:21

> 📄 **N O T E** ----------------------------------------------------

숫자가 아닌 " Tue Aug 31 01:48:33 2005 "와 같은 시간을 변환하려면 다음과 같이 하세요.

```c
#include <stdio.h>
#include <time.h>
#include <stdlib.h>
#include <string.h>

void main( void )
{
    char *day[] = { "Sun", "Mon", "Tue", "Wed", "Thr", "Fri", "Sat" };
    char *month[] = { "Jan", "Feb", "Mar", "Apr", "May", "Jun",
                      "Jul", "Aug", "Sep", "Oct", "Nov", "Dec" };
                //012345 678901234567890123
    char date[] = "Mon Aug 31 01:48:33 2005";
    struct tm t = { 0, };
    int i;
    t.tm_year = atoi( &date[20] ) - 1900;  date[19] = 0;
    t.tm_sec  = atoi( &date[17] );         date[16] = 0;
    t.tm_min  = atoi( &date[14] );         date[13] = 0;
    t.tm_hour = atoi( &date[11] );         date[10] = 0;
    t.tm_mday = atoi( &date[ 8] );         date[ 7] = 0;
    for( i=0; i<12; i++ )
    {
        if( stricmp( &date[4], month[i] ) == 0 )
        {
            t.tm_mon = i;
            break;
        }
    }
    mktime( &t );
    printf( "struct tm 변환 후 날짜 : %4d-%02d-%02d %02d:%02d:%02d \n",
        t.tm_year+1900, t.tm_mon+1, t.tm_mday,
        t.tm_hour, t.tm_min, t.tm_sec );
}
```

struct tm 변환 후 날짜 : 2005-08-31 01:48:33

# 날짜 및 시간을 다양한 방법으로 출력하기(_ftime)

- **학습 내용 :** 날짜 및 시간을 출력하는 다양한 방법을 이해합니다.
- **힌트 내용 :** 날짜 및 시간 함수를 사용하세요.

소스 : [예제-262].c

```c
1: #include <stdio.h>
2: #include <time.h>
3: #include <sys/timeb.h>
4:
5: void main( void )
6: {
7:     struct _timeb tb;
8:     struct tm t;
9:     char buff[100];
10:
11:     _ftime( &tb );
12:
13:     t = *localtime( &tb.time );
14:
15:     printf( "%4d-%d-%d %d:%d:%d.%d \n",
16:         t.tm_year+1900, t.tm_mon+1, t.tm_mday,
17:         t.tm_hour, t.tm_min, t.tm_sec, tb.millitm );
18:
19:     printf( ctime( &tb.time ) );         // [예제-174]
20:     printf( asctime( &t ) );             // [예제-175]
21:     puts( _strdate(buff) );
22:     puts( _strtime(buff) );
23:     strftime( buff, sizeof(buff), "%Y-%m-%d %H:%M:%S %p (%a)", &t );
24:     puts( buff );
25:     strftime( buff, sizeof(buff), "%#Y-%#m-%#d %#H:%#M:%#S %p (%a)", &t );
26:     puts( buff );
27:     strftime( buff, sizeof(buff), "%c", &t );
28:     puts( buff );
29:     strftime( buff, sizeof(buff), "%x %X", &t );
```

```
30:    puts( buff );
31:    strftime( buff, sizeof(buff), "%#c", &t );
32:    puts( buff );
33:    strftime( buff, sizeof(buff), "%#x", &t );
34:    puts( buff );
35: }
```

"Mon May   9 01:28:40 2016"이 출력됩니다.                                                ◆ 19~20

"05/09/16"이 출력됩니다. _strdate() 함수는 현재 날짜를 문자열로 구할 때 사용합니다.          ◆ 21

"01:28:40"이 출력됩니다. _strtime() 함수는 현재 시간을 문자열로 구할 때 사용합니다.           ◆ 22

"2016-05-09 01:28:40 AM (Mon)"이 출력됩니다.                                            ◆ 23~24

"2016-5-9 1:28:40 AM (Mon)"이 출력됩니다. %#H 등이 사용되면, 시간을 표시할 때 02를 2로       ◆ 25~26
표시합니다.

"Mon May   9 01:28:40 2016"이 출력됩니다.                                                ◆ 27~28

"05/09/16 01:28:40"이 출력됩니다. %x는 날짜를, %X는 시간을 출력합니다.                       ◆ 29~30

"Monday, May 09, 2016 01:28:40"을 출력합니다.                                           ◆ 31~32

"Monday, May 09, 2016"을 출력합니다.                                                     ◆ 33~34

프로그램 실행 결과는 다음과 같습니다.

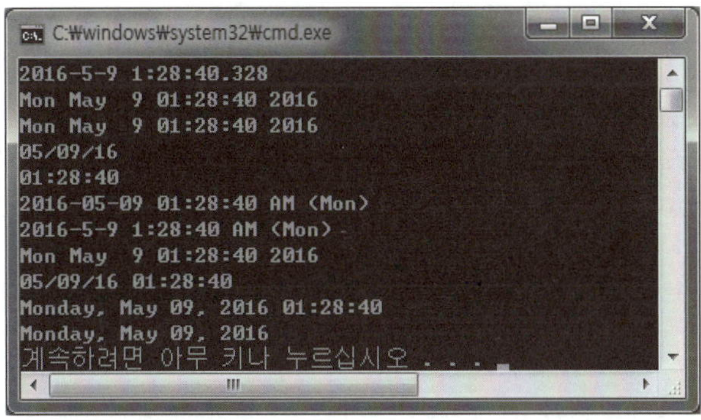

# 263

# 야구 게임 만들기

- **학습 내용 :** 야구 게임을 통해 난수의 발생 및 게임 알고리즘을 학습합니다.
- **힌트 내용 :** srand(), rand(), scanf() 함수를 사용하세요.

📁 소스 : [예제-263].c

```c
1: #include <stdio.h>        // fflush, scanf, puts, printf,
2: #include <time.h>         // time
3: #include <stdlib.h>       // srand, rand
4: #include <memory.h>       // memset
5:
6: void main( void )
7: {
8:     int com [ 3 ] = {0, };
9:     int gamer[ 3 ] = {0, };
10:     int guess[10] = {0, };
11:     int count, i;
12:     int strike, ball;
13:     char yesno;
14:
15:     srand( time(NULL) );      // [예제-189]
16:
17:     puts( "야구 게임을 시작합니다." );
18:
19:     while( 1 )
20:     {
21:         com[0] = rand() % 10;
22:         com[1] = rand() % 10;
23:         com[2] = rand() % 10;
24:         count = 1;
25:
26:         if( com[0] == com[1] || com[0] == com[2] || com[1] == com[2] ) continue;
27:
28:         puts( "숫자0~9를 공백으로 분리하여 3개 입력하고 엔터키를 치세요 !!" );
29:
```

```c
30:        memset( guess, 0, sizeof(guess) );
31:
32:        while( 1 )
33:        {
34:            strike = 0; ball = 0;
35:
36:            for( i=0; i<10; i++ )
37:            {
38:                printf( "%d ", guess[i] );
39:            }
40:
41:            printf( "\n3개의 숫자[0~9]를 입력하세요 : " );
42:
43:            scanf( "%d %d %d", &gamer[0], &gamer[1], &gamer[2] );
44:
45:            if   ( com[0] == gamer[0] ) strike++;
46:            else if( com[0] == gamer[1] || com[0] == gamer[2] ) ball++;
47:
48:            if   ( com[1] == gamer[1] ) strike++;
49:            else if( com[1] == gamer[0] || com[1] == gamer[2] ) ball++;
50:
51:            if   ( com[2] == gamer[2] ) strike++;
52:            else if( com[2] == gamer[0] || com[2] == gamer[1] ) ball++;
53:
54:            if( gamer[0] > 9 || gamer[1] > 9 || gamer[2] > 9 )
55:            {
56:                puts( "입력한 숫자가 너무 큽니다. 0~9를 입력하세요." );
57:                continue;
58:            }
59:
60:            guess[gamer[0]] = 1; guess[gamer[1]] = 1; guess[gamer[2]] = 1;
61:
62:            printf( "\n[%2d회] %d 스트라이크 %d 볼 \n\n", count, strike, ball );
63:            if( strike == 3 ) break;
64:            count++;
65:        }
66:
67:        fflush( stdin );
68:
69:        printf( "게임을 계속하시겠습니까 (y/n)? " );
```

```
70:        scanf( "%c", &yesno );
71:        if( yesno == 'N' || yesno == 'n' ) break;
72:    }
73: }
```

21~23 ◆ 0 ~ 9까지의 난수를 발생시킵니다.

26 ◆ 난수 3개가 서로 다른 값이 될 때까지 난수를 계속 발생시킵니다.

30 ◆ 게이머가 입력한 숫자를 저장할 버퍼를 모두 0으로 지웁니다.

43 ◆ 숫자를 3개 입력받습니다. 숫자는 공백으로 구분하여 입력해야 합니다.

67 ◆ 키보드 버퍼를 모두 비웁니다. 비우지 않으면, 70번째 줄에 영향을 줍니다.

71 ◆ 'N' 또는 'n'을 입력하면 야구 게임은 종료됩니다.

프로그램 실행 결과는 다음과 같습니다.

```
야구 게임을 시작합니다.
숫자0~9를 공백으로 분리하여 3개 입력하고 엔터키를 치세요 !!
0 0 0 0 0 0 0 0 0 0
3개의 숫자[0~9]를 입력하세요 : 3 4 5 [Enter]

[ 1회] 0 스트라이크 2 볼

0 0 0 1 1 1 0 0 0 0
3개의 숫자[0~9]를 입력하세요 : 7 8 9 [Enter]

[ 2회] 1 스트라이크 0 볼

0 0 0 1 1 1 0 1 1 1
3개의 숫자[0~9]를 입력하세요 : 4 5 9 [Enter]

[ 3회] 3 스트라이크 0 볼

게임을 계속하시겠습니까 (y/n)? n [Enter]
```

# 스택 구현하기

- **학습 내용 :** 스택에 대한 push(), pop() 함수, Top, Bottom 개념을 학습합니다.
- **힌트 내용 :** 구조체를 사용하세요.

📁 소스 : [예제-264].c

```c
1: #include <stdio.h>          // puts, gets, printf
2: #include <string.h>         // strlen, memset, memcpy
3: #include <stdlib.h>         // atoi
4:
5: int push( int value );
6: int pop( int *value );
7:
8: #define STACK_MAX 100
9:
10: typedef struct tagStack
11: {
12:     int array[STACK_MAX];
13:     int top;
14:     int bottom;
15: } STACK;
16:
17: STACK s;
18:
19: void main( void )
20: {
21:     char buff[100], tmp[100];
22:     char *op = "+-*/%";
23:     int index;
24:     int value1 = 0, value2 = 0;
25:
26:     s.top = STACK_MAX;
27:
28:     puts( "계산식을 1*2처럼 입력하고 엔터키를 치세요." );
29:     puts( "아무것도 입력하지 않으면 계산이 종료됩니다." );
30:
```

```c
31:     for( ;; )
32:     {
33:         printf( "계산식 : " );
34:         gets( buff );                           // [예제-55]
35:
36:         if( strlen(buff) == 0 ) break;          // [예제-63]
37:
38:         memset( tmp, 0, sizeof(tmp) );          // [예제-103]
39:
40:         index = strcspn( buff, op );            // [예제-66]
41:
42:         memcpy( tmp, buff, index );             // [예제-100]
43:
44:         value1 = atoi( tmp );                   // [예제-77]
45:         value2 = atoi( &buff[index+1] );
46:
47:         switch( buff[index] )                   // [예제-34]
48:         {
49:             case '+'    : value1    += value2;      break;
50:             case '-'    : value1    -= value2;      break;
51:             case '*'    : value1    *= value2;      break;
52:             case '/'    : value1    /= value2;      break;
53:             case '%'    : value1    %= value2;      break;
54:             default :
55:                 puts( "잘못된 연산자를 사용하였습니다." );
56:                 continue;
57:         }
58:
59:         if( push( value1 ) == -1 )
60:         {
61:             puts( "더 이상 저장할 수 없습니다." );
62:         }
63:
64:         printf( "%s = %d, s.top = %d \n\n", buff, value1, s.top );
65:     }
66:
67:     value1 = 0;
68:
69:     for( ;; )
70:     {
71:         if( pop( &value2 ) == -1 ) break;
72:
```

```
73:       value1 += value2;
74:     }
75:
76:     printf( "계산의 총합은 %d입니다. \n", value1 );
77: }
78:
79: int push( int value )
80: {
81:     if( s.top == 0 ) return -1;
82:     s.array[--s.top] = value;            // [예제-24]
83:     return 0;
84: }
85:
86: int pop( int *value )
87: {
88:     if( s.top == STACK_MAX ) return -1;
89:     *value = s.array[s.top++];            // [예제-24]
90:     return 0;
91: }
```

프로그래밍에서 자료를 저장하기 위해 사용되는 대표적인 알고리즘은 스택(stack)과 큐(queue)가 있습니다. 스택은 LIFO(Last−In−First−Out)라고 불리며, 맨 나중에 저장한 데이터가 가장 먼저 나오는 것이고, 큐는 FIFO(First−In−First−Out)라고 불리며, 가장 먼저 저장한 데이터가 가장 먼저 나오는 구조를 말합니다. 스택은 보통 계산기 프로그램이나 컴파일러, 구문 분석 등에 많이 사용되며, 큐는 운영체제의 잡스케쥴러 등에 많이 사용됩니다.

모든 프로그램에서 사용되는 지역 변수는 내부적으로 스택 알고리즘을 사용하고 있습니다. 다음 그림은 스택의 동작 방식입니다. T는 Top, B는 Bottom입니다. push할 때 T는 감소하고, pop할 때 T는 증가합니다.

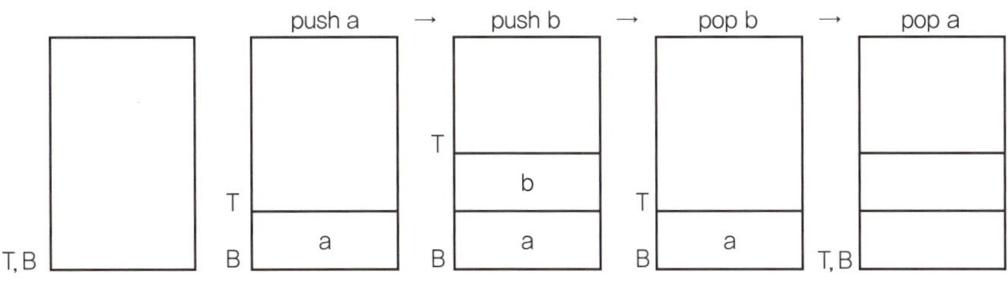


스택의 동작 방식

5~6 ◆ 스택에 데이터를 삽입하는 동작을 push라고 하며, 스택에서 데이터를 꺼내오는 동작을 pop이라고 합니다. push(), pop() 함수를 선언합니다.

8 ◆ 스택의 최대 크기를 100으로 잡습니다.

10~15 ◆ 스택에 사용될 구조체를 선언합니다.

17 ◆ 스택을 정의합니다.

22 ◆ 계산식에 사용된 연산자를 검색할 op를 정의합니다.

26 ◆ 스택의 top을 STACK_MAX로 초기화합니다.

34 ◆ 문자열을 입력받습니다. 문자열은 공백이 있어도 무방합니다.

36 ◆ 문자열을 입력하지 않았으면 계산을 종료하고 67번째 줄로 이동합니다.

38 ◆ tmp 버퍼를 모두 NULL(0) 값으로 채웁니다. NULL 값으로 채우는 이유는 44번째 줄의 atoi() 함수에서 문자열의 끝을 알기 위해서입니다.

40 ◆ 입력받은 문자열에서 연산자(+, −, *, /, %)의 위치를 검색합니다.

42 ◆ 검색된 연산자의 전까지 tmp에 buff를 복사합니다. tmp는 38번째 줄에서 NULL로 설정했기 때문에 자동적으로 문자열의 끝이 구분됩니다.

44 ◆ 첫 번째 값을 구합니다.

45 ◆ 두 번째 값을 구합니다.

47~57 ◆ 연산자에 따라 연산을 수행합니다. 입력한 연산자가 +−*/%가 아니라면 연산은 취소되고 다시 입력해야 합니다.

59 ◆ 연산된 결과 값을 스택에 저장합니다. push() 함수가 −1을 반환하면, 더 이상 스택에 저장할 수 없는 상태(overflow)입니다.

71 ◆ 지금까지 저장한 값들을 스택에서 하나씩 꺼내옵니다. pop() 함수가 −1을 반환하면 더 이상 꺼내올 값이 없는 상태(underflow)입니다.

스택의 위치를 가리키는 top의 값이 0이라면 더 이상 값을 넣을 수 없는 상태입니다. 그러므로 ◆ 81
−1을 반환시킵니다.

스택의 top의 위치를 하나 뺀 후, 그 위치에 값을 저장합니다. ◆ 82

스택의 top이 STACK_MAX라면 더 이상 꺼낼 값이 없는 상태입니다. 그러므로 −1을 반환시킵니다. ◆ 88

스택의 top이 가리키는 위치에 저장된 값을 *value로 읽습니다. 그리고 나서 top의 위치를 하나 증 ◆ 89
가시킵니다.

프로그램 실행 결과는 다음과 같습니다. 굵은 글씨는 실제로 입력한 값입니다.

```
계산식을 1*2처럼 입력하고 엔터키를 치세요.
아무것도 입력하지 않으면 계산이 종료됩니다.
계산식 : 1*2[Enter]
1*2 = 2, s.top = 99

계산식 : 3*4[Enter]
3*4 = 12, s.top = 98

계산식 : 1+5[Enter]
1+5 = 6, s.top = 97

계산식 : 5-2[Enter]
5-2 = 3, s.top = 96

계산식 : 3/4[Enter]
3/4 = 0, s.top = 95

계산식 : 5%2[Enter]
5%2 = 1, s.top = 94

계산식 : [Enter]
계산의 총합은 24입니다.
```

# 큐 구현하기

- **학습 내용 :** 큐에 대한 add(), delete() 함수, front, rear 개념을 학습합니다.
- **힌트 내용 :** 구조체를 사용하세요.

📁 소스 : [예제-265].c

```c
 1: #include <stdio.h>        // puts, gets, printf
 2: #include <string.h>       // strlen, memset, memcpy
 3: #include <stdlib.h>       // atoi
 4:
 5: int add( int value );
 6: int delete( int *value );
 7:
 8: #define QUEUE_ MAX 100
 9:
10: typedef struct tagQueue
11: {
12:     int array[QUEUE_MAX];
13:     int front;
14:     int rear;
15: } QUEUE;
16:
17: QUEUE q;
18:
19: void main( void )
20: {
21:     char buff[100], tmp[100];
22:     char *op = "+-*/%";
23:     int index;
24:     int value1 = 0, value2 = 0;
25:
26:     q.front = q.rear = 0;
27:
28:     puts( "계산식을 1*2처럼 입력하고 엔터키를 치세요." );
29:     puts( "아무것도 입력하지 않으면 계산이 종료됩니다." );
```

```
30:
31:    for( ;; )
32:    {
33:        printf( "계산식 : " );
34:        gets( buff );                      // [예제-55]
35:
36:        if( strlen(buff) == 0 ) break;     // [예제-63]
37:
38:        memset( tmp, 0, sizeof(tmp) );     // [예제-103]
39:
40:        index = strcspn( buff, op );       // [예제-67]
41:
42:        memcpy( tmp, buff, index );        // [예제-100]
43:
44:        value1 = atoi( tmp );              // [예제-77]
45:        value2 = atoi( &buff[index+1] );
46:
47:        switch( buff[index] )              // [예제-34]
48:        {
49:            case '+'  : value1  += value2;    break;
50:            case '-'  : value1  -= value2;    break;
51:            case '*'  : value1  *= value2;    break;
52:            case '/'  : value1  /= value2;    break;
53:            case '%'  : value1  %= value2;    break;
54:            default :
55:                puts( "잘못된 연산자를 사용하였습니다." );
56:                continue;
57:        }
58:
59:        if( add( value1 ) == -1 )
60:        {
61:            puts( "더 이상 추가할 수 없습니다." );
62:        }
63:
64:        printf( "%s = %d, q.rear = %d \n\n", buff, value1, q.rear );
65:    }
66:
67:    value1 = 0;
68:
69:    for( ;; )
```

```
70:    {
71:        if( delete( &value2 ) == -1 ) break;
72:
73:        value1 += value2;
74:    }
75:
76:    printf( "계산의 총합은 %d입니다. \n", value1 );
77: }
78:
79: int add( int value )
80: {
81:    if( q.rear == QUEUE_MAX ) return -1;
82:    q.array[q.rear++] = value;               // [예제-24]
83:    return 0;
84: }
85:
86: int delete( int *value )
87: {
88:    if( q.front == q.rear || q.front == QUEUE_MAX ) return -1;
89:    *value = q.array[q.front++];             // [예제-24]
90:    return 0;
91: }
```

다음 그림은 큐의 동작 방식입니다. FIFO 구조에 맞게 먼저 입력된 데이터 값이 먼저 출력됩니다. F는 Front이고, R은 Rear입니다. add할 때 R은 증가하고, delete할 때 F가 증가합니다.

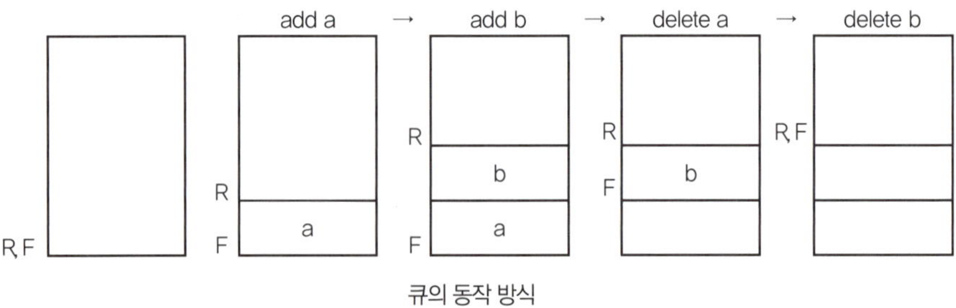


큐의 동작 방식

5~6 ◆ 큐에 데이터를 삽입하는 동작을 add라고 하며, 큐에서 데이터를 꺼내오는 동작을 delete라고 합니다. add(), delete() 함수를 선언합니다.

큐의 최대 크기를 100으로 잡습니다.   ◆ 8

큐에 사용될 구조체를 선언합니다.   ◆ 10~15

큐를 정의합니다.   ◆ 17

계산식에 사용된 연산자를 검색할 op를 정의합니다.   ◆ 22

큐의 front 및 rear를 0으로 초기화합니다.   ◆ 26

연산된 결과값을 큐에 저장합니다. add() 함수가 −1을 반환하면, 더 이상 큐에 저장할 수 없는 상태(overflow)입니다.   ◆ 59

지금까지 저장한 값들을 큐에서 하나씩 꺼내옵니다. delete() 함수가 −1을 반환하면 더 이상 꺼내올 값이 없는 상태(underflow)입니다.   ◆ 71

큐를 가리키는 rear의 값이 QUEUE_MAX라면 더 이상 값을 넣을 수 없는 상태입니다. 그러므로 −1을 반환시킵니다.   ◆ 81

큐의 rear의 위치에 데이터를 저장한 후, rear의 값을 1 증가시킵니다.   ◆ 82

큐의 front 값이 rear의 값과 같거나 QUEUE_MAX라면 더 이상 꺼낼 값이 없는 상태입니다. 그러므로 −1을 반환시킵니다.   ◆ 88

큐의 front가 가리키는 위치에 저장된 값을 *value로 읽습니다. 그리고 나서 front의 위치를 하나 증가시킵니다.   ◆ 89

프로그램 실행 결과는 다음과 같습니다. 굵은 글씨는 실제로 입력한 값입니다.

```
계산식을 1*2처럼 입력하고 엔터키를 치세요.
아무것도 입력하지 않으면 계산이 종료됩니다.
계산식 : 1*2[Enter]
1*2 = 2, q.rear = 99

계산식 : 3*4[Enter]
3*4 = 12, q.rear = 98

계산식 : 1+5[Enter]
1+5 = 6, q.rear = 97
...
```

# 단일 링크드 리스트 구현하기



- **학습 내용 :** 단일 링크드 리스트의 개념과 활용 방법을 학습합니다.
- **힌트 내용 :** 구조체와 포인터를 사용하세요.

소스 : [예제-266].c

```c
1: #include <stdio.h>          // printf, puts
2: #include <malloc.h>         // malloc, free
3: #include <string.h>         // strcpy
4:
5: int add_list( char* name, char* tel, char* addr );
6: void print_list( void );
7: void remove_list( void );
8:
9: typedef struct tagLinkedList       // [예제-119]
10: {
11:     char name[30];                 // 이름
12:     char tel [30];                 // 전화번호
13:     char addr[100];                // 주소
14:
15:     struct tagLinkedList *next;
16: } ADDR;
17:
18: ADDR *g_pAddrHead = NULL;
19:
20: void main( void )
21: {
22:     add_list( "홍길동", "1111", "서울특별시 종로구" );
23:     add_list( "홍길순", "2222", "서울특별시 강서구" );
24:     add_list( "Mr.Kim", "3333", "서울특별시 구로구" );
25:     add_list( "김C"    , "4444", "서울특별시 강동구" );
26:     add_list( "최C"    , "5555", "대전광역시 동구" );
27:
28:     print_list();
29:     remove_list();
```

```
30: }
31:
32: int add_list( char* name, char* tel, char* addr )
33: {
34:     ADDR *plocal, *pn = g_pAddrHead;
35:
36:     // g_pAddrHead가 초기화되지 않은 경우, 한 번만 실행됩니다.
37:     if( g_pAddrHead == NULL )
38:     {
39:         g_pAddrHead = malloc( sizeof(ADDR) ); // ADDR 구조체 할당
40:
41:         if( g_pAddrHead == NULL)
42:         {
43:             return 0;
44:         }
45:
46:         g_pAddrHead->next = NULL;            // 처음에는 반드시 NULL로 초기화
47:         plocal = g_pAddrHead;
48:     }
49:     else    // g_pAddrHead가 초기화된 후 계속 실행됩니다.
50:     {
51:         plocal = malloc( sizeof(ADDR) );          // ADDR 구조체 할당
52:
53:         if( plocal == NULL )
54:         {
55:             return 0;
56:         }
57:
58:         while( pn->next )
59:         {
60:             pn = pn->next;
61:         }
62:
63:         pn->next = plocal;                    // 다음 리스트를 지정
64:         plocal->next = NULL;                  // 다음 리스트를 NULL로 지정
65:     }
66:
67:     strcpy( plocal->name, name );             // 새로 할당된 구조체에 이름 복사
68:     strcpy( plocal->tel , tel );              // 새로 할당된 구조체에 전화 복사
69:     strcpy( plocal->addr, addr );             // 새로 할당된 구조체에 주소 복사
```

```c
70:
71:   return 1;
72: }
73:
74: void print_list( void )
75: {
76:   int count = 1;
77:   ADDR *plist;
78:
79:   plist = g_pAddrHead;
80:
81:   // 한 개씩 출력
82:   while( plist )
83:   {
84:       printf( "No. %d \n", count++ );
85:       puts( plist->name );
86:       puts( plist->tel );
87:       printf( "%s \n\n", plist->addr );
88:
89:       plist = plist->next;
90:   }
91: }
92:
93: void remove_list( void )
94: {
95:   ADDR *plocal;
96:
97:   // 한 개씩 메모리 해제
98:   while( g_pAddrHead )
99:   {
100:      plocal = g_pAddrHead->next;
101:
102:      free( g_pAddrHead );
103:
104:      g_pAddrHead = plocal;
105:  }
106: }
```

링크드 리스트는 데이터 부분과 링크 부분으로 구성되며, 데이터의 저장/검색/삭제 등이 용이한 자료의 저장 방법 중 하나입니다. 링크드 리스트는 몇 가지 종류로 구분되는데, 한쪽 방향으로 데이터를 저장하고 검색이 가능한 단일 링크드 리스트와 양방향으로 데이터를 저장하고 검색이 가능한 이중 단일 링크드 리스트 등이 있습니다. 다음 그림은 단일 링크드 리스트를 표현한 것입니다. 각각의 링크는 다음 데이터가 저장된 번지를 가리키고 있습니다.

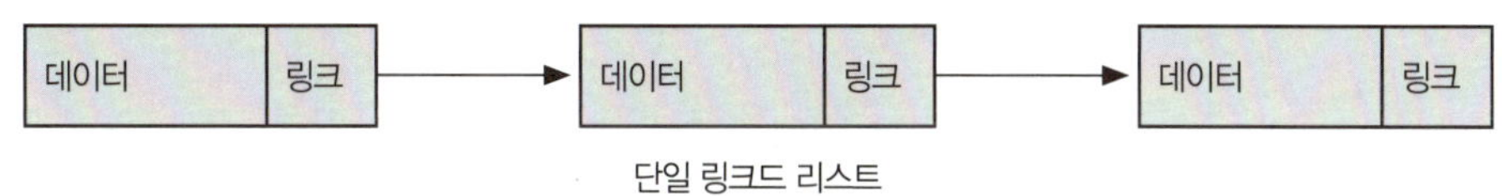

단일 링크드 리스트

주소록에 사용될 구조체를 선언합니다. ◆ 9

9번째 줄에서 선언한 struct tagAddress를 가리킬 수 있는 포인터를 선언합니다. next 포인터는 다음 자료가 위치한 번지를 저장하기 위해 사용합니다. ◆ 15

전역 포인터 변수 g_pAddrHead를 정의하고 NULL로 초기화합니다. 이 변수는 링크드 리스트의 첫 번째 데이터를 가리키기 위해 사용됩니다. ◆ 18

링크드 리스트에 데이터를 추가합니다. ◆ 22~26

링크드 리스트에 저장되어 있는 모든 자료를 출력합니다. ◆ 28

링크드 리스트를 만들 때 사용된 메모리를 모두 해제합니다. ◆ 29

pn은 링크드 리스트의 마지막 데이터를 찾기 위해 사용됩니다. ◆ 34

g_pAddrHead가 NULL인 경우에 첫 데이터가 추가되는 것입니다. 첫 번째 데이터가 추가되면 g_pAddrHead는 그 데이터의 시작 번지를 가리킵니다. ◆ 37

ADDR 구조체의 크기만큼 메모리를 할당합니다. ◆ 39

g_pAddrHead가 가리키는 구조체의 next를 NULL로 설정합니다. next를 NULL로 설정하지 않으면 next는 임의의 값(쓰레기값)을 갖기 때문에 프로그램 실행 시 메모리 에러가 발생할 수 있습니다. ◆ 46

| 51 | ADDR 구조체의 크기만큼 메모리를 할당합니다. |

58~61 pn은 주소록의 첫 데이터를 가리키는 g_pAddrHead 값을 가지고 있기 때문에 pn->next 포인터는 다음 데이터를 가리키며, pn->next 포인터의 값이 NULL이 아닐 때까지 반복 수행하면서 마지막 리스트를 찾습니다.

63 새로 할당한 ADDR 구조체를 pn->next에 대입합니다.

64 새로 할당한 ADDR 구조체의 next 값을 NULL로 설정합니다. NULL로 설정하는 이유는 46번째 줄과 같습니다.

67~69 새로 생성한 ADDR 구조체에 주소 데이터를 복사합니다.

79 plist를 주소 데이터의 첫 번째 값을 가리키는 g_pAddrHead 값으로 설정합니다.

82 plist는 첫 번째 주소 데이터를 가리키고 있습니다. 만약 plist가 NULL 값을 가리킨다면, 83~90번째 줄은 실행되지 않습니다.

84~87 현재 plist가 가리키고 있는 주소 데이터를 출력합니다.

89 plist를 다음 데이터를 가리키도록 설정합니다. 만약 다음 데이터가 없다면 plist는 NULL 값을 가지며, plist 값이 NULL인 경우에 while 문은 종료됩니다.

98 주소록의 첫 번째 데이터를 가리키는 g_pAddrHead 값이 NULL이 아닌 동안 99~105번째 줄이 실행됩니다.

100 g_pAddrHead가 102번째 줄에서 해제되기 때문에 g_pAddrHead가 가리키는 다음 주소 데이터의 값을 미리 plocal에 저장합니다.

102 g_pAddrHead가 가리키는 주소 데이터를 해제합니다.

104 100번째 줄에서 저장한 g_pAddrHead->next 값을 다시 받아옵니다. g_pAddrHead의 값이 NULL 이라면 while 문은 종료됩니다.

프로그램 실행 결과는 다음과 같습니다.

**No. 1**
홍길동
1111
서울특별시 종로구

**No. 2**
홍길순
2222
서울특별시 강서구

**No. 3**
Mr.Kim
3333
서울특별시 구로구

**No. 4**
김C
4444
서울특별시 강동구

**No. 5**
최C
5555
대전광역시 동구

# 이중 링크드 리스트 구현하기

- **학습 내용 :** 이중 링크드 리스트의 개념과 활용 방법을 이해합니다.
- **힌트 내용 :** 구조체와 포인터를 사용하세요.

📁 소스 : [예제-267].c

```c
 1: #include <stdio.h>          // printf, puts
 2: #include <malloc.h>         // malloc, free
 3: #include <string.h>         // strcpy
 4:
 5: int add_list( char* name, char* tel, char* addr );
 6: void print_list( void );
 7: void remove_list( void );
 8:
 9: typedef struct tagLinkedList          // [예제-119]
10: {
11:    char name[30];                     // 이름
12:    char tel [30];                     // 전화번호
13:    char addr[100];                    // 주소
14:
15:    struct tagLinkedList *prev;
16:    struct tagLinkedList *next;
17: } ADDR;
18:
19: ADDR *g_pAddrHead = NULL;
20:
21: void main( void )
22: {
23:    add_list( "홍길동", "1111", "서울특별시 종로구" );
24:    add_list( "홍길순", "2222", "서울특별시 강서구" );
25:    add_list( "Mr.Kim", "3333", "서울특별시 구로구" );
26:    add_list( "김C"    , "4444", "서울특별시 강동구" );
27:    add_list( "최C"    , "5555", "대전광역시 동구" );
28:
29:    print_list();
```

```
30:     remove_list();
31: }
32:
33: int add_list( char* name, char* tel, char* addr )
34: {
35:     ADDR *plocal;
36:
37:     // g_pAddrHead가 초기화되지 않은 경우, 한 번만 실행됩니다.
38:     if( g_pAddrHead == NULL )
39:     {
40:         g_pAddrHead = malloc( sizeof(ADDR) );            // ADDR 구조체 할당
41:
42:         if( g_pAddrHead == NULL)
43:         {
44:             return 0;
45:         }
46:
47:         g_pAddrHead->prev = NULL;            // 처음에는 반드시 NULL로 초기화
48:         g_pAddrHead->next = NULL;            // 처음에는 반드시 NULL로 초기화
49:     }
50:     else    // g_pAddrHead가 초기화된 후 계속 실행됩니다.
51:     {
52:         plocal = malloc( sizeof(ADDR) );            // ADDR 구조체 할당
53:
54:         if( plocal == NULL )
55:         {
56:             return 0;
57:         }
58:
59:         g_pAddrHead->next = plocal;            // 다음 리스트를 지정
60:         plocal->prev = g_pAddrHead;            // 이전 리스트를 지정
61:         g_pAddrHead = plocal;            // 현재 리스트로 plocal을 지정
62:         g_pAddrHead->next = NULL;            // 다음 리스트를 NULL로 지정
63:     }
64:
65:     strcpy( g_pAddrHead->name, name );            // 새로 할당된 구조체에 이름 복사
66:     strcpy( g_pAddrHead->tel , tel );            // 새로 할당된 구조체에 전화 복사
67:     strcpy( g_pAddrHead->addr, addr );            // 새로 할당된 구조체에 주소 복사
68:
69:     return 1;
```

```c
70: }
71:
72: void print_list( void )
73: {
74:   int count = 1;
75:   ADDR *plocal;
76:
77:   plocal = g_pAddrHead;
78:
79:   // plocal 리스트의 맨 처음으로 이동
80:   while( plocal->prev )
81:   {
82:       plocal = plocal->prev;
83:   }
84:
85:   // 한 개씩 출력
86:   while( plocal )
87:   {
88:       printf( "No. %d \n", count++ );
89:       puts( plocal->name );
90:       puts( plocal->tel );
91:       printf( "%s \n\n", plocal->addr );
92:
93:       plocal = plocal->next;
94:   }
95: }
96:
97: void remove_list( void )
98: {
99:   ADDR *plocal;
100:
101:   // PA를 리스트의 맨 처음으로 이동
102:   while( g_pAddrHead->prev )
103:   {
104:       g_pAddrHead = g_pAddrHead->prev;
105:   }
106:
107:   // 한 개씩 메모리 해제
108:   while( g_pAddrHead )
109:   {
```

```
110:        plocal = g_pAddrHead->next;
111:
112:        free( g_pAddrHead );
113:
114:        g_pAddrHead = plocal;
115: }
116:
117: g_pAddrHead = NULL;            // 재사용을 하기 위한 초기화
118: }
```

다음 그림은 이중 링크드 리스트를 표현한 것입니다. 링크1은 이전 데이터를 가리키고 있으며, 링크2는 다음 데이터를 가리키고 있습니다. 단, 첫 번째 링크1은 항상 NULL이며, 마지막 링크2 또한 항상 NULL입니다.

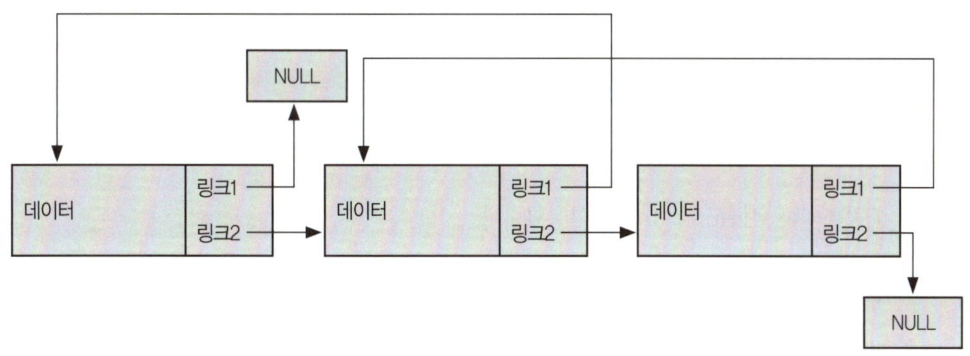


이중 링크드 리스트

주소록에 사용될 구조체를 선언합니다.  ◆ 9

9번째 줄에서 선언한 struct tagAddress를 가리킬 수 있는 포인터를 선언합니다. 단일 링크드 리스트는 다음 데이터의 위치를 저장할 next 포인터만 사용하였는데, 이중 링크드 리스트는 이전 데이터를 가리킬 수 있는 prev 포인터도 사용합니다.  ◆ 15~16

전역 포인터 변수 g_pAddrHead를 정의하고 NULL로 초기화합니다. 이 변수는 링크드 리스트의 첫 번째 데이터를 가리키기 위해 사용됩니다.  ◆ 19

이중 링크드 리스트에 데이터를 추가합니다.  ◆ 23~27

이중 링크드 리스트에 저장되어 있는 모든 자료를 출력합니다.  ◆ 29

**30** ◆ 이중 링크드 리스트를 만들 때 사용된 메모리를 모두 해제합니다.

**38** ◆ g_pAddrHead가 NULL인 경우, 첫 데이터가 추가되는 것입니다. 첫 번째 데이터가 추가되면 g_pAddrHead는 그 데이터의 시작 번지를 가리킵니다.

**40** ◆ ADDR 구조체의 크기만큼 메모리를 할당합니다.

**47~48** ◆ g_pAddrHead가 가리키는 구조체의 prev 및 next를 NULL로 설정합니다. prev 및 next를 NULL로 설정하지 않으면, prev 및 next는 임의의 값(쓰레기 값)을 갖기 때문에 프로그램 실행 시 메모리 에러가 발생할 수 있습니다.

**52** ◆ ADDR 구조체의 크기만큼 메모리를 할당합니다.

**59~62** ◆ g_pAddrHead가 가리키고 있는 next 값을 새로 할당한 주소 데이터를 가리키도록 설정하고, 지금 할당된 주소 데이터의 prev 값은 이전 데이터 g_pAddrHead를 가리키도록 설정합니다. 그리고 g_pAddrHead를 지금 할당된 데이터를 가리키도록 설정합니다. 또한, 새로 할당한 주소 데이터의 next는 NULL로 설정합니다.

**65~67** ◆ 새로 생성한 ADDR 구조체에 주소 데이터를 복사합니다.

**80~83** ◆ plocal을 첫 번째 데이터를 가리키도록 설정합니다.

**86~94** ◆ 현재 plocal이 가리키고 있는 주소 데이터를 출력합니다.

**93** ◆ plocal을 다음 데이터를 가리키도록 설정합니다. 만약 다음 데이터가 없다면 plocal은 NULL 값을 가지며, plocal 값이 NULL인 경우에는 while 문은 종료됩니다.

**102~105** ◆ g_pAddrHead를 첫 번째 데이터를 가리키도록 설정합니다.

**108** ◆ 주소록의 첫 번째 데이터를 가리키는 g_pAddrHead 값이 NULL이 아닌 동안 109~115번째 줄이 실행됩니다.

**110** ◆ g_pAddrHead가 112번째 줄에서 해제되기 때문에 g_pAddrHead가 가리키는 다음 주소 데이터의 값을 미리 plocal에 저장합니다.

g_pAddrHead가 가리키는 주소 데이터를 해제합니다.　　　　　　　　　　◆ 112

110번째 줄에서 저장한 g_pAddrHead-〉next 값을 다시 받아옵니다. g_pAddrHead의 값이 NULL　　◆ 114
이라면 while 문은 종료됩니다.

프로그램 실행 결과는 다음과 같습니다.

```
No. 1
홍길동
1111
서울특별시 종로구

No. 2
홍길순
2222
서울특별시 강서구

No. 3
Mr.Kim
3333
서울특별시 구로구

No. 4
김C
4444
서울특별시 강동구

No. 5
최C
5555
대전광역시 동구
```

# 주소록 구현하기

- **학습 내용 :** 주소록 프로그램을 완성합니다.
- **힌트 내용 :** 주소록 예제를 참고하세요.

소스 : [예제-268].c

```c
1: #include <stdio.h>          // printf, puts, fopen, fwrite, fclose, getchar
2: #include <malloc.h>         // malloc, free
3: #include <string.h>         // strcpy, strstr
4: #include <conio.h>          // getch
5:
6: #define ADDRFILE "c:\\addrlist.txt"
7:
8: typedef struct tagLinkedList          // [예제-119]
9: {
10:    char name[30];                     // 이름
11:    char tel [30];                     // 전화
12:    char addr[100];                    // 주소
13:
14:    struct tagLinkedList *prev;
15:    struct tagLinkedList *next;
16: } ADDR;
17:
18: ADDR *g_pAddrHead = NULL;
19: ADDR *g_pFind;
20: int g_bSaved = 1;
21:
22: void get_addrlist( void );
23: int add_list( const ADDR *addr );
24: int find_list( const char *name );
25: void SetHeadPosition( void );
26: void SetTailPosition( void );
27:
28: void Add_addr( void );
29: void Find_addr( void );
30: void Modify_addr( void );
```

```
31: void Delete_addr( void );
32: void Print_addr( void );
33: void Save_addr( void );
34: void Remove_addr( void );
35:
36: void main( void )
37: {
38:    int ch;
39:
40:    get_addrlist();
41:
42:    puts( "주소록 프로그램 Version 1.0" );
43:
44:    while( 1 )
45:    {
46:        printf( "\n[1]등록 [2]검색 [3]수정 [4]삭제 [5]출력 [S]저장 [Q]종료 " );
47:
48:        ch = getch();
49:
50:        switch( ch )
51:        {
52:            case '1' : Add_addr(); break;
53:            case '2' : Find_addr(); break;
54:            case '3' : Modify_addr(); break;
55:            case '4' : Delete_addr(); break;
56:            case '5' : Print_addr(); break;
57:            case 's' :
58:            case 'S' : Save_addr(); break;
59:            case 'q' :
60:            case 'Q' :
61:                if( g_bSaved == 0 )
62:                {
63:                    printf("\n\n변경된 주소 데이터를 저장하시겠습니까 (y/n)? ");
64:                    ch = getchar();
65:                    if( ch == 'Y' || ch == 'y' ) Save_addr();
66:                }
67:
68:                Remove_addr(); return;
69:            default : printf( "\n\n1~5 또는 S/Q를 누르십시오.\n\n" ); break;
70:        }
71:    }
```

```c
72: }
73:
74: void get_addrlist( void )
75: {
76:   ADDR addr;
77:   FILE *fp;
78:
79:   fp = fopen( ADDRFILE, "rb" );
80:
81:   if( fp == NULL )
82:   {
83:       perror( "파일 개방 에러" );
84:       return;
85:   }
86:
87:   while( !feof(fp) )
88:   {
89:       fread( &addr, sizeof(ADDR), 1, fp );
90:
91:       if( ferror(fp) )
92:       {
93:           fclose( fp );
94:           perror( "파일 읽기 에러" );
95:           return;
96:       }
97:
98:       if( feof(fp) ) break;
99:
100:      if( add_list( &addr ) == 0 )
101:      {
102:          printf( "주소 데이터를 링크드 리스트에 추가할 수 없습니다. \n" );
103:      }
104:  }
105:
106:  fclose( fp );
107: }
108:
109: int add_list( const ADDR *addr )
110: {
111:   ADDR *plocal, *pn = g_pAddrHead;
112:
```

```
113: SetHeadPosition();
114:
115: // g_pAddrHead가 초기화되지 않은 경우, 한 번만 실행됩니다.
116: if( g_pAddrHead == NULL )
117: {
118:     plocal = malloc( sizeof(ADDR) );   // ADDR 구조체 할당
119:     memset( plocal, 0, sizeof(ADDR) );
120:
121:     if( plocal == NULL)
122:     {
123:         return 0;
124:     }
125:
126:     g_pAddrHead = plocal;
127:     g_pAddrHead->prev = NULL;        // 처음에는 반드시 NULL로 초기화
128:     g_pAddrHead->next = NULL;        // 처음에는 반드시 NULL로 초기화
129: }
130: else    // g_pAddrHead가 초기화된 후 계속 실행됩니다.
131: {
132:     plocal = malloc( sizeof(ADDR) );   // ADDR 구조체 할당
133:     memset( plocal, 0, sizeof(ADDR) );
134:
135:     if( plocal == NULL )
136:     {
137:         return 0;
138:     }
139:
140:     while( pn->next )
141:     {
142:         pn = pn->next;
143:     }
144:
145:     pn->next = plocal;                 // 다음 리스트를 지정
146:     plocal->prev = pn;                 // 이전 리스트를 지정
147:     plocal->next = NULL;               // 다음 리스트를 NULL로 지정
148: }
149:
150: strcpy( plocal->name, addr->name );
151: strcpy( plocal->tel , addr->tel );
152: strcpy( plocal->addr, addr->addr );
153:
```

```c
154:      return 1;
155: }
156:
157: void SetHeadPosition( void )
158: {
159:  if( g_pAddrHead == NULL ) return;
160:
161:  while( g_pAddrHead->prev )
162:  {
163:      g_pAddrHead = g_pAddrHead->prev;
164:  }
165: }
166:
167: void SetTailPosition( void )
168: {
169:  if( g_pAddrHead == NULL ) return;
170:
171:  while( g_pAddrHead->next )
172:  {
173:      g_pAddrHead = g_pAddrHead->next;
174:  }
175: }
176:
177: int find_list( const char *name )
178: {
179:  ADDR *plocal;
180:
181:  SetHeadPosition();  // g_pAddrHead를 첫 주소 데이터를 가리키도록 지정
182:
183:  plocal = g_pAddrHead;
184:
185:  while( plocal )
186:  {
187:      if( strstr( plocal->name, name ) )  // 이름을 검색
188:      {
189:          g_pFind = plocal;
190:          return 1;
191:      }
192:      plocal = plocal->next;
193:  }
194:
```

```
195:  return 0;
196: }
197:
198: void Add_addr( void )
199: {
200:  ADDR addr;
201:
202:  memset( &addr, 0, sizeof(ADDR) );
203:
204:  printf( "\n\n등록할 이름 : " ); gets( addr.name );
205:
206:  if( strlen(addr.name) == 0 ) return;
207:
208:  printf( "등록할 전화 : " ); gets( addr.tel );
209:  printf( "등록할 주소 : " ); gets( addr.addr );
210:
211:  if( find_list(addr.name) == 1 )
212:  {
213:      printf( "\n이미 등록되어 있는 이름입니다. \n\n" );
214:      puts( g_pFind->name );
215:      puts( g_pFind->tel );
216:      puts( g_pFind->addr );
217:      return;
218:  }
219:
220:  if( add_list( &addr ) )
221:  {
222:      g_bSaved = 0;
223:      printf( "\n등록되었습니다. \n\n" );
224:  }
225:  else
226:  {
227:      printf( "\n등록이 실패되었습니다. \n\n" );
228:  }
229: }
230:
231: void Find_addr( void )
232: {
233:  char buff[100] = { 0, };
234:  ADDR *plocal;
235:
```

```
236:    printf( "\n\n검색할 이름/전화/주소의 일부를 입력하세요. \n" );
237:    printf( "이름/전화/주소 : " ); gets( buff );
238:
239:    if( strlen(buff) == 0 ) return;
240:
241:    SetHeadPosition();
242:
243:    plocal = g_pAddrHead;
244:    g_pFind = NULL;
245:
246:    while( plocal )
247:    {
248:        if( strstr( plocal->name, buff ) )        // 이름을 검색
249:        {
250:            g_pFind = plocal;
251:            break;
252:        }
253:
254:        if( strstr( plocal->tel , buff ) )        // 전화를 검색
255:        {
256:            g_pFind = plocal;
257:            break;
258:        }
259:
260:        if( strstr( plocal->addr, buff ) )        // 주소를 검색
261:        {
262:            g_pFind = plocal;
263:            break;
264:        }
265:
266:        plocal = plocal->next;
267:    }
268:
269:    if( g_pFind )
270:    {
271:        puts( g_pFind->name );
272:        puts( g_pFind->tel );
273:        puts( g_pFind->addr );
274:    }
275:    else
276:    {
```

```c
277:      printf( "\n\n%s을 주소록에서 찾을 수 없습니다. \n\n", buff );
278: }
279: }
280:
281: void Modify_addr( void )
282: {
283:   char name[100] = { 0, };
284:   ADDR addr;
285:
286:   while( 1 )
287:   {
288:      printf( "\n\n수정할 이름 : " ); gets( name );
289:
290:      if( strlen(name) == 0 ) return;
291:
292:      if( find_list(name) == 0 )
293:      {
294:          puts( "수정할 이름을 찾을 수 없습니다." );
295:          continue;
296:      }
297:      break;
298:   }
299:
300:   printf( "\n%s에 대한 주소 데이터는 아래와 같습니다. \n\n", name );
301:   puts( g_pFind->name );
302:   puts( g_pFind->tel );
303:   puts( g_pFind->addr );
304:
305:   printf( "\n수정하려는 이름/전화/주소를 입력한 후 엔터키를 치세요. \n\n" );
306:
307:   printf( "이름 : " ); gets( addr.name );
308:   printf( "전화 : " ); gets( addr.tel );
309:   printf( "주소 : " ); gets( addr.addr );
310:
311:   if( strlen(addr.name) == 0 ) strcpy( addr.name, name );
312:
313:   strcpy( g_pFind->name, addr.name );
314:   strcpy( g_pFind->tel , addr.tel );
315:   strcpy( g_pFind->addr, addr.addr );
316:
317:   g_bSaved = 0;
```

```c
318:
319:   printf( "%s에 대한 주소 데이터를 수정하였습니다. \n", name );
320: }
321:
322: void Delete_addr( void )
323: {
324:   char name[100] = { 0, };
325:   ADDR *plocal;
326:   int ch;
327:
328:   while( 1 )
329:   {
330:       printf( "\n\n삭제할 이름 : " ); gets( name );
331:
332:       if( strlen(name) == 0 ) return;
333:
334:       if( find_list(name) == 0 )
335:       {
336:           puts( "삭제할 이름을 찾을 수 없습니다." );
337:           continue;
338:       }
339:       break;
340:   }
341:
342:   puts( g_pFind->name );
343:   puts( g_pFind->tel );
344:   puts( g_pFind->addr );
345:
346:   printf( "%s을 삭제하시겠습니까 (y/n)? ", name );
347:   ch = getch();
348:   fflush( stdin );
349:
350:   if( ch == 'Y' || ch == 'y' )
351:   {
352:       if( g_pFind->prev == NULL )          // 이전 데이터가 없는 경우
353:       {
354:           if( g_pFind->next == NULL )      // 다음 데이터도 없는 경우
355:           {
356:               free( g_pFind );
357:               g_pAddrHead = NULL;
358:           }
```

```c
359:        else
360:        {
361:            plocal = g_pFind->next;
362:            free( g_pFind );
363:            plocal->prev = NULL;
364:            g_pAddrHead = plocal;
365:        }
366:    }
367:
368:    else if( g_pFind->next == NULL )        // 다음 데이터가 없는 경우
369:    {
370:        plocal = g_pFind->prev;
371:        free( g_pFind );
372:        plocal->next = NULL;
373:        g_pAddrHead = plocal;
374:    }
375:
376:    else                                    // 이전과 다음 데이터가 모두 있는 경우
377:    {
378:        plocal = g_pFind->prev;
379:        plocal->next = g_pFind->next;
380:
381:        plocal = g_pFind->next;
382:        plocal->prev = g_pFind->prev;
383:
384:        free( g_pFind );
385:        g_pAddrHead = plocal;
386:    }
387:
388:    g_bSaved = 0;
389:
390:    printf( "\n\n검색된 주소 데이터를 삭제하였습니다.\n\n" );
391:  }
392: }
393:
394: void Print_addr( void )
395: {
396:  int count = 1;
397:  ADDR *plocal;
398:
399:  SetHeadPosition();
```

```c
400:
401:    plocal = g_pAddrHead;
402:
403:    // plocal 리스트의 맨 처음으로 이동
404:    while( plocal->prev )
405:    {
406:        plocal = plocal->prev;
407:    }
408:
409:    printf( "\n\n" );
410:
411:    // 한 개씩 출력
412:    while( plocal )
413:    {
414:        printf( "번호. %d \n", count++ );
415:        puts( plocal->name );
416:        puts( plocal->tel );
417:        printf( "%s \n\n", plocal->addr );
418:
419:        printf( "아무키나 누르세요, (중지:q) \n\n" );
420:        if( getch() == 'q' ) return;
421:
422:        plocal = plocal->next;
423:    }
424: }
425:
426: void Save_addr( void )
427: {
428:    ADDR *plocal;
429:    FILE *fp;
430:
431:    if( g_pAddrHead == NULL ) return;
432:
433:    fp = fopen( ADDRFILE, "w+b" );
434:
435:    if( fp == NULL )
436:    {
437:        perror( "파일 개방 에러" );
438:        return;
439:    }
440:
```

```
441: SetHeadPosition();
442:
443: // 한 개씩 메모리 해제
444: while( g_pAddrHead )
445: {
446:     plocal = g_pAddrHead->next;
447:
448:     fwrite( g_pAddrHead, sizeof(ADDR), 1, fp );
449:
450:     g_pAddrHead = plocal;
451: }
452:
453: printf( "\n모든 데이터를 파일에 저장하였습니다." );
454: g_bSaved = 1;
455:
456: fclose(fp);
457: }
458:
459: void Remove_addr( void )
460: {
461: ADDR *plocal;
462:
463: if( g_pAddrHead == NULL ) return;
464:
465: SetHeadPosition();
466:
467: // 한 개씩 메모리 해제
468: while( g_pAddrHead )
469: {
470:     plocal = g_pAddrHead->next;
471:
472:     free( g_pAddrHead );
473:
474:     g_pAddrHead = plocal;
475: }
476:
477: g_pAddrHead = NULL; // 재사용을 하기 위한 초기화
478: }
```

4 ◆ getchar() 함수는 한 문자를 입력한 후 `Enter` 키를 쳐야 합니다. `Enter` 키를 치지 않고 한 개의 문자를 입력받으려면 getch() 함수를 사용하세요.

20 ◆ 주소 데이터가 등록/수정/삭제할 때 값이 0이 되며, 종료할 때는 이 값이 0인 경우, 모든 주소 데이터를 변경할 것인지 여부를 묻습니다.

48 ◆ `Enter` 키 없이 한 문자를 입력받습니다.

61~66 ◆ 주소 데이터가 변경되었다면 저장할 지 여부를 묻고, 'y'를 누르는 경우에는 파일에 주소 데이터를 모두 저장합니다.

74~107 ◆ 파일로부터 주소 데이터를 이중 링크드 리스트에 읽어들입니다.

109~155 ◆ 주소 데이터 하나를 이중 링크드 리스트에 추가합니다.

157~165 ◆ g_pAddrHead를 첫 번째 주소 데이터를 가리키도록 지정합니다.

167~175 ◆ g_pAddrHead를 마지막 주소 데이터를 가리키도록 지정합니다.

177~196 ◆ 주어진 이름이 주소록에 있는지 검색합니다.

198~229 ◆ 한 명의 주소를 입력받아 주소록에 추가합니다.

231~279 ◆ 이름/전화/주소를 검색하여 화면에 보여줍니다.

281~320 ◆ 검색된 주소 데이터를 재입력받아 모두 수정합니다.

322~392 ◆ 주소록에서 선택된 이름이 있는 주소 데이터를 삭제합니다.

394~424 ◆ 모든 주소 데이터를 출력합니다.

426~457 ◆ 이중 링크드 리스트에 있는 모든 주소 데이터를 파일에 저장합니다.

459~478 ◆ 이중 링크드 리스트에 할당된 모든 메모리를 해제합니다.

프로그램 실행 결과는 다음과 같으며, 굵은 글씨는 실제로 입력한 값입니다.

주소록 프로그램 Version 1.0

[1]등록 [2]검색 [3]수정 [4]삭제 [5]출력 [S]저장 [Q]종료 1

등록할 이름 : 김은철[Enter]
등록할 전화 : **019-9729-4707[Enter]**
등록할 주소 : 서울시 구로구 고척동[Enter]

등록되었습니다.

[1]등록 [2]검색 [3]수정 [4]삭제 [5]출력 [S]저장 [Q]종료 3

수정할 이름 : 김은철[Enter]

김은철에 대한 주소 데이터는 아래와 같습니다.

김은철
019-9729-4707
서울시 구로구 고척동

수정하려는 이름/전화/주소를 입력한 후 엔터키를 치세요.

이름 : 김은철[Enter]
전화 : **019-9729-4707[Enter]**
주소 : 서울시 구로구 고척2동 335[Enter]
김은철에 대한 주소 데이터를 수정하였습니다.

[1]등록 [2]검색 [3]수정 [4]삭제 [5]출력 [S]저장 [Q]종료 4

삭제할 이름 : 김은철[Enter]
김은철
019-9729-4707
서울시 구로구 고척2동 335
김은철을 삭제하시겠습니까 (y/n)? **y**

검색된 주소 데이터를 삭제하였습니다.

[1]등록 [2]검색 [3]수정 [4]삭제 [5]출력 [S]저장 [Q]종료 5

번호. 1
김은철
019-9729-4707
서울시 구로구 고척2동 335

아무키나 누르세요, (중지:q) **q**

# TCP/IP 이해하기

- **학습 내용** : TCP/IP를 초기화하는 방법과 접속 주소 및 포트를 설정하는 기본 원리를 이해합니다.
- **힌트 내용** : WSAStartup(), socket(), htos(), inet_addr() 함수를 사용하세요.

📁 **소스 : [예제-269].c**

```c
1: // 예제 269, 270 TCP/IP 예제는 Visual Studio 2015를 사용해서 실습하세요.
2: #include <stdio.h>
3: #include <winsock2.h>
4: #pragma comment(lib, "wsock32.lib")
5:
6: void main( void )
7: {
8:     SOCKET s; // 소켓 디스크립터
9:     WSADATA wsaData;
10:    SOCKADDR_IN sin; // 소켓 구조체
11:
12:    if( WSAStartup(WINSOCK_VERSION, &wsaData) != 0 )
13:    {
14:        printf( "WSAStartup 실패, 에러 코드 = %d \n", WSAGetLastError() );
15:        return;
16:    }
17:
18:    s = socket( AF_INET, SOCK_STREAM, IPPROTO_TCP );
19:
20:    if( s == INVALID_SOCKET )
21:    {
22:        printf( "소켓 생성 실패, 에러 코드 : %d \n", WSAGetLastError() );
23:        WSACleanup();
24:        return;
25:    }
26:
27:    sin.sin_family = AF_INET; // 주소 체계 설정
28:    sin.sin_addr.s_addr = inet_addr( "127.0.0.1" ); // 접속 주소 설정
29:    sin.sin_port = htons( 21 ); // 포트 번호 설정
```

```
30:
31:     if(connect(s,(structsockaddr*)&sin,sizeof(sin))!=0)
32:     {
33:         printf("접속 실패, 에러 코드 = %u \n", WSAGetLastError() );
34:         closesocket(s);
35:         WSACleanup();
36:         return;
37:     }
38:
39:     if( closesocket( s ) != 0 )
40:     {
41:         printf( "소켓 제거 실패, 에러 코드 = %u \n", WSAGetLastError() );
42:         WSACleanup();
43:         return;
44:     }
45:
46:     if( WSACleanup() != 0 )
47:     {
48:         printf( "WSACleanup 실패, 에러 코드 = %u \n", WSAGetLastError() );
49:         return;
50:     }
51:
52:     puts( "127.0.0.1의 21번 포트에 접속을 성공하였습니다." );
53: }
```

TCP/IP(Transmission Control Protocol/Internet Protocol)는 인터넷, 카톡, 안드로이드/아이폰 앱 게임 등에서 서버와 데이터를 주고받기 위한 통신 규약입니다. 일반 사무실과 가정에서는 LAN을 통해 인터넷에 접근할 수 있습니다. TCP/IP 통신 프로그램은 흔히 소켓(socket) 프로그램이라고도 합니다. [예제 269]~[예제 270]에서 TCP/IP를 사용하는 예제를 통해 TCP/IP 통신 프로그래밍을 하는 방법에 대해 설명할 것이며, TCP/IP에 대해 좀 더 많이 알고자 하는 독자는 TCP/IP 전문 서적을 참조하세요.

TCP/IP를 통해 데이터를 주고받으려면, 파일을 입·출력할 때와 마찬가지로, 소켓의 개방(socket() 함수)과 소켓의 제거(closesocket() 함수)가 반드시 필요합니다. 또한, 윈도우 소켓 프로그램에서는 여러 가지 종류의 소켓 버전이 사용되기 때문에 소켓 버전을 설정(WSAStartup() 함수)하고, 해제(WSAClean() 함수)하는 동작도 필수적입니다.

3 ◆ TCP/IP에서 사용되는 모든 함수들은 winsock2.h에 선언되어 있습니다.

4 ◆ TCP/IP에서 사용되는 함수는 일반적인 C Runtime Library가 아니기 때문에 "wsock32.lib"를 반드시 포함해 주어야 합니다. printf(), strcpy() 함수 등 지금까지 사용한 모든 함수들은 모두 C-Runtime() 함수들입니다. #pragma comment 문은 특정 라이브러리 파일을 포함시킬 때 사용합니다.

8 ◆ 소켓을 사용하기 위한 소켓 디스크립터(핸들)를 정의합니다. 파일을 사용하기 위해서 FILE*fp를 정의하는 것과 비슷합니다. s는 소켓을 개방하고 데이터를 송·수신하고, 소켓을 종료할 때 사용됩니다.

9 ◆ 윈속은 대부분 버전 2.2가 많이 사용되고 있으며, 예전에는 1.1을 사용한 프로그램도 많이 있었습니다. 12번째 줄에서 사용되는 WSAStartup() 함수에서 현재 사용 가능한 윈속 정보를 얻기 위해 wsaData를 정의합니다.

10 ◆ 접속할 주소(IP) 및 포트를 설정하기 위해 struct sockaddr_in을 사용합니다. 일반적으로 인터넷 익스플로러 웹 브라우저에서 http://www.daum.net/처럼 입력하는데, 이 웹 주소의 IP 주소는 114.108.157.117입니다. 다음은 winsock2.h에 선언되어 있는 struct sockaddr_in 구조체입니다.

```
struct sockaddr_in {
  short sin_family;
  u_short sin_port;
  struct in_addr sin_addr;
  char sin_zero[8];
};
```

12 ◆ 윈속 버전 2.2를 사용할 수 있는지 운영체제(여기서는 Windows)에 확인하는 함수입니다. WINSOCK_VERSION의 값은 winsock2.h에 선언되어 있으며, 운영체제는 사용할 수 있는 버전의 값을 wsaData에 돌려줍니다. WSAStartup() 함수는 WS2_32.DLL을 초기화합니다.

14 ◆ 에러가 발생하면 WSAGetLastError() 함수를 통해 에러 코드를 확인할 수 있습니다.

18 ◆ 소켓을 개방합니다. 이것은 마치 파일의 fopen() 함수와 같습니다. socket() 함수를 통하여UDP 소켓을 생성하려면, socket( AF_INET, SOCK_DGRAM, IPPROTO_UDP )처럼 사용합니다. 즉, socket() 함수를 통해 TCP/IP 또는 UDP를 개방할 수 있습니다.

socket() 함수가 돌려주는 값이 INVALID_SOCKET이라면 socket() 함수에서 에러가 발생된 것입  ◆ 20
니다. 대부분의 소켓 에러는 WSAStartup() 함수를 사용하여 윈속을 시작하지 않았거나, 잘못된 인
수 값을 사용했을 경우 발생합니다.

접속할 서버의 주소 체계를 정의합니다. AF_INET은 TCP/IP 및 UDP 프로토콜을 사용함을 의미  ◆ 27
합니다.

접속할 네트워크 주소를 정의합니다. 네트워크 주소는 전 세계적으로 유일하며, 우리들이 살고 있  ◆ 28
는 집주소와 같다고 생각할 수 있습니다. 서울시 양천구 신정동 335번지와 비슷하겠죠! 현재 사용
하고 있는 컴퓨터의 네트워크 주소(IP Address)를 확인하려면, 명령 프롬프트에서 ipconfig 명령을
사용하면 됩니다. 다음은 명령 프롬프트 상에서 ipconfig 명령을 사용한 예입니다. 다른 컴퓨터에
서 이 컴퓨터를 접근하려면 IP 주소 203.238.17.21을 알거나 접속할 도메인명(www.infopub.co.kr)
등을 알아야 합니다.

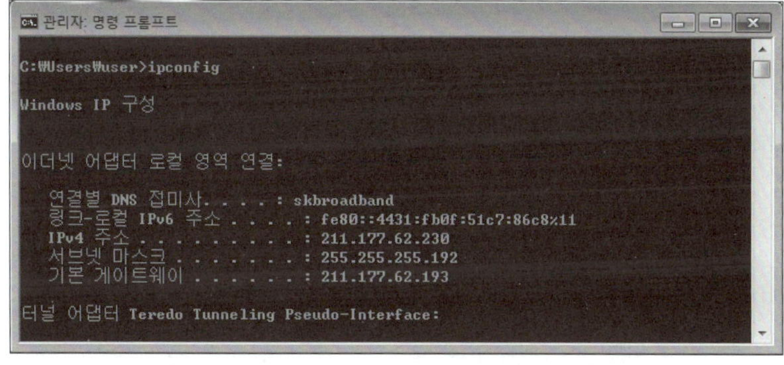


여기에서 사용된 127.0.0.1은 203.238.17.21을 대신해서 사용할 수 있는 로컬 호스트 번지입니다.
대부분의 운영체제는 기본적으로 hosts라는 파일이 있는데, 그 파일에 보면 127.0.0.1 localhost라
고 선언되어 있습니다. 즉, 127.0.0.1 주소를 사용한다는 것은 자신이 사용하는 컴퓨터에 직접 네
트워크로 연결한다는 것을 뜻합니다. 네트워크 카드가 있는 모든 컴퓨터는 127.0.0.1을 사용하여
통신 프로그램을 시험할 수 있습니다.

네트워크 통신을 하기 위해서는 인터넷 주소 외에도 포트 번호라는 것을 설정해야 합니다. 포트 번  ◆ 29
호를 설정하는 이유는 하나의 컴퓨터에서 여러 개의 프로그램이 동시에 실행될 수 있기 때문입니
다. 포트 번호는 1~65535번까지 사용할 수 있으며, 운영체제에 의해 1~2000번 사이의 번호가 사
용되거나 사용이 예약되어 있기 때문에, 2000번 이후의 번호를 사용하는 것이 안전합니다. 포트
번호 21번은 FTP 서버의 포트 번호이며, 웹 서버는 포트가 80입니다.

31 ◆ 서버에 접속을 시도합니다. connect() 함수는 127.0.0.1번지의 21번 포트로 연결을 시도하며, 만약 실행중인 FTP 서버가 없다면 연결은 실패될 것입니다.

프로그램 실행 결과는 다음과 같습니다. 접속이 실패된 경우에는 포트 번호를 다양하게 바꿔가면서 시도해 보세요. [예제-283]의 서버로 접속해도 됩니다.

접속 실패, 에러 코드 = 10061     ◀ 접속이 실패된 경우

127.0.0.1의 21번 포트에 접속을 성공하였습니다.     ◀ 접속이 성공된 경우

다음의 첫 번째 화면은 127.0.0.1의 21번 포트에 접속을 성공한 경우이며, 두 번째 화면은 127.0.0.1의 21번 포트에 접속을 실패한 경우입니다.

접속이 성공한 경우

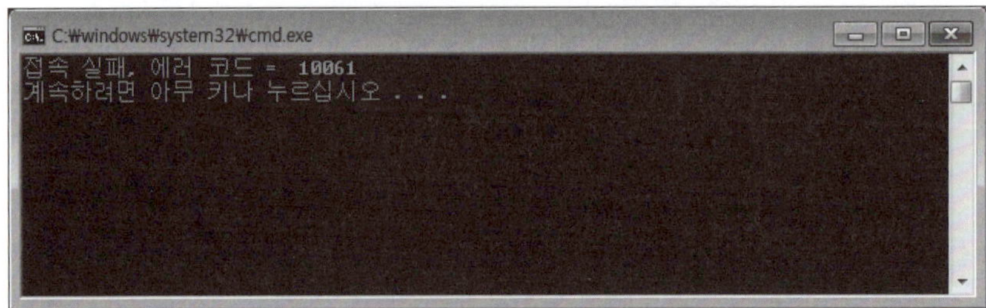


접속이 실패된 경우

39 ◆ 소켓을 끊습니다. 이것 또한 파일의 fclose() 함수와 비슷한 기능을 하는 것입니다. 만약 송·수신 중인 데이터가 버퍼에 남아 있다면 모든 데이터는 송·수신되지 않고 즉시 종료됩니다.

46 ◆ 소켓에서 사용했던 자원들을 모두 비웁니다. 파일을 여러 개 개방해서 사용할 수 있는 것처럼 소켓도 여러 개 열어서 사용할 수 있으며, 소켓 프로그램의 시작 시 WSAStartup() 함수를 한 번만 호출

하고, 종료 시 WSACleanup() 함수를 한 번만 호출합니다. 단, socket() 함수나 closesocket() 함수는 fopen(), fclose() 함수처럼 여러 번 사용해도 무방합니다.

프로그램 실행 결과는 다음과 같습니다.

## 소켓 프로그래밍을 위한 용어 정리

- TCP/IP : 컴퓨터간에 통신을 할 수 있는 프로토콜
- 프로토콜 : 두 컴퓨터 간의 주소를 어떻게 정하고, 각각이 어떻게 데이터를 보내는가에 대한 규칙들을 모아놓은 것
- 패킷 : 네트워크에 전송하는 데이터의 기본 단위
- 밴드위스(bandwidth) : 케이블을 통하여 흐르는 데이터의 양
- 서브넷 : 큰 네트워크를 분할해서 만든 작은 네트워크
- 스트림 : 스트림(stream)은 일련의 문자들. 더욱 정확하게 말하면, 일련의 바이트로 구성되는 데이터
- UDP : 비연결성, 비신뢰성의 특징을 갖는 전송 계층의 프로토콜
- 포트 : 어플리케이션 계층의 어플리케이션이 사용하는 데이터를 주고받는 일종의 주소 번호
- 소켓 : 두 프로그램이 네트워크를 통해 서로 통신을 수행할 수 있도록 양쪽에 생성되는 링크의 단자

일반적으로 널리 사용되고 있는 TCP/IP는 TCP 패킷과 IP 패킷이 합쳐진 형태이며, TCP 패킷은 출발지 포트 번호, 도착지 포트 번호, 순차 번호, 승인 번호, 제어 비트, 윈도우, 긴급 포인터, 그리고 데이터 등으로 구성되며, IP 패킷은 버전, 인터넷 헤더 길이, 서비스 형태, 플래그, TTL 프로토콜(TCP, UDP, ICMP 등), 출발지 IP 주소, 도착지 IP 주소 등으로 구성됩니다. TCP/IP 프로그램을 전문적으로 작성하기 위해서는 위에 나열된 각각의 항목에 대하여 자세하게 알아야 됩니다. 또한, 작은 패킷을 주고받는 UDP에 대해서도 패킷 구조 및 통신 방법을 별도로 학습해야 합니다.

# TCP/IP 서버/클라이언트 프로그램 만들기

• **학습 내용 :** TCP/IP를 사용하는 서버/클라이언트 프로그램을 작성하고, 그 원리를 이해합니다.
• **힌트 내용 :** bind(), listen(), accept(), connect() 함수를 사용하세요.

▶ **TCP/IP 서버 프로그램(TCPSERVER.EXE)**

 소스 : [예제-270s].c

```c
1: #include <stdio.h>
2: #include <winsock2.h>
3:
4: #pragma comment(lib, "wsock32.lib")
5:
6: void main( void )
7: {
8:     SOCKET s, cs; // 소켓 디스크립터
9:     WSADATA wsaData;
10:    struct sockaddr_in sin, cli_addr; // 소켓 구조체
11:    int size = sizeof(cli_addr);
12:    char data[10] = { 0, };
13:
14:    if( WSAStartup(WINSOCK_VERSION, &wsaData) != 0 )
15:    {
16:        printf( "WSAStartup 실패, 에러 코드 = %d \n", WSAGetLastError() );
17:        return;
18:    }
19:
20:    s = socket( AF_INET, SOCK_STREAM, IPPROTO_TCP );
21:
22:    if( s == INVALID_SOCKET )
23:    {
24:        printf( "소켓 생성 실패, 에러 코드 : %d \n", WSAGetLastError() );
25:        WSACleanup();
26:        return;
27:    }
```

```
28:
29:    sin.sin_family = AF_INET; // AF_INET 체계임을 명시
30:    sin.sin_port = htons(10000); // 10000번 포트를 사용
31:    sin.sin_addr.s_addr = htonl(ADDR_ANY); // 모든 클라이언트로부터 접속 허용
32:
33:    if( bind(s, (struct sockaddr*)&sin, sizeof(sin)) == SOCKET_ERROR )
34:    {
35:        printf( "바인드 실패, 에러 코드 = %d \n", WSAGetLastError() );
36:        closesocket( s );
37:        WSACleanup();
38:        return;
39:    }
40:
41:    if( listen( s, SOMAXCONN ) != 0 )
42:    {
43:        printf( "리슨 모드 설정 실패, 에러 코드 = %d \n", WSAGetLastError() );
44:        closesocket( s );
45:        WSACleanup();
46:        return;
47:    }
48:
49:    printf( "클라이언트로부터 접속을 기다리고 있습니다... \n" );
50:
51:    cs = accept(s, (struct sockaddr*)&cli_addr, &size );
52:
53:    if( cs == INVALID_SOCKET )
54:    {
55:        printf( "접속 승인 실패, 에러 코드 = %d \n", WSAGetLastError() );
56:        closesocket( s );
57:        WSACleanup();
58:        return;
59:    }
60:
61:    puts( "클라이언트와 연결되었습니다." );
62:
63:    if( recv( cs, data, 3, 0 ) < 3 )
64:    {
65:        printf( "데이터 수신 실패, 에러 코드 = %u \n", WSAGetLastError() );
66:        closesocket( cs ); closesocket( s ); WSACleanup(); return;
67:    }
```

```
68:
69:    printf( "%s가 클라이언트로부터 수신되었습니다. \n", data );
70:
71:    if( closesocket( cs ) != 0 || closesocket( s ) != 0 )
72:    {
73:      printf( "소켓 제거 실패, 에러 코드 = %u \n", WSAGetLastError() );
74:      WSACleanup();
75:      return;
76:    }
77:
78:  if( WSACleanup() != 0 )
79:  {
80:      printf( "WSACleanup 실패, 에러 코드 = %u \n", WSAGetLastError() );
81:      return;
82:  }
83: }
```

**8** ◆ 클라이언트와 연결 시 새로 생성되는 소켓 핸들을 저장할 cs를 정의합니다.

**10** ◆ 클라이언트와 연결 시 클라이언트의 정보를 받아올 구조체를 정의합니다.

**11** ◆ 구조체의 크기를 정의합니다.

**12** ◆ 데이터를 수신할 data 변수를 정의합니다.

**29** ◆ 서버의 인터넷 주소 체계를 정의합니다. [269. TCP/IP이해하기]에서 설명한 것처럼 AF_INET은 TCP/IP 또는 UDP 통신을 사용하고자 할 때 설정하면 됩니다.

**30** ◆ 서버의 포트 번호를 설정합니다. 포트 번호가 이미 사용 중이라면 에러가 발생되며, [예제-269]에서 설명한 것처럼 포트 번호는 2000번 이후의 값을 사용하는 것이 좋습니다. 만약 FTP 서버가 사용하는 21번 포트를 사용하려 한다면, 21번 포트가 이미 FTP 서버에 의해 사용 중이기 때문에 운영체제는 사용을 허가하지 않습니다.

**31** ◆ ADDR_ANY라는 것은 모든 IP 주소로부터 접근을 허용하겠다는 것이고, 만약 특정 IP 주소로부터만 접근을 허용하게 하려면, [예제-269]의 28번째 줄에서 사용한 inet_addr() 함수를 사용하여 [inet_addr("xxx.xxx.xxx.xxx");]처럼 설정하면 됩니다. 여기에서 사용된 xxx는 0 ~ 255 사이의 값입니다.

운영체제에 10000번 포트를 사용하겠다는 허락을 받습니다. 만약 이미 다른 프로그램에 의해 ◆ **33**
10000번 포트가 사용 중이라면 에러가 발생하며, 이때는 포트 번호를 2001~65535 사이의 다른
값으로 변경해 주세요.

동시에 몇 개까지의 클라이언트로부터 접속을 승인해 줄지를 설정합니다. SOMAXCONN의 값은 ◆ **41**
0x7fffffff이기 때문에 거의 무한대의 클라이언트 접속을 승인할 수 있도록 설정합니다. 이 값을 5로
설정하고 사용하는 것이 일반적인데, 이럴 경우 동시에 6명의 사용자가 접근을 시도한다면 맨 마
지막 사용자는 접근이 실패됩니다. 그러므로 접속자가 많은 경우에는 SOMAXCONN과 같이 충분
한 값을 주어야 합니다.

bind()와 listen() 함수에 의해 클라이언트로부터 접속을 받을 준비를 하였으며, 클라이언트 프로그 ◆ **51**
램으로부터 접속이 시도된다면 접속 시도는 큐에 저장되고, accept() 함수는 큐에 저장된 클라이언
트 정보를 하나 꺼내옵니다. accept() 함수는 클라이언트로부터 접속이 있을 때까지 더 이상 실행
을 진행하지 않고 무한 대기합니다. 클라이언트와 서버가 연결이 되었을 경우에 cs라는 새로운 소
켓 디스크립터가 생성되며, 이 cs를 통해 접속된 클라이언트와 데이터를 주고받을 수 있습니다.

accept() 함수에 의해 연결된 클라이언트로부터 데이터를 3바이트 수신합니다. 수신이 성공했으면 ◆ **63**
recv() 함수는 3을 반환하며, recv() 함수를 통해 10바이트를 수신하려면 recv( s, data, 10, 0 )처럼
사용하면 됩니다.

클라이언트와 접속이 연결된 소켓 cs와 서버용 소켓 s를 모두 닫습니다. 클라이언트로부터 접속이 ◆ **71**
이루어져 새로 생성된 cs 소켓 또한 반드시 제거되어야 합니다.

[예제-270]의 TCP/IP 서버 프로그램을 실행시킨 상태에서, [예제-269]의 접속포트를 10000번으
로 수정한 후 실행해 보세요. 그러면 다음과 같은 메시지를 볼 수 있습니다.

```
바인드 실패, 에러 코드 = 10048              ◀ 이미 사용중인 포트를 사용할 경우
클라이언트로부터 접속을 기다리고 있습니다...   ◀ 클라이언트로부터 접속 대기
클라이언트와 연결되었습니다.                  ◀ 클라이언트로부터 연결 설정
```

프로그램 실행 결과는 다음과 같습니다. 만약에 Windows에서 프로그램 실행 시 결과를 볼 수 없
다면 명령 프롬프트 상에서 직접 [TCP/IP 서버 프로그램]을 실행한 후 명령 프롬프트 상에서
[TCP/IP 클라이언트 프로그램]을 실행하세요.

**포트(Port)**

포트는 IP 주소 표기를 확장하는 개념이라 할 수 있습니다. 보통 소켓을 사용하는 서버–클라이언트 프로그램은 서버에 연결을 시작하는 클라이언트와 클라이언트로부터 연결을 대기하는 서버 프로그램으로 이루어집니다. 예를 들어, 클라이언트는 대상 서버의 주소와 포트 번호를 알고 있어야 합니다. 클라이언트는 서버에 연결을 요청합니다. 클라이언트가 서버에 접속하기 전에 서버는 이미 실행중이어야 하며, 모든 과정이 잘 진행되었다면 서버는 연결을 수락합니다.

서버 프로그램이 연결을 수락하면 연결된 클라이언트를 전적으로 담당할 소켓을 새로 생성합니다. 그러면, 클라이언트와 서버는 개별 소켓으로 데이터를 읽고 쓰면서 통신을 수행합니다.

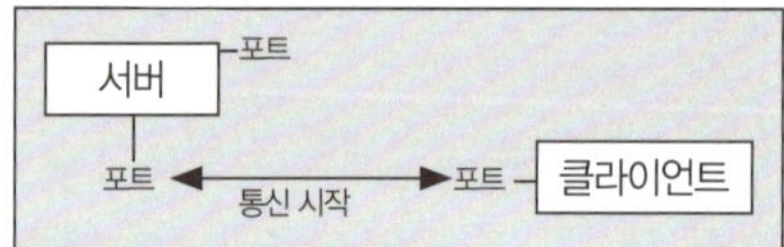


### ▶ TCP/IP 클라이언트 프로그램(TCPCLIENT.EXE)

TCP/IP 클라이언트 프로그램은 새로운 프로젝트로 만들어서 실행하기 바랍니다.

소스 : [예제-270c].c

```
1: #include <stdio.h>
2: #include <winsock2.h>
3:
```

```c
 4: #pragma comment(lib, "wsock32.lib")
 5:
 6: void main( void )
 7: {
 8:    SOCKET s; // 소켓 디스크립터
 9:    WSADATA wsaData;
10:    struct sockaddr_in sin; // 소켓 구조체
11:    char data[10] = "abc";
12:
13:    if( WSAStartup(WINSOCK_VERSION, &wsaData) != 0 )
14:    {
15:       printf( "WSAStartup 실패, 에러 코드 = %d \n", WSAGetLastError() );
16:       return;
17:    }
18:
19:    s = socket( AF_INET, SOCK_STREAM, IPPROTO_TCP );
20:
21:    if( s == INVALID_SOCKET )
22:    {
23:       printf( "소켓 생성 실패, 에러 코드 : %d \n", WSAGetLastError() );
24:       WSACleanup(); return;
25:    }
26:
27:    sin.sin_family = AF_INET; // 주소 체계 설정
28:    sin.sin_addr.s_addr = inet_addr( "127.0.0.1" ); // 접속 주소 설정
29:    sin.sin_port = htons( 10000 ); // 포트 번호 설정
30:
31:    if( connect(s, (struct sockaddr*)&sin, sizeof(sin)) != 0 )
32:    {
33:       printf( "접속 실패, 에러 코드 = %u \n", WSAGetLastError() );
34:       closesocket( s ); WSACleanup(); return;
35:    }
36:
37:    if( send(s, data, 3, 0 ) < 3 )
38:    {
39:       printf( "데이터 전송 실패, 에러 코드 = %u \n", WSAGetLastError() );
40:       closesocket( s ); WSACleanup(); return;
41:    }
42:    puts( "abc를 서버 프로그램에 전송하였습니다." );
43:
```

```
44:    if( closesocket( s ) != 0 )
45:    {
46:       printf( "소켓 제거 실패, 에러 코드 = %u \n", WSAGetLastError() );
47:       WSACleanup(); return;
48:    }
49:
50:    if( WSACleanup() != 0 )
51:    {
52:       printf( "WSACleanup 실패, 에러 코드 = %u \n", WSAGetLastError() );
53:       return;
54:    }
55: }
```

**11** ◆ 전송할 데이터 값에 대한 data 변수를 정의하고, "abc"로 초기화합니다.

**27~28** ◆ 접속할 서버의 IP를 127.0.0.1로, 접속할 포트 번호를 10000번으로 설정합니다.

**37** ◆ connect() 함수에 의해 접속된 서버에 데이터를 3바이트 전송합니다. 전송이 성공했다면 send() 함수는 3을 반환하며, send() 함수를 통해 10바이트를 전송하려면, send( s, data, 10, 0 )처럼 사용하면 됩니다. 또한, data 변수는 NULL 값을 포함할 수 있으며, send() 함수는 전송하려는 값이 NULL인지, 문자인지 관계하지 않고 모두 전송합니다.

프로그램 실행 결과는 다음과 같습니다.

abc를 서버 프로그램에 전송하였습니다.

쉬어가세요.

# PART 5

PART



# 파이썬 프로그래밍

초보자를 위한

# C언어 300제

# 프로그램 시작하기

• **학습 내용** : 파이썬은 대화형(Interpreter) 언어로써 C 언어와는 다른 프로그래밍 방법을 학습합니다.
• **힌트 내용** : 컴파일을 하지 않으며 결과를 즉시 출력할 수 있습니다.

파이썬을 프로그래밍하기 위해 [IDLE]을 실행합니다. [IDLE]의 설치는 파이썬 설치를 참고하세요.

📁 **소스 : [예제-271].py**

```
Python 3.5.2 (v3.5.2:4def2a2901a5, Jun 25 2016, 22:18:55) [MSC v.1900 64 bit (AMD64)] on
win32
Type "copyright", "credits" or "license()" for more information.
>>>
```

[IDLE]을 실행하면 위와 같이 파이썬 프로그램을 입력할 수 있는 프롬프트(>>>)가 나오며 여기에 파이썬 프로그램을 직접 입력하고 실행 결과를 확인할 수 있습니다. 다음과 같이 입력해서 결과를 확인하세요.

```
>>> x = 1 [Enter]
>>> y = 2 [Enter]
>>> [Enter]
>>> z = x + y [Enter]
>>> print (z) [Enter]
3
```

파이썬은 대화형으로 프로그램을 입력하고 실행할 수 있습니다. 이런 형태를 인터프리터라 합니다. 실행 결과는 다음과 같습니다.

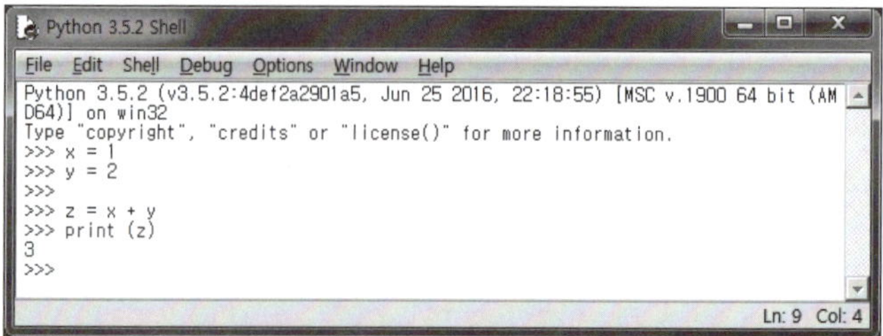

# 변수형 사용하기

- **학습 내용 :** 변수의 사용방법과 변수형을 학습합니다.
- **힌트 내용 :** 변수를 선언하지 않습니다.

소스 : [예제-272].py

```
1: x = 1
2: y = 2
3:
4: z = x + y
5: x = 3.14
6:
7: print (z)          # 3
8: print (x)          # 3.14
9:
10: x = 588           # 애플의 시가총액(단위 10억 달러)
11: b = 1000000000    # 10억
12: e = 1110          # 환율 1,110원
13:
14: MC = x * b * e
15: print (MC)        # 애플의 시가총액 652,680,000,000,000
```

x에 1을 대입합니다. C 언어에서는 x라는 변수를 사용하기 위해서는 "int x;"와 같이 선언을 하지만 파이썬에서는 변수 선언을 할 필요가 없으며, 세미콜론(;) 또한 사용하지 않습니다. ◆ 1

y에 2를 대입합니다. y 또한 변수 선언이 필요 없습니다. ◆ 2

z에 x와 y를 더한 값을 대입합니다. z 또한 변수 선언이 필요없습니다. ◆ 4

x에 3.14를 대입합니다. x는 1번째 줄에서 1을 대입하여 정수형 변수로 사용하였지만 이와 같이 실수를 입력해도 됩니다. 즉, 변수는 정수형, 실수형 등 모든 값을 입력하고 사용할 수 있습니다. ◆ 5

z의 값을 출력합니다. 3이 출력됩니다. #은 주석을 의미합니다. ◆ 7

8 ◆ x의 값을 출력합니다. 3.14가 출력됩니다.

10 ◆ x에 588을 대입합니다.

11 ◆ b에 10억을 대입합니다.

12 ◆ e에 환율 1110을 대입합니다.

14 ◆ x, b, e를 곱한 값을 MC(대문자)에 대입합니다. 파이썬은 정의값의 범위가 정해져 있는 것이 아니기 때문에 이보다 더 큰 값도 사용할 수 있습니다.

15 ◆ MC(대문자)를 출력합니다. 출력값은 무려 652조인데 이렇게 큰 값도 잘 계산하여 출력되는 것이 파이썬의 장점이기도 합니다.

변수명을 만드는 방법은 C 언어와 유사하며, 이미 사용 중인 함수명 등은 사용할 수 없습니다. 변수명 작성에 관한 것은 [002. 변수형 개념 배우기]를 참조하세요.

다음은 실행 결과입니다.

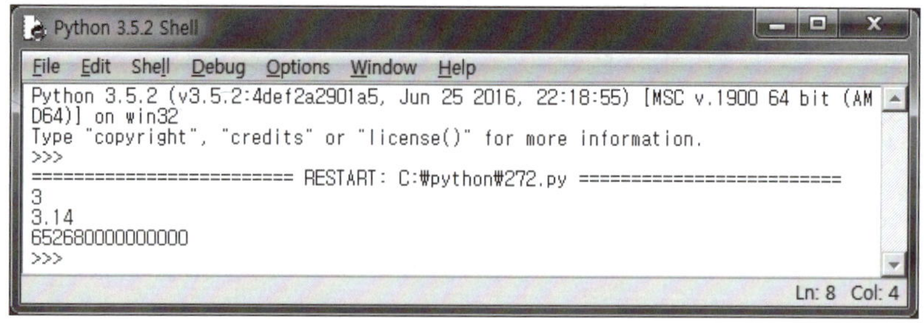

# 연산자 사용하기

- **학습 내용 :** C 언어의 연산자와 유사한 파이썬의 연산자를 학습합니다.
- **힌트 내용 :** 나눗셈에서는 실수형 변수가 되므로 주의해야 합니다.

📁 소스 : [예제-273].py

```
 1: x1 = 10
 2: x2 = 20
 3: x3 = 30
 4: x4 = 40
 5: x5 = 50
 6:
 7: y1 = x1 + 30      # 더하기   , 10 + 30
 8: y2 = x2 − 30    # 빼기     , 20 - 30
 9: y3 = x3 * 30    # 곱하기   , 30 * 30
10: y4 = x4 / 30    # 나누기   , 40 / 30
11: y5 = x5 % 30    # 몫       , 50 % 30
12:
13: print (y1)       # 40
14: print (y2)       # -10
15: print (y3)       # 900
16: print (y4)       # 1.3333333333333333
17: print (y5)       # 20
18:
19: a = 5            #
20: b = 7            #
21: c = a & b        # 비트합 연산자
22:
23: print (bin(a))   # 0b101 ,2진수
24: print (bin(b))   # 0b111
25: print (c)        # 5
26: print (bin(c))   # 0b101
27:
28: h = 255
29: print (hex(h))   # 0xff ,16진수
```

 ◆ 사칙연산과 몫을 구하는 것으로 C 언어와 사용법이 같습니다. 단, 10번째 줄의 나눗셈에서는 y4에 1이 아닌 실수형 값이 대입되므로 잘 알아두기 바랍니다.

 ◆ y1~y5의 값을 출력합니다.

 ◆ a와 b의 값을 비트AND연산을 합니다. a는 2진수로 101이고 b는 2진수로 111이므로 a와 b의 값을 비트 AND 연산을 하여 결과값인 101이 c에 대입됩니다. 비트연산자는 [029. 비트 연산자 이해하기]를 참조하세요.

 ◆ 값을 2진수로 출력합니다. bin() 함수는 10진수를 2진수로 변환하는 함수입니다.

 ◆ h의 값을 출력합니다. hex() 함수는 10진수를 16진수로 변환하는 함수입니다.

실행 결과는 다음과 같습니다.

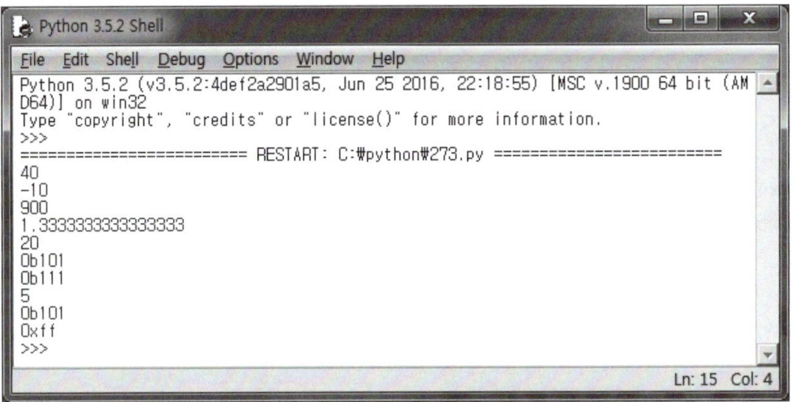

# 값을 입력받고 출력하기

- **학습 내용 :** 입력, 출력 함수에 대해 학습합니다.
- **힌트 내용 :** input( ), print( ) 함수를 사용하세요.

**소스 : [예제-274].py**

```python
 1: print ("첫 번째 수를 입력하세요 : ")
 2: a = input()                          #수치를 문자열로 저장
 3:
 4: print ("두 번째 수를 입력하세요 : ")
 5: b = input()                          #수치를 문자열로 저장
 6:
 7: c = int(a) * int(b)                  #문자열을 수치로 변환
 8:
 9: print ("a와 b를 곱한 값: ")
10: print (c)
11:
12: print ("이름을 입력하세요 : ")
13: name = input()
14:
15: print ("나의 이름은 " + name + "입니다")
```

C 언어의 scanf( ) 함수와 비슷한 기능을 합니다. 값을 입력 받아 a에 문자열로 저장합니다. ◆ 2

두 번째 값을 입력 받아 b에 문자열로 저장합니다. ◆ 5

int( ) 함수를 사용하여 문자열 a와 b의 값을 정수값으로 변환하여 곱한 후 c에 대입합니다. ◆ 7

이름을 입력받고 출력합니다. ◆ 13~15

실행 결과는 다음과 같습니다.

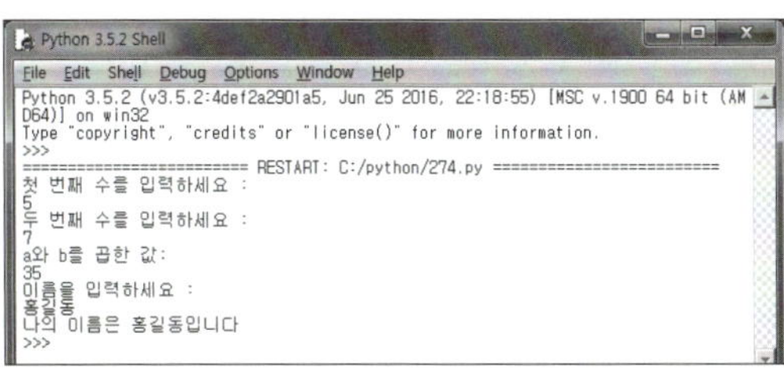

# 조건문 사용하기(if~else)

- **학습 내용 :** C 언어와 사용 방법이 조금 다른 if문을 학습합니다.
- **힌트 내용 :** if문의 끝에 콜론(:)을 사용하며 들여쓰기로 구분해야 합니다.

📁 **소스 : [예제-275].py**

```python
1: x = 1
2: y = 2
3:
4: if x < y :
5:     print ("x가 y보다 작습니다.")
6:     print (x)
7:     print (y)
8: elif x == y :
9:     print ("x와 y가 같습니다.")
10:     print (x)
11:     print (y)
12: else :
13:     print ("x가 y보다 큽니다.")
14:     print (x)
15:     print (y)
16:
17: z = x + y
```

**4** ◆ 파이썬의 if 문은 C 언어와 조금 다르며 괄호 없이 사용합니다. 또한 중괄호{}를 사용하지 않고 if 문의 끝에 콜론(:)을 사용합니다.

**5~7** ◆ if 문이 참인 경우 실행되는 문장들입니다. 파이썬은 중괄호{}를 사용하지 않는 대신 들여쓰기를 해야 합니다. 들여쓰기는 공백이나 탭으로 해야 하며 권고되는 것은 공백 4개를 사용하는 것입니다. 5번째 줄의 print 문장을 공백 없이 앞으로 붙여보면 "expected an indented block" 에러가 발생할 것입니다.

C 언어의 else if 문과 같습니다. 문장의 끝은 콜론(:)을 사용하며 elif 조건이 참인 경우 실행되는 ◆ **8**
9~11번째 줄은 공백 4개 정도로 들여쓰기를 해야 합니다.

C 언어의 else 문과 같습니다. 문장의 끝은 콜론(:)을 사용하며 else인 경우 실행되는 13~15번째 줄 ◆ **12**
은 공백 4개 정도로 들여쓰기를 해야 합니다.

if ~ elif ~ else문 다음에 오는 문장은 들여쓰기 없이 시작해야 합니다. ◆ **17**

실행 결과는 다음과 같습니다.

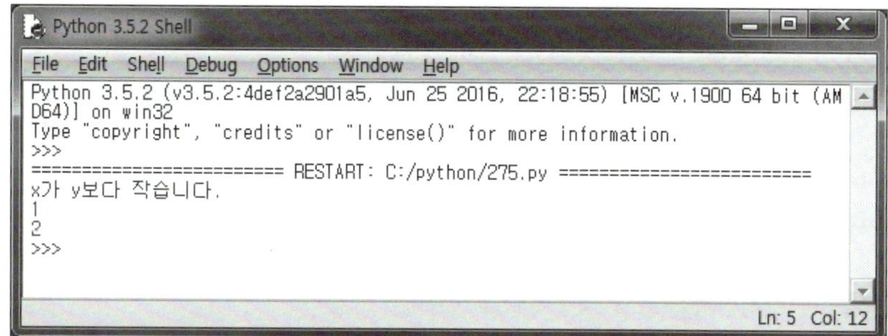

# 순환문 사용하기(for, while)

- **학습 내용** : for 문, while 문을 사용하여 반복처리하는 방법을 학습합니다.
- **힌트 내용** : C 언어와 조금 다르며 range에서 시작값, 종료값, 증감값을 지정합니다.

소스 : [예제-276].py

```
1: for  i  in  range(1, 5):
2:    print (i)
3:
4: for  i  in  range(5):
5:    print (i)
6:
7: for  i  in  range(1, 10, 2):
8:    print (i)
9:
10: for  i  in  range(9, 0, -3):
11:    print (i)
12:
13: i = 0
14: while i < 10:
15:    print (i)
16:    i += 1
```

1 ◆ C 언어의 for 문은 초기값, 조건식, 증감값입니다. 파이썬의 for 문은 range 문을 사용하며 다음과 같이 사용합니다.

range( 시작값, 종료값, 증감값 )

변수 i는 range 문에서 값을 받아오며 i=1, i=2, i=3, i=4가 됩니다. 단, i=5가 되지는 않으므로 주의해야 합니다. i=5까지 사용하려면 range(1, 6)으로 해야 합니다. 또한, for 문도 if 문과 같이 문장의 끝에 콜론(:)을 사용하며 반복할 문장들은 공백(4개 정도)으로 구분하면 됩니다.

range 문은 시작값을 생략할 수 있습니다. 생략 시 시작값은 0이 됩니다. 또한, 증감값도 생략할 수 있으며 생략 시 증감값은 1이 됩니다. 즉, range(5)는 range(0, 5, 1)과 같습니다.　　◆ 4

range에서 증감값이 2이기 때문에 i의 값은 1, 3, 5, 7, 9가 됩니다.　　◆ 7

range에서 증감값이 −3이고 시작값이 9이기 때문에 i의 값은 9, 6, 3이 됩니다. 종료값인 0은 실행되지 않으니 주의해야 합니다.　　◆ 10

while 문은 조건식이 참(True)인 동안 14~16번째 줄을 반복하여 실행합니다.　　◆ 14

실행 결과는 다음과 같습니다.

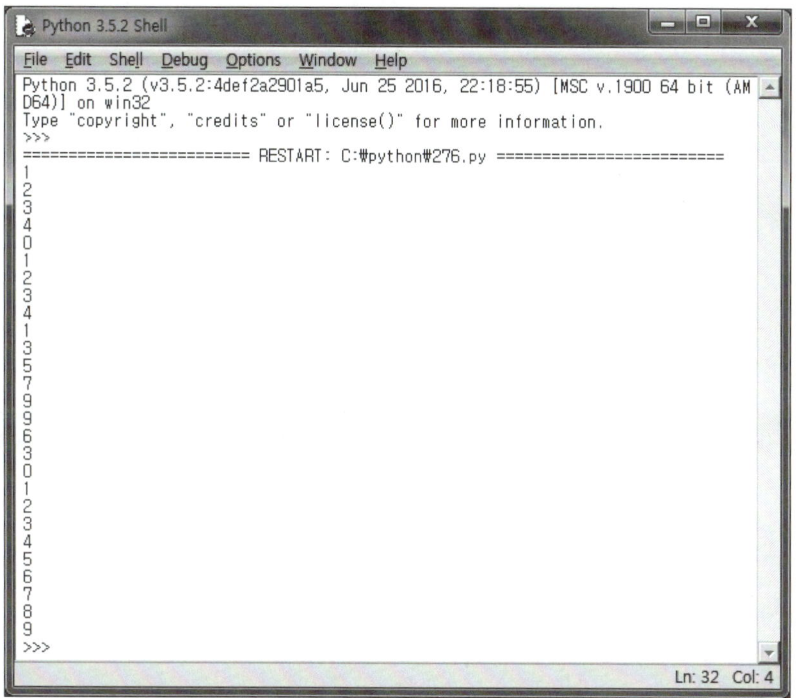

# 파이썬 문자열 사용하기

- **학습 내용** : 파이썬에서 문자열을 사용하는 다양한 방법을 학습합니다.
- **힌트 내용** : 더블쿼테이션(")  또는 싱글쿼테이션(')을 사용하세요.

📁 소스 : [예제-277].py

```python
1: Korea = "대한민국"
2: IT = 'Google을 넘어 세계 강국으로'
3:
4: print (Korea)
5: print (IT)
6:
7: Korea = """아름다운
8: 우리나라
9: 대한민국"""
10:
11: IT = '''Google을 넘어
12: 세계 강국으로'''
13:
14: print (Korea)
15: print (IT)
16:
17: string = "You call it love"
18: print (string[0:3])        # You
19: print (string[:8])         # You call
20: print (string[9:11])       # it
21: print (string[12:])        # love
22:
23: y = 2020
24: m = 12
25: d = 25
26: christmas = "Christmas - {0}년도 {1}월 {2}일".format(y, m, d)
27: print (christmas)
28:
29: stra = "Korea"
```

```
30: strb = "Japan"
31:
32: if stra > strb:
33:    print (stra)  # Korea
34:
35: print ('www.example.com'.strip('cmowz.')) # 제거, example
36: print ('   www.example.com'.lstrip()) # 공백제거, www.example.com
37: print ('http://www.example.com'.startswith('http')) # 시작, True
38: print ('www.example.com'.endswith('com')) # 끝, True
39: print ('i am a boy'.title()) # 첫 자리 대문자, I Am A Boy
40: print ('you are a girl'.upper()) # 대문자, YOU ARE A GIRL
41: print ('You Are A Girl'.lower()) # 소문자, you are a girl
42: print ('http://www.google.com'.find('google')) # 검색, 11(검색위치)
43: print ('http://www.come.com'.rfind('com')) # 뒤로부터 검색, 16(검색위치)
44: print ('http://www.A.com'.replace('http', 'https')) #교체, https://www.A.com
45: print ('Android, iOS, Windows 10 Mobile'.split(',')) # 리스트, ['Android', 'iOS',
'Windows 10 Mobile']
```

Korea 변수에 문자열을 대입합니다. C 언어에서와 같이 더블쿼테이션(")을 사용합니다. ◆ 1

IT 변수에 문자열을 대입합니다. 파이썬은 자바나 자바 스크립트에서와 같이 싱글쿼테이션(')으로 ◆ 2
문자열을 대입할 수도 있습니다.

파이썬에서는 여러 줄에 걸쳐 문자열을 대입하고자 할 때 더블쿼테이션을 3개 연속해서 다음처럼 ◆ 7~9
사용합니다.

    """ 문자열 """

싱글쿼테이션으로도 여러 줄에 걸쳐 문자열을 대입할 수 있습니다. ◆ 11~12

문자열을 0번째 문자부터 2번째 문자까지 출력합니다. "You"가 출력됩니다. ◆ 18

0번째 문자부터 7번째 문자까지 출력합니다. "You call"이 출력됩니다. 시작값을 생략하면 0부터 ◆ 19
시작됨을 의미합니다.

9번째 문자부터 10번째 문자까지 출력합니다. "it"가 출력됩니다. ◆ 20

12번째 문자부터 마지막 문자까지 출력됩니다. "love"가 출력됩니다. ◆ 21

26 ◆ C 언어에서 sprintf() 함수와 비슷한 기능을 하는 것으로 파이썬에서 format을 사용합니다. C 언어에서는 정수값일 경우 %d를 사용하지만 파이썬에서는 {0}, {1}, {2}처럼 순서대로 입력될 파라미터의 순번을 사용하면 됩니다. 다음은 C 언어와 파이썬을 비교한 것입니다.

```
sprintf( christmas, "Christmas - %d년도 %d월 %d일", y, m, d );
christmas = "Christmas - {0}년도 {1}월 {2}일".format(y, m, d)
```

29~45 ◆ 파이썬 문자열 함수의 간단한 사용예입니다. 자세한 문자열 사용법은 https://docs.python.org/2/library/stdtypes.html#string-methods를 참고하세요.

실행 결과는 다음과 같습니다.

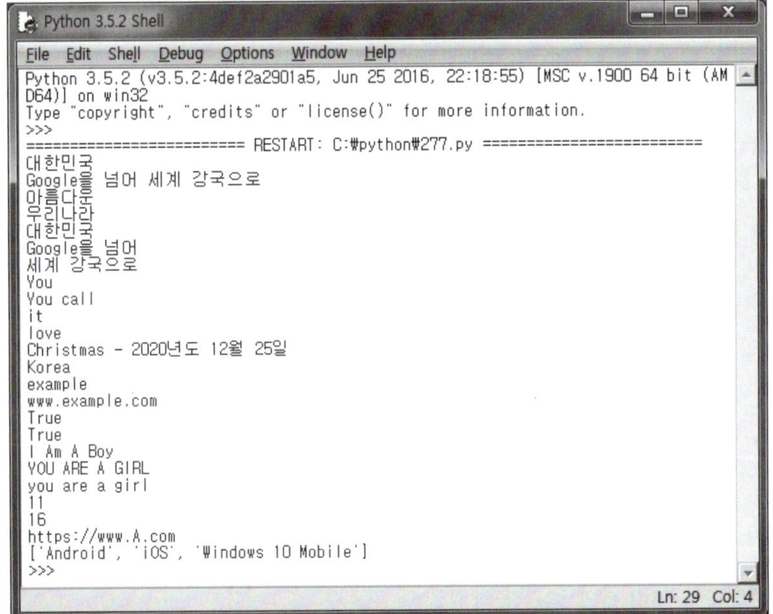

# 리스트(배열) 사용하기

- **학습 내용 :** C 언어의 배열과 유사한 파이썬의 리스트형을 학습합니다.
- **힌트 내용 :** 배열 요소를 다루는 대괄호([ ])를 사용하세요.

📁 **소스 : [예제-278].py**

```python
 1: gold  = [ "박인비", "오혜리", "김소희", "구본찬", "장혜진", "기보배", "진종오", "박상영", "최미선",
    "김우진", "이승윤" ]
 2: silver = [ "김종현", "안바울", "정보경" ]
 3: iron  = [ "차동민", "이태훈", "정경은", "신승찬", "김태훈", "김현우", "김정환", "곽동한", "윤진희",
    "기보배", ]
 4:
 5: print ("금메달 리스트:")
 6: print (gold)
 7: print ("은메달 리스트:")
 8: print (silver)
 9: print ("동메달 리스트:")
10: print (iron)
11:
12: print (gold[0])        # 박인비
13: print (silver[1:2])    # ['안바울']
14: print (iron[:5])       # ['차동민', '이태훈', '정경은', '신승찬', '김태훈']
15:
16: gold[1] = "오혜리2"
17: print (gold)
18:
19: medal = gold + silver + iron
20: print (medal)
21:
22: medalcount = len(gold) + len(silver) + len(iron)
23: print (medalcount)
```

금메달 리스트의 이름으로 리스트를 생성합니다.　　　　　　　　　　◆ 1

은메달 리스트의 이름으로 리스트를 생성합니다.　　　　　　　　　　◆ 2

3 ◆ 동메달 리스트의 이름으로 리스트를 생성합니다.

6, 8, 10 ◆ 금메달, 은메달, 동메달 리스트를 모두 출력합니다.

12 ◆ 금메달 리스트의 0번째 요소를 출력합니다.

13 ◆ 은메달 리스트의 1번째 요소를 출력합니다.

14 ◆ 동메달 리스트의 0번째~4번째 요소까지 출력합니다. 이와 같이 첫 요소인 0부터 출력할 경우에는 0을 생략할 수 있습니다.

16 ◆ 금메달 리스트의 2번째 요소의 값을 변경합니다.

19 ◆ 금메달, 은메달, 동메달 리스트의 요소들을 모두 합하여 medal에 넣습니다.

22 ◆ 금메달 리스트의 수, 은메달 리스트의 수, 동메달 리스트의 수를 구합니다.

이 외에도 append(), extend(), insert(), pop(), remove(), reverse(), sort(), count(), index() 등의 메소드가 있습니다.

참고로 숫자 리스트를 사용할 경우는 num = [ 1, 2, 3, 4, 5 ] 처럼 사용하면 됩니다.

자세한 것은 https://docs.python.org/2/library/stdtypes.html#sequence-types-str-unicode-list-tuple-bytearray-buffer-xrange를 참고하세요.

실행 결과는 다음과 같습니다.

```
Python 3.5.2 Shell

File  Edit  Shell  Debug  Options  Window  Help

Python 3.5.2 (v3.5.2:4def2a2901a5, Jun 25 2016, 22:18:55) [MSC v.1900 64 bit (AM
D64)] on win32
Type "copyright", "credits" or "license()" for more information.
>>>
======================= RESTART: C:\python\278.py =========================
['aaaaa', 'bbbbb', 'ccccc']
금메달 리스트:
['박인비', '오혜리', '김소희', '구본찬', '장혜진', '기보배', '진종오', '박상영',
 '최미선', '김우진', '이승윤']
은메달 리스트:
['김종현', '안바울', '정보경']
동메달 리스트:
['차동민', '이태훈', '정경은', '신승찬', '김태훈', '김현우', '김정환', '곽동한',
 '윤진희', '기보배']
박인비
['안바울']
['차동민', '이태훈', '정경은', '신승찬', '김태훈']
['박인비', '오혜리2', '김소희', '구본찬', '장혜진', '기보배', '진종오', '박상영'
, '최미선', '김우진', '이승윤']
['박인비', '오혜리2', '김소희', '구본찬', '장혜진', '기보배', '진종오', '박상영'
, '최미선', '김우진', '이승윤', '김종현', '안바울', '정보경', '차동민', '이태훈'
, '정경은', '신승찬', '김태훈', '김현우', '김정환', '곽동한', '윤진희', '기보배'
]
24
>>>
```

# 튜플 사용하기

- **학습 내용 :** 리스트와 유사한 튜플형을 학습합니다.
- **힌트 내용 :** 대괄호 대신 괄호를 사용하세요.

📁 소스 : [예제-279].py

```
 1: smartos = ( "Android OS", "iOS", "Windows 10 Mobile" )  #[]가 아니라 ()에 주의
 2:
 3: print ("튜플 테스트")
 4: print (smartos)
 5:
 6: smartos[1] = "iOS 10 Coming this fall"
 7: print (smartos)
 8:
 9: market = 1, 2, 3
10: Apple, Google, Microsoft = market
11: print (Apple)
12: print (Google)
13: print (Microsoft)
```

튜플을 정의합니다. 튜플은 괄호를 이용하는 것이 리스트와 다릅니다. ◆ 1

튜플의 요소 1번째 값을 변경합니다. 튜플은 리스트와 달리 값을 변경할 수 없습니다. 그래서 다음 ◆ 6
과 같은 에러가 출력됩니다.

    TypeError: 'tuple' object does not support item assignment

튜플은 C 언어에서 const 형과 같은 역할을 하며 상수형 리스트라 할 수 있습니다.

튜플 market을 정의합니다. ◆ 9

튜플 market에 각각 값을 매칭시킵니다. Apple=1, Google=2, Microsoft=3이 됩니다. ◆ 10

"

실행 결과는 다음과 같습니다.

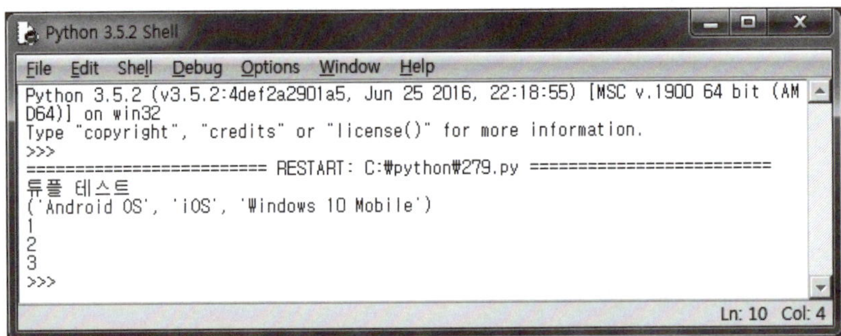

# 딕셔너리 사용하기

- **학습 내용 :** 다른 언어에서 해시라고 불리는 파이썬의 딕셔너리를 학습합니다.
- **힌트 내용 :** 키값과 매칭되는 값을 쌍으로 저장합니다.

**소스 : [예제-280].py**

```python
 1: sports = {}
 2: sports['양궁'] = '한국 종합 우승'
 3: sports['펜싱'] = '한국 기력 상승'
 4: sports['축구'] = '아쉽지만...'
 5: sports['유도'] = '그래도 잘했음'
 6: sports['사격'] = '세계적인 기록 달성'
 7: sports['골프'] = '116년 만의 금메달'
 8:
 9: print (sports)
10: print (sports['골프'])
11: print (sports.keys())
12: print (sports.values())
13:
14: if '양궁' in sports:
15:     print (sports['양궁'])
16:
17: sports.clear()
18: print (sports)
```

딕셔너리 sports를 생성합니다. ◆ 1

딕셔너리는 키와 값으로 구분합니다. 단어 사전이라면 단어가 키가 되고 단어의 의미가 값에 해당 ◆ 2
합니다. 이런 원리로 sports에 키 '양궁', 값 '한국 종합 우승'을 입력합니다. 나중에 키값이 '양궁'인
것을 검색하면 '한국 종합 우승'이 나오게 됩니다.

'펜싱', '축구', '유도', '사격', '골프' 등의 스포츠 항목을 입력합니다. ◆ 3~7

모든 sports 딕셔너리 키와 값을 출력합니다. ◆ 9

"""

10 ◆ '골프'에 대한 값을 출력합니다.

11 ◆ 입력된 모든 키를 출력합니다.

12 ◆ 입력된 모든 값들을 출력합니다.

14 ◆ '양궁'이 스포츠 항목에 포함되는지 조건을 비교합니다.

17 ◆ 딕셔너리 sports의 모든 키와 값을 삭제합니다.

실행 결과는 다음과 같습니다.

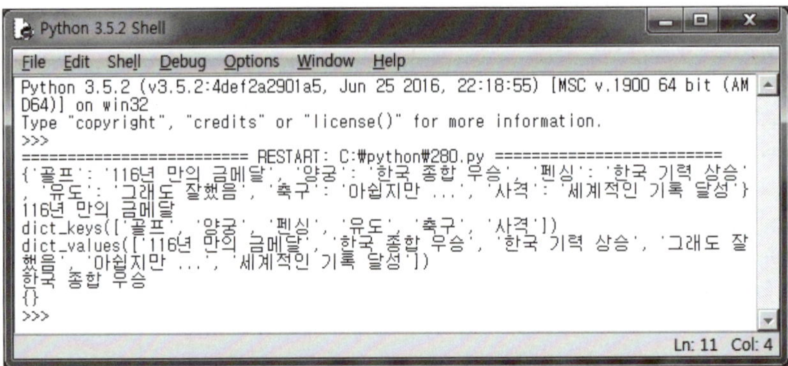

# 날짜 및 시간 구하기

- **학습 내용 :** 날짜, 시간, 요일 함수 등을 학습합니다.
- **힌트 내용 :** datetime을 사용하세요.

📁 소스 : [예제-281].py

```
1: import time
2: import datetime
3: import calendar
4:
5: today = datetime.date.today()          # 2016-09-04
6: print (today)
7:
8: today = datetime.datetime.now()        # 2016-09-04 23:10:08.288615
9: print (today)
10:
11: mydatetime = datetime.datetime( 2020, 12, 24, 18, 0, 0 )
12: print (mydatetime)
13: print (mydatetime.weekday())
14:
15: mydate = datetime.date( 2020, 12, 24 )
16: print (mydate)
17:
18: mytime = datetime.time( 18, 30, 25 )
19: print (mytime)
20:
21: today = time.time()
22: print (today)
23:
24: localtime = time.localtime( time.time() )
25: print (localtime)
26: print (localtime.tm_year)          # 연
27: print (localtime.tm_mon)           # 월
28: print (localtime.tm_mday)          # 일
29: print (localtime.tm_hour)          # 시
```

```
30: print (localtime.tm_min)          # 분
31: print (localtime.tm_sec)          # 초
32: print (localtime.tm_wday)         # 요일
33:
34: mycalendar = calendar.month(2020, 12)
35: print (mycalendar)
```

**1** ◆ 시간 함수를 사용할 수 있도록 time 모듈을 임포트합니다.

**2** ◆ 날짜와 시간 함수를 사용할 수 있도록 datetime 모듈을 임포트합니다.

**3** ◆ 달력 함수를 사용할 수 있도록 calendar 모듈을 임포트합니다.

**5~6** ◆ 현재 날짜(연-월-일)를 구해서 출력합니다.

**8** ◆ 현재 날짜와 시간을 구합니다.

**11** ◆ 지정된 날짜와 시간으로 mydatetime을 생성합니다.

**13** ◆ weekday() 함수로 지정된 날짜(2020-12-24)의 요일을 구합니다.

**15** ◆ 지정된 날짜로 mydate를 생성합니다.

**18** ◆ 지정된 시간으로 mytime을 생성합니다.

**21** ◆ 1970년 1월 1일을 기준으로 현재까지의 경과된 시간을 초로 구합니다. C 언어의 time() 함수와 유사합니다.

**24** ◆ C 언어의 localtime() 함수와 같이 struct tm 구조체 값을 구합니다.

**26~32** ◆ 연, 월, 일, 시, 분, 초, 요일을 출력합니다.

**34** ◆ 2020년 12월 달력을 구합니다.

**35** ◆ 2020년 12월 달력을 다음과 같이 출력합니다.

```
December 2020
Mo  Tu We Th Fr Sa Su
        1   2   3   4   5   6
 7   8   9  10  11  12  13
14  15  16  17  18  19  20
21  22  23  24  25  26  27
28  29  30  31
```

실행 결과는 다음과 같습니다.

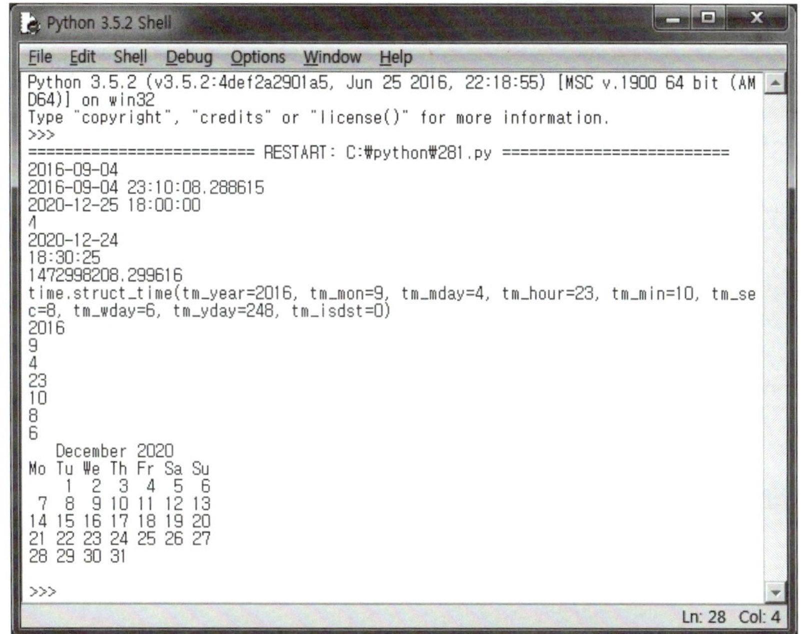

# 함수 사용하기

- **학습 내용 :** 함수 생성 방법을 학습합니다.
- **힌트 내용 :** def 문으로 함수를 선언합니다.

📁 소스 : [예제-282].py

```python
 1: def print_star(star):     # print_star() 함수를 정의
 2:    for num in range(0, star, 1):
 3:       print ('*', end='')
 4:
 5:    print (" )               # print_star() 함수의 끝
 6:
 7: print_star(5)
 8: print_star(10)
 9:
10: def max( a, b ):          # max() 함수를 정의
11:    if a >= b:
12:       return a
13:    return b                # max() 함수의 끝
14:
15: print (max(50, 100))
```

**1◆** 함수를 정의할 때는 def 문을 사용합니다. 함수형은 다음과 같습니다.

    def   함수명( 매개변수, ... )

매개변수는 변수의 형을 지정하지 않으며, 함수의 리턴형도 없습니다. 함수의 결과를 리턴하려면 return 문을 사용하면 됩니다.

**2◆** for 문으로 0부터 star까지 값을 순환합니다.

**3◆** 출력 시 개행이 되지 않고 연속적으로 출력하기 위해 end를 사용합니다. print 문은 기본적으로 end='\n'이 사용되므로 end 생략 시는 자동으로 개행이 되는 것입니다.

개행을 하기 위해 빈 문자열을 출력하며, 여기가 print_star() 함수의 끝이 됩니다.　◆ 5

print_star() 함수를 호출합니다. 매개변수는 정수값 5이므로 '*****'가 출력됩니다.　◆ 7

max() 함수를 정의합니다.　◆ 10

a의 값이 b보다 크거나 같은 경우 a의 값을 반환합니다.　◆ 11~12

a의 값이 b보다 작은 경우 b의 값을 반환합니다.　◆ 13

max() 함수를 호출합니다.　◆ 15

실행 결과는 다음과 같습니다.

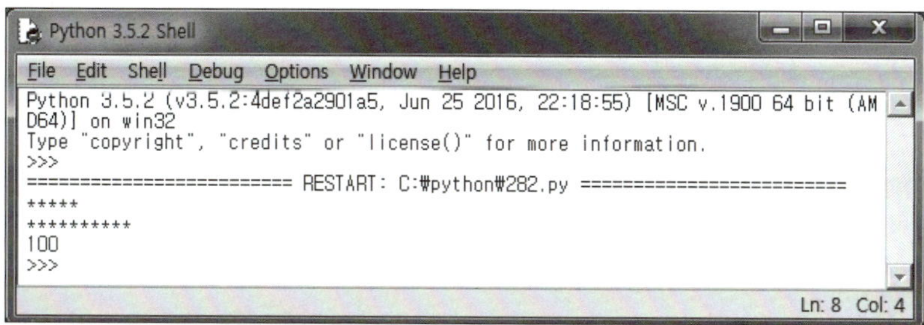

# 함수 고급기법 사용하기

- **학습 내용 :** 함수의 가변형 매개변수를 학습합니다.
- **힌트 내용 :** 가변형 매개변수는 스타(*)를 사용하세요.

📁 소스 : [예제-283].py

```
1: def print_star(*star):      # 매개변수가 *star 임
2:   for star_num in star:
3:       for num in range(0, star_num, 1):
4:           print ('*', end='')
5:       print ( '' )
6:
7: print_star(1, 2, 3)
8: print_star(1, 3, 5, 7, 9)
```

**1** ◆ print_star() 함수를 정의합니다. 여기서 특이한 것은 매개변수에 '*'를 사용하고 있는데 이것은 C 언어의 가변형(star, …)과 같은 기능이며 여러 개의 매개변수를 받을 수 있습니다.

**2** ◆ star로 넘겨받은 매개변수의 수만큼 for 문을 반복합니다. 매개변수가 3개라면 3번 반복하게 됩니다.

**3~5** ◆ '*'를 출력합니다.

**7** ◆ print_star() 함수를 호출합니다. 매개변수를 3개 사용하여 호출하므로 print_star() 함수는 다음과 같이 출력합니다.

```
*
**
***
```

**8** ◆ print_star() 함수를 호출합니다. 매개변수를 5개 사용하여 호출하므로 print_star() 함수는 다음과 같이 출력합니다.

```
*
***
*****
*******
*********
```

실행 결과는 다음과 같습니다.

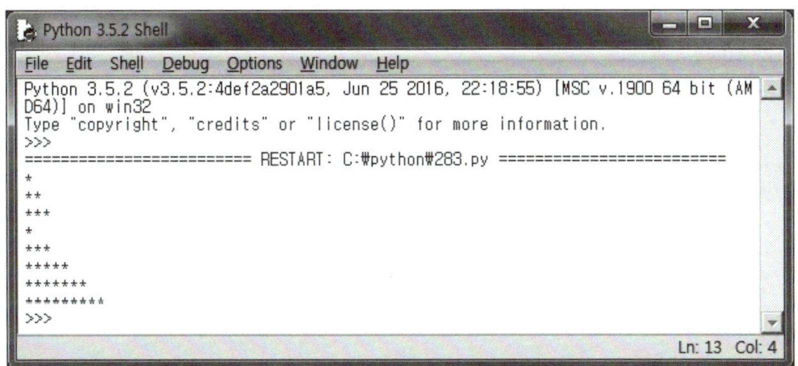

# 텍스트 파일 쓰기

- **학습 내용** : 텍스트 파일을 읽는 방법을 학습합니다.
- **힌트 내용** : open(), write() 함수 등을 사용하세요.

📁 소스 : [예제-284].py

```
1: file = open("a.txt", 'w')
2: print (file)
3:
4: if not (file.closed):
5:    file.write("아름다운 파이썬\n")
6:    file.write("우리나라 대한민국\n")
7:    file.close()
8: else:
9:    print ("파일을 열 수 없습니다.")
10:
11: try:
12:    file = open("d:\\a.txt", 'w')
13:    file.write("아름다운 파이썬\n")
14:    file.close()
15: except:
16:    print ("파일을 열 수 없습니다.")
```

1 ◆ a.txt 파일을 출력하기 위해 오픈합니다. open() 함수의 형식은 다음과 같습니다.

▶ **open( 파일경로, 오픈모드 )**

open() 함수의 매개변수는 C 언어와 유사하므로 다음을 참고하여 오픈모드를 설정하면 됩니다.

| 오픈모드 | 설명 |
| --- | --- |
| r | 읽기 모드입니다. |
| w | 쓰기 모드입니다. |
| a | 추가 모드입니다. |

| | |
|---|---|
| t | 텍스트 모드입니다(rt, wt 조합). |
| b | 바이너리 모드입니다(rb,wb 조합). |

file의 오픈 상태를 출력해 봅니다. ◆ 2

파일이 오픈되었는지 확인합니다. file.closed는 부울형이며 파일이 닫힌 경우 참이 반환됩니다. ◆ 4

오픈된 파일에 텍스트를 출력합니다. 개행을 하기 위해 '\n'가 문자열의 끝에 추가되어 있습니다. ◆ 5~6

오픈된 파일을 닫습니다. ◆ 7

파일 오픈에 실패한 경우 오류를 출력합니다. ◆ 8~9

파일을 다른 프로그램에서 오픈한 경우 쓰기모드로 오픈 시 다음과 같은 에러가 발생합니다. ◆ 11

```
Traceback (most recent call last):
  File "C:/python/284.py", line 1, in <module>
    file = open("a.txt", 'w')
PermissionError: [Errno 13] Permission denied: 'a.txt'
```

이런 에러를 처리하기 위해 try ~ except 문을 사용합니다.

파일을 오픈합니다. 만약 문제 발생 시 15번째 줄의 except 문이 실행됩니다. ◆ 12

try 문에 대응한 except 문을 정의합니다. ◆ 15

except 문에서 실행할 문장을 기술합니다. ◆ 16

실행 결과는 다음과 같습니다.

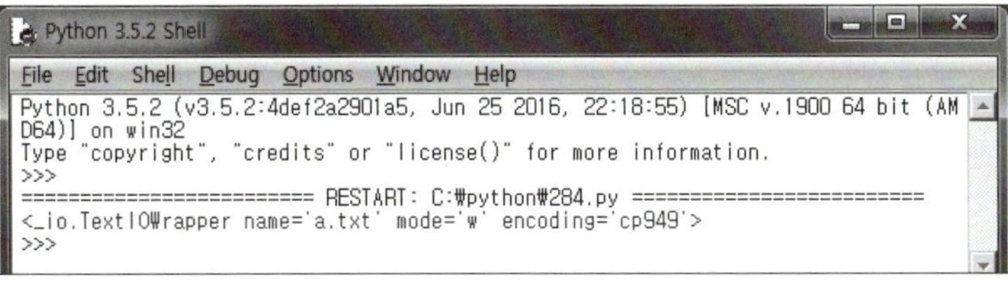


a.txt 파일에는 다음과 같이 쓰여집니다.

아름다운 파이썬
우리나라 대한민국

# 텍스트 파일 읽기

• **학습 내용** : 텍스트 파일을 쓰는 방법을 학습합니다.
• **힌트 내용** : open( ), readline( ) 함수 등을 사용하세요.

📁 소스 : [예제-285].py

```
 1: try:
 2:    file = open("a.txt", 'rt')
 3:    buff = file.readline()
 4:
 5:    while buff != '':
 6:        print (buff.strip())
 7:        buff = file.readline()
 8:
 9:    file.close()
10: except:
11:    print ("파일을 열 수 없습니다.")
```

**1, 10** ◆ 예외 상황을 처리하기 위해 try, except 문을 사용합니다.

**2** ◆ 파일을 오픈합니다. 이번에는 오픈모드를 명시적으로 'rt'로 사용했습니다.

**3** ◆ 한 줄을 읽습니다.

**5** ◆ buff의 내용이 비어 있지 않으면 무한 반복합니다. 파일의 끝(EOF)에서 readline( ) 함수가 실행되면 buff에는 빈 문자열이 반환됩니다.

**6** ◆ buff 문자열에 strip( ) 함수를 사용하였습니다. strip( ) 함수는 개행문자('\n')를 제거시켜 주는 문자열 함수입니다.

**7** ◆ buff에 다음 행을 읽은 후, 5행으로 반복합니다.

**9** ◆ 파일을 닫습니다.

예외 처리를 합니다.

실행 결과는 다음과 같습니다.

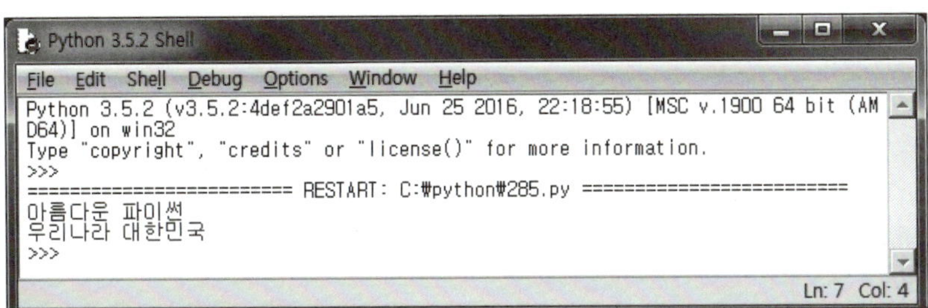

# 바이너리 파일 쓰기

- **학습 내용 :** 이진(바이너리) 파일을 쓰는 방법을 학습합니다.
- **힌트 내용 :** pack(), write() 함수 등을 사용하세요.

 소스 : [예제-286].py

```
1: import struct
2:
3: try:
4:    file = open("x.bin", "wb")
5:
6:    bin_value = struct.pack('i', 2020)
7:    file.write(bin_value)
8:
9:    bin_value = struct.pack('f', 3.14)
10:   file.write(bin_value)
11:
12:   bin_value = struct.pack('5s', 'Korea'.encode())
13:   file.write(bin_value)
14:
15:   bin_value = struct.pack('3s', 'KOR'.encode(encoding='utf-8'))
16:   file.write(bin_value)
17:
18:   file.close()
19: except:
20:   print ("파일을 열 수 없습니다.")
```

1 ◆ 바이너리 파일을 쓸 때 변수의 값을 바이너리 값으로 변환하기 위해 struct를 임포트하여 사용합니다.

4 ◆ x.bin 파일을 바이너리 모드('wb')로 오픈합니다.

6 ◆ 2020의 값을 정수형(integer) 4바이트 메모리 버퍼의 값으로 변환합니다.

4바이트 정수형 바이너리 메모리의 값을 파일에 씁니다.　　　　◆ 7

3.14의 값을 실수형(float) 4바이트 메모리 버퍼의 값으로 변환합니다.　　　　◆ 9

4바이트 실수형 바이너리 메모리의 값을 파일에 씁니다.　　　　◆ 10

문자열의 값을 파이썬 기본값인 utf-8로 인코딩하여 5바이트 메모리 버퍼의 값으로 변환합니다.　　　　◆ 12

5바이트 문자형 바이너리 메모리의 값을 파일에 씁니다.　　　　◆ 13

문자열의 값을 utf-8로 명시적으로 인코딩하여 3바이트 메모리 버퍼의 값으로 변환합니다.　　　　◆ 15

3바이트 문자형 바이너리 메모리의 값을 파일에 씁니다.　　　　◆ 16

파일을 닫습니다.　　　　◆ 18

struct.pack() 함수의 데이터형은 다음과 같습니다.

| 데이터형 | 설명 |
| --- | --- |
| i | 정수형(Integer) |
| f | 실수형(Float) |
| s | 문자열(String), 5s는 5자리, 3s는 3자리 문자열 |

# 바이너리 파일 읽기

- **학습 내용 :** 이진(바이너리) 파일을 읽는 방법을 학습합니다.
- **힌트 내용 :** read( ), pack( ) 함수 등을 사용하세요.

**소스 : [예제-287].py**

```python
1: import struct
2:
3: try:
4:     file = open("x.bin", 'rb')
5:
6:     buff = file.read(4)
7:     print (buff)                        # b'\xe4\x07\x00\x00'
8:     tuple_unpack = struct.unpack('i', buff)
9:     print (tuple_unpack[0])             # 2020
10:
11:    buff = file.read(4)
12:    tuple_unpack = struct.unpack('f', buff)
13:    print (tuple_unpack[0])
14:
15:    buff = file.read(5)
16:    print (buff)
17:    tuple_unpack = struct.unpack('5s', buff)
18:    print (tuple_unpack[0])             # b'Korea'
19:    print (tuple_unpack[0].decode())   # Korea
20:
21:    buff = file.read(3)
22:    tuple_unpack = struct.unpack('3s', buff)
23:    print (tuple_unpack[0].decode(encoding='utf-8'))    # KOR
24:
25:    file.close()
26: except:
27:    print ("파일을 열 수 없습니다.")
```

바이너리 파일을 읽을 때 변수의 값을 바이너리 값으로 변환하기 위해 struct을 임포트하여 사용합니다.    ◆ 1

x.bin 파일을 바이너리 모드('rb')로 오픈합니다.    ◆ 4

4바이트 정수형 바이너리 메모리의 값을 읽습니다.    ◆ 6

4바이트 정수형 바이너리 메모리의 값을 출력합니다. 출력은 다음과 같이 바이너리로 표시됩니다.    ◆ 7

    b'\xe4\x07\x00\x00'

buff의 값을 unpack() 함수를 사용하여 정수값으로 변환합니다. 변환값은 튜플형으로 반환됩니다.    ◆ 8

튜플의 0번째 값을 출력합니다.    ◆ 9

4바이트 실수형 메모리의 값을 읽습니다.    ◆ 11

buff의 값을 unpack() 함수를 사용하여 실수값으로 변환합니다. 변환값은 튜플형으로 반환됩니다.    ◆ 12

튜플로 변환된 실수의 값을 출력합니다. 3.14가 아닌 3.140000104904175가 출력됩니다. 이것은 파이썬의 실수 처리 시에 발생하는 오차입니다.    ◆ 13

5바이트 문자형 메모리의 값을 읽습니다.    ◆ 15

읽은 값을 그대로 출력해 봅니다. 출력값은 다음과 같습니다.    ◆ 16

    b'Korea'

문자열의 값을 unpack() 함수를 사용하여 문자열로 변환합니다. 변환값은 튜플형으로 반환됩니다.    ◆ 17

튜플형으로 변환된 값을 출력합니다. 다음과 같이 출력됩니다.    ◆ 18

    b'Korea'

문자열을 디코딩하여 출력합니다. 정상적으로 'Korea'가 출력됩니다.    ◆ 19

3바이트 문자형 메모리의 값을 읽습니다.    ◆ 21

문자열의 값을 unpack() 함수를 사용하여 문자열로 변환합니다. 변환값은 튜플형으로 반환됩니다.    ◆ 22

23 ◆ 문자열을 utf-8로 디코딩하여 출력합니다.

실행 결과는 다음과 같습니다.

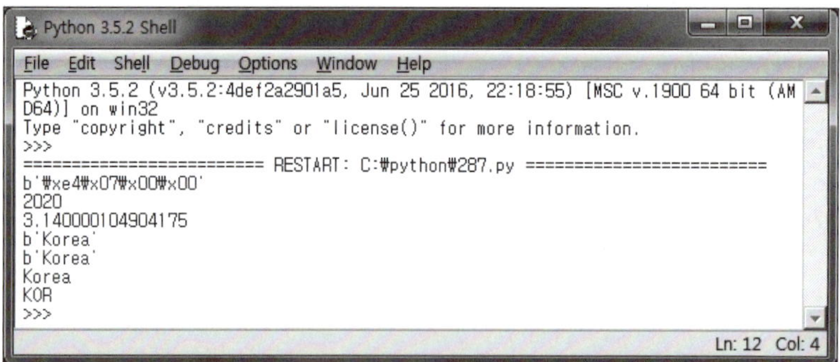

# 클래스 이해하기

- **학습 내용 :** 객체지향 프로그래밍에서 사용되는 클래스를 학습합니다.
- **힌트 내용 :** class, def 문 등을 사용하세요.

📁 소스 : [예제-288].py

```python
1: class Smartphone:                # 클래스 선언
2:    def __init__(self):           # 클래스 초기화 __init__() 함수 정의
3:        self.os = 'Android'                # 클래스 (멤버)변수 정의와 초기화
4:        self.version = 'Marshmallow'       # 클래스 (멤버)변수 정의와 초기화
5:        self.model = 'Galaxy Note 7'       # 클래스 (멤비)변수 정의와 초기화
6:
7:    def getOS(self):              # 클래스 (멤버)함수 정의
8:        return self.os
9:
10:    def getVersion(self):        # 클래스 (멤버)함수 정의
11:        return self.version
12:
13:    def getModel(self):          # 클래스 (멤버)함수 정의
14:        return self.model
15:
16:
17: phone = Smartphone()           # 클래스 객체(인스턴스) 생성
18:
19: print (phone.getOS())
20: print (phone.getVersion())
21: print (phone.getModel())
```

클래스를 선언합니다. 클래스는 C 언어에서 구조체(struct)와 비슷한데, 요즘 많이 사용되고 있는 ◆ 1
Java나 C++ 등의 객체지향 프로그래밍에서 사용되는 개념입니다. 구조체는 변수만을 정의할 수
있지만 클래스는 함수(메소드라 함)를 같이 정의할 수 있다는 점이 다릅니다. 쉽게 설명하자면 구
조체 변수를 접근할 수 있는 전용 함수라고 생각하면 됩니다. [예제 289]에서 정적 메소드에 대해
설명을 합니다만, 지금은 클래스는 구조체에 함수를 추가한 것이라고만 이해하면 됩니다.

2 ◆ __init__(언더스코어가 2개임에 주의)는 클래스 초기화 함수입니다. 클래스를 생성할 때 자동으로 호출되는 함수이며 17번째 줄에서 Smartphone()을 생성할 때 호출됩니다. 또한, self는 파이썬에서 사용하는 것으로 이처럼 __init__(self)와 같이 항상 사용됩니다. 만약 클래스 생성 시 매개변수가 있을 경우에는 다음과 같이 __init__() 함수를 정의하면 됩니다.

    def __init__(self, 매개변수, ...)

3 ◆ 클래스 변수를 정의하고 초기화합니다. 구조체 변수와 유사한 개념이며, Smartphone 클래스에 os라는 문자열 변수가 선언된다고 생각하면 됩니다.

4 ◆ 클래스 변수를 정의하고 초기화합니다. Smartphone 클래스에 version이라는 문자열 변수를 선언합니다.

5 ◆ 클래스 변수를 정의하고 초기화합니다. Smartphone 클래스에 model이라는 문자열 변수를 선언합니다.

7 ◆ getOS() 함수를 정의합니다. getOS() 함수는 Smartphone 클래스의 함수(메소드)이기 때문에 이 함수를 호출할 때는 반드시 19번째 줄과 같이 클래스 변수(phone)를 통해 호출해야 합니다.

8 ◆ Smartphone의 변수(멤버변수)인 os의 값을 반환합니다.

10 ◆ getVersion() 함수를 정의합니다. getVersion() 함수는 Smartphone 클래스의 함수(메소드)이기 때문에 이 함수를 호출할 때는 반드시 20번째 줄과 같이 클래스 변수(phone)를 통해 호출해야 합니다.

11 ◆ Smartphone의 변수(멤버변수)인 version의 값을 반환합니다.

13 ◆ getModel() 함수를 정의합니다. getModel() 함수는 Smartphone 클래스의 함수(메소드)이기 때문에 이 함수를 호출할 때는 반드시 21번째 줄과 같이 클래스 변수(phone)를 통해 호출해야 합니다.

14 ◆ Smartphone의 변수(멤버변수)인 model의 값을 반환합니다.

17 ◆ Smartphone 클래스를 생성해서 클래스변수에 대입합니다. 객체지향 프로그램에서는 Smartphone의 객체를 생성 또는 인스턴스를 생성한다는 표현도 하기도 하니 알고 있기 바랍니다.

19~21 ◆ Smartphone의 변수(객체)인 phone을 사용하여 getOS(), getVersion(), getModel() 함수(멤버함수)를 호출합니다.

Smartphoe의 함수(멤버함수)는 3개가 있으며, 이 함수는 프로그램에서 직접 호출될 수 없습니다. 반드시 다음과 같이 클래스 변수(클래스 객체)를 생성한 후 사용해야 함에 주의하기 바랍니다.

```
phone = Smartphone()
phone.getOS()
```

클래스 생성 없이 호출하면 다음과 같이 함수가 선언되지 않았다는 에러가 발생합니다.

```
getOS()
```

```
Traceback (most recent call last):
  File "C:/python/288.py", line 23, in <module>
    getOS()
NameError: name 'getOS' is not defined
```

실행 결과는 다음과 같습니다.

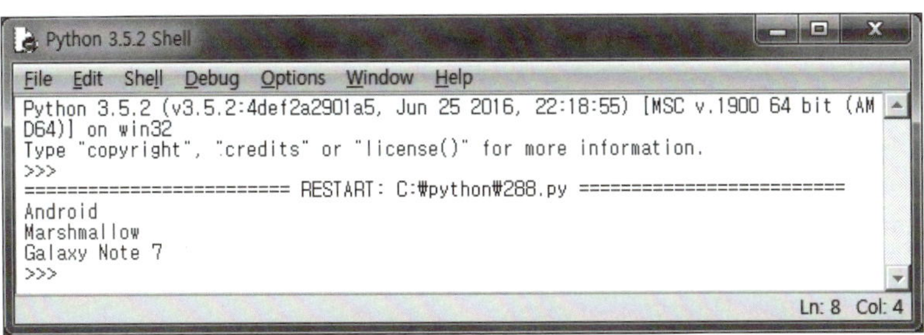

# 클래스 정적함수 이해하기

- **학습 내용** : 클래스 정의 없이 사용할 수 있는 정적함수를 학습합니다.
- **힌트 내용** : @staticmethod를 사용하세요.

소스 : [예제-289].py

```python
1: class Smartphone:        # 클래스 선언
2:
3:     @staticmethod        # 정적메소드
4:     def getOS():         # 정적 (멤버)함수 정의
5:         return "Android"
6:
7:     @staticmethod
8:     def getVersion():
9:         return "Marshmallow"
10:
11:     @staticmethod
12:     def getModel():
13:         return "Galaxy Note 7"
14:
15:
16: print (Smartphone.getOS())
17: print (Smartphone.getVersion())
18: print (Smartphone.getModel())
19:
20: phone = Smartphone()
21: print (phone.getOS())
```

1 ◆ 클래스를 선언합니다.

3 ◆ 정적함수(정적메소드)를 선언함을 지정합니다. 이런 형태를 데코레이터라 합니다.

4 ◆ 3번째 줄의 @staticmethod에 의해 getOS() 함수는 정적함수(정적메소드)가 됩니다.

7 ◆ 정적메소드를 선언함을 지정합니다.

정적메소드 getVersion()을 정의합니다. ◆ 8

정적메소드를 선언함을 지정합니다. ◆ 11

정적메소드 getModel()을 정의합니다. ◆ 12

getOS() 함수가 정적메소드로 선언되었기 때문에 Smartphone.getOS()와 같이 호출해서 사용할 수 ◆ 16
있습니다.

getVersion(), getModel() 함수도 또한 정적메소드로 선언되었기 때문에 Smartphone.getVersion(), ◆ 17~18
Smartphone.getModel()과 같이 호출할 수 있습니다.

정적메소드가 선언된 클래스로 객체를 생성한 후 호출할 수도 있습니다. ◆ 20~21

실행 결과는 다음과 같습니다.

```
Python 3.5.2 Shell

File  Edit  Shell  Debug  Options  Window  Help
Python 3.5.2 (v3.5.2:4def2a2901a5, Jun 25 2016, 22:18:55) [MSC v.1900 64 bit (AM
D64)] on win32
Type "copyright", "credits" or "license()" for more information.
>>>
========================= RESTART: C:\python\289.py =========================
Android
Marshmallow
Galaxy Note 7
Android
>>>
                                                                    Ln: 9  Col: 4
```

# 클래스 상속과 오버라이딩 이해하기

- **학습 내용** : 클래스 상속과 오버라이딩을 학습합니다.
- **힌트 내용** : 객체지향 프로그래밍의 개념과 유사합니다.

📁 소스 : [예제-290].py

```python
1: class Smartphone:            # 클래스 선언
2:    def __init__(self):
3:       self.os = 'Android'
4:       self.version = 'Marshmallow'
5:       self.model = 'Galaxy Note 7'
6:
7:    def getOS(self):
8:       return self.os
9:
10:    def getVersion(self):
11:       return self.version
12:
13:    def getModel(self):
14:       return self.model
15:
16:
17: class iPhone(Smartphone):    # 클래스 선언(Smartphone 클래스를 상속)
18:    def __init__(self):          # __init__() (멤버)함수 오버라이딩(재정의)
19:       self.os = 'iOS'
20:       self.version = 'iOS9'
21:       self.model = 'iPhone6(s)'
22:
23:    def getOS(self):             # getOS() 함수를 오버라이딩(재정의)
24:       return "OS: " + self.os
25:
26:
27: phone = iPhone()
28:
29: print (phone.getOS())
```

```
30: print (phone.getVersion())
31: print (phone.getModel())
```

Smartphone 클래스를 선언합니다.　　　　　　　　　　　　　　　　　　　　◆ 1

기본 함수와 getOS(), getVersion(), getModel() 함수를 선언합니다.　　　　　◆ 2~14

iPhone 클래스를 선언합니다. iPhone 클래스를 선언할 때 Smartphone 클래스를 사용하였는데 이런　◆ 17
경우를 Smartphone 클래스를 상속받는다고 하며, iPhone 클래스는 Smartphone 클래스와 iPhone
클래스를 합친 것과 같이 사용할 수 있습니다. __init__() 함수는 iPhone에서 재정의하였기 때문에
Smartphone에 있는 __init__() 함수는 호출되지 않습니다. 또한, Smartphone 클래스를 기본클래스
(Base Class)라고 하고, iPhone 클래스를 상속클래스(Derived Class)라고 합니다.

Smartphone 클래스에 있는 __init () 함수를 재정의(Override)합니다.　　　　◆ 18

각 멤버변수의 값을 설정합니다.　　　　　　　　　　　　　　　　　　　　◆ 19~21

getOS() 멤버함수를 오버라이드(Override)합니다. 이런 경우 Smartphone 클래스에 있는 getOS()　◆ 23
함수는 호출되지 않습니다. 오버라이드는 기본클래스(Base Class)에 선언한 함수의 이름은 그대로
두고 기능을 변경해야 하는 경우 사용합니다.

iPhone 객체를 생성해서 phone에 대입합니다.　　　　　　　　　　　　　　◆ 27

phone.getOS()를 호출하면 iPhone의 getOS() 멤버함수가 호출됩니다.　　　　◆ 29

phone.getVersion()을 호출하면 Smartphone의 getVersion() 멤버함수가 호출됩니다.　◆ 30

phone.getModel()을 호출하면 Smartphone의 getModel() 멤버함수가 호출됩니다. 만약 iPhone용　◆ 31
getModel() 멤버함수를 재정의하고 싶다면 25번째 줄에 새로운 getModel() 멤버함수를 선언하면 됩니다.

실행 결과는 다음과 같습니다.

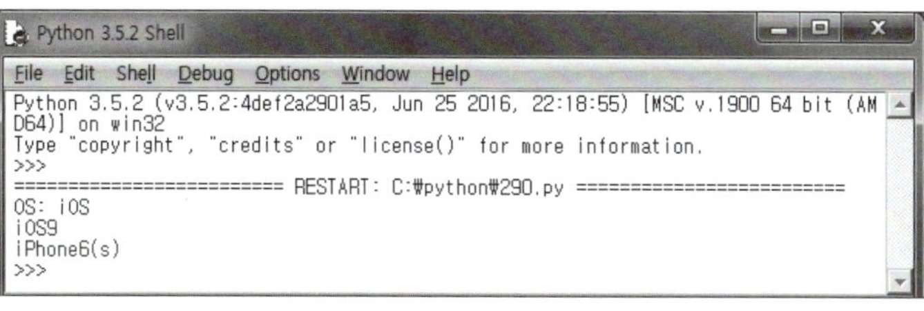

# 다중 파일 사용하기

- **학습 내용** : C 언어의 include 개념과 유사한 개념에 대해 학습합니다.
- **힌트 내용** : import문을 사용하여 다른 파일을 포함시킬 수 있습니다.

다중 파일을 사용하기 위해 다음과 같이 printstar.py, smartphone.py, 291.py 파일을 저장합니다.

**파일명1: printstar.py**

```
1: def print_star(star):
2:    for num in range(0, star, 1):
3:       print ('*', end='')
4:
5:    print ( '' )
```

**파일명2: smartphone.py**

```
1: class Smartphone:
2:    def __init__(self):
3:       self.os = 'Android'
4:       self.version = 'Marshmallow'
5:       self.model = 'Galaxy Note 7'
6:
7:    def getOS(self):
8:       return self.os
9:
10:    def getVersion(self):
11:       return self.version
12:
13:    def getModel(self):
14:       return self.model
```

**소스 : [예제-291].py**

```
1: import  printstar
2: import  smartphone as sphone
```

```
 3:
 4: printstar.print_star(5)
 5: printstar.print_star(10)
 6:
 7:
 8: class iPhone(sphone.Smartphone):
 9:   def __init__(self):
10:     self.os = 'iOS'
11:     self.version = 'iOS9'
12:     self.model = 'iPhone6(s)'
13:
14:   def getOS(self):
15:     return "OS: " + self.os
16:
17:
18: phone = iPhone()
19:
20: print (phone.getOS())
21: print (phone.getVersion())
22: print (phone.getModel())
```

파일명1번으로 저장한 printstar.py 파일 모듈을 읽어 포함시킵니다.　◆ 1

파일명2번으로 저장한 smartphone 파일 모듈을 읽어 포함시킵니다. 이름이 긴 경우 as를 사용하여　◆ 2
다시 명명할 수 있습니다.

printstar 모듈에 선언된 print_star() 함수를 호출합니다.　◆ 4, 5

smartphone 모듈에 선언된 Smartphone 클래스를 상속받아 iPhone 클래스를 선언합니다.　◆ 8

[예제 290]의 내용과 같습니다.　◆ 9~22

실행 결과는 다음과 같습니다.

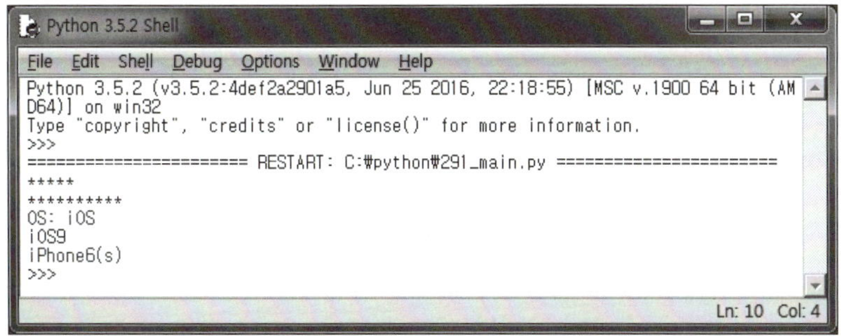

# 역삼각형 출력하기

- **학습 내용 :** 클래스를 사용하여 역삼각형을 출력합니다.
- **힌트 내용 :** 클래스 멤버 함수와 순환문을 사용하세요.

📁 소스 : [예제-292].py

```python
1: # Star 클래스 선언
2: class Star:
3:   def __init__(self):              # [예제 288]
4:     self.star_from = 10
5:     self.star_to = 0
6:
7:   def print_reversestar(self):     # [예제 283]
8:     for star_num in range(self.star_from, self.star_to, -1):
9:       for num in range(0, star_num, 1):
10:         print ('*', end='')
11:       print ( '' )
12:
13: star = Star()                 # Star 객체 생성
14: star.print_reversestar()      # print_reversestar() 함수 호출
```

2 ◆ Star 클래스를 선언합니다.

3~5 ◆ Star 클래스의 멤버변수를 초기화합니다.

7 ◆ print_reversestar() 멤버함수를 선언합니다.

8 ◆ 10부터 0까지 1씩 감소하는 for 문을 작성합니다.

9~11 ◆ 0부터 star의 수까지 반복되는 for 문을 작성합니다. 개행 없이 '*'을 반복하여 출력합니다. 마지막에 빈
문자열을 출력하여 개행을 합니다.

실행 결과는 다음과 같습니다.

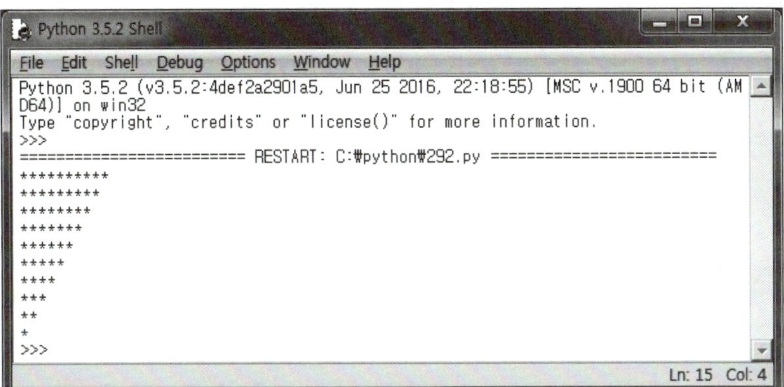

# 1에서 100까지의 합계 구하기

- **학습 내용 :** 클래스를 사용하여 1에서 100까지의 합을 출력합니다.
- **힌트 내용 :** 클래스 멤버 함수와 순환문을 사용하세요.

📁 **소스 : [예제-293].py**

```python
1: # Calc 클래스 선언
2: class Calc:
3:    def __init__(self, begin, end):
4:       self.begin = begin
5:       self.end = end
6:       self.hap = 0
7:
8:    def sum(self):  # [예제 283]
9:       for  value in range(self.begin, self.end+1, 1):
10:          self.hap += value
11:       return self.hap
12:
13:    def sum_even(self):
14:       for  value in range(self.begin+1, self.end+1, 2):
15:          self.hap += value
16:       return self.hap
17:
18: # CalcTo 클래스 선언(Calc 클래스 상속)
19: class CalcTo(Calc):
20:    def sum(self, to):
21:       for  value in range(self.begin, to+1, 1):
22:          self.hap += value
23:       return self.hap
24:
25: calc = Calc(1, 100)
26: print (calc.sum())
27: print (calc.sum_even())
28:
29: calcto = CalcTo(1, 100)
30: print (calcto.sum(1000))
```

Calc 클래스를 선언합니다. ◆ 2

클래스 멤버변수 초기화 함수에 매개변수를 사용합니다. ◆ 3

클래스 멤버변수 self.begin을 begin으로 초기화합니다. ◆ 4

클래스 멤버변수 self.end를 end로 초기화합니다. ◆ 5

sum() 멤버함수를 선언합니다. ◆ 8

self.end까지 합산하기 위해 self.end+1을 해줍니다. ◆ 9

sum() 멤버함수의 합산된 결과값을 반환합니다. ◆ 11

sum_even() 함수를 선언합니다. ◆ 13

짝수의 합을 합산하기 위해 self.begin+1을 하고 2씩 증가시킵니다. ◆ 14

Calc 클래스를 싱속하여 CalcTo 클래스를 선언합니다. ◆ 19

sum() 함수를 오버라이딩합니다. sum() 함수를 오버라이딩하면 부모클래스(Base Class)인 Calc 클래 ◆ 20
스에 선언된 sum() 함수 대신에 CalcTo 클래스에 선언된 sum() 함수가 호출됩니다. Calc 클래스와
달리 sum() 함수에 to 매개변수를 추가하여 매개변수로 지정한 값까지 합산할 수 있도록 하였습니다.

Calc 클래스를 생성하여 calc에 대입합니다. 생성 시 __init__ 에서 선언된 매개변수에 넘겨줄 값 1, ◆ 25
100을 지정합니다.

1에서 100까지의 합을 출력합니다. ◆ 26

1에서 100까지의 짝수합을 출력합니다. ◆ 27

CalcTo 클래스를 생성하여 calcto에 대입합니다. 생성 시 __init__ 에서 선언된 매개변수에 넘겨줄 ◆ 29
값 1, 100을 지정합니다.

1에서 1000까지의 합을 출력합니다. calcto.sum() 멤버함수는 to 매개변수가 있으므로 calc.sum() ◆ 30
과 다른 형태로 값을 입력하여 호출해야 합니다.

실행 결과는 다음과 같습니다.

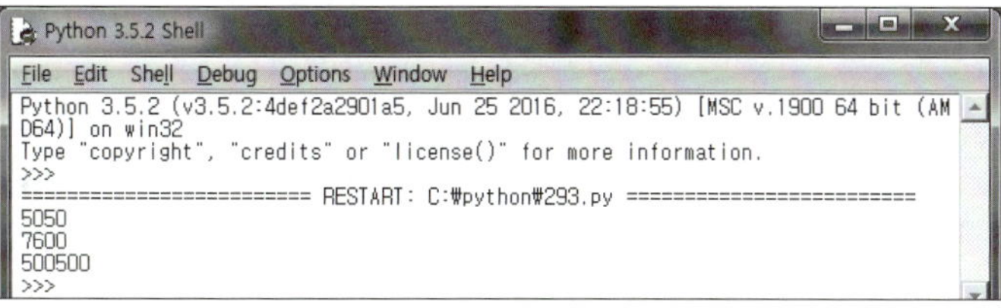

# 30에서 50 사이의 난수 만들기

- **학습 내용 :** 특정 난수를 발생시키는 방법을 학습합니다.
- **힌트 내용 :** random(), randint() 함수를 사용하세요.

📁 소스 : [예제-294].py

```python
 1: import random
 2:
 3: num = random.random()
 4: print (num)
 5:
 6: num = random.randint(30, 50)
 7: print (num)
 8:
 9: num = random.randrange(30, 50, 5)
10: print (num)
```

1 ◆ 난수 함수를 사용하기 위해 random 모듈을 임포트합니다.

3 ◆ 0.0에서 1.0보다 작은 난수를 발생시킵니다.

6 ◆ 30에서 50 사이의 난수를 발생시킵니다.

9 ◆ 30에서 50 사이의 난수를 5의 배수 단위로만 발생시킵니다. 30, 35, 40, 45, 50 중 하나의 값으로
만 난수가 발생합니다.

실행 결과는 다음과 같습니다.

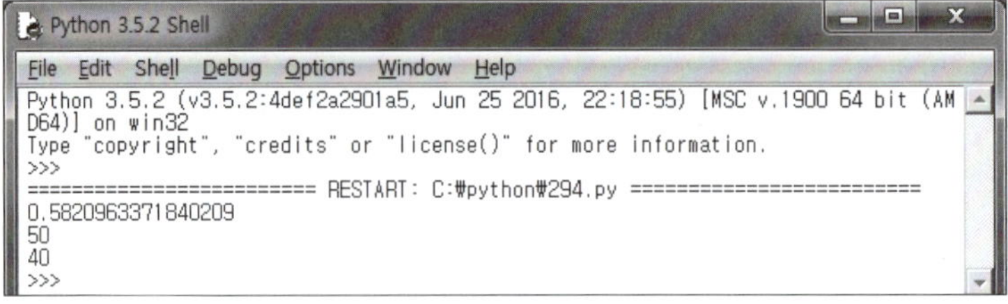

# 2진수와 16진수 연산하기

- **학습 내용 :** 10진수를 2진수와 16진수로 변환하는 방법을 학습합니다.
- **힌트 내용 :** bin(), hex() 함수를 사용하세요.

📁 소스 : [예제-295].py

```
 1: a = 16
 2: print (a)
 3:
 4: bin_a = bin(a)
 5: hex_a = hex(a)
 6:
 7: print (bin_a)          # 0b10000
 8: print (hex_a)          # 0x10
 9:
10: shift_a = a >> 2       # 4
11: print (shift_a)
12:
13: shift_a = shift_a << 2 # 16
14: print (shift_a)
15:
16: a = 255
17: print (a)
18: and_a = a & 0b00001010
19: print (and_a)          # 10
20: print (bin(and_a))     # 0b1010
21:
22: a = 3
23: or_a = a | 0b1100
24: print (or_a)           # 15
25: print (bin(or_a))      # 0b1111
26:
27: a = 0b1010
28: xor_a = a ^ 0b1010
29: print (xor_a)          # 0
30: print (bin(xor_a))     # 0b0
```

1 ◆ a에 16을 대입합니다.

4 ◆ a의 값을 2진수로 변환합니다. 변환된 값은 0b10000입니다.

5 ◆ a의 값을 16진수로 변환합니다. 변환된 값은 0x10입니다.

10 ◆ a의 값을 오른쪽으로 2비트 쉬프트 연산합니다. 쉬프트된 값은 4가 됩니다.

13 ◆ shift_a의 값을 왼쪽으로 2비트 쉬프트 연산합니다. 쉬프트된 값은 16이 됩니다.

16 ◆ a에 255를 대입합니다.

18 ◆ a의 값에 2진수값 00001010을 비트AND 연산합니다. AND 연산된 값은 0b1010입니다.

20 ◆ and_a의 값을 2진수로 출력합니다.

22 ◆ a에 3을 대입합니다.

23 ◆ a의 값에 2진수값 1100을 비트 OR 연산합니다. OR 연산된 값은 0b1111입니다.

25 ◆ or_a의 값을 2진수로 출력합니다. 2진수 값은 0b1111입니다.

27 ◆ a에 2진수 값 0b1010을 대입합니다.

28 ◆ a의 값을 XOR 연산합니다. XOR 연산은 비교할 자리의 값이 같은 경우 0으로 다른 경우 1이 됩니다. XOR 연산값은 모든 자리의 값이 같으므로 0이 됩니다. XOR 연산을 0b1111로 한다면 XOR 연산값은 0b0101이 됩니다.

실행 결과는 다음과 같습니다.

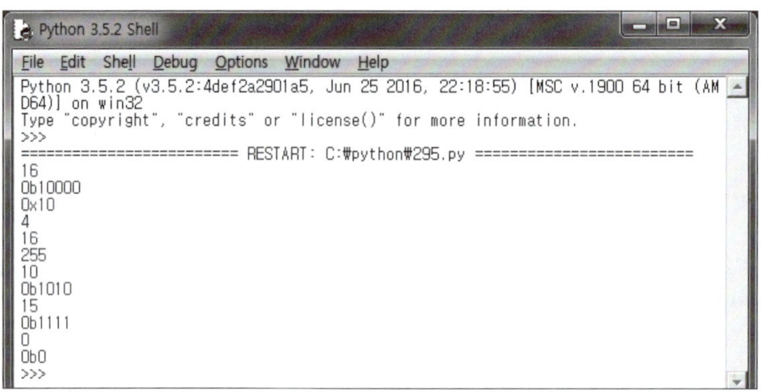

# TCP/IP 소켓 서버/클라이언트

- **학습 내용 :** 파이썬으로 TCP/IP 소켓 프로그래밍을 하는 방법을 학습합니다.
- **힌트 내용 :** C 언어와 사용방법이 유사합니다.

소스 : [예제-296server].py

```python
 1: import socket
 2:
 3: print ('파이썬 TCP/IP 서버 프로그래밍')
 4:
 5: HOST = '127.0.0.1'
 6: PORT = 10000
 7:
 8: server = socket.socket(socket.AF_INET, socket.SOCK_STREAM)
 9: server.bind( (HOST, PORT) )  # 튜플임에 주의
10: server.listen(1)
11:
12: print ('클라이언트 접속 대기 중...')
13: client, ipinfo = server.accept()      # 클라이언트 접속 대기
14:
15: print ('클라이언트 접속됨: ', ipinfo)
16:
17: buff = client.recv(4096)   # 4K
18:
19: print ('데이타 수신: ', repr(buff))
20:
21: client.close()
22: server.close()
```

TCP/IP를 사용하기 위한 소켓 모듈을 임포트합니다. ◆ 1

서버 IP를 지정합니다. 보통은 현재 PC의 로컬IP 127.0.0.1(localhost)을 입력합니다. [예제 269]를 ◆ 5
참조하기 바랍니다.

6 ◆ 포트번호를 입력합니다.

8 ◆ 소켓을 생성합니다.

9 ◆ 지정된 호스트와 포트번호를 바인드합니다. 호스토와 포트번호는 튜플 데이터형으로 묶어줘야 하므로 주의하기 바랍니다.

10 ◆ 동시에 접속받을 클라이언트 수를 매개변수로 listen() 함수를 호출합니다.

13 ◆ 클라이언트의 접속을 기다립니다. 클라이언트 접속 시 클라이언트 소켓(client)과 클라이언트 접속 정보(ipinfo)를 받습니다.

15 ◆ 클라이언트 접속 정보를 다음과 같이 출력합니다.

    ('127.0.0.1', 58946)

17 ◆ 클라이언트로부터 데이터를 수신합니다. 4096은 최대 수신할 크기이며, 4096보다 수신된 데이터가 적은 경우 그 크기만큼만 수신합니다.

19 ◆ 수신된 데이터를 출력합니다.

21 ◆ 클라이언트 소켓을 닫습니다.

22 ◆ 서버 소켓을 닫습니다.

📁 소스 : [예제-296client].py

```python
1: import socket
2:
3: print ('파이썬 TCP/IP 클라이언트 프로그래밍')
4: client = socket.socket(socket.AF_INET, socket.SOCK_STREAM)  # TCP/IP
5:
6: try:
7:     client.connect( ('127.0.0.1', 10000) )  # 튜플임에 주의
8:     client.sendall(b'Hello')
9:     client.close()
10: except:
11:     print ('서버에 접속할 수 없습니다.')
```

TCP/IP를 사용하기 위한 소켓 모듈을 임포트합니다.　　　　◆ 1

소켓을 생성합니다.　　　　◆ 4

서버에 접속합니다. 서버에 접속할 수 없는 경우 10번째 줄의 except가 실행됩니다.　　　　◆ 7

서버에 'Hello'를 전송합니다. 데이터를 바이트열로 전송하기 위해 문자열의 앞에 b를 사용합니다.　　　　◆ 8

클라이언트 소켓을 닫습니다.　　　　◆ 9

클라이언트가 서버에 접속되지 않거나 오류 발생 시 except로 프로그램이 진행됩니다.　　　　◆ 10

실행 결과는 다음과 같습니다.

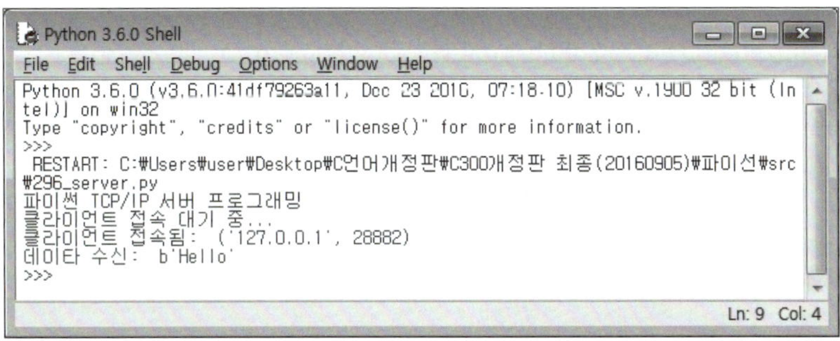

서버

클라이언트

# HTTP 사용하기

- **학습 내용 :** 파이썬으로 HTTP 프로그래밍을 하는 방법을 학습합니다.
- **힌트 내용 :** http, urllib 모듈을 사용하세요.

📁 소스 : [예제-297].py

```
 1: import http.client, urllib.parse
 2:
 3: # HTTP GET
 4: conn = http.client.HTTPSConnection("www.python.org")
 5: conn.request("GET", "/")
 6: r1 = conn.getresponse()
 7: print(r1.status, r1.reason)
 8:
 9: data1 = r1.read()   # 전체 페이지 내용 읽기
10: print (data1)
11:
12: #conn.request("GET", "/")
13: #r1 = conn.getresponse()
14: #while not r1.closed:
15: #   print(r1.read(200)) # 200 bytes
16:
17: conn.close()
18:
19: # HTTP POST
20: params = urllib.parse.urlencode({'@number': 12524, '@type': 'issue', '@action':
'show'})
21: headers = {"Content-type": "application/x-www-form-urlencoded",
22:         "Accept": "text/plain"}
23:
24: conn = http.client.HTTPConnection("bugs.python.org")
25: conn.request("POST", "", params, headers)
26: response = conn.getresponse()
27: print(response.status, response.reason)
28:
```

```
29: data = response.read()
30: print (data)
31:
32: conn.close()
```

HTTP를 사용하기 위한 모듈을 임포트합니다. ◆ 1

HTTP 접속을 합니다. ◆ 4

www.python.org의 내용을 요청합니다. ◆ 5

www.python.org로부터 결과를 수신합니다. ◆ 6

상태값과 상태코드를 출력합니다. 성공인 경우 "200 OK"가 출력됩니다. ◆ 7

진체 페이지 내용을 수신합니다. ◆ 9

전체 페이지 내용을 출력합니다. ◆ 10

전체 페이지 내용을 나눠서 200바이트씩 읽는 예입니다. ◆ 12~15

HTTP 소켓을 닫습니다. ◆ 17

HTTP POST를 위해 매개변수를 정의합니다. 매개변수는 '@매개변수명'과 같이 싱글쿼테이션으 ◆ 20
로 감싸야 하며 '@'로 시작합니다. 매개값은 정수인 경우 그대로 사용하고 문자열인 경우 'issue'와
같이 싱글쿼테이션으로 감싸야 합니다.

HTTP POST 헤더 파일 형식입니다. ◆ 21~22

서버(호스트)에 접속합니다. ◆ 24

HTTP POST 요청을 합니다. ◆ 25

서버로부터 요청 결과를 수신합니다. ◆ 26

서버로부터 받은 요청 결과를 출력합니다. ◆ 27

서버로부터 요청에 대한 데이터를 읽습니다. ◆ 29

HTTP 소켓을 닫습니다. ◆ 32

자세한 사용법은 https://docs.python.org/3.4/library/http.client.html을 참조하세요.

실행 결과는 다음과 같습니다.

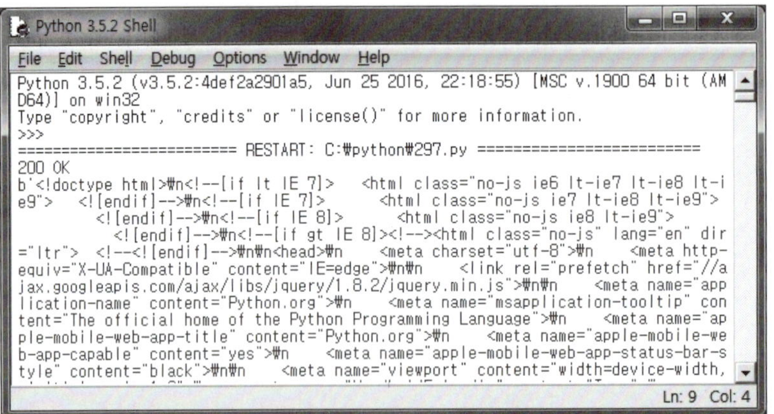

# FTP 클라이언트 만들기

- **학습 내용 :** 파이썬으로 FTP 클라이언트를 만드는 방법을 학습합니다.
- **힌트 내용 :** ftp 모듈을 사용하세요.

**소스 : [예제-298].py**

```
1: from ftplib import FTP
2: ftp = FTP('ftp.debian.org')     # connect to host, default port
3: ftp.login()                     # user anonymous, passwd anonymous@
4:
5: ftp.cwd('debian')               # change into "debian" directory
6: ftp.retrlines('LIST')           # list directory contents
7:
8: ftp.quit()
```

FTP를 사용하기 위한 모듈을 임포트합니다.                                    ◆ 1

FTP 사이트에 접속합니다.                                                  ◆ 2

FTP 사이트에 로그인합니다.                                                ◆ 3

디렉터리를 debian으로 변경합니다.                                         ◆ 5

디렉터리의 파일 리스트를 보여줍니다.                                       ◆ 6

FTP를 종료합니다.                                                        ◆ 8

자세한 사용법은 https://docs.python.org/3.4/library/ftplib.html를 참조하세요.

실행 결과는 다음과 같습니다.

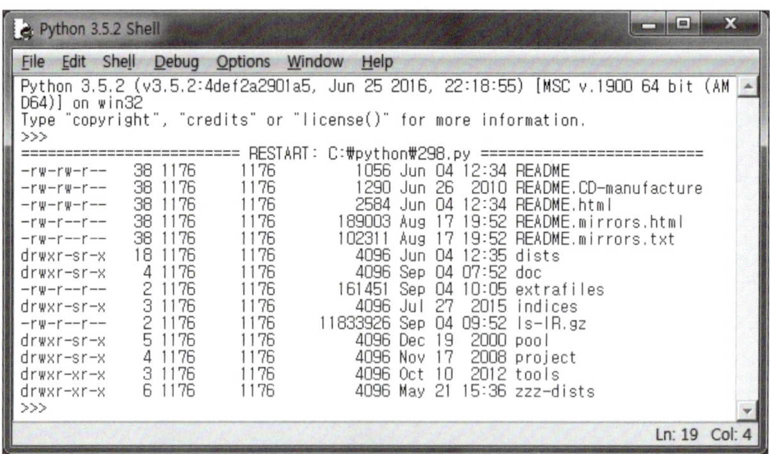

# SMTP 메일 클라이언트 만들기

- **학습 내용 :** 파이썬으로 메일 클라이언트(SMTP)를 만드는 방법을 학습합니다.
- **힌트 내용 :** smtplib 모듈을 사용하세요.

**소스 : [예제-299].py**

```python
 1: import smtplib
 2:
 3: fromaddr = 'eunchol71@naver.com'
 4: toaddrs  = 'ceo@k2apps.kr'
 5:
 6: msg = ("From: %s\r\nTo: %s\r\n\r\n"
 7:     % (fromaddr, ", ".join(toaddrs)))
 8: msg = msg + 'test mail'
 9:
10: server = smtplib.SMTP('localhost')
11: #server.set_debuglevel(1)
12: server.sendmail(fromaddr, toaddrs, msg)
13: server.quit()
```

메일을 보내기 위한 SMTP 모듈을 임포트합니다.   ◆ 1

송신자 메일 주소입니다.   ◆ 3

수신자 메일 주소입니다.   ◆ 4

메일 헤더를 만듭니다.   ◆ 6~7

본문 메시지를 추가합니다.   ◆ 8

SMTP 서버에 접속합니다.   ◆ 10

메일을 발송합니다.   ◆ 12

SMTP 접속을 종료합니다.   ◆ 13

자세한 사용법은 https://docs.python.org/3.4/library/smtplib.html를 참조하세요.

# MySQL 데이터베이스 사용하기

- **학습 내용 :** 파이썬으로 MySQL 데이터베이스를 사용하는 방법을 학습합니다.
- **힌트 내용 :** sqlite3 모듈을 사용하세요.

소스 : [예제-300].py

```python
1: import sqlite3
2:
3: conn = sqlite3.connect('example.db')
4: c = conn.cursor()
5:
6: # Create table
7: c.execute('''CREATE TABLE stocks
8:         (date text, trans text, symbol text, qty real, price real)''')
9:
10: # Insert a row of data
11:   c.execute("INSERT INTO stocks VALUES ('2006-01-05','BUY','RHAT',100,35.14)")
12:
13: # Save (commit) the changes
14: conn.commit()
15: conn.close()
```

1 ◆ MySQL을 사용하기 위한 sqlite3 모듈을 임포트합니다.

3 ◆ example.db에 접속합니다. example.db가 없을 경우 새로 생성합니다.

4 ◆ 커서를 생성합니다.

7~8 ◆ 커서를 사용해서 stocks테이블을 생성합니다.

11 ◆ 생성된 stocks 테이블에 1행을 삽입합니다.

14 ◆ 11번째 줄의 INSERT문을 example.db에 삽입합니다.

15 ◆ example.db 연결을 닫습니다.

example.db로부터 레코드를 읽으려면 다음과 같이 합니다.

📁 **소스 : [예제-300select].py**

```
 1: import sqlite3
 2:
 3: conn = sqlite3.connect('example.db')
 4: c = conn.cursor()
 5:
 6: t = ('RHAT',)
 7: c.execute('SELECT * FROM stocks WHERE symbol=?', t)
 8: print(c.fetchone())
 9:
10: conn.close()
```

MySQL을 사용하기 위한 sqlite3 모듈을 임포트합니다. ◆ 1

example.db에 접속합니다. example.db가 없을 경우 새로 생성합니다. ◆ 3

커서를 생성합니다. ◆ 4

stocks 테이블로부터 symbol이 RHAT인 것을 쿼리합니다. ◆ 6~7

쿼리 결과를 출력합니다. ◆ 8

example.db 연결을 닫습니다. ◆ 10

실행 결과는 다음과 같습니다.

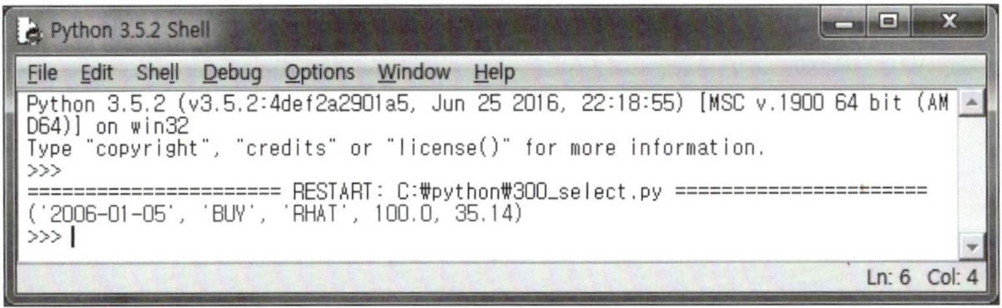

# A



A : 아두이노

B : 라즈베리 파이

초보자를 위한

# C언어 300제

# 아두이노 환경 설정하기

- **학습 내용 :** 아두이노 개발 환경인 스케치 프로그램을 설치하고 사용하는 방법을 학습합니다.
- **힌트 내용 :** https://www.arduino.cc/en/Main/Software에서 스케치를 다운로드합니다.

아두이노(Arduino)는 다음 그림과 같이 가로 6.86cm, 세로 5.34cm 크기의 소형 컴퓨터입니다.

아두이노(Arduino)로 프로그래밍을 하기 위해서는 다음과 같은 것을 준비해야 합니다.

| 기능 | 규격 | 필수 여부 |
| --- | --- | --- |
| 아두이노 | 아두이노 우노(Arduino UNO) | 필수 |
| 전원 공급 | USB A–B 케이블 | 필수 |
| 실습 준비물 | 브레드보드, 점퍼, 저항, LED | 옵션(실습 시 필수) |

## ▶ 아두이노 스케치 개발 환경(IDE) 설치하기

아두이노 프로그래밍을 하기 위해서는 아두이노 공식 홈페이지에서 스케치 프로그램을 다운로드
하여 설치합니다.

https://www.arduino.cc/en/Main/Software

윈도우용은 Windows Installer를 설치하면 되며, Mac, Linux용도 있으며, 현재(2017년 1월 1일)는 스케치의 버전이 1.8.0인데 이 버전은 계속 업데이트되므로 관계없이 사용하면 됩니다.

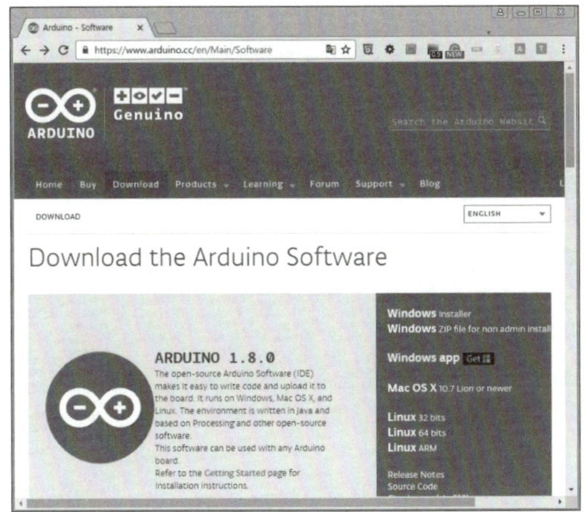

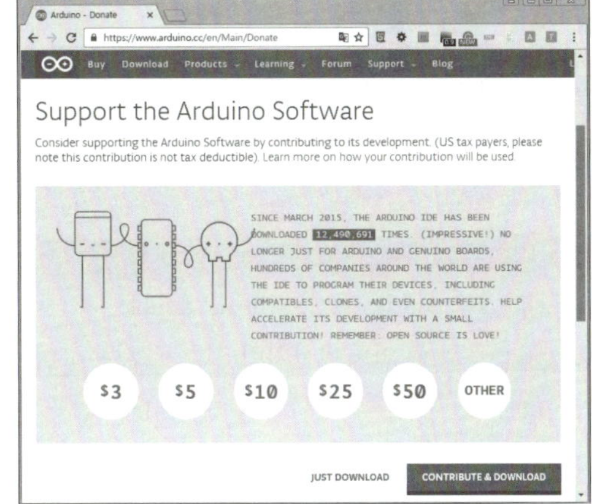

다운로드한 arduino-1.8.0-windows.exe 프로그램을 실행하여 아두이노용 개발 프로그램인 '스케치'를 설치합니다. 설치한 후 실행하면 다음과 같은 스케치 개발 화면(IDE)이 보여집니다.

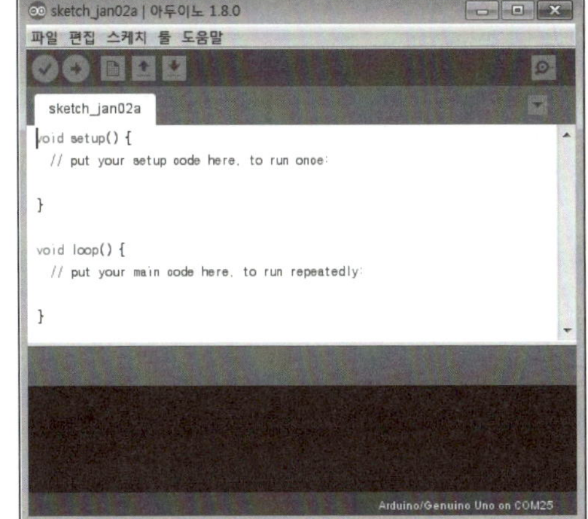

USB A-B 케이블로 PC와 아두이노를 연결합니다. 그러면 작성된 프로그램을 아두이노로 업로드하여 실행할 수 있습니다. 다음 표는 각 버튼의 기능입니다.

| | | | | | |
|---|---|---|---|---|---|
| ✔ | 확인(컴파일) | ➡ | 업로드(아두이노로 프로그램 업로드) | 🗋 | 새 파일(새로운 창) |
| ⬆ | 열기(기본 소스코드) | ⬇ | 저장하기 | | |

# 아두이노 프로그래밍



아두이노로 프로그래밍을 하는 것은 C 언어와 대부분 유사합니다. if~else, for, while, do~while, switch~case~break, break, float, double, ++, --, +=, -=, *=, /=, 〉, 〈, 〉=, 〈=, !=, ==, &&, || 등은 C 언어에서처럼 그대로 사용하며, 다음 표에 있는 것은 C 언어와 매칭되는 데이터형입니다.

| C 언어 | 아두이노 | C 언어 | 아두이노 | C 언어 | 아두이노 | C 언어 | 아두이노 |
|---|---|---|---|---|---|---|---|
| unsigned char | byte | short | int | unsigned short | unsigned int | unsigned int | unsigned long |

또한, 아두이노는 참과 거짓을 구분하는 boolean형이 별도로 있습니다.

다음은 아두이노에서 사용하는 함수들에 대한 설명입니다.

| 함수 | 설명 |
|---|---|
| setup() | 초기화 작업을 하는 함수. 실행 시 제일 처음 호출되어 1회만 실행 |
| loop() | 무한 반복되는 함수, 이곳에 메인 프로그래밍을 함 |
| pinMode(pin, mode) | 디지털 핀에 대한 입출력으로 설정, pin(1~13), mode(INPUT, OUTPUT) |
| digitalWrite(pin, value) | 디지털 핀에 출력함, pin(1~13), value(HIGH, LOW) |
| int digitalRead(pin) | 디지털 핀의 값을 읽음, pin(1~13), return(HIGH, LOW) |
| int analogRead(pin) | 아날로그 핀의 값을 읽음, pin(0~5), return(0V : 0, 5V : 1023) |
| analogWrite(pin, value) | 아날로그 핀에 값을 출력, pin(3, 5, 6, 9, 10, 11), value(0~255 : 0~5V) |
| unsigned long millis() | 현재 시간을 밀리 초로 반환 |
| delay(ms) | 시간을 지연시킴(대기함), ms=지연시킬 1/1000초 |
| delayMicroseconds(us) | 마이크로초만큼 시간을 지연시킴(대기함), us=1/1000000초 |
| constrain(x, a, b) | x는 a보다 크거나 같고, b보다 작거나 같은 값을 반환(a~b 사이의 값) |

| | |
|---|---|
| max, min, abs,pow, sqrt, sin, cos, tan | 기타 수학함수 |
| randomSeed(seed) | 난수값 초기화 |
| long random(max) | max 이하의 난수 |
| long random(min, max) | min~max 사이의 난수 |
| Serial.begin(speed) | 시리얼 통신 초기화, speed(9600) |
| Serial.print(data) | 시리얼로 데이터 전송 |
| Serial.print(data, encoding)<br>Serial.println(data, ...) | – 시리얼로 데이터 전송, println(...)은 캐리지리턴(₩r₩n)을 포함하여 전송<br>– encoding(HEX: 16진수, OCT: 8진수, BIN: 2진수, BYTE: 문자) |
| int Serial.available() | 시리얼로 읽을 잔여 바이트 수 |
| int Serial.read() | 시리얼로부터 1바이트 읽음 |
| Serial.flush() | 시리얼 버퍼 모두 비우기 |

# 아두이노-LED 깜빡이기

- **학습 내용 :** LED를 깜빡입니다.
- **힌트 내용 :** 출력포트 13번을 사용하여 digitalWrite() 함수에 HIGH, LOW를 출력합니다.

그림과 같이 맨 위에 있는 AREF는 비워놓고 GND에 LED의 짧은 다리를 연결하고 13번에 LED 긴 다리를 연결합니다.

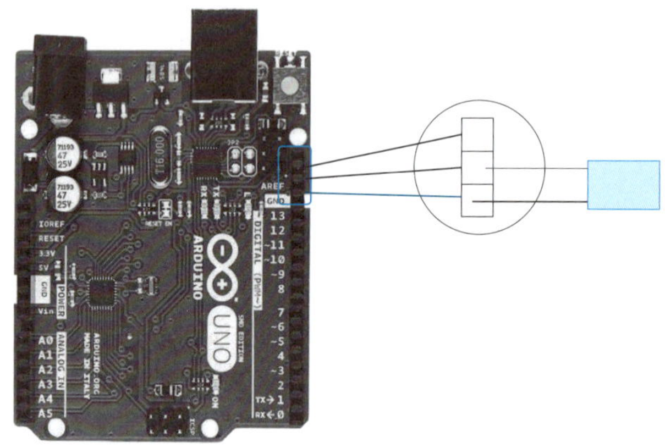

다음과 같이 프로그램을 작성합니다.

```
void setup() {
  pinMode(13, OUTPUT);
}
void loop() {
  digitalWrite(13, HIGH);
  delay(500);
  digitalWrite(13, LOW);
  delay(500);
}
```

프로그램이 완료되면 [확인] 버튼을 클릭하여 컴파일한 후 [업로드] 버튼을 클릭하여 업로드합니다. 그러면 0.5초마다 LED가 깜빡이는 것을 볼 수 있습니다.

# 아두이노–LED 순차 점멸

이번 예제는 디지털 출력 단자를 3개 사용하여 LED를 순차적으로 점멸합니다.

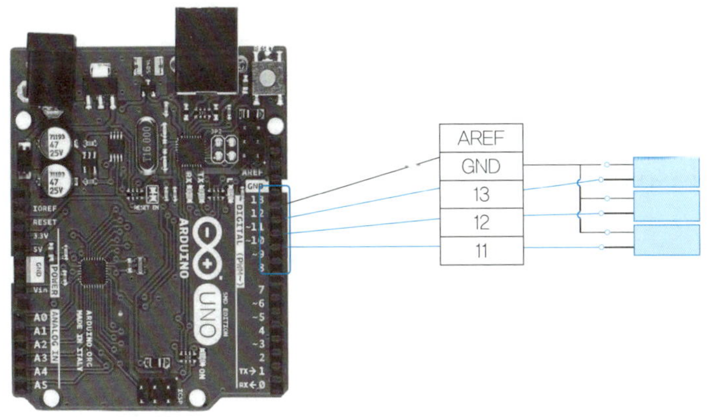


만능기판이나 브레드보드를 사용하여 LED의 짧은 다리는 GND에 모두 연결하고, LED의 긴 다리는 디지털출력 단자 11번~13번을 각각 연결합니다.

그런 다음, 다음과 같이 프로그램을 작성합니다.

```
void setup( ) {
  pinMode(13, OUTPUT);        // 13번을 출력으로 설정
  pinMode(12, OUTPUT);        // 12번을 출력으로 설정
  pinMode(11, OUTPUT);        // 11번을 출력으로 설정
}

void loop( ) {
  int LED = 13;               // 처음으로 사용할 LED 핀을 설정
  int d = -1;
  int speed = 300;            // LED가 켜진 후 지연시킬 시간을 설정(밀리초)
```

```
digitalWrite(LED, HIGH);      // 13번 핀에 연결된 LED를 켬
delay(speed);                 // 0.3초 지연시킴
digitalWrite(LED, LOW);       // 13번에 연결된 LED를 끔
LED += d;                     // LED 번호를 1 감소 또는 증가시킴
digitalWrite(LED, HIGH);      // 12번에 연결된 LED를 켬
delay(speed);                 // 0.3초 지연시킴
digitalWrite(LED, LOW);       // 12번에 연결된 LED를 끔
LED += d;                     // LED 번호를 1 감소 또는 증가시킴
digitalWrite(LED, HIGH);      // 11번에 연결된 LED를 켬
delay(speed);                 // 0.3초 지연시킴
digitalWrite(LED, LOW);       // 11번에 연결된 LED를 끔
delay(speed);                 // 0.3초 지연

d = d * -1;                   // LED의 방향을 변경하기 위해 -1을 곱함
}
```

프로그램을 실행하면 LED는 13, 12, 11, 11, 12, 13, 13, 12, 11의 순서로 반복하면서 깜빡이게 됩니다.

# 아두이노—LED 피아노 건반처럼 깜빡이기



- **학습 내용 :** LED를 피아노 건반처럼 깜빡입니다.
- **힌트 내용 :** 배열과 지연(delay)을 사용하세요.

이번에는 LED를 사용하여 학교종이 땡땡땡에 맞게 피아노 건반처럼 깜빡여 보겠습니다. 디지털 출력 단자는 피아노 건반에 맞게 8(도), 9(레), 10(미), 11(파), 12(솔), 13(라)으로 할 것입니다.

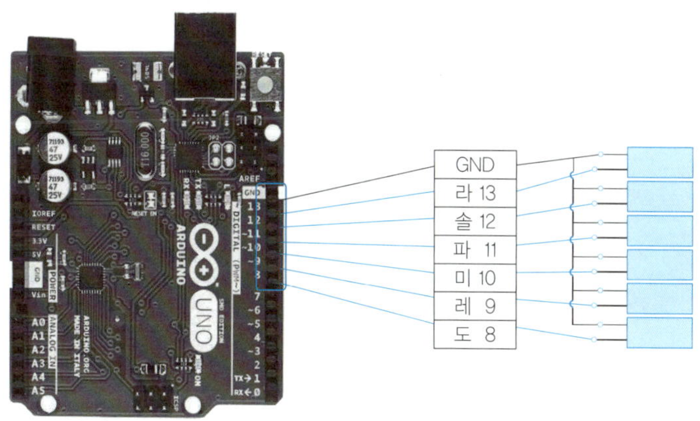


만능기판이나 브레드보드를 사용하여 LED의 짧은 다리는 GND에 모두 연결하고, LED의 긴 다리는 디지털출력 단자 8번~13번을 각각 연결합니다.

그런 다음, 다음과 같이 프로그램을 작성합니다.

```
void setup() {
  pinMode(13, OUTPUT);    // 라
  pinMode(12, OUTPUT);    // 솔
  pinMode(11, OUTPUT);    // 파
  pinMode(10, OUTPUT);    // 미
  pinMode(9, OUTPUT);     // 레
  pinMode(8, OUTPUT);     // 도
}

void loop() {
```

```
int t = 2;
// 솔 솔 라 라 솔 솔 미 솔 솔 미 미 레 솔 솔 라 라 솔 솔 미 솔 미 레 미 도
int LED[] = { 12, 12, 13, 13, 12, 12, 10, 12, 12, 10, 10,  9, 12, 12, 13, 13, 12, 12, 10, 12, 10, 9, 10, 8 };
// LED 켜진 후 지연 시간
int S[]   = {  1,  1,  1,  1,  1,  1,  2,  1,  1,  1,  1,  2,  1,  1,  1,  1,  1,  1,  2,  1,  1,  1, 1, 2 };
// LED 꺼진 후 지연 시간
int P[]   = {  1,  1,  1,  1,  1,  1,  2,  1,  1,  1,  1,  6,  1,  1,  1,  1,  1,  1,  2,  1,  1,  1, 1, 6 };
int speed = 250;
for( int i=0; i<24; i++ ) {
    digitalWrite(LED[i], HIGH);     // LED를 ON
    delay(speed*S[i]);              // LED를 켜고 지연시킬 시간
    digitalWrite(LED[i], LOW);      // LED를 OFF
    delay(speed*P[i]);              // LED를 끄고 지연시킬 시간
  }
}
```

# 라즈베리 파이–리눅스 운영체제 설치하기

- **학습 내용**: 리눅스 운영체제를 설치합니다.
- **힌트 내용**: SD 카드를 사용하세요.

라즈베리 파이(Raspberry Pi) 프로그래밍을 하기 위해서는 다음과 같이 준비해야 합니다.

| 기능 | 규격 | 필수 여부 |
| --- | --- | --- |
| 라즈베리 파이 본체 | Raspberry Pi 3 B | 필수 |
| 마이크로 SD 카드 | 8(또는 16)GB~64GB | 필수 |
| 마이크로 SD 카드 어댑터 | 마이크로 SD 카드 리눅스 설치용 | 필수 |
| 전원공급어댑터 | 5V 700mA 이상(스마트폰용 가능) | 필수 |
| 키보드 | USB 키보드 | 필수 |
| 마우스 | USB 마우스 | 필수 |
| 모니터 케이블 | HDMI | 필수 |
| 모니터 | LCD 모니터(HDMI 단자 호환용) | 필수 |
| 유선 인터넷 | 이더넷 케이블 | 옵션(사용 시 필수) |
| 무선 인터넷 | 기본 내장됨 | 필요 없음 |
| 블루투스 | 기본 내장됨 | 필요 없음 |
| 카메라 |  | 옵션(실습 시 필수) |

라즈베리 파이는 리눅스를 기본 운영체제로 합니다. 리눅스는 다양한 배포판이 있으며 라즈비안, 우분투 등이 많이 사용됩니다.

## ▶ 라즈비안 설치

새로 구매한 SD 카드는 이미 포맷이 된 상태이므로 ❶~❷ 과정은 건너뛰고 ❸ NOOBS 다운로드 과정부터 진행하면 됩니다.

### ❶ SD 카드 포매터 다운로드

다음의 경로에서 SD 카드를 포맷할 수 있는 소프트웨어를 다운로드 받습니다.

https://www.sdcard.org/downloads/formatter_4/eula_windows/index.html

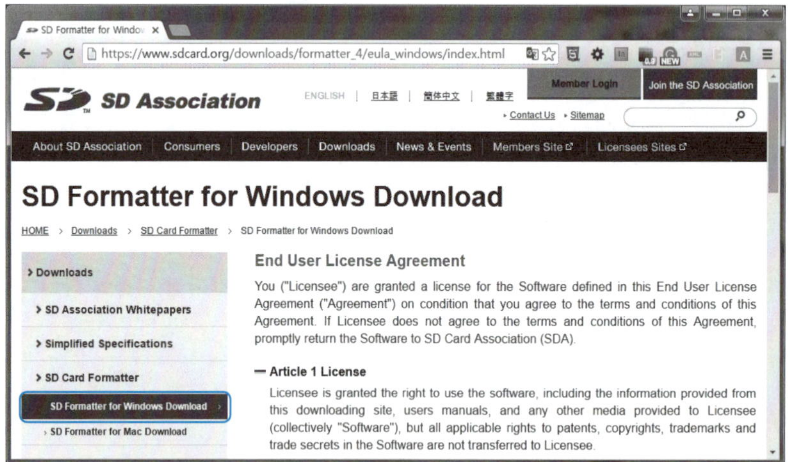

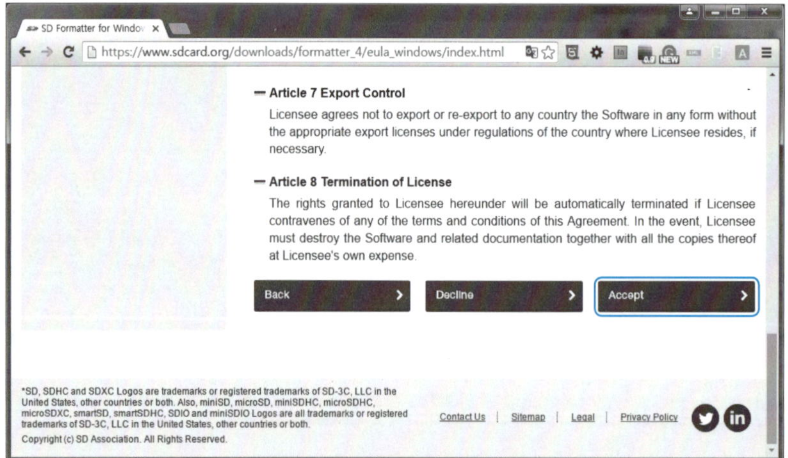

다운로드 받은 파일은 SDFormatterv4.zip이며, 파일 크기는 6MB 정도 됩니다.

## ❷ SD 카드 포맷

SDFormatterv4.zip 프로그램의 압축을 풀고 setup.exe를 실행하여 설치합니다. 설치가 완료되면
SD 카드를 USB SD 카드 어댑터에 삽입한 후, 바탕화면에서 SDFormatter 아이콘을 실행합니다.
그런 다음, [Option] 버튼을 클릭하여 [FORMAT SIZE ADJUSTMENT]를 [ON]으로 설정합니다.

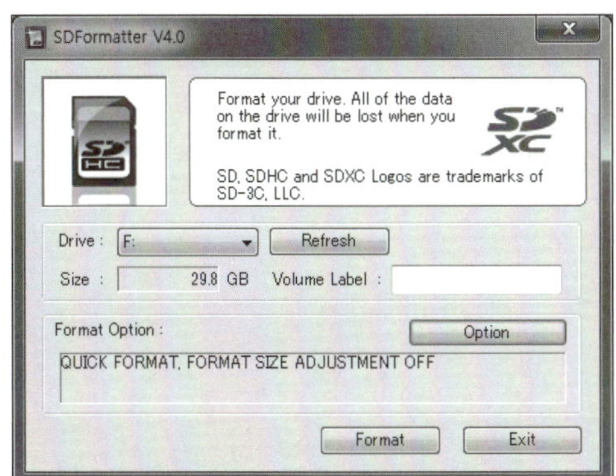
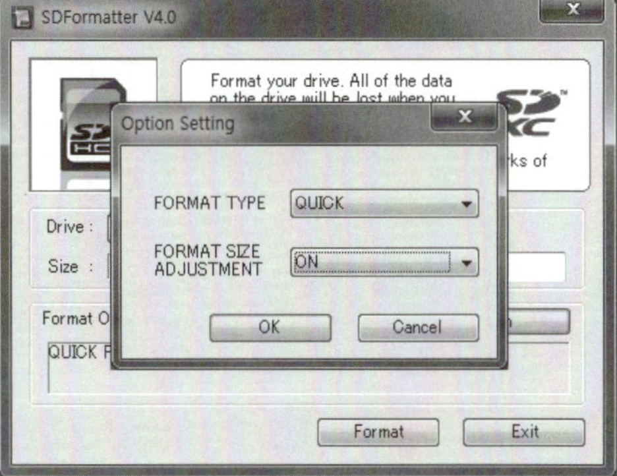

준비가 완료되었으면 [Format] 버튼을 클릭하여 포맷을 진행합니다. 데이터가 지워지고 복구되지 않는다는 영문 메시지가 2회 보이는데 중요한 데이터인지 다시 확인한 후 [확인] 버튼을 클릭하여 포맷을 진행합니다. 10초 정도 후에 포맷이 완료되었다는 메시지가 보여집니다.

## ❸ NOOBS 다운로드

다음의 경로에서 리눅스를 설치할 수 있는 NOOBS 소프트웨어를 다운로드 받습니다. 왼쪽의 딸기 모양이 있는 [NOOBS]를 클릭합니다.

https://www.raspberrypi.org/downloads/

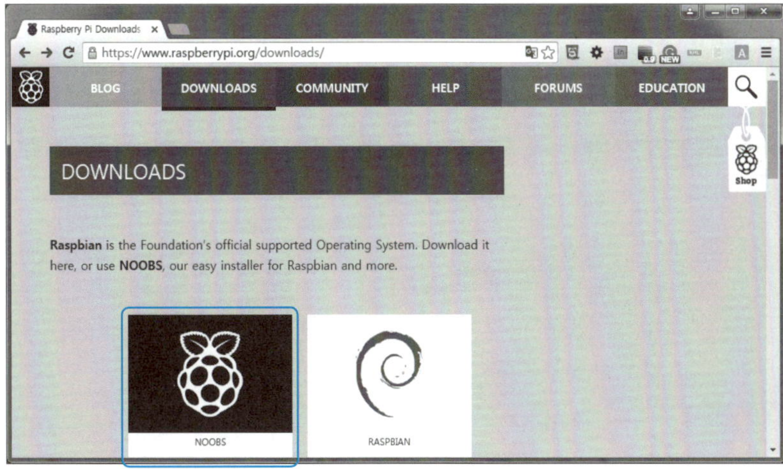

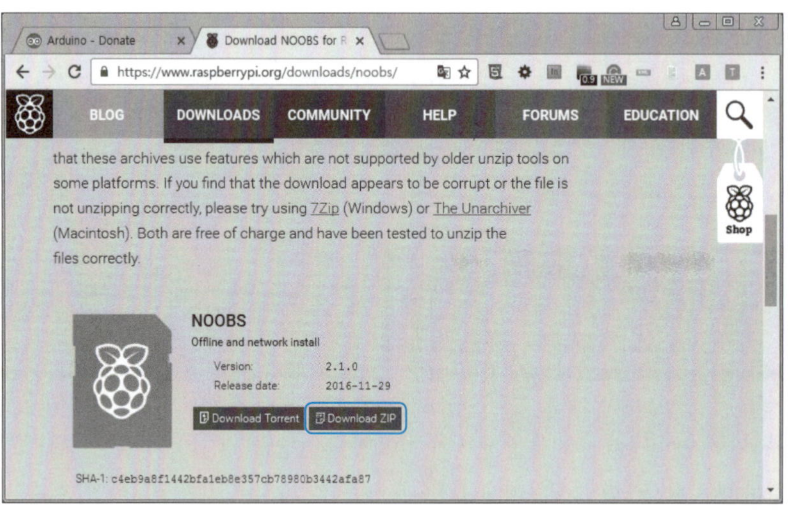

다운로드 받은 파일은 NOOBS_v2_1_0.zip이며, 파일 크기는 1.09GB 정도 됩니다. 파일명은 버전에 따라 NOOBS_xx_x_x.zip과 같이 업그레이드된 버전으로 변경될 수 있으므로 파일명이 달라도 그대로 받아 사용하면 됩니다.

### ❹ 리눅스 운영체제 설치 파일 복사

NOOBS_v2_1_0.zip 프로그램의 압축을 푼 후, 모든 내용을 조금 전에 포맷한 SD 카드에 복사합니다.

### ❺ 라즈베리 파이 구성요소

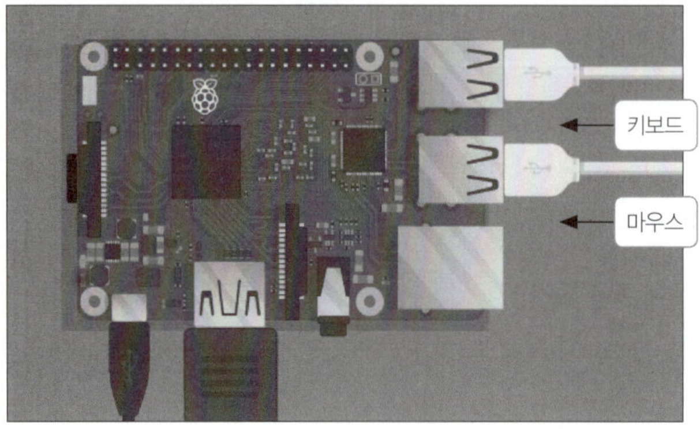

## ❻ 라즈비안 리눅스 운영체제 설치

SD 카드를 라즈베리 파이 보드에 삽입하고 USB 키보드와 마우스, 모니터를 연결합니다. 모두 연결이 되면 전원을 연결합니다. 다음은 라즈베리 파이가 실행된 모습입니다.

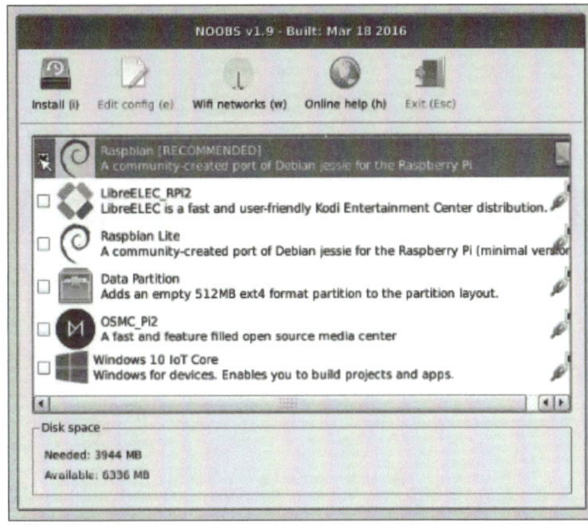

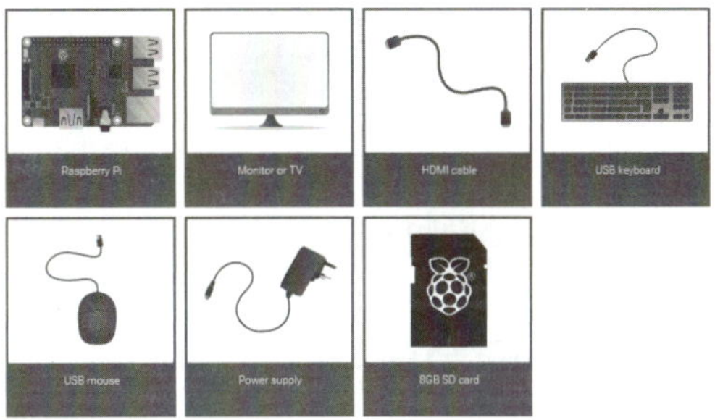

화면 상단의 [Wifi networks] 버튼을 눌러 Wi-Fi를 연결합니다. 설치 항목 중 첫 번째 라즈비안 (Raspbian)을 선택한 후 [Install]을 클릭해 설치를 진행합니다. 설치는 30분 정도 소요됩니다. 설치 가 완료되면 설치 완료 메시지 창이 보여지며, [OK] 버튼을 클릭해 리눅스를 재부팅하면 라즈비안 파이 전용 GUI 환경(PIXDE)이 실행됩니다.

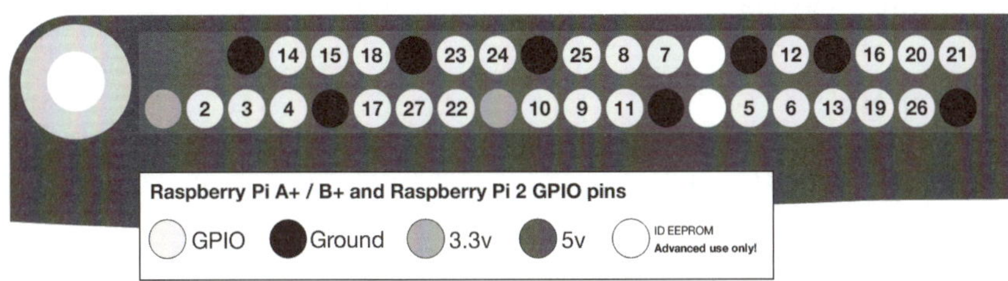

# 라즈베리 파이–설정하기



- **학습 내용 :** 시스템을 업데이트하고 한글을 사용할 수 있도록 설정합니다.
- **힌트 내용 :** sudo apt-get update, sudo apt-get install을 사용합니다.

네트워크는 LAN 케이블을 연결하거나 Wi-Fi를 설정하면 됩니다.

## ▶ 무선 Wi-Fi 연결하기

라즈비안 데스크톱 화면의 오른쪽 위의 네트워크 아이콘을 클릭하여 Wi-Fi 목록에서 Wi-Fi 네트워크에 연결할 수 있습니다.

## ▶ 시스템 업데이트 & 업그레이드

라즈비안을 사용하기 전에 시스템 업데이트와 업그레이드를 합니다. 다음과 같이 실행해 라즈비안을 업그레이드합니다. 설치 중 뭔가를 물어보면 Y를 입력한 후 [Enter]를 누릅니다.

```
$pi@raspberrypi ~ $ sudo apt-get update
$pi@raspberrypi ~ $ sudo apt-get dist-upgrade
```

(업그레이드가 1시간 이상 걸릴 수 있음)

## ▶ 한글 폰트 설치

한글은 다음과 같이 설치합니다.

```
$pi@raspberrypi ~ $ sudo apt-get install ttf-unfonts-core
```

## ▶ 한글 입력기 설치

한글 입력기는 다음과 같이 설치합니다.

```
$pi@raspberrypi ~ $ sudo apt-get install ibus ibus-hangul
```

# 라즈베리 파이–웹서버 Apache와 PHP 설치하기

- **학습 내용** : 웹서버로 사용할 수 있는 아파치를 설치합니다.
- **힌트 내용** : sudo apt-get install apache2로 아파치를 설치하세요.

유선 LAN과 Wi-Fi 연결 등을 완료하였으므로 리눅스의 특성에 맞게 원격접속을 통해 리눅스를 사용하는 것이 좋을 것입니다. 라즈베리 파이 보드의 IP를 확인한 후 PuTTY를 통해 접속하고 사용하면 됩니다. PuTTY 프로그램이 설치되어 있지 않다면 인터넷을 통해 설치하기 바랍니다.

## ▶ 원격 접속 환경 설정

원격 접속을 위해 Raspberry Pi Software Configuration Tool을 다음과 같이 실행합니다.

```
$pi@raspberrypi ~ $ sudo raspi-config
```

Raspberry Pi Software Configuration Tool이 실행되면 메뉴에서 5 Interfacing Options 〉 P2 SSH를 선택합니다. 그리고 Would you like the SSH server to be enabled?에서 〈Yes〉를 선택하고 〈OK〉를 누른 후 좌우 방향키로 〈Finish〉를 선택하면 시스템이 재시작됩니다. 재시작 후 라즈베리 파이 보드의 IP를 다음과 같이 확인할 수 있습니다. 재시작이 자동으로 안 되면 수동으로 재시작을 해주세요.

```
$pi@raspberrypi:/ $ hostname –I
192.168.23.12 (여러분의 환경에 따라 IP는 달라질 수 있습니다)
```

## ▶ PuTTY 실행

http://www.putty.org/ 에서 PuTTY를 다운로드 받은 후 실행합니다. HostName에 라즈베리 파이 리눅스 서버의 IP를 입력한 후 [Open]을 클릭합니다. PuTTY로 처음 접속을 하면 공개키를 물어보는 데 [Yes]를 선택하면 됩니다. 그리고 login as는 'pi'를 password는 'raspberry'를 입력합니다.

```
login as: pi [enter]
password: raspberry [enter]
```

PuTTY 접속이 안 되는 경우는 라즈베리 파이를 유선 LAN으로 연결한 후 PC(또는 노트북)도 유선 LAN으로 연결해 보세요.

### ▶ 아파치(Apache2) 설치하기

리눅스는 서버에 웹서버를 설치하여 운영할 수 있습니다. 다음과 같이 설치를 합니다.

```
$pi@raspberrypi:/ $ sudo apt-get install apache2
```

설치가 완료되면 아파치(Apache2)는 자동으로 시작됩니다. 아파치는 다음과 같은 명령으로 시작과
종료를 합니다.

```
$pi@raspberrypi:/ $ sudo service apache2 start(또는 stop/restart)
```

다음은 웹 브라우저에서 라즈베리 파이 IP(192.168.x.x)로 접속한 화면입니다.

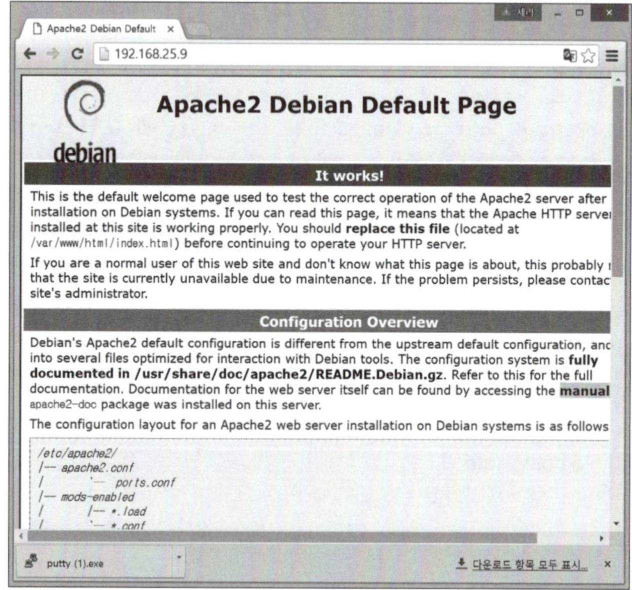

라즈베리 파이에서 HTML 파일을 작성하여 서비스하려면 다음 경로에서 작성해야 합니다.

```
pi@raspberrypi:/ $ cd /var/www/html/
```

리눅스는 접근 권한에 따라 디렉터리를 제어할 수 있기 때문에 홈페이지를 만들기 위해서는 다음
과 같이 www-data를 소유자로 등록해야 합니다.

```
pi@raspberrypi:/ $ sudo chown -R www-data:www-data /var/www
pi@raspberrypi:/ $ sudo chmod -R 775 /var/www
```

그런 다음 pi 사용자를 www-data 그룹에 추가해줍니다.

```
pi@raspberrypi:/ $ sudo usermod -a -G www-data pi
```

## ▶ PHP 설치하기

다음과 같이 PHP를 설치합니다.

```
pi@raspberrypi:/ $ sudo apt-get install php5
pi@raspberrypi:/ $ sudo apt-get install php5-mysql
```

PHP가 정상적으로 동작하는지 확인하기 위해 다음과 같이 info.php를 작성합니다.

```
pi@raspberrypi:/ $ cd /var/www/html/          ◀── 작성할 디렉터리로 이동
pi@raspberrypi:/ $ sudo nano info.php
<?php phpinfo(); ?>
```

편집 창에서 위와 같이 작성한 후 `Ctrl` + `O` 를 눌러 저장합니다. 그런 다음, 브라우저에서 http://192.168.x.x/info.php를 실행합니다.

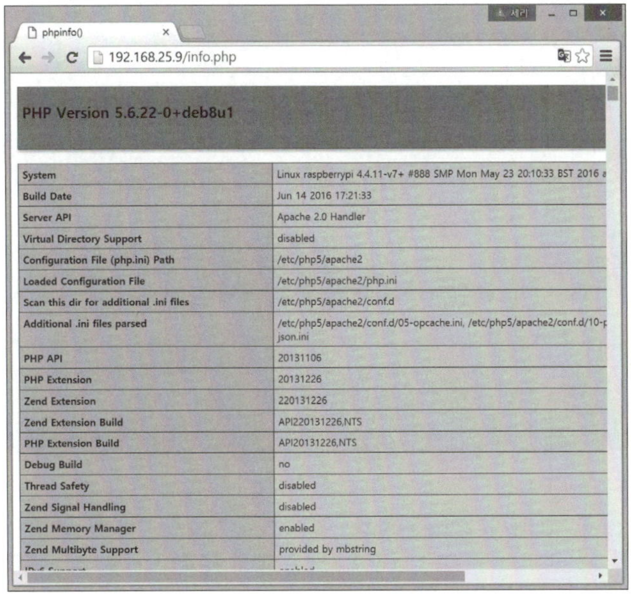


| System | Linux raspberrypi 4.4.11-v7+ #888 SMP Mon May 23 20:10:33 BST 2016 a |
| --- | --- |
| Build Date | Jun 14 2016 17:21:33 |
| Server API | Apache 2.0 Handler |
| Virtual Directory Support | disabled |
| Configuration File (php.ini) Path | /etc/php5/apache2 |
| Loaded Configuration File | /etc/php5/apache2/php.ini |
| Scan this dir for additional .ini files | /etc/php5/apache2/conf.d |
| Additional .ini files parsed | /etc/php5/apache2/conf.d/05-opcache.ini, /etc/php5/apache2/conf.d/10-p json.ini |
| PHP API | 20131106 |
| PHP Extension | 20131226 |
| Zend Extension | 220131226 |
| Zend Extension Build | API220131226,NTS |
| PHP Extension Build | API20131226,NTS |
| Debug Build | no |
| Thread Safety | disabled |
| Zend Signal Handling | disabled |
| Zend Memory Manager | enabled |
| Zend Multibyte Support | provided by mbstring |

아파치 서버를 재시작합니다.

```
pi@raspberrypi:/ $ sudo service apache2 restart
```

- **학습 내용 :** 데이터베이스를 설치합니다.
- **힌트 내용 :** sudo apt–get install mysql–server mysql–client mysql–common libmysqlclient–dev로 MySQL을 설치하세요.

MySQL은 리눅스에서 가장 많이 사용되는 데이터베이스 중 하나입니다. 다음 명령으로 MySQL을 설치합니다.

```
pi@raspberrypi:/ $ sudo apt-get install mysql-server mysql-client mysql-common
libmysqlclient-dev
```

설치 시에 root의 password 입력 창이 보여지면 사용할 비밀번호를 입력합니다.

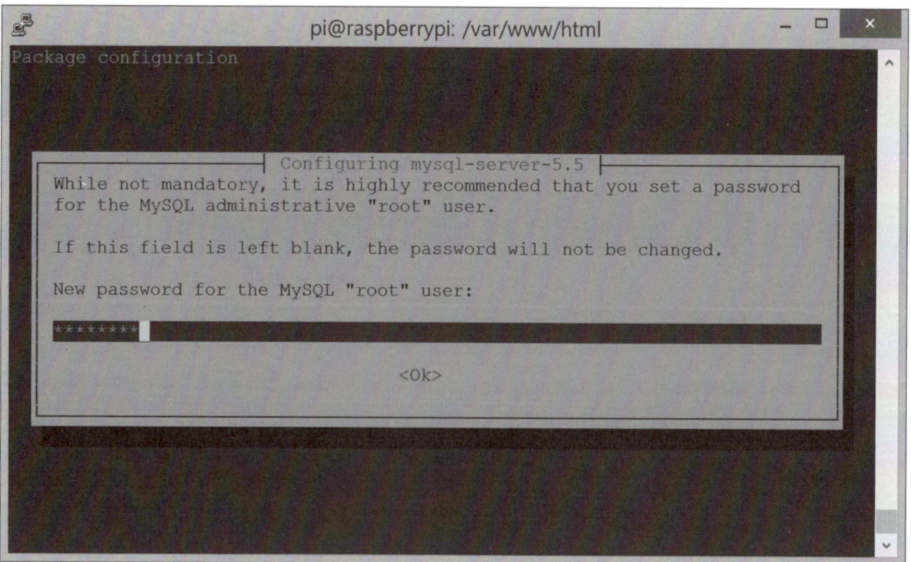


설치가 잘 되었는지 확인해 봅니다. password는 설치 시에 입력한 비밀번호를 입력하면 됩니다.

```
pi@raspberrypi:/ $ sudo mysql –u  root  -p [Enter]
```

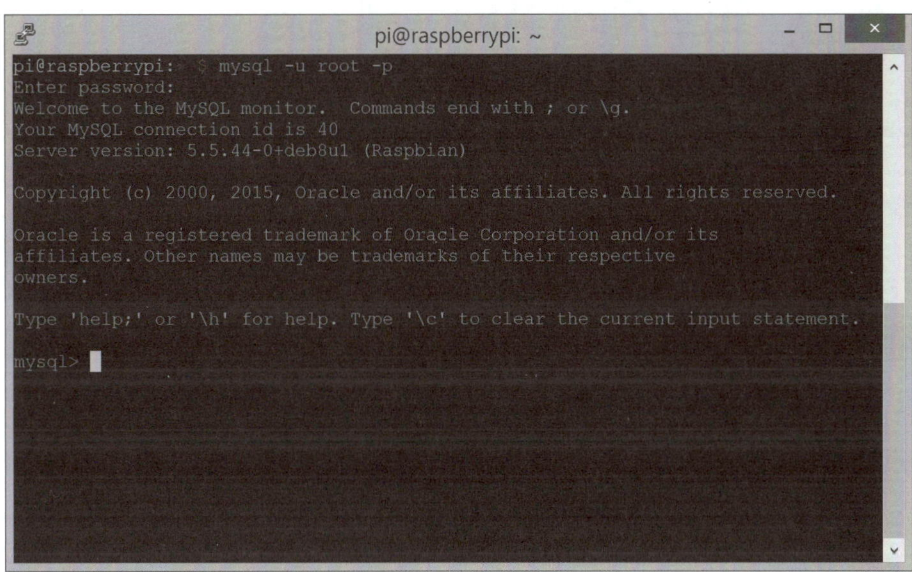


MySQL을 나가려면 exit을 입력합니다.

MySQL을 정지하려면 다음과 같이 실행합니다.

```
pi@raspberrypi:/ $ sudo service mysql stop
```

MySQL을 시작하려면 다음과 같이 실행합니다.

```
pi@raspberrypi:/ $ sudo service mysql start
```

MySQL을 재시작하려면 다음과 같이 실행합니다.

```
pi@raspberrypi:/ $ sudo service mysql restart
```

만약 다시 설치하려면 MySQL을 모두 제거해야 합니다. MySQL은 다음과 같이 제거합니다.

```
pi@raspberrypi:/ $ sudo apt-get remove --purge mysql\*
```

# 라즈베리 파이-테스트 DB 생성하기

- **학습 내용 :** 데이터베이스를 생성합니다.
- **힌트 내용 :** CREATE TABLE 명령을 사용하세요.

MySQL의 대표적인 자료형은 다음과 같습니다.

| 정수형 | TINYINT, SMALLINT, MEDIUMINT, INT, BIGINT | 1, 2, 3, 4, 8 바이트 |
|---|---|---|
| 실수형 | FLOAT, DOUBLE | 4, 8 바이트 |
| 날짜형 | DATA, DATETIME, TIME | |
| 문자형 | CHAR, VARCHAR, TEXT | |

대표적인 명령어는 다음과 같습니다.

| 기능 | 명령어 | 사용 예 |
|---|---|---|
| 데이터베이스 선택 | USE | USE mysql; |
| 테이블 생성 | CREATE | CREATE TABLE raspberrypi (sid INT NOT NULL PRIMARY KEY, type INT, memo TEXT); |
| 테이블 선택 | SELECT | SELECT host, user FROM mysql.user; |
| 레코드 추가 | INSERT | INSERT INTO raspberrypi values(1, 1, 'Raspberry pi 3B'); |
| 레코드 갱신 | UPDATE | UPDATE raspberrypi SET type = 2 WHERE sid = 1; |
| 레코드 삭제 | DELETE | DELETE FROM raspberrypi WHERE sid = 1; |
| 테이블 구조 | DESC | DESC raspberrypi; |
| 테이블 삭제 | DROP | DROP TABLE raspberrypi; |
| 권한 | GRANT | GRANT ALL PRIVILEGES ON *.* TO 'root'@'%' IDENTIFIED BY '사용 중인 암호'; FLUSH PRIVILEGES; |

테이블을 생성하기 위해서는 다음과 같이 합니다.

### ▶ mysql 실행

```
pi@raspberrypi:~ $ sudo mysql -u root –p [Enter]
Enter password:  [비밀번호 입력 후 Enter]
Welcome to the MySQL monitor.  Commands end with ; or \g.
Your MySQL connection id is 43
Server version: 5.5.44-0+deb8u1 (Raspbian)

Copyright © 2000, 2015, Oracle and/or its affiliates. All rights reserved.

Oracle is a registered trademark of Oracle Corporation and/or its affiliates. Other names
may be trademarks of their respective owners.

Type 'help;' or '\h' for help. Type '\c' to clear the current input statement.
```

MySQL에 기본적으로 설치된 데이터베이스를 조회하려면 다음과 같이 합니다.

```
mysql> SHOW databases; [Enter]
+--------------------+
| Database           |
+--------------------+
| information_schema |
| mysql              |
| performance_schema |
+--------------------+

3 rows in set (0.00 sec)
```

현재 등록되어 있는 사용자를 보기 위해서는 다음과 같이 실행합니다.

```
mysql> SELECT host, user FROM mysql.user; [Enter]
```

mysql 데이터베이스에 TABLE을 생성하기 위해서 다음과 같이 mysql을 설정합니다.

```
mysql> USE mysql;
Reading table information for completion of table and column names
You can turn off this feature to get a quicker startup with -A


Database changed
```

## ▶ 테이블 생성

```
CREATE TABLE raspberrypi (sid INT NOT NULL PRIMARY KEY, type INT, memo TEXT);
Query OK, 0 rows affected (2.52 sec)
```

## ▶ 레코드 추가

```
INSERT INTO raspberrypi values(1, 1, 'Raspberry pi 3B');
Query OK, 1 row affected (2.18 sec)
```

### ▶ 레코드 갱신

```
UPDATE raspberrypi SET type = 2 WHERE sid = 1;
Query OK, 1 row affected (0.90 sec)
Rows matched: 1  Changed: 1  Warnings: 0
```

### ▶ 레코드 삭제

```
DELETE FROM raspberrypi WHERE sid = 1;
Query OK, 1 row affected (0.01 sec)
```

### ▶ 레코드 조회

```
SELECT * FROM raspberrypi;
Query OK, 1 row affected (0.01 sec)
```

### ▶ 레코드 추가

```
INSERT INTO raspberrypi values(1, 1, 'Raspberry pi 3B');
Query OK, 1 row affected (2.18 sec)
```

# 라즈베리 파이–PHP와 MySQL 연동하기

- **학습 내용 :** PHP에서 MySQL을 연동해 봅니다.
- **힌트 내용 :** mysql_connect(), mysql_query() 등을 사용하세요.

PHP에 MySQL을 연동하기 위한 예제입니다. MySQL을 접속해서 사용하기 위해서는 다음과 같이 서버(host), 사용자계정(username), 비밀번호(password), 데이터베이스명(database)을 설정해야 합니다.

```
pi@raspberrypi:/ $ sudo nano dbtest.php
```

```php
<?php
    $host      = "localhost:3306";        // 서버 IP:MySQL 포트번호
    $username = "root";                    // MySQL 사용자 계정
    $password = "1234";                    // MySQL 사용자 계정 비밀번호
    $database  = "mysql";;                 // 접속할 데이터베이스명

    $connect = mysql_connect($host, $username, $password);
    mysql_select_db($database);
    mysql_query("SET NAMES UTF8");

    $sql = "SELECT * FROM raspberrypi";      // 쿼리 작성
    $result = mysql_query($sql);             // 쿼리 실행
    $rowcnt = mysql_num_rows($result);       // 반환된 레코드 수
    while( $row = mysql_fetch_array($result, MYSQL_BOTH) ) { // 레코드 하나씩 읽기
        echo $row['memo'];                   // memo 필드값 출력
    }
?>
```

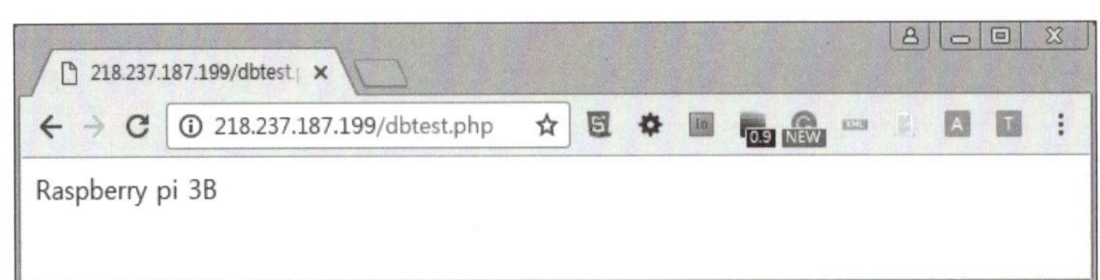

# 라즈베리 파이–TOMCAT 설치와 JSP 연동하기

- **학습 내용 :** TOMCAT을 설치하고 JSP를 연동합니다.
- **힌트 내용 :** TOMCAT 8을 설치합니다.

아파치 톰캣(Apache Tomcat)은 웹 애플리케이션 서버(WAS)로 자바 서블릿 페이지(JSP)와 자바 서블릿을 실행할 수 있으며 스프링 MVC 프로젝트를 할 때 많이 사용합니다.

## ▶ 톰캣 설치

다음과 같이 톰캣 8을 설치합니다.

```
pi@raspberrypi:/ $ sudo apt-get install tomcat8 [Enter]
```

톰캣이 정상적으로 설치되면 루트 디렉터리에서 설치가 잘 되었는지 확인합니다.

```
pi@raspberrypi:/ $ sudo find / -name tomcat8 [Enter]
/usr/share/doc/tomcat8
/usr/share/tomcat8
/etc/init.d/tomcat8
/etc/logrotate.d/tomcat8
/etc/tomcat8
/etc/default/tomcat8
/etc/cron.daily/tomcat8
/var/lib/tomcat8
/var/cache/tomcat8
/var/log/tomcat8
```

## ▶ 실행화면

톰캣이 설치되면 웹 브라우저로 접속하여 잘
실행되는지 확인합니다. 웹 브라우저에는 다
음과 같이 입력하면 됩니다. 톰캣은 기본으
로 8080 포트에서 실행됩니다. 앞서 설치한
Apache2가 웹서버 기본 포트인 80포트에서 실
행되므로 톰캣 포트를 80으로 변경하려면 주
의하기 바랍니다.

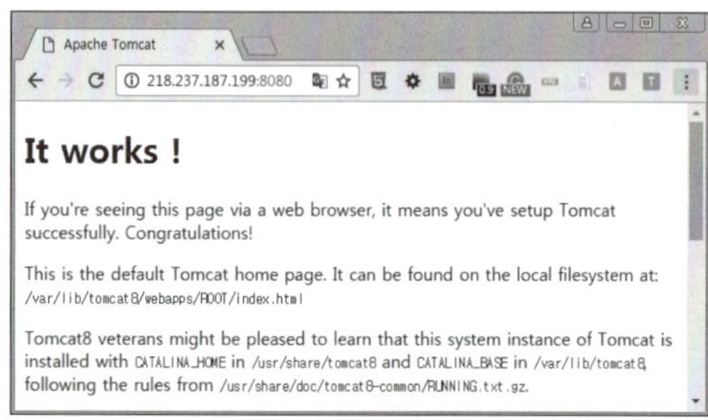


    http://192.168.23.12:8080/

톰캣 실행과 정지는 sudo service tomcat8 start/stop/restart를 사용합니다.

JDK는 1.8.0_65가 기본 설치되어 있으므로 추가 설치를 안해도 됩니다.

## ▶ JSP 예제 실행

JSP 페이지를 작성하기 위해 현재 작업 경로를 변경합니다.

```
pi@raspberrypi: $ cd /var/lib/tomcat8/webapps/ROOT [Enter]
```

다음과 같이 helloworld.jsp 예제를 작성한 후 실행해 봅니다.

```
pi@raspberrypi: $ sudo nano helloworld.jsp [Enter]
```

```
<%@ page language="java"
  contentType="text/html; charset=UTF-8"
  pageEncoding="UTF-8"%>
<html>
<head>
<title>Hello JSP World</title>
<body>
Hello JSP World!!!
</body>
</html>
```

## ▶ JSP 실행화면

    http://192.168.x.x:8080/helloworld.jsp

# 라즈베리 파이–LED 구동하기

- **학습 내용 :** LED를 깜박입니다.
- **힌트 내용 :** GPIO 모듈을 사용하세요.

라즈베리 파이에서는 LED를 깜빡이기 위해 GPIO 핀을 통해 출력을 제어해야 합니다. 다음은 GPIO 핀의 구성입니다.

| RPi.GPIO | GPIO핀 | 설명 | RPi.GPIO | GPIO핀 | 설명 |
|---|---|---|---|---|---|
| 1 | | 3.3V DC전원 | 2 | | 5.0V DC전원 |
| 3 | GPIO2 | SDA1(12C) | 4 | | 5.0V DC전원 |
| 5 | GPIO3 | SCL1(12C) | 6 | GROUND | GROUND |
| 7 | GPIO4 | GPCLK0 | 8 | GPIO14 | UART_TXD |
| 9 | GROUND | GROUND | 10 | GPIO15 | UART_RXD |
| 11 | GPIO17 | | 12 | GPIO18 | PCM CLK |
| 13 | GPIO27 | | 14 | GROUND | GROUND |
| 15 | GPIO22 | | 16 | GPIO23 | |
| 17 | | 3.3V DC 전원 | 18 | GPIO24 | PWM |
| 19 | GPIO10 | SPIO_MOSI | 20 | GROUND | GROUND |
| 21 | GPIO9 | | 22 | GPIO25 | |
| 23 | GPIO11 | | 24 | GPIO8 | SPIO(CS0) |
| 25 | GROUND | GROUND | 26 | GPIO7 | SPIO(CS1) |
| 27 | ID_SD | | 28 | ID_SC | |
| 29 | GPIO5 | | 30 | GROUND | GROUND |
| 31 | GPIO6 | 3.3V DC 전원 | 32 | GPIO12 | |
| 33 | GPIO13 | | 34 | GND | |
| 35 | GPIO19 | SPIO_MOSI | 36 | GPIO16 | |
| 37 | GPIO26 | | 38 | GPIO20 | SPI |
| 39 | GND | | 40 | GPIO21 | SPI |

LED를 깜빡이기 위해서 파이썬 프로그램을 작성합니다.

```
pi@raspberrypi:~ $ sudo nano led.py
#프로그램: LED.py
import RPi.GPIO as GPIO
import time
GPIO.setmode(GPIO.BOARD)
LED = 11
GPIO.setup(LED, GPIO.OUT, initial=GPIO.LOW)
 while 1:
     GPIO.output(LED, GPIO.HIGH)
     time.sleep(0.5)
     GPIO.output(LED, GPIO.LOW)
     time.sleep(0.5)

GPIO.cleanup()
```

다음과 같이 led.py 프로그램을 실행합니다.

```
pi@raspberrypi:~ $ python led.py
```

하드웨어는 다음과 같이 구성됩니다. 라즈베리 파이 9번 핀에 LED의 마이너스(짧은 다리)를 연결시키고 11번 핀에 1K 저항을 연결한 후 LED의 플러스 극(긴 다리)에 연결합니다.

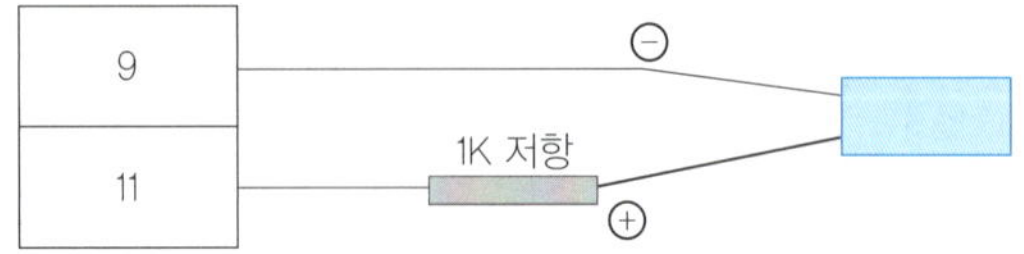

# 라즈베리 파이–카메라 제어하기

- **학습 내용 :** 카메라를 사용하는 방법을 학습합니다.
- **힌트 내용 :** 환경설정에서 카메라를 활성화하세요.

요즘 스마트폰을 많이 사용하면서 카메라는 일반적인 기능이 되었습니다. 다음은 라즈베리 파이에서 사용되는 카메라입니다.

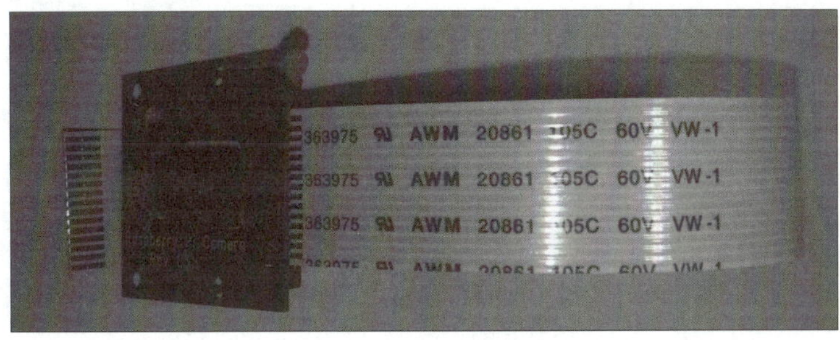

라즈베리 파이로 카메라를 제어하기 위해서는 카메라를 활성화시켜야 합니다. 카메라를 활성화하기 위해서 다음 명령을 실행합니다.

**pi@raspberrypi:~ $** sudo raspi-config

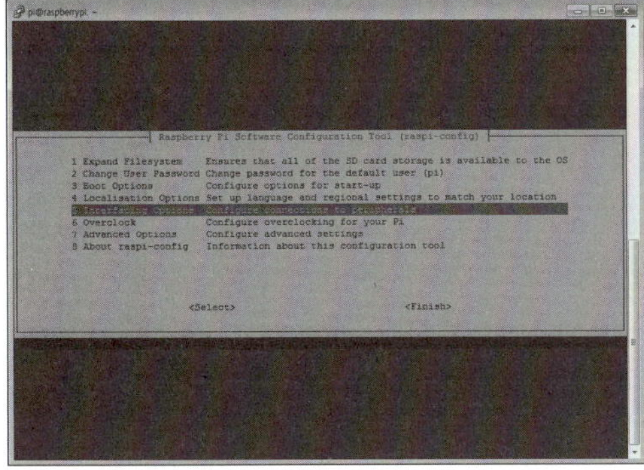
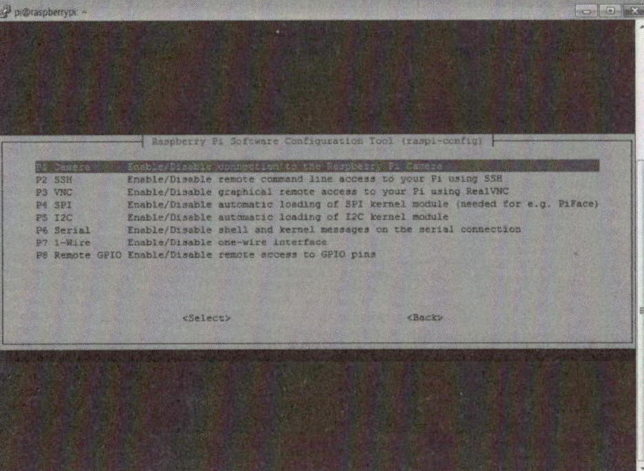

항목 중에 메뉴에서 5 Interfacing Options 〉 P1 Camera를 키보드 방향키로 선택한 후 [Enter] 키를 누릅니다. 그러면 다음과 같이 카메라를 활성화시키기 위한 창이 보여지며 [Yes]를 키보드 방향키로 선택한 후 [Enter] 키를 누릅니다. 그런 다음 [Finish]를 좌우 방향키로 선택한 후 [Enter] 키를 누르면 재부팅 메시지 창이 보여지며, [Yes]를 눌러 재부팅합니다.

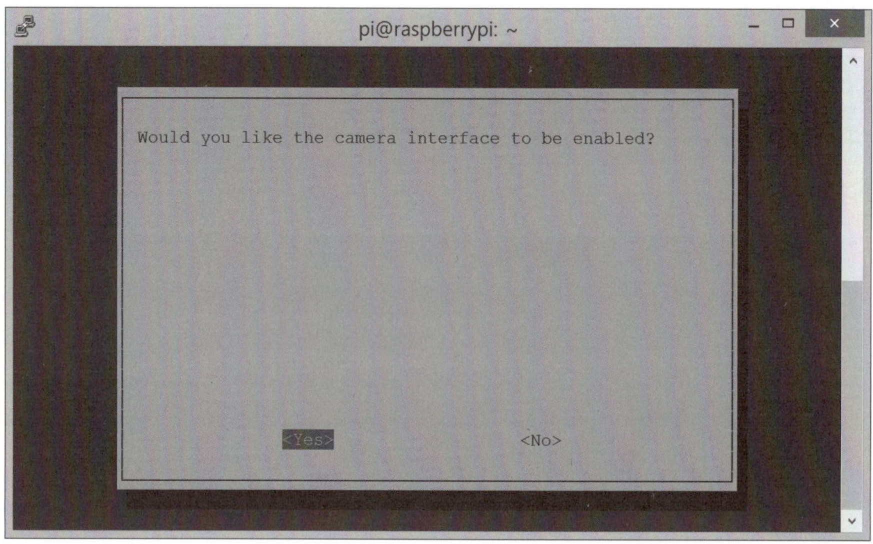


카메라를 사용하기 위해서는 다음과 같이 카메라 모듈을 설치해야 합니다.

```
pi@raspberrypi:~ $ sudo apt-get install python-picamera
Reading package lists... Done
Building dependency tree
Reading state information... Done
python-picamera is already the newest version.
0 upgraded, 0 newly installed, 0 to remove and 0 not upgraded.
```

이미 설치되어 있는 경우라면 위와 같이 메시지가 보여집니다. 라즈베리 파이3이 아닌 라즈베리 파이 2, 1이라면 위와 같이 카메라 모듈을 설치해야 합니다.

```
pi@raspberrypi:~ $ sudo nano camera.py
#프로그램: camera.py
import picamera
import time

with picamera.PiCamera() as camera:
```

```
camera.resolution = (1024, 768)      // 해상도 설정
camera.start_preview()               // 미리보기 시작
time.sleep(3)                        // 3초간 대기
camera.stop_preview()                // 미리보기 멈춤
camera.capture('camera.jpg')         // 사진 촬영 후 camera.jpg로 저장
```

다음과 같이 camera.py 프로그램을 실행합니다.

**pi@raspberrypi:~ $** python camera.py

카메라가 실행된 후 다음과 같이 사진이 촬영됩니다. 폴더에 camera.jpg 파일이 생성되므로 확인하기 바랍니다.

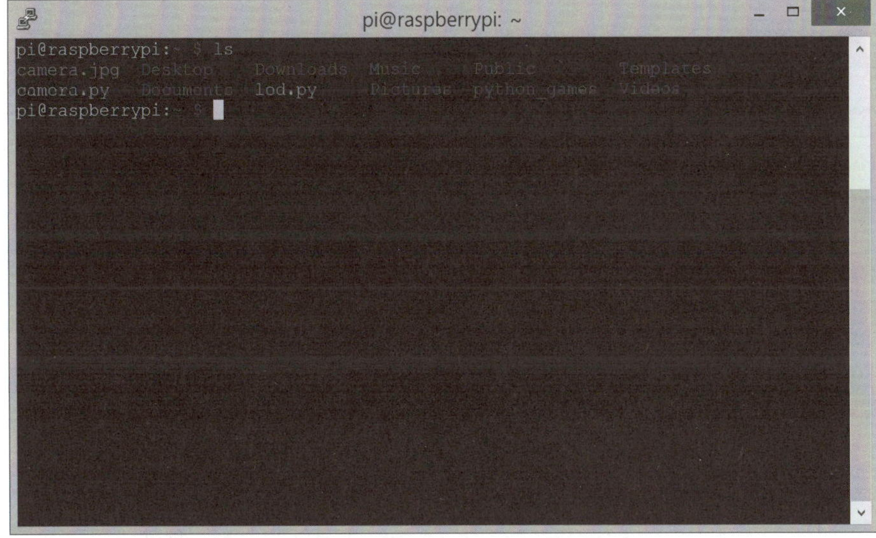

혹시 "mmal: No data received from sensor"와 같은 에러가 발생된다면 PuTTY가 아닌 라즈베리 파이에서 직접 실행해 보기 바랍니다. 또한, 카메라가 정상인지 판별하기 위해서 다음 명령으로 확인할 수도 있습니다.

**pi@raspberrypi:~ $** raspistill –v –o cameratest.jpg

# 라즈베리 파이-동영상 녹화하기

- **학습 내용 :** 카메라를 사용하여 동영상을 녹화하는 방법을 학습합니다.
- **힌트 내용 :** picamera 모듈을 사용하세요.

라즈베리 파이에서 동영상을 녹화하기 위해서는 카메라 모듈을 사용하면 됩니다. 카메라 모듈의 설치는 [B-9]를 참고하세요.

```
pi@raspberrypi:~ $ sudo nano movie.py
import picamera
import time

with picamera.PiCamera() as camera:
  camera_resolution = (640, 480)                 // 해상도 설정
  camera.start_preview()                         // 프리뷰 시작
  camera.start_recording(output = 'movie.h264')  // 저장할 파일명
  camera.wait_recording(30)                      // 30초간 녹화 시작
  camera.stop_preview()                          // 프리뷰 멈춤
  camera.stop_recording()                        // 녹화 멈춤
```

다음과 같이 movie.py 프로그램을 실행합니다.

```
pi@raspberrypi:~ $ python movie.py
```

동영상 촬영이 성공했으면 현재 폴더에 movie.h264 파일이 생성됩니다. 동영상 촬영 또한 PuTTY가 아닌 라즈베리 파이에서 직접 실행해 보기 바랍니다. 동영상 파일을 보기 위해서는 다음과 같이 smplayer를 설치하면 됩니다.

```
pi@raspberrypi:~ $ sudo apt-get install smplayer
```

동영상을 보기 위해서는 라즈베리 파이 윈도우 화면의 좌측 메뉴에서 [Menu 〉〉 Sound & Video 〉〉 SMPlayer]를 순서대로 실행합니다. 그런 다음, [Open 〉〉 File...]을 실행합니다. 현재 파일 선택 창에서는 기본적인 미디어 파일만 볼 수 있으므로 미디어 타입을 [All files]로 변경합니다. 그러면 조금 전에 저장한 [movie.h264] 파일이 보여지며, 이 파일을 선택하고 [Open] 버튼을 클릭하면 동영상이 재생됩니다.

Raspberry Pi
Raspberry Pi
Camera Board
Raspberry Pi
896-8660
1
Raspberry Pi 3 Model B
Made in United Kingdom
Mode
RS
ALLIED ELECTRONICS
Supplied under l
Electronics In
Raspberry Pi

# 찾아보기

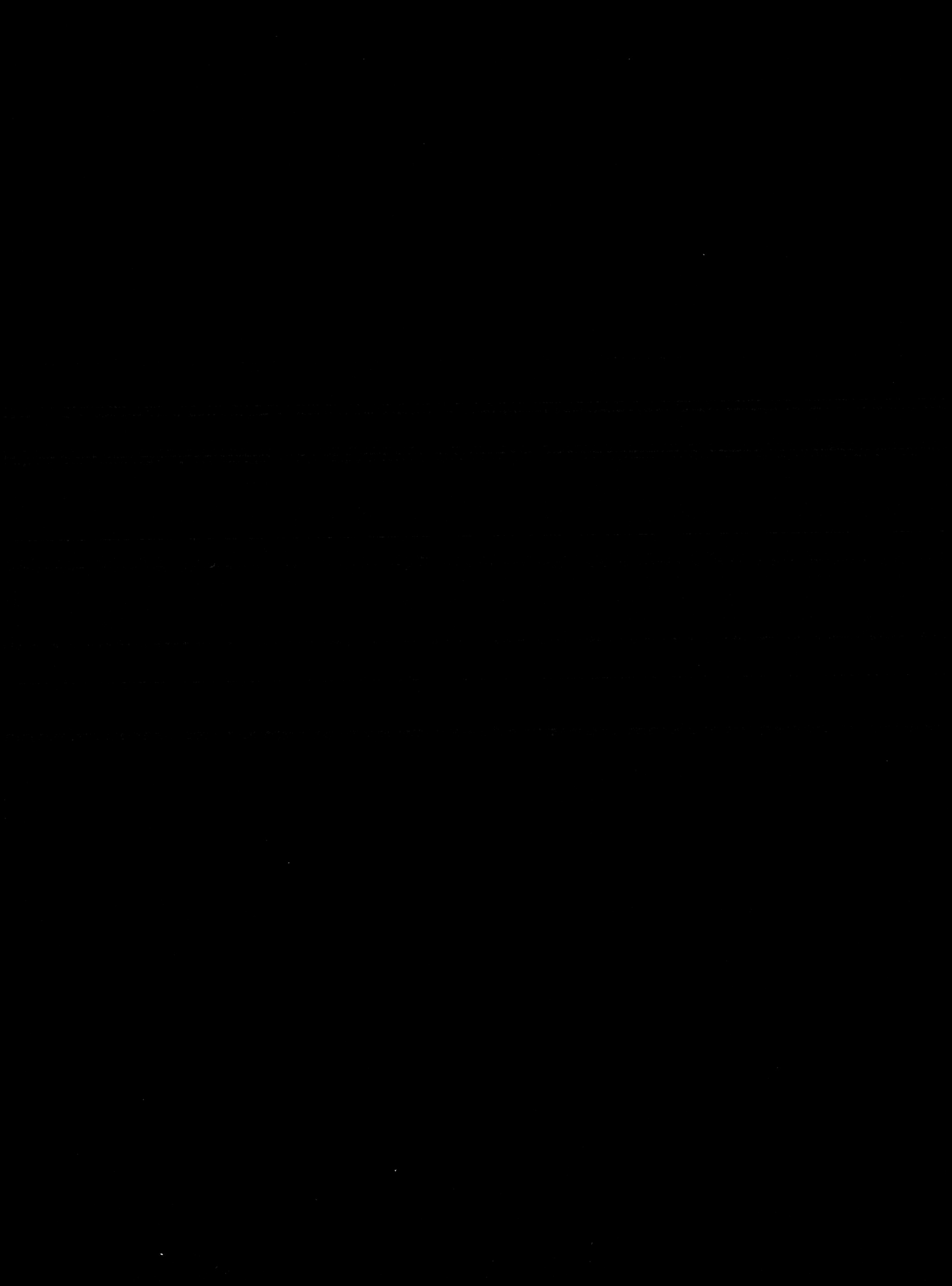